Festschrift
für
Detlev W. Schumann

zum 70. Geburtstag

Mit Beiträgen von Schülern,
Freunden und Kollegen

herausgegeben
von
Albert R. Schmitt

Delp

Gedruckt mit Förderung der Brown University

© 1970 by Albert R. Schmitt
Delp'sche Verlagsbuchhandlung KG, München
Delp-Druck, Bad Windsheim
ISBN 3 7689 0065 7
Printed in Germany

Inhalt

Vorwort

Mein Dank gilt allen Mitarbeitern für ihre Mühe und die oft trotz großen Zeitdrucks termingerecht eingehaltene Ablieferung und Korrektur der Manuskripte, der Brown University für die Subvention der Druckkosten und meiner Frau für ihre ausdauernde Hilfe und tatkräftige Unterstützung.

Providence, Mai 1970   A. R. S.

Zum Geleit

Detlev W. Schumann, dem diese Festgabe gilt, und dem wir hiermit unsere besten Wünsche ad multos annos überbringen, ist nie ein Freund vieler Worte gewesen. In diesem Sinne sei ihm folgende, seiner Art angemessene bescheidene, aber nichtsdestoweniger herzliche Würdigung seiner Verdienste dargebracht.

Nach der Promotion zum Dr. phil. an der Universität Hamburg im Jahre 1923 war Detlev W. Schumann zunächst drei Jahre lang im deutschen Höheren Schuldienst tätig, ehe er 1926 in die Vereinigten Staaten kam. Seine Lehr- und Forschungstätigkeit führte ihn im Laufe der vergangenen 44 Jahre, ans Bowdoin College, die University of Missouri, ans Swarthmore College, die Brown University, University of Illinois, University of Pennsylvania und schließlich seit 1962 wieder an die Brown University. Außerdem nahm er Gastprofessuren an den Universitäten Yale und Columbia wahr. Während der Jahre 1954—1957 war er Mitherausgeber des Journal of English and Germanic Philology. Das zeitraubende und verantwortungsvolle Amt des »Chairman« hatte er insgesamt acht Jahre lang inne, von 1959—1962 an der University of Pennsylvania und von 1962—1967 an der Brown University.

Die in diesem Band enthaltene Bibliographie der Veröffentlichungen und Rezensionen aus der Feder Detlev W. Schumanns legt beredtes Zeugnis ab von seiner unermüdlichen Forschungstätigkeit, innerhalb deren er sich — in der deutschen und englischen Sprache gleichermaßen zu Hause — mit zahlreichen Dichtern, Perioden und Problemen der deutschen Literatur der neueren Zeit eingehend beschäftigt hat. Seine dabei stets als oberstes Ziel betrachtete Objektivität, wissenschaftliche Gründlichkeit und Genauigkeit — immer gepaart mit bewunderungswürdiger stilistischer Klarheit — fanden zum Vorteil vieler Generationen von Studenten ihren Niederschlag auch in seinen sorgfältig durchgearbeiteten und vorbereiteten Vorlesungen und Seminaren, sowie in den von ihm betreuten Magister- und Doktorarbeiten. Wenn ein Kollege einmal von ihm sagte: »His academic activities always demonstrate the exacting critical approach proper to the scholar of the very highest standards«, dann ist das wohl das ehrenvollste Kompliment, das dem Forscher zuteil werden kann. Daß seine Schüler ihn respektieren und hoch schätzen, beweist ein Ereignis, das sich erst vor ein paar Jahren zutrug und ihn zugleich überraschte und erfreute: Nach Abschluß eines besonders anspruchsvollen Seminars, das einen Jahrgang »Seniors« auf die Abschlußprüfung vorbereitet hatte, überreichten ihm die Seminarteilnehmer eine Trainingsbluse mit den Insignien der Brown University und der Aufschrift »Coach« (Trainer). Detlev W. Schumann war wie immer ein strenger, aber gerechter und verständiger Exerziermeister gewesen, der Gründlichkeit, Genauigkeit und Präzision im Ausdruck verlangt hatte, aber auch fair in seiner Kritik und freigebig mit Rat und Tat gewesen war. Das ist seine Art, die Schüler und Kollegen seit eh und je an ihm kennen und schätzen.

Offizielle Ehrungen sind Detlev W. Schumann ebenfalls zuteil geworden: 1946 verlieh ihm die Brown University den Grad eines Magister artium h. c. ad eundem, 1955 war er Guggenheim Fellow, 1964 erhielt er das Verdienstkreuz I. Klasse der Bundesrepublik

Deutschland und 1965 ernannte ihn die Universität seiner Vaterstadt Kiel zum Ehren-bürger.

An diesem Ihrem Festtage wünschen Schüler, Freunde und Kollegen Ihnen, lieber Herr Schumann, Glück, Gesundheit und noch viele Jahre fruchtbarer wissenschaftlicher Tätig-keit!

Providence, am 20. Mai 1970

Karl S. Weimar

HENRI STEGEMEIER

The Identification of Fabianus Athyrus and an Analysis of His Emblematic *Stechbüchlein* (1645; [2]1654)

The most complete bibliographical information about Fabianus Athyrus comes from Mario Praz's basic bibliography of emblem books, *Studies in Seventeenth-Century Imagery* (Rome, [2]1964), pp. 262—63:

Stechbüchlein: Das ist, Hertzenschertze, in welchen der Tugenden und Untugenden Abbildungen, zu wahrer selbst Erkantnis, mit erfreulichem Nutzen aufzuwehlen. Inventirt durch Georg Strauchen und zu finden bey W. Endter in Nürnberg, 1645. oblong 8vo. 50 heart-shaped emblems. (NP.) [1] The following is an enlarged edition:

Das erneurte Stamm- und Stechbüchlein: hundert geistliche weltliche Hertzens Siegel, Spiegel, zu eigentlicher Abbildung der Tugenden und Laster vorgestellet, und mit hundert poetischen Einfällen erkläret. Durch Fabianum Athyrum, der loblichen Sinnkünste Befliessnen. Diesem ist angefüget Don Francisci de Quevedo Villegas Traum von der entdeckten Warheit. Nürnberg, In Verlegung Paulus Fürsten, Kunsthandlers. Gedruckt daselbst bey Christoff. Gerhard, Im Jahr 1654 [2])

Thus the title-page in the Br. Mus. copy (C. 30. a. 28). ... Another issue is recorded in R. Atkinson's catalogue no. 77 (1928), no. 286, and in the Nether Pollok cat.: *Lehr und sinnreichen Hertzens Spiegel in Hundert Geist und Weltlichen Bewegungen. Zu eigentlicher Abbildung der*

---

[1]) Listed in the *Gesamtkatalog der Preußischen Bibliotheken*, VII (Berlin, 1935), col. 953, »Th. 1 — Nürnberg: Strauch 1645. 58 Bl. quer-8°«; William S. Heckscher — Karl-August Wirth, »Emblem, Emblembuch«, *Reallexikon zur deutschen Kunstgeschichte*, V (Stuttgart, 1959), col. 168, col. 223 Nr. 21 (cf. W. S. Heckscher's photographic illustration of plate Nr. 92 [= 42] in col. 123 — although this edition only had 50 plates); Hester M. Black, *Emblem Books. An Exhibition . . . held in the Hunterian Library University of Glasgow, Oct. 1965*, Nr. 67.

[2]) Listed in Francis Douce, *The Dance of Death* (London, 1833), p. 180: *Das erneuerte Stamm- und Stechbüchlein* by Fabian Athyr, Nuremberg, 1654, sm. obl. 4°; *Catalogue général des livres imprimés de la Bibliothèque Nationale*, IV (Paris, 1900), col. 1008: *Das erneurte Stamm- und Stechbüchlein. Hundert geistliche Hertzens-Siegel, weltliche Hertzens-Spiegel . . . durch Fabianum Athyrum . . . Diesem ist angefüget Don Francisci de Quevedo Villegas Traum von der entdeckten Warheit (gedolmetscht auf gut Pantagruelisch durch Silenum Alcibiadis)* — Nürnberg, P. Fürst, 1654. In-16 oblong. [Cent emblèmes du coeur. Avec la traduction du Songe de la vérité découverte]; Jean C. Th. Graesse, *Trésor de Livres Rares et Précieux*, I (Milano, 1950), p. 246: *Das erneurte stamm- und stechbüchlein, hundert geistliche hertzens siegel, weltliche hertzens spiegel . . .* Nürnb. 1654. in-8°; Ludwig Grote (ed.), *Barock in Nürnberg 1600—1750* (Ausstellung im Germanischen National-Museum vom 20. Juni bis 16. September; Nürnberg, 1962), p. 100, Nr. 11: *Das erneurte Stamm- und Stechbüchlein: Hundert Geistliche, Weltliche Hertzens Siegel, Spiegel . . .* Nürnberg: Paul Fürst 1654, gedruckt bey Chr. Gerhard. 384 S., 4 ungez. Bl. Mit Kupfertitel (bez. von Andreas Kohl), Titelkupfer, 101 Kupferstichen, quer-8° — two reproductions of plates, numbers 16 and 82, have been included here, pp. 162—63; *British Museum General Catalogue of Printed Books*, VIII (London, 1965), cols. 16—17: »... [With engravings.] pp. 384. P. Fürsten: Nürnberg, 1654. obl. 8°.«

Tugenden... vorgestellt und mit so vielen poetischen Einfällen erklaret durch Fabianum
Athyrum... Nuremberg, J. C. Weigel, n. d. [3])
A manuscript note in the Bodleian copy says: »There is a similar small collection of open-
heart emblems: *Openhertige Herten* ... in Mr. White of Lichfield collection«. [4]) This same work,
under the name of I. van de Velde, in Sotheby's auction, May 19, 1884, n. 135, with the
description: »*Openhertighe Herten*, black letter, engraved title and 51 plates of emblems, Brussels, s. a.«. The book figures in the Nether Pollok collection. [5])

---

[3]) Listed in Theophilus Georgi, *Allgemeines Europäisches Bücher-Lexicon*, I, pt. 1 (Leipzig,
   1742), p. 73: »Fab. Athyri Lehr- und Sinn-reicher Hertzens-Spiegel, in hundert geistl. Bewegungen, mit Kupff. 8 Nürnb. 1730«; Heinrich Bergner, *Handbuch der kirchlichen Kunst-
   altertümer in Deutschland* (Leipzig, 1905), p. 575: Fab. Attyrius *[sic]*, *Lehr und sinnreicher
   Hertzensspiegel*. Nürnberg o. J. This is a streamlined version (xvi; 1—102; 103—207 pp.) of
   the edition of 1654 with minor changes only in the printed title and in the title to the first
   part (= p. 1). The same order of the 103 plates has been kept, but the text has always been
   reset to fit the left-side page only, opposite the emblem. The blank pages once intended
   for the book's use as a »Stammbuch« have been omitted, as has been the »Zuschrifft«. The
   publisher's name is associated with a number of other emblem books, listed in Mario Praz's
   Bibliography of Emblem-Books, 2nd ed., pp. 242, 525, 533—34. Weigel lived from 1654 to
   1725, so this undated edition might roughly be dated between 1690 and 1720. Weigel's
   reputation as an etcher is discussed in many reference books, e. g., G. A. Will, *Nürnbergisches
   Gelehrten-Lexikon*, IX (Nürnberg-Altdorf), pp. 192—94, and Hans Vollmer (ed.), *Allgemeines Lexikon der bildenden Künstler*, 35 (Leipzig, 1942), pp. 279—80.
[4]) This particular reference might be to a book whose engraved title page reads: *Openhertighe
   Herten. / Al vint ghy in dit Boecken cleyn / Wsheits genigentheden. Reyn / Denct Het is
   waer maer, hoort dit woort, / Lacht daerom en v niet er stoort. / La Diuersité des Coeurs.
   Corn. Galle excudit.* [= »Auch finden Sie in diesem Buch gar keine kleine Wahrheit, denken
   Sie trotzdem nur, es ist wahr; hören Sie dieses Wort, lachen Sie darüber und lassen Sie sich
   davon nicht stören.«] To the left of the title cartouche mounted by a heart stands an elegantly dressed young noblewoman holding a heart in her right hand and a book in her left
   and behind her a finely attired nobleman with heart in left hand. To the right stands
   a less prepossessing bourgeois couple, he in front with a heart in the right and a goblet in
   the left hand, she in back with a heart in her right. There are 62 square copperplate emblems,
   printed recto only, with a very brief French title (e. g., 32. »Coeur jaloux« that shows two
   fighting cocks) on the plate, and a French rhymed couplet beneath it. There seems on the
   surface to be a discrepancy here between the lettering of the Flemish words of the title and
   its French subtitle and in the fact that there is only a French text. The engravings themselves are superior in every way, and one would certainly have to say that they are similar
   in form, execution, presentation, and atmosphere to the emblems of the *Stechbüchlein*
   without, however, there being any real borrowing but rather in a very few instances a
   similarity of sketched background. The heart plays a more active role and assumes many
   more shapes in the *Stechbüchlein* than in the Cornelis Galle book. Despite the fact that
   Cornelis Galle (c. 1576—1650) is a well-known Flemish artist, not one of a dozen reputable
   reference books links his name in any way with the *Openhertighe Herten* (e. g., U. Thieme,
   Allgemeines Lexikon der bildenden Künstler, XIII [Leipzig, 1920], pp. 105—6). Cornelis
   Galle, as an artist, plays a not unimportant role in the field of emblem books, but none of
   the listings in the emblem bibliographies cites his name with the *Openhertighe Herten*:
   Mario Praz, *op. cit.*, p. 599; John Landwehr, *Dutch Emblem Books* (Utrecht, 1962), p. 92;
   A. G. C. de Vries, *De Nederlandsche Emblemata* (Amsterdam, 1899), Nr. 163. Hester Black's
   isolated reference to the book (number 63) in the exhibition at Glasgow, which attempts to
   fix place and date of publication, »[Antwerp? Early 17th century?]«, is probably correct.
   The *Openhertighe Herten* is either a source of, or, along with other books containing heart
   emblems, simply an antecedent to the *Stechbüchlein*.
[5]) After as thorough a search as seems possible through libraries on the Continent, of Great
   Britain, and in the United States, not one copy, unfortunately, of a book with this title has
   turned up, apparently not even in the Nether Pollok collection which should basically now

If we would find further information on Fabianus Athyrus by taking date and place of publication and type of book into consideration, we would probably next go to such standard references as Georg A. Will, *Nürnbergisches Gelehrten-Lexicon*, I (Nürn-

---

be housed in Glasgow. The one isolated printed reference to it is by Joseph Brooks Yates, albeit with a quite garbled version of the Flemish title: »A Sketch of that branch of Literature called ›*Books of Emblems*‹, as it flourished during the 16th and 17th centuries«, Part II, *Proceedings of the Liverpool Literary and Philosophical Society during the Thirty-Eighth and Thirty-Ninth Sessions 1849 to 1851*, VI (Liverpool, 1851), p. 142: »*Openhertigheherten. Al vint ghy in dit Boeckken-deyn Wstrerts gent gentheden Reyn Deuct Het is waermaer-hoort dit woort Lacht daerom en vuiet en stroot. Anth. V. Velde comp. Bruss. Dous C. D. P.*« The book listed by Mario Praz is of some interest since the number of plates given, fifty-one, fits more closely the number that first appeared in the *Stechbüchlein* (1645). The names of »I. van de Velde« from Sotheby's auction catalogue and of »Anth. V. Velde« in J. B. Yates have not anywhere been further identifiable with the *Openhertighe Herten*. Jan Gerritt van Gelder's detailed study, *Jan van de Velde. 1593—1641. Teekenar - Schilder*. ('s-Gravenhage, 1933), gives no clues, nor do the standard reference books; the one reference to Jan van de Velde in John Landwehr and A. G. C. de Vries is not pertinent here. It is not unlikely that this version of the *Openhertighe Herten* antedates that of Cornelis Galle and thus probably also of the *Stechbüchlein*. An almost completely unknown, unidentified, new set of the 62 numbered plates of the *Openhertighe Herten . . . La diuersité des coeurs. Corn. Galle excudit.* (original designs reversed; recto only) should be mentioned here. These are copies in a mixed technique of etching finished with engraving by Johanna Christina Küsel, born 1665 into the illustrious family of artists of Augsburg. Plate number two of her series is signed »J. C. K. f.« Her engraved frontispiece shows to the left a young bourgeois couple in dress of the time, each holding a heart in the right hand. To the right are three smartly attired and coiffured aristocrats, two standing young men with a heart in hand and a seated lady who is looking at an opened book in her right hand and holding a heart in her left. In the center is a heart design above a cartouche with the title, *Schauplatz Menschlicher Hertzen*. The title page that follows reads as follows: »Schauplatz Menschlicher Hertzen, und dern so wohl Tugend als Lastern Eigentlichere Vorstellung. [Then the quatraine:] Was du im Hertzen führst, thun dise Blätter weisen, / So dich klug oder thor, nach den Verdienstē heisen / Findst du dich wol gemeint, darinn getroffen an, / So denck, daß jeder sich darinnen spieglen kan.« The brief German titles are usually above the oblong emblem (titles are *on* plates 11, 12, 23, 36, 47, 48, 55, 56, 60) and a rhymed German Alexandrine couplet beneath it. The German translation of the *inscriptio* and the *subscriptio* of the French originals in the *Openhertighe Herten* follows very closely at times, at other times, particularly the rhymed text, very freely or not at all. The place of publication was certainly Augsburg and the date »about 1690«. The title is cited in two bibliographies: Theophilus Georgi, *Allgemeines Europäisches Bücher-Lexicon*, I, 4 (Leipzig, 1742), p. 31; *British Museum General Catalogue of Printed Books*, 214 (London, 1964), col. 281 [»1760?«]. The book was also recently exhibited, cf., Josef Bellot, »Augsburger Buchkunst des Barock«, *Augsburger Barock* (Katalog, Ausstellung unter dem Patronat von ICOM, Rathaus und Holbeinhaus, 15. Juni bis 13. Oktober 1968; Augsburg, 1968), pp. 415—6, Nr. 603 (and cf. pp. 408—9). The most reliable although scanty biographical information about the artist herself seems to be in G. K. Nagler, *Neues allgemeines Künstler-Lexikon*, (1835—1852), VIII (Leipzig, ³1924), p. 112. The French writer, P. de Pontsevrez, wrote new poems (four four-line Alexandrine stanzas) to accompany an edition of 62 numbered plates of heart emblems which were discovered in an antiquarian's shop and which presumably were engraved for the Plantin Press by an unknown artist in Antwerp at the end of the sixteenth century: *Les Coeurs. Poésies accompagnent soixante-deux gravures inédites* (Paris, 1894). There is no title page, and in a preface containing unusual speculations, Pontsevrez erroneously believes the plates had never been published before, since he was unable to locate any extant copies. Actually, except for two new plates (numbers 1 and 52 — and plates 22 and 60 have been renumbered and interchanged), they are identical with those by Corn. Galle in the *Openhertighe Herten*.

berg-Altdorf, 1755), the *Allgemeine Deutsche Biographie,* I (Leipzig, 1875), Karl Goe-
deke, *Grundriß zur Geschichte der deutschen Dichtung,* III (Dresden, ²1887), and Curt
von Faber du Faur, *German Baroque Literature* (New Haven, 1958). The search for
further information here proves to be fruitless, however.

If we suspect that the author has used a pseudonym, we next turn to Vincent Placcius,
Emil Weller, and Holzmann-Bohatta. ⁶) Even though Weller lists two titles, any hope
that may come from checking these sources disappears when one discovers that no
identification for the name as a pseudonym can be found.

If the author used a Greek or Latin translation of his name, we next check out this
possibility by consulting several classical dictionaries, but again without any success.
The best information seemed to come from a dictionary of Greek surnames by G. E.
Benseler, *W. Pape's Wörterbuch der griechischen Eigennamen,* I (Braunschweig, ³1863),
p. 26. The stem of the name, *Athyr-,* yields such approximate meanings as »a free-born
man, a man of family; a tower without a door, i. e., a defenseless castle.« Closely related to the name-stem are also the meanings: »an Egyptian calendar month; an Egyptian
name for *Isis«.* Again, this approach yields no further help, and one must conclude
that the name »Athyrus« does not come from a common source but is strictly esoteric.

We next examine the first word of the title: »Stechbüchlein.« Does *it* mean anything
that could throw light on the problem of identification of the author? After consulting
every sort of German reference dictionary, only in Grimms' *Wörterbuch* ⁷) does one
find a very brief definition under »Stechbuch« with a reference to a poem by Günther:
»Orakelbuch mit allermöglicher lebensweisheit, in welches der neugierige mit einer nadel
hineinsticht, um den so getroffenen spruch dann für sich auszudeuten.« The meaning

---

⁶) Matthias Dreyer, Johann Albert Fabricius, et al., *Vincentii Placcii, Theatrum Anonymorum
   et Pseudonymorum* ... (Hamburg, 1708) contains an »Index Autorum« by Johann Deckherr
   where on p. 61 Dorothaeus Eleutherus Meletephilus, Octavianus Chilias, and Quirinus Pegeus
   are properly identified but not F. Athyrus; E. Weller, *Lexicon Pseudonymorum* (Regensburg, ²1886), p. 51, cites *Das erneuerte Stamm- und Stechbüchlein,* 1654, and *Lehr- und
   sinnreicher Herzens-Spiegel.* o. J. In Reimen; Michael Holzmann — Hanns Bohatta, *Deutsches Pseudonymen-Lexikon* (Wien-Leipzig, 1906) fail to list a »Fabianus Athyrus« at all.
⁷) Jacob and Wilhelm Grimm, *Deutsches Wörterbuch,* X, pt. 2, no. 8 (Leipzig, 1912), col.
   1220 — citing »Günther Ged. (1735) 392«. A brief reference under »Stechblatt«, with a
   reference to »Weckherlin Gedichte 1, 507«, embodies approximately the same purpose for a
   »page" as for a »book«: »Gedrucktes oder beschriebenes blatt, welches orakelzwecken dient;
   mit einem stab oder finger fährt (sticht) man im dunkeln oder mit abgewandtem gesicht
   auf das blatt; das so getroffene wort wird dann für den losspruch ausgedeutet.« Another
   kind of device used in an English emblem book for selecting an applicable virtue or vice
   from among the 200 printed emblems is described in Rosemary Freeman's discussion of
   George Wither's *A Collection of Emblemes Ancient and Modern* (London, 1635) in her
   book, *English Emblem Books* (London, 1948), pp. 140—44. Wither calls it a »Lottery«, and
   the reproduced last plate shows how it was designed to work: »A pointer spun round on
   each of the two charts would determine which emblem fell to the player's lot; by it he was
   directed not only to the page where a picture and thirty lines of moral instruction were
   to be found, but also to another place where the special application of his emblem to everyday life was set out in a short, easily remembered stanza. ... The Lottery was designed by
   Wither to be used as a parlour game or what he called a ›Moral Pastime‹, and it obviously
   had something of the same appeal as a Fortune-teller at a party.« A plate with a similar
   movable dial is also known from an early emblem book by an outstanding Jesuit emblematist: Jan David, *Veridicus Christianus* (Antverpiae, 1601) — cf. Mario Praz, *op. cit.,* p.
   313. Of passing interest here is Johannes Bolte's »Zur Geschichte der Punktier- und Los-
   bücher«, *Die Volkskunde und ihre Grenzgebiete* (»Jahrbuch für historische Volkskunde«, I;
   [Berlin, 1925]), pp. 185—203.

here fits satisfactorily, but it leaves us »im Stich« as far as identifying Fabianus Athyrus.

The next main noun-entry of the title is »Hertzenschertze«, and from Mario Praz's information that these are »heart-shaped emblems«, we check back from his »Index of Emblems« under the word »heart« (p. 591) to the text-part of his *Studies*. Here (esp. pp. 151—56), we find such names of authors of books with heart-emblems as Hieronymus Ammonius, Daniel Cramer, Benedictus van Haeften, Etienne Luzvic, Johann Mannich, Georgette de Montenay, Francesco Pona, and Antonius Wiericx — but no »Fabianus Athyrus.« We consult the new and monumental book by Professors Arthur Henkel and Albrecht Schöne, *Emblemata* (Stuttgart, 1967), cols. 1973—74, under the word »Herz«; here we find additional heart-emblems in books by Bruck, Costalius, Horozco y Covarrubias, Isselburg, La Perrière, and Rollenhagen, but there is nothing about the heart-emblems or the author of the *Stechbüchlein*. [8]

Not too much help can be expected in pursuing the problem that stems from that part of the title on »Tugenden und Untugenden« or »Tugenden und Laster«, since all the arts have made proliferous use of the virtues and vices ever since the Middle Ages. [9] It sometimes seems as if every tenth book of late Renaissance and Baroque literature deals pictorially or literarily with this tradition. The Baroque seemed not able to satiate itself with this antithetical theme where the Horatian »prodesse« seemed to take precedence over »delectare«. Fabianus Athyrus's book, therefore, is concerned with a most typical theme of its age. It is almost commonplace to find the virtues and vices portrayed and discussed in a book from this period.

A further possibility to identify the author is to check information about the artist and the publisher which we are given from the title page: »Inventirt durch Georg Strauchen und zu finden bey W. Endter.« With the name of Georg Strauch (1613—1675) we seem on sounder footing, and we might here more easily solve the riddle as it has taken shape about the name of Fabianus Athyrus by pursuing information about these men. Three rather typical source books that were consulted [10] for information on Georg Strauch reveal him to be a highly respected artist, engraver, designer, painter of miniatures and enamels, portraitist, draftsman with pen and ink and pastels, and illustrator. Many of his designs, sketches, and portraits were engraved by other outstanding artists (e. g., W. Kilian, A. Khol, M. Küsel, J. v. Sandrart), and some of Strauch's outstanding work was done for emblem books (e. g., by Johann Michael Dilherr). As we inspect each artist's lexicon, however, we look in vain for any contribution by Georg Strauch and his identity with the *Stechbüchlein*. We can conclude, in any case, that Fabianus Athyrus chose one of the best artists of Nürnberg to invent

---

[8] Even though Adolf Spamer has many references to »Herzensemblematik« in his very fine book, he does not know Fabianus Athyrus: *Das kleine Andachtsbild vom XIV. bis zum XX. Jahrhundert* (München, 1930), esp. pp. 149—57 and *passim*. Many consulted dictionaries dealing with iconography, allegory, or symbols also have been of no aid in their various listings under the entry of »heart«.

[9] Of interest are: Fritz Saxl, »Aller Tugenden und Laster Abbildung«, *Festschrift für Julius Schröder zum 60. Geburtstage* (Zürich—Leipzig—Wien, [1927]), pp. 104—121; Adolf Katzenellenbogen, *Allegories of the Virtues and Vices in Mediaeval Art* (»Studies of the Warburg Institute«, 10; [London, 1939]; Liselotte Möller, »Ein Holländischer Bilderrahmen aus dem siebzehnten Jahrhundert«, *Jahrbuch der Hamburger Kunstsammlungen*, 7 (1962), pp. 7—34.

[10] G. K. Nagler, *Neues allgemeines Künstler-Lexikon (1835—1852)*[3], XX (Leipzig, 1924), pp. 14—15; U. Thieme — F. Becker, *Allgemeines Lexikon der bildenden Künstler*, XXXII (Leipzig, 1938), pp. 169—70; Ludwig Grote (ed.), *Barock in Nürnberg 1600—1750* (Nürnberg, 1962), pp. 52—54, 100, 143—44, 190.

the heart-emblems that were printed in his book. Conversely, a man of Georg Strauch's standing would probably not have had to accept a commission from anyone but a high-ranking writer.

Even an inexperienced student of seventeenth-century German arts and letters quickly discovers the beautiful volumes that came from the presses of the dynastic family of publishers of Nürnberg, the Endters. The founder, Georg Endter, turned the business over to his son, Wolfgang (1593—1659), in 1612, and the son continued to produce books which are unanimously designated as »ausgezeichnet«. So, Fabianus Athyrus not only worked with one of the best artists of Nürnberg, but his book was also published by the best printer of the town. If we read the various discussions of the Endters, however, we fail to find any mention of the *Stechbüchlein*. [11])

In the expanded, second edition of the *Stechbüchlein*, the bibliographical information from Mario Praz and the other indicated sources tells us that Paul Fürst is the new publisher and that the engraved title page of 1654 is signed, »A. Khol fec.« Paul Fürst (1605—1666) might not have had the publishing establishment and the reputation of Wolfgang Endter, but all sources speak of him in only the most positive terms. [12]) He was himself an artist and even a mastersinger, but above all he was the publisher of hundreds of engravings, many of them broadsides of a rather high artistic caliber, and particularly of illustrated books, including emblem books. Among the 300-odd items listed in a study by Theodor Hampe [13]) that bear the stamp of Paul Fürst, we do find listed there as a book published in the year 1653 the *Stechbüchlein* by Fabianus Athyrus but without any further information whatsoever.

The name of the artist on the engraved title page of 1654, Andreas Khol (also referred to as »Kohl«) (1624—57), is not as well known, certainly, as that of many of his contemporaries. When one looks at the imposing list of famous portraits he has painted and delves deeper into the many biographic references which discuss him and his works, however, one is not unimpressed, and one then realizes that still another outstanding artist has had a hand in the *Stechbüchlein*. Despite the available information on Andreas Khol (or Kohl), Curt von Faber du Faur, *German Baroque Literature* (New Haven, 1958), p. 190 (Nr. 694) and p. 495, lists him erroneously as »A. Khal«, the artist who did the title page of Justus Georg Schottel's *Fruchtbringender Lustgarte* (Lüneburg, 1647). Perhaps it was this error which caused a further error to appear in the recently reprinted and edited facsimile text of the *Lustgarte*. [14]) Even though the name of the

---

[11]) Cf. *Allgemeine Deutsche Biographie*, VI (Leipzig, 1877), pp. 110—11; Friedrich Oldenbourg, *Die Endter, eine Nürnberger Buchhändlerfamilie 1590—1740* (Leipzig diss.; München, 1911); Josef Benzing, *Die Buchdrucker des 16. und 17. Jahrhunderts im deutschen Sprachgebiet* (»Beiträge zum Buch- und Bibliothekswesen«, 12; [Wiesbaden, 1963], pp. 342—43, and see here also a note on the publisher, Christoph Gerhard (1624—1681), p. 344. There seems even to have been a contemporary panegyric »broadside« by G. P. Harsdörffer and Johann Klaj to the firm: *Ehrengedichte Der Kunstlöblichen Druckerey Des Erbaren und Wolvornemen Herrn Wolfgang Endters in Nürnberg* [after 1644].

[12]) Cf. U. Thieme — F. Becker, *Allgemeines Lexikon der bildenden Künstler*, XII (Leipzig, 1916), p. 563.

[13]) Theodor Hampe, »Beiträge zur Geschichte des Buch- und Kunsthandels in Nürnberg. II. Paulus Fürst und sein Kunstverlag«, *Mitteilungen aus dem germanischen Nationalmuseum, 1914—1915* (Nürnberg), pp. 3—127; p. 122: *»Fabiani Athyri Erneuertes Stamm- und Stechbüchlein / das ist / Hundert zur Abbildung der Tugend und Laster vorgestellte Geistliche Hertzen Siegel / und Weltliche Hertzens Spiegel.* Nürnberg / bey Paul Fürsten.«

[14]) J. G. Schottel, *Fruchtbringender Lustgarte (Lüneburg, 1647)* (»Deutsche Barock-Literatur«; [München: Kösel Verlag, 1967]. Mit einem Nachwort von Max Wehrli), p. XX: »Titelkupfer: Der von ›A. Khal‹ signierte Stich dürfte von Albrecht Christian Kalle stammen, Zeichner und Kupferstecher, tätig in Berlin und Strausberg zwischen 1630 und 1670.«

artist appears clear enough on the title page of the *Lustgarte*, the explanatory footnotes attempt to identify him as a certain Albrecht Christian Kalle!
The biographical information on Andreas Khol varies from the early, derogatory curt
note in G. K. Nagler [15]), who calls him »ein ganz mittelmäßiger Künstler«, to similar
short sketches — one even in English, which do, however, list some of his works. [16])
The most detailed account is in U. Thieme — F. Becker [17]) where a good forty works
by Khol are listed, although this is far from complete. Since emblem literature has been
waiting to be discovered for some decades, Khol's contribution in this field has completely been neglected. An investigation of his contributions would add considerably
more light to his stature as a Baroque artist (see below, footnotes 14, 20, 32 and 40).
Another avenue for exploration concerning the identity of Fabianus Athyrus suggests
itself from the new title in 1654 of the *Stechbüchlein* where it is specifically called a
»Stammbüchlein«, and its oblong octavo shape is certainly typical for this genre. The
Stammbuch or the *album amicorum* has a textual history almost as fascinating and important as the emblem book, and the two forms run parallel and are intertwined
throughout the sixteenth and seventeenth centuries. The most imposing private collection of *Stammbücher* was established in the nineteenth century by Friedrich Warnecke,
and when it was put up for sale, the auction catalogue did indeed include a work
which coincides with our second edition of the *Stechbüchlein*, but it was listed without
even the author's name. [18]) Friedrich Warnecke also reissued one of the most beautifully
executed emblem books of the early seventeenth century by the magnificent engraver,
Johann Theodor de Bry, the *Emblemata saecularia* (Oppenhemii, [1611]), a book
which was created specifically for use as a *Stammbuch*. [19]) In this edition Warnecke
has an introduction on seventeenth-century *Stammbücher* where he lists both the *Stechbüchlein* of 1645 and the »erneurte« one of 1654 without adding anything further to
our information about the author or the book.
The last place to look for information about Fabianus Athyrus's *Stechbüchlein* suggests
itself from the title page of the edition of 1654, where we read that the *Stechbüchlein*
was bound together or followed by another work, a translation of the well-known
Spanish Baroque author, Francisco de Quevedo y Villégas (1580—1645). When checking
the most recent and complete bibliography of Quevedo's works by Luis A. Marín,
Epistolario Completo de D. Francisco de Quevedo-Villegas (Madrid, 1946), p. 802,
where is given a »Catalogo de Ediciones Alemanas«, there is no mention of the attached

---

[15]) G. K. Nagler, *Neues allgemeines Künstler-Lexikon (1835—52)*³, VII (Leipzig, 1924), p. 434.
[16]) H. A. Müller — H. W. Singer, *Allgemeines Künstler-Lexicon*, II (Frankfurt, 1920), p. 332;
 Geo. C. Williamson, *Bryan's Dictionary of Painters and Engravers*, III (London, 1904), p.
 131.
[17]) U. Thieme — F. Becker, *Allgemeines Lexikon der bildenden Künstler*, XXI (Leipzig, 1927),
 p. 199.
[18]) Adolf Hildebrandt (ed.), *Stammbücher-Sammlung Friederich Warnecke, Berlin*. Versteigerung
 [300 items] Dienstag, 2. Mai 1911 von 10 Uhr an durch C. G. Boerner, Leipzig. Auktions-
 Katalog CIII, p. 162, Nr. 295. It is interesting to note that there are no inscriptions in
 this copy of the »autograph album«. In preparing a study on the relationship of the emblem
 book to the *Stammbuch*, I have personally examined a good thousand of these books
 without ever yet having found this volume by »Fabianus Athyrus« used for this purpose,
 even though it has 103 blank pages included for the traditional inscriptions and signatures.
[19]) Friedrich Warnecke, *Emblemata saecularia. Kulturgeschichtliches Stamm- und Wappenbuch
 von Johann Theodor de Bry (Oppenhemii, 1611). Mit einer Einleitung über die Stammbücher
 des XVII. Jahrhunderts* (Berlin, 1894), p. 7: »*Stechbüchlein* ... 2 Thle. ... 1645. quer 8°
 mit 50 emblematischen Kupfern und erklärenden Versen; *Erneuertes Stamm- und Stechbüchlein* ... 1654, quer 8°. 102 emblematische Kupfer.«

work to the *Stechbüchlein* (Don Francisci de Quevedo Villegas *Traum Von der entdeckten Warheit)* at all. Professor James O. Crosby, an international authority on
Quevedo, does not know of any reference which links Fabianus Athyrus in any way
with the German translation of Quevedo. The title page of the attached translation
lists Silenus Alcibiadis as the translator. Except for the bibliographical references to
the *Stechbüchlein* at the Bibliothèque Nationale and the British Museum, no other
sources mention the name of the translator of the Quevedo story. A thorough check of
all the various standard, pertinent books of reference, including again Emil Weller's
Lexicon Pseudonymorum and Holzmann-Bohatta's *Deutsches Pseudonymen-Lexikon,*
could nowhere identify or produce a Silenus Alcibiadis. The name itself occurs in the
title of an emblem book by the famous Dutch author, Jacob Cats, *Silenus Alcibiadis,
sive Proteus* ... (Middelburg, 1618).

Who, then, was this Fabianus Athyrus, whose name could be linked with the best
contemporary artists and publishers, whose book enjoyed at least a second edition
and a possible reprint and imitations, but about whom not one bit of biographical
information seemed extant? One vital clue did present itself from one of the emblems
in the book itself. In the edition of 1654 (p. 144), in an explanation of emblem XLII,
»Das verlangende Hertz« [20]), we read a sentence which refers actually to Virgil but
which states: »Dergleichen ist zu lesen in den Pegnesischen Schäfereyen / und in dem
Poetischen Trichter / da solches der Leser / wann er zu solchen Erfindungen lust hat /
auffsuchen kan.« Might not the author, we asked then, be more than casually associated
with the »Shepherds of the Pegnitz« *(Pegnesischer Blumenorden)* [21]) founded in 1644
by Johannes Klaj and Georg Philipp Harsdörffer and who, together, had written a
long pastoral poem, *Pegnesisches Schäfergedicht* (Nürnberg, in Verlegung Wolfgang
Endter, 1644)? [22]) And was not the reference to the »Poetischer Trichter« to the proverbial »Nürnberger Trichter« by Georg Philipp Harsdörffer? [23])

---

[20]) Another reference with allusions that could also be meaningful occurs in emblem XL (p.
138), »Das verliebte Hertz": »Also weiste Diana ihres Syreni Bildniß in dem Wasser / und
weil es sich bewegte / wolte sie auch mit demselben reden und erheischte von dem Gemähl
eine Antwort / fande sich aber betrogen / und muste sich getrösten / daß solches deß Abwesenden Angedenken erneurte / und seine Gestalt / wiewol stumm und redloß / gegenwärtig machte / wie hiervon zu lesen in dem ersten Theil der verliebten Diana deß Herrn
von Kuefsteins.« The reference is to *Diana / Von H. J. De Monte-Major / in zweyen
Theilen Spanisch be- / schrieben und aus denselben geteutscht / Durch Weiland / Den Wol-
gebornen Herrn / Herrn Johann Ludwigen / Freyherrn von Kueff- / stein / etc. Anjetzo
aber / Mit deß Herrn C. G. Polo zu- / vor nie gedolmetschten / dritten Theil / vermehret /
und Mit reinteutschen Red- wie auch / neu-üblichen Reim-arten / ausgezieret Durch / G. P.
H. / Gedruckt zu Nürnberg / in Verle- / gung Michael Endters. Im Jahr 1646.* Titelkupfer:
G. Strauch inv., A. Khol fec. The April 1967 catalogue of the Wissenschaftliche Buchgesellschaft of Darmstadt, p. 410, lists a new »reprografischer Nachdruck« of this work.

[21]) There are quite a few studies of the *Blumenorden* of which these are typical: Johann Her-
degen (= »Amarantes«), *Historische Nachricht von deß Hirten- und Blumen-Ordens an der
Pegnitz Anfang und Fortgang* (Nürnberg, 1744); Georg Wolfgang Panzer, *Erneuertes Gedächtniß des vor hundert und fünfzig Jahren gestifteten Pegnesischen Blumenordens in einer vor
einer feyerlichen Versammlung der gegenwärtigen Ordensmitglieder am 15. Julius 1794
gehaltenen Rede von dem Vorsteher des Ordens* (Nürnberg, 1794), 40 pp.; Julius Tittmann,
*Die Nürnberger Dichterschule. Hardsdörfer, Klaj, Birken. Beitrag zur deutschen Literatur-
und Kulturgeschichte des siebzehnten Jahrhunderts* (Wiesbaden, 1847; [2]1965); Blake Lee
Spahr, *The Archives of the Pegnesischer Blumenorden; a Survey and Reference Guide* (»University of California Publications in Modern Philology«, 57 [Berkeley, 1960]).

[22]) There was a continuation of the poem in the following year: *Fortsetzung der Pegnitz-
schäferey* (Nürnberg: Endter, 1645). A new edition edited by Klaus Garber is now available:

The next step was to seek further information about Georg Philipp Harsdörffer, probably the best known, most influential, important, prolific, versatile man of his age,
the »Master of Ceremonies who defined the rules of civilized conduct«; [24] further, well-
traveled, superbly educated, fluent and widely read in a number of foreign languages,
cultured, wealthy, nobly-born; a translator, collector, theoretician, diplomat, senator,
patron, and polyhistorian. The three pages of information about him by W. Creizenach
in the *Allgemeine Deutsche Biographie*, X (1880), pp. 644—6, gave no indication, however, that he could have any relationship with a book by a Fabianus Athyrus. We
did, however, discover in a book about Harsdörffer by Theodor Bischoff [25] that he

*Georg Philipp Harsdörffer — Sigmund von Birken — Johann Klaj, Pegnesisches Schäfer-
gedicht 1644—1645* (Deutsche Neudrucke, Reihe: Barock, 8 [Tübingen: Max Niemeyer, 1966]);
cf. also Eberhard Mannack (ed.), *Die Pegnitz-Schäfer. Nürnberger Barockdichtung* (Universal-Bibliothek, 8545—48; Stuttgart: Reclam, 1968), pp. 18—70; and Hedwig Jürg, *Das
Pegnesische Schäfergedicht (1644) von Strefon and Clajus* (Diss., Wien, 1947). Sigmund von
Birken's »Schäferei«, *Floridans Verliebter und Geliebter Sireno* (1656), paragraphs 33—36,
contains a scene in which the shepherds use a »Stechbüchlein« and pierce the pages to »Das
verlöffelte Herz« and to »Das gestochene Herz«; emblem VI in the *Stechbüchlein* (1654)
has »Das verlöffelte Hertz« and emblem IX has »Das durchstochene Hertz«.

[23]) Georg Philipp Harsdörffer, *Poetischer Trichter. Die Teutsche Dicht- und Reimkunst, ohne
Behuf der Lateinischen Sprache, in VI. Stunden einzugießen [Erster, Zweyter, Dritter Theil]* ...
(Nürnberg, Gedruckt bei Wolfgang Endter, 1647 [1648, 1653]). Two new editions of the
Trichter have recently appeared: *Poetischer Trichter ... zum zweitenmal aufgelegt und vermehret (1652/53)* — a »reprographischer Nachdruck« by the Wissenschaftliche Buchgesellschaft
in Darmstadt [1967]; *Poetischer Trichter* ... a »Nachdruck der Ausgabe Nürnberg, 1650—53«
by Georg Olms in Hildesheim, 1968; selections can also be found in Marian Szyrocki (ed.),
Poetik des Barock (Rowohlt Klassiker, 508—509; 1968), pp. 111—164: *»Poetischer Trichter* ... 1647, 1648, 1653.« Various types of discussion of the *Trichter* can be sampled in
these items: Dr. Wagler, »Die Sprachgesellschaften und literarischen Orden des siebzehnten
Jahrhunderts. Eine literarhistorische Studie«, *Programm der Realschule zu Colberg* (Colberg,
1857), pp. 13—23; Karl Borinski, *Die Poetik der Renaissance und die Anfänge der literarischen Kritik in Deutschland* (Berlin, 1886; Hildesheim: Georg Olms, ²1967), esp. pp. 190—
221; Wilhelm Risse, »Georg Philipp Harsdörffer und die humanistische Tradition«, G. Erdmann — A. Eichstaedt (eds.), *Worte und Werte. Bruno Markwardt zum 60. Geburtstag*
(Berlin, 1961), pp. 334—337; Joachim Dyck, *Ticht-Kunst. Deutsche Barockpoetik und rhetorische Tradition* (Bad Homburg vor der Höhe, 1966), esp. chap. III: »Rhetorische Stillehre«;
M. Windfuhr, *Die barocke Bildlichkeit und ihre Kritiker* (Stuttgart, 1966), 30—48, *passim*.
Another type of handbook by Harsdörffer, *Der teutsche Sekretarius. Das ist aller Cantze-
leyen / Studir und Schreibstuben nützliches / fast nothwendiges und zum drittenmal vermehrtes Titular- und Formularbuch* (Nürnberg, 1656), has also been reprinted by Georg Olms
in Hildesheim, 1968.

[24]) He is thus called by K. G. Knight, »G. P. Harsdörffer's *Frauenzimmergesprächspiele*«, *German Life and Letters*, N. S., 13 (1960), p. 117.

[25]) Th. Bischoff, *Georg Philipp Harsdörfer. Ein Zeitbild aus dem 17. Jahrhundert* (Festschrift
zur 250jährigen Jubelfeier des Pegnesischen Blumenordens gegründet am 16. Oktober 1644;
Nürnberg, 1894), p. 415. G. A. Will, *Nürnbergisches Gelehrten-Lexicon*, II (Nürnberg-Altdorf,
1756), pp. 34—39, had already listed Harsdörffer as the translator, in any case: »Franc. de
Quevedo, Traum von der entdeckten Wahrheit übersetzt.« The same identification is also
made in the very fine book by Adam Schneider, *Spaniens Anteil an der Deutschen Litteratur
des 16. und 17. Jahrhunderts* (Straßburg, 1898), chap. VI, »Georg Philipp Harsdörfers
Gesprächspiele«, p. 328: »Dieselbe Novelle [El perro y la calentura] übersetzte H. u. d. T.:
›Traum der entdeckten Wahrheit ...‹ Im Anhang an: Erneuertes Stamm- und Stechbüchlein.
Nürnberg 1654 S. 324—384.« The unnumbered title page of this translation reads: »Traum
Der entdeckten Warheit, Von einem Hund und dem Fieber, betreffend Die Mißbräuche,
Laster, Meuchel, List und Trügerey der Weltlinge ins gemein. Durch Don Francisco de Que-

was unequivocally listed as the translator of Quevedo's Spanish story *(Traum von der entdeckten Warheit)* and that Harsdörffer was, therefore, Silenus Alcibiadis. Even though Bischoff himself does not indicate where his authority for ascribing the work to Harsdörffer comes from, he states (p. 255), when discussing him as a translator: »Man muß die Sprachgewandtheit bewundern, mit der Harsdörffer dafür entsprechende deutsche Redewendungen zu setzen weiß.« Then, referring specifically to Quevedo: »Die Übersetzung macht Harsdörffers Sprachgeist alle Ehre. Sie erschien als Anhang mit fortlaufender Seitenzahl S. 324—384 an ›Erneuertes Stamm- und Stechbüchlein‹ — 1654.« Bischoff does not, however, go into the problem of the identity of Fabianus Athyrus, the author of the cited *Stamm- und Stechbüchlein*.

In a detailed study of Harsdörffer's most famous work, the *Frauenzimmergesprächspiele*, Georg Adolf Narciss [26]) lists all of the author's »Werke« (pp. 191—210), but, except for a reference to Quevedo's translation, there is here no further mention of the *Stechbüchlein*. The most recent and complete attempt to bring together all known works definitely by Harsdörffer has been undertaken by Heinz Zirnbauer: »Bibliographie der Werke Georg Philipp Harsdörffers«, *Philobiblon,* V (1961), pp. 12—49. Since he lists the works alphabetically, it does not take long to discover that a *Stechbüchlein* of either 1645 or 1654 is not mentioned as one of Harsdörffer's works. When

---

vedo Villegas, Cavallero del Orden de santiago y señor de la villa de Juan Abad, beygenannt der Spanische Lucianus, gedolmetscht auf gut Pantagruelisch Durch Silenum Alcibiadis.« The phrase in the title, »auf gut Pantagruelisch« refers, of course, to François Rabelais' heroic novel, *Pantagruel* (1532; [2]1534). No doubt Harsdörffer had both its style and content in mind here, for both the humorous and the serious are blended in the tale he has translated. The last numbered page of *Traum der entdeckten Warheit* (p. 384) is followed by two unnumbered pages of an »Anmerckung« which also contain a last reflection about »Schertz" and »sinnreich«; it is a very good summary by the author of the intent and the content of the entire volume: »Wer sich durch diesen Traum deß Sinnreichen Spaniers getroffen zu seyn vermeinet, und sich der Straffrede, so wider die Laster ins gemein gerichtet ist, für seine Person annimmet, der ist gleich dem Apostel Juda, der gefragt: Herr bin ich es? das ist: du giebst dich selbsten schuldig, da du vielmehr dich bemühen soltest, daß du noch ein solcher Missethäter noch dein eigener Verrähter wärest. Dergleichen Schertz ist gleich einem hellen Wasser, das den Flecken oder die Mackel deß Angesichts weiset, und die Mittel, solche abzuwaschen zeiget. Wer darüber zürnet, verursacht ein Gelächter. Wer aber in diesem Buch ein ihm anständiges Blätlein betrifft, der sage er seye glückselig im Traum, und bemühe sich, die hier vorgestellten Tugenden in dem Wercke zu erweisen, und die Laster, auch den Schein nach, zu fliehen und zu meiden.« The original title of Quevedo's story is: »El perro y la calentura. Novela peregrina. Por Don Francisco de Quevedo, quien la imprimió baxo del nombre de Pedro Espinosa. Aora añadida unas Lecciones naturales contra el descuydo comun de la vida.« Harsdörffer knew and used other works by Quevedo in addition to this one, particularly in the *Frauenzimmergesprächspiele*. In fact, Christoph E. Schweitzer states the case well when he says in the first line of his article, »Harsdörffer and *Don Quixote*«, *Philological Quarterly*, 37 (1958), 87—94: »Probably no author of seventeenth-century Germany was better acquainted with the literature of Spain than Georg Philipp Harsdörffer.« Quevedo's name is primarily associated in German literature with that of Harsdörffer's good friend and fellow-member of the *Fruchtbringende Gesellschaft*, Johann Michael Moscherosch (= »der Träumende«); his translation of the *Sueños* after its first publication in 1640 went through an almost unbelievable number of further additions and editions: *Les Visiones de Don Francesco de Quevedo Villegas Oder Wunderbahre Satyrische gesichte Verteutscht durch Philander von Sittewalt.* Cf. Curt von Faber du Faur, »Johann Michael Moscherosch, der Geängstigte«, *Euphorion,* 51 (1957), pp. 233—249.

[26]) G. A. Narciss, *Studien zu den Frauenzimmergesprächspielen Georg Philipp Harsdörfers (1607—1658). Ein Beitrag zur Deutschen Literaturgeschichte des 17. Jahrhunderts,* »Form und Geist«, V (Leipzig, 1928), p. 48 with its reference to Quevedo.

Zirnbauer lists books with which Harsdörffer's name can be associated (»Beiträge Harsdörffers in ...«), however, he refers to Bischoff and Narciss as sources for including the Quevedo translation and lists it with Fabianus Atharus [sic] and the Stamm- und Stechbüchlein. [27]) A recent book has undertaken to list the bibliographies of major German authors according to their first editions; it is by Gero von Wilpert and Adolf Gühring: Erstausgaben deutscher Dichtung (Stuttgart, 1967). When one looks up references under »Georg Philipp (Strefon u. a.) Harsdörf(f)er«, (pp. 497—98), one finds again that there is no mention of a possible relationship of Harsdörffer to the Stechbüchlein.

Finally, there turned up one isolated reference which seemed to substantiate our personal supposition that Georg Philipp Harsdörffer might have authored the Stechbüchlein as well as have translated the story from Quevedo. It was found in Christian Gottlieb Jöcher, Allgemeines Gelehrten-Lexicon, II (Leipzig, 1750), cols. 1377—78, where, after a brief biographic sketch of »Georg Philippus Harsdoerffer 1607—1658«, Jöcher lists some few works and notes tersely: »Er schrieb ... erneuertes Stamm- und Stech-Büchlein, oder Abbildungen der Tugenden und Laster in 200 [sic] Sinnbildern, mit poetischer Erklärung«, and »Er übersetzte Franc. de Quevedo Traum von der entdeckten Wahrheit«. Perhaps this one statement could be regarded as sufficient to solve definitely the problem of the authorship of the Stechbüchlein, were it not for the fact that Jöcher, for all of his general wealth of information, not infrequently lacks accuracy, as the one citation above for the number of the emblems in the Stechbüchlein bears out.

The long-awaited, final, and conclusive proof and evidence of the authorship of the Stechbüchlein came from the author himself in a somewhat typical fashion. Since working on a problem to be concluded shortly that deals with the emblematists of the Fruchtbringende Gesellschaft, systematic reading of the eight volumes of Harsdörffer's invaluable Frauenzimmergesprächspiele showed that he had listed in the bibliography of the second volume (1642) as a utilized source »Francisc. de Quevedo Villegas: Suennos y discursos de Verdades descubiertas. 8. Ruen. 1629.« Anyone familiar with Baroque literature knows that most volumes not only have verbose dedications and addresses to the reader from the author, but quite typically also numerous laudatory, felicitory, congratulatory poems of varying length and quality from friends to the author. This almost becomes a fetish among the members of the various language societies and is particularly applicable to Harsdörffer both as recipient and as presenter of such commendatory poems. It is, therefore, not surprising when one begins to read the Gesprech Spiele Fünfter Theil; ... Durch Einen Mitgenossen der hochlöblichen FRUCHTBRINGENDEN GESELLSCHAFT (Nürnberg, Gedrukkt und verlegt bey Wolffgang Endter. Im Jahr 1645) that a long section introduces the volume which Harsdörffer entitles, »Ehrengedichte dem SPIELENDEN von Hochansehnlichen Herren und liebwerthen Freunden zu Ausfertigung des Fünften Theils der Gesprächspiele übersendet« (including poems by Sigmund Betulius, Jo. Sandrart, Chr. Arnold, Joh. Klaj, Samuel Hunden, Joh. Hellweg, Filip Zesien, Joh. Rist, Jesa. Rumplern von Löwenhalt). There are XV numbered sections which include some very clever emblems and even a »Schäferey«; these occupy 66 pages. Section XVI, however, is a poem of six pages by Harsdörffer to thank his friends for their panegyrics and is titled: »Dankgedicht des Verfassers der Gesprächspiele für Die vorhergehende Lobschriften.« It is signed by none other than by »Fabianus Athyrus«! Here is the conclusive evidence, then, that Georg Philipp Harsdörffer is Fabianus Athyrus. Both the Stechbüchlein and volume five of the Gesprech Spiele

---

[27]) Heinz Zirnbauer, op. cit., p. 45, Nr. 75: »Atharus, Fabianus. Das erneuerte Stamm- und Stechbüchlein ... Nürnberg, bey Paulus Fürsten, 1654. S. 324—384: Traum der entdeckten Wahrheit ... gedolmetscht ... durch Silenum Alcibiadis.«

were written in 1645 and sent to Wolfgang Endter for publication, and we might musingly speculate that the euphoniously invented name for the *Stechbüchlein*'s author was, in keeping with the spirit of the game-playing of the *Gesprech Spiele*, added to the close of the introductory section with its rather light-hearted contributions. One possible meaning of the Greek verb form, *athyro*, is »I play«, and the name »Athyrus« is likely a pun from this verb that reflects Harsdörffer's society name of »Der Spielende.«

Harsdörffer has used other pseudonyms for his works, most of which have been identified. [28] Frequently, when signing a work or a contribution to someone, he uses only his initials »G. P. H.«; occasionally, he uses his society name »Strefon« from the *Pegnesischer Blumenorden;* but most frequently he signs his main works »Durch einen Mitgenossen der Hochlöblichen Fruchtbringenden Gesellschaft«. Only the first volume of the *Frawen-Zimmer Gespräch-Spiele* (1641) was published under the author's own full name. It was for this literary production that he was elected to membership in the *Fruchtbringende Gesellschaft* in 1642 (member Nr. 368). He was given the society name of »der Spielende«, referring to the work to which his election was primarily due. No member could have taken his membership more seriously than Harsdörffer, even though he was either founder or member of three other literary societies, including one in Italy. Many reasons might be considered as to why so many Baroque writers published their works under pseudonyms or anonymously or under a literary society's name. In the final analysis the solution seems to come from the ideals, goals, rules, and regulations of the literary societies themselves. Membership in a literary society did not prevent a writer from publishing under his own name, but if he did, he would not have to send in the work to the proper authorities of the society for approval in order for it to meet with the society's rules, standards, and ideals. If, however, an author wanted to publish a work with the support, approval, and backing — even prestige — of the society, then he would first have to submit it. This we see in many of Harsdörffer's works. Those dealing with non-literary subjects are regularly published under his name or initials, but the creatively literary publications are almost entirely printed with indicated membership in the *Fruchtbringende Gesellschaft.*

Because there seems to be a great deal of confusion and misunderstanding concerning the name-giving or name-using of members of the seventeenth-century literary societies, it seems not inappropriate here to cite from an »official« volume that contains the history and bylaws of the *Fruchtbringende Gesellschaft.* Later historians from among the society's members who compiled similar information did not change the basic presentation or considerations very much. Carl Gustav von Hille (= »der Unverdrossene«) wrote a fascinating history on the occasion of the thirtieth anniversary of the founding

---

[28] Emil Weller, *Lexicon Pseudonymorum* (Regensburg, [2]1886), p. 108: Octavianus Chiliades = G. P. Harsdoerffer, *Mercurius Historicus* (Hamburg, 1657); p. 165: Dorotheus Eleutherius Meletephilus = G. P. Harsdoerffer, *Die Hohe Schul Geist- und sinnreicher Gedancken* (Nürnberg, 1651—55); p. 419: Quirinus Pegeus = G. P. Harsdoerffer, *Ars Apophthegmatica* (Nürnberg, 1655—56), two volumes. One wonders why Mario Praz, *op. cit.*, p. 360, continues to list in his bibliography Harsdörffer's *Hertzbewegliche Sonntagsandachten* under »H., G. P.« and does not at least cross-list under his name the well-established but anonymously published *Aulaea Romana* (p. 263) and *Peristromata Turcica* (pp. 448—49). There seems no justification, either, for Praz to list works under the heading »Fruchtbringende Gesellschaft (or Palmenorden)«, pp. 342—43. We know that »der Geheime« *(Dreiständige Sinnbilder)* is Frantz Julius von dem Knesebeck; Prince Ludwig von Anhalt-Köthen *(Der Fruchtbringenden Gesellschaft Nahmen, Vorhaben, Gemählde und Wörter)* is »der Nehrende«; and that »der Sinnreiche« *(Lust- und Artzeney-Garten des Königlichen Propheten Davids)* is Wolfgang Helmhard Freiherr von Hohberg; *etc.*

of the *Fruchtbringende Gesellschaft* [29]), and one pertinent section in it is labeled: »IV. Von der Hochlöblichen Fruchtbringenden Gesellschaft Namen.« The following paragraphs are the most pertinent:

Die Namen belangend, welche die Hochlöblichen Fruchtbringenden Gesellschaftssachen gebrauchen, sind eines theils deswegen gebräuchlich, daß so unter ungleichen Stanspersonen (wie gedacht) eine Gleichheit und Gesellschaft getroffen würde; anders theils, daß sie unter solchen Titeln ihre Schriften ohne Ehrgeitz und eigenen Namensruhm an Tag geben, und vielmehr auf den gemeinen Nutzen, als der Lesere stoltzes Lobsprechen sehen möchten. Wiewohl auch jedem frey stehet, seinen angebornen Namen, nach Belieben, beyzusetzen. ...

In diesen Namen ist auch den Italiänischen Gesellschaften, mit gutem Fug, nachgenahmet, und wird aller Titelpracht, hierdurch aufgehoben; hingegen aber alle Vertreulichkeit, Gleichheit und Freundschaft, sowol mündlich als schriftlich, gestifftet, und erfreulichst befördert.

Der Mensch, sagt Plinius, wird nicht geboren mit scharffen Zähnen, daß er wie die Hunde beißen sol, nicht mit starken Hörnern, daß er wie die Stiere und Büffel stossen sol, nicht mit scharffen Klauen, daß er wie die Beeren und Katzen kratzen sol: sondern er wird geboren mit Threnen und Weinen, vermittelst welche er anderer Hülffe anflehet. Er wird geboren ohne Waffen, ohne Schutz, und Schirm, zur Freundlichkeit und Sanftmut, und erlernet mit zuwachsenden Jahren, die Rede von Anhörung seiner Muttersprache, damit er in Gesellschaft (ohne welche er der Worte nicht vonnöhten hat) leben, und sich ander Beyhülffe bedienen möge: ja kein Mensch ist so prächtig und mächtig, so herrlich und gewaltig, so klug und verständig, daß er anderer Menschen Raht und That nicht bedürftig seyn solte.

Ob nun wol solche natürliche Neigung zu dienstfertiger Freundschaft, in vieler Hertzen erloschen, und in unnatürliche schädliche Feindschaft, und schädlichste Thätigkeit verkehrt wird; haben doch die Fruchtbringenden sich durch ihre Gesellschaft dahin verbunden, daß höhere, in Gesellschaftssachen, dem kleinern, und der kleinere dem höhern gleich und nach der An- und Eintrettung die befindliche Ordnung belieben, wollen.

Diesem nach beharret der löbliche Gebrauch, daß in dem Ertzschrein zu Cöthen bey dero Hochlöblichen Fruchtbringend Gesellschafter Versamlung, einer jeden Tugendliebenden Person, nach gepflogenrer Unterredung, ein Gesellschaftname, der sich auf seine Beschaffenheit, Rede, Vortrag, oder Aufgabe schikket, ertheilet wird. Die Abwesenden aber werden, meisten Theils, nach ihren an das Liecht gebrachten Schriften benamet, und mit Gemählen und Sprüchen, wie hernach sol gesagt werden, begabet.

Der Gesellschafter Namen sind folgende, welche deswegen Frantzösisch, Italiänisch und Lateinisch beygefüget, der Verleumdung zu begegnen, so die Hochlöblichen Fruchtbringende Gesellschafter beschuldiget, als ob sie alle andere Sprachen unterdrukken, zu Grund richten und vernichten, hingegen aber die Teutsche allein hochheben, und erhalten wolten: massen hievon ein mehrers zu melden, und das Widrige aus ihren Schriften zu erweisen seyn wird.

This commendable spirit of tolerance and compatability among all members regardless of rank or creed or ability is seldom mentioned in the literary histories. By publishing

[29]) C. G. von Hille, *Der Teutsche Palmenbaum: Das ist, Lobschrift Von der Hochlöblichen Fruchtbringenden Gesellschaft Anfang, Satzungen, Vorhaben, Namen, Sprüchen, Gemählen, Schriften und unverwelklichem Tugendruhm. Allen Liebhabern der Teutschen Sprache zu dienlicher Nachrichtung* (verlegt durch Wolffgang Endtern, Nürnberg, 1647), cf. cols. 138—44. This volume also contains quite a few incidental contributions by Harsdörffer. The Kösel-Verlag in München plans a reprint of Hille's book in its series of »Deutsche Barock-Literatur« edited by Martin Bircher and Friedhelm Kemp. Some of Hille's information can also be found in the introductory chapter, »Kurtzer Bericht Von der Fruchtbringenden Gesellschaft Zwecke und Vorhaben«, which had appeared the previous year in the book by Prince Ludwig von Anhalt-Köthen and which has the magnificent collection of Matthias Merian's emblems of the first 400 members of the *Fruchtbringende Gesellschaft: Der Fruchtbringenden Gesellschaft Namen, Vorhaben, Gemählde und Wörter* (Franckfurt a. M., 1646). A reprint of this volume is planned by Max Niemeyer of Tübingen (Deutsche Neudrucke; Reihe: Barock). The book by C. G. von Hille was the primary source for the later history of the *F. G.* by Georg Neumark, *Der Neu-Sprossende Teutsche Palmbaum* (Weimar, 1668).

his works under the seal of the *Fruchtbringende Gesellschaft,* Harsdörffer thus shows, it seems, quite strong approval of its organization and attitudes.

What is a *Stechbüchlein?* Harsdörffer himself explains the riddle in his »Preface concerning the content and use of this new and enlarged *Stechbüchlein*«. A pious, almost sermonizing discussion of virtue and vice as found in the hearts of men, supported by appropriate Biblical citations, introduces Harsdörffer's »Wercklein« as a clue to what purpose this book is to be put. The seal of the virtues is recognizable in permanent illustrations or examples and is imprinted in the heart; the reflections of the vices are fleeting, superficial and contemptuous. Harsdörffer informs us that the first edition of the *Hertzenschertze* found much favor and that the supply was quickly exhausted; for this reason the number of emblems has been increased to 100, with the first 50 to refer to laudable virtues and dishonorable vices of the female sex and the second 50 to those of »young suitors«. When the two sexes are found together in intimate social groups, such as have been portrayed in the volumes of the *Gesprächspiele,* they can while away their time by having the women take a needle (»Stecknadel«) and stick (»Stech-«) it into the pages of the first half of the book (»-büchlein«) and read the text which accompanies the picture that one chances to have chosen, in order to note the applicability either of the virtue or the vice thus selected. The men, taking alternate turns, can stick a small penknife into the pages of the second half in order there to read the message that has been fated for them to be confronted with, the »good« (»Tugenden«) being equally distributed among the »bad« (»Laster«). If we seriously wonder why there are, seemingly, so few extant copies of Harsdörffer's *Stechbüchlein,* we can only assume that they were literally »stuck-to-pieces« or »stuck-to-death«. The preface closes with a laudatory reference to »der Sinnreiche Barclaj in seiner *Argenide* am 135 Blat«. We have been able to identify this reference from among the many editions and translations since the first edition of John Barclay's *Argenis* (Paris, 1621) to a second English edition that appeared, »Beautiful with Pictures«, in London, 1636 (Lib. 2., Ch. V, p. 135) where the »ingenious« Mr. Barclay does discuss »Vertue« and »Vice«. [30]) At the close of the introductory materials there is a moralizing poem in 48 alternatingly rhymed Alexandrines which reiterates once again that the positive (= virtues) and the negative (= vices) stirrings in the hearts of men and women might be considered thoughtfully as a warning when using the book.

The second edition of the *Stechbüchlein* has specifically been created to be used as a *Stammbuch (album amicorum).* The tradition of the *Stammbuch* has roots in the medieval, aristocratic *Wappenbuch* as well as in the learned, Renaissance world of the Reformation. It flourished in the same atmosphere which nurtured the luxuriant development of the emblem book. Our knowledgeable author was creatively active in the perfect environment where these two traditions could be blended. Some of the earliest editions of Andrea Alciati's *Emblematum liber* (first edition: Augsburg, 1531) as well as emblem books from Nürnberg were already interleaved for use as *Stammbücher,* and probably no other city in Germany can point to more of these »friendship albums« through origin or preservation than Harsdörffer's Nürnberg. He personally has immortalized himself in a great number of these books which have been preserved, so that he is quite aware of the type of popular book which he is creating. This accounts for the fact that a blank page precedes each one of the emblems in the book, which has a total of 103 unnumbered pages where the owner of the *Stechbüchlein* can request friends,

---

[30]) Martin Opitz had already translated this most popular political and historical romance into German: *Johann Barclayens Argenis Deutsch gemacht durch Martin Opitz* (Breslaw, 1626). There is also a »curious edition with amusing, occasionally free and somewhat emblematic illustrations" from Nürnberg, 1693, published by Wolfgang Moritz Endter.

teachers, relatives, famous personalities, members of the nobility, *etc.* to inscribe name
and date with or without motto, personal greetings, coat-of-arms, quotations from the
Bible, the classics, or popular literature.

An emblem book wants, first of all, to be pleasing to the eye; the picture is its body,
the text is its soul. Harsdörffer can probably be considered the most important German
theorist on the nature of the emblem, and his familiarity with all basic volumes on the
subject is demonstrated by the listings in his bibliographies of utilized sources. His
definitions and discussions of the emblem as found scattered liberally throughout the
volumes of his famous *Gesprächspiele* (1641—49) as well as other works have been
the subject of a number of studies; [31]) his influence and contribution as an emblematist
can not be overestimated. From the beginning to the end, the *Stechbüchlein* is a most
attractive volume that was guaranteed to please the eye; each individual part contributes to the »Gesamtkunstwerk«. An interlaced, calligraphically engraved frontispiece-
title signed by Andreas Khol [32]), the many different, petite and charming tailpieces, the

---

[31]) E. g., G. A. Narciss, *Studien zu den Frauenzimmergesprächspielen Georg Philipp Harsdörfers,* »Form und Geist«, V (Leipzig, 1928); Erich Kühne, *Emblematik und Allegorie in G.
Ph. Harsdörfers »Gesprächspielen« 1644—49* (Diss.; Wien, 1932); Peter Vodosek, »Das Emblem in der deutschen Literatur der Renaissance und des Barock«, *Jahrbuch des Wiener
Goethe-Vereins,* 68, N. F. (1964), pp. 25—29: »Die Nürnberger«; Sidney E. Bellamy, *Em-
blematics in Georg Philip Harsdörffer's* FRAUENZIMMERGESPRÄCHSPIELE (M. A. thesis; University of Texas, 1965). Two reprints of this important work will soon be available: *Frawen-
Zimmer Gespräch-Spiel So bey Ehrliebenden Gesellschaften zu nützlicher Ergetzlichkeit belieben werden mögen* (5. Teile. Nachdruck der Ausgabe Nürnberg, 1641—45; Hildesheim:
Georg Olms, 1968); Irmgard Böttcher (ed.), *Frauenzimmer Gespräch-Spiele* (volumes 1—4
of the planned 8 have appeared; Deutsche Neudrucke, Reihe: Barock, 13—16 [Tübingen:
Max Niemeyer, 1968 ff.]).

[32]) Calligraphic lettering is also found on the title page that introduces the second half of
the book, »Der Ander Theil«. An eight-line poem in Alexandrines with much punning on
the word »Mittel«, two additional blank pages to be pasted together by the bookbinder, and
an unnumbered engraving (with the motto: »Die Lieb' vnd dieses Buch sind beide gleich
behertzt, / Weil jedes ungescheut mit Warheits Pfeilen schertzt«) clearly indicate the middle
of the book. It was Andreas Khol who engraved the well-known, stunning portrait of Harsdörffer in 1651 from the original design by Georg Strauch; Thieme-Becker erroneously list
Khol's portrait, however, under *»Joh.* Phil. Harsdörfer«. A few other works by A. Khol
that are not listed in the handbooks are: *Spec. prosp. et adv. Fortunae ex Petrarca fig. embl.
aeri inc. p. A. Khol. Nor. s. a.* (cf. J. G. Sulzer, *Allgemeine Theorie der Schönen Künste,*
IV [Leipzig, 1794], p. 391; engravings by »Khol sc.« are in J. M. Dilherr's *Christliche Mor-
gen- und Abendopfer, Oder, Gebetbuch* (Nürnberg, 1654); Khol signed the portrait of Dilherr that appears in his *Christliche Gedächtnis-Münze* (Nürnberg, 1655), and the 18 copperplate, emblematic medaillons are also attributed to Khol; »A. Khol sc., G. Strauch delin.«
are the signatures on the portrait of Daniel Wülffer in his emblem book, *Fatum. Das ist:
Das vertheidigte Gottes-Geschick und vernichtete Heyden-Glück* (Nürnberg, [31]1701 — 1st
ed.: 1656); »Andreas Khol sculp., Paulus Fürst excudit« can be found on the engraving
for Johann Klaj's poem, *Abbildung, der bey der völlig-geschlossenen-Friedens-Unterschrei-
bung gehaltenen Session in Nürnberg den 26. Junij 1650;* »Georg Gärtner d. J., Bildnis des
Bartholomäus Viatis 1538—1624, gestochen von Andreas Kohl« is listed in L. Grote (ed.),
Barock in Nürnberg 1600—1750 (Ausstellung im Germanischen National-Museum vom
20. Juni bis 16. September, 1962), p. 44, A 36; Khol did the beautiful double-page engraved
title page and Harsdörffer wrote the explanation for it, listed as »Traumgedicht auf Erklä-
rung des Kupfertitels abzielend«, for Johann Wilhelm Herr von Stubenberg's (= »Der
Unglükkselige«) *Geschicht-reden* (Nürnberg, 1652); and see footnote number 14 above.
Adolf Hildebrandt refers to some of those who signed Lorenz Baudisz von Treschen's
Stammbuch of 1650—59 as »sonstige Berühmtheiten«, and he includes in the list »Andr.

beautifully clear Gothic letter-type used throughout, even a page of musical notation (LXXVI. »Das lobsingende Hertz«) [33]) are minor embellishments within the whole. The pictures of the emblems themselves are superb; each one is a work of art where the reader is forced also to admire the infinite variety of background details. There are so.many views of castles, churches, cities, costume designs for both sexes, daily activities of many occupations, gardens, house interiors, illustrations of plant and animal world, landscapes, waterscapes, etc., that one has an incomparable cultural history unfolded before the eyes as one leafs through the book. In this, the plates are comparable perhaps only to the pictures in earlier and attractive emblem books by such authors and artists as Johan de Brune, Antonius à Burgundia, Joachim Camerarius, Jacob Cats, Zacharius Heyns, Adriaan Hoffer, Bartholomaeus Hulsius, Jan H. Krul, Michael Maier, Gabriel Rollenhagen, Daniel Sudermann, and Nicolaus Taurellus.

The emblem books, however, wanted also always to teach and to instruct. There is a distinct moralizing purpose in almost every created emblem. The engravings have thus been used as moral-making art, and one might recall here the lines by Garrick inscribed on Hogarth's monument at Chiswick, England: » ... who reach'd the noblest point of art, / Whose pictur'd morals charm the mind, / And through the eye correct the heart.« Nowhere are emblems used more for teaching and moral designs than in the flood of emblem books by Jesuit authors [34]) that appeared in Europe for a hundred years and with which Harsdörffer was acquainted. In the *Stechbüchlein* there is endless variety in the presentation of the virtues and the vices. The first (unnumbered) engraving sets the tone with its couplet: »Kommt gleich deß Lasters Pfeil in dieses Hertz geflogen, / So hat ihn bald die Hand der Tugend ausgezogen.« A third (printed) title page that follows the introductory material states again that what follows is to be a mirror of the virtues and the vices (»Deß erneurten Stechbüchleins Erster Theil. Für das Holdselige Frauenzimmer / deroselben Tugendspiegel und Lasterspiegel vorstellend«). Typical of the vices to be found emblematized in the book are: anger, avarice, brawling, cowardice, drunkenness, envy, fear, gambling, gossip, guile, impatience, laziness, pride, promiscuousness, rudeness, skepticism, sloth, vanity, and wantonness. Typical emblematized virtues are: assiduity, charity, chastity, conscientiousness, fidelity, friendship, hope, industry, justness, love of art, love of literature, love of music, patriotism, peace, praisegiving, prudence, stability, and worship. The reader takes pleasure rather than displeasure at being »preached to« through constant, fugue-like variation in the presentation of the didactic moral. Harsdörffer's literary fame rests in part on his enjoyable, well-told collections of stories. In the *Stechbüchlein* we find examples of ad-

---

Kohl«: *Stammbücher-Sammlung Friedrich Warnecke* (Berlin, Versteigerung, 2. Mai 1911; Leipzig), Nr. 122. Of passing interest perhaps is Harsdörffer's list of those famous artists whose works would deserve to be remembered in the »Tempel der Ewigkeit«: Albrecht Dürer, Michelangelo, Titian, Sandrad, and Merian (*Stechbüchlein*, XIX, »Der Mahler Ehrenbrieff«).

[33]) An interesting discussion of Harsdörffer, »the musician", can be found in Eugen Schmitz's article, »Zur musikgeschichtlichen Bedeutung der Harsdörfferschen ›Frauenzimmergesprächspiele‹ «, *Festschrift zum 90. Geburtstage ... Rochus Freiherrn von Liliencron* (Leipzig, 1910), pp. 254—77. Also of interest are the studies by James Haar, *The Tugendsterne of Harsdörffer and Staden. An Exercise in Musical Humanism* (Musicological Studies and Documents, 14; n. p., 1965) and by R. Eitner, »Seelewig, das älteste bekannte deutsche Singspiel von Harsdörffer und S. G. Staden 1644. Neudruck«, *Monatshefte für Musik-Geschichte*, XIII (1881), pp. 55—147.

[34]) A good discussion of Jesuit emblem books can be found in Heribert Breidenbach, *Der Emblematiker Jeremias Drexel S. J. (1581—1638). Mit einer Einführung in die Jesuitenemblematik ...* (University of Illinois diss.; Urbana, 1970).

monition, aphorism, deliberation, dialogue, didactic poem, epitaph, fable, investigation, parable, paradox, precept, proverb, query, reflection, reminiscence, report, riddle, tale, transposition of letters, variation, *etc.* [35])

There is, in addition, a real virtuosity in the actual verse forms in which Harsdörffer interprets some of his emblems; it sometimes seems as if he has pulled all the stops of his lyric genius. He frequently indicates to the reader in which meter or form he is writing, e. g., »Alexandrinische Verse (XXXIV)«, »Anapästische (XXXI; XC)«, »Doppelreimen (XCI)«, »Gemeine Verse (XXX)«, »Gemengte Verse (XCV)«, »Lang halbgereimte Trochaei (XXXIII)«, »Ringelreimen (C)«, »Sapphische (XXXV)«, »Sapphische, Iambische (LXXXVII)« and »Trochäische (LXXXVIII)«; »Irrgedicht (LXXIX)«, »Lehrgedicht (LIX)«, »Schertzgedicht (LXXXII)«, »Sonnet oder Klingreimen (XLVI)«, and »Zweyreimiges Sonnet (LXXXV)«. One might smilingly wonder what Martin Opitz (1597—1639), fellow-member in the *Fruchtbringende Gesellschaft* (admitted 1629 as »der Gekrönte«, member number *200*) would have said to this lyric pirouetting. The *Stechbüchlein,* when looked at from this formalistic point of view, is almost a miniature *ars poetica,* and one thinks involuntarily of Harsdörffer's proverbially famous book of rules, *Poetischer Trichter / Die Teutsche Dicht- und Reimkunst ... in VI. Stunden einzugießen* (Nürnberg, 1647, 1648, 1653 — parts 1—3). Wolfgang Kayser has discussed most adequately *Die Klangmalerei bei Harsdörffer* (Göttingen, 1932; ²1962) [36]), and he could also have found excellent examples of this technique in the *Stechbüchlein.* What a delightful, dancing, leaping, rush of »Wortmusik« and of onomatopoetic word-painting (reminiscent somewhat of the popular »Gesellschaftslied«) we find in emblem number XXXI, »Die Hertzens Music«:

Die Sinne bald schweigen /	erwecket in Leiden
wann Lauten und Geigen	fast himmlische Freuden.
vermindert den Schmertzen	das Englische Wesen /
der traurigen Hertzen /	macht Krancke genesen /
das geistliche Singen /	die dancken und loben
das liebliche Klingen /	den HERRN dort oben /

---

[35]) »*Warnung,* XXII Das stoltze Hertz«, »*Spruch,* LXXV, Das gefährte Hertz«, »*Berathschlagung,* LVII, Das zweiffelhaftige Hertz«, »*Gespräch,* LV, Das wandelbare Hertz«, »*Lehrgedicht,* LIX, Das sorgenvolle Hertz«, »*Grabschrift,* LXXI, »Das ergrimmte Hertz«, »*Fabel,* LXIX, Das eitelkühne Hertz«, »*Erforschung,* VI, Das verlöffelte Hertz«, »*Gleichniß,* IX, Das durchstochne Hertz«, »*Paradoxum,* LXVIII, Das bekrönte Hertz«, »*Lehre,* XX, Das plauder Hertz«, »*Sprichwort,* XXIV, Das gleichliebende Hertz«, »*Frage,* LXXIII, Das neidische Hertz«, »*Betrachtung,* LVI, Das Bücherliebende Hertz«, »*Erinnerung,* LII, Das trostreiche Hertz«, »*Erzehlung,* XXI, Das gerechte Hertz«, »*Rähtsel,* XXXII, Das Jungfrauen Hertz«, »*Märlein,* LIII, Das sorgsüchtige Hertz«, »*Letterwechsel,* XXXVI, Das gewisse Hertz«, »*Unterschied,* VII, Das ärgerliche Hertz«. Harsdörffer's interest in the »Sprichwort« is discussed by Moses Lennon, *Proverbs and Proverbial Phrases in Harsdörffer's* DAS SCHAUSPIEL TEUTSCHER SPRICHWÖRTER (University of Chicago M. A. thesis; Chicago, 1933). There is a facsimile edition of Harsdörffer's *Das Schauspiel teutscher Sprichwörter* taken from the second edition (1644) of the *Frauenzimmer Gesprächspiel... Anderer Teil* (Nürnberg: W. Endter, 1642) that appeared in Berlin, 1964.

[36]) »Klangmalerei« is one of many aspects treated (Chap. V, 2. B.) in the study by Siegfried Ferschmann, *Die Poetik Georg Philipp Harsdörffers. Ein Beitrag zur Dichtungstheorie des Barock* (University of Vienna diss.; 1964). Another recent stylistic study is by John E. Oyler, *The Compound Noun in Harsdörffer's* FRAUENZIMMERGESPRÄCHSPIELE (Northwestern University diss.; Evanston, 1957) where 5720 compound nouns are listed; cf. also *DA,* XVII (1957), pp. 3022—23, and »Harsdorffer [sic] and the Compound Noun«, *CMLR,* XIX, 2 (1963), pp. 16—17.

der ihnen das Leben　　　　　　so lasset uns pfeiffen /
und Music gegeben.　　　　　　　die Zincken begreiffen /
So lasset uns singen /　　　　　　mit lieblichen Stücken
so lasset uns klingen /　　　　　　die Hertzen erquicken!
so lasset uns spielen /　　　　　　ohn weilen und wancken /
die Lauten befühlen /　　　　　　dem höchsten GOTT dancken!

There are probably no meters or metrical lines which Harsdörffer does not use in this volume, and in such a way always, of course, to try to fit the content to the form. Not unlike Andreas Gryphius's use of the antithetical Alexandrine in many of his sonnets about death, so Harsdörffer uses this meter in an emblem about death (LXXVI, »Das lobsingende Hertz«):

Es steigt das Leben auf; es muß auch wieder fallen /
und mit der Todten-Schar an grossen Reyen wallen:
　　Inzwischen herrscht in uns der dreygeeinte GOTT /
　　Ihm sey Lob Ehr und Preiß im Leben und dem Tod.
In diesem Threnenthal / auff diesen Dörner Wege /
in solchem Jammerpfand und auff dem schmalen Stege /
　　erfreut deß Menschen Hertz der süsse Saiten Klang /
　　wir hören vorgestellt der Engel Lobgesang.

The writing of poetry was, for many members of the *Pegnesischer Blumenorden* and other comparable literary societies, a social pastime, a game, a playing with words and forms, and much of their lyric output has been perhaps justifiably criticized with sufficient invective. Harsdörffer's verse is not always inspired, by any means, and it is not free of the experimental atmosphere of the poetic laboratory. One can find more than sufficient discussion of words, their meanings, *Urformen*, syllables, and the like in many of Harsdörffer's works, but most notably scattered throughout the *Frauenzimmergesprächspiele*. Here follows a final and rather typical example of Harsdörffer's poetizing in a »zweyreimiges Sonnet« (LXXXV, »Das scheele Hertz«):

Der blasse Neid / der Höllen brut/
　　vergifftet / gleich den blauen Schlangen:
　　Er hält das Hertz mit Schmertz gefangen /
in dem es kocht durchgalltes Blut.
Den Neidhart kränckt deß Nechsten Gut /
　　Darob entfärbt er seine Wangen /
　　und wie es ihm bißher ergangen
verachtet er mit Meuchelmuth.
Der Neidhart weiß nicht was er thut /
　　und zweiffelt was er sol verlangen /
Deß Nechsten Freud ist seine Ruht.
in solcher Sinnberaubten Wut
　　muß er sich gleichsam selbst erhangen /
und brennet sich mit seiner Glut.

Harsdörffer's fame as a prosaist has been well established through his collections of translated anecdotes and stories as well as his original collections, and these form the great bulk of his activity as a writer. [37]) The prose sections of the *Stechbüchlein* are in the same lucid, straightforward, interesting style of his »story books«; they are not devoid of humor, puns, alliterations, rhymes, and even scannable rhythms. If »Worthäufung« and »concetti« have become almost standard descriptive terms for much Baroque writing, then Harsdörffer is a true representative of his age when we find such an example as the following (XLVI, »Das betende Hertz«):

Das rechtschaffne Hertzens Gebet ist der rechte Himmelsschlüssel / das Gespräch mit GOTT / der Honigseim der Seelen / der Schulde Abbittung / deß Glaubens Spiegel / der Hoffnung Grundseule / der Liebe Mutter / der Göttlichen Gnaden Heroldin / ein Siegel verständiger Gedancken / die Zier der Heiligkeit / die Entzündung der Gottseligkeit / die Artzney der Schwachheit / das Rauchwerck eines angenehmen Göttlichen Opffers / der Schmuck deß Gewissens / die Milderung deß Todes / und ein Vorgeschmack deß ewigen Lebens.

Harsdörffer's fluent prose style can well be illustrated in a personal reflection on »The Ambition of Scholars« which accompanies the emblem about the heart that is eager to teach (LXX, »Das lehrbegierige Hertz«). He derides those scholars who try to achieve fame and fortune merely by an impressive listing of names of cited authors in order to discourage criticism by hiding behind authority where it would have been wiser to discuss their ideas critically.

Die Gelehrten machen es vielmals wie die Krämer / welche ihre Wahren feil bieten und loben / wann sie gleich niemand begehret und kauffen will: Also höret man / daß die Gelehrten gerne von ihrer Kunst reden / selbe mit vielen Worten herauß streichen / und sich bey denen / die es am wenigsten verstehen / groß zu machen; ja deßwegen können sich die Gelehrten schwerlich miteinander vergleichen und einer Meinung werden / weil ein jeder / auß gefastem Ehrgeitz / seine Ursachen für die besten hält / und seinen Gegner für verachtet. Also werden auß den süssen Früchten der Wissenschafften spitzige Dörner und Stachel / die niemand nutzen / aber vielen verdrüßlich sind. Wann man viel Autores anziehet / und solche an die Pforten eines Buches stellet / so geschihet es auß Ehrgeitz / indem sie für Schweitzer dienen / welche die Affterreder abhalten und hinweg treiben sollen: Sie solten aber vielmehr andrer Scribenten

---

[37]) Harsdörffer's collections of stories went through very many editions, and many were translated. The best-known are: *Nathan und Jotham: Das ist, Geistliche und Weltliche Lehrgedichte...* (Nürnberg, 1650—51 — 2 parts) — the Nürnberg edition of ²1657 is being reprinted by the Kösel-Verlag in München; *Heraclitus and Democritus. Das ist C [hundert] Fröliche und Traurige Geschichte* (Nürnberg, 1652—53); *Der Geschichtsspiegel: Vorweisend Hundert Denckwürdige Begebenheiten, Mit Seltnen Sinnbildern, nutzlichen Lehren, zierlichen Gleichnissen und nachsinnigen Fragen* (Nürnberg, 1654); *Der Große Schau-Platz Lust- und Lehrreicher Geschichte. Das erste Hundert. (Das zweyte Hundert.) Mit vielen merkwürdigen Erzehlungen, klugen Sprüchen, scharffsinnigen Hofreden, neuen Fabeln verborgenen Rähtseln* (Frankfurt, 1650—51 — 2 parts); *Der Große Schau Platz Jämerlicher Mordgeschichte* (Hamburg, 1649—50 — 8 parts) — the Georg Olms publishing house has reprinted the Hamburg edition of ³1656 with its »Zugabe« of a discussion and 100 illustrations of »Sinnbilder« (Hildesheim, 1968) and Hubert Gersch has edited a selection of these stories, *Jämmerliche Mord-Geschichten. Ausgewählte novellistische Prosa* (Neuwied: Luchterhand, 1964); *Mercurius Historicus. Der Historische Mercurius. Das ist: Hundert Neue und denkwürdige Erzehlungen* (Hamburg, 1657); *etc.* There are several studies of Harsdörffer's prose collections and his prose style, e. g., Maria Kahle, *Harsdörffers Kurzgeschichtensammlungen. Ein Beitrag zur Unterhaltungsliteratur des Barockzeitalters* (Diss.; Breslau, 1942); Günther Weydt, »Zur Entstehung barocker Erzählkunst — Harsdörffer und Grimmelshausen«, *Wirkendes Wort, I. Sonderheft* (Düsseldorf, 1952), pp. 61—72; Evamarie Kappes, *Novellistische Struktur bei Harsdörffer und Grimmelshausen mit besonderer Berücksichtigung des großen Schauplatzes lust- und lehrreicher Geschichte* (Diss.; Bonn, 1954); Günther Weydt, »Don Quijote Teutsch — Studien zur Herkunft des simplicianischen Jupiter«, *Euphorion*, 51 (1957), 250—270; Volker Meid, »Barocknovellen? Zu Harsdörffers moralischen Geschichten«, *Euphorion*, 62 (1968), 72—76.

Ursachen / als ihre Namen anführen. Es kan keine Mutter ihr Kind lieben / wie sie ihre Erfindungen zu lieben pflegen / daß wann es möglich / daß deß Gelehrten Hertz sich auff einem Buche von der Erden in den Himmel schwingen könte / so würde er sich ungezweiffelt dahin bemühen. Es ist aber solcher Ehrgeitz eine Ursache / eines Theils eigner Vergnügung / anders Theils auch ein Antrieb zu dem wehrten Tugendstande / und muß der / so das Ende will / auch die Mittel / so zu solchem Ende führen / nothwendig ergreiffen.

One of the chief, if not the most important, goals of the *Fruchtbringende Gesellschaft* was its sincere and praiseworthy aim to purify the German language from foreign »Sprachverderberey«. Its founders were grieved and rightly perturbed at the disintegration of their mother tongue in a brief hundred years since the glorious accomplishments of Martin Luther. They had noted also that the many learned Italian Academies were striving for purification of their native tongue. Georg Philipp Harsdörffer was certainly foremost among the members of the *Fruchtbringende Gesellschaft* who strove to fulfill this aim in everything he wrote; few contemporaries could match his zeal in carrying out the ideals of language purification as set up in its bylaws. [38] The entire *Stechbüchlein* would bear this out at closer examination, and two examples in the emblem discussions show his typical concern with such problems: »Wort-erforschung (VI)« and »Reim-Art (XLII)«. In one instance Harsdörffer pokes fun at imitating the French style of men's fashions (LXXXII — »Diß ist ein neue Tracht zu äffen die Frantzosen«).

Since the *Stechbüchlein*, however, is perhaps more than anything else an emblem book, it is perhaps appropriate at this point to consider its value as such. A true emblem as conceived by the acknowledged *Pater et Princeps* of the genre, Andrea Alciati in his *Emblematum liber* (Augsburg, 1531), consists of three parts: a picture (*pictura* — the »body«), a motto (*inscriptio*), and prose or verse (or both) explanation (*subscriptio* — the »soul«). Harsdörffer himself does not always distinguish consistently between the

---

[38] Typical statements can be found in Carl Gustav von Hille, *Der Teutsche Palmenbaum ...* (Nürnberg, 1647), cols. 9—24, *passim:* »Den Gesellschaftern soll obliegen, unsere hochgeehrte Muttersprache, in ihrem gründlichen Wesen, und rechtem Verstande, ohn Einmischung fremder ausländischer Flikkwörter, sowol in Reden, Schreiben als Gedichten, aufs aller zier- und deutlichste zu erhalten und auszuüben«; »Wir sollen unsere hochprächtige Muttersprache vor allen Dingen, von dem Unflat bettelerische Wortbesudelung, so viel jedem müglichen, ausreiten, saubern, auszieren, und keineswegs damit ferner behelligen: sondern dieselbe dagegen in ihrer Grundfeste und rechten Verstand erhalten, behalten, und fortpflanzen, uns hochlöblich angelegen seyn lassen«; »Die Gesellschaft ist gestiftet, zu Erhaltung ... und zu Fortsetzung unserer hochteutschen Sprache, sowol in gebund- als ungebundener Rede, insonderheit in der neuen und angeführten Reimkunst (worinnen vieler Gesellschafter vortrefliche Ausarbeitung höchlichen zu rühmen) viel Lobwürdiges gestiftet, und gewirket«; »Halt, behalt die Muttersprache, die so rein und züchtig / und zu allen Sinnbegreiff herrlich, reich und tüchtig«. Before Prince Ludwig of Anhalt-Köthen (»Der Nährende"), one of the founders in 1617 and long-time head of the *Fruchtbringende Gesellschaft*, died in 1650, he had already selected Duke Wilhelm zu Sachsen-Weimar (»Der Schmackhafte« — 1617) to be his successor as its second head. After a year of mourning, twenty-four of the older members near Köthen and Weimar formally presented a petition to the Duke to beg his acceptance of their request to be the new »Oberhaupt«. He accepted — just as formally. The entire proceedings and the documents were brought together in a booklet of fifty-six pages written by Harsdörffer; in it he strongly urged a continuation of the old traditions: *Fortpflantzung der Hochlöblichen Fruchtbringenden Gesellschaft: Das ist Kurtze Erzehlung alles dessen, Was sich bey Erwehlung und Antrettung hochbesagter Gesellschaft Oberhauptes, Deß Höchteur- und Wehrtesten* SCHMACKHAFTEN, *begeben und zugetragen. Samt Etlichen Glückwünschungen, und Einer Lobrede deß Geschmackes.* Gedruckt zu Nürnberg, bey Michael Endter, Im Jahre 1651. Cited also in the valuable survey by Klaus Bulling, *Bibliographie zur Fruchtbringenden Gesellschaft* (Berlin, 1965), p. 42.

strict form of the emblem and its allied form, the *devise* or *impresa* (picture and motto
only), for he is inclined to call them both »Sinnbild«. [39]) No other German writer
seems as well-versed in emblem literature, as the long bibliographies in the various
volumes of the *Frauenzimmergesprächspiele* show. The emblematic »cult« in Germany
reaches its zenith in Harsdörffer; no one took greater delight in the inventing of new
emblems, particularly of giving new meanings to older themes and to traditionally
emblematized subjects and forms. Harsdörffer's oft-cited definition of an emblem from
the fourth volume of the *Gesprach Spiele* (p. 176) gives a satisfactory picture as to his
manner of thinking about the emblematic art:

Welches ist die Kunst, so die unbegreiffliche Gedanken des fast Göttlichen Verstandes des
Menschen belangen kan? Welches ist die Wundervolle Klugheit, die das Unsichtbare entwerffen,
das Unbekante vorstellen, das Unaussprechliche verabfassen kan? Welches ist die hochweißliche
Wirkung, so die unvergleichliche Gedächtniß, das mehr als irdische Gemüht, und die höchst-
fahrende Vernunft des Menschen beherrschen, verpflichten, und ausfündig machen mag? Die
Sinnbildkunst ist es ... Kurtz zu sagen: Die Sinnbildkunst ist eine nachdenkliche Ausdruckung
sonderlicher Gedanken, vermittelst einer schicklichen Gleichniß, welche von natürlichen oder
künstlichen Dingen an- und mit wenig nachsinnlichen Worten ausgeführet ist.

What we actually find pictured in the emblems of the *Stechbüchlein* seems often very
traditional. We find, for instance, an anchor, books, candle, cat, crown, cupids, doves,
fool's cap, fox, gardens, gourd, hourglass, helmet, lamb, lock, lyre and other musical
instruments, mirror, pallet, palm frond, peacock, shell, ship, skeleton [40]), skull, spider,

---

[39]) In »proper« adherence to goals of the Fruchtbringende Gesellschaft Harsdörffer almost
consistently uses this Germanized form for »emblem«. See also my article, *»Sub verbo ›Sinnbild‹ «, Humaniora. Essays in Literature, Folklore, Bibliography Honoring Archer Taylor
on his Seventieth Birthday* (Locust Valley, N. Y., 1960), pp. 115—20.

[40]) Emblem XXXIX (»Das sterbende Hertz«) is a veritable Dance-of-Death scene and begins:
»Komm dürrer Sensen-Mann.« Harsdörffer's intimate association with a magnificent »Dance
of Death« with pictures that show the strongest Holbein influence but with new verses by
a fellow-emblematist, Johann Vogel, has never been pointed out before. A full-page,
engraved frontispiece is signed by the two artists who are also the artists of the *Stechbüchlein*, »G. Stra[uch]: in, A. Khol fecit«: »Anno 1648 — Toden-Tantz, Zu finden bey
Paulus Fürst, Kunsthändlern.« One notices also that Paul Fürst is again the publisher of
both volumes. The printed title page reads: »Icones Mortis ... Vorbildung deß Todtes,
In Sechtzig Figuren durch alle Stände und Geschlechte derselbigen nichtige Sterblichkeit
fürzuweisen, außgedruckt, und mit so viel überschrifften, auch Lateinischen und neuen
Teutschen Verßlein erkläret. Durch Johann Vogel Bey Paulus Fürsten, Kunsthändlern zu
finden.« The colophon reads: »Gedruckt zu Nürnberg / durch Christoff Lochner / In Ver-
legung Paul Fürsten Kunsthändlern allda.« Following the title page is another full-page
Dance-of-Death emblem, »Metas et tempora libro« — »Ich wäge Ziel und Zeitten ab.«
There follow these sections: »Declaratio emblematis & exhortatio ad pium lectorem« (2 pp.),
»Erklärung deß Sinnbilds unnd Erinnerung an den Christlichen Leser« (3½ pp.), »Imperii
Mortis causa et certitudo" (1/2 p.), »Der Herrschafft deß Todtes ursach und gewißheit«
(1 p.), »Imperii Mortis Amplitudo« (1 p.), »Die allgemeine Herrschafft deß Todtes« (1 p.),
»Imperii Mortis Destructio« (1 p.), »Die zerstörung der Herrschafft deß Todts« (1 p.),
»Contemplatio mortis utilissima« (1 p.,) »Erinnerung deß Tods an die Lebendigen« (4 pp.).
Here follow the initials »G. P. H.« — the same initials with which Harsdörffer has signed
at least a third of his works. Then, continuing, there is a »Sterb Lied" in five stanzas (3
pp.), and this again is signed »G. P. H.« The next four pages give the »Register Deß Toden
Tantz-platz LX scenes.« Again we find a long poem of five pages signed by »G. P. H.«
to explain the following gruesome, macabre engraving: »Irrgedicht [a lyric form used also
by Harsdörffer in the *Stechbüchlein* several times] zu Erklärung folgender Figur.« On the
page to the left we find printed Latin and German Biblical references to go with the verses;
to the right we find engraved Latin texts above and German texts below the exquisitely

sun, sundial, swan [41]), sword, and watch [»das Nürnberger Ei«], *etc*. What is *new* here, however, is that every traditional theme has been linked up with the heart. There were so-called »heart emblems« before Harsdörffer that had attained wide dissemination (see above, par. 6), but he is not at all dependent on these for his own. In his work, *Der Geschichtspiegel* (Nürnberg, 1654), Harsdörffer has several heart emblems, and he says (p. 21) that no one in the emblematic art has used hearts as emblems more than Cramerus, Ponna, and Ammon [42]). In the *Gesprach Spiele*, volume IV (p. 213) he had

---

engraved Dance-of-Death scenes, each one in a different frame of flowers. The engravings of the *Stechbüchlein* have the same type of engraved German couplet beneath the emblem as found here. There is one final engraved page of macabre horror: »Anno 1648 — Paulus Fürst, excu.« It would be instructive to determine Harsdörffer's use of the Dance-of-Death theme in his works, and it would be equally valuable to determine the degree to which the Thirty Years' War and particularly the Peace of 1648 are found in emblem literature. Johann Vogel is only one of many who is involved in this problem with his: *Meditationes emblematicae de restaurata pace Germaniae. Sinnbilder von dem widergebrachten Teutschen Frieden* (Frankfurt, [1649]).

[41]) Just one example to show Harsdörffer's invention of a new meaning for an older symbol is the one here of the swan. If one checks A. Henkel — A. Schöne, *Emblemata* (Stuttgart, 1967), cols. 814—18, one finds as traditional emblematic explanations of the swan: »Dichter«, »reine Freundestreue«, »Gunst fördert die Dichter«, »Lobpreis des Todes«, »Totenklage«, »Tapferkeit«, »geschützte Reinheit«, »Reinheit des Dichters«, »Zuflucht in der Gnade Gottes«. But Harsdörffer uses the swan as a symbol for falsehood or deception (LXVII, »Das falsche Hertz«) because it has underneath its white feathers black [= falseness] skin. The pictures which Henkel-Schöne list under »Falschheit« (cols. 673, 920, 1495) refer to »a crocodile's tears«, »a honey-bee's sting«, and »a honey-covered sword with which a man tries to drive off flies.« In the *Gesprachspiele*, III (p. 248) there is a picture of the front of a stage, and on each side of the curtain is a large emblematic device. To the right we again see the white swan with the motto: »Wer mich weis acht / Mein Haut betracht." The deceptiveness of the world is symbolized with the delusive white feathers that hide the black skin (cf. p. 177): »Wie der weiße Schwan mit seinem schwarzen Fleisch ein rechtes Bild ist deß betrüglichen Weltwesens.« This emblem of the swan has also been noted in an article by Gilbert J. Jordan, »Theater Plans in Harsdörffer's *Frauenzimmer-Gespraech-spiele*«, *JEGP*, XLII (1943), p. 490. That the swan is still today being reinterpreted and given new meanings can be seen in Edgar Lohner's »Das Bild des Schwans in der neueren Lyrik«, *Festschrift für Bernhard Blume* (Göttingen, 1967), 297—322.

[42]) Cf., Daniel Cramer, *Emblemata Sacra* ... (Frankfurt am Mayn, 1622) and other books by him; *Francisci Ponae cardiomorphoseos sive ex corde desumpta Emblemata sacra* (Veronae, 1645); Hieronymus Ammon, *Imitatio Crameriana sive Exercitium Pietatis Domesticum* (Noribergae, 1647). Benedictus van Haeften's volume was most popular of all, and all its editions and translations were frequently reissued: *Schola Cordis* (Antverpiae, 1629); *Schola Cordis, or The Heart of it selfe gone away from God* ... (Castle in Corn-hill, 1647); *Hertzen Schuel* ... *verteutscht durch D. Carolum Stengelium* (Augspurg, 1664, Ingolstadt, 1663); *Escuela del corazon* (Madrid, 1748 — tr. Fr. Diego de Mecolaeta). The vitality of the Bible-centered heart-emblem is not diminished in Germany for many decades as Johannis Thauler's neglected and almost entirely overlooked emblem book shows: *Helleleuchtender Hertzens-Spiegel* ... *Mit zur Sache hochdienlichen Kupffer-Figuren* ... *Samt einem kurtzgefasten, doch vollständigen Gebet-Büchlein, oder Andachts-Spiegel* (Amsterdam und Franckfurt, Bey Johann Bielcken, Buchhändl., MDCCV — the date of my copy, probably a later edition as the date of the second part indicates:), *Hertz-inniger Andachts-Spiegel* ... (Franckfurt und Leipzig, Bey Johann Bielcken, Buchh. in Jehna, Im Jahr 1680). There is an engraved frontispiece and 14 numbered, engraved emblems in the first of the three sections [called »Vorstellungen«]; a fold-in emblematic plate is signed »A. Luppius, exc.« The second part has an engraved emblematic frontispiece and two emblematic plates (Tabul. A, B) and two fold-in plates (Tabul. C, D).

written also that there were »gantze Bücher zu befinden über das Herz« and he cites Haffteni Schola cordis — Hertzschul, Hertzenschertze, Crameri Emblemata — Hertzengemählde und viel andere«. The human heart in the *Stechbüchlein* becomes distorted into innumerable different shapes: e. g., an artist's pallet, a breastplate, candlestick, drum, hourglass, human face, loaf of bread, pocket watch, torte, and wine beaker. Further, the heart is pierced with an anchor, coins, a dart, flails, an inn sign, lock, playing cards, spoons, and windmill arms. It is pressed between books, decanters, globes, money bags, musical instruments, and in a fruit-juice press. Inside the heart we find, for example, a bell clapper, bird's nest, cracked bell, cupid, lyre, portrait, skull, and snake. The heart rests in a basket, a bed of roses, a bed of thorns, a canopied bed, an opened book, a treasure chest, under a fool's cap, and under a swan. [43]) The heart is always placed far to the foreground, for, as the title of the book directly tells the reader, it is the heart which will be used as a mirror and a seal to represent the virtues and the vices. Sometimes a supplementary, background view or object underscores the lesson which the heart wants to teach: for example, a youth sitting in the shade against a tree between a skull and a smoke-spewing vessel and blowing bubbles helps us in each part to identify the vice of vanity; an elegantly dressed and coiffured lady followed by a sightless crone and ogled by two men can be identified if we realize that the sun-dial (Sonnen*uhr*) stuck into the heart, which rests upon a capital letter *H*, will spell »Hur«.

Harsdörffer has invented here his ideal type of emblem. There is a subtle, hidden meaning (in emblem LXI he calls it »einen verborgnen Sinnverstand«) in the attractive *pictura* that takes considerable reflection in order to unriddle its true message (the *significatio*). There is a brief rhymed couplet in Alexandrines beneath the picture which helps to elucidate the emblem considerably, and there follows a short motto-title *(inscriptio)* plus additional explanations in prose and in verse *(subscriptio)*. The parts, when put together, give us the full meaning, moral, and thought. They appeal to the eye, the ear, and the mind. Harsdörffer's own anonymous description of himself on the title page — »der löblichen Sinnkünste Beflißnen« — could in no way better describe his great interest in the art of making ingenious emblems. His presentation engages our attention completely in its artfulness, variety, and meaning; it is one of the most appealing of German Baroque emblem books. [44])

The *Stechbüchlein* ends on a rather rollicking note, considering the very serious tone that has prevailed throughout. There is, in the last emblem, a five-time toast from a goblet shaped from six hearts (»das behertzte Glas«) and filled with Moselle wine: »Auff Gesundheit treuer Hertzen!« One of the chief goals of all the language societies was the cultivation of friendship and fellowship [45]), and their critics have always been

---

[43]) The last four printed pages of the *Stechbüchlein* with its added translation of the story by Quevedo are unnumbered [= they would be pp. 387—390, or iii-vi]; they list alphabetically the various types of hearts found in the *Stechbüchlein*. The heading reads: »Register. Die I. Zahl bemercket die Ordnung, die Zweyte das Blat.«

[44]) Albert Krapp discusses in a general way the interplay of poetry, art, and music as formulated and practised by Harsdörffer: *Die ästhetischen Tendenzen Harsdoerffers* (Berliner Beiträge zur Germanischen und Romanischen Philologie, XXV [Berlin, 1903]): »Begriff der Kunst«, 13 ff.; »Dichtkunst« and »Poeterey«, 21 ff.; »Malerei", 24 ff.; »Musik«, 68 ff.

[45]) In C. C. von Hille, *Der Teutsche Palmenbaum ... Lobschrift* (Nürnberg, 1647), pp. 8—27, *passim*, we find such sentences taken from the bylaws of the *Fruchtbringende Gesellschaft:* »Ein jeder Gesellschafter [soll] sich erbar, weiß, tugendhaft, höflich, nutzlich und ergetzlich, gesell- und mäßig überall bezeigen, rühm- und ehrlich handeln bey Zusammenkunftē sich gütig, frölich und vertreulich, in Worten, Geberden und Werken treulichst erweisen, und gleichwie bey angestellten Zusammenkunften keiner dem andern ein widriges Wort vor

pleased to mention the undue stress placed on this aspect of their activities. In the books that deal with the history of the *Fruchtbringende Gesellschaft*, in the volumes of Harsdörffer's *Frauenzimmergesprächspiele* and in other volumes by him (for example, the title page of a book such as his *Vollständig Vermehrtes Trincir Buch* [Nürnberg, 1665]), and on title pages of innumerable books by members of the *Pegnesischer Blumenorden*, we find many pictures that show the conviviality that existed among members of the literary societies. The »fruits« or works they produced were comparable to »Freudenwein in der Glückseligkeit«. The long, octameter, three-line toasts with their single rhyme always in »-*ein*« seem almost to reflect the unity of purpose and equality established among those jovial and loyal members as they are pictured at their long tables at the »Erzschrein« of the *Fruchtbringende Gesellschaft*. The *length* of line may also reflect the pride in being able to look back over the years of continued existence, and the meter is befitting also for the classicality of their aims as human beings and writers.

The *Stechbüchlein* by Georg Philipp Harsdörffer (*alias* Fabianus Athyrus) is an excellent specimen of Baroque art, literature, book publishing, of a *Stammbuch*, of a book representative of volumes printed under the aegis of the *Fruchtbringende Gesellschaft*, and as a »Gesamtkunstwerk« typical of one of the most celebrated and influential writers of his time. [46])

übel aufzunemen höchlich verboten; Also solle man auch festiglich verbunden seyn«; »Wir [sollen] unsern Nechsten hertzlich lieben, unsre Geist- und Gesellschaftsbrüder, mit wolgemeinter, und treuer Ehrerbietung begegnen, denselben redlich unter Augen gehen, die hülffreiche Hand Christlich bieten«; »Wir sollen uns freundlich in allen Begegnissen, freudig in Widerwertigkeit, unverdrossen in Gutem erweisen«; »[Wir sollen] Teutsches Geblütes und Gemütes ermuntern, daß Redlichkeit und Trauen wieder wachsen wird«; »Tugendliebe wehlen, Freundschaft pflegen, friedlich seyn, niemand bößlich neiden«; »zu Erbauung guter Sitten, zu Aufmunterung der geistreichen Sitten und Anreitzung hoher Tugenden." Emblem XCII of the *Stechbüchlein* concerns »Die Hertzens Freundschafft« and asks: »Was soll doch der Menschen Leben / sonder Hertzens Freundschafft seyn?«

[46]) The esteem in which Harsdörffer has been held, not only by his contemporaries but up to the present day, particularly in his native Nürnberg, can not help but impress one. When he died, one of the many printed funeral orations said of him on its title page: »Memoria Eruditae Nobilitatis Viri Magnifici, Nobilissimi, Perstrenui Amplissimi ac Prudentissimi Dn. Georgii Philippi Harsdörfferi In clutae Reip. Norimbergensis Senatoris Laudatissimi. Oratione Parentali Publice in Alma Noricorum Academia Celebrata Die 23 Mensis Martij, Anno MDCLIX. A Vito Georgio Holtzschuhero à Neuburg. (Typis Georgis Hagen Universitatis Typographi.) Blake Lee Spahr quotes rather poignant lines from a letter written by Johann Wilhelm von Stubenberg (27 Nov. 1658) after Harsdörffer's death; it represents »a final testimony to Harsdörffer's position in the literary world: ›Ach freylich hatt dz Edle Deütschland, sein Neronberg und Alle Künstinnen [= Musen], an ihme einen unsäglichen Verlußt getahn, welcher ... nie genugsam zubeklagen ... fiele‹ « (*The Archives of the Pegnesischer Blumenorden; a Survey and Reference Guide* [Berkeley, 1960], p. 14). Other typical panegyrics can be found, e. g. in Georg Wolfgang Panzer, *Erneuertes Gedächtnis des vor hundert und fünfzig Jahren gestifteten Pegnesischen Blumenordens in einer vor einer feyerlichen Versammlung der gegenwärtigen Ordensmitglieder am 15 Julius 1794 gehaltenen Rede von dem Vorsteher des Ordens* (Nürnberg, 1794), pp. 11—15; [Dr. V. M.] Otto Denk, *Fürst Ludwig zu Anhalt-Cöthen und der erste deutsche Sprachverein. Zum 300-jährigen Gedächtnis an die Fruchtbringende Gesellschaft* (Marburg, 1917), pp. 102—106 and *passim*. Laudatory press notices appeared, particularly in Nürnberg, at the 350th anniversary of his birthday, November 1, 1957, and at the 300th anniversary of his death, September 16, 1958. Cf. also Hellmuth Rösseler, *Fränkischer Geist — Deutsches Schicksal. Ideen, Kräfte, Gestalten in Franken 1500—1800* (»Die Plassenburg«, 4; Kulmbach, 1953), pp. 212—19: »Der Patrizier mit der Maske: Georg Philipp Harsdörffer.« Two standard

Appendix

I. Georg Philipp Harsdörffer (= Fabianus Athyrus)
Stechbüchlein: Das ist / Hertzenschertze / in welchen Der Tugenden und Untugenden Abbildungen / zu wahrer selbst Erkantnis / mit erfreulichem Nutzen aufzuwehlen. Erster Theil. Verfasset Durch Fabianum Athyrum, der löblichen Sinnkünste Beflissenen. Inventirt und verlegt durch Georg Strauchen; und ist zu finden bey Wolffgang Endter in Nürnberg. Im Jahre MDCXXXXV.

(xvi; 25 plates; ii; XXV plates. Calligraphic title: »Stechbüchlein«; »Zuschrifft«; »Vorrede«; engraved plate and poem, »Cupido an den Leser«; »Bericht Den behäglichen Gebrauch dieses Büchleins betreffend«; unnumbered introductory engraved plate; 1—25 numbered engraved plates of emblems; engraved poem to mark middle of book; I—XXV numbered engraved plates. All 52 engraved plates printed recto only. Oblong octavo.)

II. Das erneurte Stamm- und Stechbüchlein: Hundert Geistliche Hertzens Siegel / Weltliche Hertzens Spiegel / Zu eigentlicher Abbildung der Tugenden und Laster vorgestellet / und Mit hundert Poetischen Einfällen erkläret Durch Fabianum Athyrum, der loblichen Sinnkünste Beflißnen. Diesem ist angefüget Don Francisci de Quevedo Villegas Traum Von der entdeckten Warheit. Nürnberg / In Verlegung Paulus Fürsten / Kunsthändlers / Gedruckt daselbst bey Christoff Gerhard / Im Jahr 1654.

(1—169, 170—323 pp. + 103 unnumbered blank pages to be used as an *album amicorum*. Calligraphic title: »Erneürtes Stamm- und Stechbüchlein. Zufinden in Nürnberg bey Paulus Fürsten Kunsthändlern etc. 1654 A. Khol fec.«; engraved frontispiece; »Zuschrifft«; »Vorrede: Von dem Inhalt und Gebrauch dieses neuvermehrten Stechbüchleins"; printed title page: »Deß erneurten Stechbüchleins Erster Theil«; 1—50 numbered, engraved plates of emblems; engraved poem and engraved, unnumbered frontispiece to mark »Der Ander Theil«; 51—100 numbered, engraved plates of emblems; concluding unnumbered, engraved plate with poem: »Schluß. Cupido an den Leser.« Plates 1—25 of the edition of 1645 become plates 26—50 of the edition of 1654; plates 1—25 of the edition of 1645 become plates 76—100 of the edition of 1654; unnumbered engraving and poem »Cupido an den Leser« used as introductory plate in 1645 closes the volume of 1654; a second introductory unnumbered engraving of 1645 is placed between parts one and two in 1654. 103 engraved plates in 1654 edition. An alphabetized index of the emblems is printed on four unnumbered pages at the end of the entire volume [= »pp. 387—390«]. Oblong octavo.)

III. Lehr- und Sinnreicher Hertzens-Spiegel in Hundert Geist und Weltlichen Hertzens-Bewegungen Zu eigentlicher Abbildung der Tugenden und Laster vorgestellet und mit so vielen Poetischen Einfällen erkläret Durch Fabianum Athyrum Der Löblichen Sinn Künste befließenen. Nürnberg Zu finden bey Joh. Christoph Weigel Kupferstecher [between 1690—1720].

(xvi; 1—102, 103—207 pp. Same order of 103 plates preserved as in 1654 edition.)

University of Illinois, Urbana   Henri Stegemeier

---

literary histories give adequate coverage to Harsdörffer: Richard Newald, *Die deutsche Literatur ... 1570—1750* (München, ²1957), esp. pp. 210—225; J. G. Boeckh, G. Albrecht, K. Böttcher, K. Gysi, P. G. Krohn, H. Strobach, *Geschichte der deutschen Literatur 1600 bis 1700* (Berlin, 1963), esp. pp. 328—34, 350. For the 325th anniversary of the founding of the »Pegnesischer Blumenorden«, *Der Franken-Reporter*, Nr. 115 (Fremdenverkehrsverband Nordbayern e. V.; Nürnberg, 15 October 1969) issued a photograph of an engraved portrait of Harssdörffer [sic] (G. Strauch delin., J. Sandrart sculp.) and another one showing him in a contemporary setting of its meeting place outside Nürnberg, the »Poetenwäldchen«; the title of the article calls Harsdörffer a »Weltmann und Künder der Toleranz«.

ROBERT M. BROWNING

On the Numerical Composition of Friedrich Spee's
Trutznachtigall

»omnia in mensura et numero
et pondere disposuisti«
Lib. Sap. 11, 21

I

Scholarship has not signally neglected the work of Friedrich Spee (1591—1635), one of
the most attractive personalities and one of the most courageous men of the 17th
century, though it is only now, 333 years after his death, that he is receiving the
honor of a critical edition of his complete writings. [1] *Trutznachtigall*, first published
in Cologne in 1649, fourteen years after the poet's death, has naturally come in for
the lion's share of scholarly attention, and it can probably be said that the tone and
spirit of this work are generally appreciated. It has been placed within a system of
coordinates that considerably clarifies its aim, its rhetorical stance and its sources; we
have a fair idea of its historical position and can read the work with some understanding. Though extremely derivative — hardly a fault in a work of the 17th century! —
every poem, every line bears the stamp of Spee's compassionate personality, of his
love of God and God's creation. It is not, however, with sources and influences, nor
yet primarily with the emotional and ethical tone of *TN* that I wish to deal here,
but rather with a more fundamental aspect of the work, one that has up to now been
examined only superficially and, as I think one may say without sounding too presump-
tuous, from the standpoint of false hypotheses. [2]

---

[1] *Sämtliche Schriften*. Historisch-kritische Ausgabe in drei Bänden, hrsg. von Emmy Rosenfeld (Kösel-Verlag: München, 1968). — Only vol. 2, the *Güldenes Tugend-Buch*, ed. Theo
G. M. van Oorschot, had appeared at the time of this writing.

[2] The two critical editions of *TN* (*Trutz-Nachtigal von Friedrich Spe*, ed. Gustav Balke
[Leipzig, 1879]; *Trutznachtigall von Friedrich Spee*, ed. Gustav Otto Arlt [Halle, 1936]) both
ignore the question of structure. Balke contents himself with a broad characterization of
style, tone and subject matter; Arlt is satisfied with even less, referring the reader to
»Werke ... in großer Menge« readily available to anyone interested in the linguistic and
artistic peculiarities of *TN*.
Eric Jacobsen's erudite monograph, *Die Metamorphosen der Liebe und Friedrich Spees
»Trutznachtigal«* (Copenhagen, 1954), does much to establish the historical-spiritual ambience
of the work, but pays scant attention to the question of structure. Though Jacobsen states
(p. 20) that »die Sammlung ist wirklich als Ganzes durchkomponiert«, he fails to show in
any detail how this is true, and indeed later (p. 155) seems to cast doubt on his original
assertion by saying: »Es wird einem bald klar, daß Spee als Poet kaum mit einem eigentlichen strukturellen Sinn begabt war. Er komponiert in Einzelheiten sorgfältig und kunstvoll
genug, aber die Strophe scheint die größte Einheit zu sein, die er wirklich zu übersehen
und zu planen vermag.« This is about as wide of the mark as one can get.
Emmy Rosenfeld, *Friedrich Spee von Langenfeld. Eine Stimme in der Wüste* (Berlin, 1958),

The basic esthetic fact about *TN* is that it is a *cycle*. Furthermore, that it is a cycle composed by a 17th century professor of theology. As such, he was aware of, indeed, he took for granted, the symbolic significance of every aspect of life. Anything and everything was, or could become, emblematic, a *figura*. The world had not yet lost its meaning for the Baroque; this meaning was still writ large everywhere one looked and pointed directly to the source of all meaning, to God. To reflect this meaning in the structure of one's work was not only the self-evident thing to do, it was another way

treats *TN* at length pp. 197—255, and her later monograph, *Neue Studien zur Lyrik von Friedrich von Spee* (Istituto Editoriale Cisalpino: Milano-Vares, 1963), is largely devoted to *TN*. In spite of the years of study she has devoted to Spee, the author nowhere betrays that she has recognized the structure of his main poetic production. Her analysis in *Stimme* is especially confused and self-contradictory. »Ist [...] die *Trutznachtigall* überhaupt als ein einheitlicher Gedichtband anzusehen und worin besteht dieses verbindende Element?« she asks p. 213, and after a discussion of some twelve pages concludes: »So wäre also die Frage nach der Einheitlichkeit im Aufbau der *Trutznachtigall* b e j a h e n d geklärt« (p. 224). But even the most attentive reader will be at a loss to discover what R. regards as the »unifying element«. Is it »jene grandiose E i n f ö r m i g k e i t «, »jene Monotonie des Inhalts und des Stils«, the »fast ausschließliche Beschränkung auf den Passionskreis und den Wundenkult« of which she speaks on p. 218? Her remarks p. 220, postulating unity on monotony of tone, would seem to indicate this: »[...] von hier aus betrachtet, muß die Einheit *a priori* bejaht werden.« But if we assume that this is meant, what are we to make of the statement p. 223: »*Ungefähr ein Drittel aller Gedichte* aber besingt die Passion und ist der Kreuz- und Wundenverehrung geweiht«? (Emphasis added.) A third is certainly not »fast ausschließlich«. Meanwhile we have been informed (p. 222) that »Dieses Suchen [...] des Dichters in der Gestalt der *Sponsa* [nach dem ›schönen Gott‹] [...] bildet fast den alleinigen Inhalt der ›Trutznachtigall‹ «! (This latter statement is an especially violent distortion of the facts.) Faced with such irreconcilables — and there is a number of other inaccuracies of a less serious nature which I will not bother to enumerate — one may well question whether R. shows that the cycle has *any* definable structure. She feels there must be a symmetry — »[...] denn er ist stets ein Meister der Symmetrie gewesen« (p. 224) — but she does not succeed in making it evident.

In her *Neue Studien,* R. seems to have grown at once more uncertain and more apodictic, though her language is not always clear, at least not to me. She recognizes »drei große Zyklen« within *TN*, »neben kleineren eingestreuten Liedern und didaktischen Gesängen« (p. 93): a Sponsa-cycle of 15 poems, a cycle of 11 *Laudes*, and »15 Eklogen mit dazwischen eingestreuten 5 Liedern [...] und 5 didaktische Dichtungen.« (Actually, there are only 13 eclogues: nos. 30, 31, 32, 34, 36, 39, 40, 41, 45, 47, 48, 49, 50.)

R. disallows Jacobsen's sketch of the structure of the cycle, but for a reason which is to me unintelligible: »Jacobsen sieht einen planmäßigen Aufbau [...] streng nach dem Eingangslied durchgeführt, von dem wir heute wissen, daß es als eines der letzten des Buches gedichtet wurde [...]« (p. 94). Why should the fact that the introductory poem was among the last to be written keep it from providing an outline of the subject matter? Be that as it may, R's firm (?) conclusion seems to be: »Keinesfalls handelt es sich bei der ›Trutznachtigall‹ um ein organisch aufgebautes Ganzes, dessen Dreiteilung von Anfang an festgelegt war« (p. 94). Apparently this means that there is indeed a tripartite division, but that it came into being more or less by accident.

The Tübingen diss. by Margarete Gentner, with the promising title of *Das Verhältnis von Theologie und Ästhetik in Spees »Trutznachtigall«* (1965), offers no new insights into the structure of the cycle. The following quotation (p. 183) is typical of the author's position: »Die Einheitlichkeit der *TN* ist ja weniger eine Ganzheit, in der die Teile verschmolzen, aus verschiedenen Elementen ein neues Ganzes geworden sind, als vielmehr ein Zusammenspiel aus Zueinandergestelltem.« Her »Tabelle« preceding p. 183, which analyzes the content of the cycle thematically, likewise betrays no insight into its structure. Her summary (250 ff.) hardly touches on the question.

of praising the giver of meaning, God. And if, as seems to be the case with *TN* (certainly it is the case with its critics from the 19th century to the present!), only God was aware of this tectonic praise, it made little difference, for it was meant primarily for His eyes in any event: *soli Deo gloria.* [3])

Before attempting to show in detail the tectonics of *TN*, I should like to crave the reader's indulgence to insert a personal note. When I first took up the book to read it through, I had no preconceived notions whatever concerning its structure. I simply outlined it thematically poem by poem and found, to my astonishment, that a clear pattern emerged. Any pattern in a poetic work is potentially significant and unlikely to be accidental. Closer examination revealed such clear evidence of numerical composition that there could be no question of the poet's intention: »Da eines abends wird das werk lebendig.«

Yet it must be admitted that the structural principle of *TN* is for our eyes (if not God's) by no means immediately apparent. Furthermore, it is obscured by the fact that the editio princeps contains 52 poems, instead of 51, the number in the three extant manuscripts (see Arlt, p. CLXXXI), and that Arlt, whose edition is the most widely used, follows the editio princeps rather than the best (Trier) manuscript, on which Balke's edition is based. We will return to the question of the 52nd poem later. The following analysis of content deals only with poems 1—51.

	1:	Introductory poem *(prologus ante rem);* survey of contents; symbolism of nightingale
7 poems	2—8:	Sponsa poems; the Bride *seeks* the Bridegroom but comes to realize that her longing to *see* God cannot be stilled on this plane
3 poems	9—10 + 11:	Sponsa poems; the Bride *finds* the Bridegroom but only as he is about to be seized in the Garden of Gethsemane and as he is on the way to Golgatha (9—10); Maria Magdalene (=Sponsa) at tomb of the risen Christ (no. 11)
7 poems	12—18:	Homiletic poems; exhortation to repentance (12—13); preparation for repentance (pater noster); repentance and absolution (15—18)
1 poem	19:	Poem on the Jesuit missionary St. Francis Xavier; example of imitato Christi
2 x 7 poems	20—32 + 33:	Laudes; doxological poems praising God in His creation; the longing to *see* God expressed at close of no. 32 leads to annunciation of Christ's birth placed in mouth of angel and the latter's vision of the Millenium (no. 33)
3 poems	34—36:	Christmas poems; two eclogues expressing rejoicing at the Savior's birth enclose poem on ox and ass at the manger
	37—43:	Poems on the Passion
	37—38:	Christ speaks of His mission
7 poems	39—41:	Eclogues on Christ-Daphnis taken captive
	42:	Ecce Homo
	43:	Christ speaks from the cross: the message of universal love

---

[3]) Cf. Fritz Tschirch, *Spiegelungen. Untersuchungen vom Grenzrain zwischen Germanistik und Theologie* (Erich Schmidt Verlag: Berlin, 1966), 201 ff.

	44—50:	Death and Resurrection
7 poems	44—47:	Lamentation of the Crucified
	48—50:	Resurrection and insight into meaning of Christ's sacrifice (no. 50)
	51:	Poem on the Eucharist interpreting meaning of whole cycle (epilogue)

The first question that is bound to arise is whether this analysis of content is correct. My answer must be: let the reader analyze the cycle himelf and see if he comes up with a different pattern. My analysis, as mentioned above, was made *before* I had the slightest notion that Spee had built up his work on the principle of numerical symbolism and it has not been changed since in any respect. But the proof of the pudding is in the eating: let us see what this analysis can tell us. If it is fruitful of insights, then, like the quantum theory of mechanics, it is »correct«, though the classical theory may in certain instances work just as well.

The bare outline at once reveals such startling symmetry that it would convince even the most hardened skeptic that, contrary to the opinion of our leading Spee scholar, *TN* is indeed »ein organisch aufgebautes Ganzes« (see footnote 2). And the longer one looks, the more symmetry one sees, though I must hasten to add that I am by no means sure that I have seen all there is to be seen in this beautiful example of numerical composition. On the face of it, it would seem doubtful. But what I have seen I shall attempt to point out.

Perhaps the first thing to strike the attention is the fact that we are here dealing with a group of 49 poems framed by an interpretative opening and an interpretative closing poem: $1 + 7 \times 7 + 1$. Everything falls effortlessly into groups or multiples of sevens, the three poems on the Passion and Ressurection (9—11) and the three on the Savior's birth (34—36) combining with the poem on Xavier (no. 19) to make up a disguised septenary. It is perhaps superfluous to point out the significance of 7, *caput omnium rerum, numerus perfectionis*. 7 is of course comprised of 3, the symbol of the Trinity, of self-unity, the »heavenly« or »noumenal« number, and of 4, symbolic of the earth (with its »four corners«), the human condition, the cross. 7 symbolizes perfect order, the complete period or cycle; in Christian terms, the union of the human and the divine, the phenomenal and the noumenal, the Incarnation. [4]) And it is the Incarnation itself and the message of the Incarnation, which is love, that is the sole subject of Spee's work.

Closer scrutiny reveals that the cycle as a whole forms a double triptych with two epicenters, one human and one divine. The focal point of the first triptych is poem no. 19, on St. Francis Xavier, the great Jesuit missionary who was Spee's personal hero and the man on whom he wished to model his own life. [5]) This poem is framed by 17 poems: 2—18 and 20—36. (The »lower« frame is delimited by no. 36, because nos. 34—36 combine with no. 19 and nos. 9—11 to form a septenary.) The Christmas poems, i. e. the poems on the Incarnation proper, form the second epicenter. They are framed

---

[4]) Of the many discussions on the significance of the number 7, I refer the reader above all to the article »Siebenzahl, heilige« in *Realencyklopädie für prot. Theologie und Kirche*, 3. Auflage (Leipzig, 1906), vol. 18.

[5]) Spee wrote three poems on Xavier (beatified 1619): a hymn, »Xaverius mit Schmertzen«, a poem in *GT*, »Xaverius der mütig Held« (Oorschot, p. 368), and the 19th poem in *TN*. The great Jesuit seems to have been his hero from an early age. Spee longed to become a missionary to the Far East like »the Apostle of the Indies« and vainly entreated the General of his order for permission. (See Rosenfeld, *Stimme*, pp. 13 and 21 ff.)

by 14 poems: nos. 20—33 and nos. 37—50. Combinig the poems on the Birth with those preceding we get 17, and with those following another 17.

This immediately leads to further insights. It is self-evident that the dual unity Xavier and Jesus, imitatio Christi and Christus, »says« the same thing as the number 7, i. e. signifies the union of the human and the divine, the Incarnation, whose message of love the saint put into practice and paid for with his life. But why the plurality of 17's?

Only apparently, be it said, because 51, the number of poems in the cycle, divided by the 3, the »noumenal« number, equals 17. Rather, this is one of the reasons why there are 51 (and only 51!) poems. [6]) 17 is of course a significant number in its own right, being comprised of 7, the »number of perfection«, and 10, the number of the Commandments, which are divine wisdom formulated for the grasp of the human understanding. In other words, 17 has the same symbolic meaning as 7; it once more shows forth the union of the human and divine: »wiederholte Spiegelungen«! The deeper reason for the 17's, however, has to do with the traditional belief that Christ died »in the 34th year of His life«, i. e. when He was 33 (plus the time from Christmas to Easter). Thus 17 is half the traditional age of the Savior. [7]) The 17's in our poem are meant to be added to produce 34's: nos. 2—18 + nos. 20—36 and nos. 20—36 + nos. 34—50. The three Christmas poems are »combiners« or »completers«; that they must here be taken twice and that they form a septenary with 19 and 9—11 says in image: without the birth of the Savior nothing is complete, this is the center of centers, the final meaning. It is particularly, even touchingly, significant that the poem on Xavier is framed by 17's. Thus the saint is »enclosed« by his Lord, with whose poems his own also combines to form the number of perfection. Together with the Passion, Resurrection and Birth of his Master the saint forms a perfect unit; without Him, his poem might seem a meaningless foreign body within the structure of the cycle.

It will have struck the attention of the peruser of the analytical outline that one group of poems, nos. 20—33, will not divide neatly into septenaries but must be taken as a whole, that is as 14 or 2×7. This is far from being accidental; on the contrary, it is, like all the numerical features I have been able to discover, highly significant. The reason for this group of 14 immediately preceding the poems celebrating the Birth will be obvious to all who know their New Testament:

> Omnes itaque generationes ab Abraham usque ad David,
> generationes *quatuordecim;* et a David usque ad
> transmigrationem Babylonis, generationes *quatuordecim;*
> et a transmigratione Babylonis usque ad Christum,
> generationes *quatuordecim.* (Matthew 1, 17) [8])

We have seen the significance of 34. The number 33 has a precisely similar meaning, though the economy of Spee's cycle allows it to come into play only once (at least so

---

[6]) Rosenfeld, *Neue Studien,* p. 110, calls attention to the significance of the divisibility of 51 by 3, but does not even perform the division and draws no conclusions about the structure of *TN* from this fact. She does point out, however, that the *Cautio criminalis* contains 51 »dubia«. It would therefore seem not unlikely that this work is also structured on numerical symbolism.

[7]) See Tschirch, *Spiegelungen,* 167—187, for abundant evidence.

[8]) Matthew insists on the number 14 because it is comprised of 4—6—4, in Hebrew: Daleth-Waw-Daleth, or (adding the vowels) »David«. He is thus saying — three times over! — Jesus is the son of David. That this number of generations is, according to other sources, inaccurate, makes no difference to Matthew: he is interested in the symbolism. (I am indebted to my friend and colleague, Dean Colin F. Miller, for this information.)

far as I can detect). This single usage, however, points very emphatically to its importance and is structurally significant.

One can of course say that Christ (according to tradition) died »at the age of 33« just as well as »in His 34th year«, depending on whether one uses Romanic »Unterstufenzählung« or Germanic »Oberstufenzählung«. [9]) Spee, it would seem, actually uses both. The poem put in the mouth of the angel announcing the Savior's birth to the shepherds »Halton« and »Damon« is no. 33. The positioning of this transitional poem is necessarily ambivalent. It belongs both with the *laudes creaturarum* immediately preceding it and the poems celebrating the birth that follow. At the same time, its unusual content makes it stand out in isolation. For only seven of its sixteen stanzas actually deal with the Birth (the first six and the last); the rest, i. e. the nine »contained« stanzas, deal with the angel's vision of the Millenium. (The division into 7 and 9 may well be significant, but I shall forego any interpretation.) This is the only place in the cycle that treats the chiliastic theme. Why should the vision of the Millenium occur precisely here, in poem 33? The answer, beyond any reasonable doubt, is that 33 is the age we shall all have at the Resurrection. Aquinas discusses the matter in *Summa contra gentiles*, Bk. 4, 88, pointing out that risen bodies will have all organs restored and will have the age of Christ at the time of the Crucifixion, i. e. 33. 33 is made up of a double trinty and 3×11, which is a triple unity times a double unity. What better grounds could one find? [10])

We have pointed out one reason why Spee's cycle contains 51 — and only 51 — poems. There is, however, still another and perhaps even more compelling reason. 50 is the pentecostal number (pentekoste [hemera], fiftieth [day]). Pentecost of course falls seven weeks after Easter: $7 \times 7 + 1$. On the day of Pentecost came God's last direct revelation to the new body of believers, the primitive Church (Acts 1, ch. 2). Since that time, we live by faith and the sacraments. That is: $50 + 1 = $ the present day, the modern Church, whose revelation is the central sacrament of the Christian Church, the Eucharist. The 51st (and last) poem in the cycle is on the meaning of the Eucharist: »Am heiligen Fronleichnamsfest, von dem Hochwürdigen Sacrament deß Altars.« It is difficult to see how Spee could have made his meaning clearer.

TN 50 begins, »*Nach* den schönen Ostertagen«, and sings of the revivification of nature as an emblem of the Resurrection (vv. 73 ff.). Here it is also mentioned that the risen Christ still visits those who believe on Him, that is, there are direct references to events of the earliest Church seen from the standpoint of a participant:

> Unter dessen er die seinen
> Auch besuchet offtermahl /
> Laßt in ihren hertzen scheinen
> Manchen süßen frewden stral. (Arlt, p. 330)

And the believers »Ihm der urstend dancken sehr.« But no. 51 sees the institution of the Eucharist from *our* standpoint, i. e. as an historical event in the past:

> Der Herr zur letzten taffel saß /
> Er sechster selb / und sieben.
> Manhu? Manhu? Waß da? waß daß?
> Nim war / waß Er getrieben. etc. (Arlt, p. 332)

---

[9]) Cf. Tschirch, *Spiegelungen*, 169 f.

[10]) Once more I am indebted to Dean Colin Miller for calling my attention to this passage. Tschirch, op. cit., 167—172, gives plentiful material illustrating the more popular medieval expression of this idea.

The point of the poem, however, is naturally the wholly orthodox dogma that this second (eucharistic) incarnation is repeated every time and everywhere the Mass is said — over and over again the Son is offered to the Father and all who partake of the sacrificial meal offer themselves with Him as part of the mystic body. In the sacrament, time and timelessness become one, substance is embodied in accident. Through the Eucharist all believers may experience in symbol what the earliest believers still saw with their own eyes:

> Der lebend Leichnam unzertrennt /
> Zugleich im himmel droben /
> Zugleich ist aller ort und end /
> Wo jenes brodt erhoben. (Arlt, p. 336)

From the standpoint of the cycle itself the situation is precisely parallel. We have seen and vicariously, that is poetically, experienced in the poems preceding the final one the temporal *events* memorialized in the Eucharist. The poem on the Eucharist tells us their eternal *meaning* — it explicates the cycle. With equal justice one could say that the cycle poetically explicates the Eucharist.

If our reading of Spee's work is essentially correct, then it remains to ask why the editio princeps, in direct contradiction to all three extant manuscripts, contains 52, instead of 51, poems. Here we can offer only speculations; the reader may take them for whatever they may be worth.

The first thought that occurs to one is that the censors and the editor, not perceiving Spee's beautiful symmetry, felt that by adding a 52nd poem (found in *GT*, Oorschot, p. 295) they could bring the cycle to a symbolic number: the 52 weeks of the year. [11] In my opinion, the primary factor, however, was probably the fact that *without* the 52nd poem the printer (Friessem) would have been left with three blank pages in his final signature, as one can easily determine by examining Arlt's edition of *TN*, whose pagination corresponds to that of the editio princeps. This would have been a perfectly compelling reason for the inclusion of the 52nd poem, according to 17th century printing practices. [12]

Whether the censors and the editor (whoever he may have been) [13] were aware of Spee's numerical symbolism, we shall probably never know.

II

FURTHER OBSERVATIONS ON THE STRUCTURAL PRINCIPLES OF *TN*

It has long been recognized that Spee's poetical method reflects the striving of the Counter-Reformation, especially as promulgated by his own order (the Jesuits), to glorify the divine in terms of the earthly and through parody of secular poetry. Nakatenus, who was naturally well aware of the parodistic nature of Spee's work, stresses this in his dedicatory motto:

---

[11] How cavalierly the censors dealt with Spee's mss is very clear from Oorschot's discussion in the »Nachwort« to his edition of *GT*, 671 ff.

[12] I am grateful to my friend Mr. Samuel B. Bossard of the McGraw-Hill Book Co. for calling my attention to the possible role of the printer in this matter.

[13] The editor was not Nakatenus, as was long believed. See Oorschot, op. cit., 674 ff.

Ad Musas [de auctore]
Sicelides Musae sacrum decorate Poëtam,
Qui vos G e r m a n o nunc facit ore loqui.

(Arlt, p. 11*)

The Sicilian muses of Theocritus and Vergil are pressed into the service of the Christian poet and made to speak a non-classical tongue. The eclogues are of course the main example of this. It does not seem to have been noticed that they have a plurality of metaphorical references. The following seem especially important. In the section immediately preceding the birth of the Savior, the eclogues reflect the world of the Old Testament: »Halton« and »Damon« are new Davids, shepherd musician-poets, who sing psalms of praise and longing, sometimes in quasi-Vergilian phraseology. After the Birth, the eclogues become a metaphor for the early Church, primitive Christianity, but they are also, in the Christ-Daphnis poems, a metaphor for the conversion of the ancient world, the Christianization of pagan myth.

Spee is himself a delightful myth-maker, i. e. a phenomenalizer of the noumenal and vice versa. Among the poets of the German Baroque only Catharina Regina von Greiffenberg can equal him in this respect, though Weckherlin sometimes comes close. This proneness to mythologize nature is thoroughly baroque, indeed, it is *the* baroque method of treating nature themes. Its »weakness« — from our point of view — lies in its constant tendency to vitiate the myth by overt emblemizing and allegorizing, thus reducing it to lifeless moralizing. This is also Spee's fundamental tendency, but he is often saved, almost against his will, as it seems, by his infectious delight in natural phenomena. It is again an expression of his love of God:

> Mit deiner lieb umbgeben /
> O schöpffer aller ding /
> Im trawren muß ich leben /
> Wan ich von dir nicht sing. (Arlt, p. 126)

An important ethical-theological aspect of *TN* that is clearly reflected in the structure of the cycle, and indeed constitutes one of its main structural principles, has, so far as I have been able to determine, thus far gone unnoticed. It has to do with Spee's famous distinction, based on Aquinas and found in the »Gemeine Unterrichtung« or introduction to the *Güldenes Tugend-Buch* (Oorschot, 19 ff.), between the two kinds of love, »Liebe der Begierlichkeit« or passionate desire for a certain object, and »Liebe der Gutwilligkeit oder der Freundschafft«, i. e. benevolence, *caritas*. [14]

The kernel of Spee's argument is this: »Liebe der Begierlichkeit« is a form of hope, the second member of the triad of divine virtues. It has an absolutely positive valence, but does not rate as high on the scale as »Liebe der Gutwilligkeit«: »[...] die liebe der begierlichkeit zu Gott, ist die andere Göttliche Tugend: welche man Hoffnung nennet, darumb, daß wir Gott, den wir also begierlich lieben, noch nicht allhie gegenwärtig besitzen, sondern zukünfftig erwarten, und hoffen müssen.« This love may cause us to desire any object, but causes the believer especially to desire God. »Die liebe der Freundschafft aber, ist die dritte Göttliche Tugend, welche man schlecht und recht ohn zusatz die Liebe nennet, darumb *weil sie fürtrefflicher ist als die liebe der begierlichkeit, oder Hoffnung*.« (Both quotations, Oorschot, p. 29; emphasis added.) It is important,

---

[14] F. W. C. Lieder, »Friedrich Spe and the *Théodicée* of Leibnitz«, *JEPG*, XI (1912), 149—172; 329—354, discusses this aspect of Spee's work at length. Oorschot reviews Lieder's arguments in his »Nachwort«, 721 f.

the »Beichtvatter« warns his (spiritual) »Tochter« (29 f.), not to confuse these two kinds of love, and even goes so far as to say (a point which keenly interests his auditor) that Love alone, »Liebe der Gutwilligkeit« of course, is enough to obtain immediate remission of sins, even without confession and absolution: »Dan durch ein werck der dritten Göttlichen Tugend [...] wird der ungerecht *alßbald* gerechtfertiget« (p. 25; emphasis added), which is not possible through Faith and Hope alone, if one is »im stand der todsünden«. Such a work of love is, as one would expect, an act of perfect contrition: »[...] so wird eine solche rew und leid genennet eine vollkommene rew, auff Latein *Contritio*, daß ist, zerknirschung des hertzens, und tilget auß alle Sünd« (p. 32).

Let us now see what this distinction between Hope and Love has to do with the structural principles of *TN*.

A comparison of the poems contained in *GT* and taken over into *TN* (sometimes with very considerable revisions) shows a wide agreement in thematic values, i. e. poems under the rubric »Hoffnung« or »Liebe« in *GT* have, in at least 17 out of a total of 25 instances, the same thematic value in *TN*. (If we disregard the inorganic 52nd poem, the count is 16 out of 24.) [15]) So far as I can determine, there seem to be three doubtful instances and there are definitely four instances of positive conflict, in which »Hoffnung« in one is »Liebe« in the other or vice versa. This is due to the different structural economy of the two works and of course to the way the accents are placed in a particular context. A good example of a value shift is *TN* 11, which in the Paris ms of *GT* bears the title:

> *Andere Werck der Hoffnung oder Liebe*
> *der Begierd*
> *Von*
> *Maria Magdalene da sie nach dem*
> *Jüdischen Osterfest, oder grossem Sabath*
> *morgens früh ihren Jesum in dem*
> *grab gesucht*   (Oorschot, p. 535)

whereas in *TN* the title is:

> *Spiegel der Liebe*
> *In Maria Magdalena, da sie* etc.
>   (Arlt, p. 53)

»Liebe der Begierd« has become »Liebe schlecht und recht ohn zusatz«, because, among other reasons, that is what Spee needs to show at this particular point in the cycle. A second, perhaps even clearer, example of re-evaluation, is *TN* 38, the well known »Trawer-Gesang von der noth Christi am Oelberg in dem Garten«, called in *GT*, p. 171, »Noch ein anders Trawrgesang von JESU an dem Olberg«. In *TN*, this poem can only come under the heading of »Liebe«, but in *GT* it is placed under »Hoffnung«, »damitt du dich etwan auch mit einem trawrigen liedlein ergetzen könnest«, i. e. take *hope* when downcast by meditating on Christ's sufferings.

But all this, though it casts a not uninteresting light on the way Spee worked, is not the main point. We have still not shown how structure reflects »message« (I hope our

---

[15]) My count is based on the poems found in both the Düsseldorf and the Paris mss, as given in Oorschot. Two poems, *TN* 11 (Maria Magdalena) and *TN* 42 (Ecce Homo), are found only in *Pa*. The poems are: nos. 3, 4, 5, 6, 7, 8, 11, 12, 13, 15, 16, 17, 18, 19, 20, 21, 22, 24, 25, 28, 37, 38, 42, 43, [52].

more advanced critics will forgive this oldfashioned term!). Let us recall that Spee sees »Hoffnung« and »Liebe« just as Paul does: the latter is superior to the former. Which is precisely what *TN* shows. We see this most clearly perhaps in the Sponsa cycle, nos. 2—11, which, by the way, seem to be almost the only poems by Spee historians of German literature ever look at. In poems 2—8, of which all but no. 2 are found in *GT* under the rubric »Hoffnung« (no. 2 was composed especially for *TN*), the Bride is full of »Liebe der Begierlichkeit«: she wants to *possess* the Bridegroom, »sie klaget ihren hertzenbrand«, »sie seufzet nach ihrem Bräutigam«, »sie beklaget sich daß sie nimmer ruhen könne«, etc. What happens? She is shown the way to a greater love, ad *maiorem* gloriam Dei. For she does indeed find her lover, but — on the way to Calvary. The poems in which she finds him, nos. 9—10, are not in *GT;* they form the transition from Hope to Love. No. 9 (»Heint spät auff braunen Rappen«) is one of the finest poems in the cycle, telling the story of the Bride's foreboding dream and its all too literal fulfillment:

> Waß nemblich ich erblicket
> Zuvor in schwärem traum /
> Walt Gott / sichs nunmehr schicket
> Zum Creutz und galgenbaum. (Arlt, p. 46)

Poems 9—11 deal with the Passion and the Resurrection. They are poems of that better love, *caritas,* that replaces, or rather: includes, *spes.*
The next group, poems 12—18, are of a homiletic cast. They are like a poetical illustration of the doctrine of contrition expounded in the foreword to *GT.* No. 12, actually a hymn, exhorts to repentance; no. 13 reminds us in emblematic terms of the transitoriness of life; no. 13, »Das Vatter unser Poetisch auffgesetzt«, prepares us inwardly for the act of contrition, which then follows in nos. 15—16. Upon the act of contrition there follow immediately (»alßbald«) two songs of rejoicing at forgiveness of sin:

> In frewden wil ich leben /
> Der winter ist fürbey:
> *Die sünd mir seind vergeben /*
> Bin frisch und vogel-frey.
> O wol / und wol der stunde /
> So mich zur buß gebracht /
> Daß nit ich gieng zu grunde
> Hat JESU Creutz gemacht. (Arlt, p. 99)

What the Christian should do in return for this inexpressible gift of grace is illustrated in the fiery poem on St. Francis Xavier (no. 19) — he should give his life in return for God's infinite love, i. e. he should love the world as God did (and does): »For God so loved the world . . .«
Poems 20—29 are doxological: Praise God from whom all blessings flow, praise Him all creatures here below, praise Him above, ye heav'nly hosts, praise Father, Son and Holy Ghost! Which is precisely what these poems do, no. 29 bringing the *laudes* to a close with a poem of 34 (!) stanzas on »Das geheimnuß der Hochheiligen Dreyfaltigkeit.« These are all poems of Love, six of them having been taken over from *GT*, where they have the same valence. In this section we find some of Spee's most charming stanzas on nature, at least one of which I cannot resist quoting:

> Bald auch die zahm / und fruchtbar bäum
> Sich frewdig werden zieren /
> Mit weichem obs / mit kinder träum
> Nuß / äpffel / kirsch- und biren.
> Die biren gelb / die äppfel roth /
> Wie pupur die Granaten /
> Die pfersich bleich wie falber todt /
> Die kirschen schwartz gerathen.
>
> (Arlt, p. 123)

The theme of praise is then renewed in the eclogues (30—32), which, as I pointed out before, reflect the state of the world before the birth of the Savior. They end on a note of intense longing to *see* God:

> O schöner Gott / weil dich nit *seh* /
> Zumahl ich bin in peinen /
> Nach dir ist meinem hertzen wee /
> Wan sonn / und sternen scheinen.
>
> (Arlt, 197 f.)

This longing leads to the poem announcing the Birth (no. 33) and this in turn to the Christmas poems proper (34—36).

It is obvious that there is a direct parallel between the Sponsa poems at the beginning and the eclogues preceding the Birth. There the »Liebe der Begierlichkeit« was shown the way to a higher love; here the longing inspired by the love of God in His creation is stilled by the gift of the Child for the shepherds (i. e. all mankind in so far as it is capable of love) and even all creatures (for such is the meaning of no. 35, the poem on the ox and ass at the manger) to worship. The gifts the shepherds bring the Child (no. 36) are also animals: the second Adam in the second Eden.

But this idyll is of short duration. The god assumed human form that he might die. Nos. 37—43 and 44—50 deal with the Passion, the Death and Resurrection. No. 43 brings the message of universal love in Christ's words from the cross (stanzas XLVII—LIII: »Jesus spricht zun menschen«):

> Liebet / liebet / ich zur letzen
> Euch zur letz ersuchen thu
> Lieb mit liebe thut ersetzen
> Mir die lefftzen fallen zu.
> Schawet / schawet / ich von leyden
> Werde seel- und kräfften-loß /
> Vatter / vatter / laß verscheiden
> Meinen geist in deinen schoß.
>
> (Arlt, 274 f.)

The conversion of the pagan world under the metaphor of Christ-Daphnis follows; in other words: the insight into the meaning of the sacrifical death. No. 50, »darin Damon die Osterliche Sommerzeit und die urstend Christi [...] bereymet«, brings the eclogues to a choral close. It is one of the most successful poems in the cycle. The nature symbolism submits without straining or conceits to a spiritual interpretation: spring itself is the Resurrection and the return of spring the return of the resurrected

Christ to the faithful. The final poem on the Eucharist is like the coda of a symphony by Beethoven: tonic, dominant, tonic, dominant; full of Faith, Hope and Charity, these three, and the greatest of these is Charity.

> Laß Harff- und Lauten hochgestimbt
> Mit süssem schlag durchstreiffen:
> Mans nimmer doch / was Gott gezimbt /
> Mit noten wird ergreiffen.
> Gelobet sey das Manna zart /
> Von oben abgeriesen /
> Sey GOTT / von dem es geben ward /
> In ewigkeit gepriesen.　　　(Arlt, p. 338)

Hamilton College　　　　　　　　　　　　　　　　　　　Robert M. Browning

ROBERT G. WARNOCK UND ROLAND FOLTER*)

The German Pattern Poem:
A Study in Mannerism of the Seventeenth Century

Wie ein Königlicher Palaſt mit vielen Seulen / Bildern / Roſen und dergleichen gezieret iſt / alſo machet auch die Mahlerey und Bilderey ein Gedicht prächtig / anſehlich und beliebet.   („Der Spielende") ¹)

A transformation of the art of poetry into a game can be observed at various times in virtually all highly-developed literatures. The phenomenon, to which is often attributed ritualistic or religious significance, encompasses dozens of forms, from highly complex, numerically arranged acrostics to poems completely devoid of certain letters. One of the most propitious settings in modern times for such art was the poetry of the German Baroque. It is no coincidence that the seventeenth century in German literature is the age of poetics, of the theoretical *Wegweiser* and *Anleitung;* the tremendous extent to which the literature of the period was directed by poetic, and in particular rhetorical, theory has recently been demonstrated and documented in a number of studies. ²) A paradoxical but seemingly axiomatic concomitant of an over-preoccupation with poetic principles is a flowering of hyperbolic forms, of mannerism. »The standard classicist . . . will ›decorate‹ his discourse according to well-tried rhetorical tradition, that is, he will furnish it with *ornatus*. A danger of the system lies in the fact that, in maneristic epochs, the *ornatus* is piled on indiscriminately and meaninglessly. In rhetoric itself, then, lies concealed one of the seeds of Mannerism.« ³) One manifestation of the ornamental is the desire for a synthesis of art forms, long recognized as characteristic of the (late) Baroque: the opera, masque, *Klangmalerei* and the emblem. Such was also the provenance of another minor but widely practiced literary form of the century, the pattern poem (*Figurengedicht*), which can briefly be defined as a visual poetical representation of an actual object by either varying the length of the lines or by typographical means. This paper will trace and catalog the type in German baroque literature from its probable beginnings through a brief floruit

---

*) The first-named author is responsible for conception and composition of this paper. He is indebted to his former student and now colleague for assistance in collecting and collating the material that was used in its preparation and compiling the appendix.

¹) Georg Philipp Harsdörffer, *Poetischer Trichter, Dritter Theil* (Nürnberg: Wolfgang Endter, 1653; rpt. ed. Darmstadt: Wissenschaftliche Buchgesellschaft, 1969), p. 108.

²) Two of the best and most recent studies: Joachim Dyck, *Ticht-Kunst: Deutsche Barockpoetik und rhetorische Tradition* (Bad Homburg: Max Gehlen, 1966) and Ludwig Fischer, *Gebundene Rede. Dichtung und Rhetorik in der literarischen Theorie des Barock in Deutschland* (Tübingen: Niemeyer, 1968).

³) Ernst Robert Curtius, *European Literature and the Latin Middle Ages*, trans. Willard R. Trask (New York: Harper & Row, 1953), p. 274.

around the middle of the century to its ultimate rejection by the early Enlightenment. [4]

The earliest example of pattern poetry in Western literature are six figures transmitted in the *Anthologia graeca,* a digest of hellenistic and later Greek lyric compiled in the ninth century. They consist of relatively simple forms: an ax, an egg and a pair of wings, thought to be by Simias Rhodius, born in Alexandria ca. 300 B. C.; shepherd's pipes, usually attributed to Theocritus († ca. 250 B. C.); an altar from around 150 B. C., perhaps by Dosiados; and a second altar by Vestinus from the second century A. D. The *raison d'être* of these early forms is disputed. Some scholars feel they were non-literary poems that were intended to be inscribed on the objects — probably of a consecratory nature — which they represented. Even the egg-poem, it is felt, was meant to be penned as a »neckisches Kunststück« on a real egg. [5] Others see their origin in imitations of mystic-ritualistic practices and regard their use to have been »für die buchmäßige Verbreitung«. [6] The type was probably transmitted into medieval Latin literature by the prefect Publilius Optatianus Porfirius, who composed a number of *carmina quadrata* as a panegyric to Constantine the Great. [7] Among a host of late-medieval imitators, the most famous composer of figure poetry was Hrabanus Maurus, whose well-known work *De laudibus sanctae crucis* contains twenty-eight often highly intricate patterns on the cross. [8]

Figure poetry was reintroduced during the Renaissance as a result of the philological interests of the humanists. The initial impulse came from Italy. Early in the fifteenth century Greek expatriates began to popularize the *Greek Anthology;* the first printed edition went to press in Florence in 1494. During the next century a number of editions of the *Anthology* as well as selections from the bucolic poets appeared in Italy, France and Germany. The development of the form in Germany was probably most influenced by Julius Caesar Scaliger and his son, Joseph Juste. The elder Scaliger presented two imitations of Simias' egg-poem in his *Poetices libri septem* as examples of poems with varying meter. [9] The younger Scaliger's edition ΘΕΟΚΡΙΤΟΥ ΣΥΡΑΚΟΥΣΙΟΥ, published in Heidelberg in 1603, reproduced the five earliest Greek poems of the *Anthology,* ascribing them to Theocritus.

---

[4] The present paper supplements shorter studies of the German »Figurengedicht« in the *Reallexikon der deutschen Literaturgeschichte,* I, 1st ed. (Berlin, 1925), 140—141, and I, 2nd ed. (Berlin, 1958), 461—462; Max Zobel von Zabeltitz, »Über Figurengedichte«, *Gutenberg Festschrift,* ed. A. Ruppel (Mainz, 1925), pp. 182—186; Hellmut Rosenfeld, *Das deutsche Bildgedicht* (Leipzig, 1935), pp. 87—96; and most recently Alfred Liede, *Dichtung als Spiel,* II (Berlin: de Gruyter, 1963), pp. 190—203. — The early Greek *technopaegnia* have been examined most thoroughly by Ulrich von Wilamowitz Moellendorff, *Die Textgeschichte der griechischen Bukoliker* (Berlin, 1906), pp. 243—250, and ibid., »Die griechischen Technopaignia«, *Jahrbuch des Archäologischen Instituts des deutschen Reichs,* XIV (1899), 51—59; and C. Haeberlin, *Carmina Figurata Graeca,* 2nd ed. (Hannover, 1887). — By far the most extensive treatment of the genre is the unpublished dissertation by Margaret Church, »The Pattern Poem« (Radcliffe/Harvard, 1944). Miss Church discusses the oriental, Greek and medieval Latin patterns; the greater part of her study is devoted to the English tradition (she includes no German patterns) and contains an appendix of almost two-hundred pages of reproductions.

[5] Wilamowitz Moellendorff, »Die griech. Technopaignia«, 55—56.

[6] R. Reitzenstein, »Epigramm«, *Paulys Real-Encyclopädie der classischen Altertumswissenschaft,* VI, ed. G. Wissowa (Stuttgart, 1894), 83.

[7] Julius von Schlosser, »Eine Fulder Miniaturhandschrift der K. K. Hofbibliothek«, *Jahrbuch der Kunsthistorischen Sammlungen,* XIII (Wien, 1892), 1—5.

[8] Text in Migne, *Patrologia latina,* CVII.

[9] Bk. II, c. 25 (n. p., 1607), p. 157; facsimile rpt. of the edition Lyon, 1561, with an introduction by August Buck (Stuttgart: Frommann, 1964).

Pattern poems began to appear in the vernacular languages in the sixteenth century. Only a few figures are found from the Romance linguistic areas: in the *Arte poetica española* of Juan Diaz Rengifo [10]), and from France a poem in the form of a wine-flask by Rabelais [11]) and a pair of wings by Saint-Gelais. [12]) More than isolated interest seems to have been shown the type only in Germany and England. It was introduced into the latter, although in Latin, in 1573 through the *Poematum liber* of Richard Willis, a Jesuit priest and scholar of Greek, who received an M. A. at the University of Mainz and may have become acquainted there with the editions of Greek poetry by Scaliger and Crispin. [13]) The first English patterns were published in *The Arte of English Poesie* (1589), by George Puttenham, who defended them as » ›pretie amourets‹ used by ›delicate wits‹ «. [14]) The forms were not without their critics even at that time. Gabriel Harvey railed in his *Letter-Book* (1573—1580) against »Simmias Rhodius, a folishe idle phantasticall poett that first devised this odd riminge with many other triflinge and childishe toyes to make verses, that shoulde in proportion represente the form and figure of an egg, an ape [!], a winge, and sutche ridiculous and madd gugawes and crockchettes, and of late foolishely revivid by sum, otherwise not unlernid, as Pierius, Scaliger, Crispin, and the rest of that crue.« [15]) Such objections notwithstanding, the publication of pattern poetry continued and increased. From the time of Puttenham's *Arte of English Poesie* until around 1700 a large number of poets contributed to the form, and several poems, notably the »Easter Wings« and »The Altar« by George Herbert, achieved a minor acclaim other than as mere curiosities. Toward the end of the century opposition to these manneristic oddities increased; Church writes that »after 1700 Dryden, Addison and Pope practically obliterated the name of *technopaegnia.*« [16])

The first German poet to publish pattern poetry was probably Eobanus Hessus, the Nuremberg humanist and educator, who translated several of the Greek forms into Latin. [17]) The earliest known example in German is found in the *Teutsche Grammatick* of Laurentius Albertus, published in Augsburg in 1573 (Illus. I). [18]) Albertus, following the elder Scaliger, uses the figure of a wedge (cuneus) to demonstrate verse types of varying length. His example seems to have gone unheeded, at least in the published literature, for nearly three-quarters of a century. In 1641 Philipp von Zesen included

---

[10]) (Madrid, 1592) — unavailable; see Zabeltitz, »Figurengedichte«, *Zs. f. Bücherfreunde,* N. F. XVIII (1926), 21—24.

[11]) Rabelais, *Oeuvres complètes,* t. 2, ed. Pierre Jourda (Paris: Garnier Frères, 1962), 450—451.

[12]) Reproduced by Adelheid Beckmann, *Motive und Formen der deutschen Lyrik des 17. Jahrhunderts und ihre Entsprechung in der französischen Lyrik seit Ronsard* (Tübingen: Niemeyer, 1960), p. 101.

[13]) Church, »The Pattern Poem«, pp. 37—40.

[14]) Ibid., p. 57.

[15]) *Letter-Book of Gabriel Harvey, A. D. 1573—1580* (Westminster, 1884), p. 100 — cited in Church, »The Pattern Poem«, pp. 45—46.

[16]) Church, ibid., p. 164.

[17]) See Zabeltitz, *Gutenberg Festschrift,* p. 182.

[18]) Edited by Carl Müller-Fraureuth (Straßburg, 1895), p. 152. — Various types of numerical poetry, on the other hand, were common, also in German, throughout the late Middle Ages. An elaborate numerical acrostic is found in Otfrid — see Wilhelm Wiget, »Zu den Widmungen Otfrids«, *PBB,* XLIX (1924—1925), 441—445. *Carmina figurata* are used by some of the Meistersänger — a cross, vase and other objects, usually of a religious-symbolic nature; see Carl von Kraus, »Über einige Meisterlieder der Kolmarer Handschrift«, München: *Sitzungsberichte der Bayer. Akad. d. Wiss.* (Phil.-hist. Klasse 1929, Heft 4), 1—26. — Albert Becker, »Gestalt und Gehalt in Wort und Ton«, *GRM,* XXXIV (1953), 13—29, sees in Luther's hymn »Ein' feste Burg ist unser Gott« the form of a baptismal font.

three figures in his *Deutschen Helicons Erster und Ander Theil.* [19]) The genre must already have been reasonably well known, however, probably as unpublished dedications and *Stammbuch*-entries, for only two years later Zesen announced his intention to compile a »Technopaegnium Poeticum germanicum«, a promise that remained unfulfilled. [20])

Knowledge of the early Greek poems was both incomplete and inaccurate. Johann Helwig recognized the shepherd's pipe to be a composition of Theocritus and the egg, ax and pair of wings as poems by Simias Rhodius. [21]) However, the majority of the German poets who professed to know the Greek figures at all usually cited the ax, wings and altar and, perhaps following the younger Scaliger, attributed all to Theocritus. The »history« of Helwig's fellow Pegnitzschäfer Birken was later copied in the poetics of Daniel Morhof [22]) and Magnus Daniel Omeis [23]):

> Die Bildgebände / deren viel Beispiele in den Schäfergedichten der Blum=
> genoßen hin und wieder anzutreffen / sind keine neue Erfindung / sondern
> fast vor zwei tausend Jahren allbereit üblich gewesen: maßen der uralte
> Griechische Poet und Hirtengedichtschreiber Theocritus, eine Axt / ein paar
> Flügel und einen Altar / in Versen ausgebildet / hinterlassen. [24])

The humanist sources used by the German pattern poets must in most cases be surmised. Zesen and a number of the later poets wrote figures expressly to demonstrate mixed metrical forms, so that one might assume a familiarity with the models of Albertus or Scaliger. Only the single figure by Johann Peter Titz, included in his *Zwey Bücher Von der Kunst Hochdeutsche Verse und Lieder zu machen* (1642), contains a direct reference to the elder Scaliger's *Poetices.* Titz' poem, a rather clever but typical Schäferlied to Daphne in the form of an egg (Illus. II), bears moreover a formal similarity to the egg poem of Simias, in which the top and the bottom verses are intended to be read alternately. Titz himself supplies the key to reading his pattern: »Da der erste Vers von oben mit dem ersten von unten / vnd derander von oben mit dem andern von unten / vnd also fort / in der abmessung der Syl-ben vnd im Reim übereinkommet.« The syllable construction is even more complex than as described by the author, for each of the top eight and bottom eight verses (numbering from top to middle and bottom to middle) has the same number of syllables as its line number. [25])

---

[19]) Full book-titles and page references to all pattern poems are given in the chronological appendix.

[20]) Reference is to Zesen's *Deutsch-lateinische Leiter zum hoch-deutschen Helikon* ... (Jena: Sengenwald, 1656). The program first appeared, however, in the first edition of his poetics, the *Scala Heleconis* (Amsterdam: Janssonius, 1643), p. 23 — see Zabeltitz, *Gutenberg Festschrift*, pp. 183—184.

[21]) *Die Nymphe Noris* (Nürnberg, 1650), pp. 82—83.

[22]) *Unterricht Von Der Teutschen Sprache und Poesie / deren Uhrsprung / Fortgang und Lehrsätzen* ... (Kiel: Joachim Reumann, 1682), p. 641. — Joh. Chr. Gottsched, *Versuch einer critischen Dichtkunst,* 4th ed. (Leipzig, 1751; rpt. ed. Darmstadt: Wiss. Buchgesellschaft, 1962), p. 682, attributes altar and wings to Theocritus; ax, egg and shepherd's pipe to Simias.

[23]) *Gründliche Anleitung zur Teutschen accuraten Reim- und Dicht-Kunst* ... (Nürnberg: Wolfgang Michahelles and Johann Adolf, 1704), p. 128.

[24]) *Teutsche Rede-bind- und Dicht-Kunst* (Nürnbreg, 1679), p. 144.

[25]) A similar type of syllable construction is found, although not with absolute consistency, in Dylan Thomas' pattern poem »Vision and Prayer«, *The Collected Poems* (New York: New Directions, 1957), pp. 154—165.

Theoretical judgments concerning the literary theory and merit of pattern poetry were summary, although not quite so rare. Zesen never addressed himself to the theory of the genre; however, it is appropriate that this arch *Sprachreiniger* and neologist coined the most imaginative contemporary appellative for the forms: »Flügel-Gedichte — auf frantzösisch Accolade.« [26]) Harsdörffer, the principle theoretician of the Pegnitz poets and author of several patterns, wrote of them once very briefly. In the *Frauenzimmer Gesprechspiele* (1645), referring to *Namverse, Wiederhall* and *Bilderreime*, he warned:

> Diefe Erfindungen hält man für Poetifche Fechtfprünge / und wann fie nicht gantz ungezwungen / oder mit dem Gemähl / und Sinnbilderen / verbunden find / mögen fie bey den Verftändigen fchlechte Ehre erlangen. [27])

Harsdörffer's traditional insistence on decorum — *aptum* [28]) — is repeated by Helwig, one of the staunchest defenders of the figures, in his *Nymphe Noris* (1650). Helwig's relatively long apologia is voiced in the pastoral, moreover, by Strephon (Harsdörffer), who has challenged each of the shepherds present to compose a figure poem.

> Demnach aber die menfchliche Natur allezeit des Neuen begierig / in dem=
> felben feinen größten Luft fuchet / wiewol auch oft ein altes / doch neu ge=
> tünchtes und übermahltes Hauß für neu / und was befonders verkauffet
> wird / fo folte es wol nicht unrecht gehandelt feyn / nachdeme wir uns biß=
> hero in allerhand neuartigen Gebänden und Gedichten / anderen känntlich
> gemacht / daß wir itzund etwas fonders erfinnen / welches feiner Erfindung
> nach zugleich beluftiget / und nutzte. Und erachte ich zu diefem ni:hts be=
> quemers zu feyn / als die Bilderreymen / in dergleichen Ausübungen fich
> vorzeiten auch die alte Griechen geübet / bey denen vor andern Völkern / die
> fchöne Sinn= und Lehrreiche Gedichte im fondern fchwang gewefen / und
> häufig gefunden worden. Wie dann auch in oberwähnter Maffen des Theo=
> critus Panspfeife; des Simias Rhodius geftaltes Ey / zweyfchneitend Beihel /
> und zween zufammengefetzte Flügel / nicht ohne Beluftigung / bey großem
> Ruf verblieben. ... Jedoch / daß wir nebenft den reinen Reymen auch diefes
> beobachten / was dorten bey Gefprächen ein Weltweifer Mann erfordert /
> daß man in allen Dingen / fich auch der gleichmäßigen und denfelben Dingen
> nachgearten Wortten und Reden gebrauchen folle (pp. 82—83).

Birken emphasizes the appropriateness of the *Bildgebände* for religious themes, although his own figures include such secular devices as a set of scales and an open book. In a continuation of the passage quoted above he writes:

> Wer feinen JEfum recht kennet und liebet / wird nebenftehendem Creuz noch
> viele nachmachen / auch dergleichen mit der DornKrone der Geifel=Seule /
> und andrem unfers theuren Heilands Paffion=Zeug / erfinnen können
> (p. 144).

---

[26]) *Hoch-Deutfcher Helikon* (Jena, 1656), sig. B^i, and again in the *Deutfch-lateinifche Leiter* (ibid.), p. 32. — Other contemporary names for the patterns: *Bildgebände* (Birken), *Bilder-reime(n)* (Morhof, Omeis, Helwig and Männling, who repeats the reference to the »Acco-lade«), *Bilder-Verse* (Omeis), *Bilder-Gedichte* (Uhse) and *malerifche Sinngedichte* (Gottsched). Fr. Redtel is the only seventeenth-century poet known to have used the modern German term for the genre, although the name seems to have been in use at the time: »Bilder/oder Figur-Reime nennet man die Gedichte« (*Nothwendiger Unterricht*, Stettin 1704, sig. H7^r).

[27]) Vol. V (Nürnberg: Wolffgang Endter, 1645), p. 23.

[28]) See Ludwig Fischer, *Gebundene Rede*, p. 214 ff.: »Wandlungen der Theorie vom ›Angemes-senen‹ in der Barockpoetik.«

Martin Kempe insists that the *Bilderreime* ought not simply to be ignored, but has little to suggest concerning their composition:

> In übrigen ist nichts absonderlich dabey zu erinnern / weil dem Tichter frey stehet Reimahrten / die er will / zu erwehlen / und einzuschränken / nach dem ihm gut dünkt. [29])

Theodor Kornfeld echoes the demand of Harsdörffer and Helwig for decorum, although Kornfeld's insistence is directed at the appropriateness of the figures and not of the verse. His *Selbst-Lehrende, Alt-Neue Poesie* (1685) is in the form of a discussion between pupil and master:

> Können annoch mehr solcher Figuren Vers=weise gemacht werden? Resp. Ja / gar wol / viel= und mancherley / als einer selber bedencken kan; Aber doch also / das keine ungebührliche Figuren gesetzet werden / die Verlachung und Verachtung können verursachen (p. 84)

By the end of the century pattern poetry, at least in theory, was an outdated and rejected art; and Männling's defense of the figures in 1704 as »die Mahlerey der Poeten« [30]) was pleading a lost cause. A ridicule of all manneristic devices had been sounded as early as 1673, in Gottfried Wilhelm Sacer's satirical work *Reime dich, oder ich fresse dich*. The author advises Hans Wurst on how to become a successful poet:

> Bald mache Ringel=Reim auff Lisettgens Strohut; Bald ein Epigramma oder Stichel=verß / als du Treutchen nackend gesehen / bald Bilder=Reime über Mopsens Mistgabel . . . [31])

Daniel Morhof admits in his *Unterricht Von Der Teutschen Sprache* (1682) to a certain begrudged admiration for the ingenious *carmina quadrata* of Hrabanus Maurus, but his advice concerning the later pattern poetry and cubic verse is simply:

> Wer ein recht tüchtiges Gedichte schreiben kan / wird sich nie mit dergleichen armseeligen Erfindungen behelfen. [32])

The most influential critic of the late Baroque, Christian Weise, pronounces similar judgment:

> Im übrigen mag ich auff die gezwungene Manier nicht kommen / da sich etliche bemühen Becher / Seulen / Hertzen / Tauben / Eyer / Affen und Meerkatzen in Versen abzubilden: denn wer die Madrigalische Art versteht / auch kurtze und lange Verse wol untereinander werffen kan / der hat zu solcher Gaukeley gar leichte Rath gefunden. [33])

The author of the anonymous *ABC cum notis variorum* (1703) concurs with Morhof's rejection of these »miserable inventions« and tells of several particularly esoteric figures that he has come across:

---

[29]) Kempe's »Anmerkungen« to Georg Neumark, *Poetische Tafeln* ... (Jena, 1667).
[30]) *Der Europaeische Helicon* (Alten Stettin, 1704), p. 133.
[31]) (Northausen: Barthold Fuhrmann, 1673), pp. 49—50.
[32]) Op. cit., p. 641.
[33]) *Curiöser Gedancken Von Deutschen Versen, Andrer Theil* (n. p., 1691), pp. 109—110.

> Wie mir denn ehemals die Glückwünschende Piep=Kanne / item der Ost=Frieß=
> ländische Wunsch=Käse in die Hände kommen / die ein gelehrter Mann unter
> seine kluge Sachen i. e. unter die rechten Narren=Possen geleget. Ich vor
> meine Person habe mein lebtage nichts auff dergleichen Zeug gehalten. [34])

The author of this work is the only critic to mention the printer, to whose typesetting skill the pattern effect is due as frequently as to the artistry of the poet:

> Gleichwol machen etliche groß Wercks davon / und drillen manchen Buch=
> drucker damit auff die Dauer. Massen sich denn nicht alle auff diese Kunst ver=
> stehen. Ich darff sie wohl auch nicht verrathen / sonst wäre es ein leichtes zu
> sagen / daß ein Stücke Thon mit Asche vermenget gar gute Dienste darbey
> thut. [35])

Omeis, as Pegnitz Schäfer, cannot bring himself to break completely with tradition, although in his *Gründliche Anleitung* (1712) he commits himself to the modern style of Christian Weise. [36]) He grants the manneristic types a certain legitimacy as »Sachen / die man vor die lange Weile ansiehet und lieset«, but otherwise dismisses them as »Schul-galanterien« (p. 128). The program of another Weise-admirer, Erdmann Neumeister, can be inferred from the title of his work: *Die Allerneueste Art, Zur Reinen und Galanten Poesie zu gelangen* (1712). Despite the three figures that he reproduces — »zum Possen«, his rejection of the forms is as complete as it is temperamental:

> Nun kommen erst schöne schöne Spielwerck / schöne Raritäten / bella Marga=
> rita! ich meine die Bilder=Reime / welche kaum wehrt sind / daß man ihrer ge=
> dencket. Denn vors erste sind sie spottleichte. Ich darff mir ja nur eine ge=
> wisse Figur vormahlen / und nach derselben die Verse lang oder kurtz ma=
> chen. Hernach werden sie von gravitätischen Leuten gar nicht aestimiret /
> sondern Mägde und Handwercks Bursche möchten ein Wunderwerck daraus
> machen (p. 266).

Johann Samuel Wahll regards the figures to be of the same ilk as the cabalistic and cubic abnormalities and flatly refuses to consider such »pure Kindereyen« at all. [37]) Of the later theoreticians only Andreas Köhler displays a certain fondness for the forms, and even he is unwilling to include more than one figure in his poetics because they are not esteemed, with an eye on Neumeister, »von gravitaetischen Leuten«. [38])
And thus the German pattern poems went the way of the English *gugawes* and *crock-chettes*, to be apologetically displayed by the more conservative poets or presented as objects of ridicule by the Enlightenment authors. Baroque pomp and ostentation, its excesses and extravaganzas, found little favor in the Age of Reason. Gottsched discusses the figures briefly together with the Greek and Latin epigrams, but dismisses them as idle *Tändeleyen*. [39])

---

[34]) ... *Herausgegeben von einem dessen Nahmen im A. B. C. stehet. Anderer Theil* (Leipzig und Dresden: Joh. Christoph Miethen, 1703), pp. 144—145 [Univ. of Illinois].

[35]) Ibid., p. 145.

[36]) Curt von Faber du Faur, *German Baroque Literature* (New Haven: Yale University Press, 1958), p. 153.

[37]) *Poetischer Wegweiser, Das ist, Kurtze doch gründliche Einleitung Zu der rechten, reinen und galanten Teutschen Poesie* (Jena: Joh. Adolph Müller, 1709), p. 68.

[38]) *Deutliche und gründliche Einleitung zu der reinen deutschen Poesie* (Halle, 1734), p. 171 — cited from B. Markwardt, *Geschichte der deutschen Poetik*, I (Berlin, 1964), p. 343.

[39]) Op. cit., p. 682.

Nearly all published German pattern poems of the seventeenth century are found either as examples in the poetics, where they are usually grouped with such other manneristic forms as the *Irr-Gedichte, Fragreime, Echoverse* et al., or interspersed throughout the numerous Schäfereien of the Nuremberg poets. Guestbooks and family albums represent a probably large but unpublished source and reflect the use of the forms as festive greetings or dedications. A quick examination of a large number of works of various types in the Beinecke Library of Yale University produced only a single original figure in a novelistic work: a short pyramid-poem in Helwig's *Ormund* (1648) [40]) which is described as being secretly engraved on the side of a coffin before burial and is thus of interest as perhaps imitating the purpose of the original Greek poems. — The most frequently composed patterns are the relatively easy geometrical figures: pyramid, column, heart, cross and egg, although the tree and various kinds of glasses, goblets and musical instruments are well represented. Of the original Greek figures, only the ax seems not to have been attempted by a German poet; the shepherd's pipe and wings are represented by one example each, and even the altar was not among the more popular forms. Certain figures, usually those with more obvious symbolic content, come to be associated with particular themes, e. g., the hourglass poems remind of the brevity of life, the pyramids usually depict *vanitas*, transitoriness and death, occasionally coupled with the thought that only poetry (or virtue) remains eternal (cf. Illus. III—VI). — The humanists' imitations of the antique patterns most likely provided the immediate model for seventeenth-century pattern poets. However other, semi-literary forms existed at the time that might also have influenced the rebirth of pattern art. A. Liede relates the modern origin of the genre to the inverted pyramidal figures that were often used to conclude a chapter or a book: »Es muß die Dichter gereizt haben, einmal einem ganzen Gedicht als kunstvollen Schmuck eine dem Inhalt entsprechende äußere Form zu geben.« [41]) I would suggest a related phenomenon, the elaborate emblematic colophons that were common in books of the fifteenth and sixteenth centuries. The *Compendium primi voluminis Chronicorum de origine regum Francorum* by Johann Tritheim (Mainz: Johann Schoeffer, 1515), for example, contains such a colophon in the form of an hourglass (or triangle with its reflection), relating the tradition of the Fust-Schoeffer printing families. [42]) Title pages were occasionally set in even more unusual figures. That of Michael Hörnlein's *Brunn, den die Fürsten gegraben haben* [43]) is in the form of a typographical fountain (Illus. VII), and might be compared with the fountain-pattern of Helwig *(Nymphe Noris)* or with the example from Kempe/Neumark's *Poetische Tafeln* (Illus. VIII).

The early pattern poems are relatively conservative in form; the figures (egg, anvil, heart, goblet and shepherd's pipe) are defined, with the ever present assistance of the typesetter, by varying the length but not the position of the individual verses. ZESEN's three early poems (1641) portray a heart on the occasion of his brother's nameday and

---

[40]) Matthias Abele's »Schwanksammlung« *Vivat Unordnung* (1675) presents a palmtree pattern, which, however, is an unattributed imitation of Zesen's figure. Liede, *Dichtung als Spiel*, II, p. 196, cites another figure in the *Unordnung*, Theil IV, p. 465; this volume was not available.

[41]) *Dichtung als Spiel*, II, p. 190.

[42]) Fol. 55ᵛ, Brown University, Annmary Brown Memorial Library; reproduced in the catalog of the library: *Catalogue of books mostly from the presses of the first printers ...* (Oxford, 1910), p. 9.

[43]) (Rudolst[adt]: Freyschm[ann] und Fleischer, 1676); reproduced in antiquarian catalog number 706, »Deutsche Literatur der Barockzeit, Erster Teil« [Dec. 1963] of the Haus der Bücher, Basel, p. 63.

two goblets. The *Pokale* use identical beginnings: »Jugend und Tugend steht artig beisammen.« The first poem, however, is a stereotype lament that virtue has no chance in the present harsh times, while the second is intended as a humorous poem »von den sieben Zeiten der Jungferschafft« (Illus. IX). HARSDÖRFFER composed only two very short and simple patterns. [44]) In the *Pegnesisches Schäfergedicht* (1644), the shepherds Clajus and Strephon come upon a settlement of troglodyte blacksmiths, whereupon Strephon quickly invents a poem in the form of an anvil. The *Frauenzimmer Gesprechspiele* (1645) contain a pattern of a small wine bottle that begins »Was reimet sich zu dem Westphalischen Schinken? / das Trinken.« BIRKEN produces a more elaborate pattern in his *Fortsetzung der Pegnitz-Schäferey* (1645). A panegyric on the founding of the Pegnitz Order is in the form of a wreath; the middle verses, separated by another wreath of flowers, are numbered according to the way they are to be read (Illus. X). Two of Birken's later figures add still other dimensions to the art. His *Guelfis* (1669) has an Alexandrine sonnet in the form of an open book (Illus. XI). The *Teutsche Rede-bind- und Dicht-Kunst* (1679) reproduces a cross on which, one is led to visualize from the content, Christ is suspended. [45]) The description is arranged so that in reading to the bottom of the poem one's inner eye follows the hanging figure — a good example of the Baroque *ut pictura poesis*.

Beginning with JOHANN HELWIG (MONTANO), a Nuremberg physician and member of the Order, the poems become more elaborate in form, if not always more artistic as poetry. Von Faber du Faur aptly characterizes Helwig: »He was no poet, and what attracted him to the Shepherds of the Pegnitz was their predilection for verse play, to which he too was a zealous addict.« [46]) His *Nymphe Noris* (1650) is one of the major single sources for pattern poems, although some of the twelve figures may not have been composed by him. The work is a typical Schäferspiel in the tradition of Harsdörffer, Klaj and Birken, in which each of the shepherds present is called on by Strephon to invent a pattern poem. Strephon himself produces a figure of Mount Parnassus, followed by a tower with two smaller side-towers, presumably by Helwig, which represents *des Spielenden* (Harsdörffer's sobriquet in the Fruchtbringende Gesellschaft) coat-of-arms. HELIANTHUS (JOHANN GEORG VOLKAMER) contributes an organ, the pipes of which are formed by twenty-eight trochaic and iambic verses of varying length running sideways across the page, with six verses in normal order building the base (Illus. XII). The theme would initially seem to be a praise of human intelligence capable of producing such an exalted work as an organ, but this quickly changes into a warning against *vanitas* — »ein Tand nur ists« —, the works of man vanish and are as nothing compared with the wonders of God. An imperial orb with the theme of peace is attributed to Strephon in the name of MYRTILLUS (MARTIN LIMBURGER). One of the cleverest figures is an hourglass, ascribed to ALCIDOR (JOHANN SECHST) (Illus. XIII). The poem is in two sections: the glass forms a poem on the transitoriness of life; the wooden sides are single-word rhymes on the same topic, generally in the form of antitheses. [47])

A fellow Pegnitzschäfer, JOHANN GEUDER, produced the most coherent and interesting collection of pattern poetry of the century. *Der Fried-seligen Irenen Lustgarten* was published, curiously, as part of Johannes Praetorius' *Satyrus Etymologicus*

---

[44]) A number of patterns in Helwig's *Nymphe Noris* are attributed to other poets, including Harsdörffer.

[45]) Reproduced by Albrecht Schöne, *Das Zeitalter des Barock*, 1st ed. (München: Beck, 1963), p. 694.

[46]) *German Baroque Literature*, p. 149.

[47]) Cf. Kornfeld's hourglass pattern, reproduced by Schöne, op. cit., 2nd ed. (1968), p. 739.

in 1672, but was probably written several decades earlier. It is a Schäferei, in which Rosidan (Geuder), tending his sheep for the last time, comes upon his *Weidgenossen* Fillexemen and Fillockles, and the three friends begin the customary pastoral stroll. The work is interspersed with echo-poems, anagrams and acrostics; its primary attraction for us is the inclusion of fourteen pattern poems, some of which represent the most elaborate figures discovered. In the course of the walk, the shepherds come upon a stately birch tree, which reminds Rosidan of his absent friend Floridan. The first two patterns are eulogies to Birken, carved by Rosidan and Fillexemen onto the tree, one in the form of a *Liebes-Kertze* (Illus. XIV), the other a simple *Ehren-Seule* hiding the acrostic FLORIDAN SIEGMVND Von BETULIUS SCHAFER. The remaining poems all center on a single theme, the praise of peace. A pair of scales, composed of irregular, mixed anapests and dactyls, demand justice and an end to the weapons of war (Illus. XV). [48] Fillexemen arranges some freshly plucked flowers into a *Friedensvase* (Illus. XVI). A peace-loving fiddle calls for music to dispel the memories and misery of the past (Illus. XVII). There is even a ship of peace, containing the acrostic FRIED, on board which all weapons and war are forbidden (Illus. XVIII). — Geuder's patterns are not the only ones to treat the theme of war and peace. Schottel's *Teutsche Vers- oder ReimKunst* (1656) includes a pyramid with »vierzehn Arten der Trogaischen Reimen« condemning the moral decay that accompanied the war. Harsdörffer's imperial orb and a *Friedsäule* in Klaj's *Geburtstag des Friedens* (1650) extol the long-awaited peace. As a type *(Friedenspiel)* Geuder's work is in the wake of Rist, Klaj and particularly Birken, who composed several longer works in celebration of the peace. [49]

Of the later authors of pattern poems, only one, THEODOR KORNFELD, published a substantial number of figures: his *Selbst-Lehrende Poesie* (1685) contains fifteen pages of patterns and as many examples. Kornfeld informs us that he has selected the patterns for his poetics from earlier published works: a *Geistliche Verlöbnis* (Giessen, 1664) and a collection of wedding poems printed in 1669 in Rostock. [50] Nearly half of his figures are religious, with themes taken from the bible: e. g., an apple from the tree of life (Gen. 3:21, 24), a cross (Matt. 16:24) and a candle in its holder (John 8:12 and Ps. 119:105). A goblet-poem contains a puzzle, to whose solution the reader is directed only by the last two verses and the biblical reference to Psalm 6:7 that follows (›Ich bin so müde vom seufzen; ich schwemme mein Bett die ganze Nacht und netze mit meinen Tränen mein Lager‹) (Illus. XIX). Kornfeld's secular patterns are facile *Gelegenheitsverse* on the occasion of marriages or military victories and as poetry leave much to be desired. A *Siegessäule* to honor the raising of the Turkish siege of Vienna by King John Sobieski (»Der Tapfer Held in Polen«) is reproduced here as an example of the type (Illus. XX).

Kornfeld's *tour de force* is the last major source of published patterns. JOHANN LEONHARD FRISCH produced several figures at the turn of the century as satires of the genre, including one — the Berliner Bär — of the most elaborate patterns we have come across. [51] NIKOLAUS PEUCKER's *Wolklingende, lustige Paucke* (1702) has only one pattern, a bridal-wreath, which merits some attention because of its form. The pattern effect is achieved, not as with Birken's wreath (see Illus. X), by varying the length of the lines but rather by arrangement of the strophes. A similar example is a clover-leaf by Geuder; the two poems are reproduced here for comparison

---

[48] Cf. Birken's scale-poem, reproduced by Zabeltitz, *Gutenberg Festschrift*, p. 184.
[49] See von Faber du Faur, *German Baroque Literature*, p. 145.
[50] *Selbst-Lehrende Poesie*, pp. 69 and 75.
[51] *Schulspiel* (1700), ed. L. H. Fischer (Berlin, 1890). This work was unavailable; reproduced by Liede, *Dichtung als Spiel*, II, p. 197.

(Illus. XXI—XXII). [52]) Of the late-Baroque versifiers, only JOHANN CHRISTOPH MÄNNLING and FRIEDRICH REDTEL show any enthusiasm for the manneristic types, and Männling's real love seems to have been cubic verses. [53]) *Der Europaeische Helicon* (1704) contains five figures, including a rather artful death-bier with coffin [54]) and a pyramid to be read from bottom to top (see Illus. II). Redtel's *Nothwendiger Unterricht von der Teutschen Verskunst* was published in 1704, but written, the author informs us, many years earlier and circulated privately in manuscript. [55]) The six pattern poems, which are among the most frightful verses encountered, include a bread-basket and a soup-bowl (Illus. XXIIa) in addition to the more customary cross, goblet, egg and heart figures. Redtel writes of the genre: »Es bestehen solche Gedichte gemeiniglich aus vielen gemischten Gattungen eines Haupt-Geschlechtes: weil man unmüglich auß einer Art Verse / der Långe nach / ein Bild machen und formieren kan.« Redtel's patterns are frequently formed by ignoring normal verse division and running lines together to obtain the desired length. The figures themselves, moreover, are somewhat crude approximations and are enclosed in outlines to make them recognizable, a device seen earlier in the flask-poem of Rabelais and the wreath by Geuder.

One final aspect of our topic deserves brief attention: the relationship of pattern poetry to emblems. Our examples are too few and the possibility of a common cultural heritage serving as an independent source for both forms too great to permit more than a tentative suggestion that the following patterns derived from emblematic poems. We will, nevertheless, see some remarkably close parallels in the following examples. When Hans Rosenfeld writes of Zesen's goblet pattern (Illus. IX): »Wenn die Ermahnung zur Tugend in die Figur eines kunstvollen Pokals gebracht wird, so gehörte zum Verständnis der inneren Beziehungen wohl schon damals Kombinationsgabe, obwohl es dem allgemeinen Bewußtsein noch näher stand als heute, daß man dem in Tugend Bewährten einen Ehrenpokal zur Belohnung reichte.« [56]) — he is describing an emblematic situation, although I am unable to point to a specific emblematic poem. It is perhaps not too important for the patterns of Helwig and Kornfeld that the hourglass was a frequent emblematic device of death and the transitoriness of life [57]), nor for the eulogistic palm-tree poems of Zesen and Männling to know that the figure, like the goblet, was an emblematic symbol of virtue. [58]) More significant parallels are found to Kornfeld's pattern of Mount Parnassus (Illus. XXIII). The poem is simple, both in form and content: Whoever would aspire to enjoy, with Phoebus Apollo, the pinnacle of success, must be prepared to labor for it. Its emblematic counterpart is found in the *Emblemata* of Nicolas Reusner, published in Frankfurt in 1581 by Sigismund Feyerabend. [59])

---

[52]) H. Cysarz sees the form of a cymbal in the poem »Amphibrachische Cymbel« by Matthäus Apelles von Löwenstern; see Cysarz, *Deutsche Literatur: Reihe Barock. Barocklyrik*, III (Leipzig, 1937; rpt. ed. Darmstadt: Wissenschaftliche Buchgesellschaft, 1964), p. 207.

[53]) See B. Markwardt, *Gesch. der deutschen Poetik*, I, p. 426, and Gustav René Hocke, *Manierismus in der Literatur* (Hamburg: Rowohlt, 1959), p. 23, and 35 f.

[54]) Reproduced by Schöne, *Das Zeitalter des Barock*, 1st ed., p. 695.

[55]) Stettin: Christoph Schröder, 1704, in the »Erinnerung an den Geliebten Leser«.

[56]) *Das deutsche Bildgedicht* (Leipzig, 1935), p. 93. — Rosenfeld mistakenly attributes the poem to Schottel, who had only copied Zesen's goblet-poem.

[57]) A. Henkel and A. Schöne, *Emblemata* (Stuttgart: Metzler, 1967), pp. 997—999, 1342—3 et passim.

[58]) Ibid., p. 196.

[59]) Ibid., p. 61.

HUC CURSUS FUIT

Mons, qui verticibus petit arduus astra duobus;
Parnaßi, medio cur tenet orbe locum?
. . . .
Sic ego. sic contra retulit mihi Phoebus Apollo:
Quae medio ducit semita calle, placet.
Fas vt sit cuiuis artes ediscere doctas:
Sic datur ad Musas currere recta via.
Ast opus est magno nixu, duroque labore:
Conscenso donec vertice victor oues.

Helwig's *Nymphe Noris* gives us another example in a pattern attributed to Helianthus. A nut tree laments that the peasant children and the servants first rob him of his fruit and then repay him with sticks and stones (Illus. XXIV). The double theme is abundance causing its own misfortune and ingratitude. The tree was often used in emblems depicting both themes: its branches break under the weight of its own fruit [60]), or it is strangled by the ivy it has sheltered. [61]) A precise parallel to the pattern of Helwig/Helianthus exists, however, in a well-known emblem by Andreas Alciatus with the motto »In fertilitatem sibi ipsi damnosam«. [62]) The emblem shows two peasant lads trying to bring down fruit by throwing sticks and rocks at a tree. The poem in the contemporary translation of Jeremias Held:

Von der Fruchtbarkeit so jr selbs schedlich.

Der Bauwer hat mich arme nauß gsetzt
   An diese Wegscheid da ich stets
Von Buben wird geplagt ohn zal
   Die mit steinen mich werffen all
Mit benglen sie mir zwerffen dNest
   Zerreissen mir mein rinde fest
An allen orten vmb vnd vmb
   Wirt ich geplagt in einer sumb
Was kundt aber ergers geschehn
   Einem Baum der kein frucht thut gebn
Aber zu meinem großen schaden
   Gib vnd trag ich mein Frucht beladen.

It ought to be noted further that both Helwig's poem and the emblem by Alciatus are in the form of *Rollengedichte*.

Despite contributions to pattern poetry in the seventeenth century by a number of genuine poets, the very nature of the genre destined it to remain essentially a plaything of the hack versifier. Later poets of any stature would have little or nothing to do with the manneristic forms; pattern poetry, when composed at all, was once again relegated to the *Stammbuch*, written by dilettantes for festive occasions. But the basic urge to achieve a synthesis of picture and poetry never completely disappeared. From our own century we find examples of figure poems by Apollinaire; [63]) from Germany

---

[60]) Ibid., p. 179.
[61]) Ibid., p. 276.
[62]) Ibid., p. 179; see also p. 186.
[63]) A good discussion of Apollinaire's calligraphic poetry and several reproductions in Liede, *Dichtung als Spiel*, II, pp. 200—203.

there is Christian Morgenstern's »Trichter« [64]); and Zabeltitz is able to cite several figures in the *Wiener Allgemeine Theaterzeitung*, including a »Männchen als Neujahrs-gratulant«. [65]) More recent patterns by contemporary poets include the long poem »Vision and Prayer« by Dylan Thomas [66]), written in the form of diamonds and wings and reminiscent of (and very likely patterned after) Herbert's »Easter Wings«, and a complete collection of patterns by John Hollander. [67])

About 1950 a »new« form of visual typographic art was introduced: concrete poetry. Regarded by traditionalists as a type of pop-art on the fringe of artistic pro-priety, it has nevertheless succeeded in becoming something of an international pheno-menon in the world of poetry. Its stated goal, to be sure, is not the synthesis of different art forms but the participation by the reader in the creation of the poem. The poet Emmett Williams, an American expatriate and one of the initiators of the form in Germany, outlined the program of concrete poetry:

The makers of the new poetry in the early fifties were not antiquarians, nor were they specific-ally seeking the intermedium between poetry and painting, the apparent goal of so many of their followers. The visual element in their poetry tended to be structural, a consequence of the poem, a »picture« of the lines of force of the work itself, and not merely textural. It was a poetry ... that often asked to be completed or activated by the reader, a poetry of direct presentation. ... It was a kind of game, perhaps, but so is life. It was born of the times, as a way of knowing and saying something about the world of now, with the techniques and insights of now. [68])

For an age in which involvement and relevance are the catchwords, such art is a not inappropriate form of expression — a protest, if one will, such as Williams' poem »A festive marching song in the shape of 10 dixie cups« (typographically formed from the repeated word »mississippi«) — to be »hissed aloud by masses of folks.« [69]) Another example from Williams' anthology, a figure of an apple by Reinhard Döhl entitled »Pattern poem with an elusive intruder«, reveals the genre to be a perhaps minor but tenacious participant in the tradition of German poetry. The poem, like the example by Williams, consists of a single repeated word, »Apfel«, typographically cut to construct the pattern. In the lower right-hand corner hides the single intruder: »Wurm« (Illus. XXV).

And thus we return to the point of origin of this paper, to Harsdörffer's premise that »Also machet auch die Mahlerey und Bilderey ein Gedicht prächtig / ansehlich und be-liebet«. The *Fortunarad* of literary form has once again revolved, it would seem, from peak to oblivion to renascence and brief restoration.

---

[64]) *Alle Galgenlieder* (Berlin: Bruno Cassirer, 1932), p. 30.

[65]) *Gutenberg Festschrift*, p. 186.

[66]) *The Collected Poems*, pp. 154—165. — See William York Tindall, *a reader's guide to Dylan Thomas* (New York: Noonday Press, 1962), pp. 239—241.

[67]) *Types of Shape* (New York: Atheneum, 1969). I am indebted to Mr. John W. Charles of the Annmary Brown Memorial Library, Brown University, for directing my attention to this work.

[68]) *An Anthology of Concrete Poetry*, ed. Emmett Williams (New York: Something Else Press, 1967), p. vi.

[69]) Ibid., no page numbers of the poems are given.

ILLUSTRATIONS

(Illus. I) LAURENTIUS ALBERTUS, *Teutsche Grammatick* (1573)

Gott/
Spott.
Der Leut/
So heut.
Verachten/
Mit lachen.
Der kirchen ehr/
Ihr lebn vnnd Lehr.
Vnd wöllen doch schlecht/
Solchs haben gar recht.
So sy doch wissen nicht/
Dann sy bößlich bericht.
Das wir die rechte Kirch sein/
Han auch das wort Gottes rein.
Von alters solchs gehabt gar lang/
Des Christus war der erst anfang.
Welchers den Aposteln verlassen/
Damit sie gsend auf alle Strassen.
Dardurch die welt zuo bringen schlecht/
In lieb hoffnung vnd glauben recht.
Welchs biß zu der letzten stund/
Nit kompt auß des priesters mund.
Deß frewen wir vns hoch/
Vnd rühmen vns des noch/
Drumb wer solches wort/
Liebt als seinen hort.
Komm zu vns hrein/
In diß heuslein.
Da ist GOTT/
wer solchs spot.
Nimmer
Hat er
nit
fridt.

(Illus. II) JOH. PETER TITZ, *Zwey Bücher* ... (1642)

Nimm
Meinen
Schmertz von mir
Laß mein Klagen
Lencken deinen Sinn.
Dafne/sieh diß Hertze/
Das dir gantz ist unterthan/
Das dir redet/schweiget/dencket/
Dir sich frewet/dir sich kräncket/
Vnd ohn dich nicht leben kan.
Nymfe/wo ich schertze/
Will ich noch forthin
Willig tragen
Für und für
Deinen
Grimm.

(Illus. III) JOH. HELWIG, *Ormund* (1648)

Egyptische flammenseule

der Tod/
der blosse Tod
hat diese stell bestimmet:
weil er aus lauter haß ergrimmet/
nicht gönnen wolt ERMIND/der edlen zier
der freuden lange zeit in dieser welt allhier:
der Schönheit schönstes bild verwelket wie eine Blum
ob solche fällt dahin/so bleibet doch der tugend ruhm.

(Illus. IV) HANMANN/OPITZ, *Prosodia Germanica* (1658)

Nicht,
Es bricht
Zusammen.
Gantz überhin
Der strengen Flammen
Die Donner vnd derlauff
Pyramiden. Es fahren
Der greysen zeit. Sie bauet auff
Der Poesie beyt Trotz den Jahren
Den scharffen Zahn gesetzt. Die ewigkeit
Als vielfraß alles das/das man anschauet
Die steinernen Gebürg'. In sie hat doch die zeit/
Egypten rühm dich nicht/daß du hast auffgebauet.

(Illus. V) JOH. CHRISTOPH MÄNNLING, *Der Europaeische Helicon* (1704)

hier.
Ewig
Mit zier
Aufgeſetzt/
Bleibt eingeetzt
Das alten Jahren/
Was langes Leben kieſt/
Dieweil die Zeit läſt erben/
Der Tugend feſt gewurtzelt iſt/
Doch kan der Ruhm hier nimmer ſterben/
Weil Zeit und Untergang diß flüchtig macht;
Man muß zuletzt doch nur Schutt anſchauen/
Araben führen auf Coloſſen groß an Pracht/
Es mag Egypten ihm viel hohe Pharos bauen/

(Illus. VI) ERDMANN NEUMEISTER, *Die Allerneueste Art* (1712)

Mich
Und dich/
Dein und mein Hertz
Soll weder Schmertz
auch keine Noht
Noch Todt

Nicht ſcheiden.
Mein Licht der Freuden/
Der Sinne Luſt und Sonne/
Der Seelen Schatz und Wonne/
Und meines Lebens Leben
Wird mir von dir gegeben.
Kein Guth kan mich ſonſt laben.
Und ohne dich mag ich mich ſelbſt nit haben.
Doch wenn ich ja mein Leben einſt beſchlieſſe/
So ſchmecket mir der bittre Todt recht ſüſſe
Was andre traurig macht/das läſt mich unbetrübet
Denn dieſes iſt mein Troſt/daß du mich haſt geliebet.

Solls endlich ſeyn/　　Daß mir zu letzt
Ein Leichen=Stein　　Noch wird geſetzt/

So ſchreibe man nicht mehr/als die neun Worte drauf:
Ich lebt' und liebte treu. Das iſt mein Lebens=Lauff.

(Illus. VII) Title-page to M. HÖRNLEIN, *Brunn ...* (1676)

(Illus. VIII) GEORG NEUMARK (MARTIN KEMPE), *Poetische Tafeln* (1667)

(Illus. IX) PHILIPP VON ZESEN, *Hoch-Deutscher Helikon* (1656)

Jugend
und Tugend
steht artig beisammen;
Jugend
und Tugend
erweitert das feld/
und bringet auch geld:
der Tugenden Flammen
sollen die Jungfern erwekken geschwind/
wan sich das vörderste fünfte Jahr findt:
Kommen noch andere fünfe geschlichen
soll sie sich schikken zur nahrung und küchen;
kömmt es zum dritten mahl wieder herein/
dann will die rose gebrochen schon sein/
dann seind die lustigsten zeiten/
da man soll Kräntze bereiten/.
da man die Blumen einträgt/
die man bis itzund gehägt:
Wann aber das vierde
mit voller begierde
sich zeiget / als dan
sie schone der mann
läst ruhen in armen
und stündlich erwarmen;
kömmt es zum fünften mal an/
ist es fast üm Sie getahn:
kömmt es zum sechsten mal wieder gegangen/
kömmt dan kein Witwer / so ist es geschehn;
Alles in allem ist schändlich versehn;
Dann wird zu wasser ihr gantzes verlangen.

(Illus. X) SIGMUND VON BIRKEN, *Fortsetzung Der Pegnitz-Schäferey* (1645)

(Illus. XI) SIGMUND VON BIRKEN, *Guelfis* (1669)

Geöffnetes Buch

Ich Pallas war bisher | bey dir in hoher acht/
Fontano! hast du nun | die alte Treu gebrochen?
bin ich von Margaris | der Schönen abgestochen?
soll ich von meinem Schatz | Fontano seyn verlacht?
Ach nein! ich weiß/das noch | dein Herz in Liebe wacht/
in Liebe gegen mir: | ob schon in dir will pochen
ein neuer Flammentrieb/ | der deine Pein gerochen.
Bey Tag behalt ich dich: | Sie hat dich bey der Nacht/
Wolan · so liebe fort / | und theile deine Flammen.
Wir beyde wollen uns | vertragen wohl zusammen:
Wann du mit beyden so | den Leibes - wechsel übst.
Und wisse: so du mich | nächst ihr beharrlich liebst/
ich will dein Sinnen - Lob | bis an die Sterne schicken/
Du sollst/von mancher Buch/ | die Erde überblicken.

(Illus. XII) JOHANN HELWIG, *Die Nymphe Noris* (1650)

Ein kleines Orgelein

Menschen Hand was zwingt bezünget/ schlürpfet und schürpfet mit lieblichem Hall/
Pfeifen und die Orgelwerke spielen und füllen die Lüfft in mit Schall:
auch die großen Pommerödhren schüttern und flittern mit rauhem Gethön/
und die kleinen /: als die Cymbeln/ ringeln und klingeln im Ringen gar schön.
Solche Music ist zu loben /: solcherley Künsten mit Gunsten man mehre/
und dem Allerhöchsten GOtt / leder sie dichte / verrichte zur Ehre.

(Illus. XIII) JOHANN HELWIG, *Die Nymphe Noris* (1650)

Eine Sanduhr

O Menschenkind beacht doch diese Warnung hier/
so dir bezeugt den Lauf deins Lebens für und für!
Bund/*Unser Leben schau/ringet stets im Kampf/*Tod/
bunt/wann es lang gewärt/ists ein blosser Dampf. Glück/

Geld	Hoffen uns erhält/Harzen uns ernehrt;	Noht/
schallt/	Kummer/krankheit/sorg verzehrt.	tükk/
Weld/	wie im Glaß geschwind	schnell
wallt:	klarer Sand durchrinnt/	Fäll.
hellt	so alhier vergehet/	wie
Freud/	nicht bestehet	Wind/
bellt	um und um	hie
Neid.	unsers Lebens Ruhm.	sind
Blut/	Ach! der blasse Tod/	Pracht/
Muth/	ist ein Both	Macht.
frisch	wol bezüglet/	Zeit
steht/	und gar schnell geflüglet/	alt/
risch	gibet uns gar schlechte Frist;	scheid
geht;	uns zu fellen sich stets rüst.	bald
hier	heut vor Abends troht er mir/	leid/
Hohn	Morgen kommet er/und klopft deine Thür.	Freud;

Zwier es hilft kein gewalt/es hilft nicht d' pracht; Feind/
Lohn.*Schön klug reich und stark jener nur verlacht.*Freund.
Drum / Mensch / bedenk es wol / bleib wachsam und gerüst:
klug seyn / und nicht viel Jahr die Ehr des Alters ist.

(Illus. XIV) JOHANN GEUDER, *Der Fried-seligen Irenen Lustgarten* (1672)

Die Liebes=Kertze

* * *
* * *
* * *

Die Liebe
vertriebe
nu nimmer/
ja schlimmer/
die schwartzen/
wie Partzen/
Gedancken
und Wancken/
wenn sie nicht/
wie ein Licht/
mit Funckeln
der Kertzen
im Dunckeln
die Schmertzen
begläntzte/
beschiene
versühne
Die zugesagte/
nu mehr betagte
unnd alte Treu
bringt nimmer Reu:
Sie leuchtet als Sterne/
wie eine Laterne:
In weiten Ländern
kan sie auch ändern
Traurigkeit/
und senden wieder Frölichkeit:
Ein solches Fackel=Licht
und starcke Zuversicht
Bist du auch meinem Sinne/
Du helle scheinend' Pierinne.
Hingegen nim auch günstig wieder hin
von dieser Fackel meinen Schein und Sinn:
Faß an diß Musenlicht/du vielgeliebtes Hertze/
gieb Feuer diesem Docht/brenn an die Liebes=Kertze!

(Illus. XV) JOHANN GEUDER, *Der Fried-seligen Irenen Lustgarten* (1672)

Ein Gewichte

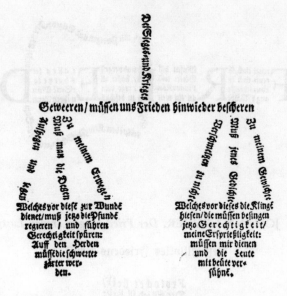

(Illus. XVI) JOHANN GEUDER, *Der Fried-seligen Irenen Lustgarten* (1672)

(Illus. XVII) JOHANN GEUDER, *Der Fried-seligen Irenen Lustgarten* (1672)

Geige

(Illus. XVIII) JOHANN GEUDER, *Der Fried-seligen Irenen Lustgarten* (1672)

Deß Fillokles Friedens-Schiff

Frolocket seiF/
Der FRied ist Reis:
Der Krieg Ist auß/
Diß zEiget HEut
Der ZweigenFreuD

✱✱✱

Weil alle Leut
Von Krieges = Beut.
Sich schmücke auß/
Soll auch diß Hauß
Der Galatheen
Auff stillen Seen/
Mit masten prangt/
Auß Kriegesstangen
Die Partisanen/
Und Kriegesfahnen
Uñ Spieß Gebrauch
Die Piecken auch
So vorig Zeiten
Erreget Streiten/
Die müssen mir
Jetzt dienen hier.

Welches vor diesen Bellone zu Bolwercken dienet/
Hat sich friedliebend auff diesem Gewässer erkühnet:
Die Bräter und Hölter / so Mavors genommen/
Die Städte zu stürmen / sein jetzo gekommen
Zu dieses Irenen friedseligen Booten:
Hier werden die Waffen und Kriege verboten
Du seeliges Glücke/sey Steuer-Geselle/
Verwahre/du Ruhe/die Rudergeselle/
Du Friede / sey selber Schiffmann;
Die Treue sey Ancker daran;
Der Hafe sey ŭser Teutschmaŭ.

(Illus. XIX) THEODOR KORNFELD, *Selbst-Lehrende ... Poesie* (1685)

Ein Rätzel=Glaß

Ey sage/mein lieber und freundlicher Leser/
Was ist das für Wasser das keiner in Gläser/
Noch Becher/noch Krüge/noch ein'ges Geschir
Auf fasset/noch zapfet/noch setzet dir für?
Es wird nicht geschöffet/man kan es doch pressen/
und zapfen herausser/doch wird nicht gemessen
Es ist ein so lauter und kräfftiger Safft
Der vielen ein lustiges Lebend geschaft/
Er machet zwar kranck/
Doch ist er der Tranck/
Der nimmer genossen/
Doch ofte geflossen
Auch aus euch
Oft zugleich.
Last fliessen/
und giessen/
Doch nicht allzu viele/
Sey masse beym Ziehle/
Ob jederman dis in sich hat/
Ist doch itzt zu zapfen kein Rath/
Viel Fromme und Krancke mit diesem ihr Bette
Offt netzen mit Giessen gar starck in die Wette.

(Illus. XX) THEODOR KORNFELD, *Selbst-Lehrende . . . Poesie* (1685)

Ein Denck= und Danck=Seule des Wienischen Siegs

Als man schrieb achtzig drey/
Nach sechszehn hundert Jahren/
Erschall ein Ruhm=Geschrey
Von Leopoldus Scha=ren
Wär tapfer gantz erschlagen
In diesen itzgen Tagen
Des Türcken Kriegs=Armade
Mit aller Türcken Schade/
Vor Wien im Oester=Reiche/
Dem Sieg kein ander gleiche;
Gott sey dafür gelobet/
Das nicht der türck mehr tobet/
Wie vorhin offt geschehen/
Da man must rückwerts gehen/
Das mach't der Starenberger/
Und der so noch viel ärger
Den Türck hat angegriffen
Zu Land und nicht zu schiffen
Der Tapfer Held in Polen
Dem das der HERR befohlen
Es thät Succurs der Sachse.
Ach das der sieg noch wachse!
Das wünschet meine Seele/
Und GOTT den Krieg befehle/
Der woll hinfür' auch weiter geben
Das wir im guten Friede leben/
So soll mein Musa ferner singen/
Und GOTTes Lob viel höher zwingen.

(Illus. XXI) NIKOLAUS PEUCKER, *Wolklingende, lustige Paucke* (1702)

1. Lilie.
Die Lilienblum
Hat diesen Ruhm/
Daß sie recht tüchtig/
Gantz rein und züchtig
Sich allen zeige/nicht
zum Schein: So sol
auch eine Jungfer
seyn.

2. Viole.
Violen sind
Des Mertzen Kind/
Dem Artzte nütze/
Sie dämpfen Hitze
und wachsen nicht zum
Augenschein: So sol
auch eine Jungfer
seyn.

3. Sonnenbl.
Sol/wie man sagt/
So bald es tagt
Sich nach dem Lichten
Der Sonnen richten
Und lieben ihren Feu-
er-Schein: So sol
auch eine Jungfer
seyn.

4. Weisse Rose.
Der Rosen Schnee
Vertreibt das Weh
Fast hin und wieder
Durch alle Glieder/
Und hält das Schloß der
Sinnen rein: So sol
auch eine Jungfer
seyn.

Braut-Krantz.

5. Rote Rose.
Das Rosen-Blut
Ist treflich gut
Zu vielen Dingen/
Es läst sich zwingen
Durch starcke Hitze/riechet
fein: So sol
auch eine Jungfer
seyn.

6. Demuth.
Die Demuth steht
Etwas erhöht
Und oben offen
Ist nicht ersoffen
In Eitelkeit und schnö-
dem Schein: So sol
auch eine Jungfer
seyn.

(Illus. XXII) JOHANN GEUDER, *Der Fried-seligen Irenen Lustgarten* (1672)

Kleeblat

(Illus. XXIIa) FRIEDRICH REDTEL, *Nothwendiger Unterricht ... (1704)*

(Illus. XXIII) THEODOR KORNFELD, *Selbst-Lehrende ... Poesie* (1685)

Der Berg Parnasius

Die Spitz
Gar hoch besitz'/
Geneuß die Ehr
Bey Fleiß und Lehr;
Hier oben aufn Parnaß
Spazirt im grünen Graß
Apollo mit der Musen-Schaar
Und nimmt die Unermüd'ten wahr /
Das Er sie aus dem Brunnen-Tränck'
Und dann mit seiner Krohn beschrenck';
Auch ziehret sie mit schönen Krantz
Die Musen-Schaar in ihrem Tantz/
Erheben sie biß an die Stern/
Das Ihr Lob schalle nah' und fern;
Herbey gar bald in dieser Stund/
Wer Lob begehrt / leg' guten Grund;
Der hohe Berg erfördert Fleiß/
So mancher Tritt / so manchen Schweiß.

(Illus. XXIV) JOHANN HELWIG, *Die Nymphe Noris* (1650)

Nußbaum

Ach!
ohn Schuld'
hier leid' ich
williglich /
und ertrage mit Gedult
den/d'quälet mich.
Soll dann das lieben seyn.
bittre schwere Pein!
So man meiner Früchten wil/
schau/geniessen schlecht/
werd' ich meiner Zier beraubt mit Unbill/
Bauren Kinder/Mägd' und Knecht/
schenken mir an stat eines Dankeskuß/
Stein' und Stekken mit Verdruß/
so   alhier
für   und   für
ist der Lauff/,
ist der Kauff;
Haß   für   Ehr
itzt   vielmehr
hier   regirt/
Und   verführt
ieden   Stand.
Sonder Schand
fremd Gut nemen mit Gewalt/
macht / daß alle Lieb' erkalt.

(Illus. XXV) REINHARD DÖHL, »Pattern poem with an elusive intruder« (1965) [70]

ApfelApfelApfelApfei
felApfelApfelApfelApfelA
felApfelApfelApfelApfelApfe
ApfelApfelApfelApfelApfelApf
pfelApfelApfelApfelApfelApfel
ApfelApfelApfelApfelApfelApfe
pfelApfelApfelApfelApfelApfelA
ApfelApfelApfelApfelApfelApfe
felApfelApfelApfelApfelApfel
ApfelApfelApfelApfelApfelApf
elApfelApfelApfelWurmAp
felApfelApfelApfelApfel
pfelApfelApfelApfel
pfelApfelApfelA
pfelApfel

[70]) Printed with permission of the author. — Dr. Döhl is the author of a recently published related study, »Poesie zum Ansehen, Bilder zum Lesen? Notwendiger Vorbericht und Hinweise zum Problem der Mischformen im 20. Jahrhundert«, in *Gestaltungsgeschichte und Gesellschaftsgeschichte. Literatur-, Kunst- und Musikwissenschaftliche Studien*, hrsg. von Helmut Kreuzer (Stuttgart: Metzler, 1969), pp. 554–582.

APPENDIX

The following is a chronological listing of all known German pattern poems from the late
sixteenth to the early eighteenth century. It makes no claim to definitiveness; further search
of period works would undoubtedly bring forth a number of uncited examples. Sources not
seen are included, but these are distinguished by a *) and a reference is supplied. The holding library, with volume call-number, is given where known. Borrowed patterns are listed
in brackets. The reference »Schöne« = A. Schöne, ed., *Das Zeitalter des Barock* (Die deutsche
Literatur III), 1st ed. (München: Beck, 1963; ²1968).

1573 Laurentius Albertus, *Teutsche Grammatick*, Augsburg, 1573, ed. Carl Müller-Fraureuth,
    Straßburg, 1895.
    1) wedge ⟨p. 152⟩
1641 Philipp von Zesen, *Deutsches Helicons Erster und Ander Theil*, (Theil II) Wittenberg:
    Johann Röhner, 1641 [Yale: Zg17/Z56/656]
    1) goblet ⟨p. 83⟩
    2) heart ⟨p. 84⟩
    3) goblet ⟨p. 86⟩⟩
    [also in: *Hoch-Deutscher Helikon* ... (II), Jena, 1656, pp. 114—115]
1642 Johann Peter Titz, *Zwey Bücher Von der Kunst Hochdeutsche Verse und Lieder zu ma-
    chen*..., Danzig: Andreas Hünefeld, 1642 [Yale: Zg17/Op3/641]
    1) egg ⟨I. Buch, cap. 16, § 9⟩
1644 Georg Philipp Harsdörffer (Strephon), *Pegnesisches Schäfergedicht in den Berinorgischen
    Gefilden angestimmet von Strefon und Clajus*, Nürnberg: Wolfgang Endter, 1644 [Yale:
    Zg17/H25/644]
    1) anvil ⟨p. 18⟩
1645 Georg Philipp Harsdörffer, *Frauenzimmer Gesprechspiele*..., V, Nürnberg: Wolffgang
    Endter, 1645 [Yale: Zg17/H25/644f]
    1) wine bottle ⟨p. 454⟩
1645 Sigmund von Birken (Betulius — Floridan), *Fortsetzung Der Pegnitz-Schäferey* ..., Nürn-
    berg: Wolffgang Endter, 1645 [Yale: Zg17/B53/645]
    1) wreath ⟨p. 33⟩
    2) shepherd's pipe ⟨p. 67⟩
1648 Johann Helwig (Montano), *Ormund*..., Frankfurt: Joh. David Zunner, 1648 [Yale:
    Zg17/H38/648]
    1) pyramid ⟨p. 116⟩
1649 *Philipp von Zesen, *Durch-aus vermehrter und Zum dritt- und letzten mahl in dreien
    teilen aus gefärtigter Hoch-deutscher Helikon*..., Wittenberg, auf kosten Johann Seel-
    fisches, 1649 [UB Göttingen: Poet. Germ. I 1279]
    1) palm tree ⟨sig. E vijr⟩ [reproduced in Schöne, 1st ed., p. 692]
    [also in: *Hoch-Deutscher Helikon*..., III, Jena, 1656, p. 61 (Yale: Zg17/Z56/656d)]
1650 *Sigmund von Birken, *Pipenburgische RahtStelle: beglückwünschet von Floridan*.
    A. C. M DC L. [in: *Der Norische Parnaß*..., Nürnberg, 1677 [UB Göttingen: Poet.
    Germ. II 8727]
    1) cross ⟨p. 222⟩ [reproduced in Schöne, 1st ed., p. 693]
1650 Johann Helwig, *Die Nymphe Noris In Zweyen Tagzeiten vorgestellet*..., Nürnberg:
    Jeremia Dümler, 1650 [Yale: Zg17/H38/650]
    1) heart ⟨p. 7⟩
    2) pyramid ⟨p. 8⟩
    3) Mount Parnassus ⟨p. 83⟩ [attributed to Strephon]
    4) tower ⟨p. 84⟩
    5) nut tree ⟨p. 85⟩ [attributed to Helianthus = Johann Georg Volkamer]
    6) imperial orb ⟨p. 86⟩ [attributed to Strephon in the name of Myrtillus = Martin Lim-
       burger]
    7) organ ⟨p. 87⟩ [attributed to Helianthus for Amintas = Jakob Lochner]
    8) shawm (Schalmei) ⟨p. 88⟩ [attributed to Klajus]
    9) lute ⟨p. 88⟩ [for Floridan]

10) fountain ⟨p. 89⟩ [attributed to Periander]
11) hourglass ⟨p. 90⟩ [attributed to Alcidor = Johann Sechst]
12) monument ⟨p. 91⟩ [attributed to Lerian = Christoph Arnold]

1650 Johann Klaj (Clajus), *Geburtstag Deß Friedens* (appended to *Irene...*), Nürnberg: Wolffgang Endter, 1650 [Yale: Zg17/K66/650]
    1) monument ⟨p. 3 of Vorrede⟩

1650 Johann Heinrich Hadewig, *Kurtze und richtige Anleitung, Wie in unser Teutschen Muttersprache Ein Teutsches Getichte zierlich und ohne Fehler könne verfertiget werden...*, Rinteln: Petrus Lucius, 1650 [UB Göttingen: Poet. Germ. I 30]
    1) heart ⟨p. 164⟩
    2) wedding goblet ⟨p. 165⟩
    3) wedding cup ⟨p. 166⟩

1656 Justus Georg Schottel, *Teutsche Vers- oder Reim Kunst...*, Frankfurt; in Verlegung Michael Cubachs Buch, 1656 [Yale: Zg17/Sc67/656]
    1) egg ⟨p. 215⟩
    2) tower ⟨p. 216⟩
    3) pyramid or tower ⟨p. 217⟩
    4) cross ⟨p. 218⟩
    [5] goblet ⟨p. 219⟩ = Zesen, *Deutsches Helicons...*, p. 83]
    [*Ausführliche Arbeit von der Teutschen Haubt Sprache...*, Braunschweig, 1663, contains egg, tower and pyramid, pp. 951—953]

1658 Enoch Hanmann [Martin Opitz], *Prosodia Germanica, Oder Buch von der Deudschen Poeterey...*, Frankfurt: Christian Klein, 1658 [Yale: Zg17/Op3/658]
    1) pyramid ⟨p. 291⟩
    [Pp. 353—356 reproduce egg, tower, pyramid and cross = Schottel, *Reim Kunst* ⟨pp. 215-218⟩; p. 357 goblet = Zesen ⟨p. 83⟩ = Schottel ⟨p. 219⟩]

1664 *Theodor Kornfeld, *Geistliche Verlöbnis*, Gießen, 1664 — see *Selbst-Lehrende... Poesie* (1685)

1665 *Martin Kempe, *Poetische Lust-Gedanken Erster Theil*, Jena, 1665 ⟨p. 22, p. 137 ff.⟩
    [Reference from A. Liede, *Dichtung als Spiel*, I, p. 196. — Examples included in Neumark's *Poetische Tafeln*, 1667 — *quod vide*]

1667 [Martin Kempe] Georg Neumark, *Poetische Tafeln / Oder Gründliche Anweisung zur Teutschen Verskunst...*, Jena: Johann Jakob Bauhofer, 1667 [UB Freiburg: E 3483d]
    1) monument ⟨p. 267⟩
    2) fountain ⟨p. 268⟩

1669 Sigmund von Birken, *Guelfis oder NiderSächsischer Lorbeerhayn...*, Nürnberg: Hofmann, 1669 [Univ. of Illinois]
    1) heart ⟨p. 23⟩
    2) goblet ⟨p. 35⟩
    3) open book ⟨p. 36⟩

1672 Johann Geuder (Rosidan), *Der Fried-seligen Irenen Lustgarten, mit unterschiedlichen poetischen Bildern und Jahr-Reimen geschmücket, und der hochlöblichen Pägnitschen Schäfferey zu Ehren von 3. Jetzischen Hirten besungen. Friedwünschung an alle edle Irenen-Liebhaber... zu Irenopel* [in: Johannes Praetorius, *Satyrus Etymologicus, Oder der Reformirende und Informirende Rüben-Zahl*, n. p. (1672)] [Yale: Zg17/P88/1672]
    1) »Liebes-Kertze« ⟨p. 210⟩
    2) column ⟨p. 211⟩
    3) wings ⟨p. 225⟩
    4) scales ⟨p. 230⟩
    5) clover-leaf ⟨p. 233⟩
    6) flower vase with flowers ⟨p. 234⟩
    7) Irenen altar ⟨p. 248⟩
    8) wreath ⟨p. 249⟩
    9) fiddle ⟨p. 250⟩
    10) fir tree ⟨p. 251⟩
    11) heart ⟨p. 252⟩

12) »Thurm-Säule« ⟨p. 269⟩

13) Irenen Bącher ⟨p. 270⟩

14) »Friedensschiff« ⟨p. 271⟩

1673- *Sigmund von Birken, *Pegnesis: oder der Pegnitz Blumengenoß-Schäfere FeldGedichte in*
1679 *neun Tagzeiten...*, 2 vols., Nürnberg: Felßecker, 1673—1679

*Vol. I: 1) scales ⟨p. 251⟩ [reproduced by Zabeltitz, *Gutenberg Festschrift*, p. 184]

*Vol. II: [Birken *(Dicht-Kunst,* 1679, p. 144): »Im V Hirteng. des II Theils ein Zepter /
Buch / Kranz und Wage«]

1675 Matthias Abele von Lilienberg, *Vivat oder so genannte künstliche Unordnung*, Nürnberg:
Michael und Johann Friederich Endter, 1670—1675 [Yale — only Parts III and V
(1675)]

[1] palm tree ⟨V, p. 105⟩ = Zesen, *Hoch-Deutscher Helikon*]

[A. Liede, *Dichtung als Spiel*, II, p. 196, refers to further example(s) in Part IV, p. 465]

1679 Sigmund von Birken, *Teutsche Rede-bind- und Dicht-Kunst, oder Kurze Anweisung zur
Teutschen Poesy...* Nürnberg: Christof Riegel, 1679 [Yale: Zg17/B53/679]

1) cross ⟨p. 145⟩ [reproduced by Schöne, lst ed., p. 694]

1685 Theodor Kornfeld, *Selbst-Lehrende, Alt-Neue Poesie oder Verskunst der Edlen Teutschen
Heldensprache*, Bremen: Herman Brauer, 1685 [UB Göttingen: Poet. Germ I 1319]

1) cross ⟨p. 69⟩ [= *Geistl. Verlöbniß*, p. 13]

2) goblet ⟨p. 70⟩ [ibid., p. 29]

3) tree of life ⟨p. 71⟩ [ibid., p. 15]

4) bush ⟨p. 72⟩

5) lute ⟨p. 73⟩ [= »anno 1664 auff Herrn Klostermans Hochzeit von mir gesetzet und
gegeben«]

6) »Rätzel-Glas« ⟨p. 74⟩ [ibid.]

[⟨p. 75⟩ »Ein Kloster (!) - auf vorgemelte Hochzeit habe gedrückt offerirt, weil aber
dies Pappier-Form solches nicht fassen kan...«]

7) heart ⟨p. 75⟩ [= »so Ich anno 1659 zu Rostock aufn Hochzeit... habe gedrückt gegeben«] [reproduced by A. Beckmann, *Motive und Formen*, p. 101]

8) candle ⟨p. 76⟩ [= *Geistl. Verlöbniß*, p. 24]

9) apple ⟨p. 77⟩ [ibid., p. 16]

10) »Denck- und Danck-Seule« ⟨p. 78⟩

11) pyramid ⟨p. 79⟩

12) Mount Parnassus ⟨p. 80⟩

13) egg (Pasch-Ey) ⟨p. 81⟩

14) egg ⟨p. 82⟩

15) hourglass ⟨p. 83⟩ [reproduced by Schöne, 2nd ed., p. 739]

[Kornfeld states that he has taken a number of his examples from his earlier published
work, *Geistliche Verlöbniß*, Gießen, 1664, et al. These references are given above.]

1688 Albrecht Christian Rotth, *Vollständige Deutsche Poesie...*, Leipzig: In Verlegung Friedrich Lauckischen Erben, 1688 [Yale: Zg17/R74/688]

1) tree ⟨Tl. I, Tit. IX, § 1—2⟩

1700 *Johann Leonhard Frisch, *Schulspiel*, 1700, ed. L. H. Fischer, Berlin, 1890 ⟨p. 31 ff.⟩

[Reference in: A. Liede, *Dichtung als Spiel*, II, p. 199 — Liede reproduces 1) Berliner
Bär (p. 197) und 2) burning heart on an altar (p. 198)]

1702 Nikolaus Peucker, *Des berühmten Cöllnischen Poeten / ... wolklingende / lustige
Paucke...*, Berlin: Otto Christian Pfeffer, 1702 [UB Göttingen: Poet. Germ. II 7975]

1) bridal wreath ⟨p. 107⟩

1702 *»der Taurende« (probably Johann Hofmann), *Lehrmäßige Anweisung zu der Teutschen
Verß- und Ticht-Kunst...*, Nürnberg, 1702.

1) »Pokal« [Reference from B. Markwardt, ... *Poetik*, I, p. 304]

1704 Friedrich Redtel, *Ein Nothwendiger Unterricht von der Teutschen Verskunst... Stettin:
Christoph Schröder, 1704 [British Museum; Univ. of Michigan microfilm 6430]

1) cross ⟨sig. H7ᵛ⟩

2) goblet ⟨sig. H8ʳ⟩

3) bread-basket (Korb) ⟨sig. H8ᵛ⟩

4) soup-bowl ⟨sig. I1ʳ⟩
5) egg ⟨sig. I1ᵛ⟩
6) heart ⟨sig. I2ᵛ⟩
   [siehe auch B. Markwardt, *Poetik*, I, p. 306]

1704 Johann Christoph Männling, *Der Europaeische Helicon, Oder Musen-Berg* ..., Alten Stettin: G. Dahlen, 1704 [UB Göttingen: Poet. Germ. I 92]
   1) palm tree ⟨p. 134⟩
   2) egg ⟨p. 134⟩
   3) heart ⟨p. 135⟩
   4) pyramid ⟨p. 135⟩
   5) death-bier ⟨p. 136⟩ [reproduced by Schöne, 1st ed., p. 695]

1708 Erdmann Uhse, *Wohl-informirter Poet / worinnen Die Poetischen Kunst-Griffe* ... *vorgestellet* ..., Leipzig, 1708 [Yale: Zg17/Uh8/708]
   [1] palm tree ⟨p. 92⟩ = Männling, *Der Europaeische Helicon*, p. 134]

1712 Erdmann Neumeister, *Die Allerneueste Art, Zur Reinen und Galanten Poesie zu gelangen* ..., Hamburg: Johann Wolfgang Fickweiler, 1712 [Yale: Zg17/N41/712]
   1) pyramid ⟨p. 266⟩
   2) pyramid ⟨p. 267⟩
   3) cross ⟨p. 268⟩

1734 *Andreas Köhler, *Deutliche und gründliche Einleitung zu der reinen deutschen Poesie*, Halle, 1734
   [One example — reference B. Markwardt, *Poetik*, I, p. 343]

Brown University, University of Illinois   Robert G. Warnock und Roland Folter

WOLFGANG MARTENS

Über Weltbild und Gattungstradition bei Gellert

Mehr als 40 Jahre alt ist Kurt Mays Gellertmonographie, — der erste energische Versuch, Gellerts Werk ganz in den Griff zu bekommen und zu einer Synthese zu gelangen. [1]) Alle späteren Bemühungen um Gellert rekurrieren wohl oder übel auf Mays Arbeit, so neuerdings auch das Buch von C. Schlingmann, das uns in Sachen Gellert eine dichtungsgeschichtliche Revision verheißt. [2]) So richtig manche der in dieser Revision erbrachten Einsichten nun sind (anderes wirkt disparat und mitunter naiv), und so sympathisch die Absicht ist, Gellert im literarhistorischen Urteil aufzuwerten, so scheint uns doch ein wesentlicher Punkt bei dieser Revision weitgehend außer Acht gelassen. Er betrifft den Ansatz bei May. Es sei uns erlaubt, unsererseits noch einmal bei May einzusetzen.

May läßt in seiner Arbeit bekanntlich alle nichtdichterischen Äußerungen und alles Biographische beiseite und versucht, Gellerts Weltanschauung lediglich aus seinem dichterischen Gesamtwerk zu erschließen. Es gelte, sagt er, »aus der Dichtung heraus das geistige Weltbild der Dichter zu erbauen. ... Der Dichter ist am Gedichteten zu messen; hier allein verantwortet er sich abschließend«. Solche Weltbildanalyse könne nicht nach den einzelnen Werken fragen, sondern »die Einheit und Ganzheit des dichterischen Schaffens steht vielmehr in Frage, freilich eine Einheit in der Entfaltung, aber doch innerhalb der Identität des einen dichterischen Bewußtseins als einmalig geprägter Form, die lebend sich entwickelt. Die Ideenmassen sämtlicher Dichtungen schmelzen für solche Weltbildanalyse in einen einzigen mächtigen Komplex zusammen« (S. 1 f.). Nach diesem Konzept werden Gellerts Dichtungen, nach Themenkreisen geordnet, auf ihren »Gedankengehalt« hin untersucht. Die Analyse betrifft den Begriff von Dichter und Dichtung, die Auffassung von der Wissenschaft, die sozialen Vorstellungen, die moralischen Grundsätze und die religiösen Überzeugungen, wie sie sich in den Fabeln und Erzählungen, in den Lustspielen, im Roman, in den Lehrgedichten und in den geistlichen Oden und Liedern Gellerts spiegeln. Stets ist eine »geistige Einheit« (S. 4) hinter allen dichterischen Äußerungen vorausgesetzt, — das »Weltbild ... in seiner dem ... Werk immanenten Systematik« (S. 5).

Das Ergebnis der ausführlichen Bestandsaufnahme des weltanschaulichen Gehalts von Gellerts Dichtung war nun freilich für den Forscher wenig befriedigend. Das läßt sich an resümierenden Feststellungen ablesen wie etwa der, das Gehaltliche sei bei Gellert »sehr reich und sehr verwickelt, wenn auch ohne Tiefe« (S. 2). Und es ist bei der Untersuchung einzelner Themenkomplexe ständig zu beobachten: Immer wieder sah May sich veranlaßt, Inkonsequenzen, Widersprüche, unerwartete Wendungen, befremdliche Mißverhältnisse, »Spannungen« im Weltbild Gellerts zu konstatieren. Viele

---

[1]) Kurt May, *Das Weltbild in Gellerts Dichtung* (Frankfurt am Main, 1928), Deutsche Forschungen, 21.

[2]) Carsten Schlingmann, *Gellert, eine literarhistorische Revision* (Bad Homburg v. d. H., 1967). — In der wesentlich umfangreicheren maschinenschriftlichen Dissertationsfassung unter dem Titel »Gellert, Beiträge zu einer dichtungsgeschichtlichen Revision« (Diss., Frankfurt, 1965), ist die Auseinandersetzung Schlingmanns mit May reichlich polemisch.

gehaltliche Elemente, bemerkt er, paßten nur schwer zueinander. Er sieht sich genötigt, von Ungleichmäßigkeiten und Brüchen in der Konzeption, von einem »Nebeneinander und Durcheinander« verschiedener religiöser Haltungen und einer »heimlichen ethischen Laxheit des Autors«, von »Weitherzigkeit« und »Zweideutigkeit« in Gellerts Moral zu sprechen. Die Spannung von Rationalismus und Irrationalismus, in die May Gellert gestellt sieht, vermag ihm die festgestellten Ungereimtheiten keineswegs alle zu erklären. Ein gewisses Unbehagen und Ratlosigkeit blicken immer wieder durch Mays Versuche hindurch, zu Synthesen zu kommen, und je intensiver er in Gellerts geistige Welt einzudringen und sie zu ordnen und zu klären sich bemüht, um so geringer wird offenbar seine Meinung von diesem Dichter. Gellert erscheint in Mays Buch als eine wenig gefestigte Übergangserscheinung, und der gewaltige Ruhm, seine Popularität im 18. Jahrhundert, nur der Popularität Schillers im 19. Jahrhundert vergleichbar, muß sich in diesen Zusammenhängen fragwürdig ausnehmen.

Sollten solche Ergebnisse, so müssen wir fragen, nicht vielleicht weniger dem Dichter als vielmehr dem interpretatorischen Vorgehen des Wissenschaftlers anzulasten sein? Ist hier möglicherweise ein Schlüssel zur Hand genommen worden, der für gewisse Autoren der Goethezeit wohl brauchbar war, dessen methodologische Relevanz jedoch beschränkt genannt werden muß? Die Voraussetzung, daß Dichtung das Weltbild ihres Dichters getreulich spiegle, — daß hinter allen poetischen Äußerungen eine letzte geistig-weltanschauliche Einheit zu suchen sei, die auf den Dichter zurückweise, — ist sie im 18. Jahrhundert schon uneingeschränkt zulässig? Die »Einheit und Ganzheit des dichterischen Schaffens«, die »Identität des einen dichterischen Bewußtseins«, — für Gellert scheint uns ein noch unangemessenes Postulat. Vielleicht ist es nicht ethische Lässigkeit, gedankliche Laxheit, Mangel an Tiefe, oberflächlicher Eklektizismus, und es liegt vielleicht auch nicht an der Spannung zwischen Rationalismus und Irrationalismus, wenn sich die Masse der Gellertschen Dichtungen gehaltlich nicht auf einen Nenner bringen läßt und sich seltsame Ungereimtheiten zeigen. Wir müssen fragen, ob dies nicht zu einem wesentlichen Teil aus der Eigenart der verschiedenen Gattungen folgen könne, in denen Gellerts Dichtung sich darstellt. Denn diese Gattungen — Fabel, Verserzählung, Roman, Lustspiel, Schäferspiel, Lehrgedicht, geistliches Lied — unterscheiden sich nicht nur in ihrer Form voneinander, sondern sie haben — näher besehen — zur Zeit Gellerts auch gehaltlich ein Eigengewicht, — ein Eigengewicht, dessen Traditionsmächtigkeit sich der Dichter nicht verschließen kann und vielleicht auch nicht verschließen will. Absicht des der schönen Gelehrsamkeit Beflissenen ist es noch zu Gellerts Zeit oft lediglich, dem Ethos der gewählten Gattung zu entsprechen, zumal wenn diese Gattung auch von den Poetiken erfaßt und bestimmt ist. Und dies Ethos betrifft nicht nur die Formalien, sondern es erstreckt sich in weitem Maße auch auf die einzunehmende Haltung und »Gesinnung«. [3]) Aus den jeweils unter den Forderungen der Gattung verlautbarten Haltungen und Gesinnungen auf die persönliche Einstellung, auf private Überzeugung und Weltbild des Dichters zu schließen, scheint uns problematisch und jedenfalls voreilig.

Daß May in seinem Gellertbuch diese Verhältnisse ignorieren konnte, ist wohl nur aus

---

[3]) Richard Alewyn hat es so formuliert: »Das Phänomen der literarischen Gattung ist uns unbekannt geworden. (Was in Ästhetiken und Poetiken gewöhnlich so genannt wird, ist etwas anderes.) Bis zum Ende des 18. Jahrhunderts ist eine Gattung ein deutlich umrissenes Modell, in dem nicht nur ein obligater Komplex von Stoffen, Motiven und Personen, nicht nur eine obligate Sprache und Technik, sondern auch ein vorgeschriebenes Weltbild so zusammengehören, daß keiner seiner Bestandteile verrückbar oder auswechselbar ist.« (R. Alewyn, »Der Roman des Barock«, in: *Formkräfte deutscher Dichtung vom Barock bis zur Gegenwart* [Göttingen, 1963], S. 22.)

seinem wissenschaftsgeschichtlichen Standort zu erklären. Er wehrt sich gegen alle Fragen nach dem »Woher«, — es komme aufs »Was« an:

Was immer der Dichter an stofflichen, formalen und gedanklichen Elementen von außen aufgenommen hat ..., hat er sich damit zugeeignet, als das ihm Gemäße, Brauchbare, Notwendige bezeichnet. Was einer so verantwortet, wird sein Eigentum und ist für uns sein Eigenes geworden, ganz unabhängig davon, »woher« es kommt und mit wem sonst er es gemein hat aus vergangener oder zu seiner Zeit. Wenn wir wissen wollen, welche geistige Welt sich ein Mensch aufgebaut hat und im dichterischen Werk objektiviert, verliert die Scheidung von Ererbtem, Erlebtem und Erlerntem ihren Sinn (S. 5).

Die Wendung gegen Scherers berühmte Formel vom Ererbten, Erlebten und Erlernten ist hier charakteristisch. May folgt als Schüler Rudolf Ungers der ideen- und geistesgeschichtlichen Richtung der Literaturwissenschaft, wie sie in den 20er und 30er Jahren in der Germanistik dominiert, und er teilt mit dieser Richtung die Frontstellung gegen den Positivismus der Schererschule, — den Affekt gegen die Einflußforschung und die Parallelenjägerei, der manche Vertreter des Positivismus in der Tat ausschließlich oblagen und mit der man mitunter meinte, Dichtung und Dichter genügend »erklärt« zu haben. Auch für Gellert waren fleißig Stoffe, Vorbilder, Parallelen und Einflüsse namhaft gemacht worden. May sucht dagegen nun, Gellert als eigene Dichterpersönlichkeit ernst zu nehmen, und er sucht, mit Dilthey und Unger, seine Dichtung als das »Organ« seines »Lebensverständnisses« zu begreifen. Wenn der Forscher jedoch in diesem Sinne an stofflichen und motivischen Vorbildern und Einflüssen glaubt vorübergehen zu dürfen, so übersieht er freilich, daß selbst dort, wo Stoffe und Motive offenbar ganz »eigene Erfindung« des Dichters sind, seine Dichtung gleichwohl Konventionen und Traditionsauflagen unterworfen sein kann, die der jeweiligen Gattung eignen und in Gedankengehalt und Tendenz mit den persönlichen Überzeugungen und Neigungen des Dichters nicht übereinzustimmen brauchen. Mit der Abkehr von der positivistischen Einflußforschung scheint auch der Blick für gattungsbedingte Zusammenhänge verloren gegangen zu sein. [4])

Greifen wir einige Beispiele heraus! Zunächst zur Deutung des Dichterbegriffs, wie er sich in Gellerts Werken manifestiert. May stellt fest, daß außerhalb der Kirchenliederdichtung der Autor »auffallenderweise ... mit Sittlichem und Religiösem nicht unmittelbar in Beziehung gebracht« werde (S. 10). Nirgends in Gellerts Werk werde die Moralität und Religiosität des Dichters gefordert, und das, da doch Gellert selbst als Dichter zu bessern, zu erziehen und den Leser zur Tugend zu führen sich offenkundig bemüht hat. In seinen Briefen, in seinen Moralischen Vorlesungen empfahl Gellert immer wieder die Lektüre wertvoller Dichtung zur Bildung des Geistes und des Herzens. [5]) Er hat eine Abhandlung »Von dem Einflusse der schönen Wissenschaften auf das Herz und die Sitten« verfaßt und dort dem Dichter und der Dichtung die schönsten moralischen Wirkungen zugeschrieben. Sein Roman *Das Leben der schwedischen Gräfin von G.* ist in gewissem Sinne ein Lehrbuch edlen menschlichen Verhaltens und seine Lustspiele machen die Bühne zur moralischen Anstalt. — Wie erklärt es sich also, daß der Dichterbegriff in Gellerts Werk sich so andersartig ausnimmt, ja daß der Dichter häufig in einem lächerlichen Lichte erscheint? May stellt befremdet für Gellerts Dichtungsbegriff »einen radikalen Widerspruch und Bruch im inneren Zusammenhang« fest (S. 13). Gellerts Konzept vom Dichter spiegle sich in seinen Schriften »durchaus anders, als man erwartet«.

---

[4]) Freilich hat zur gleichen Zeit, da Mays Gellertbuch erschien, Karl Viëtor nachdrücklich auf die Bedeutung der Gattung als einer wichtigen objektiven Kategorie hingewiesen.

[5]) Vgl. Wolfgang Martens, »Lektüre bei Gellert«, in: *Festschrift für Richard Alewyn*, hrsg. von Herbert Singer und Benno von Wiese (Köln—Graz, 1967), S. 123—150.

Zur Erklärung versuchen wir, uns an die Eigenart der Gattung zu halten, innerhalb deren Gellert auf den Dichter zu sprechen kommt. Gellert hat weder im Roman noch in den rührenden Lustspielen einen Dichter gezeichnet und auch in seinen Lehrgedichten nicht von ihm gesprochen, sondern nur in den *Fabeln und Erzählungen*. Diese aber sind, namentlich was die Verserzählung anbelangt, ebenso wie die »Fabeln und Erzählungen« Hagedorns, die »Fabeln und Erzählungen« Lessings, Gleims oder Johann Adolf Schlegels und die vielen gattungsgleichen Gedichte in den *Belustigungen des Verstandes und Witzes* und den *Bremer Beyträgen* vornehmlich auf Witz, Scherz, Ironie und Satire zugeschnitten. Sie stehen vielfach in der Tradition älterer schwankhafter Dichtung und sind inspiriert von der spielerischen Leichtigkeit und dem satirischen Witz La Fontaines in seinen Fabeln und seinen *Contes et nouvelles en vers*. Es gehört gleichsam zu ihrem Ethos, scherzhaft oder ironisch-satirisch zu verfahren. Der ernstzunehmende, vorbildliche, der moralisch oder religiös engagierte Dichter ist offenbar kein Gegenstand für sie. Sie lieben es traditionellerweise, dem Reimer, dem ehrgeizigen Poeten, dem dünkelhaften Pegasusreiter, dem eitlen Dichterling, Bavius und Maevius die lächerliche Seite abzugewinnen. Gellert folgt offenbar Gattungsgepflogenheiten, wenn er in Fabeln und Erzählungen wie »Der unsterbliche Autor«, »Die beiden Schwalben«, »Philinde«, »Hans Nord«, »Der alte Dichter und der junge Criticus«, »Die Lerche und die Nachtigall« den Poeten scherzhaft-ironisch-satirisch traktiert und sein Publikum damit erheitert. Sein eigenes Konzept vom moralischen Auftrag des Dichters bleibt von solcher Schilderung ganz unberührt. Es kommt hier nicht zum Vorschein.

Ganz ähnlich steht es mit dem Wissenschaftsbegriff, nach dem Gellerts Dichtung befragt wird. May konstatiert, es sei auffallend, eine wie geringe Rolle stofflich und gehaltlich die geistige Welt des Autors, der eine Berühmtheit der Leipziger Universität war, in seiner Dichtung spiele. Noch auffallender sei, »wie hier dem Wissen und der Wissenschaft überhaupt das Daseinsrecht von diesem öffentlichen Vertreter der Wissenschaft in seiner Poesie konsequent nach jeder Möglichkeit eingeschränkt, beschnitten wird« (S. 62). Es entstehe »in den Einzelheiten ein merkwürdiges Zerrbild des Stubengelehrten: er macht die Nacht zum Tage, versagt sich Schlaf, Bewegung, Freundschaft, Liebe, Wein, Naturgenuß, um nur berühmt zu werden durch das große Werk«. Es sei ganz erstaunlich, »daß dieser Dichter-Professor von einem Erkenntnis-Streben nichts zu wissen scheint, das ohne sittlichen Defekt, d. h. ohne unreine Motivation von Ruhm- und Gewinnsucht, in Gang kommt« (S. 63). Man komme nicht umhin, in Gellerts Dichtung, inmitten des Aufklärungszeitalters, »eine wissenschaftsfeindliche Tendenz« (S. 68) festzustellen.

Auch hier wieder lehrt ein Blick auf die Verserzählung, die von Hagedorn bis Wieland ein Organ des literarischen Rokoko ist [6]), daß es einem Zug der Gattung entspricht, Gelehrsamkeit scherzhaft, ironisch und satirisch in ein leicht despektierliches Licht zu setzen. — Gellert hat gewiß als Mentor vieler studierender Jünglinge, in Briefen und vor allem als Professor in seinen Abhandlungen und Vorlesungen ein ernsthaftes Studium immer wieder betont und vor Ablenkungen, vor leichtfertigen Zerstreuungen, denen die Jünglinge an den Akademien ausgesetzt seien, väterlich gewarnt. In seinen *Fabeln und Erzählungen* aber schließt er sich der Gesinnung der Gattung an, die, den heiteren Tendenzen des Rokoko gemäß, nur den weltfremden stubenhockerischen Gelehrten, den eigensinnigen Schulfuchs, den trocknen Polyhistor kennt, der, hinter Foli-

---

[6]) S. dazu Alfred Anger, *Literarisches Rokoko*, 2., durchges. u. erg. Aufl. (Stuttgart, 1968), S. 80 ff.; Bengt Algot Soerensen, »Das deutsche Rokoko und die Verserzählung im 18. Jahrhundert«, in: *Euphorion*, 48 (1954), S. 125—152. — Über das französische Modell der deutschen Rokokoverserzählung s. Erich Loos, »Die Gattung des *Conte* und das Publikum im 18. Jahrhundert«, in: *Romanische Forschungen*, 71 (1959), S. 113—137.

anten vergraben, sich mit Quisquilien abgibt und jeder fröhlichen Geselligkeit abgeneigt ist, — Zielscheibe des Spottes einer Gesellschaft, die klüger ist und zu leben weiß.

Auch das von May konstatierte »unfreundlich unverständige Gesamturteil« (S. 98) Gellerts über den Bauernstand, das für sein soziales Weltbild »eine merkwürdige Inkonsequenz, einen Bruch, eine Hemmung« (S. 97) bedeute, — in keiner einzigen seiner Fabeln und Erzählungen sei die Landarbeit »zum poetischen Symbol sittlicher Vorzüge, etwa des Fleißes, der Mäßigkeit oder Zufriedenheit« gewählt, stattdessen sei der Bauer gern als dumm, eigensinnig, grob, neidisch hingestellt —, auch dieses Bild vom Bauernstand dürfte eher traditioneller Gattungsperspektive als den persönlichen Überzeugungen des menschenfreundlichen Gellert anzulasten sein.

Ganz besonders frappierend sind die Widersprüche, die sich ergeben, wenn man Gellerts Dichtungen auf ihr Menschenbild, und speziell auf ihre Auffassung vom weiblichen Geschlecht hin, befragt. May hat diesen Aspekt übrigens ausgespart. Es findet sich hier scheinbar ganz Unvereinbares zusammen. Im Roman *Das Leben der schwedischen Gräfin von G.* präsentieren sich sämtliche weiblichen Wesen, sei es nun die Gräfin oder Caroline, die Geliebte des Grafen, Amalie, die Gattin eines sibirischen Gouverneurs, oder ein einfaches Kosakenmädchen, als ungemein großmütig, bescheiden, edeldenkend, selbstlos, sanftmütig und zartfühlend. Man zieht ein einfaches Leben ohne Aufwand, mit wenigen Freunden, allen Äußerlichkeiten, aller Ehre und dem Glanz der großen Welt vor. Man ist die Tugend selbst, in jeder Weise menschlich vorbildlich, und erfährt denn auch den Lohn der Tugend in einem trotz großer Widrigkeiten glücklichen, erfüllten Leben. Nur eine weibliche Nebenfigur scheitert, mehr unschuldig als schuldig, in den Verstrickungen der Leidenschaft, — ein Gegenstand des Mitleids.

Ganz anders in den *Fabeln und Erzählungen*, die bekanntlich zur gleichen Zeit wie der Roman entstanden sind. Um Georg Ellinger in seiner Abhandlung über Gellerts Fabeln und Erzählungen urteilen zu lassen:

Die Frauen werden ... bei Gellert als putzsüchtig, kokett und buhlerisch geschildert; ihr Tun ist nur auf Äußerlichkeiten, nie aber auf das Wesentliche gerichtet; durch ihre Plauderhaftigkeit verscherzen sie das schönste Glück; überwinden sie sich wirklich einmal so weit, etwas zu verschweigen, so bringt es ihnen sicher den Tod. Sie dulden keinen Widerspruch, sind leichtsinnig und wankelmütig und wissen die Befriedigung ihrer Gelüste, namentlich ihrer Putzsucht, durch tausend Ränke und Schliche zu erreichen. Ihre Klatschsucht entstellt die wirklichen Tatsachen ins Ungeheure und richtet dadurch Unheil und Verwirrung an. Mögen sie auch noch so treu scheinen, sobald sie einmal ernstlich auf die Probe gestellt werden, halten sie gewiß nicht stand. Die Folge dieser Eigenschaften der Frauen ist, daß die Männer sich vor dem Ehestande fürchten, daß die Ehe nur dann glücklich ist, wenn beide Eheleute acht Tage nach der Hochzeit sterben. [7]

Wollte man von dem Befund in den *Fabeln und Erzählungen* auf Gellerts persönliche Auffassungen schließen, so müßte man ihn als ausgesprochen frauenfeindlich, als misogyn, bezeichnen. (Ein Student, der im Gellertseminar des Vfs. das Bild der Frau in den *Fabeln und Erzählungen* zu untersuchen hatte, diagnostizierte denn auch auf schwere erotisch-psychische Verklemmungen des Junggesellen Gellert.) Doch wir wissen aus Gellerts Biographie, aus seinen Briefen, daß er keineswegs frauenfeindlich war. Im Gegenteil: das weibliche Geschlecht schätzte er im Hinblick auf Tugend und Natürlichkeit und auf sein Verständnis für Dichtung höher ein als das männliche. Das Frauenzimmer ist sein liebstes Publikum, und dieses fühlt sich auch persönlich von Gellerts

---

[7] Georg Ellinger, »Gellerts Fabeln und Erzählungen«, wiss. Beilage zum *Jahresbericht der 6. Städt. Realschule zu Berlin* (Berlin, 1895), S. 10.

feinem Charme angezogen. Sein Briefwechsel mit Frauen und Mädchen überwiegt den mit Männern bei weitem.

Gellert selber ist später in einem Brief einmal auf sein negatives Frauenbild in den *Fabeln und Erzählungen* zu sprechen gekommen, und was er dort sagt, kann den Sachverhalt in Kürze klären. »Ich habe«, schreibt er, »in meinen Schriften Niemanden beleidiget, einige übereilte Stellen wider das Frauenzimmer ausgenommen; doch diese Stellen stehen in den Fabeln, und sind auch Fabeln«. [8]) — Weil diese Stellen in den »Fabeln« stehen, ist also der Autor entschuldigt; die Fabelgattung ist es, die solche Schilderungen bedingt. Gellerts *Fabeln und Erzählungen* knüpfen wie die Hagedorns, Lessings und Gleims an die Frauensatire, an schwankhafte Weiberschelte früherer Zeiten an und führen sie — anmutiger, spielerischer, schalkhaft-ironisch oft — fort im Geist des scherzhaften Rokoko. Kokette, putzsüchtige, schwatzhafte, verbuhlte Frauenzimmer zu porträtieren, dem weiblichen Publikum mit Witz, Laune und leicht maliziösem Spott einen kleinen Spiegel vorzuhalten, ist Gepflogenheit der gewählten Gattung, während anderen Gattungen, dem Roman und, nicht zu vergessen, den rührenden Lustspielen, ein ganz anderes Bild verstattet ist.

Kurt May hat, wie gesagt, diese Widersprüche im Frauenbild Gellerts nicht zusammengetragen. Er hat hier also nicht versucht, gattungsbedingt Unvereinbares auf einen Nenner zu bringen. Was er jedoch befremdet registriert, ist die Weitherzigkeit, mit der Gellert gewisse weibliche Untugenden behandelt habe. So urteilt er einmal: »Nur mit einer augenblicklichen Hinfälligkeit, einer seltenen und merkwürdigen Auflockerung der sittlichen Strenge durch die Freude an starken Instinkten zum Leben erklären wir die läßliche ironische Einstellung des Fabulisten zu seiner Moral in einer Erzählung wie ›Die zärtliche Frau‹ « (S. 105). Zur Erläuterung: In diesem Gedicht wird in scherzhaftem Ton der vorgeblich so tiefe Schmerz einer Frau am Bett ihres schwerkranken Mannes ausgemalt. Sie bittet den Tod, anstelle ihres Mannes doch *sie* zu sich zu nehmen. Aber, das ist die Pointe, als der Tod erscheint und fragt: Wer rief?, schreit sie: »Hier! ... lieber Tod, / Hier liegt er, hier in diesem Bette!« — »In all den zahlreichen Gedichten«, so heißt es bei May weiter, »die eine nur leichte Trauer des Mannes oder der Frau um den schwerkranken oder schon durch den Tod verlorenen Ehepartner und den heftigsten Wunsch, sich möglichst schnell wieder zu verheiraten, satirisch beleuchten, läßt uns das geringe Maß von sittlicher Entrüstung des Autors und statt ihrer der ironisch witzelnde Ton erkennen, daß es ihm ziemlich unvermeidlich, ja in der Natur begründet zu sein scheint, wenn Leben sich zu Leben wendet, statt dem Toten unfruchtbar nachzutrauern« (S. 106 f.). Daß eine solche bedenkliche, fast immoralistisch-vitalistische Einstellung mit der Haltung der geistlichen Oden und Lieder, der Moral der Lehrgedichte und der Moralischen Vorlesungen, aber auch mit der im Roman und in den rührenden Lustspielen musterhaft an den Tag gelegten Tugendhaftigkeit schwer zu vereinen ist, liegt auf der Hand. Und wiederum müssen wir uns Auskunft bei der Gattung holen. Es charakterisiert die Rokokoverserzählung, nicht die strenge moralische Miene aufzusetzen, sondern von gewissen Untugenden schelmisch, in blinzelndem Einverständnis mit dem Publikum, wie von allzumenschlichen Schwächen und läßlichen Sünden zu reden. Nicht in ernster moralischer Lehre, sondern in gefälligem, tändelndem, scherzhaft-satirischem Plaudern erfüllt sich die Gattung der kleinen Verserzählung des 18. Jahrhunderts. Gellert verwirklicht diese Weise in einigen Gedichten meisterhaft.

Der ganze Sachverhalt ist von Gleim in seinem Vorwort zum 2. Teil des *Versuchs in scherzhaften Liedern* (1745) treffend formuliert worden. Er sagt: »Schließet niemals

---

[8]) *C. F. Gellerts Sämmtliche Schriften*, hrsg. von Julius Ludwig Klee (Leipzig, 1839), Teil 8, S. 258.

aus den Schriften der Dichter auf die Sitten derselben. Ihr werdet euch betriegen; denn sie schreiben nur, ihren Witz zu zeigen, und sollten sie auch dadurch ihre Tugend in Verdacht setzen. Sie characterisiren sich nicht, wie sie sind, sondern wie es die Art ihrer Gedichte erfordert ... «[9]) Dichtung ist um 1750 noch weitgehend Kunstübung nach den Regeln der Poetik und den Erfordernissen der Gattungen, nicht ohne weiteres Kundgabe persönlicher Erlebnisse, Erkenntnisse und Anschauungen.

Daß dies nicht allein für die bevorzugten Gattungen des literarischen Rokoko gilt, an die Gleim offensichtlich denkt, sondern auch für ernsthafte Gedankendichtung, zeigt ein Blick auf die Gattung des größeren weltanschaulichen Lehrgedichts. Dieses scheint, möglicherweise als ein aus der Antike überkommenes Genre, auf philosophische Behandlung seiner Gegenstände verpflichtet, mag es sich auch mit Gott und der göttlichen Ordnung befassen und der Verfasser ein gläubiger Christ sein. Das gilt z. B. so von den großen Lehrgedichten Albrecht von Hallers, von dessen persönlicher Frömmigkeit ein 40 Jahre lang geführtes geistliches Tagebuch zeugt. Bei Gelegenheit seines Lehrgedichts »Über den Ursprung des Übels« hat Haller im Alter die hier vorliegende Diskrepanz empfunden. Er sagt zu diesem Gedicht:

Jetzt da mir die nahe Ewigkeit alles in einem ernsthaften Lichte zeigt, finde ich, die Mittel seien unverantwortlich verschwiegen worden, die Gott zum Wiederherstellen der Seelen angewendet hat, die Menschwerdung Christi, sein Leiden, die aus der Ewigkeit uns verkündigte Wahrheit, sein Genugthun für unsre Sünden, das uns den Zutritt zu der Begnadigung eröffnet. ... Ich fühle ..., daß in einem Gedichte, dessen Verfasser Gottes Gerechtigkeit und Güte vertheidigen wollte, alles hätte gesagt werden sollen, was Er zu unsrer Errettung gethan hat. Aber damals war mein Entwurf ganz allgemein und philosophisch. [10])

Allgemein und philosophisch, dürfen wir hinzufügen, wie es dem Gattungsethos des Lehrgedichts im 18. Jahrhundert entsprach.

Mit Gellerts Lehrgedichten verhält es sich analog. Man kann hier mit May feststellen, daß selbst das viele Seiten lange Lehrgedicht »Der Christ« bei aller Ausführlichkeit die Gestalt des Erlösers nur ganz am Rande erwähnt, gleichsam als ob ein frommes Leben auch ohne Christus möglich sei, während wiederum die *Geistlichen Oden und Lieder* von Christus und seinem Erlösungswerk ausführlich sprechen. In der von Haus aus philosophischen, nicht auf Verkündigung und Bekenntnis angelegten Gattung des Lehrgedichts scheinen die Aussagen des gleichen Autors über Gott und Welt offenbar notwendig anders ausfallen zu müssen, als in der Gattung des Kirchenlieds. Sie erhalten mit dem Lehrgedicht gleichsam unausweichlich eine philosophisch-moralische Tönung, auch wenn der Verfasser, wie Gellert, persönlich ein frommer Mann und ein eifriger Kirchgänger ist.

All dieses zeigt, wie problematisch es bei einem Autor um die Mitte des 18. Jahrhunderts ist, von seiner Dichtung auf ein dahinter stehendes persönliches Weltbild zu schließen. Es mag geeignet sein, »Widersprüche«, »Spannungen«, Ungereimtheiten im Gesamtwerk eines Dichters wie Gellert besser verständlich zu machen. Freilich lassen sich damit keineswegs alle Widersprüche bei Gellert auflösen. Auch wäre es abwegig, angesichts der Mächtigkeit von Gattungtraditionen überhaupt auf die Frage nach Eigenem, nach dem Ausdruck persönlicher Überzeugungen und Tendenzen eines Dichters in seinem Werk zu Gellerts Zeit zu verzichten. Eine solche Frage wäre eben nur mit der gebotenen Vorsicht zu stellen. Man wird nicht umhin können, außerdichterische Zeugnisse — Briefe, Gespräche, Tagebücher — vergleichend mit heranzuziehen, und

---

[9]) Johann Wilhelm Ludwig Gleim, *Versuch in scherzhaften Liedern und Lieder.* Nach den Erstausgaben von 1744/45 und 1749 mit den Körteschen Fassungen im Anhang krit. hrsg. von Alfred Anger (Tübingen, 1964), S. 71.

[10]) *Albrecht von Hallers Gedichte,* hrsg. u. eingel. von Ludwig Hirzel (Frauenfeld, 1882), S. 118 f.

man wird vor allem genötigt sein, die Poetik und die Tradition der einzelnen Gattungen im Auge zu behalten, um an ihnen zu ermessen, inwiefern der Dichter ihnen folgsam ist und wo er etwa eigene, neue Wege zu gehen versucht.

An Gellerts Lustspielen z. B. ließe sich mit einem gewissen Grad von Wahrscheinlichkeit zeigen, welche Auffassungen vom Menschen, seinen Möglichkeiten und seiner Bestimmung, dem Dichter offenbar wirklich am Herzen lagen. Denn diese Lustspiele — *Die Betschwester, Das Loos in der Lotterie, Die zärtlichen Schwestern* — wenden sich mehr und mehr von der Tradition der frühen sächsischen Komödie ab und mißachten damit zugleich Forderungen von Gottscheds *Critischer Dichtkunst.* Gellert biegt die Gattung, freilich unter Assistenz des französischen Theaters, um und inauguriert die rührende Komödie in Deutschland. [11]) Er hat seine Eigenmächtigkeit in der Abhandlung »Pro commedia commovente« theoretisch begründet. Das Bestimmende an Weltauffassung und Menschenbild in dieser neugebildeten Gattung des rührenden Lustspiels dürfte, so meinen wir, am ehesten den eigenen Intentionen und Überzeugungen des Dichters entsprechen. Und ein Blick auf Gellerts persönliche Äußerungen bestätigt das. Der Mensch, vor allem das Frauenzimmer, ist der edelsten Bildung fähig. Er vermag, unter rechter Anleitung, bei gutem Umgang und guter Lektüre, schönste Menschlichkeit anzunehmen und zu verwirklichen. Bewiesene Menschlichkeit und Tugend aber tragen ihren Lohn in sich und verhelfen zu einem ruhigen Glück.

In kaum geringerem Maße als die neue Gattung des rührenden Lustspiels dürfte auch Gellerts Roman gewisse Rückschlüsse auf das persönlich-eigene Weltbild des Dichters erlauben. Denn auch hier sind Gattungstraditionen verlassen. Wir können die *Schwedische Gräfin* weder mit dem hohen höfisch-historischen Roman des Barock noch mit dem niedrigen, dem Picaroroman, noch mit dem galanten Roman der Zeit näher in Beziehung setzen. Gellert hat, gewisse Motive des Abenteuerromans benutzend und vermutlich von Richardson ermutigt, ein bemerkenswert eigenständiges und unabhängiges Gebilde geschaffen, das entsprechend, Auflagen einer bestimmten Gattung nicht unterworfen, ungehindert Gefäß sein konnte für seine eigenen Überzeugungen und erbaulich-lehrhaften Absichten. Da Romane auch in den zeitgenössischen Poetiken praktisch nicht berücksichtigt und so weder auf ein bestimmtes Personal noch auf bestimmte Tendenzen festgelegt waren, bedurfte es dazu für Gellert auch keiner besonderen poetologischen Rechtfertigung. Auch hier erscheinen Großmut, edle Menschlichkeit, Gelassenheit als die schönsten Möglichkeiten des Vernünftigen, geeignet, allen Widrigkeiten des Schicksals zu begegnen und ein harmonisches Leben zu garantieren.

Besonders aufschlußreich aber ist es wohl, daß Gellert in einigen Fällen wider alle Gattungstradition auch in seinen Verserzählungen versucht hat, sein neues optimistisches Bild rührender edler Menschlichkeit lehrhaft vorzuführen: Eine Dame, die durch die Schuld ihres Arztes sterben muß, bleibt gelassen und macht großmütig den Schuldigen zum Erben ihrer Güter (»Calliste«); ein kranker, frommer Bettler legt rührende Bescheidenheit an den Tag (»Der arme Greis«); der edle Sohn eines Schuldners erweicht dessen Gläubiger zum Mitleid und rührt ihn derart, daß dieser nicht nur den Vater aus dem Schuldturm läßt, sondern den Sohn auch mit seiner einzigen Tochter beglückt (»Alcest«), und so fort. Hier versucht Gellert offensichtlich, die Verserzählung ernsten, rührenden Gegenständen zu erschließen und sie damit zum Organ seiner neuen Lebensauffassung zu machen. [12]) Künstlerisch ist ihm das nicht gelungen. [13]) Denn die lockere,

---

[11]) Vgl. dazu den Kommentar des Verf. zu seiner Neuausgabe der Gellertschen *Betschwester* in der Reihe »Komedia« (Berlin, 1962).

[12]) Weitere Versuche Gellerts, die Verserzählung zu sentimentalisieren, sind etwa »Selinde«, »Monime«, »Das neue Ehepaar«, »Rhynsolt und Lucia«, »Inkle und Yariko«.

zu anmutigem Plaudern bereite Form der Rokokoverserzählung, unstrophisch, auf dem *vers libre* basierend, mit der Parenthesentechnik des sich gefällig einschaltenden Erzählers, erweist sich dem ernsthaft-rührenden Gehalt als unangemessen. Zur Einschätzung von Gellerts eigenen Neigungen aber erscheinen gerade solche künstlerisch mißglückten, gehaltlich wie Fremdkörper in den rokokohaften *Fabeln und Erzählungen* wirkenden Stücke lehrreich genug. Hier ist der Dichter offenbar nicht verfahren, wie es, mit Gleim zu reden, »die Art seiner Gedichte erfordert«. Der Ausbruch aus der Konvention, so ließe sich sagen, die Revolte gegen traditionelle Gattungsbestimmungen könnte, selbst wenn das Ergebnis ästhetisch fragwürdig bleibt, über persönliche Intentionen und Überzeugungen eines Autors vermutlich oft mehr berichten, als ein vollkommenes Kunstwerk im tradierten Geschmack und nach dem Sinne der Poetiken.

Münster/Westfalen   Wolfgang Martens

---

[13]) Vgl. dazu auch das Urteil bei Schlingmann (a. a. O., S. 123): »Am schwächsten sind sie [die Fabeln], wo das neue Tugend- und Menschheitsideal ... verkündet werden soll. Die Gruppe der Fabeln und Erzählungen, für die dem Autor die englischen moralischen Wochenschriften ... als Stoffquelle gedient haben, ist künstlerisch die hinfälligste.«

JÜRGEN BEHRENS

Johann Hinrich Thomsen, Heinrich Christian Boie und Friedrich v. Hahn

VORBEMERKUNG

Der folgende kleine Beitrag beruht auf fünf bisher ungedruckten Briefen, die ich vor mehreren Jahren im Nachlaß Friedrich v. Hahns, an den sie gerichtet sind, in Neuhaus in Holstein fand. [1] Die Briefe beleuchten zum einen Boies unermüdliche Hilfsbereitschaft, zum andern jene Jagd nach Amt und Brot mit all ihrer Entwürdigung, zu der im 18. Jahrhundert besonders die Literaten gezwungen waren. Und es sind die selteneren Fälle, in denen, wie bei Thomsen, ein Erfolg sich einstellte.

Von Johann Hinrich Thomsen wissen wir wenig. Bisher war nicht einmal sein Geburtsjahr bekannt. [2] Aus dem hier vorgelegten Brief Thomsens an Hahn vom 22. Juni 1772, in dem Thomsen schreibt, daß er sein »zweyunddreyzigstes Jahr schon zurück gelegt« habe, können wir jetzt das Jahr 1740 als Geburtsjahr erschließen; Tag und Monat wie auch der Geburtsort sind unbekannt. Von der Jugend wissen wir nichts; irgendwann vor 1769 wird Thomsen Schulmeister in Kius in Angeln (Schleswig) mit 20 Reichsthalern Jahresgehalt. [3] Vom Juni 1769 an berichten Boies Schwestern dem Bruder, der Thomsen damals schon gekannt haben muß, über den »poetischen Schulmeister«. [4] Gedichte Thomsens werden an Klopstock geschickt, der aber nicht darauf reagiert zu haben scheint [5], obwohl Thomsen gelegentlich Gast von Klopstocks Freund Franz Joachim v. Dewitz auf Loitmark in Schleswig war. Versuche, über die Grafen Bernstorff [6] und Moltke, die Klopstock eine dänische Pension verschafft hatten, eine Verbesserung der Situation des dichtenden Schulmeisters zu erreichen, schlagen fehl. [7]

---

[1] Graf und Gräfin Eckardt Hahn danke ich für die Erlaubnis, die Briefe veröffentlichen zu dürfen und für freundlich gewährte Gastfreundschaft. Herrn Bernd Goldmann, Frankfurt, danke ich für erneute Durchsicht der Handschriften in Neuhaus. Der Abdruck der Briefe erfolgt diplomatisch; bei den Briefen Thomsens sind unwesentliche Passagen fortgelassen; diese Auslassungen sind durch [...] gekennzeichnet.

[2] W. Jessen, »Der Bauerndichter Johann Hinrich Thomsen aus Kius in Angeln«, *Jahrbuch des Heimatbundes Angeln*, 6. Jahrgang (Süderbrarup, 1935), S. 5—41, hier S. 7: Jessen setzt die Geburt »um 1738« an und folgt dabei einer Eintragung von Christian Hieronymus Esmarch in sein Stammbuch, wonach Thomsen 1776 im Alter von 38 Jahren gestorben sei, vgl. A. Langguth, *Christian Hieronymus Esmarch und der Göttinger Dichterbund* (Berlin, 1903), S. 53.

[3] Brief Thomsens vom 9. März 1772 an Hahn. Dazu kamen natürlich freie Wohnung und wahrscheinlich Naturalien.

[4] Briefe bei Jessen, a. a. O., S. 8—12.

[5] Jessen, a. a. O., S. 11; im Hamburger Klopstock-Nachlaß finden sich weder Werke noch Briefe Thomsens. Für die freundliche Mitteilung hierüber danke ich Frau Rose-Maria Hurlebusch.

[6] Jessen, a. a. O., S. 13. Die Angabe Jessens, a. a. O., S. 14, Franz Joachim v. Dewitz habe Thomsen an Hahn vermittelt, wird durch die hier veröffentlichten Briefe widerlegt.

[7] Jessen, a. a. O., 12.

Nicolai in Berlin hilft Thomsen [8]), aber eine dauernde Lösung ist das nicht, die drückende Armut bleibt. Außer Boie und Christian Hieronymus Esmarch [9]) scheint kaum ein Mitglied des schleswig-holsteinisch-dänischen Kreises von Thomsen Notiz genommen zu haben. Weder in den großen Briefsammlungen von Bobé und Friis aus dem Revent-low- und Bernstorff-Kreis, noch etwa bei den Stolbergs wird er erwähnt.

Im Göttinger *Musenalmanach* auf das Jahr 1771 veröffentlicht Boie drei Gedichte von Thomsen [10]) und schreibt dazu:

Der Verfasser dieser schönen Stücke wird den meisten unsrer Leser ein ganz unbekannter Mann seyn, und sie werden sich kaum einbilden, daß ein armer Dorfschulmeister so singen, und noch unbekannt und unbelohnt seyn kann. Es ist aber nicht anders. Johann Heinrich Thomsen ist Schulmeister zu Kyus im Lande Angeln, und verbindet mit seinen Talenten zur Dichtkunst die größte Neigung zu den mathematischen Wissenschaften, worinn er es auch eben so weit gebracht hat. Wir würden uns glücklich schätzen, wenn die Bekanntmachung dieser Gedichte irgend einen Menschenfreund veranlaßte, weiter nach dem Verfasser zu fragen, dessen Herz eben so weit über seinen Stand ist, als sein Genie. Man wünschte ihn nicht aus seiner Lage zu rücken, son-dern sie ihm nur etwas bequemer zu machen, und ihm die Mittel zu verschaffen, sein Talent auszubilden, das, gehörig bearbeitet, einst mehr als einem Dichter seines Standes Ehre machen kann. Diese Bekanntmachung sollte zugleich eine Anfrage seyn, ob das Publikum eine kleine Sammlung seiner Stücke, die sich in den Händen des Herausgebers befindet, und zum Theil ungleich größere Proben des Genies, als die hier gedruckten Gedichte, enthält, zu befördern Lust hätte. Die Aufnahme dieser Stücke wird seinen Entschluß bestimmen. [11])

Aus der Gedichtsammlung wurde vorerst ebensowenig, wie aus einer besseren Versor-gung Thomsens.

Auch im *Musenalmanach* auf das Jahr 1772 finden sich wieder zwei Gedichte Thom-sens [12]), im Almanach auf 1773 das Gedicht »An die Nachtigall«. [13]) In der Nummer vom 20. November 1773 des *Wandsbecker Bothen* veröffentlicht Claudius einen Brief Thomsens an einen Husumer Kaufmann [14]); mehr ist zu Lebzeiten Thomsens von ihm nicht erschienen. Einige Gedichte folgten posthum. [15])

Inzwischen aber war Boie in Göttingen, wohl im Februar 1772, mit Friedrich v. Hahn zusammengetroffen. [16]) Friedrich v. Hahn, 1742 in Neuhaus bei Kiel geboren, gehörte einer mecklenburgischen Landadelsfamilie an, die auch in Holstein begütert war. Er hatte in Kiel vor allem Naturwissenschaften studiert, interessierte sich aber auch für Literatur und Malerei, und hatte sich 1770 mit Herder, der damals als Begleiter des Sohnes des Fürstbischofs Friedrich August von Lübeck in Eutin eingetroffen war, be-freundet. [17]) 1772, nach dem Tode seines Vaters, war Hahn Alleinerbe eines enormen

---

[8]) K. Weinhold, *Heinrich Christian Boie* (Halle, 1868), S. 163. Nicolai war auch bereit, Thom-sens Gedichte zu verlegen.

[9]) Vgl. Anm. 2 das Werk von A. Langguth.

[10]) »Die Nachtigall«, »Hymne« und »Das Landleben«. Wieder abgedruckt bei Jessen, a. a. O., S. 18—21.

[11]) S. 207 ff. Wieder abgedruckt bei Jessen, a. a. O., S. 5.

[12]) »Doris« und »An den Morgen«. Wieder abgedruckt bei Jessen, a. a. O., S. 21—24.

[13]) Bei Jessen, a. a. O., S. 26/27.

[14]) Bei Jessen, a. a. O., S. 24—26.

[15]) Bei Jessen, a. a. O., S. 27—32.

[16]) Vgl. Thomsens Brief an Hahn vom 9. März 1772.

[17]) Vgl. G. C. F. Lisch, »Friedrich Hahn. Der erste Graf seines Geschlechts«, *Geschichte und Urkunden des Geschlechts Hahn«*, Bd. IV (Schwerin, 1856), S. 255—319. Wieder abgedruckt in: *Jahrbücher des Vereins für mecklenburgische Geschichte und Alterthumskunde*, Bd. 21 (Schwerin, 1856), S. 81—125. Über Hahns Beziehungen zu Herder vgl. J. Behrens, »J. G. Herder und Friedrich v. Hahn«, *Euphorion*, Bd. 58 (Heidelberg, 1964), S. 402—410.

Landbesitzes in Mecklenburg und Schleswig-Holstein geworden. [18]) Später richtete er
auf einem seiner mecklenburgischen Güter eine Sternwarte ein und veröffentlichte bis
zu seinem Tode 1805 insgesamt 19 Abhandlungen und Berichte zur Astronomie. [19])
Wann und wie Boie und Hahn sich kennengelernt haben, ist unbekannt. Jedenfalls hat
Boie Hahn in Göttingen seines Freundes bedrängte Lage dargestellt und Hahn hat ihm
Hoffnung gemacht, Thomsen, der über mathematische Kenntnisse verfügte, unterzu-
bringen. Boie hat das in einem nicht erhaltenen Brief Thomsen mitgeteilt und dieser
schreibt am 9. März 1772 an Hahn:

Hochwohlgebohrner Herr,
Theuerster Gönner,
Ew: Hochwohlgebohren so zu nennen, dazu macht mir ein Brief, den ich vorigen Posttag, aus
Göttingen, von meinem Freunde, Herrn Boie erhielt, die angenehmste Hofnung. Herr Boie sagt
mir, daß er mit Ew: Hochwohlgebohren, bey Deroselben Durchreise durch Göttingen, von mir
gesprochen hätte, und daß ich in Derenselben einen Gönner gefunden, der etwas für mich thun
könte, und würde. Besonders macht mir mein Freund in seinem Schreiben Hofnung, daß Ew:
Hochwohlgebohren glaubten, mich bey Ausmessung der Ländereyen im Kielischen anzubringen.
Unter allem was ich mir von Ew: Hochwohlgebohren wünsche, wäre mir nichts liebers als
dieses; und ich bitte Dieselben demüthigst, mich (: Ew: Hochwohlgebohren werden wissen wo :)
hierzu in Vorschlag zu bringen. Ich würde diesem Briefe schon practische Proben der Planime-
trie beygelegt haben, wenn ich nur gewust hätte, an wen, oder wo, sie abzugeben gewesen.
Zwar habe ich bis itzt wenig practisirt, denn mit der Meßkunst ist hier kein beständiges Brod
zu verdienen; nur in zweifelhaften Fällen hat man mich gebraucht, als man glaubte, der Land-
messer hätte einen Irrthum begangen. Zur Mathematic habe ich von Jugend an erstaunliche
Lust gehabt, aber meine Dürftigkeit hat mich verhindert, daß ich mich nicht mehr als Wolfs
Anfangsgründe der Mathematic habe anschaffen können. [...] Meine Liebe zu den schönen
Wissenschaften hat mich vor einigen Jahren dem gelehrten Publicum bekannt gemacht: aber bey
dem allen bin ich noch Schulmeister des Dorfes Kius, und verdiene des Jahrs 20 Reichsth.
Wolten Ew: Hochwohlgebohren die Gnade haben, mich zum Landmeßer im Kielischen zu verhelfen, so will ich meine Proben, auf Deroselben ersten Wink einsenden; und daß Dieselben
dafür sorgen wollen, daß ich dabey auf einen unverlegenen Fuß gesetzt werden solle, und
etwas erklekliches verdienen könne, dazu mache ich mir von der Gnade Ew: Hochwohlgebohren
die sicherste Hofnung. Herr Boie sagte mir daß ich mit Ew: Hochwohlgebohren frey und ge-
trost reden könne, und dieses hab ich itzt gethan. Ich mache mir auf die Gnade Ew: Hochwohlg. große Hofnung, und werde in derselben immer seyn
                                             Ew: Hochwohlgebohren
                                             gehorsamster Diener
                                             Johann Hinrich Thomsen.

Hahn hat offenbar sogleich um Proben von Thomsens Fähigkeiten gebeten, aber die
Antwort scheint nicht angekommen zu sein. Inzwischen hatte Thomsen Boie unterrichtet, der aus Göttingen an Hahn schreibt:

                                             Göttingen, den 23ten April 1772.

Hochwolgeborner,
          Höchstzuverehrender Herr,
Ich kann unmöglich bis auf den folgenden Posttag meine Freude über das anscheinende Glück
des ehrlichen Thomsens, und meine Empfindungen über die edle Art zurückhalten, mit welcher
Ewr Hochwolgebornen sich seiner angenommen; ich sollte sonst heute meines eigenen Intereße
wegen nicht schreiben, denn ein lang anhaltender Schnuppen hat meinen Kopf so wüst und leer

---

[18]) Er besaß nach Lisch 20 Güter bzw. Höfe. Meine im o. a. Aufsatz, Anm. 7, gemachte Angabe,
      daß Hahn Emkendorf nicht besessen habe, ist insofern irrig, als ein kleines Gut in der Nähe
      von Neuhaus, nicht das berühmte Emkendorf bei Kiel gemeint ist.
[19]) Genaue Aufzählung bei Lisch, a. a. O., S. 98 f.

gemacht, daß ich zu Nichts den Ausdruck finden kann. Es scheint beynahe als wenn Sie den Brief des guten Mannes nicht erhalten hätten, worinn er Ihnen, wie er mir schreibt, erzählet, was er von der Geometrie auszuüben sich getraue, und welchem er auch, falls ich nicht irre, Proben seiner Wißenschaft beygelegt. Es ist ärgerlich, daß die Briefe so unordentlich gehen müßen; das giebt Ihren guten Absichten einen Aufhalt, den sie nicht haben sollten. Die Briefe, an meinen Vater in Flensburg addreßirt, sind immer *sicher* in seine Hände gekommen, nur auch zuweilen ein wenig langsam, weil nicht immer gleich Gelegenheit aus dem Dorfe da ist. Haben Sie indeß keinen geschwinderen Weg, so bedienen Sie sich immer dieses. Thomsen hat auch das Latein angefangen, und schon große Schwürigkeiten überwunden. Mit seinen Talenten und mit der, so selten damit verbundenen, Emsigkeit, was wird er nicht leisten können, wenn er nur alles einmal auf einen festen Zweck leiten kann. Die Aussicht in diese Zeit ist für mich eine sehr angenehme, und der Gedanke vielleicht etwas dazu beygetragen zu haben für mich so beruhigend, daß ich vieles darüber vergessen kann, was mir in meiner eigenen Lage nicht gefällt. ... Die Emilia unsers vortreflichen Leßings werden Sie ohne Zweifel schon gelesen haben [20]), so wie die Preisschrift des H. Herders [21]), mit dem ich seit seinem letzten Besuche in Göttingen in mir sehr angenehme Verbindung gekommen bin. Ich habe die Ehre mit der innigsten Hochachtung zu seyn

Ewr Hochwolgebornen
gehorsamster Diener
Boie. [22])

Zwei Tage später schreibt Thomsen, der inzwischen einen vom 10. April datierten weiteren Brief Hahns erhalten hat, aus Kius:

[...] Weil Ew: Hochwohlg: mir zu einer Landmeßerstelle im Kielischen gute Hofnung machen, so habe ich diesem Briefe zwey kleine Proben, der Geometrie beygelegt. Hätte ich als Mathematicus Proben ablegen sollen, so hätte ich nothwendig andere Saiten aufziehen müßen, nun aber habe ich mich an dem gehalten, waß man oft brauchen kan und muß. Viel lieber hätte ich gewünscht daß man mir Aufgaben vorgelegt hätte. Weil ich meine Freyheit hatte habe ich alles vermeiden wollen, was mit der Kunst zu sehr verbunden, und weniger brauchbar ist. Das gnädige großmüthige Erbieten Ew: Hochwolgeb: mich in meiner gegenwärtigen Situation zu unterstützen, hat mich beides entzückt, und beschämt. Kammerherrn, Landräthe, Professors, Pröbste, Canonici haben mir ihre Hochachtung bezeugt, aber keiner hat noch das gesagt, was mir Ew: Hochwolgeb: versprochen. [...] Kaum aber kan ich mich entbrechen Denenselben zu sagen, daß es über dem Erbieten Ew: Hochwolgeb: anfängt in meiner Seele Tag zu werden, und daß ich mir über mein künftiges Schicksal weniger trübe Gedanken, als vorher mache. Herr Boie wird Ihnen vielleicht ein Gemählde meiner Lage gemacht haben, aber er weiß gewiß nicht eigentlich, ohngeachtet er mein bester Freund ist, wie sehr mich der Schuh drückt. Beynahe stimme dem Himmel ein Loblied an, daß ich auf Erden einen zweyten Vater gefunden. [...]

Dem Brief liegen zwei Aufgaben »aus der gemeinen Feldmeßkunst« bei. Hahn ließ es in der Tat nicht bei Worten bewenden, sondern schickte Thomsen — wie übrigens später auch Herder [23]) — Geld. Am 22. Juni antwortete Thomsen aus Kius:

[...] Mit welcher Empfindung des Danks, ich die vier Banco Noten empfangen, kan ich unmöglich sagen. Sie haben mich in den Stand gesetzt die Pflicht der Gerechtigkeit zu erfüllen, die mir bey meinen schmalen Einkünften zu leisten unmöglich war: das heist: Ich habe alle meine Schulden bezahlt, und habe noch etwas davon übrig; und dieser glückliche Zeitpunct meines Lebens soll mir immer unvergeßlich seyn. Der Vorschlag, den mir Ew: Hochwohlge-

---

[20]) Emilia Galotti war 1772 in Berlin zuerst erschienen.

[21]) Gemeint ist wohl die *Abhandlung über den Ursprung der Sprache* ..., die ebenfalls 1772 in Berlin zuerst erschien.

[22]) Adresse: »a Monsieur / Monsieur Frederic de Hahn / à / Kiel / Abzugeben bey dem Herrn / Postmeister Schuhmacher.«

[23]) Behrens, a. a. O., S. 407/408.

bohren gemacht haben, im künftigen Frühjahr mit der Vermeßung Dero Güther in Holstein einen Anfang zu machen, ist ganz nach meinem Sinn. Der eheliche Stand verhindert mich nicht daran. Ich bin noch ledig, und will mich auch vorerst noch nicht verheyrathen. Den Fehler, daß ich mich mit einem Mädchen schon versprochen habe, werden Ew: Hochwohlgebohren gnädig verzeihen, wenn ich Denenselben sage, daß ich mein zweyunddreyzigstes Jahr schon zurück gelegt habe; zumal da ich versichert bin, daß Ew: Hochwohlgebohren Menschlichkeit und Wohlwollen genug haben, der Menschheit ihre Rechte einzuräumen. Meine itzige Lage ist mir auch biß künftiges Frühjahr um desto angenehmer, nicht nur weil ich mich auf alle Fälle des practischen der Geometrie gefaßter machen will, sondern vornemlich, weil ich hoffe, binnen dieser Zeit mit der lateinischen Sprache fertig zu seyn. Mit allen Materialien der Sprache bin ich längst bekannt, und durch die Hülfe des Herrn Correctors Esmarch in Schleswig [24]) so weit, daß ich den Phädrus, Nepos, und einige Bücher der Verwandlungen des Ovids schon gelesen habe, und recht gut verstehe. Ich hoffe daß sich der Nutzen dieser, und vielleicht auch der englischen Sprache, die ich ziemlich gut verstehe, in Zukunft zeigen wird. Ich wünsche daß Ew: Hochwohlgebohren, bey Dero Entschluß bleiben, und bitte Dieselben gehorsamst, mir über nicht gar langer Zeit zu sagen, daß ich ganz meinen Plan darnach einrichten möge, künftigen Ostern auf Dero Güther zu kommen. Meine Bauren haben das Recht, daß ich ihnen meinen Dienst ein halb Jahr vor der Zeit aufkündigen muß, und dieses würde ich füglich thun können, wenn ich vor Michaelis eine Nachricht von Ew: Hochwohlgebohren erwarten dürfte. [...]

Offenbar erst sehr spät hat Thomsen Boie über den Stand der Dinge unterrichtet, denn erst über ein halbes Jahr später schreibt dieser noch einmal an Hahn:

Hochwolgeborner,
        Höchstgeehrter Herr,

Die Grosmuth, mit welcher Ewr Hochwolgebornen angefangen haben, den ländlichen Dichter zu unterstützen, der unserm Vaterlande so viele Ehre macht, und Sie allein darinn als einen thätigen Beschützer und Gönner gefunden hat, macht einen zu großen Eindruck auf mich, als daß ich meinen Dank dafür zurückhalten könnte. In einer Zeit, wo man allenthalben die edelsten Gesinnungen höret und lieset, und so selten eine That sieht, die der Menschheit Ehre macht, muß dem, der Gefühl für das, was edel und gut ist, hat, nothwendig das Herz glühen, wenn er weiß, daß solche Thaten noch, und daß sie im Stillen geschehen. [25]) Es war einer der schönsten Tage meines Lebens, wie mir Herr Thomsen, in Ausdrücken der überfließenden Dankbarkeit und des innigsten Gefühles, Nachricht von dem Edelmuth gab, mit welchem Ewr Hochwolgebornen seine dürftigen Umstände so sehr gemildert. Unabhängig, wie Sie wißen, daß ich meiner Lage und meiner Denkungsart nach bin, kann es Ihnen nicht Schmeicheley scheinen, wenn ich Ihnen meine lebhafte Freude über die Handlung, und darüber bezeuge, daß ich das Glück habe, den edlen Mann zu kennen, der ihrer fähig gewesen ist. Ich habe sogar nichts weiter von unsrer andern Aussicht mit dem guten Dichter gehört, der, ihn zum Landmeßer, wo möglich, zu machen. Thomsen selbst schreibt nichts mehr davon; das ist eine andre Ursache, mich gerade an Sie selbst zu wenden, der Sie dieses eingeleitet und so edel unterstützt haben. Sollte die Sache gänzlich rückgängig geworden seyn? Thomsen in der Anwendung die Geschicklichkeit nicht haben, die er in der Theorie besitzet? Ich muß gestehen, daß ich diesentwegen in keiner kleinen Unruhe bin. Es wäre doch Schade, wenn ein Genie, wie das seinige, in einer Dorfschule verrosten und unbrauchbar bleiben sollte. Ich bin sicher, Sie werden, meiner guten Absicht wegen, verzeihen, wenn ich zu viel gefragt habe, oder mit dem ganzen Brief zudringlich gewesen bin. Nichts übertrifft die Hochachtung und Verehrung, mit welcher ich bin

                                                    Euer Hochwolgebornen
Göttingen. 14ten Jenner.   gehorsamster Diener
1773.   H. Boie.

_____

[24]) Gemeint ist ein Onkel des genannten Christian Hieronymus Esmarch, Heinrich Peter Christian, Konrektor und seit 1778 Rektor der Domschule in Schleswig.

[25]) Vgl. Herders Brief an Hahn vom 7. August 1776, Behrens, a. a. O., S. 407.

[26]) Jessen, a. a. O., S. 14.

Boies Sorge war unnötig. Hahn übertrug Thomsen die Stellung eines Inspektors auf seinem mecklenburgischen Gute Basedow. Dort heiratet Thomsen am 16. April 1773. Drei Jahre später — erst 36jährig — starb er, das Begräbnis fand am 26. April 1776 statt. [26]) Am 22. Juli schrieb Boie an Voß: »Die Nachricht von Thomsens Tod war mir neu und schmerzhaft. Seit er bey Herrn v. Hahn war und sich verheyrathete, hatt er mir nicht geschrieben. Vermuthlich wußte er nicht, wo ich war, sonst hatt er Unrecht.« [27])

Boie hat Thomsen zweifellos überschätzt. Dazu trug nicht zum wenigsten die Tatsache bei, daß Thomsen einfacher Herkunft war — wie die Karschin. Das ungelehrte »Genie«, rousseauisch-unverbildet, mußte dem beginnenden Sturm und Drang sympathisch sein. Die wenigen Gedichte des »poetischen Schulmeisters«, die erhalten sind, verraten beileibe kein »Genie«, höchstens eine gewisse eklektische Begabung. Er hat Klopstock und Gellert gelesen, sich einmal im protestantischen Kirchenlied versucht [28]), und vor allem die Anakreontiker gekannt. Das alles bleibt epigonal, und nach seiner Anstellung in Basedow scheint Thomsen mit dem Dichten ganz aufgehört zu haben. Boie hatte ihn versorgt, wie er zu gleicher Zeit Voß half, aber das vermeintliche Genie entpuppte sich als simpler Inspektor.

Frankfurt/Main   Jürgen Behrens

---

[27]) Weinhold, a. a. O., S. 43.
[28]) Jessen, a. a. O., S. 31/32.

LISELOTTE DIECKMANN

Zum Bild des Menschen im Achtzehnten Jahrhundert:
Nathan der Weise, Iphigenie, die Zauberflöte

Die nachfolgenden Überlegungen sind das Ergebnis einer langen Beschäftigung mit den fragwürdigen Begriffen der Weisheit und Menschlichkeit, in deren Dienst die Literatur-wissenschaft die deutsche »Klassik« zu stellen pflegt. Niemand wird bestreiten, daß Weisheit und Menschlichkeit lobenswerte Eigenschaften sind. Fragwürdig werden sie zunächst für den Menschen des 20. Jahrhunderts, dem es nicht mehr möglich ist, solchen vereinfachten Ideen und Idealen nachzujagen. Aber vielleicht ebenso wesentlich ist die Haltung der modernen Literaturkritik, der weniger an Ideen als an deren Verwirk-lichung im Kunstwerk gelegen ist. Die Kritik fragt nicht: was lehrt uns *Iphigenie* über den Begriff der Menschlichkeit, sondern: inwiefern ist es Goethe gelungen, einen solchen Begriff anschaulich, dramatisch, glaubhaft und vor allem künstlerisch darzustellen. Ist die *Iphigenie* ein gültiges Kunstwerk, und worin besteht der Zusammenhang dieses Kunstwerkes mit einem solchen Bild des Menschen?

Ich muß zunächst betonen, daß ich nicht die Absicht habe, die drei Werke in allen Einzelheiten zu interpretieren, sondern daß ich nur die Geistes-Verwandtschaft der drei Figuren aufzeigen möchte, die sich am deutlichsten in ihrem Verhältnis zu den ihnen jeweils Nächststehenden, d. h. in ihrer dramatischen Funktion ausdrückt. Ich möchte das Menschenbild, das sich ergibt, erstens im Zusammenhang mit der Aufklärung betrachten, in den es gehört, nicht in den von Winckelmanns edler Einfalt und stiller Größe, von dem aus Iphigenie gewöhnlich betrachtet wird. Ich möchte zweitens diesen Begriff des Menschen mit dem von Schiller kontrastieren, mit dem er wenig gemein hat. Und drittens möchte ich ihn in den Rahmen einer Kunst stellen, ohne die er keinen Sinn hat. Ich muß hinzufügen, daß man natürlich das Libretto der *Zauberflöte* nicht als große Literatur bezeichnen kann. Aber Mozart hat sich mit seinem Librettisten Schika-neder sehr um das Libretto bemüht, das seinem Wunsch gemäß gerade dieses Menschen-bild darstellen sollte.

Alle drei Autoren waren Männer des 18. Jahrhunderts und steckten zutiefst in den Ideen der Aufklärung, selbst wenn sie, wie Goethe, dagegen rebellierten. Die Ideen von Voltaire, Diderot und Rousseau waren ihnen nicht nur zutiefst vertraut, sondern sie waren ihnen in Fleisch und Blut übergegangen — ähnlich wie uns heute die Ideen von Marx, Nietzsche und Freud. Und bei aller Rebellion, die besonders bei Goethe sehr stark ist, sind die großen Leitgedanken der Aufklärung, nämlich religiöse Toleranz, freie Selbstbestimmung des Individuums und ein vielleicht naiver Glaube an die Besserungsfähigkeit des Menschen tief in ihnen verwurzelt.

Was die Gedankenwelt des gesamten 18. Jahrhunderts letzten Endes von den voraus-gehenden Jahrhunderten unterscheidet, ist der Akzent, der auf den Menschen als dies-seitiges Wesen gelegt wird. Pascal ist wohl der letzte große Denker, der an der leiden-schaftlichen Natur des Menschen leidet, die ihm den Zugang zum ewigen Leben erschwert. Von Erbsünde, ja von Sünde, ist im 18. Jahrhundert kaum noch die Rede, dafür aber viel von Vernunft und der Möglichkeit, den Menschen und seine politische und soziale Lage zu bessern. Allerdings ist es mit dem Vertrauen in die Vernunft selbst im 18. Jahrhundert nicht allzu gut bestellt. Für unsere Betrachtung können wir sie beiseite lassen, da »Weisheit«, wie Nathan sie besitzt, nichts mit der aufklärerischen Vernunft zu tun hat, die Goethe im *Faust* in Wagner karikiert, wenn er ihn als trocknen Schleicher bezeichnet.

Ebenso können wir zwei berühmte Werke des 18. Jahrhunderts über die Natur des Menschen beiseite lassen, die ohne Zweifel unsere Autoren nicht beeinflußt haben, die aber zeigen, wie sehr sich das 18. Jahrhundert mit der, ich möchte sagen abstrakten Natur des Menschen beschäftigte. Ich denke an Pope's *Essay on Man*, der den Menschen in die metaphysische Daseins-Kette einreiht, und La Mettrie's *L'Homme Machine*, der ihn zu einem Wesen reduziert, das aus physiologischen Reaktionen besteht. Auch die Idee des »edlen Wilden« spielt für uns keine Rolle, und nicht einmal die Idee des Genies.

Es scheint, daß in den achtziger Jahren in Deutschland, an den politisch unbeteiligten Höfen von Wolfenbüttel, Weimar und Wien die Aufklärung eine Art von Verklärung erfuhr, von kurzer Dauer, aber intensiv empfunden und mit starken künstlerischen Mitteln dargestellt. Man kann zu den drei Werken kaum noch ein ähnliches hinzufügen. Die Stimme der Weisheit und Menschlichkeit erscholl kurz und intensiv und verschwand, wie sie gekommen war, in dem lauten Geräusch anderer Denkweisen, Träume und Wünsche. Man findet sie noch in Goethes *Märchen*, eventuell in der »Schönen Seele« und in der etwas farblosen Gestalt von Nathalie in *Wilhelm Meister* oder in Diotima im *Hyperion*.

Aber als Bühnen-Stimme erscheint sie nur in der kurzen Zeitspanne, die die Vorbereitungen zur französischen Revolution und — im Falle der *Zauberflöte* — sogar bereits ihre grimmen Auswirkungen umfaßt. Nichts von den Tagesereignissen, von der gewaltigen politischen Spannung und Unruhe spiegelt sich in den drei Werken. Vom Standpunkt der Tagesliteratur könnte man sie als irrelevant verdammen. Mit keinem Worte oder Hinweis werden wir auf bevorstehende oder überwundene politische Schrecken des Augenblicks hingewiesen. Wir befinden uns in einer zeit-ungebundenen Kunstwelt. Der Tageslauf, selbst der der großen Revolution, wird von unseren Autoren im Hinblick auf diese besonderen Werke als bedeutungslos abgewiesen. Und das ist zweifellos in ihrem Leben eine Ausnahme. Lessing war immerhin ein Kämpfer, der gewaltig um sich schlug, Goethe in seiner Jugend und fast bis zur Zeit der *Iphigenie* ein Rebell, und Mozart hatte Beaumarchais' revolutionären Figaro zum Gegenstand einer Oper gemacht. Nur einmal in ihrem Leben, um die Stimme der Weisheit und Menschlichkeit rein ertönen zu lassen, lösten sie sich von der ihnen oft als zwangvoll erscheinenden wirklichen Umgebung und erzählten eine Parabel, einen Mythos und ein Märchen zum Lob und Preis des Menschen.

Wie sieht dieser Mensch aus? Betrachten wir zunächst die Umgebung, in die diese literarischen Gestalten gestellt sind. Bei Lessing befinden wir uns in einem ziemlich unhistorisch behandelten Jerusalem zur Zeit des großen Saladin, bei Goethe in dem barbarischen Tauris, aus dem sich Iphigenie nach ihrer griechischen Heimat sehnt, und bei Mozart-Schikaneder in einem pseudo-ägyptischen Tempelbereich, einer Verkleidung für die Einweihungsmysterien der Freimaurer. Mit anderen Worten: die Stimme der Menschlichkeit, die offenbar nicht in der eigenen Zeit vernommen werden kann, wird an einen beliebigen, weit entfernten, historisch-mythologischen Ort verlegt, der bei jedem Autor verschieden und daher letzten Endes für die Gestaltung des Menschenbildes offenbar unwichtig ist. Betrachten wir ferner die Religionen der drei weisen Gestalten: Nathan ist Jude, Iphigenie Dienerin der Diana, Sarastro betet zu Isis und Osiris. Auch die Wahl der Götter scheint gleichgültig — obwohl, wie wir sehen werden, die Tatsache ihrer Existenz von großer Bedeutung ist.

Ein Vergleich der Charaktere selbst führt uns tiefer in das Problem. Alle drei sind durch Leiden und Verzicht zu dem geworden, was sie sind. Sie haben eine tragische Vergangenheit, die sie überwinden gelernt haben. Nathan hat seine Söhne verloren und sich erst fassen können, als ihm Recha wie durch ein Wunder als Tochter zugeführt wurde. In der Anerkennung und Bejahung dieses Wunders, das natürlich ganz rational erklärt wird, findet er seine Weisheit.

Iphigenie lebt fern der Heimat. Lange Jahre tiefster Einsamkeit im Dienste der Göttin haben sie zu dem geformt, was sie geworden ist und vermutlich ohne die schwere Probe der Entfremdung nie geworden wäre. — Von Sarastros Vergangenheit wissen wir nichts. Aber von seiner Gegenwart wissen wir, daß er auf Paminas Liebe zugunsten seines jungen Rivalen Tamino verzichtet — ähnlich wie am Ende der *Iphigenie* Thoas, der jetzt selbst ein Weiser geworden ist, auf Iphigenie verzichtet. Weisheit also ist nicht angeboren, sondern wird durch Schmerz, Verlust und Verzicht erreicht.

Obwohl man nun nicht leugnen kann, daß die Distanz, die diese Charaktere sowohl zum Leben wie zum Tod gewonnen haben, ihnen Würde und Ruhe verleiht, so muß man hinzufügen, daß gerade diese Eigenschaften höchst undramatisch sind. Es gibt kaum einen weniger dramatischen Stoff als einen Menschen, dessen tragische Erfahrungen hinter ihm liegen und überwunden sind. Dies sind nicht nur keine tragischen, sondern vor allem keine dramatischen Helden.

Das gilt natürlich nicht ganz für Iphigenie, die im Verlaufe des Stückes in einen Konflikt gerät. Aber kann man an dem Ausgang dieses Konflikts zweifeln, nachdem man Iphigenies ersten Monolog und ihr Gespräch mit Arkas gehört hat? Man muß also wohl zugeben, daß in diesen Charakteren wenig Bewegung ist und keine dramatische Spannung, die ihnen nur von außen zugetragen wird. Ohne die Gegenwart und Wirkung anderer Charaktere hätte keiner der drei Autoren einen dramatischen Stoff vor sich gehabt. Von einem kritischen Standpunkt aus gesehen, muß man sich also fragen: Wie kommt Handlung zustande, wenn die Hauptcharaktere nicht die eigentlich Handelnden sind?

Ehe ich auf diese Frage weiter eingehe, muß noch ein anderer Punkt klargestellt werden: Diese drei Gestalten sind auch nicht, wie man vielleicht annehmen könnte, Verbreiter sozial-humanitärer Ideen, wie es zum Beispiel Figaro in Beaumarchais' Drama ist. Die vorausgegangenen Vertreter der Aufklärung führten einen leidenschaftlichen Kampf gegen »Vorurteile« und Traditionen aller Art, kurz, sie waren in geistigen und weltlichen Dingen revolutionär. Unsere Charaktere haben diese Haltung des 18. Jahrhunderts völlig hinter sich, sie vertreten nicht nur kein Programm, sondern auch keinerlei politische Richtung, keine Religion, keinerlei Dogma irgendwelcher Art. Die Vorurteile und Traditionen, gegen die die Aufklärer zu kämpfen hatten, sind bei unseren Charakteren völlig überwunden. Selbstverständlich wollte Lessing das Problem der religiösen Toleranz auf die Bühne stellen, und Goethe, sowohl wie Mozart, einen Repräsentanten der sogenannten reinen Menschlichkeit. Und selbstverständlich ist *ein* Zweck dieser Werke, etwas über Toleranz und Menschlichkeit auszusagen. Aber — man darf wohl sagen zum Glück — haben die Autoren ihre Charaktere diesen Tendenzen nicht aufgeopfert, sondern haben in erster Linie das Kunstwerk im Auge behalten, das seine eigenen Gesetze hat. Was ich hier meine, ist folgendes: Nathan — ganz im Gegensatz zu Lessing — spricht erst dann über die Gleichwertigkeit der Religionen, als Saladin ihn auf die Probe stellt, und auch dann nicht aus einem allgemeinen sozialen oder politischen Gewissen heraus, wie wir es bei Beaumarchais finden. Man könnte sagen, daß dasjenige, worum der Autor selbst kämpfen mußte, nämlich religiöse Toleranz, seiner Lieblingsgestalt so natürlich ist, daß Nathan keinerlei Bedürfnis hat, darüber zu sprechen, und daß er der gleiche Charakter wäre, selbst wenn er die Ringparabel nicht erzählte. Er *ist* einfach tolerant.

Ebenso ist es nicht Iphigenies *Programm*, Thoas von der Barbarei zu befreien, die sie als unmenschlich empfindet. Sie tut es durch ihre Existenz und nicht als Prophetin eines sozialen Programms. Es ist ferner richtig, daß Sarastro die beiden jungen Leute der Dunkelheit entreißen und sie zum Lichte der Weisheit führen möchte — aber er ist passiv und läßt den Geschehnissen ihren freien Lauf. Alle drei Themen, das der religiösen Toleranz, das der Zivilisation im Gegensatz zur Barbarei, und das der Weisheit, sind Ideale der Aufklärung — aber sie werden in den drei Werken in einer für die Aufklärung wenig charakteristischen Weise dargestellt — alle drei mit einer gewissen Passivität, die nicht so sehr versucht zu überreden, oder einzugreifen, sondern die durch ihre Existenz überzeugend wirken soll. Die Charaktere haben wenig mit philosophischen Theorien als Theorien zu tun, und die dramatische Spannung, die aus einer kämpferischen Haltung entstehen könnte, ist mit vollem Bewußtsein nicht entwickelt.

Was nun diese weder dramatisch noch politisch engagierten Charaktere mit ihrer Umgebung verbindet, ist eine starke, sehr deutlich ausgesprochene, besorgte Liebe zu den ihnen Nächststehenden — Nathans zu Recha, Iphigenies zu Orest und Sarastros zu der Tochter der Königin der Nacht. Diese menschliche Bindung ist stark und persönlich, wenn auch, dank der Weisheit, jenseits von Leidenschaft. Im Rahmen dieser einen, nahen menschlichen Bindung geschehen die dramatischen Ereignisse.

Es sind die jungen Menschen, nicht die reifen, die alle drei Werke zu Dramen machen. Denn in Jugend und mangelnder Weisheit liegt, wie alle drei Autoren richtig erkannt haben, dramatisches Material. Man muß hier differenzieren: Die drei geliebten Gestalten, nämlich Recha, Orest und Pamina sind nicht notwendigerweise zugleich die jugendlichen Helden der Dramen. Nur Orest ist das Objekt der Liebe und zugleich der eigentliche Held des Dramas. Aber gerade weil Tamino von Pamina und der Templer von Recha geliebt werden, gehören sie eng in den Bereich der besorgten Liebe.

Diese jungen Menschen sind verwirrt und sehr ungeduldig — in Orest geht diese Verwirrung natürlich sehr viel weiter und hat einen tragischen Einschlag, der Tamino und dem Templer fehlt. Eines aber haben sie gemeinsam: Obwohl sie voll Leidenschaft und Irrtum sind, kann man vermuten, daß ihre Spannungen sich lösen werden, und die jungen Menschen unter dem Einfluß der älteren möglicherweise selbst zur Reife gelangen könnten. Es wird dem Menschen in diesen Werken nicht das Recht auf Irrtum, Leidenschaft und Verzweiflung abgesprochen — es wird ihm nur dank der Gegenwart der gereiften Menschen eine Möglichkeit gezeigt, wie man lernen kann, dieses oft qualvolle Leben zu ertragen. Da aber all dies im Rahmen der Liebe geschieht, wirkt es niemals didaktisch.

Es ist interessant zu beobachten, wie es den Autoren gelingt, die dramatische Spannung der jungen Menschen aufrechtzuerhalten, ohne daß der Einfluß der Älteren im eigentlichen Sinne dramatisch ist. Die ehrfurchtgebietende Existenz und Gestalt der Weisen ist ausreichend, um eine dramatische Entwicklung der jungen Helden zu erzeugen. Denn trotz des fühlbaren Einflusses der reiferen Charaktere ist es ihnen nicht gegeben, die Probleme, die ihren Lieben entstanden sind, selbst zu lösen: Nathan muß die Lösung dem Sultan überlassen, Iphigenie dem Thoas und Sarastro dem »Geschick«. Sie müssen die Lösung ferner den jungen Menschen überlassen. Orest muß selbst die Furien bannen, der Templer den Weg zu seiner unerwartet gefundenen Schwester finden, Tamino die Proben bestehen. Selbst die Liebe der drei weisen Gestalten äußert sich nicht in starkem Eingreifen. Sie verändern die dramatische Lage mehr durch ihre Existenz als durch Handlungen. Es erscheint fast als *ein* Zug dieser Weisheit, daß der Mensch einzusehen gelernt hat, wie beschränkt die Hilfe ist, die er selbst dem Geliebtesten gewähren kann.

Außer dieser eben besprochenen Liebesbindung der älteren zu den jüngeren Charakteren, haben beide Gruppen keinerlei wirkliche Bindung oder Verpflichtung, nicht einmal eine religiöse. Nathan ist nur noch in beschränktem Maße Jude, Iphigenie hat wenig »griechische« Züge, Orest überhaupt keine, und Sarastro ganz gewiß keine ägyptischen. Der Mensch ist in diesen drei Werken ein zeitlos ungeschichtliches Wesen, dem nur Eines not tut, nämlich »ein Mensch zu sein«. So singt Sarastro in seiner berühmten Arie:

> In diesen heil'gen Mauern,
> wo Mensch den Menschen liebt,
> kann kein Verräter lauern,
> weil man dem Feind vergiebt.
> Wen solche Lehren nicht erfreu'n,
> verdienet nicht ein Mensch zu sein.

Vor allem bei den jugendlichen Gestalten wird es klar, daß sie außer einer persönlichen Liebesbeziehung keinerlei Bindung haben. Der Templer fühlt sich durch Saladins Gnade von jeglicher Bindung an seinen Orden befreit; Tamino kommt aus einem »Niemandsland« von ungefähr dahergeschlendert und Orest sucht Freiheit von den Furien und hat keine Bindung, weder in der Vergangenheit noch in der Zukunft. Diese jungen Menschen sind, wie die älteren, Menschen schlechthin, weder gebunden an Zeit, noch Raum, noch Aufgabe. Sie sind während des Stückes in einem Zustand, der zwischen einer Vergangenheit liegt, die keine Bedeutung mehr hat, und einer Zukunft, die im Laufe des Geschehens sich langsam formt. Sogar die Liebe zwischen Tamino und Pamina ist eine Liebe schlechthin, einfach *die* Liebe zwischen zwei jungen Menschen.

Ich möchte nun diese jungen und reifen Gestalten sowohl wie ihre Beziehung zueinander, die eine Beziehung der Liebe ist, kontrastieren mit Schillers jungen und älteren Helden und deren Beziehung, die keineswegs eine Beziehung der Liebe ist. Schiller ist in erster Linie Dramatiker und Tragiker und »undramatische Charaktere« sind für ihn ohne Interesse. Bei ihm gibt es keine Weisen. Was Schillers Dramen mit den unseren gemein haben, ist die Darstellung jugendlicher, unreifer, leidenschaftlich beteiligter Menschen. Diese jungen Helden Schillers stehen alle in einem untereinander nah verwandten Verhältnis zu den älteren, bei Schiller aber keineswegs weisen, sondern von der Politik verdorbenen Menschen: Sie folgen alle dem, was Schiller immer wieder die Stimme des Herzens nennt, — einem unverdorbenen moralischen Instinkt, dem sie sich überlassen, und den sie nicht willens sind preiszugeben. In der Welt der politischen Wirklichkeit aber, in die sie gestellt sind, muß die Stimme des Herzens tragisch zugrundegehen. Ferdinand in *Kabale und Liebe,* Don Carlos und Max Piccolomini sind die wesentlichsten Beispiele.

In den *Piccolomini,* wie auch in *Wallensteins Tod,* wird das Problem der reinen Unschuld im Getriebe der Welt als dramatischer Konflikt zwischen Max und seinem Vater einerseits und Max und Wallenstein andererseits dargestellt. Im Gegensatz zu unseren drei Helden sind die älteren Charaktere bei Schiller — und darin liegt ihre Tragik — in eine politische Realität hineingewachsen, die moralische Kompromisse erfordert und den Menschen der Reinheit seines Herzens beraubt.

So sagt Octavio Piccolomini im 5. Akt der *Piccolomini* zu seinem Sohn:

> Wohl wär' es besser, überall dem Herzen
> Zu folgen, doch darüber würde man
> Sich manchen guten Zweck versagen müssen.
> Hier gilts, mein Sohn, dem Kaiser wohl zu dienen,
> Das Herz mag dazu sprechen, was es will.

Und Max fühlt im 3. Akt von *Wallensteins Tod* die Bürde dieser Einsicht, wenn er in Erinnerung an die eben erwähnte Szene sagt:

O wohl, wohl hast du wahr geredet, Vater,
Zu viel vertraut' ich auf das eigne Herz,
Ich stehe wankend, weiß nicht, was ich soll.

Schillers Behandlung des unseligen Verhältnisses zwischen Vater und Sohn, oder allgemeiner, zwischen Älterem und Jüngerem ist nicht nur äußerst spannungsreich, dramatisch und tragisch, sondern zeugt von einer Grundhaltung, die der bisher geschilderten radikal entgegengesetzt ist: Das Leben reift seine Charaktere nicht, sondern
verdirbt sie. Die große Unschuld, die Nathan und Iphigenie in ihrer Märchenwelt
kennzeichnet, geht in der historischen und politischen Welt von Schillers Charakteren
zugrunde und kann überhaupt nicht erlangt werden. Ich will die Frage dahingestellt
sein lassen, ob das eine realistische Behandlungsweise ist. Auf alle Fälle ist es eine echt
dramatische und tragische Auffassung.
Es gibt noch einen anderen prinzipiellen Unterschied zwischen Schillers Dramen und
den hier besprochenen. Schillers Dramen weisen nicht auf eine höhere Macht hin, sie
haben keinen metaphysischen Hintergrund, vor dem sich das menschliche Geschehen
abspielt. Es gibt nur menschliches Geschehen, das sich nach Kants Sittengesetz richten
sollte, ohne es je zu tun. Die Stimme des Herzens hat noch einen unmittelbaren, d. h.
»natürlichen« Zugang zu dem Sittengesetz — aber er wird durch das Leben in der
Welt verschüttet. Man ist versucht zu sagen, daß der Mensch bei Schiller tragisch
zugrundegeht, weil die Forderungen des Lebens es ihm unmöglich machen, an dem
Sittengesetz festzuhalten, das ihm ohne Zweifel angeboren ist.
Bei unseren weisen Helden liegt die Situation anders. Die so oft und lebhaft angerufenen
Götter sind in einer nicht leicht definierbaren Weise wirklich vorhanden. Die Weisen
sind sich nicht nur der Anfechtbarkeit ihrer eigenen Ruhe bewußt, — das gilt natür-
lich besonders für Iphigenie — sondern aller menschlichen Grenzen und Beschränkungen.
Gewiß sind die Götter, oder wie immer die Bezeichnung ist, weder jüdisch noch christ-
lich. Wenn Iphigenie zu den Göttern betet: »O rettet Euer Bild in meiner Seele«, so
liegt der Ton mehr auf ihrer Seele als auf den Göttern. Und dennoch sind unsere
Helden in einem gewissen Sinne fromm. Ein starker Glaube beherrscht sie, ein ergebener
Glaube daran, daß sie nicht Herren ihres eigenen Geschickes sind. Und obwohl ihr
Denken nicht um einen Gott kreist, sondern um den Menschen in dieser Welt, so sehen
die Dichter der Menschlichkeit die Schranken der menschlichen Macht ebenso deutlich
wie die Wirkung dieser Macht. Es herrscht hier kein wirkliches Vertrauen in menschliches Tun, sondern eine Erkenntnis der Schranken — und damit indirekt die Anerkennung irgendeines unbestimmten Göttlichen.
Sehen wir uns im Lichte alles dessen, was bisher gesagt wurde, die literarische Qualität
der drei Werke an. Was den *Nathan* so schön macht, obwohl das Werk in vieler Hinsicht dramatisch unwahrscheinlich und konstruiert ist, ist nicht die Idee der Toleranz
allein, oder die Ehrfurcht gebietende Gestalt des weisen Juden, sondern eine gewisse
Märchenhaftigkeit, die sich darin äußert, daß einmal alles »gut ausgeht«, und zu der
die Ringparabel mit ihren Märchenelementen nicht wenig beiträgt, in der Nathans
Gestalt durch die des Vaters der drei Söhne widergespiegelt wird. Wir haben es geradezu
mit zwei Weisen zu tun, dem Vater der Parabel und dem des Stückes, zu denen sich
dann noch der Richter der Parabel und Saladin, dessen Spiegelbild, gesellen. Aber trotz
all dieser Weisen, deren Anhäufung durchaus imstande wäre, uns das Stück zu verleiden,
ist es Lessing gelungen, weder salbungsvoll noch sentimental zu werden. Es sind, wie
gesagt, die jungen Leute, die das Stück beleben — die drei sich streitenden Söhne der
Parabel und der ungeduldige, heftige Templer des Stückes. Es wird uns genug Unweis-
heit geboten, um uns die Weisheit liebenswert erscheinen zu lassen. In der orientalichen
Märchenwelt, in der die einzelnen Gestalten und Ereignisse oft ein wenig künstlich

aufgestutzt sind, herrscht dennoch ein Licht, das das Ganze mit einer Aura nicht nur von Liebe, Verstehen und Verzeihen, sondern auch von Jugend umgibt. Die interessante Spiegelung des Stückes in der Parabel ergibt zugleich eine Erweiterung von Zeit und Raum, die zu der Märchenhaftigkeit des Werkes nicht wenig beiträgt.

In der *Iphigenie* ist es vielleicht mehr als alles andere die poetische Sprache, die durch ihre Einheit und ihren Glanz ein Stück tragfähig macht, dessen dramatische Kraft der Antike in keiner Weise gleich kommen kann. Auch hier sind wir in einer Märchenwelt, in der alle Zufälle zum Guten dienen. Was sich im stillen Tempelbereich der Diana an menschlichen Schwächen, Leiden und Bewegungen vollzieht, ist von vornherein durch den Ort selbst geläutert, dessen Existenz nur sinnvoll und dramatisch berechtigt ist, wenn aller menschliche Krampf sich lösen darf.

Die *Zauberflöte* trägt schon im Titel ihr Märchendasein, und die lauterste Musik führt uns mit Hilfe mancher »Zauberdinge« über viele Stufen menschlicher Schwächen in einen Bereich des Lichtes und der Liebe. Daß die Oper ein so unvergleichliches Werk ist, verdankt sie natürlich nicht Schikaneders Text, sondern Mozarts Musik, die aber sehr bewußt von Mozart in den Dienst der Liebe gestellt ist. Was also die drei Werke bedeutend macht, ist nicht so sehr ihre dramatische Wirkung, die gering ist, als vielmehr die Schöpfung eines *Bereiches* der reinen Menschlichkeit, der nur innerhalb der Kunst, in großer Distanz vom Alltag, von der Geschichte, von jeder Art Wirklichkeit, als mythischer Boden für ein mythisches Geschehen denkbar ist.

Diese Gestalten leben nicht etwa in einem utopischen Reich wie Voltaires Eldorado oder Rousseaus Naturzustand. Durch die Leidenserfahrung sind sie der menschlichen Wirklichkeit näher gerückt, als es in den vielen Utopien des 18. Jahrhunderts der Fall ist. Und dennoch ist etwas Unwirkliches in den Gestalten dieser Werke, die nur innerhalb ihres eigensten Bereiches wahr und glaubhaft sind.

Im Gegensatz zu den antiken oder Shakespeareschen Helden sind wir hier nicht Zeugen einer tragischen Entwicklung, durch die der Helt seine Apotheose erfährt. Die Größe von Lear auf der Heide oder von Oedipus auf Kolonos wird nicht erreicht. Das Überzeugende eines Helden, dessen Schmerz und inneres Wachstum wir vor Augen haben, die Größe von Charakteren, deren Verfehlung, Verzweiflung und Selbstüberwindung wir als Zuschauer miterleben, fehlt den Gestalten, die ich besprochen habe. Anstelle eines gewaltigen dramatischen Kampfes sehen wir Ruhe, Würde, eine freundliche Helle, fast Lieblichkeit — den Märchentraum einer Menschheit, die, um mit Kant zu sprechen, »ihre selbst verschuldete Unmündigkeit aufgegeben hat«, um das zu sein, was sich das Zeitalter in wenigen träumenden Momenten erhoffte, nämlich freie, gelassene Individuen.

Die Charakterisierung dieser Stücke als idealistisch — im Gegensatz zu einem historischen oder politischen »Realismus« — scheint mir deren Richtung zu verfälschen. Es handelt sich nicht um menschlich erreichbare Ideale, sondern um einen künstlerisch begrenzten Traum, der eben nur innerhalb der Kunst möglich ist. Das Menschenbild, das uns geboten wird, ist weder sehr realistisch, noch ist es im eigentlichen Sinne idealistisch. Diese Menschen kann man fast nur negativ beschreiben, d. h. sie sind nicht leidenschaftlich, kaum noch verworren, jederzeit zu Opfern bereit und sich stark ihrer Grenzen bewußt. Sie sind ferner nicht dramatisch und nicht tragisch: Es sind Märchengestalten, denen Dinge zustoßen, die sie nicht in ihrer Gewalt haben. Aber da sie im Märchensinne die »Guten« sind, kann ihnen letzten Endes nichts Übles geschehen.

Vom Standpunkt der kämpferischen Aufklärung aus gesehen, sind sie fast unbrauchbar. Sie sind weder satirisch-naiv wie Voltaires Candide, der sich in höchst absurder Weise die Stimme des Herzens bewahrt, noch sind sie idealistisch-naiv wie Candides absurder Lehrer Pangloss. Von ihnen führt kein Weg zu politischer Reform, weil sie zu sehr bereit sind, die Übel der Welt hinzunehmen und nicht bereit genug, Kämpfer zu sein.

Die Zauberflöte scheint der Schlüssel für diese Werke zu sein, weil sie am reinsten den Märchencharakter bewahrt. Wenn alle eine Zauberflöte besäßen, gäbe es in der Tat wenig Übel in der Welt. Aber so etwas gibt es nur im Märchen, nicht in der Wirklichkeit, zu der unsere drei Autoren zurückzukehren sich gezwungen sahen. Nur einen kurzen historischen Augenblick lang, sind sozialer und politischer Druck, Konventionen, Tabus vergessen um des einen moralischen Maßstabs willen: der Stimme des liebenden Herzens. »Gut« und »Recht« existieren in diesen Werken als moralische Wirklichkeit nur da, wo das einzelne menschliche Herz mit instinktiver Sicherheit und in völliger Freiheit weiß, was es zu tun hat.

Wie sehr Goethe die *Iphigenie* nur als *eine* Stufe in seiner Entwicklung empfand, wissen wir aus seinem berühmten Ausspruch, daß sie »verteufelt human« sei. Sobald er sich dem Faust wieder zuwandte, war für ihn diese Humanität nicht mehr tragbar. Sein Faust ist verteufelt, ohne human zu sein.

Mozart starb bald nach Beendigung der *Zauberflöte* und Lessing nicht allzu lange nach der Vollendung des *Nathan*. Und damit endete das Märchen der Weisheit und Menschlichkeit.

Washington University   Lieselotte Dieckmann

SIEGFRIED SUDHOF

Goethe und Stolberg

Die Gestalt des Grafen Friedrich Leopold Stolberg, der fast ein Altersgenosse Goethes
war (1750 geboren, starb er bereits 1819), ist trotz einiger neuer Werk- und Brief-
publikationen — selbst für den engeren Fachbereich — nicht aus dem Schattendasein
einer Figur der Goethezeit herausgetreten. Nur selten wird — außerhalb der seinem
Werk oder seiner Person gewidmeten Spezialuntersuchungen — Stolbergs Name genannt. Dies ist um so merkwürdiger, da Stolberg von seinen Zeitgenossen, von Freunden wie von Gegnern, durch sein ganzes Leben recht genau beobachtet und beurteilt
worden ist. Diese Kritik erreichte ihren Höhepunkt, als er im Jahre 1800 zum Katholizismus konvertierte. Dieser Übertritt war, nach den Worten Friedrich Schlegels, »für
ganz Deutschland wie ein öffentliches Ereigniß, das Jeden berührte, der an den höheren
Fragen in Kirche und Staat irgend einen Antheil nahm«. [1] Goethe hat in diesen Streit
nicht direkt eingegriffen; nicht einmal brieflich, Freunden gegenüber, hat er sich dazu
geäußert. Es wäre aber falsch, daraus schließen zu wollen, daß ihn dies nicht gekümmert habe. Vielmehr hatte er schon in den gegen Stolberg gerichteten Xenien —
1796 — seine Meinung vorweggenommen. Schärfer hätte er auch jetzt seine Ablehnung
des Stolbergschen Schrittes nicht formulieren können. Zu bedenken ist dabei allerdings
noch, daß Goethe selbst bei einem diskreten Urteil in einer so prekären Angelegenheit
befürchten mußte, daß dieses dennoch öffentlich bekannt werden könnte. Solchem
wollte er — zumal in einer persönlich-religiösen Sache — sicherlich entgehen. Schließlich
galt Stolberg noch als sein Freund, um dessen Vertrauen er zweieinhalb Jahrzehnte
früher aufrichtig geworben hatte. Indirekt, wie unten zu zeigen sein wird, hat Goethe
dennoch seine Meinung gesagt; dem Wissenden, dem die persönlichen Verhältnisse vertraut waren, dürfte dies auch nicht verborgen geblieben sein. Vielleicht darf ich in diesem Punkte an Ihre Forschungen, lieber Herr Schumann, anknüpfen.
Den Weg des Kennenlernens haben Sie in Ihren Untersuchungen im einzelnen aufgezeigt. [2] Um die Jahreswende 1774/75 schrieb Friedrich Leopold Stolberg, gemeinsam
mit seinem Bruder Christian, vermittelt durch ihren Freund Heinrich Christian Boie,
an Goethe. Dieser Brief wie auch die folgenden sind nicht erhalten. Die Korrespondenz
muß aber gleich so herzlich gewesen sein, daß man eine persönliche Begegnung förmlich
herbeisehnte. Die gegenseitige genaue Kenntnis der dichterischen Versuche und ihre Zustimmung zueinander hat die Sympathien wohl noch erhöht. F. L. Stolberg ist sicherlich
der begabteste unter den Göttinger Hainbündlern gewesen. Seine Gedichte, zunächst
hauptsächlich in der Nachfolge Klopstocks gebildet, dürfte Goethe in den Abdrucken

---

[1] Zitiert nach J. Janssen, *Friedrich Leopold Graf zu Stolberg*, 2. Bd. (Freiburg i. B., 1877),
S. 2. — Vgl. hierzu D. W. Schumann, »Aufnahme und Wirkung von F. L. Stolbergs Übertritt zur Katholischen Kirche«; in: *Euphorion*, 50 (1956), S. 271—306.
[2] »Goethe and the Stolbergs: A Friendship of the Storm and Stress«; in: *The Journal of
English and Germanic Philology*, 48 (1949), S. 483—504. — Die Fortsetzung dieser Arbeit:
»Goethe and the Stolbergs after 1775: The History of a Problematic Relationship«; ebda.
50 (1951), S. 22—59.

des Göttinger *Musenalmanachs* kennengelernt haben. ³) Die Aufnahme des Goetheschen
Jugendwerkes durch Stolberg war — naturgemäß — enthusiastisch, und dies von der
ersten Lektüre eines Goetheschen Werkes an. Hier spielt jedoch noch die Atmosphäre
des Hainbundes mit. Typisch hierfür kann die an Goethe gerichtete Ode des jungen
J. H. Voß angesehen werden, in der bereits 1773 Goethe neben Shakespeare und Klopstock gestellt wird. ⁴) Die höchste Begeisterung löste Goethes *Werther* aus. Stolberg
schrieb am 3. Dezember 1774 an Voß: »Werther! Werther! Werther! O welch ein
Büchlein. So hat noch kein Roman mein Herz gerührt! Der Göthe ist ein gar zu braver
Mann, ich hätte ihn so gern mitten im Lesen umarmen mögen.« ⁵) Dieses Werk wurde
dann auch noch in anderer Hinsicht bedeutend für die gegenseitige Verbindung. Stolbergs Schwester Auguste hat der Roman so bewegt, daß sie in voller Begeisterung
ebenso an Goethe schrieb, wie die Brüder vermittelt durch Boie. ⁶) Sie schrieb zunächst
anonym. Vom zweiten Brief an kannte Goethe jedoch die Absenderin, die schon bald
zu seinem »Gustgen« wurde. Ihre Jugendbriefe an Goethe sind zwar sämtlich verloren ⁷), doch spiegelt sich in ihren Briefen an Boie die Wirkung des *Werther* deutlich
wider; im November 1774 etwa: »ich weiß meinen Werther bald auswendig. o es ist
doch ein gar zu göttliches Buch!« ⁸) Ihre Korrespondenz mit Goethe beherrschte die
Jahre 1775 und 1776, mit Unterbrechungen dauerte sie noch bis 1782 fort. Die erste
Antwort Goethes an die ihm noch Unbekannte, der er »keinen Nahmen« geben will,
»denn was sind die Nahmen Freundinn Schwester, Geliebte, Braut, Gattin, oder ein
Wort das einen Complex von all denen Nahmen begriffe, gegen das unmittelbaare Gefühl« ⁹), ist schon mit höchster Leidenschaft geschrieben. Die Briefreihe insgesamt, an eine
Geliebte, die er nie gesehen hat, gehört zu den wertvollsten Dokumenten des jungen
Goethe, dies sowohl aus sprachlichen als auch aus biographischen Gründen. Die Bindung
Goethes an Auguste Stolberg spielte eine gewichtige Rolle bei seiner Freundschaft mit
ihrem Bruder Friedrich Leopold. Ihr Eindruck war stets zwar nur indirekt wirksam;
doch hat es den Anschein, als ob die Annäherung der Freunde durch die gleichzeitig
entflammende Liebe gefördert und intensiviert worden wäre. Auch beim ersten persön-
lichen Zusammentreffen Goethes mit den Brüdern Stolberg ist dies spürbar. Auf ihrer
Kavalierstour, die allerdings nicht weiter als in die Schweiz, ihr ersehntes Land der
Freiheit, gehen sollte, machten die Brüder Stolberg in Frankfurt Station, um ihren
Freund und Mitreisenden Christian von Haugwitz zu treffen und Goethe zu besuchen.
Hier wurden sie sehnlich erwartet. Am 15. April 1775 schrieb Goethe an Auguste: »Ach
Gott Ihre Brüder kommen, unsre Brüder, zu mir!« Und dann im Postskriptum dieses
Briefes: »Wie erwart ich unsre Brüder!« ¹⁰) Diese Erwartung wurde nicht enttäuscht.
Man lernte Goethe kennen, und es war, als habe man sich bereits »Jahre lang ge-

---

³) Diese Texte sind leicht zugänglich in der Anthologie *Der Göttinger Hain*, hrsg. v. A. Kelle-
tat (Stuttgart: Reclam, Universal-Bibliothek Nr. 8789—93, 1967).

⁴) Ebda., S. 266.

⁵) *Briefe F. L. s Grafen zu Stolberg und der Seinigen an J. H. Voß*, hrsg. v. O. Hellinghaus
(Münster, 1891), S. 25.

⁶) D. W. Schumann, »Briefe aus Auguste Stolbergs Jugend«; in: *Goethe, NF des Jahrbuchs
der Goethe-Gesellschaft*, 19 (1957), S. 240—297, bes. S. 246 f.

⁷) Mit einer Ausnahme; Sie selbst haben einen — allerdings nie abgesandten — Brief Auguste
Stolbergs an Goethe vom 9. Dezember 1775 aufgefunden und veröffentlicht (in: *Goethe, NF
des Jahrbuchs der Goethe-Gesellschaft*, 19 [1957], S. 287 f.).

⁸) »Briefe an H. C. Boie«; in: *Mittheilungen aus dem Litteraturarchive in Berlin*, 3. Bd. (1901
bis 1905), S. 338.

⁹) *J. W. Goethe, Briefe an Auguste Gräfin zu Stolberg*, hrsg. v. J. Behrens (Bad Homburg
v. d. H.—Berlin—Zürich, 1968), S. 9.

¹⁰) Ebda., S. 19.

kannt«. [11]) Christian Stolberg berichtete über ihn nach Schleswig-Holstein: »Es ist ein gar herrlicher Mann. Die Fülle der heißen Empfindung strömt aus jedem Wort, aus jeder Miene. Er ist bis zum Ungestüm lebhaft, aber auch aus dem Ungestüm blickt das zärtlich liebende Herz hervor.« [12]) Gemeinsam fuhr man in die Umgebung Frankfurts, nach Hochheim und nach Mainz, man war »immer beisammen« und genoß »zusammen alles Glück und Wohl, das die Freundschaft geben kann«. [13]) Und hier beschloß Goethe, die Brüder Stolberg auf ihrer Schweizer Reise zu begleiten. Er hatte seine Besucher so liebgewonnen, daß er sie in seinen Freundeskreis einführte; so lernte man Klinger (»er macht Trauerspiele«) [14]) und Merck (»einen braven Mann«) [15]) kennen. Die Brüder ihrerseits hatten aber auch bestimmte Pläne, die mit den Zielen des Hainbundes zusammenhingen. Der Bund sollte nämlich »eine Verbindung derer werden, die in Deutschland am meisten deutsch denken und fühlen«. [16]) Klopstock wollte mit seinem Beitritt nicht zuletzt eine solche Entwicklung fördern. Die Brüder Stolberg konnten ihre Mission in Frankfurt allerdings nicht erfüllen, die auf eine Gewinnung Goethes abzielte. Hiernach erst scheint der Gedanke einer Fortsetzung des Göttinger »Hains« aufgegeben worden zu sein. Die Versöhnung Stolbergs mit Wieland einige Monate später markiert das Ende besonders deutlich. — Die Brüder Stolberg versuchten ihrerseits, sich in Frankfurt ganz goethisch zu geben: sie ließen sich »Werthers Uniform machen ... einen blauen Rock mit gelber Weste und Hosen; runde graue Hüte ... dazu«. [17]) Es ist nicht bekannt, wie Goethe dies aufgenommen hat; er war sicherlich ähnlich begeistert wie die Stolbergs. So ist es wenig wahrscheinlich, daß er seinen Besuchern mit der Reserve gegenübertrat, die er später in der Beschreibung dieser Vorgänge in *Dichtung und Wahrheit* aufzuzeigen versuchte. Allerdings sprechen die Einleitungssätze des Stolberg-Kapitels deutlich aus, daß Goethe sich der damals jungen Generation, deren Äußerungen er nun skeptisch gegenüberstand, durchaus zugehörig wußte. Schon seine Wortwahl zeigt eine leichte Ironie, die vielleicht eine gewisse Verlegenheit kompensiert: »Zu der damaligen Zeit hatte man sich ziemlich wunderliche Begriffe von Freundschaft und Liebe gemacht. Eigentlich war es eine lebhafte Jugend, die sich gegen einander aufknöpfte und ein talentvolles aber ungebildetes Innere hervorkehrte. Einen solchen Bezug gegen einander, der freilich wie Vertrauen aussah, hielt man für Liebe, für wahrhafte Neigung; ich betrog mich darin so gut wie die andern, und habe davon viele Jahre auf mehr als Eine Weise gelitten.« [18]) Diesen Text hat Goethe indessen Jahrzehnte später — nach Stolbergs Tod — geschrieben. Er ist weniger bezeichnend für die Vorgänge des Jahres 1775 als vielmehr für sein Bild Stolbergs, das er sich in den zwanziger Jahren des neuen Jahrhunderts gemacht hatte, als er die *Tag- und Jahreshefte* und das 4. Buch von *Dichtung und Wahrheit* schrieb. — Der Entschluß, die Brüder Stolberg in die Schweiz zu begleiten, hatte aber noch einen zweiten Grund, der für Goethe vielleicht noch gewichtiger war als die Pflege der neuen Freundschaft: die Trennung von Lili Schönemann. Dies muß mitbedacht werden, wenn von der frühen Freundschaft Goethes und der Stolbergs gesprochen wird. — Vielleicht sollte auch ein

---

[11]) J. Janssen, *Friedrich Leopold Graf zu Stolberg*, 1. Bd. (Freiburg i. B., 1877), S. 33.
[12]) Ebda.
[13]) Ebda.
[14]) Ebda.
[15]) Ebda., S. 34.
[16]) So Boie in einem Brief an die Brüder Stolberg vom 3. März 1774; in: L. Bobé, *Efterladte Papirer fra den Reventlowske Familiekreds*, 8. Bd. (Kjøbenhavn, 1917), S. 11.
[17]) J. Janssen, s. o. Anm. 11, S. 34.
[18]) *Goethes Werke*, Weimarer Ausgabe (im folgenden abgekürzt: *WA*), 1. Abt., 29. Bd. (1891) S. 88 f.

dritter Punkt nicht ganz außer acht gelassen werden: die Brüder Stolberg haben sogleich auch die Sympathien der Frau Rat gewonnen. Nach dem Märchen der vier Haimonskinder wurde sie von ihnen Frau Aja genannt; diesen Titel haben nicht nur andere, auch sie selbst hat ihn gern aufgenommen.

Die gemeinsame Reise über Darmstadt, Karlsruhe, Straßburg nach Zürich braucht hier nicht verfolgt zu werden. Goethe ist vor allem das übermütige Treiben der Reisegesellschaft im Gedächtnis geblieben. In *Dichtung und Wahrheit* spielte er mehrfach darauf an und schalt insbesondere »die damaligen Verrücktheiten, die aus dem Begriff entstanden: man müsse sich in einen Naturzustand zu versetzen suchen«. [19]) Das Distichon 290 der *Xenien* über das »Brüderpaar« Stolberg, in dem auch darauf angespielt wird, läßt vielleicht den Schluß zu, daß Goethe bereits damals nicht ganz mit den Lebensgewohnheiten der Stolbergs einverstanden war:

> Als Centauren gingen sie einst durch Wälder und Berge,
> Aber das wilde Geschlecht hat sich geschwinde bekehrt. [20])

In Zürich trennten sich die Wege; Goethe kehrte bald nach Frankfurt zurück, um einige Wochen später nach Weimar aufzubrechen. In dieser Übergangszeit, in der sich das Verlöbnis mit Lili Schönemann völlig löste, knüpfte sich anderseits die Verbindung zu Auguste Stolberg aufs engste — obschon diese »zweyhundert Meil« entfernt war. In seinen Briefen beschrieb Goethe seine »Ahndung«, sie werde ihn »retten, aus tiefer Noth«. Er beschwor sie: »Wir wollen einander nicht auf's ewige Leben vertrösten! Hier noch müssen wir glücklich seyn!« [21]) Den Brüdern war die Abreise Goethes »herzlich nahe« gegangen; sie fühlten sich jetzt »nicht mehr [wie] ein Ganzes, nur drei Viertel«. [22]) Für den historischen Betrachter hat diese Trennung indes eine tiefere Bedeutung: von hier an gehen die Wege Goethes und Stolbergs wieder auseinander, zunächst fast unmerklich, dann aber um so stärker. Die Person Lavaters in Zürich spielte hierbei — für die Beteiligten zunächst noch unbewußt — eine zwar passive, doch um so merkwürdigere Rolle: während sich Stolbergs Bindung an Lavater mehr und mehr intensivierte, so daß ihr auch später die Konversion nichts anhaben konnte [23]), kühlte sich Goethes Freundschaft zu Lavater zusehends ab und steuerte dem irreparablen Bruch zu. Goethe hat diese so eigenartige Stellung Lavaters zwischen den Freunden bei der Niederschrift von *Dichtung und Wahrheit* als stilistisches wie psychologisches Mittel genutzt. Unter dieser Voraussetzung nämlich erhält der wörtliche Abdruck der Charakteristiken der Brüder Stolberg aus Lavaters *Physiognomischen Fragmenten* in Goethes Autobiographie erst seine rechte Bedeutung. Goethe wäre es schwerlich möglich gewesen, im Alter noch eine so ins Detail gehende, porträthafte Skizze des Jugendfreundes zu zeichnen, ohne die eigenen späteren Erfahrungen einzubeziehen. Der fremde Text, als solcher hervorgehoben, verstärkt dagegen den Eindruck des Objektiven. Zu dieser Lösung konnte sich Goethe um so eher entschließen, als er mit dem frühen Urteil Lavaters, das 1775 in seinem Beisein entstanden war, auch jetzt noch übereinstimmte.

Die Brüder Stolberg waren über Goethes Reise nach Weimar genau orientiert. Die Heimfahrt Mitte November 1775 haben sie nämlich so einrichten können, daß sie über

---

[19]) Ebda., S. 94.

[20]) *Xenien 1796. Nach den Handschriften des Goethe- und Schiller-Archivs* hrsg. v. E. Schmidt u. B. Suphan, Schriften der Goethe-Gesellschaft, 8. Bd. (Weimar, 1893) S. 33; (im folgenden abgekürzt: *Xenien*).

[21]) Zitate aus den Briefen vom 25.—31. Juli und 14.—19. September 1775 (*J. W. Goethe,* s. o. Anm. 9, S. 20, 26, 28 f.).

[22]) J. Janssen, s. o. Anm. 11, S. 47.

[23]) Vgl. hierzu auch C. Hausen, *F. L. Graf zu Stolberg und J. K. Lavater* (Diss., Münster, 1922) [Mschr.].

Weimar führte. Schon am 8. Oktober schrieb Goethe an Auguste Stolberg, daß er mit dem Herzog »nach Weimar« gehe. »Deine Brüder kommen auch hin.« [24]) Erst aus Weimar berichtete F. L. Stolberg nach Schleswig-Holstein über seine »Freude ... Göthe wieder zu finden«. [25]) Die gemeinsame Zeit in Zürich schien ihm nur unterbrochen zu sein. Als besonderes Ereignis bemerkte Stolberg, daß Goethe »seinen halbfertigen Faust« [26]) vorlas. Stolberg offerierte seinen »Freiheitsgesang aus dem 20. Jahrhundert«, ein utopisches Gedicht, in dem die kommende Zeit der Freiheit emphatisch begrüßt wird. Dem Herzog dedizierte er ein Exemplar mit einer fingierten Widmung an Friedrich II., in Knittelversen geschrieben. [27]) Stolbergs Fazit über diesen Aufenthalt war: »Göthe hab' ich dießmal noch lieber gekriegt« [28]) und »Der Herzog ist ein herrlicher Junge, seine Frau u: Mutter zwo trefliche Weiber. Es ward uns sehr wohl in Weimar«. [29]) Der positive Eindruck muß bei den Gastgebern auch vorgeherrscht haben. Der Herzog bot Stolberg nämlich die Stellung eines Kammerherrn an, die ihm eine standesgemäße Existenz sichern konnte. Die Verhandlungen darüber zogen sich durch ein ganzes Jahr hin, ohne dennoch zu einem Erfolg zu kommen. — Diesem ging das Scheitern eines anderen Planes voraus. Es war nämlich vorgesehen, daß Goethe die Brüder Stolberg auf ihrer Heimreise begleitete. Das Ziel war die so ersehnte persönliche Bekanntschaft mit Auguste, vielleicht sogar die Möglichkeit, Goethe in Hamburg oder in Kopenhagen eine Anstellung zu verschaffen. Hier sind Herzogin Anna Amalie und Herzog Karl August zuvorgekommen. Goethes persönliche Stellung am Weimarer Hof dürfte schon unmittelbar nach seinem Entschluß, dort zu bleiben, so stark gewesen sein, daß er auch politischen Einfluß gewann. Es ist aber die Frage, ob das Anstellungsangebot an Stolberg schon auf seiner Initiative beruhte. Wahrscheinlicher ist es, daß der Herzog, der Stolberg bereits vor dessen Schweizer Reise in Karlsruhe persönlich kennenlernte, selbst wünschte, ihn — nach dem zweiten so erfreulichen Zusammentreffen — in seiner Nähe zu behalten. Die Äußerungen Goethes gegenüber Auguste Stolberg, die eine Hauptquelle für das Arrangement darstellen, legen jedenfalls eine solche Erklärung nahe, besonders deutlich in seinem Brief vom 28.—30. August 1776: »Der Herzog glaubt noch er komme, ... mir ist lieber für Frizzen [d. i. Friedrich Leopold] dass er in ein wurckendes Leben kommt, als dass er sich hier in Cammerherrlichkeit abgetrieben hätte.« [30]) Doch scheint die Angelegenheit nicht über Vorverhandlungen hinausgekommen zu sein. Nur so ist es erklärlich, daß der Vorgang in den Weimarer Kabinettsakten keinen Niederschlag gefunden hat. [31]) Beide Seiten konnten sich wohl noch ohne

---

[24]) *J. W. Goethe*, s. o. Anm. 9, S. 34.

[25]) An Luise von Gramm, die spätere Gattin Christian Stolbergs, am 27. November 1775. *F. L. Graf zu Stolberg, Briefe*, hrsg. v. J. Behrens, Kieler Studien zur deutschen Literaturgeschichte, Bd. 5 (Neumünster, 1966), S. 63.

[26]) J. Janssen, s. o. Anm. 11, S. 63.

[27]) Ebda., S. 64. — Der »Freiheitsgesang« findet sich in der in Anm. 3 genannten Anthologie S. 195—201. — Das dem Herzog dedizierte Exemplar ist nicht auffindbar, es befindet sich nicht in der Thüringischen Landesbibliothek in Weimar (Mitteilung vom 28. 8. 1967).

[28]) J. Janssen, s. o. Anm. 11, S. 64.

[29]) An Johann Martin Miller am 17. Februar 1776. *F. L. Graf zu Stolberg, Briefe*, s. o. Anm. 25, S. 68.

[30]) *J. W. Goethe*, s. o. Anm. 9, S. 45.

[31]) Hierzu teilte mir das Staatsarchiv Weimar (Dr. Eberhardt) am 21. 8. 1967 mit, »daß Briefe Stolbergs an den Herzog Carl August oder Goethe aus den Jahren 1775—1776 nicht ermittelt werden konnten. — Da es bei dieser Berufung lediglich um Vorverhandlungen ging, dürfte die Anstellung auch kaum einen Niederschlag in den Akten der Geh. Kanzlei gefunden haben. Handakten oder sogenannte Privatakten sind lt. Repertorium nicht vorhanden, wurden auch nur in den seltensten Fällen dauernd aufbewahrt, so daß es keineswegs verwunderlich ist, daß jeder Niederschlag über diese Verhandlungen fehlt.«

Bedenken von vorläufigen Zusicherungen lösen. Es ist jedenfalls verfehlt, das Mißlingen dieses Berufsplanes in Zusammenhang zu bringen mit den etwa gleichzeitig geschriebenen Streitbriefen Klopstocks an Goethe. Stolberg selbst hat sich deutlich genug von Klopstocks Schritt distanziert. J. Behrens hat gewiß recht, wenn er die andere Entscheidung Stolbergs in familiären und landschaftlich-patriotischen Ursachen sieht. [32]) Für Stolberg bedeuteten die Weltstädte Kopenhagen und Hamburg eben mehr als die kleine Residenz Weimar. Die Anwesenheit Goethes bot für ihn kein entscheidendes Gegengewicht. Mit der Absage F. L. Stolbergs in Weimar hörte zunächst jede Beziehung zu Goethe auf. Um die gleiche Zeit begann auch Goethes Korrespondenz mit Auguste Stolberg einzuschlafen. Im Juni 1780 schrieb er ihr zwar noch, sie möge »den alten Faden wieder« anknüpfen (»es ist ia dies sonst ein weiblich Geschäfft«) [33]); dies ist aber der zweitletzte Brief der Korrespondenz geblieben. In Goethes Leben war bald nach seiner Übersiedlung nach Weimar Frau von Stein getreten. — Stolbergs Interessen waren mit seinen beruflichen Bindungen in Dänemark und in Schleswig-Holstein sowie mit seinen beginnenden Studien der griechischen Sprache und Literatur, deren erklärtes Ziel es war, ihre Vorläuferschaft zum Christentum zu postulieren, ganz im eigenen persönlichen Bereich gebunden. So war es wohl etwas zufällig, daß sich Goethe und Stolberg 1784 erneut begegneten. Stolberg und seine Frau machten nämlich auf einer Reise nach Karlsbad in Weimar Station. Der äußere Anlaß dafür war aber weder ein Besuch beim Hofe noch bei Goethe; man suchte zunächst entferntere Verwandte auf, den Kammerherrn Carl von Schardt (den Bruder der Frau von Stein), der mit der Gräfin Sophie Bernstorff verheiratet war, und die Gräfin Caritas Emilia Bernstorff. Hiernach erst traf man Goethe, Wieland und Herder. Bei Stolberg stellte sich gleich das alte Freundschaftsverhältnis zu Goethe wieder ein. Er fand den Freund zwar verändert, doch »gewiß nicht weniger feurig als er war, u: sein Herz liebevoll, immer sich sehnend nach mehr Freiheit der Existenz als Menschen finden könen, u: doch immer Blumen um den Pilgerstab des Lebens windend«. [34]) Goethe fand erst allmählich wieder Kontakt zu seinem alten Freund. Nach der Abreise der Gäste schrieb er an Frau von Stein: »Leopold hat mir von Stund zu Stunde besser gefallen und ich hätte wohl gewünscht mit ihm eine Zeitlang zu leben, in den ersten Tagen wenn man mit alten Bekannten wieder zusammen kommt sieht man doch nur das alte Verhältniß biß alsdenn ein weiterer Umgang entwickelt in wie fern sich Menschen verändert haben oder dieselben geblieben sind.« [35]) Die Gestalt Stolbergs hat ihn so gefesselt, daß er seine Büste von Klauer model-

[32]) *Briefwechsel zwischen Klopstock und den Grafen Christian und Friedrich Leopold zu Stolberg*, hrsg. v. J. Behrens, Kieler Studien zur deutschen Literaturgeschichte, Bd. 3 (Neumünster, 1964), S. 24—30. — Vgl. aber auch H. Düntzer, »Goethe und der Reichsgraf Friedrich Leopold von Stolberg«; in: *Abhandlungen zu Goethes Leben und Werken*, 1. Bd. (Leipzig, 1885), S. 1—31.

[33]) *J. W. Goethe*, s. o. Anm. 9, S. 49.

[34]) An Johann Heinrich Voß am 2. Juni 1784. *Briefe F. L.s Grafen zu Stolberg und der Seinigen*, s. o. Anm. 5, S. 106. — Über den Besuch der Stolbergs in Weimar hat mir das Staatsarchiv Weimar (Dr. Eberhardt) am 7. 9. 1967 folgendes mitgeteilt: »Zwei Grafen [Friedrich Leopold und Christian] und zwei Gräfinnen von Stolberg [Agnes und Luise] ließen sich am 29. Mai 1784 bei Hof melden und waren mittags zur Audienz und Tafel eingeladen. Equipage wurde verbeten. Auch am 1. Pfingstfeiertag, dem 31. Mai, speisten sie bei Hofe; Goethe, Wieland oder Herder waren nicht zugegen. — Am 31. Mai speiste der Hof bei Anna Amalia in Tiefurt. Gäste lassen sich, da Fourierbücher fehlen, nicht ermitteln. Am 1. Juni speiste eine Gräfin von Stolberg mit der Herzogin Louise. Am 2. Juni reiste der Hof über Gotha (Hoftafel) nach Eisenach.«

[35]) Am 5. Juni 1784. *Goethes Briefe an Charlotte von Stein*, hrsg. v. J. Fränkel, umgearbeitete Neuausgabe, 2. Bd. (Berlin, 1960), S. 24 f.

lieren ließ. [36]) Goethes ganze Sympathie hatte aber Stolbergs Gattin Agnes, geb. von Witzleben gewonnen. Ihre liebliche Gestalt und ihre natürliche Lebensart sind ihm bis ins
Alter im Gedächtnis geblieben; noch in den *Tag- und Jahresheften* hat er ihre Persönlichkeit gerühmt. [37]) Die Stolbergs ihrerseits lernten Goethes neue Werke kennen, den
Beginn des *Wilhelm Meister* und das Lustspiel nach dem Aristophanes *Die Vögel*, an
dem sich Hamann einige Jahre später so ergötzt hat; außerdem erfuhren sie vom
Tasso. [38]) Die früheren Pläne der Anstellung Stolbergs wurden anscheinend von keiner
Seite erwähnt. Und doch trug dieses Zusammentreffen den Keim des Zerwürfnisses in
sich. Stolberg hat Goethe nämlich von seinen griechischen Übersetzungen berichtet; als
Muster ließ er sich die *Eumeniden* des Aischylos abschreiben. Im gleichen Jahr erschien
der von Stolberg übersetzte *Timoleon;* dieses Stück, »einen Griechen von Stolbergischem
Geschlecht«, sandte Goethe an Frau von Stein weiter mit der Bemerkung: »Ich bin so
weit verdorben daß ich gar nicht begreifen kann was diesem guten Manne und Freunde
Freyheit heist. Was es in Griechenland und Rom hies begreif ich eher.« [39]) Es ist anzu-
merken, daß Goethes Kritik an Stolbergs Auffassung der Antike bereits Jahre vor Beginn der Italienreise einsetzte. Leider ist Goethes Meinung im einzelnen nicht bekannt.
Doch scheint Stolbergs Ansicht, nach der die antike Literatur zu einem gut Teil eine
Vorstufe zum Christentum repräsentierte, Goethe einfach zuwider gewesen zu sein. Eine
Korrespondenz wurde hiernach nicht fortgesetzt. Als Stolberg dann 1793 mit einer ausführlichen Nachschrift zu einem Brief der Fürstin Gallitzin die Verbindung wieder aufnehmen wollte, ging Goethe nicht darauf ein. Er kannte die Fürstin von den Begegnungen der Jahre 1785 und 1792 [40]) und fürchtete zurecht, daß mit Stolbergs Bekenntnis,
die Gallitzin habe »neuen Wein in die Neige« seines »Lebens gegossen u: auf immer,
wie« er hoffte, ihn »gestärkt«, sein Weg der Konversion zum Katholizismus begonnen
hatte. Die Ereignisse der nächsten Jahre bestätigten Goethes Befürchtungen wohl noch
in höherem Grade, als er dies zunächst ahnte. Im besonderen fühlte er sich betroffen,
daß die antike Literatur — und zwar zunächst das Werk Platos — die neue Überzeugung sogar begründen und demonstrieren sollte. In der Vorrede zu seiner Plato-
Übersetzung versuchte Stolberg nämlich aufzuzeigen, daß die sokratischen Lehren, über-

---

[36]) Ein Exemplar der Büste befindet sich in der Thüringischen Landesbibliothek in Weimar.
Vgl. W. Geese, *Gottlieb Martin Klauer* (Leipzig, o. J. [1935]), S. 106—110, Abb. 18 u. 19.

[37]) Deutlich spiegelt dies die Briefnotiz an Frau von Stein vom 5. Juni 1784 wider: »Wie die
kleine Agnes mir schöne that und bat ich solle noch einen Tag bleiben, warfen ihr die Brüder
vor sie thue es nur weil sie dadurch hoffe den Herzog noch einen Tag zurück zu halten und
setzten scherzend die Rangordnung fest, daß er der erste der Weimaraner in ihrem Herzen, ich
der zweyte und die Göchhausen die dritte sey. Ich nahm es ohngeachtet ihrer Vertheidigung
als wahrscheinlich und wahr auf, versicherte daß ich mir fest vorgesetzt habe mit einem
Fürsten weder um ein Herz zu streiten noch es mit ihm zu theilen und reiste ab.« *(Goethes
Briefe an Charlotte von Stein, s. o. Anm. 35, S. 24). —* In den *Tag- und Jahresheften*
glaubte Goethe, daß »*Agnes* als Engel das irdische Unwesen [des Streites zwischen Voß und
Stolberg] besänftigt, und als Grazioso eine furchtbar drohende Tragödie mit anmutiger
Ironie durch die ersten Acte zu mildern gesucht« habe. *(WA 1. Abt., 36. Bd., 1893, S. 178). —*
Vgl. auch O. Hellinghaus, *F. L. s Grafen zu Stolberg erste Gattin Agnes geb. v. Witzleben*
(Köln, 1919).

[38]) An Johann Heinrich Voß am 2. Juni 1784. *Briefe F. L. s Grafen zu Stolberg und der Seinigen, s. o. Anm. 5, S. 107 f.*

[39]) Am 11. Januar 1785. *Goethes Briefe an Charlotte von Stein, s. o. Anm. 35, S. 81.*

[40]) Die Beziehungen des »Kreises von Münster« nach Weimar werden dokumentiert und erläutert in der von E. Trunz und W. Loos hrsg. Edition *Goethe und der Kreis von Münster,*
deren Erscheinen in naher Zukunft bevorsteht. — Das Postskriptum ist dem Brief der Fürstin Gallitzin an Goethe vom 23.—28. August 1793 angeschlossen (datiert vom 28. August
1793. *Goethe-Jahrbuch* 3 [1882], S. 300).

liefert in den Schriften Platos, wegen ihrer »Uebereinstimmung mit großen Lehren unsrer Religion ... göttliches Ansehen für uns erlangen« müßten. Die Tendenz der Aussage wurde mit dem Einleitungssatz dieses Abschnitts bewußt verstärkt: »Ich rede mit Christen! was gehen mich die draussen an?« [41]) Goethe, der sich ein Jahrzehnt früher, Lavater gegenüber, als ein »dezidirter Nichtkrist« [42]) erklärt hatte, mußte eine solche Formulierung beleidigen. Über die Vorrede hinaus, die er in einem Brief an Schiller als »abscheulich« bezeichnete, hat er das Werk, nach seinen Worten die »Sudeley des gräflichen Saalbaders« [43]), nicht gelesen. Das Buch ist nicht einmal weiter aufgeschnitten. An Wilhelm von Humboldt schrieb Goethe ein noch schärferes Urteil. [44]) Darüber hinaus verfaßte er einen polemischen Traktat gegen Stolberg unter dem Titel »Plato als Mitgenosse einer christlichen Offenbarung«. [45]) Neben der schon bezeichneten Ablehnung einer christlichen Interpretation — nach Goethes Worten »um sich dunkel aus ihm zu erbauen« — ging es Goethe vornehmlich um die Forderung »einer kritischen deutlichen Darstellung der Umstände unter welchen er [Plato] geschrieben, der Motive aus welchen er geschrieben«, mit dem Ziel, »einen vortrefflichen Mann in seiner Individualität kennenzulernen«. Vom polemischen Anlaß abgesehen, hat Goethe hier doch einen überraschend modernen Anspruch für eine gültige Werk-Monographie gestellt, indem der Autor und seine Situation zunächst zu erfahren und zu beschreiben sind. Als Beispiel für Plato führte er den Dialog »Ion« an, den Stolberg, der jede Ironie bei Plato zu eliminieren versuchte, völlig mißverstanden habe. Beider Ansichten, die Goethes sowohl als auch die Stolbergs, sind in der späteren Plato-Forschung wieder verfochten worden. [46]) — Es ist nun merkwürdig, daß Goethe seine Beurteilung von Stolbergs Plato-Auffassung nicht veröffentlicht hat. Die brieflichen Äußerungen waren zudem an Empfänger gerichtet, bei denen er völliger Diskretion versichert war. Allein 1796 erschien das — im Vergleich mit den anderen Äußerungen — harmlose Xenion

> Zur Erbauung andächtiger Seelen hat F... S...,
> Graf und Poet und Christ, diese Gespräche verdeutscht. [47])

In dem von Goethe selbst herausgegebenen Briefwechsel mit Schiller (1828/29) fehlen die auf Stolberg bezüglichen Stellen ganz oder ihnen ist durch die Abkürzung der Namen die Schärfe genommen. Den Aufsatz »Plato als Mitgenosse einer christlichen Offenbarung« veröffentlichte Goethe erst 1826 in seiner Zeitschrift *Über Kunst und*

---

[41]) *Auserlesene Gespräche des Platon,* übersetzt v. F. L. Graf zu Stolberg, 1. Th. (Königsberg, 1796), S. XI f.

[42]) Am 29. Juli 1784. *Goethe und Lavater, Briefe und Tagebücher,* hrsg. v. H. Funk, Schriften der Goethe-Gesellschaft, 16. Bd. (Weimar, 1901), S. 209.

[43]) Am 21. und am 25. November 1795. *WA* 4. Abt., 10. Bd. (1892), S. 334, 337. — Schiller hat diese Briefe am 23. bzw. 29. November 1795 beantwortet; sein Urteil: »Die Stolbergische Vorrede ist wieder etwas horribles. So eine vornehme Seichtigkeit, eine anmaßungsvolle Impotenz, und die gesuchte offenbar nur gesuchte Frömmeley — auch in einer Vorrede zum Plato Jesum Christum zu loben.« *(Schillers Werke,* Nationalausgabe, 28. Bd., Weimar, 1969, S. 114).

[44]) Am 3. Dezember 1795: »Haben Sie die monstrose Vorrede Stolberg's zu seinen Platonischen Gesprächen gesehen? Es ist recht schade, daß er kein Pfaff geworden ist, denn so eine Gemüthsart gehört dazu, ohne Scham und Scheu, vor der ganzen gebildeten Welt ein Stückchen Oblate als Got zu eleviren und eine offenbare Persiflage, wie z. B. Jon ist, als ein kanonisches Buch zur Verehrung darzustellen.« (Ebda., S. 344).

[45]) *WA* 1. Abt., 41, II. Bd. (1903), S. 169—176; die folgenden Zitate finden sich S. 170.

[46]) Vgl. hierzu H. Flashar, *Der Dialog Ion als Zeugnis Platonischer Philosophie,* Deutsche Akademie der Wissenschaften zu Berlin, Schriften der Sektion für Altertumswissenschaft, Bd. 14 (Berlin, 1958), bes. S. 1, 16.

[47]) *Xenien,* S. 33.

Altertum. Zu diesem Zeitpunkt war Stolberg bereits tot; außerdem war nach der Plato-Übersetzung Schleiermachers die Thematik Stolbergs nicht mehr aktuell. — Goethes Äußerung zu Riemer, um sein Urteil »über seine Freunde und die Personen die er liebte« befragt: »Ich denke nicht über sie« [48]), könnte direkt für Stolberg zutreffen.

Wenn Stolbergs Plato-Übersetzung schon Goethes Kritik herausforderte, so Stolbergs Beschreibung seiner Italienreise, die 1794 in vier Bänden erschien, seinen ausgesprochenen Unwillen. Stolberg hatte seine Reise im Juli 1791 begonnen, sie dauerte bis zum Jahresende 1792. Goethe hat die Beschreibung an den eigenen Erfahrungen gemessen. Es ist hier nicht der Ort, die *Italienische Reise* Goethes mit der Stolbergs zu vergleichen. Wenn aber ein summarisches Urteil erlaubt ist, stellt die Entdeckung der antiken Welt, der vermeintlichen klassischen Übereinstimmung von Kunst und Leben, Goethes großes Italienerlebnis dar; Stolberg sah neben der Antike auch die fortwirkende christliche Kunst, vornehmlich die des Barock. In dieser Weise wurde Stolberg die Bedeutung des Historischen, die lebendige Tradition der alten Kirche verständlich. Seine Reisebeschreibung enthält dazu noch eine große Zahl historischer Erzählungen und Anekdoten, die teilweise nach antiken Schriftstellern, teilweise nach mündlichen Quellen mitgeteilt werden. Hierdurch erhält das Werk zwar eine kulturgeschichtliche Nuance, anderseits mangelt ihm aber der persönliche Charakter, der Goethes Werk auszeichnet. — Goethe hat seine Ansicht über Stolbergs Reisebericht niemandem mitgeteilt; allein sein eigenes Exemplar des Werkes verrät mit Anstreichungen und einzelnen Anmerkungen seine Auffassung. [49]) Diese Notizen haben ausschließlich negativen Charakter. Vereinzelt handelt es sich um sachliche Korrekturen. Wenn Stolberg z. B. bei der Beschreibung der »indianischen Feigen (cactus opuntia)« bemerkte, daß »beide Geschlechter ... verschiedne Bäume« seien, schrieb Goethe an den Blattrand »keineswegs« und fügte erklärend hinzu »Icosandria monogynia.«. [50]) — An anderer Stelle, zu Beginn des dritten Bandes, beschreibt Stolberg eine Reihe von Plastiken, die damals »in der Porcellanfabrik« standen, u. a. einen »kolossalischen Kopf ... ein physiognomisches Meisterstück«, das er als »Kopf des Vitellius« zu identifizieren versuchte. Aus dieser Darstellung glaubte er, die böse Geschichte und das unrühmliche Ende des Soldatenkaisers ablesen zu können. Goethe, der die Plastik wahrscheinlich auch gesehen hatte, schrieb an den Rand: »Vespasian«. Stolberg dürfte die heute im Nationalmuseum in Neapel befindliche Büste des Vespasian gemeint haben. [51]) — In einigen Xenien hat Goethe, zwei Jahre später, etwas von seinen Groll entladen. Diesen Xenien entsprechen stets Textstellen in Stolbergs Werk, die Goethe angestrichen hatte. Ein Beispiel sei hier angeführt: Stolberg berichtet, daß er in Loretto 330 Fayencevasen, gemalt von Giulio Romano und Rafaellino della Villa

---

[48]) F. W. Riemer, *Mittheilungen über Goethe,* 1. Bd. (Berlin, 1841), S. 310.

[49]) Die Benutzungs- und Veröffentlichungserlaubnis verdanke ich Herrn Direktor Prof. H. Holtzhauer, Weimar. Bei den Vorbereitungsarbeiten war mir Herr Dr. phil. habil. H.-H. Reuter, Weimar, dankenswerterweise behilflich. — Außer den genannten Titeln enthält Goethes Bibliothek noch folgende Werke Stolbergs: *Gesammelte Werke der Brüder Christian und Friedrich Leopold Grafen zu Stolberg,* 20 Bde. (Hamburg, 1820—25); (auf Veranlassung des Verlages Perthes Goethe zugesandt; die Ausgabe ist völlig unberührt). — *Schauspiele mit Choeren,* Th. 1 (Leipzig, 1787); (ohne Benutzungsspuren). — *Die Insel* (Leipzig, 1788); (aufgeschnitten bis S. 57, dann wieder von S. 153—159, hier wahrscheinlich aber von späterer Hand; das Gedicht »Schüchterne Liebe« ist so skandiert, daß vor jeder betonten Silbe ein senkrechter Strich steht). — Aus der Herzoglichen Bibliothek hat Goethe am 19. Februar 1820 (gestrichen ohne Datum) *F. L. Grafen zu Stolberg kurze Abfertigung der langen Schmähschrift* ... (Hamburg, 1820), ausgeliehen. — Nach der Plato-Übersetzung hat Stolberg wahrscheinlich keins seiner Werke mehr Goethe geschenkt.

[50]) *Reise in Deutschland, der Schweiz, Italien und Sicilien,* 3. Bd. (Königsberg, 1794), S. 291.

[51]) Ebda., S. 13.

»nach Handzeichnungen des großen Rafael« gesehen habe. Von der Schönheit dieser
Vasen entzückt, rief er aus: »Mögen immer des Alterthums ausschließende Bewundrer
mit Entzücken von griechischen Vasen reden, ich würde eine ganze Sammlung solcher
Alterthümer, wenn ich sie besäße, gern für Eine dieser rafaelischen Vasen hingeben.« [52])
Goethe, der in diesen Jahren streng klassizistischen Denkformen verhaftet war, mußte
einem solchen Urteil aufs schärfste widersprechen. Es war für ihn undenkbar, daß es
überhaupt einen Handel um den Wert großer Kunst geben könne. Schon gar nicht
konnte es ihm, der selbst eine ansehnliche Majolika-Sammlung besaß, möglich erscheinen,
eine neuere, nach zweiter Hand gefertigte Fayence mit einem antiken Stück zu ver-
tauschen. Ironisierend hat Goethe seine Ansicht dazu in ein Distichon gefaßt. Die Spitze
gegen Stolberg (dessen Formulierung vielleicht durch eine augenblickliche Begeisterung
entstanden war) liegt bereits in der Überschrift: »Der Kenner«. Das Distichon selbst
setzt die Kenntnis des Stolbergischen Textes voraus:

> Alte Vasen und Urnen! Das Zeug wohl könnt ich entbehren;
> Doch ein Majolica-Topf machte mich glücklich und reich. [53])

Die Veröffentlichung der Xenien hat Stolberg tief getroffen. An seinen Bruder schrieb
er am 28. Dezember 1796: »Von S[chiller] wundert's mich nicht etc.; aber daß G[oethe]
so tief gesunken so gegen alte Freunde Koth werfen können das thut wehe.« [54]) Hiermit
war das Freundschaftsverhältnis endgültig zerstört. Goethes Anmerkungen zu Stolbergs
Reiseberichten könnten eher vermuten lassen, daß er das Werk eines Gegners rezen-
sierte, als daß er sich von einem Freunde über dessen Reiseerlebnisse berichten ließ. —
Die Unterschiedlichkeit beider Auffassungen ist vielleicht am besten in einem Zitat zu
verdeutlichen. Stolberg faßte in einem Brief aus Rom, unmittelbar vor seiner Abreise
nach Neapel am 1. Februar 1792 geschrieben, seine Ansicht über antike Plastiken in
einem kurzen Abschnitt zusammen. Goethe hat in seinem Exemplar diesen Abschnitt
mit einem Längsstrich und mehreren Ausrufezeichen auf dem Blattrand gekennzeichnet.
Seinerseits schrieb er ein ähnliches Resümee, wenn auch völlig anderen Inhalts, im
Zusammenhang des »Zweiten Römischen Aufenthalts«, im Bericht über den Monat
April 1788:

Stolberg	Goethe
Ein gewisser Charakter von Härte, Mangel der Theilnehmung, trüber Melancholie, welche an Zorn gränzet, bezeichnet die meisten Köpfe der alten Statuen, sowohl der Götter als der Menschen, sowohl des männlichen Geschlechts als des weiblichen. Wofern ich nicht irre, so würkte die Vorstellung der Vergänglichkeit, und des lang hinstreckenden Todes, (Τανηλεγεος θανατοιο) auf die Phantasie des heidnischen Künstlers; würkte auf verschiedne Art, je nachdem ein Charakter diesem Eindruck nachgab oder sich dagegen zu härten strebte; würkte aus dem	Umgeben von antiken Statuen empfindet man sich in einem bewegten Naturleben, man wird die Mannichfaltigkeit der Menschenge-staltung gewahr und durchaus auf den Men-schen in seinem reinsten Zustande zurückge-führt, wodurch denn der Beschauer selbst lebendig und rein menschlich wird. Selbst die Bekleidung, der Natur angemessen, die Ge-stalt gewissermaßen noch hervorhebend, thut im allgemeinen Sinne wohl. ... Wenn man des Morgens die Augen aufschlägt, fühlt man sich von dem Vortrefflichsten gerührt; alles unser Denken und Sinnen ist von solchen Ge-

[52]) Ebda., 4. Bd. (Königsberg, 1794), S. 338.

[53]) *Xenien*, S. 33. — Goethe hat seine Majolika-Sammlung erst viele Jahre nach der italienischen
Reise angelegt; die ersten Stücke erwarb er 1804, die Sammlung wurde dann hauptsächlich
in den Jahren 1817 und 1825 bedeutend erweitert. Vgl. Ch. Topfmeier, *Goethes Majolika-
sammlung*, Diss., Jena, 1958 [Mschr.]. — Dies., Aus Goethes Majolikasammlung; in: *Keramos*
1960, Heft 7, S. 17—26.

[54]) J. H. Hennes, *F. L. Graf zu Stolberg und Herzog Peter Fr. v. Oldenburg* (Mainz, 1870),
S. 490.

Herzen, durch den Arm und durch den Mei-
sel in den Marmor hinein. Ich berufe mich
auf die Empfindung jedes Unbefangen, der
auch nur durch Kupferstiche die Kunst der
Alten kennet. Es schwebet, selbst auf den
Gesichtszügen der ewigen Götterjugend, wie
eine schwarze Wolke, der Gedanke des Todes. [55]

stalten begleitet, und es wird dadurch unmöglich, in Barbarei zurückzufallen. ... Groß
war der Schmerz daher, als ich, aus Rom
scheidend, von dem Besitz des endlich Er-
langten, sehnlichst Gehofften mich lostrennen
sollte. [56]

Sicherlich muß auch Goethes Winckelmann-Aufsatz (1805), in dem er sich gegen die
»neukatholische Sentimentalität« äußert, in diesen Zusammenhang gerückt werden. Diese
Stelle hat man immer schon als gegen die Romantiker gerichtet aufgefaßt [57]); sie dürfte
gleichermaßen aber auch gegen Stolbergs Schritt geschrieben sein [58]) — dies, zumal sich
die Konversionen der Romantiker etwas später ereigneten: »Denn es bleibt freilich ein
jeder, der die Religion verändert, mit einer Art von Makel bespritzt, von der es unmöglich scheint ihn zu reinigen. Wir sehen daraus, daß die Menschen den beharrenden
Willen über alles zu schätzen wissen und um so mehr schätzen, als sie sämmtlich in
Parteien geteilt ihre eigene Sicherheit und Dauer beständig im Auge haben. Hier ist
weder von Gefühl, noch von Überzeugung die Rede. Ausdauern soll man da, wo uns
mehr das Geschick als die Wahl hingestellt.« [59]) Gewiß, zwischen Stolberg und den
Romantikern in Jena bestand kein direkter Zusammenhang; neben der räumlichen
Trennung lag noch die natürliche Distanz von zwei Generationen zwischen ihnen.
Eine Bindung entstand aber auf höherer Ebene, in der antiklassischen Tendenz. Diese
negative Position hätte jedoch nicht ausgereicht, ein wesentliches Element gegen Weimar
zu schaffen. Die Konversion zum Katholizismus, die ursprünglich Stolberg so fremd
war wie Friedrich Schlegel, hat dann eine andere Situation hergestellt. Es ist keine
Frage, daß man sich in der neugewonnenen religiösen Überzeugung verbunden wußte;
für einen »gründlich gebornen Heiden« — hier darf die Winckelmann geltende Formulierung auch wohl auf Goethe übertragen werden — war diese nicht erreichbar. Zur
Begründung müßte viel weiter ausgeholt werden, als es in diesem Rahmen möglich ist.
Die wesentlichen Voraussetzungen für Stolberg wie für die Romantiker waren jedoch
die lebendige, ins Mittelalter zurückreichende historische und kultische Tradition sowie
der Versuch eines neuen Verständnisses der theologischen Lehre (etwa durch Johann
Michael Sailer oder durch die Tübinger Schule). Die vorreformatorische ungeteilte
Kirche, die nie untergegangen war, schien hier wiedergefunden zu sein. Bei einer solcher-
art wesentlichen ideologischen Übereinstimmung bedeutete es relativ wenig, wenn man
im Bereich der formalen Ästhetik differierte. Die romantischen Konversionen stehen
so, wie Sie, lieber Herr Schumann, kürzlich noch aufgezeigt haben [60]), in einer direkten
Folge, die mit dem Übertritt F. L. Stolbergs begann.

---

[55]) *Reise in Deutschland*, s. o. Anm. 50, 2. Bd. (Königsberg, 1794), S. 267.

[56]) *WA* 1. Abt., 32. Bd. (1906), S. 321 f., 324.

[57]) Z. B. in den Erläuterungen der Hamburger Ausgabe von Goethes Werken, 12. Bd., (Hamburg, 1953), S. 599.

[58]) Dies zeigen z. B. überraschend ähnliche Formulierungen in Goethes Aufsatz »Voß und Stolberg« in den sog. »Biographischen Einzelheiten« (*WA* 1. Abt., 36. Bd. [1893], S. 283—288).

[59]) *WA* 1. Abt., 46. Bd. (1891), S. 32 f.

[60]) »Konvertitenbriefe. Adam Müller und Dorothea Schlegel an Friedrich Leopold und Sophie
Stolberg«; in: *Literaturwissenschaftliches Jahrbuch NF*, 3. Bd. (1962), S. 67—98. — P.
Brachin (»F. L. v. Stolberg und die deutsche Romantik«; in: Edba., 1. Bd. [1960], S. 117 bis
131) glaubte dagegen Stolberg von der romantischen Bewegung absetzen zu müssen. — In
diesem Zusammenhang ist es interessant, daß auch H. Heine im 1. Buch der *Romantischen
Schule* die Geschichte Stolbergs mit der der Romantiker verband.

Stolberg hat nach seiner Konversion und seiner Übersiedlung nach Münster noch einige Briefe mit Goethe gewechselt. Hierbei ging es aber hauptsächlich um den Verkauf der Gemmensammlung des holländischen Philosophen Frans Hemsterhuis, die nach dessen Tod an die Fürstin Gallitzin gekommen war. [61]) Etwas zufällig trafen Goethe und Stolberg auch noch einmal persönlich zusammen, im Sommer 1812, als sie sich zur gleichen Zeit in Karlsbad aufhielten. Der Umgangston ging jedoch weder bei dieser Begegnung noch in den Briefen über eine natürliche Höflichkeit, die die Achtung der fremden Überzeugung voraussetzt, hinaus. Die Konversion Stolbergs hat hierbei keine Rolle mehr gespielt. Goethe »hielt ihn [im Jahre 1800] längst für katholisch, und er war es ja der Gesinnung, dem Gange, der Umgebung nach.« In den *Tag- und Jahresheften* hat er die spätere Situation deutlich gekennzeichnet: »mein näheres Verhältniß zu ihm hatte sich schon längs in allgemeines Wohlwollen aufgelös't. Ich fühlte früh für ihn als einen wackern, liebenswürdigen, liebenden Mann wahrhafte Neigung; aber bald hatte ich zu bemerken, daß er sich nie auf sich selbst stützen werde, und sodann erschien er mir als einer der außer dem Bereich meines Bestrebens Heil und Beruhigung suchte.« [62])
Ursprünglich hatte Goethe für die *Tag- und Jahreshefte* eine ausführliche Charakterisierung Stolbergs vorgesehen, in der in dessen Kontroverse mit Johann Heinrich Voß, die allen Zeitgenossen bekannt war, in einer solchen Weise beschrieben werden sollte, daß — bei Vermeidung jeder Polemik — ein echtes Bild der Persönlichkeit Stolbergs deutlich würde. Die Darstellung dieses Ereignisses aus Stolbergs späterem Leben sollte korrespondieren mit der Beschreibung des jungen Stolberg im 4. Buch von *Dichtung und Wahrheit*. Beide Werke sollten sich, nach Goethes eigener Zielsetzung, ergänzen; die Stolberg-Kapitel hätten dies musterhaft vorführen können. Goethe hat sich dennoch anders entschieden. Während dieser Arbeiten, in den zwanziger Jahren des neuen Jahrhunderts, hat sich bei ihm nämlich ein neues verändertes Bild des Jugendfreundes herauskristallisiert. Bereits am 2. Januar 1820, wohl unter dem Eindruck von Stolbergs plötzlichem Tod, notierte der Kanzler Müller: »Sein mildes Urtheil über Leopold Stollberg.« [63]) In dieser Formulierung scheint die Überraschung des Kanzlers noch mitzuklingen, dem die frühere Ansicht Goethes wohl vertraut war. Die neue Überzeugung fand ihren ersten literarischen Niederschlag in der *Campagne in Frankreich* (1822). Goethe schildert hier seinen Besuch in Münster Ende 1792. Neben seiner Sympathie zum »Kreis von Münster« dürfte bei der positiven Beschreibung auch die Person Stolbergs mitgespielt haben. Es kam Goethe wohl darauf an, die persönliche Umgebung, in die Stolberg 1800 gekommen war, in möglichst angenehmen Farben zu schildern. — Im Einzelnen sind die Stationen der Ausformung eines neuen Stolberg-Bildes aber nur schwer erkennbar. Dritten gegenüber hat sich Goethe darüber nicht geäußert. Sicherlich steht die Wandlung aber auch in Zusammenhang mit der veränderten Ansicht des alten Goethe zum Christentum und zum Katholizismus im besonderen. Dazu dürfte aber auch eine andere Beurteilung der eigenen Jugendzeit mitgewirkt haben. Allein die handschriftlich überlieferten Texte verraten noch die Mühe, die dieses Kapitel Goethe gemacht hat. Während von den *Tag- und Jahresheften* nur relativ wenige Manuskriptseiten erhalten sind, ist das vorgesehene Stolberg-Kapitel in größter nur denkbarer Vollständigkeit überliefert. Goethe hat den Text sechsmal umgearbeitet — um ihn dennoch zu verwerfen. Jedenfalls hat er ihn, bis auf einige Sätze, nicht in dieses autobiographische Werk aufgenommen. Da der Text also nicht zu einem vom Autor abgeschlossenen Werk gehört, ist die philologische Arbeit der Erforschung seiner Genesis bisher noch nicht geleistet worden. — Goethe hat den nicht berücksichtigten Text nicht

---

[61]) Vgl. hierzu: A. N. Zadoks-Josephus Jitta, *La collection Hemsterhuis* (La Haye, 1952).
[62]) *WA* 1. Abt., 35. Bd. (1892), S. 120, 119.
[63]) *Unterhaltungen mit Goethe*, hrsg. v. E. Grumach (Weimar, 1956), S. 39.

vernichtet. Den Haupttext hat Eckermann unter dem Titel »Voß und Stolberg«, den auch Goethe schon zur Bezeichnung des Manuskripts gebraucht hatte, im 20. Band von Goethes *Nachgelassenen Werken* 1842 veröffentlicht. Es ist fraglich, ob die Publikationen in dieser Weise dem Wunsch des Verfassers entsprach. Gewiß wollte Goethe sein Bild über seinen Jugendfreund Friedrich Leopold Stolberg der Nachwelt auch nicht vorenthalten — selbst wenn er dieses Bild nicht in völliger Klarheit erschaffen konnte. Warum es ihn aber immer wieder zu Stolberg zog, hat er in einem Satz angedeutet, der ursprünglich für die *Tag- und Jahreshefte* bestimmt war; hiernach schien es ihm nämlich »unmöglich einen in der Jugend geschlossenen Freundschaftsbund aufzuheben wenn auch die hervortretenden Differenzen mehr als einmal ihn zu zerreissen bedrohlich obwalten«. [64] Aus dieser späten Zeit wird auch die Gesprächsmitteilung Goethes an Fritz Schlosser stammen, nach der er sich »wie durch eine geheimnißvolle Macht ... immer von Neuem hingezogen« finde »zu jenen ächt katholischen Naturen, die, befriedigt im festen und treuen Glauben und Hoffen, mit sich und anderen in Frieden leben, und Gutes thun aus keinen anderen Rücksichten, als weil es sich von selbst versteht und Gott es so will. Vor solchen Naturen habe er dauernde Ehrfurcht und er habe diese fast zum ersten Male in seinem Leben gegen die Fürstin Gallitzin und ihrem Kreise von Freunden empfunden. »Mich interessiert Alles«, fügte der Dichter hinzu, »was an diese seltene Frau und an ihre Freunde, zu denen ich vor Allen auch Friedrich von Stolberg rechne, erinnert«. « [65]

Frankfurt/Main   Siegfried Sudhof

---

[64] Zitiert wird hier nach der dritten Fassung (Schreiberhand, von Goethe korrigiert). Goethe- und Schiller-Archiv Weimar, Goethe-Nachlaß, Kasten XXX 1,7. *(WA* 1. Abt., 36. Bd. [1893], S. 284 f.).

[65] [Anonym], »Neue Mitteilungen über die Fürstin Gallitzin und den Grafen Friedrich Leopold von Stolberg«; in: *Der Katholik* 52/I (1872), S. 58. — Die Äußerung Goethes gegenüber Schlosser soll aus der Zeit stammen, als er »noch nicht katholisch geworden« (Schlosser konvertierte im Jahre 1814). Dies dürfte wahrscheinlich nicht zutreffen; eine solche Äußerung Goethes könnte kaum vor Stolbergs Tod gefallen sein.

FRITZ MARTINI

Goethe und Frankreich

(Vortrag, gehalten während der Hauptversammlung der Goethe-Gesellschaft Mai 1969 in Weimar)

Es ist und bleibt verwunderlich: Goethe hat Paris, das »höchst bewegte Paris« [1]), die vielgenannte Hauptstadt der Welt [2]), niemals betreten. Er hat Frankreich nur vom Rande her kennen gelernt: während der Straßburger Studienzeit 1770 und 1771 und während der Kampagne in Frankreich im Herbst 1792. Der westlichste Punkt, den er erreichte, war Valmy. Dies bedeutete also Lothringen, ein wenig von der Champagne, die Argonnen. Er war nach Straßburg gegangen, um sich dem Land jener Bildungsmächte zu nähern, die ihm schon in den Frankfurter Kindheitsjahren, dann wieder dem Studenten in Leipzig aus der deutschen Eingeschlossenheit heraus und zu einer breiteren Welterfahrung verholfen hatten. »Il faut que je m'approche de la France peu a peu.« [3]) War in solcher Annäherung an mehr als nur einen kurzen Studienaufenthalt gedacht? Goethe kehrte sich jedoch in Straßburg, zurückblickend zum Geschichtlichen und auf der Suche nach dem Eigenen, im Einklang mit der Jugend seiner Generation zu einem Zukünftigen drängend, einer Deutschheit zu: im Freundeskreis »lieber auf gut Deutsch« schlendernd »als daß er sich auf gut Französisch hätte zusammennehmen sollen«. [4]) Das erstere versprach Freiheit — das andere zwang zu Form und Gesetz. Man denkt naturgemäß an die Polarität von Diastole und Systole. Die in ihr enthaltene Spannung trifft hier jedoch mehr für eine Goethe eigene Lebensphase als für eine Unterschiedlichkeit des deutschen und des französischen Lebensstils zu.
Während der Kampagne umgab ihn, trotz seiner Distanzierung, eine Atmosphäre von Krieg und Soldaterei. Es kam nur zu gelegentlichen Blicken über den Zaun. Zweimal bot sich ihm ein Zugang zu Frankreich an: als dem jungen Juristen Aussichten auf den französischen Staatsdienst in der »deutschen Kanzlei« zu Versailles eröffnet wurden [5]) und als im Jahr 1808 Napoleon ihm von Paris sprach. [6]) Goethe ging auf solche Möglichkeiten nicht ein. Es lockt, darüber nachzusinnen, warum er sich verweigerte, was andere sich gönnten: die Brüder Humboldt, Friedrich Schlegel, Heinrich von Kleist, Achim von Arnim und viele andere mehr. Offenbar war sein Verhältnis zu Paris zwiespältig — trotz jener im Alter zu Eckermann mehrfach ausgesprochenen Bewunderung, die ihn »diese Weltstadt« mit Frankreich überhaupt gleichsetzen ließ. [7]) Die Lektüre von Sebastian-Louis Merciers *Tableau de Paris* — so an Charlotte von Stein im Juni 1784 —

Zitiert wird nach der *Weimarer Ausgabe (WA)*.
[1]) *WA*, IV, 42, S. 171 f.
[2]) *WA*, I, 50, S. 232.
[3]) *Der junge Goethe*, Hrsg. H. Fischer-Lamberg, Bd. 1 (Berlin, 1963), S. 281.
[4]) *WA*, I, 28, S. 55.
[5]) *WA*, I, 28, S. 49.
[6]) Edwin Redslob, *Goethes Begegnung mit Napoleon* (Weimar, 1944), S. 37.
[7]) J. P. Eckermann, *Gespräche mit Goethe in den letzten Jahren seines Lebens*, Hrsg. H. H. Houben, 23. Originalausgabe (Leipzig, 1948), S. 499; S. 581.

»hat mein Verlangen diese Stadt zu sehen vermehrt und vermindert«. [8]) In einem Brief
aus dem Jahr 1797 findet sich das Wort, aus Weimar sehe man Paris »immer nur in
einer Ferne, daß es wie ein blauer Berg aussieht, an dem das Auge wenig erkennt, dafür
aber auch Imagination und Leidenschaft desto wirksamer seyn kann«. [9]) Es genügte
Goethe, andere, wie Wilhelm von Humboldt, als Berichterstatter in die »Welt der
Welten« [10]) reisen zu lassen. Wie anders verhielt er sich während der Reise in Italien,
als er immer wieder das Notwendige einer alles anschauende Erkenntnis, damit nichts
mehr Wort, Tradition und Name bleibe und alles lebendiger Begriff werde [11]), hervorhob und von der Übung des Auges [12]) sprach.
Wo also lag der Grund dieser Zurückhaltung? Wollte er sein Bild des Ganzen nicht
durch einen Andrang des Einzelnen zersplittern, gleichsam der Diastole ausweichen?
Es ist bekannt, daß Goethe bemüht war, den »unzähligen Mannigfaltigkeiten« zu
entgehen und sich gegen die »millionenfache Hydra der Empirie« zu schützen. [13]) Oder
lag ein anderes Grundverhältnis zu Frankreich als zu dem römischen Süden vor? Wilhelm von Humboldt meditiert in einem Brief aus Spanien an Goethe vom Jahr 1800 [14])
über den Sinn von Reisen zu fremden Nationen. Er sagt dort, es gäbe eine große Menge
von Verrichtungen im Leben, zu welchen der bloß durch Überlieferung erhaltene Begriff
hinreiche. Er rechnet dazu die wissenschaftliche Kenntnis, für welche Bücher und Briefwechsel weit sicherere Hilfsmittel seien als das eigene Einholen immer unvollständiger
und selten zureichender Nachrichten. Er fährt, jetzt wörtlich zitiert, fort:

Aber wenn Gefühl und Einbildungskraft in uns rege werden sollen, so wird immer mehr und
etwas Lebendiges erfordert. Überhaupt begnügen sich wohl alle untergeordneten Kräfte des
Menschen, der sammelnde Fleiß, das aufbewahrende Gedächtnis, der ordnende Verstand an dem
Zeichen, dem Begriff oder dem Bilde. Aber die höchsten und besten in ihm, diejenigen, welche
seine eigentliche Persönlichkeit bilden, die Phantasie, die Empfindung, der tiefere Wahrheits- und
Schönheitssinn bedürfen zu ihrer kräftigeren Nahrung auch der Sache, der Anschauung und der
lebendigen Gegenwart.

Ist die Erinnerung an solche Sätze ganz abwegig? Gefühl, Einbildungskraft, Phantasie,
Empfindung — dies sind nicht die Organe, für die Goethe aus Frankreich Nährendes
verlangte und empfing. Er stimmte indirekt Humboldt zu, wenn er antwortete, daß,
wenn ein in den Hauptpunkten der Denkweise übereinstimmender Freund uns von der
Welt und ihren Teilen erzähle, es so ganz nahe sei, als wenn wir sie selbst sähen. [15])
Goethe begnügte sich mit der Überlieferung, er nahm das Französische durch Sprache
und Schrift, als Literatur, Philosophie und Wissenschaft, als eine Welt voll gesellschaftlicher und politischer Energien auf. Die bildende Kunst ordnete sich für ihn dieser Auffassung ein. Frankreich wurde ihm bedeutend — nun allerdings unerschöpflich bedeutend — als Zeichen, als Begriff und Bild. Er verlangte hingegen nicht nach seiner sinnlichen Gegenwart. Das Bild, das universal sein sollte, bedurfte der Distanz.
Es klingt auch mehr nach einem höflichen Ausweichen als stichhaltig und ernsthaft
gemeint, wenn Goethe in einem als Entwurf überlieferten Briefe vom 19. November
1800 [16]) an P. J. Bitaubé schreibt: »Wäre ich jünger, so würde ich den Plan machen Sie

---

[8]) *WA*, IV, 6, S. 304.
[9]) *WA*, IV, 12, S. 240.
[10]) *WA*, IV, 13, S. 218.
[11]) *WA*, I, 32, S. 7; S. 66.
[12]) *WA*, I, 30, S. 34; I, 31, S. 17; I, 32, S. 9.
[13]) *WA*, IV, 12, S. 247.
[14]) *Goethes Briefwechsel mit Wilhelm und Alexander von Humboldt*, Hrsg. L. Geiger (Berlin,
1909), S. 126 ff.
[15]) *WA*, IV, 15, S. 104.
[16]) *WA*, IV, 15, S. 149.

zu besuchen, die Sitten und Lokalitäten Frankreichs, die Eigenheiten seiner Bewohner, sowie die sittlichen und geistigen Bedürfnisse derselben nach einer so großen Krise näher kennen zu lernen. ... Doch ein solches Unternehmen erfordert Kräfte, die ich mir nicht mehr zutraue. Ich werde wohl auf die Hoffnung, Paris und Sie zu sehen Verzicht tun müssen.«

Wir müssen unserem Thema Grenzen ziehen, um uns nicht in diesem Unerschöpflichen zu verlieren. Verzicht ist nötig auf eine Darlegung der Geschichte von Goethes Lektüre der dichterischen, biographischen und wissenschaftlichen Literatur Frankreichs und seiner politischen Journale. Solche Lektüre, unterstützt durch das Theater und durch zahllose Gespräche, durchzieht sein ganzes Leben: von den Frankfurter Lernjahren, in denen er durch die französische Sprache »ein bewegteres Leben ... kennen« [17]) gelernt hatte, bis hin zu jener Bemerkung im Juni 1829: »seit einiger Zeit bin ich in das Lesen französischer Bücher gewissermaßen ausschließlich versenkt« [18]) und jenem Eintrag in das Tagebuch vom 13. März 1832: »die französische Lectüre fortgesetzt.« [19]) Eine ausgedehnte Literatur unterrichtet darüber; vor allem die vielen Arbeiten von Albert Fuchs, die in ihrer Gründlichkeit, ihrer souveränen Kenntnis und in ihrer europäischen Weitsicht unübertrefflich sind, müssen hervorgehoben werden. [20]) Im schlechten Sinne fragmentarisch müßte auch ein Versuch ausfallen, das Panorama der Begegnungen und Gespräche Goethes mit Frauen und Männern, die von jenseits des Rheins kamen, zu zeichnen. Wir versagen uns ferner eine Geschichte von Goethes Rezeption und Spiegelung Frankreichs in den wechselnden Stadien seines Lebens: einsetzend mit dem kindlich-weltbegierigen Besuch der französischen Bühne in Frankfurt, auslaufend in den intensiven Beschäftigungen mit der französischen Naturwissenschaft, Sozialökonomie und der romantischen und realistischen Literatur in den Jahren des höchsten Alters. Vor allem aber wollen wir uns fernhalten von jenen oft schon diskutierten Konfrontationen wie Goethe und Racine, — und Molière, — und Voltaire, — und Rousseau, — und Diderot oder Goethe und die klassische Tragödie, — und die Aufklärung, — und die Große Revolution, — und die Romantik — solcher Themen läßt sich schwerlich ein Ende finden. Wir wollen uns endlich auch fernhalten von einer Untersuchung jener vielen Bezüge, die seine Dichtung vom ersten Jugendwerk bis zum letzten Akte von *Faust. Zweiter Teil* und zu *Wilhelm Meisters Wanderjahren* mit der französischen Literatur, Wissenschaft und Gesellschaft verbinden. Es gilt nicht zuletzt für Goethes Verhältnis zu Frankreich, was er im Februar 1832, aus der Souveränität des hohen Alters heraus, zu dem französischen Schweizer Soret über sein schöpferisches Verfahren sagte:

---

[17]) *WA*, I, 28, S. 50.

[18]) *WA*, IV, 45, S. 293.

[19]) *WA*, III, 13, S. 233.

[20]) F. Baldensperger, *Goethe et la France*, 2. Aufl. (Paris, 1920); K. H. Engel, *Goethe in seinem Verhältnis zur französischen Sprache, dargestellt bis 1805* (Diss. Göttingen, 1937); H. Loiseau, *Goethe et la France* (Paris, 1930); F. Ross, *Goethe in Modern France*, Illinois Studies in Language and Literature (1937); B. Barnes, *Goethe's Knowledge of French Literature* (Oxford, 1937); F. Strich, *Goethe und die Weltliteratur* (Bern, 1946); K. Wais, »Goethe u. Frankreich«, *DVjs.*, 23 (1949), S. 472 ff.; F. Neubert, *Goethe u. Frankreich*, in: Studien zur vergleichenden Literaturgeschichte (Berlin, 1952); R. Mortier, *Diderot en Allemagne* (Paris, 1954). Vor allem sind zu nennen die Arbeiten von Albert Fuchs: »Goethe und Europa«; *Institut für Europäische Geschichte, Mainz. Vorträge* (Wiesbaden, 1956); *Goethe et l'esprit français, Actes du colloque international de Strasbourg, 23—27 avril 1957* (Publications de la Faculté des Lettres de l'Université de Strasbourg, fasc. 137, 1958). Darin: »Goethe et la langue française«, S. 7 ff; »Goethe et la litterature française«, S. 15 ff; »Essai d'une synthese: Goethe et l'esprit français«, S. 309 ff; *Goethe und der französische Geist* (Stuttgart, 1964); *Goethe-Studien* (Berlin, 1968).

»Worin besteht denn das Genie, wenn nicht in der Fähigkeit, alles an sich zu reißen und zu benutzen, was uns auffällt. ... Was habe ich denn getan? Ich sammelte und benutzte alles, was mir vor Augen, vor Ohren, vor die Sinne kam ... alles, was ich schrieb, wurde mir durch unzählige Wesen und Dinge vermittelt.« Und er schloß diese Sätze mit einer grandiosen Pointe: »Mein Lebenswerk ist das eines Kollektivwesens und dies Werk trägt den Namen Goethe.« [21]) Es war nicht zufällig ein Gespräch mit Soret, einem jener Männer, deren er sich als Mittler zur französischen Welt bediente. Es reizte ihn in diesem Augenblick, daß nun auch in Frankreich, dem Frankreich der Romantiker, dies großzügige Wissen um das Kollektive im Schöpferischen nicht mehr gelten sollte, und daß man dort anfing, in die deutsche Art der Überbewertung des Subjektiven und Nur-Originären zu verfallen. »Toren Ihr, Ihr macht es wie unsere deutschen Philosophen heutzutage; sie pferchen sich ein Menschenalter lang in ihre Studierstube ein, sehen nichts von der Welt, brüten stier über den Ideen, die sie ihrem Gehirn abzapfen, und bilden sich ein, daß ihnen da eine unerschöpfliche Quelle unerhörter, grandioser und heilbringender Eingebungen fließe. Daraus wird nur blauer Dunst.« Wir sind, dank dieser Sätze, mitten in unserem Thema. Denn in ihnen spricht Goethe jenes »Allgemeine« aus, »unter welches (möglichst alle Erscheinungen, wie sie nur bekannt sind) sich allenfalls unterordnen ließen«. [22]) Dies Allgemeine zielt auf das Vorwalten eines »oberen Leitenden«, das auch wirksam ist, wo sich Spannungen, Widersprüche, Gegensätzlichkeiten in verwirrender Fülle einstellen. Sie sind Zeichen des Lebendigen. So sah Goethe Frankreich. Es bedeutete für ihn eine Realität an energischproduktivem Leben wie keine andere Nation. Hier lag der Grund der Faszination, die ihn, aus seiner eigenen Natur und deren Bedürfnissen heraus, an diese Nation, ihre Geschichte und ihre Gegenwart, fesselte. Er wußte, wie tief er ihr verschuldet war. »Was wäre denn ich, was bliebe mir, wenn diese Kunst Beute zu machen für das Genie als erniedrigend betrachtet würde?« [23])
In einem Schema von 1829, das sich mit der europäischen, also Weltliteratur beschäftigt, heißt es, die Franzosen hätten »wirklich, was man sociale Bildung nennt, von oben herein verbreitet«. [24]) Hingegen arbeiten die Deutschen nur für sich und ohne Bezug zu den Nachbarn, nicht einmal zu ihren eigenen deutschen Nachbarn. Dies sind Kernworte von Goethes Frankreich-Bild. Die französische Nation bedeutete ihm, in einer Kontinuität von Jahrhunderten, im gesellschaftlich-geistigen Zusammenwirken aller ihrer Energien und Impulse, die dominierende europäische Bildungsmacht. Bildung: dies meinte eine Kultur der menschlichen Existenz in allen ihren Erscheinungs- und Äußerungsformen; ferner den lebendig wirksamen Besitz an maßstäblichen Traditionen; weiterhin eine Aktivität des Geistes, der sich stets im Prozeß und Progreß, im wandelnden Umformen des bereits Geformten befindet. Bildung meinte schließlich das Zusammenwirken des Einzelnen mit dem Ganzen, deren wechselseitiges Geben und Nehmen. Daß solche Begriffe von Bildung für Frankreich gelten konnten, war eine historisch-objektive Erkenntnis; sie war zugleich subjektiv, selbstbezogen. »Wie hätte auch ich, dem nur Kultur und Barbarei Dinge von Bedeutung sind, eine Nation hassen können, die zu den kultiviertesten der Erde gehört und der ich einen so großen Teil meiner eigenen Bildung verdankte.« [25])
Aber in dem eben angezogenen Satz gab Goethe dem Wort Bildung noch eine größere,

---

[21]) Frédéric Soret, *Zehn Jahre bei Goethe. Erinnerungen an Weimars klassische Zeit 1822—1832*, Hrsg. H. H. Houben (Leipzig, 1929), S. 630 ff.
[22]) *WA*, II, 11, S. 68.
[23]) Soret, S. 633.
[24]) *WA*, I, 42², S. 500.
[25]) Eckermann, S. 583.

»sociale« Dimension. Diese Vokabel erscheint bei ihm selten. Sie taucht erst spät in seinem Sprachgebrauch auf und findet sich häufiger in Tagesnotizen [26]) und Briefen [27]) als in den dichterischen Texten; vermutlich wohl auch, weil sie noch als ein akzentuiertes Fremdwort empfunden wurde. Ihr erstes Vorkommen verknüpft sich nicht zufällig in den Tag- und Jahresheften von 1795 [28]) mit einer Bemerkung über die französischen Emigranten, die, von Hof und Gesellschaft wohl aufgenommen, sich nicht alle mit diesen »socialen Vorteilen« begnügten. Das erste Vorkommen im Briefgebrauch, in einem Brief an Knebel vom 17. 10. 1812 [29]), bezieht sich wiederum auf französische Verhältnisse. »Ich habe mir den Spaß gemacht, alle Worte auszuziehen, wodurch Menschen sowohl als literarische und sociale Gegenstände verkleinert, gescholten oder gar vernichtet werden. ... Voltaire ist im Verschwinden, Rousseau im Verborgenen ... zwei einzige Figuren halten sich aufrecht in dem socialen, politischen, religiösen Konflikt.« Wo immer diese Vokabel von nun an auftaucht, ihre Bedeutungssphäre bleibt in dem engeren, zugleich weiten Bezirk des Geselligen und Gesellschaftlichen. Sie wird in dem Schema »Epochen geselliger Bildung« [30]) mit dem »Civischen« gleichgesetzt. Sie ist anwendbar ebenso auf das Gesellschaftliche als Geselligkeitskultur wie auf das Gesellschaftliche als allgemeiner Zustand der Lebensverfassung; sie hat jedoch noch nicht bei Goethe die wiederum zugleich engere und weitere Beziehung zu einem spezifisch Gesellschafts-politischen, die sie erst im fortschreitenden 19. Jahrhundert erhielt.

Was die französische Nation auszeichnet — vor wie nach der Revolution, im 17. wie im 19. Jahrhundert —, ist ein gesellig-gesellschaftliches Element, das ihr gleichsam von Natur mitgegeben zu sein scheint. »Der Franzose ist ein geselliger Mensch, er lebt und wirkt, er steht und fällt in Gesellschaft.« [31]) Goethe kommt immer wieder auf dieses »gesellige Bestreben« zurück, das »die Franzosen auf die schönste Weise« fördert, »welches von den Deutschen nicht zu erwarten ist«. [32]) Gesellschaft, dies heißt zunächst einmal im begrenzteren Sinne eine »Societät«, ein elitärer Zirkel mit seinen »Convenancen« und formsetzenden Schicklichkeiten. Er bestimmt den Innenbezirk geselligen Lebens. Aber Gesellschaft führt darüber hinaus; sie meint ein Zusammenwirken solcher Zirkel zu einem größeren, umfassenden Gemeinsamen, das sich bis zu der Einheit von Geist, Stil, Sittlichkeit und Leben der Nation erweitert. Das Gesellige lenkt nach außen, zum Gemeinsam-Öffentlichen und es wird der Impuls zu auf alle wirkenden und von allen bewirkten Energien. Der geistige Mensch in Frankreich lebt im beständigen Dialog — mit den Gleichstrebenden, mit seiner gebildeten Mitwelt, mit einem Publikum, das, immer neu herausgefordert und erzogen, zu verstehen, mitzusprechen und zu urteilen fähig ist. Das Gesellige schafft eine gesellschaftliche Kooperation, die einen zugleich geschichtlichen und aktuellen Zusammenhang herstellt, Traditionen weitergibt und sie in unaufhörlicher Diskussion, wiederholend und wandelnd, lebendig erhält. Es läßt sich beobachten, wie sich für Goethe die Reichweite des Begriffs des Gesellschaftlichen angesichts der Umwandlungen der geschichtlichen Realität in Frankreich verändert. Der junge und der klassische Goethe bezieht den Begriff vorwiegend auf jene geistig elitäre Gesellschaft, die das Französische im 17. und 18. Jahrhundert im Zusammen-

---

[26]) Für tatkräftige Hilfe beim Nachweis der Wortbelege bin ich Herrn Dr. Wolfgang Herwig, Leiter der Goethe-Wörterbuch-Redaktion in Tübingen, zu großem Dank verpflichtet. Belegstellen: WA, III, 11, S. 160 f.; III, 12, S. 191; III, 13, S. 19; S. 83; S. 151.

[27]) WA, IV, 32, S. 159; S. 163; IV, 41, S. 154; IV, 46, S. 28; IV, 48, S. 41; S. 227; IV, 49, S. 119.

[28]) WA, III, 35, S. 57.

[29]) WA, IV, 23, S. 114.

[30]) WA, I, 41², S. 361.

[31]) WA, I, 45, S. 210.

[32]) WA, IV, 43, S. 51; Eckermann, S. 498 ff.

wirken von Aristokratie und Bürgertum zu einer »Hof- und Weltsprache« gebildet hat. Wenn der spätere Goethe angesichts der veränderten Realität des nachrevolutionären Frankreich den Begriff des »Socialen« benutzt, so schwingt, auch wenn er ihn vorwiegend im Sinne des Gesellig-Gesellschaftlichen verwendet, doch auch anderes mit: nämlich der Bezug auf einen verbreiterten öffentlichen Lebenszusammenhang. Er bedeutet zugleich einen alle Klassen zusammenbildenden geistigen Zusammenhang. Pierre Jean de Bérangers Lieder, um nur ein Beispiel anzuführen, verwirklichen auf eine geradezu ideale Weise, was unter solcher Voraussetzung die Poesie überhaupt zu leisten vermag. »Sie sind durchaus mundgerecht auch für die arbeitende Klasse, während sie sich über das Niveau des Gewöhnlichen so sehr erheben, daß das Volk im Umgange mit diesen anmutigen Geistern gewöhnt und genötiget wird, selbst edler und besser zu denken ... was läßt sich überhaupt besseres von einem Poeten rühmen?« [33])
Goethe spielt nicht die neue Gesellschaft gegen die des *Ancien Régime* aus — er sieht vielmehr beide zusammen als einen Fluß der Entwicklung, die seit der Revolution zunehmend in die Breite dringt und eine gesteigerte Beweglichkeit und Energie auslöst — eine Entwicklung jedoch, die auf der sich gleich bleibenden Konstante der Gesellschaftsbegabung der Franzosen von Natur her beruht. Die historische Gegensätzlichkeit zwischen dem Frankreich vor und nach der Revolution hebt nicht auf, daß in beiden ein gleiches Grundelement wirksam ist, das Zuspitzungen der Gegensätze ausgleicht. Es macht für Goethe die theoretisierenden Radikalisten der Zeitschrift *Le Globe* wie auch noch die junge französische Literatur so exemplarisch lobwürdig, daß sie sich »nicht einen Augenblick von Leben und Leidenschaft der ganzen Nationalität« [34]) abtrennen, also auch dort, wo sie sich in der Opposition befinden, auf das praktisch-reale Handeln in dem gesellschaftlich Gemeinsamen bezogen bleiben. Die französische Wendung nach außen, von der Goethe wiederholt spricht, hält in den Grenzen der Wirklichkeit. Während unter den Deutschen der Wertakzent zumeist auf die kritische Opposition des Einzelnen gegen die Gesellschaft gelegt wird, erkannte Goethe auch der Gesellschaft ein kritisches Recht gegen ihre Opponenten zu. »Wie sollte«, so heißt es in den schon eben herangezogenen Anmerkungen zur Übersetzung von Diderots *Rameaus Neffe,* »es sich eine französische bedeutende Sozietät in Paris ... gefallen lassen, daß mehrere ihrer Glieder, ja sie selbst schimpflich ausgestellt und an dem Orte ihres Lebens und Wirkens lächerlich, verdächtig, verächtlich gemacht würde?« [35]) Der Franzose ist in die Gesellschaft eingebettet, er ist — im Positiven wie im Negativen — auf sie angewiesen und er empfängt aus ihr die Steigerung seiner Kräfte.
Offensichtlich ist der Zusammenhang von Goethes Wertung des Gesellschaftlichen mit seinem Verständnis der Natur. Es liegt in beider Wesen, daß sie sich als ein wechselseitig durchdringender Austausch der Kräfte, als ein in sich bewegt-vielfältiges Ganzes darstellen, in dem nichts vereinzelt für sich existiert. Das Gesellschaftliche ist ein Lebensprinzip, an dem der Mensch als Naturwesen wie als geschichtlich-geistiges Wesen teil hat. Goethe transponierte das historisch-soziologische Phänomen zum Naturphänomen. Er legte ihm jene harmonisch-polaren Bildungsgesetze ein, die ihm in der Natur evident geworden waren. Er negierte nicht die Macht der Geschichte; daß in Paris »an jeder Straßenecke ein Stück Geschichte sich entwickelte« [36]), trug für ihn zur Ausbildung der großen Literatur zwischen Molière und Diderot bei. Doch stärker sind die Akzente auf die Analogie zu Naturprozessen gesetzt. So vergleicht er, im Gespräch mit Eckermann, die Vereinigung der poetischen Kräfte der Franzosen in Voltaire mit der Entwicklung

---

[33]) Eckermann, S. 580.
[34]) *Goethe und Reinhard, Briefwechsel in den Jahren 1807—1832* (Wiesbaden, 1957), S. 350.
[35]) *WA*, I, 45, S. 210.
[36]) Eckermann, S. 499.

der Pflanze von Knoten zu Knoten bis zum Abschluß mit Blüte und Samen, mit der
Entwicklung des Tieres von Knoten zu Knoten bis endlich zum Kopf, mit der Erzeu-
gung der Bienenkönigin aus der Gesamtheit der Bienen. [37]) An anderer Stelle setzt er
den Naturprozeß, der langsam entwickelnd aus den Eigenschaften aller Vorgänger ein
höchstes Individuum hervorbringt, mit der Zusammenfassung aller Verdienste einer
Nation in ihren größten Individuen, ihren »Halbgöttern«, ins Gleiche. »So entstand in
Ludwig XIV ein französischer König im höchsten Sinne, und ebenso in Voltaire der
höchste unter den Franzosen denkbare, der Nation gemäßeste Schriftsteller.« [38]) Im
Januar 1807 überträgt Goethe diesen Gedanken der Gipfelung einer »hoch, ja über-
cultivierten Nation« in einer höchsten Erscheinung, »die in der Geschichte möglich
war« [39]), auf Napoleon, in dem das Endziel der französischen Geschichte und Kultur,
ja überhaupt der politischen Weltgeschichte Europas erreicht sei.

Es bedarf gewiß keiner ausgeführten Erinnerung an jene Sätze in der Abhandlung
»Literarischer Sansculottismus« von 1795, in denen Goethe seine Vorstellung eines
»klassischen Nationalautors« beschreibt, die sich unverkennbar an Werk und Wirkung
Voltaires orientierte. [40]) Wo sich diese Kooperation von Einzelnem und Gesellschaft
einstellt, gibt es keinen Gegensatz zwischen ihr und dem Genie. »Denn indem es seinen
weiteren Lichtkreis in den Brennpunkt seiner Nation zusammendrängen möchte, so
weiß es alle inneren und äußeren Vorteile zu benutzen und zugleich die genießende
Menge zu befriedigen, ja zu überfüllen.« [41]) Indem Goethe Prinzipien der Morphologie
und Metamorphose auf das Verhältnis zwischen Gesellschaft und großer Individualität
in Frankreich übertrug, erweiterte er das spezifisch Nationell-Gesellschaftliche zu einem
Typisch-Allgemeinen. Es ist als solches wiederholbar, wie sich denn in der Natur die
Grundgesetze in der Vielfalt des Spezifischen wiederholen. Was Frankreich darbot,
erhielt Modellhaftes, es wurde zum maßstäblichen Urmuster. Dies bestätigt ein anderer
Aspekt, der, an die Lichtmetaphorik der Aufklärung anknüpfend, der französischen
Kultur analog einen exemplarischen Rang, ja, Urbildliches zuspricht. »Der Mensch« —
so zu Eckermann 1828 — »bedarf der Klarheit und der Aufheiterung, und es tut ihm
not, daß er sich zu solchen Kunst- und Literaturepochen wende, in denen vorzügliche
Menschen zu vollendeter Bildung gelangten, so daß es ihnen selber wohl war und sie
die Seligkeit ihrer Kultur wieder auf andere auszugießen imstande sind«. [42]) Solche
Epochen sind ein höchster erfüllter Augenblick in der Geschichte der Menschheit.

Es bedarf keines umständlichen Nachweises, daß dies Bild Frankreichs zugleich spiegelt,
was Goethe unter den Deutschen vermißte; auch spiegelt, was er aus eigener Anlage
ersehnte und in seinem Volk heranbilden wollte. Goethes Biographie ist auch die
Geschichte dieser immer wieder enttäuschten Sehnsucht. Die Deutschen haben keinen
»Mittelpunct gesellschaftlicher Lebensbildung«, keine Zentren geistigen Austausches [43]),
keine »allgemeine Nationalkultur«, die zu einer Beheimatung und zu einer Korrektur
der »Eigenheiten« des nur »originellen Genius« [44]) verhelfen könnten. In Frankreich
gelangen das Weltmännische und das Geistige zur praktisch wirkenden Gemeinsamkeit;
die feurig-elastische Beweglichkeit des Dialogs verbindet sich mit Maß und gesicherter

---

[37]) Eckermann, S. 250. Vgl. dazu E. R. Curtius, »Goethe als Kritiker«, in: *Kritische Essays
zur europäischen Literatur* (Bern, 1950), S. 38 f.

[38]) *WA*, I, 45, S. 215.

[39]) *WA*, IV, 19, S. 258.

[40]) *WA*, I, 40, S. 196 ff.

[41]) *WA*, I, 45, S. 175.

[42]) Eckermann, S. 223.

[43]) Eckermann, S. 581: »Wir haben keine Stadt, ja wir haben nicht einmal ein Land, von dem
wir entschieden sagen könnten: hier ist Deutschland.«

[44]) *WA*, I, 40, S. 199.

Form, wie sie eine lebendig-gültige Tradition weitergibt. Die gesellig ineinanderwirkende Nation erzeugt ein Niveau des Geschmacks, während in Deutschland, ermangelnd jener allgemeinen Nationalkultur, jeder einzelne »immer wieder irre gemacht durch ein großes Publikum ohne Geschmack« sich notdürftig auf eigene Weise auszubilden genötigt ist. [45]) Ein »klassischer Nationalautor« erscheint in diesem Lande als eine vergebliche Hoffnung; er würde eine Umwälzung aller Verhältnisse voraussetzen. Denn hier muß und will jeder ein Einzelner und Vereinzelter sein, solipsistisch, introvertiert, ins Sonderlinghafte oder ins weltfremd Doktrinäre verkapselt, ins Spezielle eigensinnig eingeschränkt, ins Innerliche und Spekulative vertieft, das alle Mitteilung und erst recht ein Einwirken auf das praktische soziale Leben hemmt. Dies Urteil richtete sich nicht nur gegen die idealistische Philosophie und die Romantiker — es bezeichnete die Situation, an die Goethe seit seiner Jugend gewohnt war. »In sich selbst hineinzugehen, seinen eignen Geist über seinen Operationen zu ertappen, sich ganz in sich zu verschließen, um die Gegenstände desto besser kennen zu lernen! Ist das wohl der rechte Weg?« [46])

So muß denn auch die deutsche Sprache jener Qualität entbehren, die Goethe bei Frankreichs größten Stilisten ausgebildet findet. [47]) »Indessen die Deutschen« — so ein Brief 1822 an Graf Reinhard — »in einer beinahe unverständlichen Sprache sich Gedanken und Urteile mitteilen, so bedient sich der Franzose herkömmlicher Ausdrücke, weiß sie aber so zu stellen, daß sie wie ein aus Planspiegeln zusammengesetzter Hohlspiegel kräftig auf einen Focus zusammenwirken«. [48]) Wir wollen nicht die Zitate häufen, die von Goethes Klage und Zorn über die Isolierung des deutschen geistigen Menschen in sich selbst, gegenüber der Öffentlichkeit und einem verständnislosen Publikum zeugen. Bittere Worte findet er für diese Erbübel, die eine deutsche Gesellschaft im Staatlich-Nationalen wie im Geistig-Künstlerischen und im Geselligen verhindern. Wenn Graf Reinhard das deutsche Publikum ein »haltungs- und gestaltloses Ungeheuer« nannte [49]), war er der Zustimmung Goethes gewiß. Zwar bildeten sich seit dem Ende des 18. Jahrhunderts kleine Kreise, »kleine Weltsysteme« [50]) in einer Art von »aristokratischer Anarchie«, es gelang auch einem Einzelnen wie Christoph Martin Wieland eine breitere Wirkung — »höchst merkwürdig und in Deutschland einzig in seiner Art ... die Franzosen haben eher ähnliche Männer aufzuweisen« [51]), doch blieben solche Ansätze ohne beharrliche Folgen. Es überwiegen Resignation, Klage und Anklage in Goethes Urteil über die deutschen Gesellschaftszustände während fast aller Phasen seines Lebens. In dem Brief an Reinhard, in dem sich die auszeichnenden Worte über Wieland finden, fallen zornig-traurige Worte über die Präponderanz des »Mittelmäßigen« und »Schlechten« im deutschen Publikum. »Das edelste Ganggestein, das, wenn es vom Gebirge sich ablöst, gleich in Bächen und Flüssen fortgeschwemmt wird, muß wie das schlechteste abgerundet und zuletzt unter Sand und Schutt vergraben werden. Ich halte mir in denen Dingen, die mich interessieren, lichte Punkte und lichte Menschen fest, das Übrige mag quirlen wie es will und kann.«

Man ermißt die Grade solcher Enttäuschung und Vereinsamung, wenn man sich vergegenwärtigt, wie groß Goethes Bedürfnis nach Austausch, Tätigkeit und Wirkung, nach geistiger Zeitgenossenschaft und Gemeinsamkeit der geistigen Bildung war. »Das

---

[45]) *WA*, I, 45, S. 200.
[46]) *WA*, I, 47, S. 126.
[47]) *WA*, I, 45, S. 215. Vgl. dazu F. Neubert, S. 73.
[48]) *Briefwechsel mit Reinhard*, S. 282.
[49]) Ebd., S. 170.
[50]) *WA*, I, 35, S. 39.
[51]) *Briefwechsel mit Reinhard*, S. 198.

Wichtigste bleibt jedoch das Gleichzeitige, weil es sich in uns am reinsten spiegelt, wir uns in ihm.« [52]) Wenn er also immer wieder und wieder hervorhob, wie sich in Frankreich das Denken und das Handeln, der Geist und die Wirklichkeit, die Tradition und das bewegt Gegenwärtige »in ihrer Mannigfaltigkeit als ein zusammengehörendes, bestehendes, in wechselseitigem Bezeigen sich begegnendes Ganze« darstellen [53]), so sollte dies als Mahnung und Vorbild für die Deutschen gelten, diese immer gelähmten, doch »gutmütigen Privatleute«. [54])

So fiele denn alles Licht auf das französische Urmuster einer lebensprühenden und formbewußten Gesellschaftlichkeit, in der sich Geist und Praxis vereinigen. Aber Goethe sah auch das Andere, die Schatten, die Problematik, die solcher Gesellschaftlichkeit eigen ist. Sie kann zur »Convenance« erstarren [55]) — ein Urteil, das sich nicht nur in der Straßburger Zeit gegenüber der kalten Vornehmheit der höfischen Kulturgesinnung in der Periode Ludwigs XV. und gegenüber von deren Asthenie der Kunst eingestellt hat. [56]) Das Übergewicht des Gesellschaftlichen konnte an Traditionen und Schicklichkeiten versklaven, es konnte das »Fratzenhafte eines gewissen Herkömmlichen« [57]), das Eintönige [58]) des *on dit*, den »guten Ton« einer denaturierten Sozietät zum Gesetz machen. Die Selbstsicherheit konnte sich zur Verständnislosigkeit gegenüber dem Fremden und Unüblichen bis zu Überheblichkeit und Intoleranz verhärten. Im »Weltmännischen« [59]) lag die Gefahr einer anderen Beschränktheit und einer geistreich-flüchtigen Unzuverlässigkeit. Es drängte die individuellen Verantwortungen und die Spontaneität des Subjektiven zurück. Wir wollen die Belege nicht reihen, die in vielen Variationen Goethes Kritik an Frankreich und den Franzosen bezeugen. Das Selbstbewußtsein dieser Gesellschaft und Nation konnte, unter dem Aspekt auf das *Ancien Régime*, zu einer formalistisch-pedantischen Konvention erstarren; es konnte, unter dem Aspekt auf das napoleonische Imperium, Züge des Despotischen annehmen. »Das Eigennützige, das Habsüchtige, das alles sich Aneignende, Fremdes Ausschließende, dieses bestimmt (die Franzosen) mehr als was nicht ist. Wenn nun eine ganze Nation so ist, muß sie ja die Welt gewinnen.« [60]) Dies wurde 1806 zu Riemer gesagt. Später, im Jahre 1829, als diese französische Tendenz zum Anmaßend-Ausschließlichen von der jungen Generation gesprengt erschien, und sich ein Dialog über die Grenzen hinweg anbahnte, sprach Goethe den westlichen Nachbarn ein selbstbewußtes Vorgefühl eines geistigen Imperiums in der Weltliteratur zu. [61]).

Die Kritik an Frankreich spiegelte nun umgekehrt, worin die deutschen Vorzüge zu liegen schienen. Wir beschränken uns auf einige markante Stichworte. Goethe wehrt sich gegen das allzu stark Intellektualisierte des Denkens und der Sprache, das jeden Franzosen einen Mathematiker sein läßt. [62]) Er wehrt sich gegen das Überwiegen des zweckhaft Kalkulierten in der Mentalität und im Handeln. [63]) »Ein Franzose handelt nie aus reinem Antrieb, um der Sache willen.« [64]) In den Jahren des klassischen Kunst-

[52]) Zitat nach F. Strich, S. 21.
[53]) *WA*, II, 7, S. 182 ff.
[54]) *Briefwechsel mit Reinhard*, S. 391.
[55]) *WA*, I, 45, S. 175.
[56]) *Goethe-Handbuch*, Hrsg. P. Zastrau, Bd. 1 (Stuttgart, 1961), S. 243 f.
[57]) *WA*, I, 45, S. 184 f.
[58]) *WA*, I, 45, S. 168.
[59]) *WA*, I, 7, S. 215.
[60]) Riemer, *Mitteilungen über Goethe*, Hrsg. A. Pollmer (Leipzig, 1921), S. 265.
[61]) *Briefwechsel mit Reinhard*, S. 392.
[62]) *WA*, II, 11, S. 102.
[63]) Eckermann, S. 203, ferner *WA*, II, 13, S. 86 f.
[64]) Riemer, S. 307.

verständnisses fällt oft der Begriff der »Manier« für die französische Kunst; nicht als strikte Ablehnung, doch als eine Eingrenzung gegenüber den eigentlichen Ansprüchen und Leistungen der Kunst. Goethe verfuhr jedoch toleranter als Schiller, der, ähnlich wie Wilhelm von Humboldt, einseitiger geneigt war, das Deutsche als höheren Maßstab gegen das Französische auszuspielen. »Es gibt auch Abstrakta durch Manier wie bei den Franzosen.« [65]) Oder: »Man kann jeden Manieristen loben ... nur muß ich ihn nicht mit Natur und Stil vergleichen.« Er darf nicht an den höchsten und eigentlichen Forderungen der Kunst gemessen werden. [67]) Goethe empört sich ungewöhnlich gereizt gegen das »niederträchtige« Wort Composition, das an die Stelle der geistigen Schöpfung »die einzelnen Teile einer stückweise gemachten Maschine« setzt. [68]) Er wehrt sich gegen die Reduktion der französischen Denkweise und Sprache auf das nur Begriffliche. »Sie gehen immer ganz entscheidend von einem Verstandsbegriff aus und wenn man die Frage in eine höhere Region spielt, so zeigen sie daß sie für dieses Verhältnis auch allenfalls ein Wort haben, ohne sich zu bekümmern, ob es ihrer ersten Assertion widerspreche oder nicht.« [69])

Wir erinnern an das am Beginn unserer Ausführungen zitierte Schema zur europäischen Literatur, in dem der Negativität der deutschen Isolierung in und zu sich selbst die Positivität der französischen sozialen Bildung entgegengehalten wurde. Jedoch kann sich, vielleicht nicht zufällig besonders zwischen 1798 und 1805, der Wertakzent verlagern. »Die Franzosen«, so an Schiller, »begreifen gar nicht, daß etwas im Menschen sey, wenn es nicht von außen in ihn hineingekommen ist.« [70]) In den Anmerkungen zu *Rameaus Neffe* werden den Franzosen, »welche alles nach außen tun«, die Deutschen gegenübergestellt, »welche die Wirkung nach innen recht gut zu schätzen wissen«. [71]) Sehr viel assoziiert sich dieser berühmten und heute gern vermiedenen, wenn nicht abträglich eingeschätzten Vokabel. Dies »Innen« meint das Lyrisch-Poetische im deutschen Fühlen und Denken, es meint die Originalität und Intensität des schöpferisch Individuellen, eine Kraft der subjektiven Imagination, es meint ein anderes Verhältnis zur Natur und eine Offenheit zum Kosmischen und Metaphysischen — kurz, alle jene Erlebnis- und Bewußtseinsformen, die jetzt, um und nach 1800 der deutschen Dichtung den europäischen Rang und die europäische Wirkung mitteilten. Sie schufen den Raum des subjektiv-poetischen Ausdrucks und der produktiven Freiheit, aus dem Goethes Dichtung sich entfaltete und sie banden diese Freiheit an neu verstandene Ordnungen der Natur und der Kunst zurück. Gerade Goethe hatte die Größe und die Tragik der die Gesellschaft sprengenden, sich gegen ihre Fesseln auflehnenden Subjektivität gestaltet: vom *Götz von Berlichingen* bis zum *Faust.* Hob er nicht seine eigene schöpferische Welt auf, wenn er die französische Gesellschaftlichkeit der Kunst gegen die verpersönlichte Innerlichkeit des Deutschen ausspielte — gegen jenes also, was Humboldt in seinem schon zitierten Brief als die »höchsten und besten« Kräfte der Persönlichkeitsbildung, »die Phantasie, die Empfindung, der tiefere Wahrheits- und Schönheitssinn« bezeichnete?

Wir deuten damit das Spannungsfeld an, in dem sich Goethes Verhältnis zu Frankreich bewegte; es ist ein in seiner geistigen, produktiven Existenz selbst angelegtes Spannungsfeld. Der Straßburger Goethe wandte sich von der französischen Philosophie, Literatur

---

[65]) *WA*, IV, 12, S. 83.
[66]) *WA*, IV, 13, S. 133.
[67]) Vgl. den Aufsatz »Einfache Nachahmung der Natur, Manier, Stil«, *WA*, I, 47, S. 77 ff.
[68]) Eckermann, S. 604.
[69]) *WA*, IV, 13, S. 82.
[70]) Ebd.
[71]) *WA*, I, 45, S. 163.

und Sprache ab, um im eigenen dichterischen Sprechen aus der »Wahrheit und Auf-
richtigkeit des Gefühls« [72]) zu Unabhängigkeit und Selbstbewußtsein zu gelangen.
»So waren wir denn an der Gränze von Frankreich alles französischen Wesens auf
einmal bar und ledig.« [73]) Man darf den ironisch-selbstkritischen Ton dieser Erinnerung
nicht überhören. Es war nicht so. Nicht zuletzt haben französische Einwirkungen diese
Abwendung vom Rokoko, vom Klassizismus, dessen Tragödie »nichts« war »als eine
Fähigkeit, nach Sitten und Theaterconventionen und nach und nach aufgeflickten
Statuten Natur und Wahrheit zu verschneiden und einzugleichen«, [74]) von dem *Système
de la nature* des Baron Holbach befördert. Wir denken an des jungen Goethe Rückgriff
zu den Autoren des 16. Jahrhunderts wie Rabelais, Amyot, Marot, Montaigne, an seine
Offenheit für Rousseau und Diderot, für Mercier und im engeren Sinne Beaumarchais,
in denen sich die Selbstkritik der bejahrten, vornehm erstarrten Gesellschaft vollzog. [75])
Sie war es, gegen die er sich distanzierte. Dazu verhalf gewiß nicht zuletzt Voltaire.
Goethe praktizierte dessen kritischen Antidogmatismus, wenn er sich jetzt »auf eigene
Füße und in ein wahres Verhältnis zur Natur« setzte. [76]) Der alte Goethe hat bedauert,
in seiner Autobiographie nicht genug von Voltaires Einwirkung auf seine Jugend gesprochen zu haben. [77]) *Mahomet, Caesar, Sokrates* — das waren voltairische Stoffe, wie
denn auch seine Dissertation unter dessen Einfluß geschrieben worden ist. Ein professora-
ler Zeuge berichtet einem Kollegen, dieser junge Mann sei »vor allem durch gewisse
Spitzfindigkeiten des Monsieur de Voltaire« aufgeblasen und zu Irrwegen verlockt
worden. [78])
Als Goethe sich 1775 dem herzoglichen Hof in Weimar anschloß, schien er für seine
Person den gesellschaftlichen Prozeß der bürgerlich-antihöfischen Emanzipation, den die
Aufklärung bewirkt hatte, rückgängig zu machen. Er flüchtete aus der bürgerlichen
Isolierung ins Spekulativ-Innerliche und fügte sich einer höfisch-dynastischen Sozietät
ein, die, wie gelockert auch immer, in der Tradition des *Ancien Régime* lebte. Aber dieser Entschluß hatte auch einen andern Aspekt. Gerade der Goethe, der sich für Weimar
entschied, war der Aufklärung sehr nahe. Er verlangte nach geweiteter Welterfahrung,
nach einer »höheren Weltbildung wie sie der Dichter bedarf« [79]), als die bürgerliche
Gesellschaftslage zu bieten vermochte. Er verlangte nach einem Platz, der jene Vereinigung von Sozietät und Schriftsteller, von Literatur und Staat, also von Geist und
Handeln ermöglichte, die ihm offenbar schon früh vorschwebte. »Standespersonen
und Literatoren bildeten sich wechselweise.« [80]) Es bedarf keiner Schilderung, wie er
sich in Weimar einen Tätigkeitsraum bereitete, dessen Grundmuster sozialen Wirkens
die französische Aufklärung vorgezeichnet hatte. Pierre Paul Sagave hat gezeigt, wie
Goethes Bemühungen um die in Länge und Breite verwegenen Reformen am wirtschaft-
lich-politischen Gefüge des Herzogtums sich theoretisch und praktisch an den französischen Physiokraten orientierten. [81]) Er erwartete einen Erfolg aus dem Zusammenwirken von fortschrittlichen Bürgern und Adligen. Eine erneute Annäherung an die

---

[72]) *WA*, I, 28, S. 57.
[73]) *WA*, I, 28, S. 71.
[74]) *WA*, I, 38, S. 28.
[75]) H. Dieckmann, »Goethe und Diderot«, *DVjs*, X (1932), S. 478 ff. R. Mortier, *Diderot in
    Deutschland 1750—1850* (Stuttgart, 1967).
[76]) Vgl. dazu H. A. Korff, *Voltaire im literarischen Deutschland des 18. Jahrhunderts. Ein
    Beitrag zur Geschichte des deutschen Geistes von Gottsched bis Goethe* (Heidelberg, 1917).
[77]) Eckermann, S. 305.
[78]) R. Friedenthal, *Goethe. Sein Leben und seine Zeit*, (München, 1963), S. 117.
[79]) Eckermann, S. 223.
[80]) *WA*, I, 28, S. 59.
[81]) Pierre Paul Sagave, »Goethe et les économistes français«, *Actes du colloque*, S. 89 ff.

Vorbilder französischer Geselligkeit vollzog sich weiterhin in der Einfügung in den französischen Geschmack und Stil, der dem höfischen Kreis erbeigentümlich war. Goethe unterwarf sich sogar dem epistolarischen Zwang zur Sprachübung, den ihm Charlotte von Stein im August 1784 auferlegte. »O ma chere il m'est presque impossible de poursuivre ce jeu, ma plume n'obeit qu' a regret, et ce n'est qu'avec peine que je traduis que je travestis les sentiments originaux de mon coeur.« [82]) Er lernte jetzt die höfische Gesellschaft von innen her kennen, er las ihre Dichter, Corneille, Racine mit gesellschaftlich, ethisch und ästhetisch erweitertem Verstehen. Wir haben zwar Grund, das Ernstliche jener enthusiastischen Sätze Wilhelms im 7. Kapitel des 5. Buches der *Theatralischen Sendung* zu bezweifeln, welche die Tragödien von Corneille und Racine, deren »große Menschen« und »vornehme Personen« aus ihrer Zugehörigkeit zur Welt »der irdischen Götter« deuten. [83]) Große Kunst wird zur Folge der Existenz in königlicher Gesellschaft. »Wenn ich ... ›Britannicus‹, ... ›Berenice‹ studiere, so kommt es mir wirklich vor, ich sei am Hofe sei in das Große und Kleine dieser Wohnungen der irdischen Götter eingeweiht, und ich sehe durch die Augen eines feinfühlenden Franzosen Könige, die eine ganze Nation anbetet, Hofleute, die über viele Tausende beneidet werden, in ihrer natürlichen Gestalt mit ihren Fehlern und Schmerzen.« So Wilhelm. Unverkennbar ironisch ist die Gesprächssituation geschildert. Das Gehaben des Prinzen zeigt deutlich, wie wenig das Hoheitlich-Erhabene der Kunst mit der faktischen Verfassung des gesellschaftlichen Zustandes und der Personen übereinstimmt; der Bürgersohn Wilhelm selbst zeigt durch sein Andrängen, wie wenig er begabt ist, auch nur die Schicklichkeiten in dieser Sozietät zu ahnen. Kurz danach fällt der Name Shakespeare, der in die »aufgeschlagenen ungeheuren Bücher« [84]) des Schicksals blicken läßt. Er widerlegt den Glauben an eine ideale Einheit von Größe und Kunst in dieser höfischen Gesellschaft als einen Irrtum.

Goethes politisches Wirken in Weimar scheiterte an den Widerständen der gesellschaftlichen Verfassung. »Ich habe auf dies Capitel weder Barmherzigkeit, Anteil, noch Hoffnung und Schonung mehr.« [85]) So ein Brief aus dem Jahr 1785. Ein Jahr früher zitiert er gegenüber Charlotte von Stein resigniert Voltaire: »Indessen begiest man einen Garten da man dem Lande keinen Regen verschaffen kann.« [86]) Aber noch eine tiefere Grenze zwischen geistiger Existenz und der Gesellschaft wurde ihm zunehmend bewußt. Goethe blieb in seiner immensen Überlegenheit, in seiner schöpferischen Genialität ihr gegenüber der durchaus Andere. Je mehr sich ihm die Notwendigkeit aufdrängte, sich seiner selbst durch sein Werk zu vergewissern, um so deutlicher wurde eine kritische Distanz zum Vorbildlichen Frankreichs. Man darf abgekürzt vielleicht sagen: es ist jene Distanz, die seine *Iphigenie auf Tauris* von der klassizistischen französischen Tragödie unterscheidet. Ernst Merian-Genest hat gezeigt, wie Goethes Drama in seiner Struktur, in der Gestaltung von Dialog und Monolog, in den Sprachformen den gesellschaftlichen Stil der *Iphigénie* von Racine verlassen und aus sich selbst heraus erschaffen hat, was Racine durch Tradition und Konvention vorgegeben war. [87]) Die schöpferische Subjektivität, die Existenz in der Dichtung einerseits, die Existenz in der Gesellschaft andrerseits brechen auseinander. Der *Torquato Tasso* ist das eindringlichste Zeugnis dafür. In die gleiche Richtung weist, was Goethe im Juni 1784 an Charlotte von Stein über Voltaire schrieb:

---

[82]) *WA*, IV, 6, S. 338.
[83]) *WA*, I, 52, S. 145 ff.
[84]) *WA*, I, 52, S. 160.
[85]) *WA*, IV, 7, S. 37.
[86]) *WA*, IV, 6, S. 295.
[87]) E. Merian-Genest, »Goethe und die französische Klassik«, *Actes du colloque*, S. 35 ff.

»Kein menschlicher Blutstropfe, kein Funcke Mitgefühl, und Honettetät.« [88]) Dennoch kann er sich einer Faszination nicht entziehen. Sie wird ausgelöst durch »eine Leichtigkeit, Höhe des Geistes, Sicherheit, die entzücken«. Es folgt erneut eine Einschränkung: »Ich sage Höhe des Geistes nicht Hoheit.« Dann jedoch folgt eine Bündniserklärung, die auf Goethes eigene gesellschaftliche Enttäuschung in Weimar zurückleuchtet. »Uns andern die zum Erbtheil keine politische Macht erhalten haben, die nicht geschaffen sind um Reichtümer zu erwerben, ist nichts willkommener als was die Gewalt des Geistes ausbreitet und befestigt.« [89]) Noch mehr als an Rousseau und Diderot bewunderte Goethe an Voltaire die Souveränität eines kritischen Bewußtseins, wie es sich in ihm selbst jetzt angesichts seiner Weimarer Erfahrungen ausgebildet hatte. Allerdings: der Abstand war groß. Die realen und geistigen Voraussetzungen, die ihn einschränkten, schnitten ihm eine dem Manne vergleichbare Wirksamkeit ab, den, wie es später in der *Geschichte der Farbenlehre* heißt, »sein großes Talent sich auf alle Weise, sich in jeder Form zu communiciren« für eine gewisse Zeit »zum unumschränkten geistigen Herrn seiner Nation« machte. [90]) Goethe flüchtete aus dem Unerträglichen nach Italien, er entschied sich zu seiner künstlerischen Existenz. Er wählte — es gab keine andere Wahl — auf deutsche Weise den Rückzug zu einem Allein-Sein, zu seiner produktiven Innerlichkeit, zu der Natur und zu der Kunst. Es mußte ihn um so mehr ergreifen, wie er in Italien die Natur und die Kunst mit dem Volklich-Gesellschaftlichen vereinigt erlebte.

Die französische Revolution beendete jene Gesellschaft, Kultur und Bildung des 17. und 18. Jahrhunderts, die in der Synthese von Klassizismus, Aufklärung und Rokoko bisher Goethes Bild Frankreichs bestimmt und ihm eine zwar nicht problemlose, doch im Ganzen unantastbare Vorbildlichkeit gegeben hatte. Das Ende dieser Gesellschaft schien auch dies Vorbildliche als eine Täuschung zu widerlegen. Es wird aus Goethes Beunruhigung darüber verständlich, daß er mit einer geradezu leidenschaftlichen Aufmerksamkeit die Zerfallserscheinungen im *Ancien Régime* studierte, die zu dessen Zusammensturz beigetragen hatten. Es sei nur an Goethes Erregung über die Halsband-Affäre, nur an den *Groß-Cophta* und seinen vergeblichen Versuch erinnert, sich in der Form eines Lustspiels von der Negativität dieser Gesellschaft durch deren komische Aufhebung zu distanzieren und zu befreien. [91]) Dies mußte, abgesehen davon, daß diese französische Gesellschaft, die er nicht von innen her kannte, für den Dichter abstrakt und schemenhaft bleiben mußte, aus vielen Gründen mißglücken. Goethe zog sich auf die ihm vertraute und nahe deutsche Perspektive zurück: er stellte in den *Unterhaltungen deutscher Ausgewanderten* und in *Hermann und Dorothea,* zwei in Thema und Funktion gesellschaftlichen Dichtungen, eine feste, kreisbildende Zusammengeschlossenheit in »geselliger Bildung« [92]) dem Zerfall entgegen. Solche Bildung erschien als fähig, die politischen Dissonanzen auszugleichen, indem sie eine humane, die Gesellschaft intakt haltende Position über ihnen bezog. Goethe wählte als Gegenantwort auf die französische revolutionäre Staatsumwälzung, was unter den deutschen Voraussetzungen möglich war: eine Abwehr und eine Selbsterhaltung im zum Privaten begrenzten, gesellig-humanen Kreise. Ihm entsprach die novellistische und kleinepische Erzählform, in die er jetzt seine künstlerische Leistung legte. Aber auch seine überraschende Wendung zur Tragödie im klassizistischen Stil, zu den Übertragungen Voltaires in den Jahren

---

[88]) *WA,* IV, 6, S. 289.

[89]) *WA,* IV, 6, S. 303.

[90]) *WA,* II, 4, S. 135.

[91]) Fritz Martini, »Goethes ›verfehlte‹ Lustspiele«, in: *Natur und Idee, Andreas Bruno Wachsmuth zugeeignet,* Hrsg. H. Holtzhauer (Weimar, 1966), S. 164 ff.

[92]) *WA,* I, 18, S. 114.

vor und nach 1800 gehört, was bisher zu wenig beachtet wurde, in seine Auseinandersetzung mit der Revolution hinein. In den voritalienischen Jahren war Goethes Interesse und Urteil über die französische Tragödie bezogen auf die umgreifende Bemühung um eine aristokratische und geistige Gesellschaftlichkeit in seinem deutschen Lebenskreise — analog der Tradition der französischen Hofkultur und Aufklärung. Goethe stellte, was historisch konkret sehr unterschiedlich war, hinter dem ihm wichtigeren Gemeinsamen zurück. Er scheute sich nicht, wie wir bereits sahen, Ludwig XIV. und Voltaire zusammenzustellen, und beiden eine kommensurable Größe zuzusprechen. Dies provozierte Schillers Widerspruch, der mit dem Recht des genauer urteilenden Historikers in Heinrich IV. »den französischen Königscharakter« repräsentiert sehen wollte. [93]) Jetzt wird hingegen die französische Tragödie zu einem eigenen ästhetischen Problem und auf die Frage einer höheren Bildung der deutschen, d. h. Weimarer Bühnenkunst bezogen. Indem sie ihm nicht mehr als ein »Muster« und ebenso nicht mehr als ein »Widersacher« erschien [94]), wird sie für Goethe, auf der Basis gesicherter eigener Kunsterkenntnis, zum Gegenstand einer vorurteilsfreien Reflexion. Zwar fallen in der Diskussion mit Schiller, von ihm herausgefordert und akzentuiert, Stichworte, in denen frühere Abwertungen wiederzukehren scheinen. Die französische Tragödie gehorcht, wie »die sämtlichen Künste in Frankreich«, der »Manier« [95]); sie verfehlt in rhetorischer Repräsentation oder falschem Naturalismus des Tragischen die »Natur« und den »Stil«; sie leidet unter Abstraktionen zugunsten gesellschaftlicher *bienséance* und Etikette. Gerade dies, in den frühen Weimarer Jahren eher als positiv eingeschätzt, erhält jetzt einen negativen Akzent. Denn dies »Höfliche«, im Sinne der Hofkultur verstanden, war durch die Revolution mehr als problematisiert worden.

Was bewog Goethe, Voltaires *Mahomet* 1799 und *Tancrède* 1800 zu übersetzen? Was bewog ihn, derart die ganze deutsche polemische Emanzipation von der klassizistischen französischen Tragödie seit G. E. Lessing zurückzunehmen? Was trieb ihn zu dem Rückangriff gegen das bürgerliche Drama seit Diderot und Lessing, das doch auch das revolutionäre Drama geworden war? Es gibt bekannte Gründe: den Wunsch des Herzogs, Goethes Absicht, die deutsche Bühne von einem »unüberdachten«, widerkünstlerischen Naturalismus zu befreien [96]), ferner seine Repertoiresorgen, vor allem aber der von ihm hoch gewürdigte Bericht von Wilhelm von Humboldt über den Stil der Pariser Bühne, der in dem tragischen Schauspiel und seiner Darstellung die Repräsentation des französischen Geistes beschrieb. [97]) Solche Stilkunst der deutschen Bühne zu vermitteln, forderte eine Übung am französischen Drama selbst. Das so unzeitgemäß wirkende Experiment [98]) dieser Übersetzungen wird ein Glied in der klassischen Kunstpädagogik und Kunstpolitik. Goethe hob hervor, er übersetze »für die Deutschen«, nicht nur ins Deutsche. [99]) Er betrachtete die Aufführungen als eine »Vorübung in jedem Sinne zu den schwierigeren, reicheren Stücken, welche bald darauf erschienen« — nämlich von *Iphigenie, Nathan der Weise* und *Maria Stuart*. [100]) Ging es ihm darum, eine historische Ent-

---

[93]) *Der Briefwechsel zwischen Goethe und Schiller*, Hrsg. K. Schmid (Artemis-Ausgabe; Zürich, 1950), S. 993.

[94]) *WA*, IV, 17, S. 263.

[95]) Vgl. *WA*, I, 45, S. 184 ff. Zu Goethes Urteilen über die bildende Kunst in Frankreich W. Freiherr von Löhneysen, »Goethe und die französische Kunst«, *Actes du colloque*, S. 237 ff.

[96]) *WA*, IV, 15, S. 62.

[97]) »Über die gegenwärtige französische tragische Bühne«, *Propyläen*, S. 67 des Dritten Bandes, Erstes Stück (Tübingen, 1800). Neudruck, Hrsg. W. Freiherr von Löhneysen (Darmstadt, 1965), S. 779.

[98]) *WA*, I, 35, S. 91.

[99]) *WA*, IV, 14, S. 209.

[100]) *WA*, I, 35, S. 85.

wicklungsreihe auf der Weimarer Bühne vor Augen zu stellen? Es liegen noch andere
Gründe vor. Die Gesellschaft des *Ancien Régime*, die diese Dramen hervorgebracht
hatte, war zerstört. Was sich jedoch trotz der Revolution erhalten hatte, war, wie es
Humboldts Bericht schilderte, ihr Stil. Er wird, in einer nicht angetasteten Weiterführung auf den Pariser Bühnen, nicht nur öffentlich anerkannt, er ist ästhetisches Muster
geblieben, obwohl sich die gesellschaftliche Umwelt radikal verändert hatte. Dieser Stil
überliefert und läßt lebendig bleiben die alten gesellschaftlich-ästhetischen Geschmacks-
entscheidungen. Beides war nicht voneinander zu trennen. Goethe beschrieb 1805 in den
Anmerkungen zu *Rameaus Neffe*, wie in Frankreich die Dichtungsarten wie die verschiedenen Soziertäten behandelt und die ästhetischen »Convenancen« jenen der Sozietät gleichgesetzt würden. [101]) Mit anderen Worten: das höchste künstlerische Resultat des
Ancien Régime hatte sich während und nach der Revolution, diesem »schrecklichsten
aller Ereignisse« [102]), das die »Bande der Welt« löste und für ihn selbst eine Revolution
war [103]), bewahrt. Darin bewies sich die Macht der künstlerischen Kultur entgegen allen
gesellschaftlichen Veränderungen. »Man kann sich freuen, daß eine so geistreiche und
weltkluge Nation dieses Experiment zu machen genöthigt war, es fortzusetzen genöthigt
ist.« [104]) Geistreich, weltklug — dies waren früher Qualitäten der aristokratischen Gesellschaft. Sie werden jetzt auf die ganze »Nation« angewandt. Die klassische Tragödie
des *Ancien Régime* stellt Goethe jetzt als einen notwendigen Ausgleich den »barbarischen Avantagen« gegenüber, für die er Shakespeare und Calderon verantwortlich
machte. [105]) Solche Kritik richtete sich gegen seine eigene wie gegen die neue romantische Jugend. Es gibt aber auch noch einen andern indirekten Hinweis über den Zusammenhang zwischen den Übertragungen und dem Hintergrund der Revolution. Es
widersprach dem klassizistischen Tragödientypus, daß Goethe bei dem *Tancrède* den
»öffentlichen Charakter« der dramatischen Aktion unterstrich. »Als öffentliche Begebenheit und Handlung fordert das Stück notwendig Chöre, für die will ich auch sorgen
und hoffe es dadurch so weit zu treiben, als es seine Natur und die erste Gallische Anlage erlaubt.« [106]) Er betonte, das Volk sei ein wichtiger Faktor in der Entwicklung der
Handlung dieses Dramas. Es müsse sogar in den Vordergrund der Darstellung gebracht
werden.

Wie dem auch sei, die Wiederaufnahme der französischen Tragödie war eine Antwort
des Dichters Goethe auf die Revolution. Dies bekräftigt das Experiment *Die natürliche
Tochter*, »worin ich alles, was ich so manches Jahr über die französische Revolution
und deren Folgen geschrieben und gedacht, mit geziemendem Ernste niederzulegen
hoffte.« [107]) Es ging dabei nicht nur um das Inhaltliche, sondern auch um die Struktur
und Form, die denen der *Iphigenie* entsprechen, wie man denn auch Eugenie Goethes
»politische Iphigenie« genannt hat. [108]) Aber kann man trotz allem was dies Drama
an dichterischer Größe aufweist, leugnen, daß es sich der künstlerischen Gefahrenzone
der »Abstracta durch Manier, wie bei den Franzosen« [109]), schon bedenklich nähert?
Die gesellschaftliche Realität der Revolution und ihrer Folgen einerseits — Goethes

---

[101]) *WA*, I, 45, S. 174.
[102]) *WA*, II, 11, S. 61 f.
[103]) *WA*, IV, 9, S. 184.
[104]) *WA*, I, 45, S. 174 ff.
[105]) *WA*, I, 45, S. 177.
[106]) *WA*, IV, 15, S. 91.
[107]) *WA*, I, 35, S. 83.
[108]) W. Mommsen, *Actes du colloque*, S. 74.
[109]) *WA*, IV, 12, S. 83. Zur Symbolstruktur dieses Dramas jetzt Theodor Stammer, *Goethe und
die französische Revolution. Eine Interpretation der ›Natürlichen Tochter‹*, Münchner Studien zur Politik, Bd. 7 (München, 1967).

Rückgriff zu den klassischen Formen der alten Sozietät andrerseits blieben in einem
nicht zu vermittelnden Widerspruch. Dieser Stil hatte zwar die Revolution überdauert,
aber er konnte sie nicht in sich als Stoff und Gehalt aufnehmen. Er war beendet trotz
seiner Tradition und Pflege auf den von Humboldt beschriebenen Pariser Bühnen. Er
war substantiell entleert, auch wenn man ihn dort mit Kunst und Dignität weiter
zelebrierte. Vielleicht war dieser Widerspruch Goethe selbst bewußt geworden. Eine
spätere Bemerkung könnte dies andeuten, in der es heißt, die vieljährige Richtung seines
Geistes gegen die französische Revolution habe dazu geführt, daß »die Anhänglichkeit
an diesen unübersehbaren Gegenstand so lange her mein poetisches Vermögen fast un-
nützerweise aufgezehrt« [110]) habe. Die Gewalt der Revolution und das Bemühen, gleichwohl ihr gegenüber das Eigene mit den Mitteln seiner Kunst und Bildung zu behaupten,
blieben im Widerspruch. Die Revolution war auch eine Herausforderung und Prüfung
des Künstlers Goethe, eine Frage an die Gültigkeit seines klassischen Kunstverständnisses, und an dessen Voraussetzungen im alten Frankreich. Sein Versuch, mittels einer
durch die französische Tragödie erhöhten Kultur der Weimarer Bühne etwas wie eine
geistig-künstlerische deutsche Gesellschaft zu schaffen, blieb aus diesem Grunde ana-
chronistisch, unverstanden und wirkungslos. Soweit ich mich nicht täusche, verstand von
den Fernerstehenden nur Graf Reinhard, um was es in der Theaterarbeit Goethes ging.
Er schrieb ihm nach einer Aufführung des *Torquato Tasso* durch die Weimarer Truppe
in Leipzig: »Ich sah, daß auch in Deutschland ein geschloßner Kunstzirkel existierte;
Sie sind der Einzige, der in dieser Art etwas geschaffen hat, das sich den Franzosen
gegenüber stellen läßt. ... Warum ist Weimar nicht als die Schule des deutschen Theaters anerkannt?« [111]) Noch besser verstand offenbar Herzog Karl August. Er schrieb
an Knebel, er hoffe, die Voltaire-Übersetzungen würden »eine Epoche in der Verbesserung des deutschen Geschmacks machen«. [112]) Goethe habe mit ihnen einen friedlichen
Eroberungszug auf französischem literarischem Gebiet unternommen, der mehr Wirkungen verspräche als alle siegreichen Kriegstaten in der politischen Welt. Man darf dies
wohl so deuten, als habe Karl August in dem Rückgriff zu der klassizistischen Tragödie
des *Ancien Régime* eine bessere Widerlegung der Revolution gesehen als sie die Koa-
litionskriege gegen Frankreich darboten.
In den Jahren nach Schillers Tod scheint Goethes Interesse an Frankreich, soweit darunter mehr als die ihm selbstverständliche Kenntnisnahme, Lektüre und dialogische
Begegnung mit Besuchern von jenseits des Rheins gemeint ist, in seiner geistigen Existenz
eine verminderte Rolle zu spielen. Die Voltaire-Übersetzungen, die Übersetzung von
Rameaus Neffe mit den aus eingehendem Studium angeschlossenen Anmerkungen waren
Konzentrationspunkte eines sehr intensiven Interesses gewesen. Auch die Übersetzung
des Diderotschen Manuskriptes ist, wie die Voltaire-Übertragungen, in ein künstlerisch-
politisches Beziehungsgewebe eingelagert. Im Augenblick der absolutistischen Macht-
stellung Napoleons ruft Goethe die deutschen Leser zum Rückblick auf das Panorama
der geistigen Leistungen der alten französischen Gesellschaftskultur zurück. Er läßt sie
gipfeln in der Apotheose Ludwigs XIV. und Voltaires und er führt dies Bild der Literatur, Bildung und Gesellschaft bis dicht vor die Ausbruchszeit der Revolution. Er
zeigt seinen deutschen Lesern, was aus solcher Gesellschaftskultur sich entwickeln konnte,
was hingegen ihnen damals so wie heute fehlte. Die damals, 1804, vermeintlich ganz
unaktuelle Übersetzung [113] und die Anmerkungen waren durchaus aktuell gezielt. Sie
richteten sich, wie die zeitlich parallele Winckelmann-Schrift, gegen die junge deutsche

---

[110]) *WA,* II, 11, S. 61 f.
[111]) *Briefwechsel mit Reinhard,* S. 480 f.
[112]) an Knebel, 14. 1. 1800.
[113]) R. Mortier, S. 230 ff.

romantische Generation, die das französische 17. und 18. Jahrhundert als eine erledigte, zum nur noch Historischen verurteilte Vergangenheit mit leichter Hand abtat. Wollte Goethe dies alte Frankreich nicht nur als die so oft wiederholte Mahnung an die Deutschen, sondern auch als einen eigenen Schutz gegen die Gegenwart, also gegen das neue Frankreich, und gegen die neue romantische Generation in der Erinnerung halten? Ein Wort zum Kanzler Müller im Jahr 1808 scheint darauf zu deuten; es beweist zugleich, wie Goethe zum Dialog mit den gegenwärtigen Franzosen bereit war. »Ich studiere jetzt die ältere französische Literatur ganz gründlich wieder, um ein ernstes Wort mit den Franzosen sprechen zu können. Welche unendliche Kultur ... ist schon an ihnen vorübergegangen zu einer Zeit, wo wir Deutsche noch ungeschlachte Burschen waren.« [114]
Seit etwa dem Jahr 1823 nimmt, mit einer kaum faßbaren Intensität bis in sein Todesjahr hinein, alles, was von jenseits des Rheins zu ihm gelangt, einen gewichtigen Rang in seiner geistigen Existenz ein. Die Gründe sind bekannt. Die Aufnahme und das Verständnis seines eigenen Werkes bei der jungen französischen Generation waren für ihn das Zeichen einer generellen Aufgeschlossenheit für die deutschen Leistungen im Gebiet der idealistischen Philosophie und der Literatur. Er atmete auf, endlich in Frankreich eine Abwendung von einem nur sensualistischen Materialismus, von der Überschätzung des Nachahmens des Äußeren, eine Zuwendung zu einer freieren Art der Poesie erkennen zu können. Dazu kam, daß er auf verwandte naturwissenschaftliche Denkformen traf, die seine bisher in Deutschland mißachteten Erkenntnisse und Entdeckungen bestätigten. Der Umgang mit vielen, die im französischen Geistesraum beheimatet waren oder als verehrende Gäste kamen, bekräftigte die Gewißheit, seine Idee der Weltliteratur werde gerade durch die neue Universalität der Franzosen reif und beginne sich zu verwirklichen. Denn Weltliteratur bedeutete im recht eigentlichen Sinne die Ausbreitung und dialogische Wechselbelebtheit einer geistigen Welt-Gesellschaft. Goethes Idee der Weltliteratur [115] hängt eng mit seinem Bild des französischen gesellschaftlich-geselligen Geistes zusammen. Er bot die konkreten Voraussetzungen, sie zu verwirklichen. Die überaus intensive Beschäftigung Goethes mit dem französischen geistigen Leben kann ohne diesen Hintergrund seiner Idee der Weltliteratur nicht verstanden werden.
Zwei Aspekte verknüpfen sich: Die Franzosen sind sich gleich geblieben — und, die Franzosen haben sich in einem eminent erweiternden Sinne verändert. Sie sind sich gleich geblieben in allen von Goethe bewunderten und beneideten Vorzügen einer Existenz im Gesellschaftlichen. Aber das Gesellschaftliche besagt jetzt mehr als das, was mit dem Begriff der »Societät« ausgesagt worden war; es umfaßt die gesamte konkrete politisch-soziale Nation. Das bedeutet neue Entfaltungen und Steigerungen im praktisch-menschlichen und sittlich-praktischen Bezug. [116] Der jugendliche Redaktionsstab des *Globe* in Paris faszinierte den alten Mann in Weimar. Er fand hier die deutsche geistig-literarische Entwicklung, an ihrer Spitze sein eigenes Werk, gewürdigt und damit jene Grenzziehungen beseitigt, die das gegenseitige Verstehen bisher verhindert hatten. In der Offenheit zur deutschen Philosophie und Dichtung bekundete Frankreich den Beginn einer Epoche der Weltliteratur. Ihn faszinierte ebenso, daß sich progressive politische Überzeugungen in einem einheitlichen Publikationsorgan konzentrierten, wie auch daß sich darin alles Denken, bei noch so hohem geistigem Niveau, in eine politische Aktivität und einen praktisch-sozialen Tatwillen umsetzte. [117] Ähnliches erschien

---

[114] *Gespräche*, Artemis-Ausgabe, Hrsg. W. Pfeiffer - Belli, Tl. 1, Bd. 22, S. 526 f.
[115] Dazu jetzt H. J. Schrimpf, *Goethes Begriff der Weltliteratur* (Stuttgart, 1968).
[116] Eckermann, S. 497. Ferner *WA*, IV, 46, S. 141.
[117] Dazu F. Baldensperger, »Goethes Lieblingslektüre 1826—1830«, *German. Roman. Monatsschrift*, XX (1932), S. 166 ff.

ihm im deutschen Partikularismus und angesichts des in ihm begründeten abstrakten Spekulationsgeistes undenkbar. So heißt es über den *Globe:* »Was auf mich besonders erfreulich wirkt, das ist der gesellige Ton, in dem alles geschrieben ist; man sieht, diese Personen denken und sprechen immerfort in großer Gesellschaft, wenn man dem besten Deutschen« — und war er dies nicht selbst? — »immer die Einsamkeit anmerkt und jederzeit eine einzelne Stimme vernimmt«. [118]) Die Franzosen verstanden und verstehen es, »die Mauern dort einzureißen und eine Tür an derjenigen Stelle zu machen, wo man logisch sogleich auf den breitesten Weg des Gartens tritt.« Goethe hebt dies immer wieder, wenn auch mitunter nicht ohne Kritik, gegen das weltfremd vergrübelte Philosophieren und Abstrahieren der Deutschen ab. Zwar hatte sich dies neue Frankreich in Literatur und Kunst von seiner klassischen Tradition abgelöst und ließ sich nun gleichfalls auf die Problematik des Romantischen ein. Goethe schuldete dieser geradezu revolutionären Wandlung des Kunstverständnisses seine eigene Würdigung unter den Franzosen, die Ehrbezeugungen einer ganzen jungen Generation. Er erkannte, daß dieser Erneuerung bedeutende produktive Begabungen zu verdanken waren. Gewiß, auch sie bedrohte die romantische Subjektivität und Exzentrizität, diese »allgemeine Krankheit der jetzigen Zeit«. Was bei Delacroix als »Wildheit« noch anzuerkennen war [119]), konnte bei Victor Hugo zum Abstoßenden werden. [120]) Aber Goethe sah auch, daß in Geist und Gesellschaft Frankreichs gleichwie von Natur aus Dämme gegen dies willkürlich Subjektive absicherten. Er sichtete den An- und Aufstieg eines neuartigen Realismus in der französischen Literatur, er las Stendhal, Mérimée, sogar schon ein Werk, *La Peau de chagrin* (1831), von Honoré de Balzac, er erkannte, »ihre [der Franzosen] praktische Natur treibt sie immer wieder in's Wirkliche und wenn sie auch das Gesetz nicht anerkennen, so halten sie doch auf Regel und damit kommen sie weit«. [121]) »Der Geist des Wirklichen ist das wahre Ideelle.« [122]) Die Revolution hatte die Zeitalter getrennt, sie hatte eine neue Epoche in der politisch-gesellschaftlichen Wirklichkeit eingeleitet. Aber Goethe erkannte eine unverstörte Kontinuität zwischen Diderot und Victor Hugo, zwischen Voltaire, dieser »Quelle des Lichts«, und der jungen realistischen Generation; in der Energie ihres Denkens wie in dessen Hinzielen auf ein Eingreifen in die praktische politische Wirklichkeit. In Frankreich arbeitete man an der Zukunft, während man in Deutschland seit 1815 sich der Restauration verschrieb. Im *Globe* fand Goethe erfreut, wie er 1826, leider, offenbar wegen der Briefzensur, allzu verschlüsselt, an den Grafen Reinhard schrieb, »einige meiner geheimsten und geheim gehaltenen Überzeugungen ausgesprochen und genugsam commentiert«. [123]) Vermutlich gehörten dazu jene progressiven ökonomischen Erkenntnisse, die er in der Zeitschrift und in den Schriften des »weltbürgerlichen« liberalen Baron Charles Dupin gefunden hatte und die in *Wilhelm Meisters Wanderjahre* eingeflossen sind. [124]) George Sand erkannte solche Verknüpfungen; der Satz in den *Wanderjahren,* den sie als »La propriété est un bien commun« übersetzte, erschien ihr als ein Zeichen, daß Goethe, noch progressiver als jetzt ihr eigenes Frankreich, nicht nur in Sachen der Kunst, sondern »en fait d'idées socialistes« der Lehrmeister der Franzosen zu werden bestimmt sei. [125]) Die Lektüre Dupins veranlaßte Goethe erneut zu seiner nun schon so oft wiederholten und variierten Klage und Anklage:

Das Unglück ist bei dem Selbstwollen der Zeit, das durch die ganze Welt geht, daß niemand den gebahnten Weg verfolgen mag (zum praktischen Ziel, worauf doch alles ankommt, damit

---

[118]) *Briefwechsel mit Reinhard,* S. 351; ferner Eckermann, S. 142.
[119]) Eckermann, S. 147.
[120]) Eckermann, S. 147.
[121]) *WA,* IV, 43, S. 19.
[122]) *Gespräche,* Artemis-Ausgabe, Tl. 2, Bd. 23, S. 525.
[123]) *Briefwechsel mit Reinhard,* S. 350.

Erkennen und Wissen in Tat verwandelt werde), daß niemand zu denken scheint, die Chaussee sei dazu da, um vom Fleck zu kommen. Jeder sucht sich ein Abweglein, als wenn das Leben ein Spaziergehen wäre. Eigentlichst aber ist dies der Fehler der Deutschen, in welchen die Engländer niemals verfallen, auch machen sich die Franzosen der neuesten Zeit desselben nicht schuldig. Man darf nur sehen, was im Globe, in der Revue encyclopedique pp in den Werken des Baron Dupin für ein ungemessenes Treiben ins tätige und wirkende Leben obwaltet. [126])

Goethe erkennt in Frankreich den Entwurf des zukünftigen geistigen, politischen und sozialen Europa. Er war stärker mit den Folgen der Julirevolution beschäftigt als eine allzu oft zitierte Gesprächsanekdote [127]) zu beweisen scheint. Der politisch teilnahmslose Goethe gehört der Legende an. Er liest 1831 die *Doctrine de Saint-Simon*. [128]) Das Gesellschaftliche repräsentiert sich ihm jetzt, weit vom *Ancien Régime* entfernt, in der ökonomisch-sozialen Gesellschaft, die eine neue produktive Freiheit und Energie des Geistes und eine Gesellschaft der Gleichen, eine Arbeitsgesellschaft humaner Artung erzeugt — »kühn-emsige Völkerschaft«. Es bedarf nicht der Zitate aus *Faust. Zweiter Teil:* »Tätig-frei« — »auf freiem Grund mit freiem Volke stehn«. Weltliteratur und ökonomisch-sozialer Weltverkehr: beide koinzidieren. Es wiederholt sich, jetzt mit einer anderen Dimension, die alte französische Einigung von Denken und Handeln, Geist und Gesellschaft. In solcher Einigung liegt aber nicht nur ein Element gegenseitig verwandelnder Steigerung, sondern auch ein Element der gegenseitigen Korrektur und Maßsetzungen. Der Bezug auf das Praktisch-Wirkliche schützt gegen die Verabsolutierung des Ideellen und Ideologischen, der Bezug auf das Ideelle schützt vor einem nur zweckhaften Pragmatismus. Goethe protestierte und lehnte ab, wo er in dem *Globe* auf einen »theoretischen Radikalismus« [128]), einen »absoluten Liberalismus« stieß, der, wie ihm schien, dessen Mitarbeiter »alles Gesetzliche, Folgerechte als stationär und schlendrianisch« verwerfen ließ und so ein »Beben im Innern, ein Schwanken im Äußern« erzeugte, »das sehr unbehaglich empfunden wird, indem man sich zuletzt vor lauter Freiheit erst recht befangen wird«. [130]) Er lehnte ab, wo die Saint-Simonisten auf »wunderliche« Weise die Vorsehung spielen wollten. [131]) Es widersprach seinem eigenen Wesen und seinem Bilde Frankreichs, wie es sich ihm durch sein ganzes Leben hindurch in beständiger Beobachtung und Auseinandersetzung geformt hatte, daß nun auch dort »das Unbedingte« sich vereinseitigen und an die Stelle des Ganzen setzen wollte. »Es ist nichts trauriger anzusehn als das unvermittelte Streben in's Unbedingte in dieser durchaus bedingten Welt; es erscheint im Jahre 1830 vielleicht ungehöriger als je.« [132]) Dieses Wissen um das Ganze, also auch um das ganze Frankreich in seiner Geschichte und in seiner Gegenwart, wie er es von Kindheit an bis in das höchste Alter erfahren hatte, hinderte ihn, das alte Frankreich gegen das moderne, das moderne Frankreich gegen das alte kritisch auszuspielen; es sei denn in gelegentlichen, von Stimmungen

---

[124]) Dazu P. P. Sagave, *Actes du colloque.*

[125]) *Bettina von Arnims Armenbuch*, Hrsg. W. Vordtriede, Sammlung Insel (Frankfurt a. M., 1969), S. 10.

[126]) *WA*, IV, 44, S. 54; ferner *WA*, IV, 43, S. 223. »Das Mindeste, was ein Franzose nur schreibt und vorträgt, ist als an eine große Gesellschaft gerichtet, der er zu gefallen, die er zu überreden wünscht; der Deutsche, wenn er es sich selbst recht macht, glaubt alles gethan zu haben.«

[127]) Soret, S. 441; Eckermann, S. 596.

[128]) *WA*, III, 13, S. 81.

[129]) *WA*, III, 10, S. 161. Vgl. auch I, 42², S. 486. Ferner zu Kozmian, 8. 5. 1830, über die Franzosen als die »Nation der Extreme«.

[130]) Dazu F. Baldensperger, S. 172.

[131]) *WA*, IV, 48, S. 207.

[132]) *Maximen und Reflexionen*. Nach den Handschriften hrsg. von M. Hecker (Weimar, 1907), Nr. 961.

beeinflußten Gesprächsaugenblicken. An die Stelle der elitären Aristokratie war jetzt eine soziale Arbeitsgesellschaft getreten. Aber der intensive, produktive Wechselbezug von Kunst und Gesellschaft war erhalten geblieben und damit die Dimension dessen, was die Franzosen vor den Deutschen voraushatten — gleichsam von Natur aus, als ein Urmuster. Die Kultur und Literatur der vorrevolutionären Epoche, also des *Ancien Régime,* war für Goethe das goldene Zeitalter, in dem er sich zwischen Racine, Molière, Voltaire und Diderot beheimatet wußte und deren »Meisterwerke« ihm die für immer maßstäblichen Meisterwerke blieben. »Die Franzosen bekommen doch kein 18. Jahrhundert wieder sie mögen machen was sie wollen. Wo haben sie etwas aufzuweisen, das mit Diderot zu vergleichen wäre? ... Es will was heißen für die neueren Schriftsteller in Frankreich, sich von so großen Traditionen und Mustern, von einem so ausgebildeten, abgeschlossenen großartigen Zustand loszureißen und neue Bahnen zu betreten.« [133]) Dennoch: Goethes Ohr und Urteil waren offen für diese neuen Bahnen, etwa für Bérangers Lieder, die, wir zitierten es schon, »auch mundgerecht für die arbeitende Klasse« sind. Denn der war für ihn kein Dichter, der »bloß seine wenigen subjektiven Empfindungen« ausspricht. Er wird erst dann ein Poet, »sobald er die Welt sich anzueignen und auszusprechen weiß«.

Stuttgart   Fritz Martini

---

[133]) Kanzler Müller, *Unterhaltungen mit Goethe,* kritische Ausgabe, hrsg. von E. Grumach (Weimar, 1956), S. 188.

PAUL BÖCKMANN

Voraussetzungen der zyklischen Erzählform in
Wilhelm Meisters Wanderjahren

Wenn man von Goethes *Lehrjahren* zu den *Wanderjahren* kommt, scheint ein Befremden kaum ausbleiben zu können: wenn auch weiterhin die Gestalt Wilhelm Meisters
ihre Bedeutung behält, so hat sich doch die Erzählhaltung völlig verändert. Man mag
fragen, ob dieses Werk noch ein Roman ist, der von der Lebenserfahrung und Lebens-
begegnung eines bestimmten Mannes, von dessen Bildung und Entwicklung erzählt, oder
ob es nur eine Sammlung sehr verschiedenartiger Prosastücke darstellt, von Episoden,
Novellen, Briefen, Betrachtungen und Gesprächen, die sehr locker zusammengefügt sind
und deren Kompositionsprinzip nicht ohne weiteres verständlich ist. So hat man dieses
Buch lieber als ein Zeugnis von Goethes Altersweisheit aufgefaßt denn als dichterische
Leistung. Die *Wanderjahre* wirkten »fast bedrückend lehrhaft«, brächten aber das
Letzte und Reifste, »was der greise Dichter über Lebenskunst zu sagen hatte«, meint
Walzel. Dagegen betont Trunz stärker den eigenen »Stil dieses Altersromans«; es sei
keine »beliebige Reihe« von Einzelbildern, sondern ein Zyklus, der auf ein einheitliches
Bild vom Menschen bezogen bleibt. Es komme weniger darauf an, »in welcher Reihenfolge diese Bilder dargeboten werden, aber sehr darauf, daß sie alle da sind«. In diesem Bilderkreise »spiegelt ein Bild das andere wechselseitig«. Es bleibe »ein Roman,
weil sich über der Schicht des Lebens, die in den Novellen dargestellt ist, eine höhere
Schicht in der Rahmenerzählung erhebt«. Die Aufgabe des Lesers sei es, die »Gesamt-
konstellation ... in den disparaten Elementen zu erkennen.«. *) Goethe hat hier offenbar mit den Mitteln einer mehr zeichenhaften Symbolik ein dichterisches Verweisungs-
system geschaffen, das nur mitvollzogen werden kann, wenn wir uns nicht allein an
Charakteren und Handlungen orientieren, sondern bereit sind, die Bilder zu supplieren
und zueinander in Beziehung zu setzen. Dabei entsteht dann freilich die Frage, warum
und in welchem Sinn dieses Werk noch mit dem Namen Wilhelm Meisters verknüpft
bleibt.
Es geht mit dem Wilhelm Meister offenbar ähnlich wie mit dem Faust. Beide Gestalten
haben Goethe von seiner Jugend an bis in sein Alter beschäftigt. Der *Urfaust* führt uns
in die Frankfurter Zeit von 1773 zurück und die *Theatralische Sendung* in die erste
Weimarer Zeit von 1777. Aber beide Male ändert sich in der über Jahrzehnte sich er-
streckenden Entstehungszeit die Darstellungsweise völlig. Im *Urmeister* und *Urfaust*,
aber auch in den *Lehrjahren* wie in *Faust I* geht es um ›Varietät und Spezifikation‹, so
daß sich die Darstellung auf individuelle Handlungsvorgänge und charakteristische
Situationen richtet, auf konkrete Gesten und Sprachgebärden, auf lebendige Anschauung und Gestaltenfülle. In den *Wanderjahren* wie in *Faust II* geht es um das ›Gene-

---

*) Vgl. *Goethes Werke*, Festausgabe o. J., 12. Bd., *Wilhelm Meisters Wanderjahre*, eingeleitet
und erläutert von Oskar Walzel, S. 9. — *Goethes Werke*, Hamburger Ausgabe Bd. 8 (1950),
Romane und Novellen 3. Bd., mit Anmerkungen versehen von Erich Trunz, S. 579 ff. —
Zu den in der Untersuchung angeführten Textstellen aus den *Wanderjahren* gebe ich jeweils
nur Buch- und Kapitelzahl an.

rische und Typische‹, um die ›Familias‹ und insofern um das Musterbildliche und Bei-
spielhafte (vgl. Goethe im Gespräch mit Riemer, 4. April 1814). An die Stelle bestimmter
Charaktere treten sinnbildlich bedeutsame Figuren, die noch die alten Namen tragen,
aber kaum mehr durch ihre persönlichen Schicksale zu wirken vermögen. In den Lehrjahren können wir Wilhelms Lebensweg von Stufe zu Stufe verfolgen; er begegnet im
Bereich des Theaters wie des Adels den verschiedensten Menschen, die in sein Leben
eingreifen und durch Beglückungen und Enttäuschungen seine Persönlichkeit prägen, ihn
zu wachsender Reife und Einsicht führen. Die Bildungsidee des Romans, die Entwicklung eines Menschen, wird durch diese Begegnungen lebendig und anschaubar. In
den *Wanderjahren* treten die individuellen Situationen Wilhelms ganz in den Hintergrund; es wird uns keine Vorstellung von dem charakteristischen Verhalten bestimmter
Menschen vermittelt wie bei den Begegnungen mit Mariane, Philine, Aurelie oder
Serlo und Jarno, sondern höchstens in einzelnen Erzählungen auf typische Einstellungen
verwiesen, wie sie sich durch Alter, Geschlecht und Lebensumstände variieren. Von
Wilhelms Persönlichkeit aus können wir den Darstellungszusammenhang nicht mehr
erläutern, da er zu einer Art Rahmenfigur geworden ist, die zur Orientierung hilft,
aber nicht mehr durch ihre Schicksale dem Roman sein Gewicht gibt. Wie in *Faust II*
der Titelheld auf weite Strecken hin fast ganz zurücktritt, so ist es auch in den Wanderjahren: Roman und Drama als pragmatische Gattungen scheinen beide Male ihr eigent-
liches Wesen zu verleugnen, um sich gerade dadurch auf sehr eigene Weise wieder herzustellen. Fast mutwillig scheint das Verlangen nach Handlungsspannung und Motivation,
nach einer Bindung an Raum und Zeit mißachtet zu werden; es geht nur noch um eine
bedeutsame Bilderwelt, die durch ihre Zuordnungen und Abwandlungen die Einbildungskraft beschäftigt. So bleibt in den *Wanderjahren* eine Bauform wirksam, die in den
Unterhaltungen deutscher Ausgewanderten zuerst entwickelt wurde und nun einer
zeichenhaften Symbolik Raum gibt.
Freilich, trotz dieser tiefreichenden Wandlungen in der Darstellungsweise mußte eine
Konstante wirksam bleiben, die es Goethe erst erlaubte, seine Altersdichtung an die
Gestaltenwelt seiner Jugend anzuknüpfen. Wilhelm Meister und Faust wurden von ihm
als die Chiffren benutzt, mit denen er die ihn bewegenden Fragen und Einsichten auf
gewisse Grundsituationen des Lebens, auf entscheidende Motive zurückbeziehen konnte.
Es gehört ja zu seinem Werk wesentlich hinzu, daß er durch 50 Jahre hindurch mit den
gleichen Gestalten weitergelebt hat und in wechselnden Situationen zu ihnen zurückkehren konnte — auch nach großen Pausen. Das bedeutet offenbar nicht, daß er einen
von Anfang an entworfenen Plan nur langsam und zögernd ausführte, sondern daß er
diese Gestalten als Zeichen und Symbole verstand, von denen aus sich alle neu eröffnen-
den Lebensperspektiven faßlich machen ließen. Diese Gestalten helfen dazu, die sich
widerstreitenden Erfahrungen zusammenzuschließen und zu ordnen; erst dadurch bleiben sie lebendig; sie assimilieren sich immer neue Dimensionen der Lebenserfahrung, die
den Wechsel der Formensprache rechtfertigen. Im Zeichen Fausts wie Wilhelm Meisters
geht es jeweils um eine Grundthematik, auf die Goethe früh aufmerksam geworden war,
die er dann festgehalten hat und in veränderten Situationen wieder zur Geltung brachte.
Schon im ersten Monolog des *Urfaust* spricht das titanische Verlangen, sich der »unend-
lichen Natur« zu bemächtigen, das sich so rasch in seine Grenzen zurückgewiesen sieht
und in die Verzweiflung des Nichtwissens umschlägt. Auf Fausts Wort: »Daß ich erkenne was die Welt / Im Innersten zusammenhält«, antwortet die Stimme des Erdgeists:
»Du gleichst dem Geist den du begreifst / Nicht mir.« So bildet die Bedingtheit der
menschlichen Existenz, die Undurchschaubarkeit des Daseins, die Voraussetzung für die
Faustische Situation, für die Art wie sich in den verschiedenen Lebensbereichen der Liebe,
der Schönheit, der politischen Macht die Erfahrung einer Grenze wieder einstellt. Wo
immer Goethe im Zeichen Fausts spricht, bleibt er auf dieses Grundthema bezogen, in

wie wechselnden Formen immer. Eine entsprechende und doch eigengewichtige Grundthematik begegnet im Zeichen Wilhelm Meisters, schon in der *Theatralischen Sendung*,
als der Jüngling aus der Enge des bürgerlichen Lebens hinausdrängt und nach der eigentlichen Bestimmung, dem Ziel seines Lebens fragt. Nicht daß er sich dem Theater zuwendet, ist entscheidend, sondern daß er dadurch der Frage nach dem Beruf des Menschen eine eigene Entschiedenheit gibt. So heißt es in der *Sendung* I$_{18}$ (ebs. *Lehrjahre* I$_9$):
»Der Gedanke, seines Vaters Haus, die Seinigen zu verlassen, schien ihm leicht ... Er
war jung und neu in der Welt, und sein Mut, in ihren Weiten nach Glück und Befriedigung
zu rennen, durch die Liebe erhöht. Seine Bestimmung zum Theater war ihm nunmehr
klar, das hohe Ziel, das er sich vorgesteckt sah, schien ihm näher, indem er an Marianens
Hand hinstrebte.« Entsprechend heißt es bei der Begegnung mit dem Harfner: »Die Gefühle von dem Adel seines Wesens, von der Höhe seiner Bestimmung, das Mitgefühl
des Guten und Großen unter den Menschen hervorzubringen, ward aufs neue in ihm
lebendig« *(Sendung* IV$_{13}$). Diese Frage nach der Sendung, der Bestimmung, dem Ziel des
Menschen bleibt das bestimmende Motiv der Wilhelm-Meister-Gestalt, zu der Goethe
immer zurückkehrte, wenn ihm dieser Themenkreis wichtig wurde.

Dabei wendet er diese Frage immer mehr ins allgemeine. Denn die Frage nach der Bestimmung eines Menschen birgt die Möglichkeit vielfältiger Selbsttäuschungen in sich.
Wenn in der *Sendung* noch ein begrenztes Ziel, das der Begründung eines Nationaltheaters, leitend zu sein scheint, so geht es in den *Lehrjahren* ausdrücklicher um die
Ausbildung der eigenen Kräfte, der Persönlichkeit: »Mich selbst, ganz wie ich da bin,
auszubilden, das war dunkel von Jugend auf mein Wunsch und meine Absicht. ... Ich
habe nun einmal gerade zu jener harmonischen Ausbildung meiner Natur ... eine un-
widerstehliche Neigung« (V$_3$). Ohne daß diese Erwartung in den *Wanderjahren* ausdrücklicher in Frage gestellt würde, rückt sie doch in weitere Zusammenhänge, weil die
Bestimmung des Einzelnen auf die Frage nach der Bestimmung des Menschen zurückführt, der sich durch die Eigenmacht und Größe der Natur in Frage gestellt sieht. Es
geht nun ausdrücklich um das Verhältnis von Natur und Kultur, um das Tätigwerden
des Menschen in der Natur, um die Art wie die Naturforscher jeder Gefahr entgegen-
gehen, »um der Welt die Welt zu eröffnen«, wie es in Lenardos Rede an die Wanderer
heißt (III$_9$). Erst damit rechtfertigt es sich, daß auf die Lehrjahre nicht die Meisterjahre
folgen, sondern die Wanderjahre. Die Lebensform des Wanderers scheint allein noch auf
die Frage nach der Bestimmung des Menschen zu antworten, nicht ein bestimmter Besitz
oder ein begrenztes Ziel, weder das Theater noch die ›Ausbildung der Persönlichkeit‹. So
kann der Weltbund der Wanderer an allgemeine Grundsätze erinnern: »Der Mensch ...
lerne sich ohne dauernden äußeren Bezug zu denken, er suche das Folgerechte nicht an
den Umständen, sondern in sich selbst. ... Er wird sich ausbilden und einrichten, daß er
überall zu Hause sei« (III$_9$). Es geht nun ausdrücklicher um die Frage, wie Berufung und
Beruf in Übereinstimmung gebracht werden können, wie die »kultivierte Welt« sich
gegenüber der »Wildnis« behauptet (I$_7$).

Wenn derart eine bestimmte Grundthematik die Anknüpfung an die Gestalt Wilhelm
Meisters rechtfertigt, so können auch einige Motive der *Lehrjahre* in den *Wanderjahren*
weiterwirken. Vor allem bleibt Wilhelm mit seinem Sohn Felix verbunden. In den *Lehrjahren* hatte Wilhelm am Ende des 7. Buches gefragt, ob Felix wirklich sein Sohn sei
und damit auf den Anfang seines Weges, seine Begegnung mit Mariane, zurückgelenkt
und seine menschliche Reife zu erkennen gegeben. Der Abbé antwortete: »Deine Lehrjahre sind vorüber; die Natur hat dich losgesprochen.« (VII$_9$). In den *Wanderjahren*
geht es nun um die Erziehung des Sohnes: die Bildungsidee der *Lehrjahre* muß eine
neue Bestimmtheit gewinnen, weil es nicht mehr um den Aufbruch aus der bürgerlichen
Enge geht, sondern um die menschliche Haltung, die sich nach diesem Aufbruch noch als
verpflichtendes Maß anbietet. Die *Wanderjahre* rücken damit das Thema der Erziehung

und Bildung nur noch entschiedener in den Mittelpunkt. Wo immer Felix auftaucht, bleibt die Beziehung zur Mariane-Episode wirksam und damit der Zusammenhang der Lebensgeschichte eines Charakters. Die konkreten menschlichen Begegnungen bestimmen den Raum, in dem sich die Lebensmöglichkeiten darbieten, ohne daß ein Ausweichen in eine dogmatische oder metaphysische Welt der Gesetze, Postulate und Ideen erlaubt schiene. Allein im Wechselspiel von Mensch und Natur kann sich der Sinn einer Sendung des Menschen bezeugen. So bleibt das Motiv der persönlichen Freiheit des Menschen wirksam, wie es sich im genialischen Aufbruch Wilhelms äußerte und für seinen Weg bestimmend wurde.

Allerdings wäre es schwierig, nun für die *Wanderjahre* eine bestimmtere Stufenfolge anzugeben, die der der *Lehrjahre* entspräche. Das Motiv der Wanderung scheint eine Folge von Begegnungen zu ermöglichen, führt aber sehr rasch aus der Realmotivation heraus und weist statt dessen auf die Haltung der Wanderer hin als der Entsagenden, wie sie der Untertitel nennt. An die Stelle der epischen Ironie tritt die Frage nach den Musterbildern menschlichen Daseins. Die Wanderer sind diejenigen, die sich als Entsagende vor der Übermacht der Natur zu behaupten suchen und damit das dem Menschen eigentümliche Verhältnis zur Natur erläutern. Auch Wilhelm als Entsagender muß offenbar nur immer bereit sein, »das Folgerechte nicht an den Umständen, sondern in sich selbst« zu suchen. Der Roman will fortan durch seine Bilder kenntlich machen, wie Wilhelm sich auf das Folgerechte in sich selbst verwiesen sieht. Die »Pflichten des Wanderers«, die Wilhelm auf sich nimmt, gewinnen deshalb für die Bauform des Romans kaum eine größere Bedeutung: sie heben nur das Grundprinzip heraus: »Mein Leben soll eine Wanderschaft werden« (I_1), ein Prinzip, das sich erst allmählich mit einem tieferen Symbolgehalt füllt. Es scheinen zunächst nur »äußere, mechanische Pflichten« zu sein, wie die, nicht über drei Tage unter einem Dach zu bleiben; aber dann erweisen sie sich als vieldeutiger: die Wanderer sollen weder vom Vergangenen noch Künftigen sprechen, sondern sich nur mit dem Gegenwärtigen beschäftigen. Es gilt, »den einmal gefaßten Vorsatz auf das treulichste festzuhalten« und einer nützlichen Kunst sich zu widmen. Die Beschränkung auf drei Tage erscheint dann nur noch als »Sonderbarkeit«, von der Wilhelm bald möglichst befreit zu sein wünscht (I_{11}). Er möchte statt dessen die Wanderjahre »mit mehr Fassung und Stetigkeit vollenden«. Er wird »von aller Beschränktheit entbunden«, erhält aber noch ein Täfelchen, woraus er »den beweglichen Mittelpunkt unserer Kommunikationen erkennen« werde ($II_{6\,u.7}$). Er erlangt »die Vergünstigung, die auferlegte Wanderschaft nicht nach Tagen und Stunden, sondern dem wahren Zweck einer vollständigen Ausbildung gemäß einzuteilen und zu benutzen« (II_9). All diese Bemerkungen umspielen das Motiv des Wanderers und verwandeln es in eine Hieroglyphe eines geheimeren Sinns; sie geben ihm eine Bedeutung für das menschliche Verhalten, aber nicht für die Folge der Abenteuer. Wilhelm erhält Dispensation von solchem unsteten Leben, als er seinen »eigentlichen Beruf« in der Ausbildung zum Wundarzt erkennt: es sei das göttlichste aller Geschäfte, »ohne Wunder zu heilen und ohne Worte Wunder zu tun« (II_{11}). Aber auch dieses Motiv, daß Wilhelm Wundarzt wird, kommt nicht als Handlungsmotiv zur Geltung, als sollte nun sein Weg als Arzt, wie in den Lehrjahren der als Schauspieler, geschildert werden.

Der Romanaufbau verweist demnach nur sehr indirekt auf die Haltung der Wanderergesellschaft und läßt sich weder von den Abenteuern einer Wanderschaft noch von den persönlichen Erfahrungen einer Figur aus überblicken. Wir können ihm nur gerecht werden, wenn wir die relative Selbständigkeit der einzelnen Erzähleinheiten hinnehmen. Goethe hat beteuert, daß er den Versuch, »so disparate Elemente zu vereinigen« mit Ernst und Sorgfalt angefaßt und durchgeführt habe. (An Boisserée, 2. Sept. 1829). Aber es genügt nicht, sein Verfahren aus der Entstehungsgeschichte des Werks zu erklären, da es zu dessen Eigentümlichkeit gehört, daß die Erzählung sich nicht an einem Handlungsvorgang orientiert, sondern mehr oder minder abgeschlossene Teile in einen Rahmen einfügt, der zwar auf Wilhelm verweist, aber ihn nicht mehr als Individualität zur Geltung bringt. Eine erste kürzere Fassung erschien 1821; wir lesen heute das Werk in der Form, in der es 1829 in der Ausgabe letzter Hand als 21. bis 23. Band erschien und tun gut, von dieser Fassung aus uns einen Überblick über die verschiedenen Teile zu verschaffen. Die *Wanderjahre* gliedern sich hier in drei Bücher, in denen sich sieben mehr oder minder selbständige Erzählungen finden; im ersten Buch begegnen vier Geschichten, die meist novellenartigen Charakter tragen: »Sankt Joseph der Zweite«, »Die pilgernde Törin«, »Wer ist der Verräter?« und »Das nußbraune Mädchen«. Zum zweiten Buch gehört nur eine besonders umfängliche Novelle: »Der Mann von funfzig Jahren«; sie steht dem thematischen Ansatz nach in besonders enger Beziehung zu den *Wahlverwandtschaften*. Das dritte Buch enthält drei Geschichten: das Märchen »Die neue Melusine« und zwei kleinere, mehr anekdotische Stücke: »Die gefährliche Wette« und »Nicht zu weit«. Einzelne dieser Geschichten handeln von Figuren, die uns auch sonst im Roman begegnen oder die doch gelegentlich wieder auftauchen, als würde die Novellenform durchlässig für einen größeren epischen Vorgang. Die Geschichte vom nußbraunen Mädchen handelt von jener Nachodine, die Lenardo, der Vorgesetzte des Wandererbundes, wiederfinden möchte und die Wilhelm zu seiner Wanderung ins Gebirge veranlaßt; ihr Schicksal erhellt zugleich die Situation der Weber. So verflicht sich diese Erzählung enger mit der Romankomposition, während aus anderen Geschichten die Novellenfiguren nur unversehens als Romanfiguren wieder auftauchen; so werden die vier Gestalten aus dem »Mann von funfzig Jahren« in III₁₄ noch einmal hervorgeholt.

Die Art, wie diese Geschichten sich dem Ganzen verbinden, ist offenbar vielschichtiger und beziehungsreicher als in den *Unterhaltungen deutscher Ausgewanderten*. Es bleibt nicht bei einer durch einen Rahmen zusammengehaltenen Novellensammlung, sondern die novellistischen Stücke treten in Beziehung zu bestimmten Lebensbereichen, die Anlaß zu Gesprächen und Erörterungen geben. Im ersten Buch ist es das Gebirge als elementare Natur und das Schloß als Bezirk der menschlichen Bildung und geselligen Wirkens; dann das Reich Makariens mit der Sternwarte und dem Archiv, das den Zusammenhang des Einzelnen mit einem geheimnisreichen Lebensganzen bewußt macht. Im zweiten Buch erfolgt der Besuch in der pädagogischen Provinz, so daß die Fragen der Bildung in den Vordergrund rücken. Im dritten Buch treten wir in den Kreis der Wanderer; der Besuch bei den Webern läßt die Bedeutung des sich neu entwickelnden Maschinenwesens hervortreten und nach dem Verhältnis von alter und neuer Welt fragen. All diese Stationen werden nicht in ihrer faktischen Realität zur Geltung gebracht, sondern eher in ihrer sinnbildlichen Bedeutung als Anlässe, um auf die das Leben bestimmenden Mächte zu verweisen. Sie geben der Reflexion und Erörterung Raum und machen den Roman zu einem Werk der Bewußtheit und Besonnenheit. Wenn die Novellen die Imagination in Bewegung setzen, so fordern die verschiedenen Lebensbereiche zum Nachsinnen auf; die Vereinigung von Imagination und Bewußtheit rechtfertigt eine zyklische Romanform, die im Sinne Goethes zum anschauenden Denken anregt.

Darum ist es nur folgerecht, daß Goethe nicht nur die Erzählungen mit der Vergegenwärtigung bestimmter Lebenskreise und Vorstellungsbereiche verknüpft, sondern daß er noch einen Schritt weitergeht und Aphorismensammlungen einfügt. An das 2. Buch schließen sich die »Betrachtungen im Sinne der Wanderer« an und an das 3. Buch die Reflexionen »Aus Makariens Archiv«. Es sind Denksprüche ohne jeden direkten Bezug zu einem Romanvorgang oder bestimmten Romansituationen, die aber doch die für den Roman kennzeichnende Spannung von Imagination und Bewußtheit austragen und abwandeln. Man hat das wenig verstanden, als hätte Goethe durch solche Einlagen den einzelnen Bänden nur mehr Umfang geben wollen. So hat man diese Betrachtungen meist aus dem Roman wieder herausgelöst und in eine Sammlung *Maximen und Reflexionen* eingefügt, zusammen mit Sprüchen aus den *Wahlverwandtschaften*, aus *Kunst und Altertum*, den Heften *Zur Morphologie* und *Zur Naturwissenschaft* wie aus dem Nachlaß. Erst in der Artemis-Ausgabe und der Hamburger Ausgabe hat man die von Goethe gewollte Form wieder hergestellt. Daß der Roman in die Reflexion einmündet und zugleich Vorstellungsgehalte vermittelt, wird damit anerkannt.

Durch diesen Aufbau wird der pragmatische Zusammenhang des Romans freilich bewußt vernachlässigt, als wollte der Erzähler die üblichen Erwartungen des Lesers absichtlich enttäuschen oder ironisch abwehren. In I$_{10}$ führen die Gespräche mit Makarie dazu, daß einer der Gesprächspartner etwas vorlesen möchte; da greift der Erzähler ein: »Wenn wir ... uns bewogen finden, diesen werten Mann nicht lesen zu lassen, so werden es unsere Gönner wahrscheinlich geneigt aufnehmen. ... Unsere Freunde haben einen Roman in die Hand genommen, und wenn dieser hie und da schon mehr als billig didaktisch geworden, so finden wir doch geraten, die Geduld unserer Wohlwollenden nicht noch weiter auf die Probe zu stellen. ... Die Papiere, die uns vorliegen, gedenken wir an einem andern Orte abdrucken zu lassen und fahren diesmal im Geschichtlichen ohne weiteres fort.« Solche Bemerkung will nicht eine Romanillusion ironisch durchbrechen und aus der Welt des Romans in die des Lesers hineingreifen; sie wird nur nötig, weil die dem Roman sonst eigene Illusion von Charakteren und Vorgängen aufgehoben ist und statt dessen dem Leser nahegelegt wird, in der Vereinigung des Didaktischen mit dem Geschichtlichen eine andere Art von Romanillusion, die einer geistigen Welt mitzuvollziehen. So brauchen die Handlungsmotive nicht bis zu Ende durchgeführt werden, wenn sie nur auf die ihnen zugehörigen Einsichten hindeuten; die der Novellenform eigene Ereignisspannung kann abgebogen werden. Als die Erzählung »Der Mann von funfzig Jahren« in II$_5$ auf ihren Gipfel gekommen ist, als der Umschlag erfolgt und die Verwicklungen sich lösen oder neue Verwirrungen entstehen müßten, tritt der Erzähler wieder aus der Erzählung hervor, um der Aufmerksamkeit des Lesers die erwünschte Richtung zu geben: »Unsere Leser überzeugen sich wohl, daß von diesem Punkte an wir beim Vortrag unserer Geschichte nicht mehr darstellend, sondern erzählend und betrachtend verfahren müssen, wenn wir in die Gemütszustände, auf welche jetzt alles ankommt, eindringen und sie uns vergegenwärtigen wollen.« Die szenisch darstellende Vergegenwärtigung der Vorgänge genügt nicht und kann abgebrochen werden, um die Erzählung auf die Betrachtung zurückzuwenden. Entsprechend kann der Erzähler gelegentlich II$_5$ betonen, daß er den Inhalt eines Briefwechsels nur »summarisch andeuten« wolle; oder er fügt nach II$_7$ eine kurze Zwischenrede ein, die wie eine Art Regiebemerkung sich freien Raum für einen Szenenwechsel schafft und über einen Zeit- und Ortswechsel hinwegspringt. »Hier aber finden wir uns in dem Falle, dem Leser eine Pause und zwar von einigen Jahren anzukündigen, weshalb wir gern, wäre es mit der typographischen Einrichtung zu verknüpfen gewesen, an dieser Stelle einen Band abgeschlossen hätten. Doch wird ja wohl auch der Raum zwischen zwei Kapiteln genügen, um sich über das Maß gedachter Zeit hinwegzusetzen.« Es scheint als würde die Distanz zu den Erzählinhalten absichtlich verringert oder vergrößert, um den Leser aus jeder nur stofflichen Anteilnahme herauszuwerfen und ihn in einen geistig tätigen Mitvollzug zu bringen.

Wenn die Erzählung »Nicht zu weit« (III$_{10}$) mitten in die Situation der familiären Verwicklungen hineinführt, so wirkt der Erzähler seinerseits der erregten Spannung entgegen, indem er sich dem Leser zuwendet: »Wir haben, wie an dieser Stelle auffallend zu bemerken ist, die Rechte des epischen Dichters uns anmaßend, einen geneigten Leser nur allzu schnell in die Mitte leidenschaftlicher Darstellungen gerissen. Wir sehen einen bedeutenden Mann in häuslicher Verwirrung, ohne von ihm etwas weiter erfahren zu haben.« Wohl wird die Imagination aufgerufen, aber sie darf sich nicht mit wechselnden

Vorfällen begnügen, sondern sieht sich zum nachsinnenden Verknüpfen und Begründen der Bilder aufgefordert. Die Romanform scheint dadurch didaktisch zu werden und nähert sich doch in Wahrheit eher einem medidativen Verhalten, wie es auch dem Märchenerzähler eignet. Der Erzähler des Märchens »Die neue Melusine« (III₆) vereint das scheinbar Widerstreitende, sofern er seinen Erfahrungen sinnend nachgeht und sie durch die Einbildungskraft belebt, um mit »geistreicher Heiterkeit« zu erzählen. Er hat die »Gabe des Erzählens« als ein eigenes »Redetalent« entwickelt, nachdem er auf die Sprache schon mehr oder minder Verzicht getan hat, »insofern etwas Gewöhnliches oder Zufälliges durch sie ausgedrückt wird.« »Sein Leben ist reich an wunderlichen Erfahrungen, die er sonst zu ungelegener Zeit schwätzend zersplitterte, nun aber, durch Schweigen genötigt, im stillen Sinne wiederholt und ordnet. Hiermit verbindet sich denn die Einbildungskraft und verleiht dem Geschehenen Leben und Bewegung. Mit besonderer Kunst und Geschicklichkeit weiß er wahrhafte Märchen und märchenhafte Geschichten zu erzählen.« Mit solchen Worten wird offenbar auf die Erzählhaltung verwiesen, die für die *Wanderjahre* gilt; sie greift nur so weit nach den üblichen Erzählformen, als sie dazu helfen, die Lebenserfahrungen auf die Ur- und Musterbilder des Lebens zurückzubeziehen und das Nachsinnen in Bewegung zu setzen. So können die Betrachtungen im Sinne der Wanderer mit dem Leitspruch beginnen: »Alles Gescheite ist schon gedacht worden, man muß nur versuchen, es noch einmal zu denken.« (II. Buch, Ende). Dies paradoxe Wort im Zusammenhang eines Romans läßt seine Schilderungen nur noch so weit gelten, als sie die Möglichkeit anbieten, das schon Gedachte noch einmal zu denken; sie weisen auf die Bilder des Lebens zurück, aus denen sich das Denken nährt. Entsprechend läßt sich auch das letzte Wort des Romans, eine Betrachtung aus Makariens Archiv, auf den Roman und seine Art des Erzählens zurückbeziehen: »Wer lange in bedeutenden Verhältnissen lebt, dem begegnet freilich nicht alles, was dem Menschen begegnen kann, aber doch das Analoge und vielleicht einiges, was ohne Beispiel war.« Der Roman selber will zur Anteilnahme an »bedeutenden Verhältnissen« veranlassen, so daß an Einzelfällen alle anderen Möglichkeiten des Menschen also analoge Fälle erkennbar werden.

Diese Unbekümmertheit um den objektiven Romanvorgang und die Identität der Charaktere kann sich allerdings nur rechtfertigen, wenn dadurch das eigentliche Erzählthema zur Geltung kommt. Die gewohnte Erzählweise, die sich an den Schicksalen bestimmter Figuren entfaltet, verliert ihre Berechtigung erst dann, wenn der dem Erzähler wesentliche Geschehenszusammenhang über die individuellen Motivationen hinausweist und der Charakter sich einem generellen Geschehen zugeordnet sieht. Der neuzeitliche Roman hat immer entschiedener versucht, die den Menschen bestimmenden Bewußtseinsvorgänge faßlich zu machen und deshalb die erzählbare Fabel mehr oder minder beiseite geschoben: die Macht der Zeitlichkeit, die gesellschaftlichen Bindungen und elementaren Lebensvorgänge wirken als ein anonymes Gesetz, das die Identität der Person und ihr Selbstbewußtsein in Frage stellt und die übersehbaren Bezüge zwischen Charakter und Handlung entwertet. Das Mißverhältnis zwischen den Bewußtseinsvorstellungen und einer eigenmächtigen Natur hebt den geordneten Erzählvorgang auf. In den *Wanderjahren* hat Goethe diesen Verlegenheiten auf seine Weise Rechnung getragen und die in den *Lehrjahren* gewahrten Grenzen durchbrochen. Man wird dieser Romanform deshalb erst gerecht, wenn man fragt, was in ihr erzählenswürdig geworden ist, wie Romanaufbau und Erzählhaltung der bestimmenden Thematik entsprechen. Wenn auch die Frage nach der Bestimmung und Sendung des Menschen im Sinne der *Lehrjahre* wirksam bleibt, so radikalisiert sie sich doch in dem Maße, wie sie nicht mehr als individuelles, sondern als generisches Problem verstanden wird. Es handelt sich nicht mehr um die Bestimmung Wilhelms für das Theater oder die Gesellschaft, sondern um die Bestimmung des Menschen im Zusammenhang der Natur. Diese schon in den *Wahl-*

verwandtschaften entfaltete Thematik muß den Bildungsweg des Menschen in veränderte Horizonte rücken. Wenn dort die menschlichen Beziehungen aus dem Verhältnis
von Naturgeschehen und personaler Sinngebung begriffen werden, so muß der Mensch
nun seine Sendung von der Natur her zu erkennen geben; je eigenmächtiger die Natur
dem Menschen gegenübersteht, um so mehr sieht sich der Erzähler genötigt, nur bruch-
stückhaft und gleichnisweise von der Bestimmung des Menschen zu sprechen. Zugleich gewinnen damit die Lebensbereiche, die der Roman heraushebt, ein symbolisches Eigenrecht. Das Gebirge und der Sternenhimmel werden zu den bestimmenden Erscheinungen,
vor denen der Mensch zu fragen beginnt und seine Sendung zu begreifen sucht.

Der Einsatz der *Wanderjahre*, so beiläufig er klingen mag, gewinnt damit eine beispiel-
hafte Bedeutung. Felix tritt am Gebirgsweg auf Wilhelm zu, mit einem Stein in der
Hand und fragt: »Wie nennt man diesen Stein? Ist das wohl Gold, was darin so glänzt?«
Dann bringt er eine Frucht und fragt: »Was ist das?« Mit diesen elementaren Fragen:
»Was ist das?, Wie nennt man dies?«, beginnt der Roman, bevor noch eine bestimmte
Handlungssituation und das Bild der heiligen Familie auftaucht, deren Musterbildlich-
keit erst durch solche Fragen gerechtfertigt oder auch aufgehoben wird. Als Wilhelm
dann I₃ mit Montan-Jarno zusammentrifft, wird das Gewicht dieser Fragen deutlicher;
man ist auf einen Berggipfel gestiegen und wird beim Blick auf den »ungeheuern
Abgrund« vom Schwindel überfallen; Jarno sagt: »Es ist nichts natürlicher, als daß
uns vor einem großen Anblick schwindelt, vor dem wir uns unerwartet befinden, um
zugleich unsere Kleinheit und unsere Größe zu fühlen.« Auf dem »ältesten Gebirge«,
dem »frühesten Gestein dieser Welt« beginnt Felix weiter zu fragen: »Ist denn die
Welt nicht auf einmal gemacht?« Er »ward des Fragens nicht müde und Jarno gefällig
genug, ihm jede Frage zu beantworten«. Die den Menschen überwältigende Größe des
Gebirges wird zum Zeichen einer unermeßlichen Natur, vor der der Mensch sich durch
sein Fragen zu behaupten sucht. Aber zugleich bemerkt Wilhelm, daß Jarno dem Kinde
anders antwortet, als er mit ihm selber über diese Sachen sprechen würde; das Verhältnis zwischen den Antworten und den Fragen wird damit vieldeutig und hintergründig;
es genügt nicht, sich bei oberflächlichen Fragen zu beruhigen, wenn auch die meisten
Menschen »nicht jene herrliche Epoche« erreichen, »in der uns das Faßliche gemein und
albern vorkommt«. Das Verhältnis des Menschen zur Natur entzieht sich der Art von
Faßlichkeit, wie sie das kindliche Fragen voraussetzt und erwartet.

Jarno dagegen betrachtet die Natur als eine Schrift, die man erst lesen lernen muß,
die aber den eigentlichen Sinn nicht verlauten läßt. »Am Ende kleben wir am Buchstaben und am Ton und sind nicht besser dran, als wenn wir sie ganz entbehrten; was
wir mitteilen, was uns überliefert wird, ist immer nur das Gemeinste, der Mühe gar
nicht wert.« Und doch ist es nicht nur »ein weitläufiges Alphabet«; denn »die Natur
hat nur *eine* Schrift«, aber man täte gut, mit niemandem darüber zu reden. Trotzdem
darf man sich freuen, »wenn die leblose Natur ein Gleichnis dessen, was wir lieben und
verehren, hervorbringt« (I₄). Damit ist der Horizont erkennbar, in dem hier nach der
Sendung des Menschen gefragt wird: wenn ihm vor der Übergewalt der Natur schwindelt und er zu fragen beginnt und faßliche Antworten erwartet, wird ihm bewußt, wie
vordergründig »das schlechte Zeug von öden Worten« bleibt, wie er auf gleichnishafte
Verweisungen angewiesen ist. Als bei dem Bergfest das Gespräch »von Erschaffung und
Entstehung der Welt« wieder aufgenommen wird (II₉), bezeichnet sich Montan als ein
in Berg und Kluft Eingeweihter, der darum aber »mit Aufklärung und Unterricht«
nicht freigebiger geworden ist. Denn »die Gebirge sind stumme Meister und machen
schweigsame Schüler«. Das hier in Frage stehende Wissen um Mensch und Natur läßt
sich nicht auf allgemeine Begriffe bringen, sondern verlangt nach tätiger Teilhabe und
verschließt sich im Geheimnis. So sagt Montan nun: »Jeder weiß nur für sich, was er
weiß, und das muß er geheim halten; wie er es ausspricht, sogleich ist der Widerspruch

rege, und wie er sich in Streit einläßt, kommt er in sich selbst aus dem Gleichgewicht.« Der einer übergewaltigen Natur verhaftete Mensch kann nicht so erzählen, als ob ihm dieses Verhältnis durchschaubar wäre. Jede Mitteilung bleibt vordergründig und unzulänglich, solange sie nicht zum gleichnishaften Sprechen greift. Das symbolische Zeichen wird in dem Maße wesentlich, wie es auf die Chiffernschrift der Natur zu verweisen vermag.

Die von Montan im Gebirge geübte Betrachtungsweise wird im Bereich Makariens (I₁₀) noch mehr ins Grundsätzliche gewendet: die »Wunder des gestirnten Himmels«, wie sie sich Wilhelm auf der Sternwarte zeigen, geben seinem Fragen eine neue Dringlichkeit; die Entschlossenheit des Menschen zu sich selbst weiß sich durch die Natur ebenso herausgefordert wie entwertet. Was läßt sich vom Menschen noch erzählen, wenn er sich im All zu verlieren droht? Die Fragen, die sich Wilhelm im Anblick des durch das Fernrohr nahegerückten Sternenhimmels stellt, weisen auf die eigentlichen Voraussetzungen der Wanderjahre:

Ergriffen und erstaunt hielt er sich beide Augen zu. Das Ungeheure hört auf, erhaben zu sein, es überreicht unsre Fassungskraft, es droht, uns zu vernichten. Was bin ich denn gegen das All? sprach er zu seinem Geiste; wie kann ich ihm gegenüber, wie kann ich in seiner Mitte stehen? Nach einem kurzen Überdenken jedoch fuhr er fort: ... Wie kann sich der Mensch gegen das Unendliche stellen, als wenn er alle geistigen Kräfte, die nach vielen Seiten hingezogen werden, in seinem Innersten, Tiefsten versammelt, wenn er sich fragt: Darfst du dich in der Mitte dieser ewig lebendigen Ordnung auch nur denken, sobald sich nicht gleichfalls in dir ein beharrlich Bewegtes, um einen reinen Mittelpunkt kreisend, hervortut?

Mit diesen Sätzen geben sich die im Gebirge auftauchenden Fragen in ihrem eigentlichen Sinn zu erkennen: es geht nicht mehr um das Erhabene, das den Menschen auf das Geheimnis verweist, sondern um das Ungeheure, das ihn vernichtet, wenn er sich nicht als ein Identisches festhält und sich auf sich sammelt, so daß er sich dadurch als ein selbst Bewegtes der bewegten Ordnung des Alls zuordnet. In solchem Sinn gilt Makarie als eine tiefer Schauende und Wissende, da ihr — wie es heißt —, »die Verhältnisse unsres Sonnensystems von Anfang an ... gründlich eingeboren« sind und sie im platonischen Sinn als Entelechie dem Kosmos zugehört. Der Astronom spricht die Überzeugung aus, »daß sie nicht sowohl das ganze Sonnensystem in sich trage, sondern daß sie sich vielmehr geistig als ein integrierender Teil darin bewege«. Durch sie eröffnet sich der weiteste Horizont, in dem nun die Frage nach der Bestimmung des Menschen begriffen sein will: der Mensch muß sich in Relation zu kosmischen Vorgängen verstehen, wenn er sich nicht vor dem Ungeheuren des Alls in ein Nichts auflösen soll. Aber ist es nicht zugleich vermessen, den Menschen als integrierenden Teil des Sonnensystems sehen zu wollen? Wie kann er sich in der Mitte dieser Ordnung noch denken, wenn doch das heliozentrische Weltbild längst den Sinnenschein entwertet hat und sich der gestirnte Himmel nicht um die Erde oder gar den Standort des Betrachters dreht. So überrascht es nicht, daß Wilhelm sich über die Veränderung der Weltbetrachtung durch das Fernrohr äußert und damit zugleich das Kopernikanisch-Newtonische Weltbild in seinen Folgen für das menschliche Selbstverständnis bedenkt. Er sieht den Jupiter »in bedeutender Größe, begleitet von seinen Monden, als ein himmlisches Wunder« und sagt zum Astronomen: »Ich weiß nicht, ob ich Ihnen danken soll, daß Sie mir dieses Gestirn so über alles Maß näher gerückt. Als ich es vorhin sah, stand es im Verhältnis zu dem übrigen Unzähligen des Himmels und zu mir selbst; jetzt aber tritt es in meiner Einbildungskraft unverhältnismäßig hervor, und ich weiß nicht, ob ich die übrigen Scharen gleicherweise heranzuführen wünschen sollte. Sie werden mich einengen, mich beängstigen.«

Offenbar weist diese Bemerkung auf das zentrale Motiv des Romans. Wie ist noch eine Bestimmung des Menschen zu rechtfertigen, wenn das natürliche Weltverhältnis,

wie es sich den Sinnen darbietet, durch die Erkenntnismittel der Naturforschung aufgehoben wird und dadurch die dem Menschen vertraute, vermeintlich natürliche Ordnung sich in einen bloßen Schein auflöst; das einzelne Beobachtungsobjekt drängt sich
vor, hebt die Faßlichkeit des Ganzen auf und wirkt deshalb beängstigend. So stellt sich
mit neuer Dringlichkeit die Frage, wie der Mensch sich eine Bildung geben kann, wenn
die neuzeitliche Naturerkenntnis ihn nur immer mehr in ein Mißverhältnis zur Welt-
vorstellung der sinnlichen Wahrnehmung gebracht hat.

Wilhelm wird damit auf die moralischen Folgen einer Naturforschung aufmerksam, die
dies Mißverhältnis ständig vergrößern muß, je mehr sie durch immer neue Apparaturen
und Formeln die Phänomene isoliert und aus dem menschlichen Bezug herausnimmt.
Er sagt: »Ich habe im Leben überhaupt und im Durchschnitt gefunden, daß diese Mittel,
wodurch wir unsern Sinnen zu Hülfe kommen, keine sittlich günstige Wirkung auf den
Menschen ausüben. Wer durch Brillen sieht, hält sich für klüger, als er ist; denn sein
äußerer Sinn wird dadurch mit seiner innern Urteilsfähigkeit außer Gleichgewicht
gesetzt; es gehört eine höhere Kultur dazu, deren nur vorzügliche Menschen fähig sind,
ihr Inneres, Wahres mit diesem von außen herangerückten Falschen einigermaßen
auszugleichen.« Er greift zu einer paradoxen Äußerung, um die eigentümliche Notlage
der menschlichen Kultur zu verdeutlichen. Denn wenn die Erkenntnismittel — die
mancherlei Brillen — den Augenschein entwerten, so tun sie es doch nur, weil sie eine
richtigere und genauere Erkenntnis ermöglichen, weil sie uns schärfer sehen lehren; aber
gerade diese Richtigkeit und Genauigkeit wird zu einem Falschen, sofern sie den Menschen durch ein »von außen Herangerücktes« aus seinem ›wahren‹ Bezug zum Dasein,
dessen er im Innern gewiß ist, herauswirft. Die Bildung des Menschen kann sich nicht
einfach auf ein natürliches Weltbild verlassen und die Naturerkenntnis mißachten; aber
sie kann noch weniger deren Ergebnisse schon als ein menschlich Wahres hinnehmen,
sondern muß sich der sittlichen Folgen des durch die Erkenntnismittel veränderten
Weltverhältnisses bewußt werden. So sagt Wilhelm: »Wir werden diese Gläser so wenig
als irgend ein Maschinenwesen aus der Welt bannen, aber dem Sittenbeobachter ist es
wichtig, zu erforschen und zu wissen, woher sich manches in die Menschheit eingeschli-
chen hat, worüber man sich beklagt.«

Dieser Aufgabe des Sittenbeobachters sucht offenbar Makarie gerecht zu werden. Wenn
es von ihr heißt, daß sie sich als ein ›integrierender Teil‹ im Sonnensystem bewege, so
ist damit jene Art von bildender Tätigkeit gemeint, die dem Menschen zugehört und
durch die er als integrierende Kraft in der Natur wirksam wird. Aber zugleich ist ihr
ein geistiges Schauen eigen, das sie über den irdischen Bereich erhebt; im Traum erblickt
Wilhelm sie als einen Stern, der mit dem Sternenhimmel sich vereinigt. Jenseits von den
sich gegenseitig in Frage stellenden Weltvorstellungen verwirklicht sich in ihr die
schauende Gewißheit vom lebendigen Ganzen: sie fällt nicht zurück in die Welterfahrung der fünf Sinne, erhebt sich aber über die Grenzen der wissenschaftlichen Erkenntnis. Nur deshalb wird ihr Name sprechend für ihr Wesen: sie ist makarios = glückselig,
selig, sofern sie als Mensch sich des Daseins als eines Ganzen vergewissert; für sie ist es
kennzeichnend, daß sie »viele Jahre ihres Lebens die innern Erscheinungen mit dem
äußern Gewahrwerden zusammengehalten und verglichen« hat. Am Schluß des Romans, in III_{14} und $_{15}$ sehen wir uns wieder auf sie verwiesen. Ihr »Verhältnis zum
Weltsystem« wird nun demjenigen Montans gegenüber gestellt; wenn dieser »sich in die
tiefsten Klüfte der Erde versenkt«, so macht sie »gleichsam einen Teil« des Sonnensystems aus und »sieht sich in jenen himmlischen Kreisen mit fortgezogen«. Jener geht
einer »Welt des Stoffes« nach, die den höchsten Fähigkeiten des Menschen zur Bearbeitung übergeben ist; diese verfolgt einen »geistigen Weg«; »sie scheint nur geboren,
um sich von dem Irdischen zu entbinden, um die nächsten und fernsten Räume des
Daseins zu durchdringen«; sie wird als ›Entelechie‹ bezeichnet, die »sich nicht ganz aus

unserm Sonnensystem entfernen« werde. In ihr waltet das ätherische Prinzip wie in Montan das terrestrische; nur in der Vereinigung beider kann sich die Bestimmung des Menschen erfüllen: »Diese beiden Welten gegeneinander zu bewegen, ihre beiderseitigen Eigenschaften in der vorübergehenden Lebenserscheinung zu manifestieren, das ist die höchste Gestalt, wozu sich der Mensch auszubilden hat«. Der Welt des Gebirges steht die der Gestirne gegenüber; beide drohen den Menschen zu überwältigen und zu vernichten; indem er sich ihnen gegenüber fragend behauptet, begegnet er dem Geheimnis, sei es in den Schriftzeichen der Natur, sei es in der geistigen Teilhabe an den fernsten Räumen des Daseins. Der Mensch kann seiner Sendung erst gerecht werden, wenn er sich zwischen die durch Makarie und Montan bezeichneten Pole stellt, zwischen Himmel und Erde, zwischen »ätherische Dichtung« und »terrestrisches Märchen«.

Zugleich verfügt Makarie über die ihrem Weltverhalten entsprechenden Äußerungsformen, sofern sie »paradoxe Resultate« vermittelt, die in einem Archiv gesammelt werden. Wie Montan nicht hoffen kann, die Fragen nach dem »woher? und wohin?« direkt zu beantworten, »den eigentlichen Sinn verlauten zu lassen«, so wird man auch im Kreise Makariens »zuvörderst gleichnisweise reden« (I$_{10}$). Allerdings hat sie dabei einen eigenen Weg verfolgt; sie suchte nicht die Spalten und Risse des Gebirges als Buchstaben zu entziffern, sondern hielt sich an die im »augenblicklichen Gespräch« auftauchenden Gedanken, also an die Spontaneität der geistigen Äußerung. Sie machte es zur Pflicht, »einzelne gute Gedanken aufzubewahren, die aus einem geistreichen Gespräch, wie Samenkörner aus einer vielästigen Pflanze, hervorspringen«. So war ein »bedeutendes Archiv« entstanden; in einem Zimmer waren »in Schränken ringsum viele wohl geordnete Papiere zu sehen; Rubriken mancher Art deuteten auf den verschiedensten Inhalt«. Aber da diese Aufzeichnungen auf Gespräche zurückgingen, blieben sie eigentümlich in sich verschlossen, bis sie wieder in eine neue Denkbewegung hineingenommen wurden: »Resultate waren es, die, wenn wir nicht ihre Veranlassung wissen, als paradox erscheinen, uns aber nötigen, vermittelst eines umgekehrten Findens und Erfindens rückwärts zu gehen und uns die Filiation solcher Gedanken von weit her, von unten herauf wo möglich zu vergegenwärtigen.« Diese »paradoxen Resultate« werden mit einer Masse Quecksilber verglichen, die hinfällt und »sich nach allen Seiten hin in die vielfachsten unzähligen Kügelchen zerteilt«. Die Frage nach dem Bezug des Menschen zum Sonnensystem läßt sich so wenig direkt beantworten wie die nach seiner terrestrischen Natur; aber seine Mittelstellung rechtfertigt es, daß wir das Gegenwärtige mit dem Vergangenen verknüpfen, um »zum Anschauen jener Übereinstimmung, wozu der Mensch berufen ist«, zu kommen; die Freude an der Überlieferung entsteht, »indem wir den besten Gedanken schon ausgesprochen, das liebenswürdigste Gefühl schon ausgedrückt finden«.

Es entspricht dem Wesen des Aphorismus, daß in ihm die Welt des Geistes nur als spontane Produktivität zur Geltung kommt, die sich nicht auf Resultate festlegen läßt. Die Aufzeichnungen aus Makariens Archiv wollen als Zeugnisse eines solchen provozierenden Denkens aufgefaßt sein und können deshalb als integrierender Bestandteil des Romans gelten. Die Vielfalt der im Archiv gesammelten Blätter macht eine eigene Ordnung sichtbar, wenn sie auch jeweils neu realisiert sein will. Die paradoxen Resultate bleiben auf jene Schrift der Natur angewiesen, die Montan zu entziffern sucht und die ihren Sinn doch nur in Bildern zu erkennen gibt. So mag man die Romanform der *Wanderjahre* mit einem Archiv symbolischer Zeichen und aphoristischer Bilder vergleichen. Vor der Übergewalt der Natur fragt der Mensch nach seiner Stellung im All, die er nur an einzelnen Archivstücken erläutern, aber nicht als objektivierender Erzähler aus einer vollständigen Überschau heraus im Zusammenhang vorführen kann. Der Roman verzichtet auf das Nacheinander einer durchgeführten Motivation und bedient sich statt dessen der Form eines Archivs, das die verschiedensten Zeugnisse zu dem einen zentralen Thema sammelt; dabei durchdringen sich Imagination und Reflexion in dem Maße, wie die Erzählungen das Nachsinnen in Gang setzen und die Betrachtungen auf die Bilder des Daseins bezogen bleiben oder sich im Gespräch entfalten, ohne sich didaktisch zu verfestigen. So entsteht eine zyklische Form des Erzählens; die bestimmende Thematik läßt sich nicht mehr handlungsmäßig entfalten, sondern nur noch in einer Motiv- und Bilderfolge abwandeln.

Dabei ist dann allerdings noch auf ein durchgehendes Motiv besonders zu achten, bei dem man zweifeln mag, ob es als symbolisches Verweisungszeichen oder als gegenständliche Aussage gemeint ist. Als Wilhelm mit Felix das Gebirge verläßt, kommen sie durch ein Gebirgsstück mit Säulenwänden, Pforten und Gängen, dem »Riesenschloß«, wo Felix in eine Höhle eindringt, aus einer Kluft des schwarzen Gesteins wieder auftaucht und ein Kästchen mitbringt, »nicht größer als ein kleiner Oktavband, von prächtigem altem Ansehn; es schien von Gold zu sein, mit Schmelz geziert« (I_4). Er hatte in einem Raum der Höhle einen großen eisernen Kasten gefunden, dessen Deckel er nur mit Hilfe von Knütteln öffnen konnte, der aber bis auf das »Prachtbüchlein« leer war. »Ein Geheimnis war ihm aufgeladen, ein Besitz, rechtmäßig oder unrechtmäßig? sicher oder unsicher?« In der ersten Fassung schlossen sich noch Bemerkungen über das Verhalten des Felix an: »Mein Sohn, wer ein Geheimnis bewahren will, muß nicht merken lassen, daß er eins besitzt. Die Selbstgefälligkeit über das Verborgene hebt die Verborgenheit auf« (*WA*, Bd. 25², S. 9). Man möchte meinen, daß dieses »Kästchen« zu dem Kasten mit Kleidern und Juwelen in der *Natürlichen Tochter* in Beziehung gebracht werden könnte oder auch zu Ottiliens Koffer in den *Wahlverwandtschaften*. Jedesmal geht es um den verborgenen Reichtum des Lebens; das eine Mal wird er frühzeitig hervorgeholt, das andere Mal entsagend verschlossen gehalten. In den *Wanderjahren* hat das Kästchen die besondere Form des Buches und wird in einer Höhle des Gebirges in einem offenen Kasten gefunden. Im Hinblick auf Montans Wort von der Schrift der Natur, deren Alphabet man kennen lernen muß und von der sich doch nur das Gemeinste mitteilen läßt, möchte man vermuten, daß sich an diesem Kästchen als »Prachtbüchlein« ablesen lassen muß, wie Felix den Weg zum Geheimnis der Natur findet. Er dringt abenteuernd in eine Höhle ein, als läge alles offen, als ließen sich seine Wünsche mit einfachsten Mitteln (mit den Knütteln, die ihm Wilhelm reicht) befriedigen; dabei stößt er auf einen Schatz, dessen Wesen verborgen bleibt. So entspricht dies Zeichen der Situation des fragebereiten Felix, der auf alles eine Antwort erwartet.

Als Wilhelm am Ende des 1. Buches (I_{12}) sich entschließt, Felix in die pädagogische Provinz zu geben, weist ihn Lenardo an einen alten Freund, einen Antiquar, dem er das Kästchen zur Aufbewahrung gibt. Man spricht darüber, ob man es öffnen solle, und der Alte sagt: »Wenn Sie glücklich geboren sind und wenn dieses Kästchen etwas bedeutet, so muß sich gelegentlich der Schlüssel dazu finden, und gerade, wo Sie ihn am wenigsten erwarten.« Wieder markiert das Kästchen einen bedeutsamen Zustand; bevor Felix seinen eigentlichen Bildungsweg beginnt, wird das Kästchen in Verwahrung gegeben, gewissermaßen mit der Frage, ob und in welcher Weise es ihm gelingen wird, den Zugang zum Verborgenen zu gewinnen. Das Kästchen wartet auf den Schlüssel, und Hersilie, die eine der beiden Nichten des Schloßherrn ist, ist es dann, die den Schlüssel findet, nachdem ihr Felix die Nachricht gegeben hat, daß er sie liebt (II_{10}). In III_2 schreibt sie an Wilhelm: »Zu Ihrem Prachtkästchen ist das Schlüsselchen gefunden; das darf aber niemand wissen als ich und Sie.« Sie hat es in dem Jäckchen des Jungen aus dem Gebirge, des Fitz, gefunden, als sie dessen Kleid zurückschicken soll: »ein winzig kleines, stachlichtes Etwas kommt mir in die Hand. ... Den Fund zu offenbaren, herzugeben, war mir unmöglich; ... so wird allein die Eröffnung des Kästchens mich beruhigen«. Sie schickt die Abbildung des Schlüssels mit, des »Rätsels«, das sie an »Pfeile mit Widerhaken« erinnert und das wie ein vieldeutiges Emblem aussieht. Und schließlich meint sie, was geht mich das Kästchen an; es gehöre Felix und ihn müsse man herbeiholen. In III₇ meldet sie weiter, daß sie nun, nachdem der Antiquitätenkrämer gestorben ist, das Kästchen besitze. Sie wünscht nur noch, »daß eine Deutung vorgehe, was damit gemeint sei, mit diesem wunderbaren Finden, Wiederfinden, Trennen und Vereinigen.«

Am Schluß des dritten Buches, in III₁₇, findet sich ein letzter Brief Hersiliens, der dem im Kästchen verschlossenen Geheimnis eine Deutung und zugleich eine neue Verrätselung gibt. Nun erzählt sie, wie der jugendlich herangewachsene Felix sie besucht und das »Prachtkästchen« zu sehen verlangt. Als sie verrät, daß sie den Schlüssel besitze, steigt seine Neugier auf das höchste; er möchte ihn sehen und »bittet wie betend«:

Ich zeigte das Wundergeheimnis von weitem, aber schnell faßte er meine Hand und entriß ihn, und sprang mutwillig zur Seite.... »Ich habe nichts vom Kästchen noch vom Schlüssel!« rief er aus; »dein Herz wünscht' ich zu öffnen, daß es sich mir auftäte, mir entgegenkäme....« Er war unendlich schön und liebenswürdig, und wie ich auf ihn zugehen wollte, schob er das Kästchen auf dem Tisch immer vor sich hin; schon stak der Schlüssel drinnen; er drohte umzudrehen und drehte wirklich. Das Schlüsselchen war abgebrochen, die äußere Hälfte fiel auf den Tisch.

Ich war verwirrter, als man sein kann und sein sollte. Er benützt meine Unaufmerksamkeit, läßt das Kästchen stehen, fährt auf mich los und faßt mich in die Arme.... Ich will's nur gestehen, ich gab ihm seine Küsse zurück.

Was hier so sachlich erzählt wird, weist auf einen Hintersinn und erinnert offenbar in einer knappsten Formel an Thema und Zusammenhang des Romans: Felix findet das verschlossene Kästchen, als er zu fragen beginnt und mit dem Geheimnis der Natur konfrontiert wird; nachdem er Hersilie seine Liebe erklärt hat, findet sie sich im Besitz des Schlüssels, als könne er fortan nur durch die Liebe zu ihr in das Geheimnis eindringen, als sei die Liebe selbst das Verborgene. Aber als er dann bei ihr ist, kümmert ihn nicht mehr das Geheimnis der Natur, sondern nur noch das Herz der Geliebten, die Erwiderung seiner Neigung; damit verliert der Schlüssel seine Kraft; er bricht ab; es kommt zum Ausbruch einer Leidenschaft, gegen die sich Hersilie wehrt, bis Felix fortstürmt. Das Geheime tritt damit in seine Verborgenheit zurück, wie es eine letzte Bemerkung erläutert. Hersilie zeigt das Kästchen einem Goldschmied: »er betrachtet den abgebrochenen Schlüssel und zeigt, was man bisher übersehen hatte, daß der Bruch nicht rauh, sondern glatt sei. Durch Berührung fassen die beiden Enden einander an, er zieht den Schlüssel ergänzt heraus, sie sind magnetisch verbunden, halten einander fest, aber schließen nur dem Eingeweihten. Der Mann tritt in einige Entfernung, das Kästchen springt auf, das er gleich wieder zudrückt: an solche Geheimnisse sei nicht gut rühren, meinte er.« Offenbar gehören weder Hersilie noch Felix zu den Eingeweihten, die die magnetische Kraft der Liebe recht zu benutzen wissen; wenn auch Schlüssel und Kästchen sich in ihren Händen zusammengefunden haben, so sind sie doch so sehr dem Augenblick überantwortet, daß das Geheime geheim bleibt, als genüge es, dem Geheimnis zu begegnen und es dann auf sich beruhen zu lassen: »Das bedeutende Kästchen steht vor mir, den Schlüssel, der nicht schließt, hab' ich in der Hand, jenes wollt' ich gern uneröffnet lassen, wenn dieser mir nur die nächste Zukunft aufschlösse.« Der Mensch sieht sich auf den Vollzug des Lebens in der ihm verfügbaren Zukunft verwiesen, ohne die verborgene Macht der Natur erschließen zu können oder zu müssen: nur so begreift er sich als der Wanderer, der Entsagende, von dessen Bestimmung der Roman erzählt. Das Kästchenmotiv erweist sich damit als eine Chiffre oder Hieroglyphe, an der sich ein innerer Zusammenhang des Romans zu erkennen gibt; es ist ein sehr einfaches Motiv, das nur wenige Vorstellungen in Bewegung setzt. Als verschlossenes Kästchen weist es auf das Geheime, Verborgene; die Gestalt des Buches läßt nach dem Sinn der

Schrift fragen; der Schlüssel will gefunden und in rechter Weise benutzt sein. Aus der Zuordnung dieser Vorstellungen in wechselnden Situationen der beteiligten Figuren entsteht ein Erzählzusammenhang, der seine eigene Folgerichtigkeit besitzt und insofern der Märchenfreiheit der Einbildungskraft Raum gibt; es ist nicht eigentlich eine Allegorie, die enträtselt sein will, sondern ein sinnbildlicher Verweisungszusammenhang, der nur das Verhältnis des Offenbaren zum Verborgenen umspielt und bei dem sich manches denken läßt. Das sinnbildlich-sprechende Motiv hilft auch hier — wie in den *Wahlverwandtschaften* — dazu, den Leser in den ästhetischen Zustand zu versetzen; die in sich widerspruchsvolle Vielfalt des Daseins stellt sich als Gefüge dar, das undurchschaubar bleibt und deshalb auch nicht einfach am Faden der Ereignisse erläutert werden kann.

Das Kästchenmotiv bringt in den *Wanderjahren* die für Goethes Altersstil so wichtige zeichenhafte Symbolik in besonders markanter Weise zur Geltung; es wirkt als eine Art Rahmen, der die zyklischen Abwandlungen der Grundthematik zusammenbindet. Man darf es nicht nur psychologisch deuten, wie Trunz meint: es sei »ein Gegenstand, im Zusammenhang mit welchem sich in Felix und Hersilie bestimmte Seiten ihres Innenlebens entwickeln«, als weise es nur auf Seele und Gefühl (Hamburger Ausgabe Bd. 8, S. 615). Damit wird der Beziehungsreichtum des Verweisungszeichens ebenso wenig anerkannt, wie das Wechselverhältnis von Verbergen und Erschließen, das im Sinne Goethes zur Grundsituation des Menschen gehört und auf alle Lebensbeziehungen einwirkt. Man wird sich aber auch nicht begnügen können, ein solches Symbol zu isolieren und als typisch für die Symbolsprache der Dichtung schlechthin anzusehen, die eben Sinnbilder und nicht begriffliche Erkenntnisse hervorbringe. Denn wenn auch die Dichtung auf ihre Weise das Vorstellungsleben in Bewegung setzt und einer eigenen Gestaltenwelt Bedeutung gibt, so tut sie es doch auf sehr vielfältige und wechselnde Weise im Zusammenhang mit der ihr jeweils wesentlichen Thematik. Ereignisse, Schicksale, Figuren und symbolische Motive kommen auf sehr verschiedene Weise zur Geltung. Für Goethe ist es kennzeichnend, daß er seit der italienischen Reise immer entschiedener eine Symbolsprache entwickelt, die nicht mehr einen individuellen Lebenszusammenhang vorführt, sondern einzelne Dinge der natürlich-sichtbaren Welt als Bildzeichen benutzt, die sich durch die Darstellung supplieren und auf ein Unaussprechliches des Lebens verweisen; erst dadurch gelingt es ihm, die einzelnen Ereignisse und Charaktere zu den Urphänomenen in Beziehung zu bringen und sie als Metamorphosen des Lebendigen zu begreifen. Nur deshalb kann das Kästchenmotiv die Erzählstruktur der *Wanderjahre* und die ihnen zugehörige epische Form erläutern, jene eigentümliche Verflechtung von typisierenden Erzählungen und kosmischen Betrachtungen, die den Menschen auf ein ihm unfaßbares All verweisen. Die naturgesetzlich begreifbare Welt mit ihren Zwecken und Zielen bestimmt den Menschen, der sich aber zugleich durch das Wissen um die Undurchschaubarkeit des Ganzen begrenzt sieht und auf die nur noch sinnbildlich sprechenden Zeichen achten lernt.

Wenn sich derart die Bestimmung des Menschen nur im Hinblick auf eine übergewaltige Natur in ihrem Eigenrecht ausweisen kann, wird sich von ihr aus auch die Dynamik der Gesellschaftsverfassung zu erkennen geben. Es gibt hier kein zeitlos gültiges Ideal sondern nur ein Kräftespiel, das der Polarität von Natur und Kultur entspricht. Wenn das neu heraufkommende Maschinenwesen einerseits die Lebensmöglichkeiten erweitert, so zerstört es doch andererseits alt überkommene Lebensformen; der Mensch sieht sich zwischen dem Verlangen nach möglichst ursprünglichen Verhältnissen und dann wieder nach entwickelten und differenzierten hin- und hergerissen. Schon der Großvater des Schloßherrn war nach Amerika gegangen, um seine Kräfte frei regen zu können, während der Enkel nach Europa zurückstrebte: »Er zog vor, ... lieber in der großen, geregelt tätigen Masse mitwirkend sich zu verlieren, als drüben über dem Meere um Jahrhunderte verspätet den Orpheus und Lykurg zu spielen« (I$_7$). Der Neffe Lenardo dagegen bekennt, daß er »unwiderstehlich nach uranfänglichen Zuständen hingezogen werde«, daß seine Reisen »durch alle hochgebildeten Länder und Völker« diese Gefühle nicht haben abstumpfen können (I$_{11}$). Auswandern und Rückwandern entsprechen sich wie das Verlangen nach anfänglichen oder entwickelten Lebensformen und stehen in einer engen Relation zu der durch die Maschinen verwandelten Natur. Wie das Beispiel der Weber erkennen läßt, verliert durch das Vordringen der mechanischen Webstühle die Bodenständigkeit der Menschen ihre Berechtigung (III$_5$ und $_{13}$). »Hier bleibt nur ein doppelter Weg, einer so traurig wie der andere: entweder selbst das Neue zu ergreifen und das Verderben zu beschleunigen, oder aufzubrechen, die Besten und Würdigsten mit sich fortzuziehen und ein günstigeres Schicksal jenseits der Meere zu suchen.« Die Wandlungen der Gesellschaftsstruktur weisen ihrerseits auf das durch ›Maschinen‹ und ›Brillen‹ veränderte Verhältnis zur Natur und auf die Entwertung sowohl des an die sinnliche Wahrnehmung gebundenen Vorstellungslebens wie der Handarbeit zurück.

Unter diesen Voraussetzungen geht es dem Künstler darum, die Einbildungskraft mit dem Wissen von der Natur von neuem zu versöhnen und eine fruchtbare Wechselbeziehung von Kunst und Wissenschaft zu ermöglichen. Der Roman muß die Natur derart sichtbar machen, daß die Erkenntnis der Natur wieder eingeht in die Vorstellungen von der Natur und der Stellung des Menschen zu ihr. Nur so kann die Einbildungskraft ihre Wahrheit zurückgewinnen. Je mehr sie in ein Mißverhältnis zur Astronomie, Geologie oder auch Physiologie wie zu den neu heraufkommenden Formen der maschinellen Arbeit geraten ist, um so mehr sieht sich die Kunst herausgefordert, das Geheimnis des Lebendigen sichtbar zu halten. So führt die Frage nach der Sendung oder Berufung des Menschen in den *Wanderjahren* zu einer überraschenden Erweiterung der Erzählhorizonte. Der Mensch sieht sich mit einer Natur konfrontiert, die seine Fassungskraft übersteigt und ihn zur Selbstbescheidung nötigt. Terrestrisches Märchen und ätherische Dichtung begrenzen seine Vorstellungswelt und nötigen ihn zur Ehrfurcht wie zum tätigen Wirken. Die Erzählungen, die den *Wanderjahren* eingefügt werden, suchen dieser Thematik zu entsprechen und sie zyklisch abzuwandeln. Der Einzelfall wird so gedeutet, daß er musterbildlich auf das Verhältnis von Mensch und Natur zurückführt. Das Erzählen richtet sich deshalb sowohl auf die faktischen Vorgänge wie auf eine naturnahe Symbolsprache, die die menschlichen Sinnbezüge heraushebt und ihre Unabschließbarkeit anerkennt.

Köln   Paul Böckmann

HELMUT REHDER

Entwurf zu einer Einführung in Goethes *Faust*

I. *Stoffliche Wurzeln*

Die Versuche, Goethes *Faust* inhaltlich wie formal auf einen Nenner zu bringen, sind fast so alt wie die Faust-Dichtung selber. Goethe selbst warnte davor (Eckermann, 6. 5. 1827), »ein so reiches, buntes und so höchst mannigfaltiges Leben«, wie es im *Faust* zur Anschauung kommt, »auf die magere Schnur einer einzigen durchgehenden Idee« bringen zu wollen. Dennoch haben verschiedene Zeitalter verschiedene Erkenntnisse und Ideale aus diesem Werk herausgelesen oder eigene Vorurteile und Wertsetzungen durch Hinweis auf *Faust* zu rechtfertigen gesucht. Diese Vieldeutigkeit der Dichtung beruht zunächst auf der Mannigfaltigkeit des stofflichen und thematischen Materials, das in der Dichtung Verwendung gefunden hat. Der Fauststoff besitzt, wie wenige andere Themen der Weltliteratur, »mythische Gegenwart«. Aus »uralter Zeit« stammend, bietet er — wie das Phänomen Natur — jeder Generation von neuem das Bild eines menschlichen Triebes, des Triebs zur Geistigkeit. Goethes *Faust* lokalisiert diesen Trieb in der Universität, dem Zentrum des Wissen-Wollens, des Intellekts, der Forschung, der Neuerung, des Protests gegen das Herkömmliche und Gewohnte. Im Laufe der dramatischen Handlung wächst das Stück weit über die Universität hinaus und ins Leben hinein, vorausgesetzt, daß der Leser bereit ist, dies »Leben« in allegorischen oder symbolischen Dimensionen zu erfassen.

Viele dieser Züge und Elemente gehören zur historischen Faust-Gestalt und ihrer literarischen Überlieferung in Volksbuch, -spiel, -lied und Puppenspiel, aber auch zu ihrer geschichtlich-kulturellen Umwelt, verkörpert in politischen Gestalten wie Kaiser Maximilian, dem »letzten Ritter«, und Kaiser Karl V., dem ersten »globalen Herrscher« neuerer Geschichte. Tiefer aber wurzeln diese Züge im Bildungsumbruch von Humanismus und Reformation, als die christliche Lehre zum ersten Mal wirklich »ins Volk« hinunterreichte und nicht nur einzelne Klassen der »Gesellschaft« erfaßte — ein Bildungsumbruch, der in Gestalten wie Cusanus, Erasmus, Hutten, Leonardo, Dürer und Luther zum Ausdruck kam, unter Wiedertäufern und Bauern, aber auch in pantheistischer Naturphilosophie, Okkultismus, Dämonenglauben, Teufelsbeschwörungen und ähnlichen Aberrationen in Erscheinung trat. Daß Goethe dieser Periode in den frühen siebziger Jahren stimmungsmäßig verfallen war, verrät die dichterische Beschäftigung mit Götz von Berlichingen, Hans Sachs, Hutten und Egmont — Gestalten, die nicht nur stofflich, sondern auch morphologisch in die Nähe des Faust gehören. Verglichen mit *Götz* und *Egmont* indessen ist überraschend wenig vom Stoff des 16. Jahrhunderts in die Faustdichtung übergegangen. Aus der reichhaltigen Reihe von handelnden Charakteren des Faustspiels ist nur eine begrenzte Anzahl von Figuren eindeutig dem Zeitraum der Renaissance zuzuweisen, und selbst manche von diesen könnten ebenso in anderen, späteren Jahrhunderten zu Hause sein. Das gleiche gilt von dramatischen Situationen: Die Szenen in Fausts Studierzimmer, Vor dem Tor, Auerbachs Keller, die Walpurgisszenen und im großen und ganzen der Kaiserhof weisen kulturgeschichtliche Affinität zur Renaissance auf; sie sind in der Minderheit gegenüber Szenen, die sich in einem weitaus »moderneren«, ja zeitlosen Raum abspielen. Wenn man in ihnen zuweilen

Zeichen eines »nordischen«, »faustischen« Temperaments zu entdecken geglaubt und sie dadurch wiederum von dem Begriff der »Renaissance« geschieden hat, so ist andererseits die Aufmerksamkeit auf die Stoffwelt des »klassischen« Menschen gerichtet, die breite Partien des zweiten Teils beherrscht und sich in die Urformen dionysischer Existenz zurückverfolgen läßt.

Die alchimistische Folie, die naturphilosophische Perspektive, die Auffassung von Gott, der Welt und dem Menschen könnte dem Zeitalter eines Paracelsus und Nostradamus zugeschrieben werden, wenn sie nicht ebenso dem Bewußtsein eines Dichters aus dem 18. Jahrhundert vertraut gewesen wäre, der sich mit mehr als theoretischem Interesse in die kosmogonischen und theosophischen Spekulationen des Hochbarock hineingelesen hatte. Im Gegensatz zur historischen Konzeption von *Götz* und *Egmont* ist der *Faust* »hoch-symbolisch intentioniert«; zu jenen hatte Goethe ein Verhältnis, bei diesem »war das Überlieferte nicht weit her«, und der Dichter »mußte in den eigenen Busen greifen« (Eck. 16. 2. 26), um einen widerstrebenden Stoff dichterisch zu potenzieren. Aus dem Erlebnis des 18. Jahrhunderts stammt die Satire auf die Ansprüche des Gelehrtenwesens und der Universitätswelt — Fausts Klage über die prekäre Situation des Dozenten, die fragwürdige ›Beratung‹ eines studentischen Anfängers, die moralische Abwertung des Studententums. Solche Satire war seit Erasmus' *Morias Encomium* (1509), Agrippa von Nettesheims *De Incertitudine et Vanitate Scientiarum* (1527) oder J. B. Menckes *Charlataneria Eruditorum* (1727) gewiß nichts Neues.

Aus dem 18. Jahrhundert stammt eine weitere stoffliche Wurzel, die des bürgerlichen Trauerspiels, das — aus England übernommen und in der Gretchen-Tragödie weitgehend variiert — fast die Hälfte des ersten Teils einnimmt. Allerdings wird die Schicht der bürgerlich-beschränkten, selbstgenügsamen Daseinsform schon in *Götz, Werther, Egmont, Clavigo, Stella* wesentlich aufgelockert, im *Faust* zusehends in Frage gestellt, nicht nur von Seiten einer höfischen, Macht habenden und ästhetischem Genuß ergebenen Oberschicht, sondern auch von Seiten des intellektuellen, dämonischen, in seinem Willensdrang unbedingten Einzelgängers — Faust. Sind schon Individualismus und Bürgertum, soweit sie der Dichtung stoffliche Anschaulichkeit verleihen, mit den Augen des 18. Jahrhunderts gesehen, so ist dies in besonderem Maße bei der Darstellung der öffentlichen, höfisch-politisch-juristischen Welt der Fall, in der sich Weltschau und Welterfahrung des Juristen und Hofmanns Goethe niedergeschlagen haben. Der deutsche Kaiserhof des faustischen Jahrhunderts und der Lehnstaat des ausgehenden Mittelalters trägt hier schon Züge des späteren Absolutismus mit seinem Beamten- und Merkantilsystem, seinen Schloßbauten und Parkanlagen, seinen politischen Intrigen, seinen Maskenzügen und barocken Hoffesten. Der Verfasser von Weimarer Maskenzügen verpflanzt hier die Wirklichkeit des eigenen Erlebens in die Stoffwelt der Dichtung, ebenso wie der junge Frankfurter Advokat die juristische These aus seiner Straßburger Zeit, »An foemina partum recenter editum trucidans capite plectanda sit?«, zu einer der erschütterndsten Szenen seiner Gretchen-Tragödie umgestaltet.

Umstellt von unendlich komplexen gesellschaftlichen, kulturellen, geschichtlichen, menschlichen Faktoren, ist die Wahl des Fauststoffs letzthin eine Frage innerster persönlicher Freiheit und Entscheidung. Das Problem menschlicher Geistigkeit, das weit über die Tragödie des bloßen Gelehrten hinausreicht, betrifft ebenso die Sphäre des Wissens wie die des Glaubens, die der Erkenntnis ebenso wie die der Liebe. Biblische Wahrheiten, die zu den ältesten Bildungserlebnissen Goethes gehören, wechseln mit Einsichten rationaler Wissenschaft. In solchem Sinne stofflicher Verwobenheit gehen im *Faust* Neuestes und Altes, Uraltes und Mythisches durcheinander und ineinander über. Wie bei einem monumentalen Bauwerk wird die Frage nach dem relativen Alter und Ursprung des Baumaterials irrelevant. Ob man in dem Werk Anspielungen auf neuere und neueste Geschichte erkennen will (Friedrich der Große, die französischen Revolutionen, zeitgenössische Literatur) oder auf einen lokalen Frankfurter Justizfall (Hinrichtung einer Kindesmörderin), ob man »Abhängigkeiten« von oder Parallelen zu literarischen Vor- oder Urbildern sucht (Plato, Euripides, Homer, Dante, Shakespeare, Calderon, Rousseau, Swedenborg, Klopstock, Lavater u. a.) oder »Verwendung« von naturwissenschaftlichen Erkenntnissen (Geologie, Botanik, Meteorologie, Farbenlehre) und kulturwissenschaftlichen Einsichten (Anthropologie, Religionsphilosophie, Mythologie, Psychologie des Unbewußten), stets löst sich die Frage nach der dichterischen Stoffwahl und Stoffverwendung in unzählige Spezialfragen auf, welche die Notwendigkeit kritisch-imaginativer Themen- und Struktur-Analyse deutlich machen. Jedenfalls unterscheidet sich Goethes *Faust* von anderen Faust-Dichtungen des 18. und 19. Jahrhunderts durch die Weltweite und Mannigfaltigkeit des dichterischen Stoffs. Auf jeder Stufe demonstriert dies einzigartige Dichtwerk »den großen Zusammenhang aller vorhandenen Geschöpfe« *(WA,* I, 18, 117). Gerade dadurch erhält das Problem der dichterischen Gestaltung und gehaltlichen Deutung besondere Dringlichkeit.

II. *Themen*

Unabhängig von Gesamtstruktur, Ausdrucksmedium oder Kompositionsperioden durchzieht den *Faust* ein vieldimensionales Gewebe von Themen, die das dramatische, künstlerische, geistige »Leben« der Dichtung tragen und es in abstrakter Weise herausstellen. Die jeweilige Deutung des Dichtwerks richtet sich nach den Voraussetzungen und Ansprüchen, mit denen ein Leser diesen Themen gegenübertritt. Da jedes »Thema« eine Abstraktion von konkreten Situationen, Szenenfolgen, »bedeutenden« Aktionen und dergleichen ist, können sich verschiedene Themen mitunter auf die gleichen Situationen beziehen, miteinander überschneiden oder gar decken. Die Doppeldeutigkeit von Fausts Charakter und Schicksal läßt die menschlichen Daseinstriebe von LIEBE und ERKENNTNIS als Grundthemen der Dichtung deutlich werden, gleichviel ob diese als separate, einander widersprechende oder ergänzende menschliche Triebe in Erscheinung treten. In metaphysischer Sicht wäre Erkenntnis das »Denken im Anderen«, Liebe das »Sein (wollen) im Anderen«, wobei Liebe im platonischen Sinn selbst wieder als Quelle des Erkenntnis-Strebens zu betrachten ist. Ist schon der Trieb zum Erkennen-Wollen alles Seienden (v. 382—3) der gerade dem Faust gemäße Drang, so ist ebenso die Liebe in allen menschlichen Erscheinungsweisen — von der persönlichen, unsagbar-einzigen bis zur universalen, alles umgreifenden »Sinnlichkeit«, vom Erotisch-Sexuellen bis zu den sublimsten Verfeinerungen humaner, geistiger und seelischer Kommunikation und göttlicher Begnadung — ein spezifisches Element faustischer Selbstverwirklichung. In ihrer wechselseitigen Durchdringung erscheinen diese zwei Triebe als die beiden Komponenten des »Faustischen«, das wiederholt als Grundthema und Ausgangspunkt des Dichtwerks bezeichnet worden ist. Ob nun dieser Gedanke innerhalb des Dramas als Konflikt zwischen »Körper« und »Geist« oder als Spannung zwischen »Äußerem« und »Innerem« ausgelegt wird (Paral. 1) oder als Spannung und Ausgleich zwischen Materie und Energie — zuletzt beschäftigt er noch in der Alternative von »Wissenschaft« und »Wahrheit« das moderne Denken.

In den zwei Brennpunkten der dramatischen Handlung — dem Gretchen- und dem Helena-Erlebnis Fausts — nehmen diese beiden Triebe dramatisch-bedingte Gestalt an. Jenseits dieser Brennpunkte erscheinen sie in biologischer, psychologischer, ästhetischer oder metaphysischer Gegensätzlichkeit, die jeweils nach besonderer dichterischer Vergegenwärtigung und Lösung verlangt. Das Gemeinsame in all diesen Variationen ist das Prinzip des Gegensatzes oder der POLARITÄT, das sich je nach den Umständen als leben-fördernd oder -hindernd erweist. Dies ist zunächst versinnlicht durch den rastlosen, blitzenden Wettstreit zwischen Faust und Mephistopheles, der sich — am Anfang und am Ende der Dichtung — nicht nur zu einem absoluten Kampf zwischen dem göttlichen und dem teuflischen Prinzip um die Seele des Menschen, sondern zu einer Rechtfertigung und Sinnsetzung des »Lebens« überhaupt erweitert. Die Mannigfaltigkeit und Vielschichtigkeit solcher dualistischen Thematik ist unbegrenzt. Sie erscheint in ur-mythischer Formulierung als Licht und Finsternis, als üppige Fülle und »ewig-Leeres«, als Kosmos und Chaos, als fruchtbares Pulsieren und sterile Starrheit. Sie manifestiert sich als widersprüchlicher Lebensinhalt von Glück und Sorge, von Schönheit und grotesker Häßlichkeit, als Drang nach Wahrheit und als Lust am Trug, als unlösbarer Widerspruch zwischen Begierde und Genuß. In soziologischer Differenzierung erscheint sie als »kleine« und »große« Welt, wenn man die bürgerliche Kleinwelt dem Glanz des Imperiums gegenüberstellt; sie erscheint als Antithese mittelalterlicher Kosmologie, wenn man die Relation von Mensch und All, von Mikrokosmos und Makrokosmos ins Auge faßt.

Es ist nicht der Sinn dieser Polaritäts-Thematik, daß sie nur gelegentlich illustrierend herangezogen wird, wie etwa in Fausts Seufzer von den »zwei Seelen«, oder daß sie gar in begrifflich-verdünnter Abstraktheit hinter dem dramatischen Geschehen nur aufleuchte, ohne sich in dichterischer Sprache niederzuschlagen, wie etwa in Goethes auf die Ausgestaltung der noch unvollendeten Faust-Dichtung bezogenem Diktum vom metaphysischen »Streit zwischen dem formlosen Gehalt und der leeren Form«. Vielmehr begleitet diese Thematik das ganze dramatische Geschehen und verwirklicht sich, bald mehr, bald weniger betont, als Spann- und Triebkraft auf jeder Stufe des Werks — sei es in einem inneren Fortschritt Fausts (der indessen von manchen angezweifelt wird) von der Verworrenheit zur Klarheit (v. 308/9) oder in dem Wechselspiel von menschlicher AUSBREITUNG UND EINSCHRÄNKUNG, das sich als Variation des von Goethe im gesamten Kosmos angenommenen Lebensrhythmus von Diastole und Systole herausstellt. In dramatischer Situation erscheint dieses Thema von Ausbreitung und Einschränkung, von Entfaltung und Resignation, in vielen von Goethes Frühwerken, im *Götz* wie im *Egmont*, im »Wanderer« wie in »Wanderers Sturmlied«, im »Ganymed« wie im »Prometheus«. Klarste Formulierung findet sich im *Werther:* »Ich habe allerlei nachgedacht über die Begier im Menschen, sich auszubreiten, neue Entdeckungen zu machen, herumzuschweifen; und dann wieder über den inneren Trieb, sich der Einschränkung willig zu ergeben, in dem Gleise der Gewohnheit so hinzufahren und sich weder um Rechts noch um Links zu kümmern« (21. Juni).

Stellt sich in dieser Formulierung das fundamentale Problem menschlicher FREIHEIT und individuellen Selbstseins dar, das unter allen Sturm-und-Drang Dramen Goethes gerade in den älteren Teilen des *Faust* seinen eigentümlichsten Ausdruck findet, so schließt es zugleich auch das Problem der BEGRENZUNG, Verneinung, ja der Zerstörung und der Tragödie ein, das dialektisch wie existentiell die notwendige Ergänzung zum Freiheitsproblem bedeutet. Im Gegensatz zu *Götz* und *Egmont* aber, wo der Kampf um Freiheit auf geschichtlich-gesellschaftlicher und politischer Ebene ausgetragen und letzthin für das Individuum negativ entschieden wird, verschiebt sich im *Faust* das Thema von menschlicher Freiheit in die höhere Dimension von Leben und geistiger Existenz überhaupt und verliert dabei den negativen, d. h. tragischen Sinn. Indem sich im Vordergrund das Tun und Leiden und die Schicksale des geistigen *Einzelmenschen* Faust abspielen (wobei man nicht unbedingt von »Streben« und konsequenter Höherentwicklung reden kann), vollzieht sich im Hintergrund gleichsam das Drama von der Rechtfertigung *menschlicher Existenz überhaupt.* In diesem kosmischen Spiel erfüllt Faust eine eigentümlich doppelte Funktion: in der Vordergrundshandlung agiert er als einzelnes Individuum, als »er selbst«; in der Hintergrundshandlung ist er als »Repräsentant der Menschheit« zu verstehen, wozu er von Anfang an ausersehen ist. Nur in dieser Schicht des Menschheitlichen ist von Streben und Höherentwicklung zu sprechen.

In der Person Fausts werden also zwei Weisen des Polaritätsprinzips wirksam, beide dramatisch in der Zuordnung des Mephistopheles zu Faust als seines »Gesellen« begründet: ebenso wie der Wille zu möglicher Freiheit das Wagnis des Bösen mit einschließt — und Fausts Verfehlungen lassen sich geradezu als ein Begehen fast aller mittelalterlichen Todsünden betrachten — ebenso verlangt die Verwirklichung des Seins als »Leben« die Erfahrung und Erfassung möglichen Nicht-Seins. Zustände und Situationen, die gerade das letztere deutlich machen, häufen sich: im Selbstmordversuch, in wiederholten Bewußtlosigkeiten, im Untertauchen in die Welt des Toten wird Faust an die Grenze des Nicht-Seins herangeführt. Die Frage, ob das diabolische Prinzip nur auf menschlich-sittlichem, oder ob es nicht ebenso auch auf physisch-biologischem Gebiet als einschränkend, hindernd, vernichtend betrachtet werden kann, begleitet nicht nur die Vordergrundshandlung vom Einzelmenschen Faust auf seinem Weg vom Teufelspakt durch Sünde zur Erlösung; sie beherrscht fast ausschließlich auch die symbolische Hintergrundshandlung, welche wiederholt den eigentlichen dichterischen Zauber der Faust-Dichtung ausmacht. In der Vordergrundshandlung führen Spannung und Widerspruch zu der (zuweilen in Frage gestellten) Erlösung Fausts — indem Fausts Wollen, ohne daß es ihm wirklich klar wird, den Willen Gottes realisiert (= »Ein guter Mensch in seinem dunklen Drange / ist sich des rechten Weges wohl bewußt«). In der Hintergrundshandlung weisen Spannung und Widerspruch auf das Prinzip des WERDENDEN (v. 346 ff.), das — in der Mitte zwischen dem Begriff des Seienden und dem Nicht-Seienden — substantiell dem »Willen Gottes« entspricht. Das »Werdende« erscheint bezeichnenderweise in der Dichtung gerade dort, wo Faust, als Person, entweder nicht anwesend ist, wie im »Prolog im Himmel«, oder wo er in höchster Euphorie über sein empirisches Dasein hinaus versetzt erscheint, wie im Ostergesang, der ihn aus dem Wahn der Selbstvernichtung herausreißt, oder wie im Geisterchor, der ihn einschläfert, oder im Geisterchor, der ihn aus seiner gänzlichen Erschütterung und Selbstvergessenheit wieder ins Dasein zurückpflegt. Das Werdende manifestiert sich ferner in den geheimnisvollen Homunculus-Szenen — Faust tritt persönlich und bewußt nie dem Homunculus gegenüber — oder in den Euphorion-Szenen, in der abschließenden Szene »Bergschluchten«, worin Fausts »Unsterbliches« selbst in den kosmischen Prozeß des Werdens hineingetragen wird.

In dem Maße, in dem der Übergang vom Erkennen zum Handeln für Faust eine Verengerung und Beschränkung darstellt und eine Quelle des Irrtums, in dem gleichen Maße erweitern sich für ihn die Möglichkeiten der Freiheit, der Steigerung und damit des Scheiterns. Wie im *Werther* und *Tasso* beansprucht auch im *Faust* das Denken und Reflektieren *über das Leben* einen viel größeren Teil des dichterischen Texts als das Handeln; aber wo immer das Handeln in Erscheinung tritt, da wirkt es dramatisch umso aufwühlender, verpflichtender, hinreißender. Zwischen den verschiedenen Stufen und Stadien von Fausts »Tätigkeit« besteht zunächst nur ein geringer logischer oder kausaler Zusammenhang; thematisch nimmt dieser Zusammenhang vielmehr die Form einer »Wanderung« an, die einer Lieblingsvorstellung des jungen — wie des alten — Goethe entspricht. Man könnte sogar, wie so oft in Goethes Dramatik, von überraschender Willkürlichkeit sprechen. Dramatische Straffung in Richtung auf ein »einheitliches« Thema (etwa die Rechtfertigung menschlicher Existenz oder die Verwirklichung des »Werdenden« — die beide freilich nur Abstraktionen sind) ergibt sich indessen, sobald das dramatische Geschehen in die doppelte Spannung einer WETTE eingeschaltet wird — einer »Wette« des Mephistopheles mit Gott und eines »Vertrags« (= Wette) zwischen Mephisto und Faust. Im Begriff der Wette spitzt sich der Gegensatz zwischen dem endlichen, zweifelnden, transzendenzlosen Anspruch des Verstandes und einem aufs Ganze gerichteten, gläubigen, transzendierenden Denken der Vernunft zu einem wirklich dramatischen Konflikt zu. Erst die Wetten unterstreichen die Alternative zwischen Sein und möglichem Nicht-Sein, zwischen »Streben« und »Beharren«, zwi-

schen dem menschlichen Verstricktsein in Irrtum, Sünde und Schuld und dem Wirken
göttlicher Gnade.

Die Wette — oder vielmehr der Pakt mit dem Teufel — ist eines der zwei Themen,
die aus dem Wirrwarr des Volksbuchs in die Substanz des Goetheschen *Faust* übergegangen sind; das andere ist das von Fausts Gemeinschaft mit dem verführerischen
Urbild der Sinnlichkeit, Helena. Es ist bemerkenswert, daß es gerade diese zwei Themen
waren — die Abschließung des Pakts und die Einführung der sinnlichen Dämonin
Helena —, deren dichterische Darstellung auf lange Zeit den Abschluß des Faust-Dramas
für Goethe hinauszögerte. Als Goethe von 1797 an sich der Ausgestaltung und Ab-
rundung des Stücks zuwandte, galt seine erste Aufmerksamkeit der Lösung gerade dieser beiden Probleme. Das eine wurde in der Ausfüllung der »großen Lücke« (v. 606—
1769) bewerkstelligt, das andere in der Ausführung des Zweiten Teils, der sich in
großen Zügen als die Entwicklung »auf Helena hin« und »von Helena weg« auffas-
sen läßt.

Dabei verlangt die im »Prolog im Himmel« angetragene Wette nach einer entsprechenden Lösung am Schluß des Stücks, die von Goethe als Szene eines Weltgerichts im
Himmel projektiert, in dieser Form indessen nicht ausgeführt wurde. Jedenfalls drängt
sich in solcher Planung das Thema der ERKENNTNIS wieder auf im Sinne letzter Urteils-
sprechung, Gerechtigkeit und Wahrheit. Es mündet ein in und wird ergänzt durch das
Problem der wirkenden Kraft der LIEBE, die wiederholt und entscheidend im Stück in
der Versinnlichung und Verklärung des »Lebens« in Erscheinung getreten ist und am
Ende in der Gestalt der Mater Gloriosa (und verwandter Gestalten) als Vermittlerin
göttlicher Gnade und im Begriff des »Ewig-Weiblichen« thematische Sanktionierung
erfährt.

Diese Weite begrifflicher Thematik wird durch eine Reihe sekundärer Themen variiert
und ausgefüllt, die teils unter Anspielung auf *räumliche* Dimension (Aufschwung ins
Kosmische; Untertauchen in elementare Tiefen; Absteigen ins Un- und Unterbewußte
etc.), teils durch ihre Betonung der *zeitlichen* Dimension und deren existentieller Intensität die Erinnerung an die Grundthematik wachhalten. Zu den letzteren gehört vor
allem die Vorstellung von der *Kontinuität alles Lebendigen* und der Anknüpfung des
Individuums an Vorwelt und Tradition, von der sich Faust bald hoffnungslos getrennt
weiß (v. 2695 ff.) und in die er sich bald als begnadet aufgenommen fühlt (v. 3225 ff.).
In anderen Werken dürfte das Thema von der Verwobenheit individueller und genereller *Fortdauer* einen stärkeren Unterton bilden. Der Appell an die ›Nachkommenschaft‹
am Ende des *Götz*, tragisch erhöht durch die schwächliche Gestalt von Götz' eigenem
Sohn, der Anruf des todbereiten Egmont an die Opferwilligen seines eigenen Volkes,
der in Lotte und Werther lebendige Glaube an Fortexistenz, das ekstatische Verlangen
des Orest nach einer gesühnten und befriedeten Kontinuität des eigenen Geschlechts —
all diese Erinnerungen werfen auch noch auf den entwurzelten Faust ein Licht: die Notwendigkeit des Transzendierens über sich selbst hinaus zu einem in der Vorwelt oder im
All dargestellten Ganzen des WERDENDEN, von dem aus selbst LIEBE und ERKENNTNIS-
Streben erst ihren letzten Sinn empfangen.

III. *Struktur*

In Bezug auf den kaum halb vollendeten *Faust* vermißte Schiller »für eine so hoch
aufquellende Masse ... [den] poetischen Reif, der sie zusammenhält« (26. 6. 97). Während der nächsten Monate, ja noch während der nächsten 30 Jahre, galt Goethes Arbeit
am *Faust* der Gestaltung eben solches »poetischen Reifs«, d. h. dem Problem der Form
und Struktur eines Dichtwerks, dessen Stoff ziemlich fest umrissen, dessen dichterische
Form indessen noch unklar und »offen« geblieben war. Es liegt in der Natur literarischer

Analyse, daß die morphologische Betrachtung von Strukturverhältnissen nie ganz von der genetischen Betrachtung der Werkgeschichte oder von der Erforschung der Quellen zu trennen ist. Schon der Umstand, daß *Faust* in vierzig Jahren in Form von drei sukzessiven Stufen herauskam, die miteinander, mit eminent aufschlußreichem handschriftlichen und biographischen Material und schließlich mit den »Quellen« zu vergleichen sind, macht es deutlich, daß ein »Bauplan« des vollendeten Faust-Gedichts aus mannigfaltigen vorläufigen »Bauplänen« herausgewachsen ist und daß auch der bescheidenste Versuch, das Werk allein aus sich selbst und seiner endgültigen Gestalt zu verstehen, durch Einwände aus anderen Betrachtungsweisen modifiziert werden kann. Von einem Werk, in dem alles bis zu seiner endgültigen Vollendung »im Werden« war, selbst wenn manches auf weite Strecken hin vom ersten Entwurf bis zur letzten Fassung wesentlich unverändert blieb (vgl. Urfaust — Fragment — I. Teil), ist anzunehmen, daß die poetische Architektonik »von vornherein« feststand, selbst wenn spätere Einsichten und Erfahrungen von Zeit zu Zeit fundamentale Umstellungen und Transformationen nötig machten.

Diese poetische Architektonik war zunächst eine der Szenen-Reihung, d. h. der »aufzughaften« Aneinanderkettung von einzelnen dialogischen Situationen oder Szenenbildern, wie sie auch im *Jahrmarktsfest von Plundersweilern*, im *Satyros* und anderen jugendlichen satirischen Dramenentwürfen verwendet worden war. Zuweilen auch als Monolog oder gar als Monodrama konzipiert, brechen die Szenen nacheinander in schlaglichthafter Dynamik auf den Leser herein, an dramatischer Stoßkraft gewinnend, die sich schließlich in heftigsten Ausbrüchen entlädt (z. B. Erscheinung des Erdgeists, Fausts Fluch auf das irdische Leben, Gretchens Schicksal im Kerker u. a.). Selbst im II. Teil ist dieses Sequenzprinzip noch lebendig, allerdings unter souverän-spielerischer Szenen-Gruppierung verborgen. Anknüpfung an den Typ mittelalterlich-volkstümlicher Mysterien ist hier wiederholt konstatiert worden. Jedenfalls ist diese ursprüngliche Dramenform des *Faust* lyrisch-expressiv und wesentlich frei von sorgsam-wägender Akt-Prägung.

Im Rahmen dieses Sequenz-Typus ist der Grundriß von *Faust* I eigentümlich uneinheitlich. In die 25 Szenen von »Nacht« bis »Kerker« teilen sich zwei im Grunde verschiedene Handlungen — die Tragödie des vor dem Nichts in den Teufelspakt getriebenen Intellektuellen und die Tragödie von der Zerstörung Gretchens, d. h. die Elemente der alten Universitätssatire und der bürgerlichen Tragödie. An Umfang halten sich beide ungefähr die Waage. Daß der Faust der ersten Handlung ein anderer ist als der der zweiten, ist oft beobachtet worden. Und zwar ist er das nicht nur durch die Magie der Verjüngung, die ja auch erst nachträglich hinzugefügt wurde. Schon ihren Wohnsitzen nach sind Faust und Gretchen an verschiedenen Orten. Aber auch in ihren Kernszenen sind Faust- und Gretchen-Handlung verschiedener Struktur: die erste in Gehalt und Stimmung ganz durch das »hochgewölbte, enge gotische Zimmer« beherrscht, worin sich die wichtigsten Krisen des vereinsamten Faust ereignen; die zweite am innigsten in Gretchens Stube (lyrisch-monologisch) und in der Garten- und Gartenhausszene (idyllisch-dialogisch) verdichtet, worin die Verschlungenheit zweier Existenzen in zeitloser Verklärung zutagetritt. Dort das Bild der ungewollten Eingeschränktheit, des »dumpfen Mauerlochs«, das zu Ausbreitung und Ausbruch antreibt — der Trieb der Diastole; hier das Bild der natürlich-seligen Selbstbeschränkung und Selbsterfüllung, den Trieb der Systole bestätigend. Die Faust-Handlung, sich aus ihrem Zentrum unerbittlich ausbreitend, zieht die Welt Gretchens in ihre Kreise und verzehrt sie. Dabei ist auffallend, daß es vor allem die Gretchen-Handlung ist (und nicht die Gesamthandlung des I. Teils), die in ihrem Grundplan ein dem *Götz* und dem *Egmont* ähnliches Strukturschema verfolgt. Von den beiden »Mittelpunkten« abgesehen (»Gotisches Zimmer« und »Stube/Garten«) sind die meisten anderen Szenen des I. Teils an Lokalitäten verlegt, die

vorwiegend »öffentlich«, neutral, allgemein und daher weder für Faust noch für Gretchen existentiell verbindlich sind: Vor dem Tor, Straße, Spaziergang, Brunnen, Dom,
Walpurgisnacht usw. Als Ganzes genommen, beginnt und endet der I. Teil mit der
Vorstellung des »Kerkers« als negativen Werts, d. h. er beginnt und endet diastolisch,
während die Gretchen-Episode als systolisch und als ein dem Faust-Thema ursprünglich — stofflich wie strukturell — fremdes Element erscheinen dürfte.

Die im Volksbuch dargestellte Tradition verlangte nach einer Verbindung Fausts mit
der dämonisch konzipierten Helena. In dem Augenblick, in dem Goethe den ergreifen-
den Fall der hingerichteten Kindesmörderin in den Faust-Komplex aufnahm, schien das
Helena-Motiv vorläufig verdrängt und der Abschluß der Dichtung auf Jahre hinaus
verzögert. Bezeichnenderweise ging Goethe bei Wiederaufnahme der Arbeit (Juni 1797)
gleich auf eines der wichtigsten Probleme zu: die Einführung der Helena in eine durch
die Gretchen-Episode etwas verschobene Faust-Dichtung. Die damit verbundene thematische Erweiterung (Fausts Erlösung und die Idee des Werdenden) führte zu einem
neuen Bauplan für die gesamte Faust-Dichtung. An die Stelle der räumlich und zeitlich
umschreibbaren Wirklichkeit des I. Teils, in der Faust mit all seinen inneren Widersprüchen ein einzelner Mensch, eine empirische Persönlichkeit war, tritt eine andere
Wirklichkeit, eine »innere«, die Wirklichkeit der Imagination, in welcher Faust in
mannigfaltigen Rollen und Gestaltungen als Verkörperung möglicher menschlicher
Bewußtseinsstufen aufzufassen ist. Inkongruenzen und dramatische Unstimmigkeiten,
die dadurch zwischen den beiden Teilen entstanden, waren keinem deutlicher als Goethe
selbst, der wiederholt bei der Mühe um die Fortsetzung des Gedichts von der »Schwamm-
familie« des Stoffes, von »Barbareien«, von einem »Tragelaphen« und ähnlichen unwil-
ligen Bezeichnungen sprach. Dennoch weist die Dichtung, wie sie heute besteht, einen
vorgefaßten morphologischen Grundgedanken auf. Die äußere Einteilung in zwei Teile,
die zuerst im Sommer 1797 und später intensiv erwogen zu sein scheint und die eine
künstlerisch-formative Blickrichtung »von innen« einer solchen »von außen« gegenüberstellt, wurde in dem Augenblick gelöst, in dem Goethe die Gesamthandlung in zwei
Zyklen organisierte, von denen der erste den zweiten gleichsam wie ein »poetischer
Reif« umschließt und, von höherer Ebene aus, die Handlung des letzteren bedingt,
leitet und schließlich in sich aufnimmt. Die erste — übersinnliche — Handlung wird
sichtbar am Anfang und Ende, im »Prolog im Himmel« und in der Schlußszene
»Bergschluchten«. Sie wird von übernatürlichen Charakteren oder Stimmen getragen
und durch die Wette zwischen Mephisto und dem Herrn zusammengehalten. Innerhalb
dieses Rahmens verläuft die zweite — irdische — Handlung, die eigentliche Handlung
Fausts, die sich vom ersten Monolog bis zu seinem Tode erstreckt. Sie wird gleichfalls
durch eine Wette zusammengehalten und setzt der himmlischen, raum- und zeitlosen
»Realität« die irdische Realität von Streben, Irrtum, Schuld, Glück und Leiden entgegen. Einzelne Parallelen und Entsprechungen versuchen eine äußerliche »Einheitlichkeit« der gesamten Tragödie aufrechtzuerhalten — so z. B. die fast wörtliche Wiederholung des Wette-Textes oder die wiederholte mephistophelische Unterbrechung von
Fausts Liebesglück. Wichtiger ist, daß die Kompositionsgeschichte nach der Veröffentlichung des I. Teils (1808) eine ständige und nicht immer leicht zu steuernde Verbrei-
terung des dichterischen Produktionsprozesses für den II. Teil mit sich brachte.

Der Bauplan für die Gesamtdichtung wird daher erst nach separater Betrachtung der
strukturellen Probleme der beiden Teile und deren Beziehungen zueinander sichtbar:
mit der Rundung des II. Teils rundet sich auch »das Ganze«. Die Begegnung Fausts
mit Helena, in der volkstümlichen Überlieferung einst nur eine unter vielen »Stationen«,
wird nun die neue Mitte, der weithin sichtbare »Gipfel« der Dichtung, ... »die Achse,
auf der das ganze Stück dreht« (an S. Boisserée, 19. 1. 1827). Um den Helena-Akt, als
Systole, legt sich die Fausthandlung herum, wie im I. Teil unter dem Zeichen der

Ausbreitung stehend, aber nun in ganz anderer Weise, in großen Sprüngen, verschiedene »Welt«schauplätze berührend, wobei innerhalb der »Akte« die »reihenweise« Szenenfolge des I. Teils beibehalten ist. Die aus den Tiefenräumen des barocken Theaters stammende Einteilung in fünf Akte wird zu einer Spiegelung menschlicher Bewußtseinsschichten (z. B. Spiel, Kunst, Wissenschaft, Glaube, Finanz, Politik, Krieg, Handel usw.). Dabei fällt auf, daß die 26 Szenen des II. Teils numerisch den 25 des I. Teils ungefähr die Waage halten, während sie an textlicher Breite den I. Teil im Verhältnis von zwei zu eins übertreffen. Der Betrachtung ist gegenüber der Leidenschaft größere Entfaltung geschenkt. Für einen gereiften, seiner selbst bewußten Faust ist es nun bedeutungsvoll, daß er in einer weit größeren Anzahl von Szenen als im I. Teil agierend nicht teilnimmt (= 11 Szenen), daß aber die dramatische Handlung sich um ihn dreht, als ob er — das geistige Schicksal des Menschen repräsentierend — anwesend wäre, um das Urteil der Weltgeschichte, des Weltgerichts, zu empfangen. Dreimal im Laufe des II. Teils geht die Handlung von Szenen in der Mittellage ruhiger, distanzierender Betrachtung aus (»Anmutige Gegend« — »Pharsalische Felder« — »Hochgebirg« — wobei durchaus nicht immer Faust der Betrachtende ist), leitet einen Prozeß der Diastole, der Ausbreitung menschlichen Willens, ein, und dreimal schlägt sie in einen Vorgang der Systole, der Einschränkung, um, der sich an Faust vollzieht (Ohnmacht durch die Berührung des Helena-Phantoms — Hinwegschwinden Helenas — Begegnung mit Sorge). Jedesmal wird die Notwendigkeit menschlicher Selbstbeschränkung an dem Grad der sie begleitenden Einsicht gemessen (von völliger Bewußtlosigkeit — über elegische Akzeptierung des Verlusts — zu bewußter Beschränkung aus freiem Entschluß). Wirkt dadurch der II. Teil in dramatischer Hinsicht weniger energisch-straff und mehr »komponiert« als der I., so vermittelt er andererseits durch wiederholtes und gesteigertes In-sich-Hineinnehmen des Leidens eine allmähliche Loslösung vom Wirklichen und Konkreten und eine Erhebung ins Bedeutende, Symbolische, Geistige. Mit dem Helena-Akt und seinen »Antezedenzien« als Kernstück des II. Teils beginnen die empirisch-menschlichen Charaktere zu schwinden und überirdische, geistige und geisterhafte, idealische, abstrakte Wesen an ihre Stelle zu treten, bis die letzte Szene — ebenso wie der Prolog am Anfang — ausschließlich von solchen Wesen beherrscht ist. Dichterisch entspricht dies dem Programm eines Übergangs vom »Lebensgenuß der Person ... von außen gesehn« zum »Schöpfungs-Genuß von innen«, den Goethe sich darzustellen vorgesetzt hatte.

Dies wird auch deutlich in der Ablösung der dramatischen Handlung von menschlich-topographisch-bedingten Innenräumen und der Versetzung in sinn- und urbildliche Landschaften — Landschaften des Traums und der Imagination, überirdische und kosmische Landschaften der Toten und Seligen (»Klassische Walpurgisnacht«, »Bergschluchten«), welche nun eigentlich im Sinn der Steigerung zu Räumen des Transzendierens werden. War der I. Teil eine Anerkennung der Sterblichkeit in der Betonung des »Mauerlochs«, des Kerkers und des »engen gotischen Zimmers«, so erweist sich der II. Teil als dichterische Unternehmung, im Irdischen die Grenzen des Irdisch-Endlichen zu transzendieren, wobei die Belebung aus Ohnmachten, die Wiedererstehung von Toten, das Beilager mit uralt-verschollener Wesenheit, die Überwindung des Leer-Formalen und schließlich der Trotz gegenüber der Sorge und der tödlich-niederdrückenden Zeitlichkeit des Menschen dem Glauben an Fortdauer des Lebens Substanz und Gehalt verleihen.

Wie schon bemerkt, entfaltet sich die dramatische Struktur des II. Teils in großen »Sprüngen« von Episode zu Episode, in denen Faust bald eine aggressiv-bestimmende, bald eine passiv-verborgene Rolle spielt (Kaiserhof — Hellas — Kaiserwelt — Meeresufer). In solcher dramatischen Technik werden die »Übergangsszenen« von besonderer struktureller Bedeutung, denn sie zeigen Faust im Zustand der Selbstbetrachtung, woraus ihn eine fundamentale Entscheidung in den Prozeß des Handelns, der Beschränkung und des Schuldigwerdens zurückreißt. Neben der »Anmutigen Gegend« als Einleitung übernehmen die »Klassische Walpurgisnacht«, »Hochgebirg« und »Mitternacht« die Funktion solcher Übergangsszenen, die auf Vergangenes zurückblicken und auf Kommendes vorbereiten. Im I. Teil erfüllen »Hexenküche«, »Wald und Höhle« und »Walpurgisnacht« einen ähnlichen Zweck. Kompositionsgeschichtlich sind dies Szenen, in denen Goethe, nach längerer Entfremdung vom Faust-Stoff, erneuten und vertieften Zugang zur Faustdichtung fand. Psychologisch dienen sie ebenso der Sammlung wie der Entfaltung, wie etwa »Hexenküche« und »Klassische Walpurgisnacht«, die beide ein Hinabtauchen in unterbewußte Tiefen darstellen, in denen Faust — einmal physisch, das andere Mal psychisch — verjüngt wird und auf die folgende Erscheinung des Weiblichen als Ideals seelischen und sinnlichen Erlebens vorbereitet wird. In der »Hexenküche« war es das Bild Helenas, das auf Gretchen vorbereitete; in der »Klassischen Walpurgisnacht« ist es das Bild Ledas, das die Geburt Helenas antizipiert. Ähnlicher Parallelismus der Struktur besteht zwischen »Wald und Höhle« und »Hochgebirg«, wo sich Fausts ›erhabene‹ Gemütsstimmung für den teuflischen Versucher einmal als leicht verwundbar, das andere Mal als schwer zu befriedigen erweist. Wichtig in diesen Übergangsszenen ist die existentielle Situation: auf sich selbst gestellt und seinen eigenen Entscheidungen überlassen, muß Faust seine jeweilige Reife und Verantwortlichkeit beweisen — ob in der nordischen Walpurgisnacht, wo sein Gewissen ihn wieder zu Gretchen zurücktreibt, oder in der Szene »Mitternacht«, in der er trotz tiefster Schuld die Herrschaft der Sorge über sein Gewissen nicht anerkennen will. Das heißt aber, daß gerade in den Übergangsszenen, die häufig als »retardierend« empfunden werden, ein dem *Faust* eigentümliches Strukturelement zu entdecken ist: im Grunde monodramatisch angelegt, stellen diese Szenen weniger ein räumlich-äußerliches Geschehen dar als eine Spiegelung innerer Gemütszustände, die sich ebenso lyrisch wie reflektiv äußern können und durch die Schärfe des inneren Konflikts »dramatisch« werden. Den ekstatischen Dichtungen der Frühzeit verwandt, beginnen sie vielfach als Selbst-Unterredungen, die zuweilen verdeckt, zuweilen offen in dialogische Auseinandersetzungen mit dem anderen Selbst — d. h. dem dämonischen Prinzip — ausmünden. In diesem Sinn besteht eine Verwandtschaft zwischen der Erdgeist-Szene, der Szene »Anmutige Gegend« und der Szene »Mitternacht«: drohende äußere Blendung wird schließlich zur wirklichen Blendung unter Aufgehen des »inneren Lichts«. Die Gewinnung menschlicher »Tiefe« ist nur zu erreichen durch Aufopferung des wertvollsten menschlichen Sinnes, des Sehens. (Auffallenderweise fehlt in »Anmutige Gegend« das Hinzutreten des Mephistopheles, das man nach dem Schema von »Wald und Höhle« und »Hochgebirg« wohl erwarten dürfte; dramatisch würde es den Übergang Fausts zum Kaiserhofe sinnlich motivieren. Gleich am Anfang des II. Teils stellt diese Abwesenheit Mephistos eine Reifung des menschlichen Instinktes dar.) In diesem Sinne sind die Übergangsszenen vielfach die Träger des eigentlichen dichterischen Pathos, das Gegenwärtiges und Vergangenes, Simultanes und Sukzessives im Brennspiegel des schöpferischen Bewußtseins auffängt und wieder »nach außen« wirft. Morphologisch gesehen, verwirklicht sich die Innerlichkeit der Struktur in drei Weisen dichterischer Gestaltung: im sprachlichen Ausdruck, in der Konzeption der dramatischen Charaktere und in der symbolischen Spannkraft der dichterischen Bildkunst.

IV. *Sprache*

Die unerschöpfliche Mannigfaltigkeit, die das Faustspiel in stofflicher Hinsicht auszeichnet, charakterisiert auch die Kunst der sprachlichen Gestaltung. Solche Mannigfaltigkeit der Sprachform ist Symptom von Freiheit und Bindung zugleich — Freiheit in Bezug auf das erstaunlich erfinderische Spiel von Abwechslung und Abwandlung,

Bindung in Bezug auf ein in allem Wandel immer wieder auftauchendes persönliches Stilprinzip. Fast alle anderen Dramen Goethes erschöpfen sich in dem ihnen jeweils gemäßen Stil, auf den sie sich von Anfang an festgelegt haben (z. B. Prosa: *Götz, Egmont, Clavigo, Stella;* Blankvers: *Iphigenie, Tasso, Natürliche Tochter). Faust* scheint zunächst keine solche für das Ganze gültige Sprachgestalt zu besitzen. Schon das Druckbild macht dies äußerlich anschaulich. Je nach Ursprung und Funktion weisen verschiedene Partien verschiedene sprachliche Strukturen auf — wie etwa die passioniert-expressive Prosa von »Trüber Tag«, die streng-metrische Rhythmik des Helena-Aktes, die pathosgetragenen Blankverse von »Wald und Höhle« oder die feierlich-kosmischen Gesänge der Schlußszene — die sich zueinander im Gegensatz, aber kaum im Widerspruch befinden. Allein auch dem *Faust* liegt ein eigenes sprachlich-rhythmisches Ausdrucksschema zu Grunde, welches es zweifellos Goethe ermöglichte, nach langen Perioden der Unterbrechung zur Faust-Dichtung zurückkehrend, den »richtigen Ton des Ganzen« zu treffen.

Durch die 12111 Verszeilen hindurch schlingt sich der 4-hebige jambische Vers als das eigentliche Faust-Idiom, das sich bald dem mittelalterlich-deutschen Knittelvers, bald dem aus dem Singspiel vertrauten Madrigalvers nähert, ohne auf die Dauer dem einen oder anderen zu verfallen. Und eben weil dieser ganz aus dem rhythmischen Drang entsprungene »Faustvers« die Freiheit besitzt, durch Einfügung unbetonter Silben oder durch Hinzufügung eines fünften oder sechsten Fußes den Vers auszudehnen, ohne die Sprechzeit wesentlich zu beeinträchtigen, nähert er sich zuweilen dem Schema des Blankverses oder des Alexandriners, ohne den diesen Versmaßen eigenen Charakter formaler Stilisierung zu übernehmen. Dies gilt allerdings nicht für die Hofszene im vierten Akt (v. 10849—11042), die sich in würdevollen Alexandrinern bewegt, dem Versmaß des höfischen Dramas zur Zeit des Absolutismus.

Unter den dramatischen Dichtungen Goethes steht *Faust* in Bezug auf sprachliche Struktur den Singspielen der frühen Weimarer Zeit am nächsten. Dies gilt vor allem für den I. Teil. Hier findet sich nicht nur der dehnbare und variable Madrigalvers, nicht nur die spielerische Freiheit des Reims und der Assonanz, die sich bald paarweise, bald umschlingend und verschränkt einstellen können, nicht nur die vorwiegend dialogische Rollenführung, sondern auch die lyrische Einlage, in der das gesprochene zum rezitierten und gesungenen Wort wird, die normale in eine erhöhte Stimmlage übergeht und das natürliche Tempo der Rede sich zu einer intensiven Dynamik des Ausdrucks steigert. Bedeutungsvoll scheint, daß von den 53 Szenen-Einheiten des *Faust* allein 32 Szenen (also etwa 3/5) in irgendeiner Form einen lyrisch-dramatischen Erguß enthalten, der oft — aber durchaus nicht immer — den poetischen »Brennpunkt« der jeweiligen Szene darstellt — wie etwa Gretchens Lied am Spinnrad, die Ballade vom »König in Thule«, das Raunen des Erdgeistes, die Geistersprüche im Studierzimmer, das »moralisch Lied« in der Valentinszene, ebenso wie das Lied des Türmers Lynkeus, die Engelchöre, der Chorus Mysticus. Häufig werden diese gesungenen Einlagen zu einer eminent straffen Verdichtung des iambischen Grundverses, indem sich aus den 4-hebigen (oder 5-hebigen) Verszeilen 2-hebige Kurzzeilen ablösen, (meist in fallendem, aber zuweilen auch in steigendem Versmaß). Dabei wird unter freister Behandlung des Reims der rhythmische Charakter der Zeilen hervorgehoben, oft das Tempo beschleunigt und die lapidare Sinn-Einheit des gesprochenen Satzes zu einer fließend-dynamischen Folge von Bildern und Gefühlsvorgängen erweitert (z. B. v. 737 ff., 1447 ff. u. a.). Zuweilen werden solche Höhepunkte überhaupt zu Ausdrucksformen in freien Rhythmen (Erdgeistszene, Katechisationsszene, Wald und Höhle, Dom, Euphorion u. a.), die sich indessen auch wieder zu reimhafter Bindung bereitfinden. Es ist wichtig, daß solche rhythmisch-lyrischen Partien gerade den geisterhaften Wesen vorbehalten sind (Studierzimmer-Szenen, die drei Gewaltigen u. a.), wie denn die letzte Szene, die sich ausschließlich unter geistigen

Wesen und Prinzipien abspielt, durch lyrisch-rhythmisch-symbolische Gegenstände dramatisch wird. Jedenfalls verwirklicht sich hier durch bald gesungenen, bald geflüsterten Gebrauch der Sprache das Element des Zauberischen, Geheimnisvollen, Magischen der Faust-Dichtung.

Zunächst deutet solche lyrisch-expressive Behandlung des Sprachlichen, wie schon bemerkt, auf die stilistische Nähe des Singspiels, das sich ebenfalls gerne mit dem Wunderbaren und Zauberhaften befaßte. Darüber hinaus zeigt aber das Thema »Magie« einen überaus engen Zusammenhang mit dem Problem der dichterischen Gestaltungskraft überhaupt. Gewiß ist Faust kein Dichter; aber die Erlebnisse und Probleme, denen er ausgesetzt ist, sind gerade diejenigen, welche das Wesen und die Grenzen des Poetischen ausmachen. Konnte es sich für Goethe in den ersten Anfängen des *Faust* noch darum handeln, in dem Schicksal eines alchimistischen Adepten aus dem 16. Jahrhundert die geistige Struktur des Renaissancemenschen herauszuarbeiten, die sich in den Gesichten und Irrungen des Humanisten, des gelehrten *poeta,* manifestierte, so stand seine erneute Beschäftigung mit dem Faustthema am Jahrhundertende unter dem Aspekt der kulturellen Rechtfertigung des dichterischen Gestaltens, wozu Schillers ästhetische Philosophie immer wieder neuen Antrieb lieferte. Letzthin handelte es sich hier um eine Rechtfertigung des schöpferischen Gestalters schlechthin, des Begründers und Erhalters von Lebensformen, die nicht nur den Einzelnen, sondern dem Typus innewohnen. Nunmehr dient die Sprache nicht so sehr der unmittelbaren Kommunikation und Charakterisierung, sondern sie wird bewußt zum Medium eines Stil- und Formwillens, zum Gegenstand der Gestaltung und zum Vehikel symbolischer Andeutung. Schon »Zueignung«, »Vorspiel auf dem Theater«, ja selbst der »Prolog im Himmel« beschäftigen sich mit Grundfragen des Dichtens und der schöpferischen Persönlichkeit, aber gleichsam noch theoretisch, als Programm. Die neuen Textpartien, die nun (nach 1797) den I. Teil zum Abschluß bringen (vor allem »Osternacht«, »Osterspaziergang«, Studierzimmerszenen) verwirklichen dies Programm: sie bringen einen lebhaften Wechsel poetischer Stil- und Versformen; sie betonen den Gegensatz zwischen Stimmung und Ausdruck, zwischen Ergriffenheit und Betrachtung, zwischen Typisierung und Individualisierung, zwischen dramatischer Rhetorik und lyrischem Staccato. Der II. Teil, in dem das Element der Betrachtung mehr in den Vordergrund tritt, bringt das Prinzip einer poetischen Morphologie zu voller Entfaltung. Nicht nur wird nun die Formkraft der »Poesie« in mehreren Gestalten versinnlicht (Knabe Lenker, Homunculus, Euphorion, Türmer Lynkeus) oder der gesamte Helena-Akt als ein höchst komplexes Experiment in angewandter Poetik und Sprachmanipulation ausgeführt (»Klassisch-romantische Phantasmagorie«), in dem Gewesenes und Nicht-Seiendes durch einen sprachschöpferischen Akt »Wirklichkeit« empfangen; es wird nun auch der »kühne Magier« selbst dem Dichter gleichgesetzt (v. 6436), dessen Schöpfungen an Wirklichkeit den Gestalten des Lebens gleichkommen. Das Weltgedicht *Faust* handelt auch insofern vom Wesen des Dichterischen, als es dem Dichter vorbehalten ist, das Werdende »von innen« zu sehen und, wenn möglich, »Schöpfungs-Genuß — von innen« zum Ausdruck zu bringen.

V. *Dramatische Charaktere*

In Hinsicht auf dramatische Charaktere läßt sich Goethes dramatische Produktion in zwei Strukturtypen aufteilen, für die etwa *Götz* und *Tasso* als repräsentativ gelten dürfen. Der erste Typ breitet zahlose Gestalten verschiedener Größe, Tiefe oder Substanz im dramatischen Raum aus, der sich bald ins Treiben der »Welt« ausweitet, bald zur »Stille« individuellen Seins zusammenzieht. Im zweiten Typ finden sich wenige, straff zu einem Minimum an »Handlung« zusammengeraffte Gestalten, die bald zum Typischen stilisiert, bald zur Einmaligkeit eines Porträts individualisiert erscheinen.

Dort treten die Gestalten oft in zufällig-willkürlicher Kombination zueinander in Beziehung; hier wird jede einzelne Gestalt zu jeder anderen zweckvoll in Bezug gesetzt.

Im *Faust* geschieht eine Verbindung und Durchdringung beider Typen. Auf der einen Seite verläuft hier die Zahl der handelnden und redenden Charaktere ins Endlose, was den Eindruck der Unerschöpflichkeit des Lebendigen vermittelt. Andererseits steht die Hauptfigur Fausts derart im Mittelpunkt des Geschehens, daß sie als »geprägte Form, die lebend sich entwickelt«, kontinuierliche Aufmerksamkeit erfordert, vor allem in Bezug auf Art und Tiefe seines menschlichen Verhaltens zu Mephistopheles, Gretchen und Helena. Diese vier Gestalten werden zu den eigentlichen Trägern der Handlung; alle anderen übernehmen vorübergehende, modifizierende, ergänzende Funktion, ob sie nun wie Wagner, der Schüler oder Homunculus eine komplementäre Rolle spielen oder, wie Valentin und Frau Marthe, in moralischer Hinsicht, wie die Studenten, Bürger, Bauern und Hofleute, in kulturell-soziologischer Hinsicht oder, wie Knabe Lenker, Homunculus, Euphorion und die Heiligen der letzten Szene, in symbolisch-metaphysischer Hinsicht neben Faust gestellt werden. Dem mit Wißbarkeiten befriedigten Wagner gegenüber, der sich »nur des einen Drangs bewußt« ist, erscheint der ungestüm-wollende, über seine Grenzen hinausstrebende Faust als Vorbild menschlichen Forschens überhaupt, dem jegliches sachliches Wissen, Erfahren, Denken oder Genießen nur der Ausgangspunkt zu erweiterter und erhöhter Tätigkeit ist. Wer einmal die Bahn des Fortschritts betreten hat, für den gibt es kein »Zurück« mehr. Wie der angehende Student als ein potentieller, aber im Baccalaureus als ein mißratener »Faust« angesehen werden kann, so ist Homunculus in seinem »herrischen Sehnen« ein »umgekehrter« Faust. Während Faust gleichsam gegen die Grenzen seines physischen Daseins rebelliert und nach Verwirklichung seiner geistigen Sucht strebt, so sucht Homunculus durch Einsenkung in physische Wirklichkeit seine eigenste »Natur«, seine »Entelechie« und innerliche »Struktur« durch »Verkörperung« zu vollenden. Es ist gewiß bedeutungsvoll, daß Faust weder dem Schüler noch dem Homunculus persönlich oder mit wachem Bewußtsein begegnet; beide stellen gleichsam die extremen Polaritäten dar, zwischen denen Faust als Erscheinungsform des Werdenden sich »verwirklicht«.

Diese Methode kontrastierender Charakterisierung bewirkt, daß mit Ausnahme von Faust selbst die in der Dramatik übliche »Wandlung« der Charaktere nicht zu finden, ja nicht zu erwarten ist. Dies hat verschiedene Gründe. Zunächst erscheinen die zahllosen Sekundärgestalten meist nur einmal und selten mehr als dreimal auf dem Schauplatz. Sie fungieren als Typen (Valentin, Marthe) oder als Symbole (Erdgeist, Knabe Lenker usw.). Unvermittelt und ohne thematische Vorbereitung, aber doch immer schon irgendwie bekannt, erscheinen sie und verschwinden sie wieder, ohne daß ihr Auftreten vom Leser im geringsten in Frage gestellt würde. Allerdings muß der Leser »wissen«, wer Ariel, Thales und Anaxagoras, Philemon und Baucis, der Wanderer oder die drei Büßerinnen sind bzw. waren. Diese Art von geheimem Offenbarsein der meisten »Sprecher« deutet darauf hin, daß diese Gestalten keine »Charaktere« im geläufigen Sinne, sondern »Rollen« und Abstraktionen sind, welche die Veranschaulichung der oben genannten Themen übernehmen. Dem »Demonstrations«-Charakter des ganzen Stücks entsprechend, manifestieren sie eher eine Tendenz zum Betrachten, Erinnern oder Besprechen, als eine solche zum Tun oder Erleiden. Daher sind sie eigentlich unberührt vom Problem menschlicher Freiheit, obwohl sie — wie etwa der Erdgeist oder die Sorge — zum Wagnis der Freiheit unbedingt herausfordern.

Formal bieten diese sekundären Gestalten, vor allem wo sie allegorischer Natur sind, einen Einblick in ein Goethesches Gestaltungsschema, das geradezu eine Bindung an uralte mythische Vorstellungen vermuten läßt. Das ist die Verwendung der Vierheit, des Zahlensymbols für kosmische Bezüge. Nicht nur werden menschliche Daseinstypen sukzessiv in vier Gruppen vorgeführt (z. B. in Osterspaziergang, Mummenschanz, Klass.

Walpurgisnacht), sondern auch einzeln werden allegorisch-verkleidete Prinzipien zur
Vier zusammengefaßt: die Drei Gewaltigen werden durch Eilebeute, die drei seligen
Patres werden durch den Doctor Marianus, die drei Büßerinnen durch Gretchen zur
Vierheit »ergänzt«, während Sorge zur Sprecherin der drei anderen grauen Weiber und
Mephisto zum Widersprecher der drei Erzengel wird. Ein extemer Fall solcher Ergän-
zung findet sich zwischen den drei Phorkyaden und Mephistopheles. Deutlich wird der
uralte kosmologische und charakterologische Ursprung solches Kompositionsschemas bei
der Beschwörung des Pudels oder bei der Auflösung von Helenas Gefolge in die vier
Elemente alles Lebendigen.

Anders liegen die Dinge, wenn man versucht ist, für die vier Hauptcharaktere — Faust,
Mephistopheles, Gretchen, Helena — wirkliche oder literarische Vor- und Urbilder
festzustellen. Bei der immensen Reichweite der im *Faust* verwirklichten dichterischen
Einbildungskraft können auch die wahrscheinlichsten Parallelen und Anklänge kaum
die Schwelle möglicher Konjektur überschreiten. Allein zum Verständnis der Faustgestalt
wird der Vergleich mit möglichen stofflichen Prototypen aus Geschichte und dichterischer
Überlieferung notwendig; aber er wird erschwert durch eine ebenso notwendige systematische Erfassung von Goethes Bild und Begriff des Menschen, vor allem des nach-
denklichen Menschen, des Melancholikers, des Ekstatikers, des Willensmenschen und
ähnlichen bedingten und daher nie ganz zulänglichen Kategorien. Zugänge zum »Typus«
des Faust ließen sich unter »verwandten« Charakteren in Goethes Werk finden, etwa
unter den magischen und medizinischen Adepten, die in Goethes frühen Singspielen
Ausdruck fanden *(Lila; Scherz, List und Rache)*, unter den schwankenden Gestalten
untreuer Liebender (Weislingen, Clavigo), im Orestes, dem »unbehausten Flüchtling«,
in Werther, der »in Nacht und Tau auf den Gebirgen« liegt und »Erd und Himmel
wonniglich« umfaßt, und anderen Gestalten seiner Dichtung, die sich seelisch mit Faust
überkreuzen.

Ähnlich steht es mit Mephistopheles, dessen Urbild man verschiedentlich in solchen
Persönlichkeiten wie Behrisch, Merck und Herder oder in solch großen dichterischen
Konzeptionen wie Miltons Satan, Shakespeares Iago oder in Goethes eigenem trotzigen
und erfinderischen Feuerdämon Prometheus hat wiedererkennen wollen. Selbst im rationalistischen Denken eines Albert, in der lebensfeindlichen Verabsolutierung des Gesetzes
durch Alba sind mephistophelische Züge nicht zu verkennen. Der Magnetismus des
Mephisto liegt vor allem darin, daß er zugleich handelnder Charakter *und* Prinzip des
Widerspruchs ist, daß er als Widersacher Gottes und der Menschen und als Vertreter
der »Unform« ins Werk der Schöpfung verwickelt ist und an der »Umgestaltung«
unvermeidlichen Anteil hat. Als Verkörperung des Negativen kommt ihm die Funktion
der Entwertung und des Verfalls zu, die sich ebenso in der Zerstörung der Form wie
in der Erhaltung der Starrheit äußert: in uralter Einsamkeit wird er selbst zum
»Freunde«, Gefährten und Verführer; ruhelos sucht er nach absolutem Stillstand; schalk-
haft betreibt er den Ernst des Nicht-Seins in einem ironischen Spiel des schönen Scheins
(Phantasmagorie); unter den zahllosen Verwandlungen und Verkleidungen, die er an-
und ablegt, bleibt er unentwegt der Gleiche. Im Prozeß des Werdens vertritt er die
Möglichkeit des Abbaus, des Chaos. Ohne mephistophelisches Wirken gäbe es keinen
Gestaltwandel des Lebendigen, ebenso wie es ohne die starren, grotesken, zusammen-
gestückten, lüsternen und unfruchtbaren Gestalten der Klassischen Walpurgisnacht kein
üppiges Fest der kosmischen Metamorphose geben könnte. Die Verbindungsfäden zwischen *Faust* und Goethes morphologischen Schriften, die Gedanken über den Aufbau
und Abbau der Formen, laufen durch die Charakteristik des Mephistopheles.

Ob sich hinter den beiden weiblichen Hauptfiguren des Faustspiels, Gretchen und Helena, Frauengestalten aus Goethes eigenem Erlebnis oder Abwandlungen von Charakter-
konzeptionen mythischen oder dichterischen Ursprungs verbergen, ist letzthin bedeu-

tungslos für die spezifische Gestaltung im Faustspiel. Die urbildhafte Bindung des Dichters an Schwester und Mutter ist in beiden Gestalten noch sichtbar, verdeutlicht durch
Züge des Charakters und des Tuns, die Gretchen mit Klärchen, Lotte und Ottilie, ja
sogar noch mit Mignon verbinden und Helena mit Iphigenie, Leonore und der —
allerdings nie auftretenden — Pandora. Indem beide Gestalten um die Mittelpunkt-
stellung im Faustspiel wetteifern, sich gegenseitig verdrängen und schließlich ergänzen,
betonen sie den spezifisch faustischen Konflikt in Fausts menschlichem Charakter. Gewiß
ist die eine aus christlich-moralischer, die andere aus heidnisch-ästhetischer Vorstellungswelt entsprungen; Goethe selbst betont diesen Ursprung durch die Scheidung von
Seelen- und Sinnenschönheit (v. 10064). Gerade dies aber führt zur Erinnerung, daß
Faust das Gretchen-Erlebnis »in der Dumpfheit Leidenschaft« erfahren hat, während
ihn das sinnlich-ungehemmte Erlebnis Helenas zu »Genuß mit Bewußtsein, Schönheit«
und schuldloser Verklärung irdischer Daseinsfreude freimacht. Wäre Helena zur Zeit des
Urfaust konzipiert worden, so wäre sie gewiß der vampyrhaften Adelheid im *Ur-Götz*
ähnlich und in der Dumpfheit möglicher Sünde befangen gewesen. Demgegenüber ist
Gretchens Existenz in der Transzendenz verankert, ob sie in frommer Eingeschränktheit
und Pflichterfüllung für andere über sich selbst hinauslebt oder in treuem Andenken
an Vorfahren und Geliebte sich bis zur Selbstaufopferung selbst besitzt — wobei sie den
umgekehrten Weg wie Faust geht: aus der Klarheit unschuldiger Daseinsfreude in den
Zustand völliger Umnachtung und Verworrenheit. Helena ist letzthin transzendenzlos;
befangen, geängstigt, dem Opfer ausgesetzt, ist sie alles, nur nicht ein Bild der Freiheit.
Ihre Schönheit ist Gabe, Geschenk, Vollendung und Reife des Irdischen wie die einer
Pflanze. Ohne ihr Zutun ist sie Steigerung der Leidenschaft zur Klarheit, der Dumpfheit zur Form; für sich selbst passiv und ohnmächtig, ist sie bestimmt, stets nur anderen,
nie sich selbst anzugehören. Aber als »Besitz« hat sie die Eigenschaft, andere — wie
Faust — sich selbst und die Zeit vergessen zu lassen. Damit ist sie, trotz aller ver-
edelnden allegorischen Bedeutung als Kunst und Kultur, dennoch dem Scheindasein
verfallen und letzthin ein Produkt der mephistophelischen Phantasmagorie. Die Cha-
rakterkonzeption der Helena entspringt pantheistischem Denken, die des Gretchen dem
Denken der Transzendenz und des Glaubens, worin Freiheit sich nur im persönlichen
Vollzug verwirklichen kann. Aus diesem Grund ist es Gretchen vorbehalten, an der
über das »Leben« hinausweisenden »Erlösung« Fausts Anteil zu haben.
Während also das wesentliche Maß der Substanz eines Charakters seine Fähigkeit ist,
über die Zeit zu transzendieren, wird dies Problem geradezu zum Thema der Dichtung.
Schon bei Fausts zweimaliger Verjüngung wird die Phantasie an die Grenzen des
Vorstellbaren getrieben; bei Wagner, Schüler und Kaiser wird vage durch ihr späteres
Auftreten das Verstreichen der Zeit angedeutet. Dies Bekenntnis zur Transzendenz ist
insofern überraschend, als Goethe im *Werther*, im *Faust I* und auch noch in den
Wahlverwandtschaften der äußeren Chronologie genaue Aufmerksamkeit schenkte. Im
Faust II wie im *Wilhelm Meister* wandte er sich vielmehr dem inneren Wachstum und
Reifen seiner Charaktere, also der außer der Zeit sich vollziehenden Metamorphose zu.
In dieser morphologischen Sicht sind es vor allem die Gestalten von Helena und Ho-
munculus — beide nicht ohne mephistophelisches Zutun »ins Leben gerufen« — die
ebenso durch physisches Dasein wie durch Intellekt, ebenso feierlich wie ironisch, den
Gedanken einer »immer höheren Tätigkeit bis ans Ende« verwirklichen.

VI. *Dichterische Bildwelt*

Dramatische Thematik und Struktur — ebenso wie Differenzierung der Charaktere —
nehmen oft erst durch wiederholten Niederschlag in dichterischer Bildkunst die Form
von Wirklichkeit an, die ihrem Wesen gemäß ist. Fausts Situation ist zutiefst mit dem

Bild des Studierzimmers als »Kerker« und »Mauerloch« verbunden (... »wo selbst das *liebe* Himmelslicht *trüb* durch gemalte Scheiben bricht«), während die Situation Gretchens unter dem Bild des Gartens oder der Stube angedeutet ist, die durch Gretchens Anwesenheit zum »Himmelreich« wird. Das Dasein in der einen Räumlichkeit wird als »verflucht«, das in der anderen als gesegnet empfunden. Andererseits aber erscheint Faust während der Klassischen Walpurgisnacht mit dem Unterlauf des Peneios verbunden, wo Leben und Wachstum in üppiger Fruchtbarkeit grünen, während Mephisto in der felsigen Starre des Oberen Peneios herumsteigt, wo Wüste und Wasser strenge Gegensätze bilden. Sein und Nicht-Sein, Förderung und Hinderung des Lebens sind die beiden Grundgegensätze, zwischen denen die dichterische Bildkunst des *Faust* eingespannt ist. Mit den anderen großen Frühwerken des Goetheschen Sturm-und-Drangs teilt *Faust* eine Auffassung, die das Leben in irdischer Wirklichkeit in mystisch-plotinischer Weise als Verbannung in einen Kerker empfindet. Es gilt, dem Drang der Befreiung aus Enge und Angst des Irdischen durch Versinnlichung des »Inneren«, des Seelischen, im »Äußeren« anschauliche Gestalt zu verleihen und dadurch Form und Gehalt als verschiedene Aspekte des gleichen Wesentlichen, des Werdenden, sichtbar zu machen. Mit den großen Werken der späteren Goetheschen Schaffensperioden teilt *Faust* daher die morphologische Gestaltungsweise, die ein Gleichgewicht zwischen Gehalt und Form, Ausbreitung und Einschränkung, Tun und Erleiden erstrebt. Eine treffliche Parallele zu der auch im *Faust* gültigen bildhaften Anschauung gewährt der erste Akt des *Egmont*, wo Goethe — gleichsam in drei Kreisen von außen nach innen vordringend — die niederländische Nation, das »Volk«, d. h. Egmonts »Liebe«, charakterisiert: zuerst in einer anonym-allgemeinen, öffentlich-festlichen Sphäre des Volkskörpers; sodann im engeren Kreis der das Volk repräsentierenden Gehirnzelle des Geistes, der Regierung; zuletzt im Mittelpunkt der die »Seele« *(anima)* des Volkes darstellenden Welt Klärchens. Auch Klärchens Stube ist, wie die Stube Gretchens, ein »Himmelreich« in den engen Grenzen einer »Hütte« (2708), der »Ordnung, der Zufriedenheit« (2692).

Wiederholt wird die selbstgenügsam-tüchtige Daseinsform des in Glauben und Tradition geborgenen Menschen mit diesem Bild der »Hütte« bezeichnet (3353), die entweder dem unsteten Dasein des intellektuell Entwurzelten gegenübergestellt wird (vgl. Wanderer-Gedichte, *Werther*) oder, im politischen Sinne, dem prätentiösen Palast des Herrschers. Die Symbolik von Garten und Hütte rückt Philemon und Baucis in unmittelbare Nähe von Gretchen, ein Vorklang für die am Ende des letzten Aktes auftauchende Gretchengestalt.

Dem sorgsam gehegten Garten, als Sinnbild nutzvoll-menschlicher Tätigkeit, ist das Bild der Wildnis entgegengesetzt, das Bild der sich selbst überlassenen, unkultivierten Natur, in die sich Faust zu kontemplativer Sammlung und Selbstfindung zurückzieht (»Wald und Höhle«, »Hochgebirg«) oder in die sein »Unsterbliches« zu weiterer Steigerung und innerer Wandlung hinaus- und hinaufgetragen wird. Stellt sich die in steter Wandlung und Bewegung befindliche Welt der »Bergschluchten« gleichsam als »Urlandschaft« und als eine Art von Paradies dar — der ebenso in Bewegung befindlichen kosmischen Landschaft des Prologs vergleichbar —, so unterscheidet sie sich andererseits von der arkadischen Landschaft des III. Aktes (9530), in der sich ein irdisches Paradies ausbreitet, worin Garten und Wildnis, Kultur und Natur, menschliches und göttliches Dasein gleichsam eins geworden, das Bewußtsein der Zeit geschwunden und dem Bewußtsein des Seins gewichen ist.

Wichtig ist bei solchen Bildern der Wildnis das Vorkommen der Höhle, sei es, daß sich damit die Vorstellung von Heiligtum und Kontinuität alles Lebendigen verbindet (394, 3217 ff.) oder die Vorstellung von »unerforschten Tiefen« dichterischer Imagination (9596). Als Ort des Geheimnisses und Schauders birgt die Höhle ebenso die Möglichkeit des Nicht-Seins und Toten, Abgeschiedenen, der Leere und der Unform (7965) wie den

»heiligen Liebeshort« der Schöpfung (11849—53), das Ewig-Weibliche, aus dem alles Lebende geboren wird. Der raumlose Bezirk der »Mütter« besitzt eine dichterische Vorform in der Unterweltshöhle des von Dämpfen verhüllten Acheron in der *Iphigenie auf Tauris.*

Kerker und Hütte, Garten und Wildnis und Höhle sind nur einige Beispiele für die unendlich subtile Entfaltung symbolischer Bildkraft, durch die sich im *Faust* die Mannigfaltigkeit des Lebendigen in der Spiegelung menschlicher Charaktere erfassen läßt. Fast ohne Ausnahme sind dies eklektisch-traditionelle Bildvorstellungen aus der Dichtung des 18. und früherer Jahrhunderte. Es ist fraglich, ob sich für Helena und Mephisto auf ähnliche Weise wie für Faust und Gretchen ein bildhaft-bedeutender »Ort« bestimmen läßt. Als Prinzipien irdischer Daseinsweise sind sie allgegenwärtig und kaum an eine bestimmte, endliche Lokalität gebunden. Gerade darin besitzen sie eine gewisse zeitlose und daher modern-gültige Anziehungskraft. Überall in der Natur — im Kristall, in der Pflanze, im Tierreich — findet sich zuweilen die Tendenz zu einmaliger Schönheit. Als Urbild weiblicher Schönheit — selbst jenseits aller Verwandlungen und Abwandlungen erotischer Attraktion — ist Helena zu verbinden mit allen symbolischen Formen der Lust und Begierde zum Dasein, mit der primitiven Wucht mykenischer Steinblöcke wie mit der Fülle arkadischer Fruchtbarkeit, mit der magischen Anziehungskraft mythologischer Urzeit wie mit gewölbten Wolkenballungen der Atmosphäre. Auch Mephisto — als Stachel zur Erkenntnis — ist überall anwesend: in der verwirrenden Staub- und Spinnenwelt des Studierzimmers wie im dunklen Wirrsal mittelalterlicher und im »Ameis-Wimmelhaufen« moderner Städte, im Sexus der Hexenküche wie in den scheinbar ziellosen Spannungen der Klassischen Walpurgisnacht, im vulkanischen Urgestein wie in der Wut der Sturmflut. Auf allen Stufen des Seins begegnet der Drang nach Vollendung dem unvermeidlichen Zwang der Anpassung, der Beschränkung und der Verzerrung zur Unform.

In der relativ beschränkten Enge des Weltbilds des 18. Jahrhunderts ist die dichterische Bildwelt des *Faust* zunächst an die Erscheinungsformen der vier traditionellen »Elemente« gebunden. Selbst in dieser stofflichen Begrenzung sind die Bilder des Wassers (Quelle, Wasserfall, Felsenstrom, Fluß, Meer, Brunnen, Teich, Bad, Trank etc.) von unerhört symbolischer Leuchtkraft, ebenso wie die Bilder von Erde und Erdleben, von Atmosphäre und Luft, von Feuer, Flammenbildung, Flammenübermaß, Brand und Blendung. Goethes eigenem Interesse entsprechend sind Bilder und Metaphern aus geologischem, botanischem und meteorologischem Gebiet häufiger als solche aus dem Umkreis der Zoologie und Physik, Erinnerungen aus der Kunstgeschichte (Rembrandts Faustradierung, Correggios Leda, Guido Renis Aurora, Mantegnas Triumphe, römische Lemuren, sienesischer Camposanto und vieles andere) häufiger als solche aus anthropologischer und soziologischer Sicht.

Wichtiger als der rein stoffliche Gegenstand ist indessen die formale Technik der dichterischen Bildkunst im *Faust.* Denn hier vollzieht sich die für *Faust* so charakteristische Dynamisierung des Ausdrucks. Ein Beispiel: Das Vorkommen von Schätzen, Gold, Geschmeide und Juwelen mag zuweilen Goethes Anhänglichkeit an barocke Werte und Ornamentalkunst andeuten. Das sind zuständliche und Oberflächen-Attribute. Sowohl Gretchen (2796 ff.) wie Helena (9273 ff.) werden durch Gold und Geschmeide gewonnen, gefesselt und erhöht. Aber dies ist eine äußerliche, unwahre Überhöhung ihres Wesens. In dem Mummenschanz am Kaiserhof wird der Begriff des Schatzes, des Wertes und der Substanz in einen dynamischen Prozeß aufgelöst: nicht daß der bankrotte Kaiser plötzlich durch magisch-unlautere Mittel in Besitz von zweifelhaftem Geld gelangt, ist das Wesentliche, sondern daß gerade unter dem Bild des Schatzes, des Reichtums, ja der Verschwendung (Faust als Plutus) eine Versinnlichung der Lust, der menschlichen Begierde, des Haben-Wollens, des Sein-Wollens, der S u c h t schlechthin nach Substanz

und Fülle allegorisiert wird, die durch eine Reihe von Entwicklungsstadien hindurch
schließlich zur »Gestalt« (Helena) führt, führen muß — zuerst nur als Phantom, dann
als Wirklichkeit. Selbst substanzlos und sich an den »Schein« klammernd, wird die
Sehn-Sucht nach Helena ein alles überfordernder, aktivierender Trieb. Ebenso wie
Goethe über die Darstellung des »Gewordenen«, des Einzelnen, Endlichen hinaus zur
Darstellung des »Werdenden« dringt, ebenso symbolisieren die vier Stufen des Mummen-
schanzes einen allmählichen Übergang von der Garten- zur Wildnis-Allegorie, von der
äußeren Erscheinung zur inneren Substanz, vom bloßen Willen — zur wirklichen Macht.
Schon am Anfang der Faustdichtung spricht der Erdgeist diesen notwendigen Rückgang
vom Gewordenen auf das Werdende programmatisch aus. Das Gewordene beschäftigt
den endlichen *Verstand;* das Werdende beschäftigt die *Vernunft,* den »Schein des Him-
melslichts« im Menschen. Durch die ganze Faustdichtung hindurch wird dies Bestreben
in vielen Visionen dynamischer Beweglichkeit wiederholt — zum Beispiel in Visionen
des *Fliegens* in enormer Höhe über die Erdoberfläche hin (699, 1074, 2065, 7040, 10039
u. a.), in Goethes Zeiten eine geradezu phantastische Vorstellung; in der Vision des
Wagenrennens, wobei sich der Wagenlenker einzig dem Geschick und seiner eigenen
Geschicklichkeit überläßt (Knabe Lenker; vgl. auch *Egmont* II, 2 und Ende von *Dichtung und Wahrheit);* in Visionen des *Fallens* (3350, 11866), wobei die Vergleichung
des im Sturze tragischen Individuums mit dem Fall der Riesenfichte (3229) im *Egmont*
(V, 2) ein entsprechendes Gegenstück findet; in Visionen des *Schwebens* und der auf-
gehobenen Schwere (»Bergschluchten«), wo Faustens individuelle Selbstheit in den
Weltverlauf ein- und übergeht. Obwohl Goethe sich dazu erzog, das einzelne Phänomen
in seiner begrenzten Gegenständlichkeit zu erkennen (vgl. Goethes Zeichnungen), ist es
doch der Wechsel, das »Übergängliche«, und das in allem Wechsel Beharrende, das
»Folge-Leben«, das ihn in seiner späteren Dichtung immer wieder beschäftigt. In diesem
Sinne gewähren die Gedichte von »Gott und Welt« einen Einblick in das poetische
Bestreben, in der individuellen Sonderform eine übersinnliche »Urform« zu versinn-
lichen: neben die Homunculus- und Helena-Szenen und neben »Bergschluchten« gehalten, vermitteln sie eine Vorstellung von der Metamorphose als letztem Zusammenhang
alles Lebendigen.
Zur Zeit der Italienischen Reise versuchte Goethe, sich den Umkreis künstlerischer und
poetischer Bildkunst unter den Kategorien von »Nachahmung«, »Manier« und »Stil«
klarzumachen, d.h. in rationalistischer Differenzierung von Realismus, Idealismus und
einer höheren, wechselseitigen Durchdringung beider. Je nach Entstehungszeit nehmen
verschiedene Partien des *Faust* an allen diesen Formen teil, aber ihr bildlicher Ausdruck
ist derartig intensiviert, daß er vielfach Möglichkeiten vorausnimmt, die erst spätere
Zeitalter unter Bezeichnungen wie »surrealism« oder »Symbolismus« zu entdecken
glaubten. Zwischen Skizze und Tableau, zwischen expressionistischer Geste und allegorischer Besinnlichkeit, entfaltet sich im *Faust* eine Methode der Bildkunst, die zuletzt
den Raum des Ästhetisch-Gegenständlichen verläßt, die Bewußtheit überspringt und tief
in die Sphäre des Un- und Unterbewußten hineinreicht. Psychologische, sexuelle und
religiöse Symbole, aus dem Bereich des Unpersönlichen, Universal-Menschlichen entnommen, tragen viel zu dieser Erweiterung bei (6259, 3291, 5785 u. a.). Übergänglich,
wie im Traum, für den kein Individuum mehr verantwortlich ist, erscheinen lyrische
Bilder neben- und nacheinander (1447 ff.), werden übereinander gelegt (6620 und 6819;
7254 und 7503), oder gehen ineinander über (Euphorion-Episode), so daß eine Viel-
Dimensionalität des Bewußt-Unbewußten entsteht, zu deren dramatisch-visueller Darstellung erst moderne Filmtechnik befähigt zu sein scheint. Am glücklichsten sind Goethe
jene dichterischen Bildformen gelungen, in denen er menschliches Urerlebnis in konkrete
Situationen verwandelte (wie in Fausts Studierzimmer-Kerker oder in Fausts Begegnung mit Sorge), oder in denen er metaphysische Begriffe in anschauliche Vorgänge auf-

löste, wie in der Kreis- bzw. Spiralbewegung alles organischen Lebens, die sich in der Annäherung des mephistophelischen Pudels, im unterbewußten Getriebe der Walpurgisnacht, im augenblickshaften Vorüberziehen der lieblichen Galatea und in der kreisenden Aufwärtsbewegung von Faustens Unsterblichem vor unseren Augen vollzieht. Bei allen symbolischen Bezügen zwischen Leben und Farbe und Licht ist indessen mehr als die Hälfte des Faustspiels in eine Atmosphäre der Dämmerung und der Dunkelheit verlegt, die schließlich der faustischen Erforschung der Grenzgebiete menschlichen Bewußtseins am meisten gemäß ist.

VII. *Dichtung. Wissenschaft. Wahrheit*

Die Stellung des *Faust* in der dramatischen Weltliteratur ist einmalig und einzigartig. Mit anderen Dramen läßt er sich in einzelnen Zügen vergleichen; aber kaum ein anderes Drama kommt ihm gleich im Wurf des Ganzen, in der Mannigfaltigkeit der Probleme. Bei einem Dichtwerk dieser Art, das letzten Endes der Deutung des menschlichen Daseins und der symbolischen Bewertung menschlicher Leistung gewidmet ist, hat die Bezeichnung »Eine Tragödie« wiederholt Zweifel und Befremden erregt. Die meisten Behandlungsweisen des Faustthemas — vom Spießschen *Faustbuch* (1587) bis zu Thomas Manns *Doktor Faustus* (1947) — haben allerdings den tragischen Aspekt betont; und selbst Goethes *Urfaust* (ca. 1773—75), das *Faustfragment* (1790), ja noch der vollendete I. Teil (1808) könnten den Begriff Tragödie rechtfertigen. Dies gilt aber kaum noch nach Veröffentlichung des gesamten Faustwerks (1832): durch die Schlußszene, wie durch viele andere Partien, klingt ein solch zuversichtlicher Ton urtümlicher Daseinsfreude, daß hier der Titel Tragödie nicht mehr anzuwenden ist. Zwischen Anfang und Ende des Faustspiels aber liegt ein Abgrund menschlichen Leidens und Irrens, ein Abgrund von Enttäuschung, Verzweiflung, Schwäche und Unzulänglichkeit, daß selbst Augenblicke höchster menschlicher Beglückung und Befriedigung davon überschattet werden. Es ist ein Paradox der Goetheschen Dichtung, daß man von einer Gelehrtentragödie, von einer Tragödie Gretchens und Helenas, ja auch von einer Herrschertragödie Fausts sprechen kann, daß dies aber nur vorläufige, partielle Stufen in einem Drama sind, das letztlich nicht tragisch strukturiert ist. Fausts Tun und Leiden, seine Schicksale weisen immer wieder zurück auf die Endlichkeit des Menschlichen; aber sie deuten nicht auf eine im Dasein verankerte unvermeidliche Schuld, sondern auf die Mängel des Erreichten und Erreichbaren. Auf sie könnte sogar der Begriff »Komödie« angewandt werden, zumal durch das Zutun des »Schalks« Mephistopheles dem Menschen immer wieder ein Strich durch die Rechnung gemacht wird. In diesem Sinne konnte das Werk zuweilen auf der Bühne interpretiert werden, wobei die sentimentalisch-pathetische Grundstimmung leicht in Zynismus, die Komödie in Groteske umzuschlagen drohte.

Die ungeheure Steigerung zur »Erlösung« am Ende ist im wesentlichen nur ein Symptom — ein Symbol —, nicht aber ein Grund für die untragische Konzeption des Ganzen. Hinter der Bildwelt der scheinbar christlich-katholischen Mythologie, mit der der II. Teil endet, steht die Vorstellung des Werdenden, der Gedanke der Metamorphose, der anstelle der Vernichtung und des Todes die Verwandlung einsetzt und damit den Begriff der Tragödie aufhebt.

Statt als Tragödie will man den *Faust* gelegentlich auch als Satire betrachten — sei es als Satire auf die akademische Berufswelt, die ja der »Wirklichkeit« immer etwas entfremdet gegenübersteht, weil sie innerhalb der »Forderung des Tages« den »Staub der Jahrhunderte« zu bewahren hat, oder als Satire auf institutionell versteifte Religiosität oder überhaupt auf politische, ökonomische, ästhetische, soziologische, psychologische, naturwissenschaftliche »Fiktionen« der zivilisierten Menschheit. Kaum eine menschlichgesellschaftliche Denk- oder Daseinsform, die durch einen Allgemeinbegriff bezeichnet werden kann, ist gegen solche Satire immun (»Bürger«, »Höflinge«, »Geistliche«, »Frauen«, »Junge«, »Alte«, »Klassik«, »Romantik«, »Vulkanisten«, »Neptunisten« und viele andere mehr). Einer solchen Interpretation leistete Goethe selber Vorschub, indem er in den zahlreichen ironischen Bemerkungen des Mephistopheles, zumal in äußerst wirkungsvollen Szenenabschlüssen, die Fehlbarkeit menschlicher Natur und Urteilsfähigkeit betonte. Dementsprechend wurde der *Faust* nicht nur beiläufig sondern grundsätzlich zu einem Vehikel der Literatur-, Kultur- und Zeitkritik, die zwischen scheinbar letzten »Gegensätzen« durch ironische Synthese zu vermitteln sucht. In diesem Sinne wäre »Satire« nicht mehr nur als Dichtform oder literarisches Stilmittel aufzufassen, sondern als Ausdruck der Ironie, das heißt, einer dialektischen Form des Geistes, die nach urbildlicher Darstellung des Menschlichen verlangt. Hier ist Dichtung nicht mehr »Literatur«, einzelne Kunstgattung neben anderen, sondern sinnbildliche Gestaltung und Deutung des Lebens und seiner jeweiligen (und notwendigen) Formen. Deswegen ist *Faust* auch letzten Endes nicht mehr nur eine »Tragödie« oder eine »Satire« mit einem endlich-bestimmbaren Gegenstand (eben dem Faust-Stoff), sondern eine Art Festspiel, worin »der Mensch« sich seiner eigenen Situation inmitten der Welt spielend bewußt wird — »spielend«, das heißt, im Bewußtsein der Freiheit die »Regeln des Spiels«, die Grenzen der Existenz, anerkennend.

In einem ähnlichen — unvollendeten — »Festspiel« (vom göttlichen Erbe des Menschen handelnd), in der *Pandora*, ging Goethe von zwei Urformen menschlicher Existenz aus, dem prometheischen und dem epimetheischen Prinzip und den diesen beiden zugeordneten Erlebnis- und Schaffensformen. Im *Faust* ist Goethe ähnlich mit dem »Ur-Phänomen« des Menschlichen beschäftigt, das sich ebenso im Willen zur Formung wie in der Tendenz zur Formlosigkeit manifestiert. Hier stehen sich Begrenztes und Grenzenloses als letzte Möglichkeiten gegenüber. Wie Goethe bemerkt, wird die menschliche *Monas* sich ebenso »als innerlich Grenzenloses, [wie] als äußerlich Begrenztes gewahr« *(Max. u. Refl. 392)*. Aus ähnlichem Grund akzeptiert Goethe »nur zwei wahre Religionen, die eine, die das Heilige, das in und um uns wohnt, ganz formlos, die andere, die es in der schönsten Form anerkennt und anbetet« *(MuR, 667)*. Form und Formlosigkeit, Gestaltung und Auflösung, das Unendlich-Kleine und das Unendlich-Große wechseln miteinander in lebendig alternierendem Rhythmus. Das Auftreten Wagners (Formalismus) folgt der Erscheinung des Erdgeistes (formloser Enthusiasmus), und die Erscheinung der Sorge (Formlosigkeit) folgt auf die Zerstörung des Idylls (Form) von Philemon und Baucis. Die Manifestation der beiden höchsten Prinzipien des Daseins und der Betrachtung — *Licht* und *Geist* — selbst formlos aber zugleich formgebend, wurde Goethes eigentliche Lebensaufgabe, weshalb die *Farbenlehre* und der *Faust* dem alternden Dichter als seine wichtigsten Arbeiten erscheinen konnten: »Licht und Geist«, konnte er dann schreiben, »jenes im Physischen, dieser im Sittlichen herrschend, sind die höchsten denkbaren unteilbaren Energien« *(MuR, 1299)*. Im Sinne des Denkens seiner Zeit, das eine letzte »unteilbare« Einheit postulierte, glaubte Goethe zu einer Darstellung des »Ganzen«, der »unteilbaren Energie«, vorstoßen zu können. Das Paradox des menschlichen Bewußtseins ist, daß sich »unteilbare Energien« nicht anders als in räumlicher oder zeitlicher Folge darstellen lassen. Form- und Gestaltwandel sind daher die letzten Probleme der im *Faust* verwirklichten Metaphysik.

Während Metaphysik aber immer wieder zu Zweifel und Mißtrauen gegenüber jeglichem »gemeinten Sinn« einlädt, beschränkt sich das dichterische Kunstwerk auf die Spiegelung menschlichen Wollens und Bewußtwerdens. Diese Bilder und Spiegelungen sind keine Gegenstände der Erkenntnis. Auch am Ende von *Faust* »weiß« der Leser nicht, was der Mensch ist. Die »Erkenntnis«, die Faust am Anfang sucht, wird ihm auch am Ende nicht zuteil, obwohl er viel »erfahren« hat. In einem wissenschaftlichen und technologischen Zeitalter könnte es naheliegen, Faust (oder Wagner?) als Prototyp des »wissenschaftlichen« Menschen zu betrachten. Allein dies würde nur *einer* Seite des unendlich vielseitigen menschlichen Wesens den Vorzug geben. Die Suche nach »Wahrheit«, die Faust antreibt, läßt sich nicht in einzelnen Einsichten befriedigen. Dies zeigt sich etwa in der Bewertung der mannigfaltigen Kunst- und Lebensstile (Klassik, Barock, Naturalismus, Romantik usw.), in denen während verschiedener Zeitalter die menschliche Auffassung der »Wirklichkeit« zum Ausdruck gekommen ist. Nach dem von Goethe in Italien konzipierten Begriff erweist sich ein Stil als »wahr«, solange sich die Dichtung auf die »tiefsten Grundfesten der Erkenntnis«, auf das »Wesen der Dinge« bezieht, »insofern uns erlaubt ist, es in sichtbaren und greiflichen Gestalten zu erkennen« (»Über Nachahmung, Manier und Stil«); er erweist sich als »unwahr«, sobald er in leerer Wiederholung der Form das ursprüngliche Ausdrucksbedürfnis erschöpft hat. Wesentlich tiefer indessen erstreckt sich die Vorstellung von der faustischen Suche nach »Wahrheit«, wenn man das Dichtwerk, bis in die kleinsten Bezüge hinein, als Produkt geistiger Verarbeitung und intensivster Auseinandersetzung mit dem poetischen, wissenschaftlichen, philosophischen, künstlerischen, religiösen Erbe der kultivierten Menschheit betrachtet. Selbst zum Gegenstand wissenschaftlicher Forschung geworden, enthüllt der *Faust*-Text eine unendliche Fülle von geistigem Bildungsgut der Jahrtausende, worin Epiker wie Didaktiker, Tragiker wie Epigrammatiker, Historiker wie Philosophen, Moralisten wie Komiker, Biographen wie Naturalisten, Rationalisten wie Okkultisten, Mythologen wie Theologen gleichen Anteil haben. Wie ein Naturphänomen wird die Faust-Dichtung zu einem Monument, worin enzyklopädisches Wissen in eine Glanzleistung künstlerischer Planung übergeht. Daneben finden sich Leser, die sich voraussetzungslos von der menschlichen »Echtheit« des Goetheschen Faust, des wahrheitsuchenden Zauberers, betören lassen. Wenn diese Dichtung keinen bestimmten, bedingten Gegenstand hätte, dann wüßte sie immer noch viel zu berichten vom dichterischen, schöpferischen Prozeß des menschlichen Geistes.

The University of Texas at Austin   Helmut Rehder

HAROLD JANTZ

Goethes Last Jest in *Faust*: or, »Faust holt den Teufel«

That there are comic episodes in *Faust* from the »Prologue in the Theatre« on to the »Burial« is known to everyone. That everyone knows what their place and function in the whole is, one would be less ready to assert. That the last great jest in *Faust* has been missed almost entirely till now, may hardly seem possible to anyone. To be sure, there were good reasons why it should be missed, both general and specific, as we shall see.

The purpose of the present inquiry, however, is not to explain the jest; it is rather to show, in a specific and significant example, just how Goethe used the comic and grotesque in his drama and how he made it serve his larger purposes. That there is need for this, can be seen in a dreadful example in a European book of the past decade where the comic-grotesque sequence in the poodle-transformation (and Bible-translation) scene is regarded as proof positive that the scene as a whole is trivial, an awkward transition, a mere expedient, and devoid of deeper purpose. [1]) Supposedly, only when one is solemn and humorless can one say anything significant.

Neither Goethe nor his great master Shakespeare was inclined to use the comic scene in serious setting for any mere purpose of entertainment or »relief«. This function is fulfilled, of course, but so is, usually, a far greater and deeper and subtler one; it would be only a singularly obtuse and rigidly »either-orish« critic who could miss the point. What point then? what function? To put it briefly: the irony of life itself and the wildly comic way in which some of its central crises transpire. In Shakespeare, almost immediately after Macbeth has murdered his king, Fate comes knocking at the door in the figure of the future avenger, Macduff. And who comes to open the door? A drunken dallying porter, amusing himself by playing the role of gate-keeper of hell. Schiller, alas, either missed the point in his elevated idealism or feared that the audiences of his day would miss it: in his version of *Macbeth* he took out the drunken scalawagery of the porter and substituted a sober morning song, also deeply ironic but no longer grotesquely comic. That is the kind of concession to negative good taste that Goethe would not make, even at the risk of a century of misunderstanding.

On the contrary, he had great fun in his old age, hiding and tucking away all kinds of things in his *Faust,* as he suggested to Zelter (July 26, 1828). This remark also has been misunderstood as implying that the poet secreted all kinds of extraneous, esoteric,

---

[1]) It would serve no useful end to single out for censure any one of the reductionist works of the 1940's and 50's since they all arose out of a common malady with varied admixtures of negativism, fragmentism, and *Besserwisserei*. In the 1960's the progress of their obsolescence has been rapid, and recent studies are tending more and more to the conclusion that the faults found in *Faust* are rarely Goethe's, usually the critics'. The central critical flaw is that of false basic assumptions, most especially with regard to the intrinsic structure of the work. After I had written »Patterns and Structures in *Faust:* A Preliminary Inquiry«, *MLN*, 83 (1968), 359—389, I went back to examine the relevant essays of recent years and was reassured that a sounder, less narcissistic critical trend is well under way (see esp. p. 364 f.). On the careful artistic calculation of the place of the „Grablegung" within the whole drama, see especially page 385.

or topical matter in the drama; he would no doubt be aghast at all the things that ingenious and misguided minds have read into and out of the work. No, his own definition of symbolic drama, made with reference to Shakespeare, also holds good for his *Faust:* »an important action that points to a still more important one«, »eine wichtige Handlung, die auf eine noch wichtigere deutet.« [2]) In other words, that which is on the surface, in the actual text of his *Faust,* is the real *Faust,* and any deepening comprehension of the meaning and intent must use the well understood primary text as its constant point of reference from which it departs only at its own peril. What Goethe says is what he means. One must observe what happens and, fully as important, the order in which it happens.

In the text itself of the last great jest lies the crux of the matter. One idiom, one verb complex, can in its larger textual setting be correctly interpreted only as a medical metaphor. Only once or twice has there been any notice of this, and then merely in isolation, without understanding of the implications in the larger context. Thus the point of the jest has been missed and therewith the point of the whole scene.

Here, as always, Goethe played fair with his audience, his readers. The words of the Lord in the »Prologue in Heaven« prepare us, though somewhat indirectly, for the great comic scene where Mephisto contends with the angels and the fire of heavenly love. What is more, Goethe, early in life, plainly stated his intent in this scene — with a confirmation of this intent coming about forty years later. That this statement has been overlooked, is one of the ironic accidents of *Faust* scholarship.

The accident happened in this way: Hans Gerhard Gräf overlooked the important statement of young Goethe, and the *Faust* volume of his great compilation, *Goethe über seine Dichtungen,* issued in 1904, does not contain it. Everyone since then has naturally relied on Gräf, everyone since then has also missed it. A further irony is that though the statement is to be found in that other great Goethe compilation, Biedermann's edition of the conversations (1909—1911), it is hidden away in a »Nachlese« and does not appear in the index at the proper place.

Let us then look at the pertinent texts and see what they have to tell us. The first is a report from Wieland about Goethe's early years at Weimar when he gave readings from his *Faust* but would not disclose his plan for the whole except on one occasion. The report comes through Bernhard Rudolf Abeken who relates a conversation with Wieland in 1809 (Biedermann I, 134):

Goethe habe sich nie über seinen Plan für den Faust ausgelassen; nur einmal, in einer aufgeregten Gesellschaft, habe er gesagt: Ihr meint der Teufel werde den Faust holen. Umgekehrt: Faust holt den Teufel.

This looks like an authentic report; certainly it comes from reliable sources; the outburst is just the kind of a drastic, paradoxical one that would be characteristic for Goethe around 1775/76. Certainly the notion behind it is one with which he was familiar since 1770; in one of his favorite books of that time, Gottfried Arnold's *Unparteyische Kirchen- und Ketzer-Historie,* he could read, for instance, in the section on the Greek church father, Origen, that the fallen angels also could be saved by an act of God's grace. Then, of course, there is the childhood memory of Klopstock's remorseful fallen angel, Abbadona.

We have clear evidence as late as 1816 that Goethe continued to relish the thought of shocking the public by hauling the old reprobate up to heaven in the end. As Johannes Falk records it in his conversation of about June 21, 1816 (Biedermann IV, 473 f.):

---

[2]) In »Shakespeare und kein Ende«, *WA,* I, 41: 66—67. Similarly, Biedermann III, 280 (to Eckermann, July 26, 1826).

. . . wenn sie [die Deutschen] in der Fortsetzung vom Faust etwa zufällig an die Stelle kämen,
wo der Teufel selbst Gnad' und Erbarmen vor Gott findet; das, denke ich doch, vergeben sie
mir so bald nicht! . . . Nahm doch selbst die geistreiche Frau von Stael es übel, daß ich in dem
Engelgesang Gott-Vater gegenüber den Teufel so gutmütig gehalten hätte! sie wollte ihn durchaus grimmiger. Was soll es nun werden, wenn sie ihm auf einer noch höheren Staffel und
vielleicht gar einmal im Himmel wieder begegnet!

But is there any indication in the *Faust* itself that Goethe carried out any such plan?
Carried out fully? no. Suggested and began to carry out? yes. It is the cream of the
jest that in the end Mephistopheles comes perilously close to being saved by the grace
and love of God, and it is only by a supreme effort of his brilliant perverted intellect
that he manages to evade this dreadful fate and save himself for further deviltry.
Goethe had quietly prepared the way for such a perilously close and uncertain outcome
in the »Prologue in Heaven«, when the Lord says to Mephistopheles (337—339):

> Ich habe deinesgleichen nie gehaßt.
> Von allen Geistern, die verneinen,
> Ist mir der Schalk am wenigsten zur Last.

He goes on to describe such a rascal's function in keeping mankind from falling into
sloth (343):

> Der reizt und wirkt und muß als Teufel schaffen.

We must admit that he has performed his rascally assignment well, according to the
Lord's intent, and certainly deserves some reward for his pains in the end, even though
the reward here offered strikes him rather as a dirty trick. He is a good sport,
however; when he is the loser through what he regards as a piece of heavenly chicanery,
he comments with a good humored shrug and a quip (11837):

> Ein großer Aufwand, schmählich! ist vertan.

And anyway, he has just previously managed to save his soul from the fires of divine
grace. Let us see how he managed to do that. The sequence is familiar enough up to
the climax, but here the point is easily missed, in part because the exact order of
events has not been accurately observed.
After Mephistopheles has deployed his short-fat and long-thin assistants about the
body of the expired Faust to watch for the emerging soul, the heavenly hosts descend
strewing roses, amid his offbeat commentary on the dissonant music and the simpering
sanctimony, culminating in his devastating, wrong-side-out characterization (11696):

> Es sind auch Teufel, doch verkappt.

When the assistants flinch under the sting of the descending roses, puff them into flame
and then retreat in panic into their more comfortable type of flame, Mephisto stands
his ground courageously and defiantly (11739—40):

> Gesegn' euch das verdiente heiße Bad!
> Ich aber bleib' auf meiner Stelle.

He is, however, sore beset with the penetrating flames of divine grace descending upon
him despite all he can do to fend them off. The angels explicate, and we must carefully
heed their words, especially in the third and fifth lines (11745—52):

> Was euch nicht angehört,
> Müsset ihr meiden,
> Was euch das Innre stört,
> Dürft ihr nicht leiden.
> Dringt es gewaltig ein,
> Müssen wir tüchtig sein.
> Liebe nur Liebende
> Führet herein!

Mephistopheles' very next words, with their wry twist, indicate that he is succumbing to the fire of love and now understands the woe of unhappy lovers. What to do now? His resourcefulness is not exhausted; he manages to stay in control of the situation by a final masterfully imaginative exertion of diabolical ingenuity. His own words about unhappy frustrated lovers give him the clue: he twists the love surging within him into a supremely hopeless pederastic passion for the boylike angels and he churns this up through forty perverted lines — with ultimate success when the angels pronounce the verdict and summon back upward the descended flames of love, though their concluding words here clearly indicate that this is not the last time Mephisto will have to sweat it out (11801—08):

> Wendet zur Klarheit
> Euch, liebende Flammen!
> Die sich verdammen,
> Heile die Wahrheit;
> Daß sie vom Bösen
> Froh sich erlösen,
> Um in dem Allverein
> Selig zu sein.

How this plain speaking could have been overlooked by the critics and commentators may be difficult to understand.

As the flames of love leave their deep seat within him and emerge to the surface, something strange happens to the old rascal. We must listen carefully to his words and see them in their context and sequence (11809—16):

> Wie wird mir! — Hiobsartig, Beul' an Beule
> Der ganze Kerl, dem's vor sich selber graut,
> Und triumphiert zugleich, wenn er sich ganz durchschaut,
> Wenn er auf sich und seinen Stamm vertraut;
> Gerettet sind die edlen Teufelsteile,
> Der Liebespuk, er wirft sich auf die Haut;
> Schon ausgebrannt sind die verruchten Flammen,
> Und wie es sich gehört, fluch' ich euch allzusammen!

The crucial idiom is »sich werfen auf«,

> Der Liebespuk, er wirft sich auf die Haut.

For good measure, the confirmatory, sequential »ausgebrannt« is added in the next line.

To my knowledge, only two of the commentators, Georg Witkowski and Albert Daur, explain this term correctly, but they do so only in passing while retaining the quite contradictory notion that the flames produced only a surface effect of singeing and blistering the skin. [3]) It is obviously a misreading of the text and a disregard of the sequence of events that would interpret these boils as skin burns resulting directly from the heavenly flames. But it is a misreading on which the commentators in general agree. Actually, of course, the flames had descended earlier in the scene, and had penetrated deeply into Mephisto, as the angels clearly indicate (11747 and 49) and he immediately confirms (11753):

Mir brennt der Kopf, das Herz, die Leber brennt.

Only now, later in the scene, after the episode of perversion, with the departure of the angels upward with the flames of love, do they *emerge* from him, do they *raise up* the boils. »Sich werfen auf«, as a medical metaphor to describe this process, has become rare, but if one calls to mind the more common, nearly synonymus expression, »ausschlagen«, »Ausschlag«, »erupt«, »eruption«, the meaning and happening at once become clear. [4]) Mephistopheles is not alarmed when his skin bursts out Job-like in boils; it is gruesome, he admits, but in the very next phrase he expresses his sense of triumph at a nasty disease successfully »thrown off« through his abiding loyalty to his own nature and his own kind. Then comes his blasphemously witty anticipatory parody of the angels celebrating the salvation of Faust's soul. The angels sing later (11934—35):

---

[3]) Georg Wikowski, *Goethes Faust* (Leiden, 1936), II, 404 f.:
»Der Anblick des eigenen von den brennenden Rosen und den Liebesflammen versengten Körpers bereitet ihm Grauen, und doch gibt es ihm ein Gefühl des Triumphs, weil es sich ihm wieder bestätigt, daß die niedrigen Begierden sich stärker erweisen als die reine Liebe. So geht es auch ihm: das Gefühl, das durch die Engel erweckt wurde, erlischt, nachdem es als ein Ausschlag, wie eine schädliche Blutmischung, ausgeschieden worden ist.«
Albert Daur, *Faust und der Teufel* (Heidelberg, 1950), p. 349, expresses much the same initial misunderstanding followed by the contradictory true insight:
»Ein armer Hiob! Haben doch die Rosenflammen, wo sie ihn berührten, Beulen an ihm schwellen lassen, grauenvoll und doch auch tröstlich; denn das Gift, das ihn befiel und ihn an Liebe schmachvoll unhemmbar erkranken ließ, ist damit ausgeschieden, schlug sich auf die Haut.«

[4]) In Jacob and Wilhelm Grimm's *Deutsches Wörterbuch* this instance from the *Faust* is not cited. In vol. 1 (1854) under *aufwerfen* one parallel instance is given, though so incompletely and out of context that one must go to the original work to perceive its relevance. Here is the fuller passage directly from Johann Christoph Ettner's *Deß getreuen Eckharts unwürdiger Doctor* (Augsburg and Leipzig, 1697), p. 136 f., still greatly abridged, though adequate for our present purposes:
» ... dise Kranckheit ... wird ... in eine gähe und erfolgbarliche Austreibung gebracht/da es denn zwischen Haut und Fleisch grosse und kleine Puckeln oder Hügel aufwirfft / zuvorhero aber in dem Leibe und Gliedern ... hefftige Tormina verursachet ...«
By an interesting coincidence Jacob Grimm himself used the idiom in a letter to his brother Wilhelm, January 7, 1839. It is cited vol. 14: 1, 2 (1960) under *werfen* at column 297 of the very long entry, again as the only example of this usage:
»Wahrscheinlich hat die Krankheit ursprünglich im Unterleib gesessen und sich auf verschiedne Puncte geworfen.«
The generally excellent *Faust* vocabulary by Heffner, Rehder, and Twaddell that preceded their 1954—55 edition of the work shows no awareness of this idiom, nor does Stuart Atkins' valuable supplement, »Some Lexicographical Notes on Goethe's *Faust*«, *Modern Language Quarterly*, 14 (1953), 96.
The translators, of course, follow the commentators, sometimes the worst of these, and so mistranslations result, like this relatively recent one:
The love spook went no deeper than my skin.

> Gerettet ist das edle Glied
> Der Geisterwelt vom Bösen.

Here Mephisto exults (11813):

> Gerettet sind die edlen Teufelsteile.

The next line is couched in terms of still extant medical folk lore, erstwhile medical science: the sign of a patient critically ill taking a turn for the better occurs when the inwardly consuming fever comes to the surface in the form of a skin eruption:

> Der Liebespuk, er wirft sich auf die Haut;
> Schon ausgebrannt sind die verruchten Flammen.

That is why Mephisto rejoices at what one might think of as highly alarming symptoms. He knows that now the worst is over. His supreme imaginative effort at a perversion of heavenly love into a grotesque parody of love has been successful. He has once more saved his soul from a fate worse than hell. He can now continue in his delectable career of raising the devil on earth instead of warbling insipidly in the heavenly choirs.

But it was a close call. His own »salvation« so completely summoned to supreme effort all his resources of intelligence, imagination, concentration that he had to neglect temporarily his plans for Faust's damnation. Just as he is breathing a sigh of relief at having escaped, even though not with a whole skin, the choir of angels rises upward with Faust's soul. »Cunningly snatched away«, »pfiffig weggepascht«, is his indignant comment. But the eternal »Schalk« and »jester« has to have his fun right to the bitter end, even when it is at his own expense, though, as so often previously, he twists the facts again, just as if this encounter were analogous to his futile affair with the Lamias in the »Classical Walpurgis Night«. He comments (11834—43):

> Du bist getäuscht in deinen alten Tagen,
> Du hast's verdient, es geht dir grimmig schlecht.
> Ich habe schimpflich mißgehandelt,
> Ein großer Aufwand, schmählich, ist vertan;
> Gemein Gelüst, absurde Liebschaft wandelt
> Den ausgepichten Teufel an.
> Und hat mit diesem kindisch-tollen Ding
> Der Klugerfahrne sich beschäftigt,
> So ist fürwahr die Torheit nicht gering,
> Die seiner sich am Schluß bemächtigt.

When love hit the sophisticated old rascal, he behaved just as absurdly as the youngest greenest lover in his first springtide, so he says. All that he has to console himself is that though he has lost Faust, he has saved himself.

Can it be that this is what Goethe meant when he wrote to Karl Ernst Schubarth, November 3, 1820, no doubt with an inward chuckle: »Mephistopheles darf seine Wette nur halb gewinnen?« — But this is not the place to become involved in another crux of Faust interpretation, just as one is about to close. Actually there is no need to do so; what we have before us is clear and sufficient. The wager that Faust had offered so scornfully, Mephistopheles had accepted confidently — overconfidently, as it turned out. For Faust himself, bearing half the guilt, as Goethe puts it in this letter to Schubarth, the Lord's mercy intervened. Divine grace also reached down to Mephisto who, however, exercised his freedom of will and chose to reject it.

In the end the old poet was more kind to Mephistopheles than the young poet had intended to be. The engaging rascal was in mercy spared the ultimate humiliation of totally losing his wager with Faust:

> Faust hat den Teufel doch nicht geholt.

The Johns Hopkins University   Harold Jantz

JOHN R. FREY

Das Satirische beim frühen Schiller

Je mehr man sich mit Schillers Frühwerk *Die Räuber* beschäftigt, desto leichter fällt es einem zu verstehen, warum dieses Erstlingsdrama wie kaum ein anderes der Welt-literatur so verschiedene Bewertungen erfahren sollte. [1]) Es hat den Anschein, als hätte solche Vielseitigkeit der Beurteilungen geradezu in der Absicht des jungen Dichters gelegen, äußerte er doch laut Zeugnis aus Freundesmund (Scharffenstein) wiederholt seine Intention wie folgt: »Wir wollen ein Buch machen, das aber durch den Schinder absolut verbrannt werden muß.« [2]) Mit aller wünschenswerten Eindeutigkeit ist hier von einem Experiment die Rede, das die Gemüter ordentlich in Bewegung bringen, also zur Stellungnahme provozieren sollte. Was die Richtung der Provokation betrifft, deutet Scharffenstein auch diese an, wenn er nachdrücklich hervorhebt, die *Räuber* seien »zuverlässig weniger um des literarischen Ruhmes willen, als um ein starkes, freies, gegen die Konventionen ankämpfendes Gefühl der Welt zu bekennen«, geschrieben worden (48). Es ging implizite um die experimentelle Erprobung von Möglichkeiten der Selbstverwirklichung, deren radikal provokativer Charakter einen außerordentlichen Rahmen verlangte. Wie dunkel diese Ausrichtung in Schillers ursprünglicher Vorstellung der zu gestaltenden Probleme auch gewesen sein mag, sie war sicherlich zum großen Teil mitverantwortlich für die unentrinnbare Faszination, die das Räuber-Motiv auf ihn ausübte und für den unbeirrbaren Vorsatz, diesem Motiv in seiner eigenen Gestal-tung der Geschichte von den feindlichen Brüdern und der Auffassung vom erhabenen Verbrecher eine zentrale Stellung einzuräumen — trotz freundschaftlich vorgebrachter Einwände wie etwa von Hovens. Dieser Freund Schillers klagt, nachdem er erst darauf aufmerksam macht, daß er eigentlich die Ursache von Schillers Wahl des Stoffes gewesen sei, indem er Schiller auf Schubarts »Zur Geschichte des menschlichen Herzens« (1775) gelenkt habe und daß es seine »Idee war, darzustellen, wie das Schicksal zur Erreichung guter Zwecke auch auf den schlimmsten Wegen führe; Schiller aber machte die Räuber zum Hauptgegenstand, oder, um mich seiner eigenen Worte zu bedienen, zur Parole des Stücks, was ihm bekanntlich von vielen Seiten her übelgenommen worden, und was ihm auch selbst in der Folge leid getan zu haben scheint« (16—17).

Starke Wurzeln für die Entwicklung des von Benno von Wiese charakterisierten Tat-bestandes, an dem man gleichzeitig etwas Beunruhigendes und Faszinierendes empfinden mag, trieb schon die zeitgenössische Beurteilung der *Räuber*, und nähren konnten sich diese in der folgenden Zeit von Schillers eigener Einstellung zu seinem Erstlingsdrama, deren Wandel sich bekanntlich von berechtigtem Urheberstolz bis zu schroffer Ableh-nung erstreckte. Auch wenn dieser Faktor sich kaum noch subjektiv auswirkt in der Kritik, so bietet doch auch der gegenwärtige Stand der Dinge geringen Anlaß zu der Annahme, daß die Bewertungen der *Räuber* in absehbarer Zukunft weniger verschieden als bisher sein werden. Es liegt einfach im Wesen der Sache, das heißt, an der Viel-

---

[1]) Siehe Benno von Wiese, *Friedrich Schiller* (Stuttgart, 1959), S. 136.
[2]) Die hier mit den nötigen inneren Vorbehalten angeführten Zeugnisse von Freunden (Scharf-fenstein, Petersen, von Hoven, Abel) und Karoline von Wolzogen sind umständehalber nach Freiherrn von Biedermanns Ausgabe von *Schillers Gespräche* (München, o. J.) zitiert. Die Seitenzahl folgt jeweils in Klammern; Scharffenstein-Zitat, S. 48.

deutigkeit und der kompositorischen Eigenart dieses Dramas, daß die Beurteiler zu
verhältnismäßig weit auseinandergehenden Deutungen kommen. Schon Schillers Jugendfreund Petersen bemerkt, daß »das Stück ... nicht das Werk eines Gusses« sei,
und er gewährt uns anschließend einige Einblicke in die Arbeitsweise des jungen Dra-
matikers, die zumindest als höchst interessant, wenn nicht als höchst aufschlußreich
gelten dürfen. Er berichtet: »Schiller arbeitete einzelne Selbstgespräche und Auftritte
aus, ehe er das Grundgewebe des Ganzen überdachte, ehe er Anlage, Verwicklung und
Entwicklung bestimmt, Schatten und Licht verteilt und die Formen gehörig aneinander
gereihet hatte. Was auf diese Weise ausgearbeitet war, ließ er sich teilweise von Bekannten vorlesen, um Eindruck und Wirkung besser beurteilen zu können. Schiller widmete
den Räubern jeden Tag wenigstens einige Stunden, und doch wurden sie nach zehn-
facher Abänderung nicht früher als im Jahr 1781 vollendet« (25). Diesem Augenzeugen-
bericht nach wäre Schillers Ausführung des Experiments, ein Buch zu machen, das durch
den Schinder absolut verbrannt werden mußte, vielmehr eine unmethodische, sozusagen
sich sprunghaft vortastende gewesen als eine spontan dahinstürmende, deren Impulse
sich nicht auf schöpferische Inspiration beschränken, sondern auch von klaren Vorstellungen und sicherer Planung getragen sind. Wie dem auch sei, der inhaltlichen und
gestalterischen Eigenheiten, der Unstimmigkeiten, wie sie sich aus der Kombination von
Unglaubwürdigkeiten, Mängeln und Genialität ergeben, sind genug vorhanden, so daß
man es als fast unumgängliche Notwendigkeit hinnimmt, wenn die Deutungen bei all
ihrer Stichhaltigkeit öfters die sachbedingte Verlegenheit ihrer Verfasser in Form einer
gewissen Einseitigkeit spiegeln. Es hat immer etwas Verlockendes an sich, den Versuch
einer eigenen Gesamtinterpretation zu wagen; hier jedoch kann es uns nur darauf
ankommen, einen Einzelaspekt ins Auge zu fassen, nämlich die Auswirkung eines kaum
gebührend beachteten, satirischen Zugs am frühen Schiller, wie sie in der Zeit der
Räuber, vor allem aber auch in diesem Werk selbst zutage tritt. Neben den weniger
seltenen Hinweisen der Schiller-Deutung auf frühe Ironie, Sarkasmus, Zynismus und
Polemik verdient der spezifisch satirische Zug — Teilaspekt einer stark polemischen
Grundhaltung — eine eingehendere Beachtung und stärkere Betonung schon deshalb,
weil Schiller in seinen frühen kritischen Äußerungen immer wieder Zeugnis davon
ablegte, wie sehr der Geist der Satire seine Seh- und Denkweise beherrschte. Nicht daß
dieser sich in Form ausgesprochen satirischer Produkte niedergeschlagen hätte wie bei
so manchem anderen Stürmer und Dränger. Beachtenswert ist er trotzdem, insbesondere
im Hinblick auf den späteren Verfasser der »Xenien« und der kunsttheoretischen Analyse der Satire in »Über naive und sentimentalische Dichtung«, deren Begriffsbestim-
mung der »Satire« allerdings für unsere Zwecke nicht wesentlich ins Gewicht fällt. Sollte
der Eindruck entstehen, daß, wie Schillers Erstlingsdrama auf seine Art, unsere Beleuchtung des satirischen Zugs in ihrer Einseitigkeit, ihrem Verzicht auf eine strenge Definie-
rung des »Satirischen« und ihren gelegentlich vielleicht etwas überspitzten Darlegungen
einen Anstrich von Provokation habe, so mag ihr immerhin insofern ein bescheidenes
Maß von Berechtigung zukommen, als sie im Grunde zumindest ebensosehr auf das
Aufwerfen von Fragen wie auf positive Feststellungen ausgeht.
Die Aussagen Petersens und des von Schiller hochverehrten Lehrers und Freundes Abel,
um uns noch einmal auf die Erinnerungen der Vertrauten aus der Frühzeit zu berufen,
stimmen darüber überein, daß sich aus dem einsamen, verschlossenen, schüchternen, ja
»eingeschüchterten« Neukömmling auf der Karlsschule mit der Zeit ein Jüngling voll
Selbstgefühl, Selbstvertrauen und Mut entwickelte — »ein ganz anderer Mensch, als
zu Anfang«, wie Petersen sagt, der »im Gefühle der aufsteigenden, treibenden Kraft mutwillig, neckend, foppend, und zwar oft sehr derb und stechend« sein konnte (24). Letztere Charakterisierung, die uns hier besonders interessiert, erfährt eine Ergänzung von
seiten Karoline von Wolzogens, der Schwägerin Schillers, die auf Grund der von Hoven-

schen Mitteilungen zu berichten weiß, daß der Eleve Schiller, der sich keiner Vergehen gegen die Gesetze des Instituts schuldig machte, einen gelegentlich unvermeidlichen Streit mit Vorgesetzten gewöhnlich durch einen witzigen, oft sarkastischen Einfall abzubrechen wußte (22). Bezeugt diese Verhaltensart auch noch keine eindeutig satirische Ader, so lassen sich doch die Keime der Fähigkeit, die Dinge satirisch zu sehen und zu behandeln, erkennen. Ähnlich liegt der Fall in Verbindung mit Schillers erster medizinischer Dissertation (»Philosophie der Physiologie«, 1779) und deren Verteidigung, worin er sich nach Abels Bericht aus zweiter Hand mit »zu genialischem Übermut dem damals hochverehrten und hoher Ehren zu allen Zeiten würdigen Haller entgegenstellt, und sich in der Hitze des Kampfes unehrerbietige Ausdrücke gegen denselben erlaubt« (39). Was mit dem demonstrativ genialischen Übermut gegen den auch von Schiller verehrten Haller in Erscheinung tritt, ist wohl, streng genommen, Geist der Polemik eher denn der reiner Satire; jedoch zielen ja beide auf Provokation und brauchen sich somit keineswegs gegenseitig ausschließen. Eine enge Berührung der beiden verbot sich in einer Dissertation von der Art der »Philosophie der Physiologie« schon deshalb nicht, weil an ihr der Philosoph bzw. der Moralist im selben Maße wie der Mediziner beteiligt war. Nebenbei bemerkt, wehte dem musenfreudigen Medizinstudenten der Geist der Satire ermutigend aus den dichterischen Werken Hallers entgegen [3]), die er vermutlich mit mehr Eifer, Begeisterung und Bewunderung in sich aufnahm als die des Wissenschaftlers Haller. Und unverkennbar dem Geist der Satire verpflichtet ist nicht nur die Polemik des jungen Mediziners Schiller gegen Bonnet: »Mit unverzeihlichem Leichtsinn hüpft der französische Gaukler über die schwersten Punkte dahin ... «, sondern auch seine provozierende Erklärung: »In der Tat, ich habe den Kitzel nicht, und find es meiner Ansicht gemäßer, Theorien umzustoßen, als neuere und bessere zu schaffen oder schaffen zu wollen. Tät ich das, so wär nicht erst ein Abdera nötig, um mir mit Nießwurz aufzuwarten.« [4]) In dieser Erwähnung Abderas haben wir Schillers ersten unverblümten Hinweis auf den Bereich der Satire und mit der Bezeichnung »Gaukler« wird Bonnet automatisch in diesem Bereich angesiedelt.

Zu ungehemmter Entfaltung des satirischen Zugs kommt es in der ersten bzw. unterdrückten Vorrede zu den *Räubern* [5]), in der es galt, die aus der Art schlagende dramatische Gestaltungsweise der *Räuber* zu verteidigen, die, wie auch der Inhalt, dieses Drama angeblich ungeeignet für die Bühne machte. Die hochgemute Selbstsicherheit, die der Verfasser bei aller apologetischen, wenngleich ironisch gewürzten Tendenz an den Tag legt, mochte letztlich nicht ganz hieb- und stichfest sein — war er sich doch der Mängel seines Stücks wohl bewußt —, jedenfalls war er unbefangen genug, seine satirischen Pfeile schwirren zu lassen. Um die eigene Sache zu fördern, griff er zu dem bewährten Mittel, Sündenböcke ins Rampenlicht vorzuschieben. Auf diese Weise konnte er sich rächen für schon vorhandene Einwände, zumindest aber für die mit Sicherheit zu erwartenden Mißverständnisse und Fehlurteile. — Als erste Zielscheibe wählte sich der Neukömmling unter den Dramatikern den Pöbel (ein nicht seltenes Wort beim jungen Schiller), das unverständige breitere Publikum, dem gegenüber die Kunstver-

---

[3]) Siehe dazu Schillers Ausführungen über die Satire in der Abhandlung »Über naive und sentimentalische Dichtung«, S. 723, 5. Band der Hanser Ausgabe (Friedrich Schiller, *Sämtliche Werke*, hrsg. von Gerhard Fricke und G. Göpfert [München, 1958]). Schiller wird durchweg aus dieser Ausgabe zitiert. Die Vorreden zu den *Räubern*, das »Avertissement zur ersten Aufführung der Räuber« und die »Selbstbesprechung« befinden sich im ersten Band. Den angeführten Stellen wird die Seitenzahl in Klammern beigefügt).

[4]) Ebd., S. 262 und 265.

[5]) Siehe dazu Herbert Stubenrauch, *Schillers Werke*, Nationalausgabe, 3. Bd., S. 302—303. Stubenrauch betrachtet die (erste) Vorrede weitgehend als leicht ironisch gemeinte Polemik Schillers gegen Schwan und den von ihm angeblich vertretenen »Theatralischen Geschmack«.

ständigen, welche des Dichters Absicht erraten und den »Zusammenhang des Ganzen«
zu erfassen vermögen, jeweils nur ein kleines Häuflein ausmachen. Die anderen Opfer
der satirischen Spitze waren die französischen Dramatiker (wie auch schon in Karl
Moors erster Tirade), dann die *à la mode,* will sagen die verschönernden oder verhun-
zenden Bearbeiter von anderer Leute Produkten (Gotter, Weiße, Stephanie) und schließlich die Schauspieler, also eine nicht unansehnliche Galerie von Angriffsobjekten.
Verhältnismäßig gelinde setzt der erste satirische Ausfall ein in dem Vergleich zwischen
Macduff in *Macbeth* und dem alten Diego in Corneilles *Cid,* der »seinen Sackspiegel
herauslangt und sich auf offenem Theater begudct« mit den Worten »o rage! o déses-
poir!« Doch wird das nur Lächerliche dieses Bildes sogleich ins Satirische gesteigert in
dem verallgemeinernden Zerrbild: »Seine Menschen sind (wo nicht gar Historiographen
und Heldendichter ihres eigenen hohen Selbsts) doch selten mehr als eiskalte Zuschauer
ihrer Wut, oder altkluge Professore ihrer Leidenschaft« (481—82). Ob originell in
dieser Auffassung französischer und im besonderen Corneillescher Dramenkunst oder
nicht, der junge Verfasser des »dramatischen Romans« *Die Räuber* gibt sich hier als
reichlich anmaßender Kunstrichter; und gleich danach dann als scharf dreinschlagender
Didakt seinem nächsten Opfer gegenüber, dem Pöbel, worunter er nicht nur die »Mist-
pantscher allein, sondern auch und noch viel mehr manchen Federhut und manchen
Tressenrock und manchen weißen Kragen zu zählen Ursache habe« (483). Geradezu
vernichtend ist der satirische Seitenhieb auf die »besseren« Schichten der Gesellschaft
in ihrer Unwissenheit, ist die Komik der jeweils auf ein Kleidungsstück reduzierten
Charakterisierung, mit der die gemeinten Vertreter ins Lächerlich-Verächtliche gezogen
werden. Und nicht besser ergeht es gewissen Zuschauertypen im Theater, Herrn Eisen-
fresser, der Mamsell, dem Kutscher, dem Friseur und der gnädigen Tante für ihre
stupiden Reaktionen auf das gesehene Stück — ausgerechnet die *Emilia Galotti.* [6]) Es
überrascht nicht, wenn Schiller, mit dem »Pöbel« vorm inneren Auge, lehrhaft doziert,
daß noch so viele Freunde der Wahrheit und Tugend zusammenstehen mögen, ihren
Mitbürgern auf offener Bühne Schule zu halten [7]), der Pöbel höre nie auf, Pöbel zu
sein, und wenn Sonne und Mond sich wandeln und Himmel und Erde veralten wie ein
Kleid und folgert: »... die Narren bleiben immer sich selbst gleich, wie die Tugend.«
Auch nicht, wenn er sich zu der Notwendigkeit satirischer Geißelung bekennt, indem
er, wie schon in der ersten Dissertation, auf »das ewige Dacapo mit Abdera und Demokrit« hinweist. [8]) »... unsere gute Hippokrate«, meint er, »müßten ganze Plantagen

---

[6]) Hans Meyer, der dem Gehalt und der nicht zu unterschätzenden Bedeutung von »Schillers
   Vorreden zu den Räubern« eine geistreiche Sonderuntersuchung widmete *(Goethe,* N. F. d.
   Jbs. d. Goethe-Ges., XVII, 45—59) sieht hier eine »reizende kleine, fast dramatisch aus-
   gestaltete Satire gegen das Philistertum aristokratisch-bürgerlicher Theaterbesucher in deutschen Landen«. Im übrigen spricht er von Ironie und zornigen bzw. bitterbösen Diatriben
   und von Polemik.
[7]) Mit verschiedenen Abänderungen auch in der Zweitfassung und im Einklang damit auch
   Schillers viel beachtete Überzeugung, daß er berechtigt sei, seinem Drama »mit Recht einen
   Platz unter den moralischen Büchern zu behaupten«. Hartnäckig hält Schiller an dem moral-
   pädagogisch gefärbten Ton auch noch im »Avertissement zur ersten Aufführung der Räuber«
   fest. Die Jünglinge werden ermahnt, sich von den »zügellosen Ausschweifungen« des Stücks
   abschrecken zu lassen und »auch der Mann gehe nicht ohne den Unterricht von dem Schauspiel, daß die unsichtbare Hand der Vorsicht auch den Bösewicht zu Werkzeugen ihrer Absichten und Gerichte brauchen und den verworrensten Knoten des Geschicks zum Erstaunen
   auflösen könne« (S. 490).
[8]) Das bezieht sich auf Wielands wohlbekannten Abderiten-Roman, welcher auf persönlichen
   Erfahrungen beruhende Anspielungen auf die Zustände des Mannheimer Nationaltheaters
   und auch auf den Buchhändler Schwan enthält (Mayer, a. a. O., S. 58 und Stubenrauch,
   Bd. 3, Nationalausgabe).

Nieswurz erschöpfen, wenn sie diesem Unwesen durch einen heilsamen Kräutertrank abhelfen wollten« (483). Diese ätzende Pointiertheit bekommen als letzte die Schauspieler zu spüren, die, wie der munter satirisierende Schiller fürchtet, ihm leicht sein Stück dadurch verhunzen könnten, daß sie so manche lebendige Leidenschaft mit allen Vieren zerstampften, so manchen großen und edlen Zug erbärmlich massakrierten und seines Räubers Majestät in der Stellung eines Stallknechts erzwängen.

Es versteht sich, daß für die zweite Vorrede eine Ausmerzung der provozierendsten Stellen der Erstfassung, die tatsächlich schon ausgedruckt war, und eine Herabstimmung des unbekümmert scharfen Tons der frischfröhlichen Narrenjagd sich empfahl. [9]) Auch inhaltlich wurden die Akzente verschoben. Verschwunden ist der lächerlich gemachte Diego, verschwunden auch die als solche bezeichneten »Narren«, die sich immer gleich bleiben (die Federhüte, Tressenröcke, Friseure, gnädigen Tanten usw.). Wenn auch noch vom Pöbel die Rede ist, dann von keinen Mistpantschern mehr; diese sind zu Gassenkehrern geworden. Der Hinweis auf das ewige Dacapo mit Abdera und Demokrit und die immer noch benötigte Nieswurz, also auf den so nötigen Geist der Satire bleibt. Das diesem gemäße Sehen der Dinge verrät auch die Ausdrucksweise von Schillers Bemerkung, die Heilige Schrift müsse sich täglich von witzigen Köpfen mißhandeln und »ins Lächerliche verzerren« lassen. Und eine ganz besonders bemerkenswerte Erweiterung erfährt das Satirische in der Hervorhebung des Quichottischen am Räuber Moor (»der seltsame Don Quixote«), dem sich die ironisch-didaktische Ermahnung anschließt: »Ich werde es hoffentlich nicht erst anmerken dörfen, daß ich dieses Gemälde so wenig nur allein Räubern vorhalte, als die Satire des Spaniers nur allein Ritter geißelt« (486). Daß Schiller schon in der »Philosophie der Physiologie« herausfordernd die Bemerkung hinwirft, er befinde sich in einem Feld, wo schon so mancher Don Quichotte sich gewaltig herumgetummelt und sich noch itzo herumtummle, unterstreicht nur, wie geläufig ihm die klassischen Vorbilder satirischer Sicht auf menschliches Gebaren waren, wie sehr sie seiner eigenen satirischen Ader und moralpädagogischen Tendenz entgegenkamen und wie ungesucht seine Anwendung der Vorstellung des Donquichottischen auf seinen Helden Karl war.

Versteckt sich, muß man fragen, in Schillers Bezugnahme auf die Satire des Spaniers in Verbindung mit dem eigenen Werk, in dem Fingerzeig auf Gemeinsames, nämlich des Verfassers Funktion des Geißelns, was doch so viel heißt wie satirisieren, eine Andeutung, daß das Erstlingsdrama der Intention nach einen bedeutsameren satirischen Einschlag mitbekommen sollte als meistens wahrgenommen wird? Es erübrigt sich zu betonen, daß das keineswegs einen gröblichen Niederschlag bedeuten muß. Zum Interessantesten gehört, daß Schiller in der ursprünglichen und noch unbefangen sprühenden Fassung der Vorrede nachdrücklich von *Karikaturen* spricht, wenngleich in dem Sinne, daß er als »getreuer Kopist der wirklichen Welt« gerade solche nicht geschaffen haben wollte. Er sagt: »Ich wünschte zur Ehre der Menschheit, daß ich hier nichts denn Karikaturen geliefert hätte, muß aber gestehen, so fruchtbarer meine Weltkenntnis wird, so ärmer wird mein Karikaturenregister.« In der Zweitfassung begnügt er sich mit Schatten dieser markanten Bezeichnung, nämlich den viel zitierten »idealischen Affektationen« und »Kompendienmenschen«. Wurde ihm die Wahl des Ausdrucks »Karikaturen« von den willkommene Kritik übenden Freunden aufgedrängt, oder liegt sie in Schillers Bewußtsein einer nicht ganz zu unterdrückenden satirischen Stimmung während der Arbeit an den *Räubern* begründet? Beide Möglichkeiten sind nicht nur denkbar, sondern wahrscheinlich. In welchem Grad und Ausmaß dies auf die zweite zutrifft, muß sich aus dem Text erweisen — einem Text, dem in wohl kaum anderer als sati-

---

[9]) Zur Frage, ob und wie weit Selbstkritik oder fremde Kritik diese veranlaßt haben mochten, siehe Stubenrauch, S. 303—304.

rischer Absicht als Motto des Hippokrates' Worte vorangestellt wurden: »Quae medi-
camenta non sanant, ferrum sanat, quae ferrum non sanat, ignis sanat.«
Einen Gradmesser bietet zunächst der Franz-Kommentar in der im *Wirtembergischen
Repertorium* erschienenen Selbstbesprechung dar. Schiller nennt es ein großes Wagnis,
einen überlegenden Schurken wie Franz auf die Bühne zu stellen, größer, »als die un-
glückseligste Plastik der Natur verantworten kann«. Dann: »Wahr ist es — so gewiß
diese letztere an *lächerlichen* Originalen auch die luxurierendste Phantasie des Karikaturisten hinter sich läßt; so gewiß sie zu den bunten Träumen des Narrenmalers Fratzen
genug liefert, daß ihre getreuesten Kopisten nicht selten in den Vorwurf der Übertreibung verfallen: so wenig wird sie jedennoch *diese* Idee unseres Dichters mit einem
einzigen Beispiel zu rechtfertigen wissen. Dazu kommt, wenn auch die Natur, nach
einer hundert- und tausendjährigen Vorbereitung, so unbändig über ihre Ufer träte,
wenn ich dies auch zugeben könnte, sündigt nicht der Dichter unverzeihlich gegen ihre
ersten Gesetze, der dieses Monstrum der *sich selbst befleckenden Natur* in eine *Jünglings-
Seele* verlegt?« (625). Es fällt auf, daß Schiller die Frage »Karikaturen«, die er in der
unterdrückten Vorrede angeschnitten und in der Zweitfassung fallen gelassen hatte, in
der Selbstrezension wieder aufnimmt. Daß er es hier noch pointierter als zuvor tut,
bezeugt, wie sehr der Geist der Satire ihn beschäftigte. Natürlich will er wiederum die
Seh- und Darstellungsweise des getreuen Kopisten der Wirklichkeit distanziert wissen
von der des Karikaturisten, des Narrenmalers. Und doch zwingt ihn das künstlerische
Gewissen und der in seiner Ehrlichkeit bewundernswerte Wille zur Selbstkritik zu der
Frage, ob seine eigene Art wirklich immer so weit entfernt sei von der des Karikaturisten
und Narrenmalers — das heißt, des Satirikers. Spricht nicht Schiller von seiner Franz-
Darstellung als einer im Grunde satirischen, und satirisiert er sich nicht gleichzeitig selbst
ein wenig, wenn er spöttisch bemerkt: »Wir finden zu all denen abscheulichen Grund-
sätzen und Werken keinen hinreichenden Grund als das armselige Bedürfnis des Künstlers, der, um sein Gemälde auszustaffieren, die ganze menschliche Natur in der Person
eines Teufels, der ihre Bildung usurpiert, an den Pranger gestellt hat« (625—26). Und
ähnlich wieder, wenn er sagt: »Selbst der Dichter scheint sich am Schluß seiner Rolle
für ihn erwärmt zu haben: er versuchte durch einen Pinselstrich ihn auch bei uns zu
veredeln: ›Hier! nimm diesen Degen . . .‹ Stirbt er nicht bald wie ein großer Mann,
die kleine kriechende Seele!« (628). Mag Schiller am Verfasser der *Räuber* eine Neigung
zum Heroischen und Starken feststellen, so dürfen wir ihm zusätzlich eine Neigung zum
Satirischen zuschreiben. Und wie in seiner erfrischenden Unbestechlichkeit der Selbstkritik Schiller auszurufen vermag: »Doch Klag und kein Ende!«, so kann man — ohne
»Klag« — sagen, daß mit der Anführung der obigen Stellen keineswegs die erhellenden
Belege für unser Thema erschöpft sind. Auch die Äußerungen zu der Darstellung des
Vaters Moor und Amalias, zu der Sprache des Stücks und endlich zum Verfasser
selbst, dem Arzt-Dichter, dem der Rezensent lieber zehn Pferde als seine Frau zur Kur
übergeben möchte, enthalten so manche satirische Spitze. Betont sei nachdrücklichst, daß
es uns hier nur auf die Auswirkungen der satirischen Ader ankommt, ohngeachtet der
Frage, wie wörtlich insgesamt die Äußerungen der Vorreden und der Selbstrezension
Schillers zu nehmen seien.
Zu den maßgeblichen Eigenheiten der *Räuber* gehört der pathetische Stil, der vor allem
die Darstellung der von Karl Moor verkörperten Möglichkeit der Selbstverwirklichung
beherrscht. Auf die Frage, ob und wieweit sich pathetischer und satirischer Stil ver-
tragen, eine Frage, die sich trotz Schillers Gleichsetzung von pathetischer und strafender
Satire (»Über naive und sentimentalische Dichtung«) aufdrängt, scheint der Fall Karl —
»Gemälde einer verirrten großen Seele« —, obenhin betrachtet, eine negative Antwort
zu geben. Unter dem überwältigenden Eindruck seiner inneren Not empfindet man in
einem so qualvollen Ausbruch wie »O über mich Narren, der ich wähnete die Welt

durch Greuel zu verschönern, und die Gesetze durch Gesetzlosigkeit aufrecht zu halten« (V, 2) vor allem die pathetische Klage über Karls ungeheuerliche Verirrung. Dabei
überhört man höchstwahrscheinlich die derogative Selbstbezeichnung »Narr«, mit der
diese Verirrung, so tragisch sie ist, in den Bereich menschlicher Torheiten und Schwächen,
d. h. den als Zielscheibe der Satire dienenden Bereich gerückt wird. So gesehen, ist es
wohl kein Zufall, daß man Karl schon zuvor sich mehrmals einen Toren, ja einen »blöden, blöden, blöden Toren« nennen hört. Nicht umsonst läßt der Dichter am Ende des
Stücks einen der Räuber Karls Entschluß zu seiner letzten Handlung so kommentieren:
»Laßt ihn hinfahren! Es ist die Großmannsucht. Er will sein Leben an eitle Bewunderung setzen.« Ist diese abfällige Einschätzung seines Hauptmanns so unbegründet?
Wohl nicht gänzlich angesichts der Entgegnung Karls: »Man könnte mich darum bewundern.« Ein weiterer Kommentar dazu erübrigt sich; Schiller gab ihn selbst, wie wir
gesehen haben, wenn er trotz des bewundernswerten Wurfs seines Helden (des »Unge-
heuers mit Majestät«) nach Größe, Freiheit und Gerechtigkeit dessen bedauernswerte
Verirrung als menschliche Torheit betrachtet haben wollte, indem er Karls Gebaren
etwas Quichottisches zuschrieb, das in seiner Räuber-Ungeheuerlichkeit der Öffentlichkeit als moralisch ernüchternder Spiegel dienen sollte. Jedenfalls scheint es mir nicht allzu
forciert zu meinen, daß in der scharfen Kontrastierung von tragischer Verirrung und
öfters recht großsprecherischer Übersteigerung in Karls Redeweise der satirische Impuls
aktiv, wenn auch nicht ostentativ mitgewirkt hat. Läßt sich dessen Auswirkung in der
Schilderung des ersten Auftretens von Karl (I, 2), der übrigens hier — und nicht nur
hier — selber im Genusse satirischer Ausfälle schwelgt, verkennen? Karl bramarbasiert über das schlappe Kastratenjahrhundert, aus dem die Möglichkeiten zur Größe
verbannt sind, beklagt sarkastisch-satirisch, daß die Unsterblichkeit vergangener Helden-
leben nur noch im Gymnasium weiterlebt und in einem Bücherriemen mühsam weiter-
geschleppt oder, wenn es glücklich geht, von einem französischem Tragödienschreiber auf
Stelzen geschraubt und mit Drahtfäden gezogen wird; er geißelt ein ganzes Register von
abgeschmackten und korrupten Konventionen, weigert sich daran zu denken, daß er
seinen Leib in eine Schnürbrust pressen und seinen Willen in Gesetze schnüren soll, wet-
tert gegen das Gesetz, das zum Schneckengang verdorben hat, was Adlerflug geworden
wäre und das noch keinen großen Mann gebildet hat, wogegen die Freiheit Kolosse
und Extremitäten ausbrütet, und er prahlt schließlich, daß mit ihm an der Spitze eines
Heeres von Kerlen wie er selbst aus Deutschland eine Republik würde, gegen die Rom
und Sparta Nonnenklöster sein sollten. Und all das in dem Augenblick, wo er, weil
es nun, wie er sagt, mit den »Narrenstreichen« am Ende ist, auf das versöhnliche Vater-
wort wartet, das ihm die Rückkehr aus dem liederlichen Studententreiben in die geordnete und geruhsame Daseinsform der Heimat gestatten soll.
Wir wissen um Karls natürliche und echte Anlage zur Größe, und doch, hat Spiegelberg so ganz unrecht, wenn er Karl nach der Beendigung seiner satirischen Tirade die
auf das Lächerliche und Verächtliche ausgerichtete Bemerkung zuwirft: »O du heilloser,
erbärmlicher Prahlhans!« Noch kann Karl unbedenklich prahlen, fühlt er sich doch
noch gesichert in der starken Hoffnung auf väterliche Vergebung und Rückkehr. Noch
kennt seine tönende Bitterkeit nicht den Stachel der Verzweiflung. Der Schwung der
Rede übertönt die satirischen Laute, aber diese sind nichtsdestoweniger präsent. Sie
werden vernehmbar gleich danach, wenn Spiegelberg, der sich ja als grundfeiger und
nichtswürdiger Menschentyp entpuppt, sich so ausläßt: »Darum laß ich mir's auch nicht
bange sein, wenns aufs Äußerste kommt. Der Mut wächst mit der Gefahr; die Kraft
erhebt sich im Drang. Das Schicksal muß einen großen Mann aus mir haben wollen, weils
mir so quer durch den Weg streicht.« In Karls und Spiegelbergs gegenseitiger Beschuldigung narrenhafter Prahlerei liegt unverkennbar ein korrektiv-satirischer Einschlag der
Charakterisierung burschikos-kraftmeierischen — Karl sagt seinerseits: »Du bist ein

Narr. Der Wein bramarbasiert aus deinem Gehirne« — Wesens und Redens vor. Durch das zweifelhafte Licht, das durch diese korrektive Funktion der satirischen Perspektive auf nicht nur den Wortschwall eines sich austobenden Kraftmenschentums geworfen wird, sondern gleichzeitig auch auf die Frage nach dem eigentlichen Wesen des Helden, wird die Weiterentwicklung des Geschehens bis zu tragischer Verirrung eminent wirksam unterbaut. Und läßt nicht auch der Dichter schon vorausblickend ein mehr oder weniger satirisches Licht auf Karls Verirrung in den Wahn, er handle in seinem Rächeramt als Instrument Gottes, fallen, wenn er ausgerechnet Spiegelberg in seiner zynischen Ausmalung der angeblich segensreichen Seite des Räuberhandwerks unbedenklich sagen läßt: »... das heiß ich ehrlich sein, daß heiß ich ein würdiges Werkzeug in der Hand der Vorsehung abgeben« (I, 2).

Ungleich augenfälliger ist der satirische Einschlag in der Charakterisierung Franz Moors, des Repräsentanten der andern in den *Räubern* dargestellten Möglichkeit der Selbstverwirklichung. So sehr Schiller von Franz' philosophischer Orientierung fasziniert zu sein schien, so ablehnend stand er ihr im Prinzip gegenüber. Und entsprechend ungehemmt konnte er in der Porträtierung ihres konsequenten Vertreters — des spekulativen Bösewichts, Mißmenschen, heuchlerischen und heimtückischen Schleichers, überlegenen Schurken —, der nicht vor Vater- und Brudermord zurückschreckt, den Geist der Satire spielen lassen. Auch in Franz' Fall erweist sich die eingeschlagene Bahn als grandiose Verirrung. Der Anruf des Gewissens stellt seine radikal rationale, materialistische Philosophie mit all ihrer denkerischen Konsequenz und Schlüssigkeit als »ohnmächtige Abstraktionen« bloß. So entgeht denn weder Franz' handelndes Verhalten noch seine Denkart der satrischen Spitze. Man glaubt sie schon in der Darstellung seiner übersteigerten Heuchelei und dem übermäßig phantasievoll fingierten Brief zu Anfang des Stücks zu spüren. Schärfer stellt ihn dann der Strahl der Satire ins Lächerliche und Verächtliche in der ersten Szene des zweiten Akts, wenn er, der gewiegte Kenner der Seelenmechanik, die Folgen von Karls ausschweifendem Studentenleben beschreibt, um Amalia für sich zu gewinnen und sich dabei in die unmöglichsten Geschmacklosigkeiten verirrt. Es hilft wenig, daß er, nachdem er den begangenen Fehler erkennt, sich aus der Verlegenheit zu ziehen versucht durch die Versicherung, er habe Amalia nur auf die Probe stellen wollen. Der satirische Hieb auf seine Torheiten — plumpe Heuchelei, Lügen, Geschmacksverirrung — sitzt. Wie satirisch geladen in seiner Verächtlichkeit, die zugleich etwas Lächerlich-Abschreckendes in sich birgt, ist auch das Bild des hereinhüpfenden Franz, frohlockend über den (Schein)Tod des Vaters, den er mit so diabolischer Raffiniertheit herbeigeführt hat. Und um wie viel furchtbarer gerade darum das Bild des nun unverhüllten Satans in Franz, der die gewonnene Macht sogleich zu mißbrauchen gesonnen ist. Nicht nur will er als erstes zum Menschenschinder an seinen Untertanen werden, sondern alsbald auch die seinen Wünschen nicht gefügige Amalia seine Macht fühlen lassen. Wir sehen ihn, den angeblich so selbstsicheren Machtmenschen, in sicherlich bewußt satirischer Beleuchtung, wenn er, aufgeschreckt von den Schreckensbildern seines Traums vom jüngsten Gericht, so sehr die Haltung verliert, daß er den getreuen und frommen Diener Daniel der Giftmischerei verdächtigt und glaubt, ihn als Mörder Karls dingen zu können. Gegen die verachteten »Schauermärchen« der Ammen scheint er, der nicht zittern will und doch zittert — wie ja auch Karl — herzlich schlecht gewappnet. Die Erbärmlichkeit seines Machtmenschentums ist hier vernichtend gegeißelt. Und dasselbe gilt für seine desparate Hoffnung auf Hilfe vom Gebet, die trotz seiner Verachtung jeglicher religiöser Vorstellungen aus der Angst vor dem Sterben entspringt. Sein eigener Versuch zu beten wird zur Farce, wenn er anhebt: »Ich bin kein gemeiner Mörder gewesen, mein Herrgott — hab mich nie mit Kleinigkeiten abgegeben, mein Herrgott — « (V, 1). Wohl bezeugt der plötzliche Umschwung vom kläglich scheiternden Versuch zu beten zum Vertrauen in die eigene Willensmacht (»Nein ich will auch nicht

beten — diesen Sieg soll der Himmel nicht haben, diesen Spott mir nicht antun die
Hölle« — gewissermaßen das Gegenstück zu Karls von Selbstmordgedanken bedingten Worten: »Nein! Nein! Ein Mann muß nicht straucheln ... *Ich* bin mein Himmel
und mein Hölle« — [IV, 5]) eine gewisse innere Größe und erzeugt entsprechende Bewunderung, jedoch bleibt diese nicht ungetrübt. Feige befiehlt er Daniel, ihm den Degen
hinterrücks in den Bauch zu jagen, weil er selber vor der bohrenden Spitze »zagt«. Und
noch einmal ist der satirische Hieb zu spüren im Schlußbild: »Er reißt seine goldene
Hutschur ab und erdrosselt sich«, ein Bild, in dem man kaum etwas Anderes als eine
verächtliche Erledigung des Falles Franz sehen kann. Geradezu auf Franz gemünzt
scheint der Satz aus »Was kann eine gute stehende Schaubühne eigentlich wirken?«
(1784) zu sein: »Vor dem Schrecklichen verkriecht sich unsere Feigheit, aber eben diese
Feigheit überliefert uns dem Stachel der Satire.« [10])
Was das klägliche Bild väterlichen Verhaltens vor allem zu Anfang des Dramas betrifft, läßt sich der leise Verdacht nicht abwehren, es sei hier ein wenig satirisch gefärbte
Dichterrache eingeflossen. Entzieht sich dieser Verdacht faktischer Erhärtung, so wird er
doch von Schillers eigenem Kommentar in seiner Selbstrezension keineswegs entkräftet.
Der alte Moor sei klagend und kindisch, wo er zärtlich und schwach sein sollte, heißt es
da, zu einfältig in seiner Leichtgläubigkeit. Selbstbespottung klingt aus des Rezensenten
Bemerkung, der Verfasser habe es sich auf diese Weise leichter gemacht mit der Durch-
führung der Franz-Intrige, wie auch aus der Frage »... aber warum gab er nicht
lieber dem Vater mehr Witz...«; Hohn aus der Feststellung, der alte Moor zwinge
uns nicht nur keine Hochachtung ab, sondern in unser Bedauern über seine Situation
mische sich »ein gewisses verachtendes Achselzucken« ein. Geißelung paart sich mit
belustigter Selbstkritik, wenn vom alten Moor gesagt wird, er sei mehr Betschwester als
Christ, der seine religiösen Sprüche aus der Bibel herzubeten scheint und vom Verfasser,
daß er gar zu tyrannisch mit dem armen Alten umgesprungen sei. Und als ob es damit
nicht genug sei, folgt als Abschluß der zynische Zusatz: »Er hat ein gar zähes Frosch-
leben, der Mann! das freilich dem Dichter recht á propos kommen mochte. — Doch der
Dichter ist ja auch Arzt, und wird ihm schon Diät vorgeschrieben haben« (633). Ganz
gleich, wieviel oder wie wenig von dieser Kritik ernst gemeint sei, die Tatsache des
satirischen Einschlags ist nicht zu übersehen. Dieser liegt ebensosehr auf der Hand wie
Schillers Fingerzeig auf ein bewußtes Maß von Willkür in der Gestaltung seines Vaterbildes. Die Frage: »... aber warum gab er nicht lieber dem Vater mehr Witz?« deutet
über die nur technischen Gründe, die sein Verfahren bedingten, hinaus. Hatte der junge
Schiller das Bedürfnis, ein wenig von der Dichterrache zu üben, die gelegentlich so poin-
tiert in Erscheinung tritt wie etwa in dem berühmten Seitenhieb auf Graubünden in den
Räubern, oder später in einer so karikierenden Darstellung wie der »fürstlichen Draht-
puppe« Hofmarschall von Kalb in *Kabale und Liebe*? Es sei dahingestellt, ob Schillers
bedauernder Ausspruch in der Ankündigung zur *Rheinischen Thalia* (1784), er habe in
den *Räubern* Menschen geschildert, ehe ihm noch einer begegnet sei, als vollgültig zu
betrachten ist. Mit väterlichem Wesen zumindest war er gründlich vertraut, auch — auf
Grund der Erfahrungen am eigenen Leibe — mit dessen Schattenseiten. Das bezieht
sich sowohl auf Schillers wirklichen wie auch den herzoglichen »Vater«, dessen unbeug-
samer Autorität sich ja nicht nur der Sohn sondern auch sein Vater, der alles andere
als ein leichtgläubiger, urteilsloser »nachgiebiger Verzärtler« wie der alte Moor war, in
beschämender Ohnmacht beugen mußte. Konnte der fünfzehnjährige Schiller so naiv
ehrfürchtig kingende Worte wie die folgenden aus dem pflichtmäßig verfaßten Bericht
(1774) über seine Mitschüler auf der Karlsschule und sich selbst ohne irgendwelche negativen Nebengefühle über die Lippen bringen: »Dürfte ich mich Ihm mit einer Ent-

---

[10]) S. 825, 5. Bd. der Hanser-Ausgabe.

zückung nahen, die mir die Dankbarkeit auspreßt; dürfte ich die Worte erzählen, welche mir mein Vater anvertraute: ›Sohn, bemühe dich, Ihm zu gefallen, bemühe dich, daß Er dich und deine Eltern nicht vergesse. Denke, daß von Ihm dein Leben, deine Zufriedenheit, dein Glück abhängt, denke, daß ohne Denselben deine Eltern unglücklich werden. Bete für Sein Leben, daß Er dir nicht mitten in dem Glanze deines Glücks entrissen werde‹. So sprach er seufzend zu mir.« [11]) Diese Worte entsprangen nicht etwa einem Hochgefühl, sondern dem bedrückenden Schuldbewußtsein vernachlässigter Pflichten, und ein Gran Ironie dürfte schon mit eingeflossen sein, wie auch fünf Jahre später wieder in den Abschluß der Geburtstagsrede auf Franziska von Hohenheim: »Nicht mit der schamrot machenden Lobrede kriechender Schmeichelei (Ihre Söhne haben nicht schmeicheln gelernt), nein — frei, mit der offenen Stirne der Wahrheit kann ich auftreten und sagen . . . « [12]) Gründe für skeptische Anwandlungen und Ressentiments, für ein nicht ungetrübtes Vaterbild waren reichlich vorhanden [13]), und wenn diese negativen Faktoren aus seinem nach außen hin pietätvollen Vaterbild verbannt bleiben mußten, so doch nicht aus dem unverbindlichen Gebilde der schöpferischen Phantasie, besonders aus einem, in welchem dem Rachegedanken eine so prominent motivierende Rolle zugewiesen ist. Bis in die Auslassungen über die in den *Räubern* verfolgten Zwecke wirkt sich Schillers Besessenheit von der Rachevorstellung aus, heißt es doch in der gedruckten Vorrede: »Ich kann hoffen, daß ich der *Religion* und der wahren Moral keine gemeine Rache verschafft habe. . . .« Dies dürfte sich insbesondere auf Stellen des Dramas wie die folgende beziehen, die ja auch die Lieblingsvorstellung, die wir schon kennen, enthält: »Wir könnten die vier Evangelisten aufs Maul schlagen, ließen unser Buch durch den Schinder verbrennen, und so gings reißend ab« (I,2).
Die Frage, ob bei der Gestaltung des Vaterbildes in den *Räubern* wirklich eine satirische Absicht mitgespielt habe, muß unentschieden bleiben. Man muß sich damit begnügen, die Anzeichen einer solchen Möglichkeit aufgezeigt zu haben. Bei der Betrachtung der Charaktere, die von gewissen Seiten auf Kosten anderer, wie Schiller sagt, »glänzen« mußten, bedarf es, wie wir gesehen haben, solcher Behutsamkeit nicht. Der Glanz birgt moralische Verirrung, ja Verfälschung in sich, und in dem Maße als diese dem Bereich menschlicher Torheit zuzuschreiben ist, bietet sie ein natürliches Angriffsziel für den satirischen Geist dar. Es bedarf kaum Abels Versicherung, Schiller habe die Akademie

---

[11]) Ebd., S. 239.
[12]) Ebd., S. 249.
[13]) Wie stark die Nachwirkungen waren — nicht ohne den Geist der Satire zu beschwören — zeigt u. a. der später unterdrückte Ausfall gegen Herzog Karl Eugens Regime in der Schrift »Was kann eine gute stehende Bühne eigentlich wirken?«: »Der gegenwärtig herrschende Kitzel, mit Gottes Geschöpfen Christmarkt zu spielen, diese berühmte Raserei, Menschen zu drechseln, und es Deukalion gleich zu thun (mit dem Unterschied freilich, daß man aus Menschen nunmehr Steine macht, wie jener aus Steinen Menschen) verdiente es mehr als jede andere Ausschweifung der Vernunft, den Geißel der Satire zu fühlen« (S. 829, 5. Bd.). Wo so energisch gegen Laster, menschliche Torheiten und Schwächen und für die besondere Gerichtbarkeit der Bühne vom Leder gezogen wird wie in diesem Vortrag, ist es nicht zu verwundern, daß der Geist der Satire zu seinem Recht kommt. Ganz ähnlich liegt der Fall mit der Schrift »Über das gegenwärtige teutsche Theater«, die 1782 im *Wirtembergischen Repertorium* erschien und in der man u. a. liest: »So viele Don Quichottes sehen ihren eigenen Narrenkopf aus dem Savoyardenkasten der Komödie gucken, so viele Tartüffs ihre Masken, so viele Falstaffe ihre Hörner; und doch deutet einer dem andern ein Eselsohr und beklatscht den witzigen Dichter, der seinem Nachbar eine solche Schlappe anzuhängen gewußt hat. Gemälde voll Rührung, die einen ganzen Schauplatz in Tränen auflösen«; und wieder einmal: »Die Menschen des Peter Corneille sind frostige Behorcher ihrer Leidenschaft — altkluge Pedanten ihrer Empfindung« (S. 812 und 814, 5. Bd.).

als junger Mann verlassen, der »nichts Höheres kennt als die Moralität«, um zu erkennen, wie sehr der junge Schiller, der ja das Studium der Menschenkenntnis geradezu leidenschaftlich betrieb, hochgemuter Moralist war. Seinem natürlichen Enthusiasmus gesellte sich aus seiner Lebenserfahrung und seinem Studium auch die Skepsis zu, die seinen Blick auf die große Harmonie des Seins, auf mögliche Vollkommenheit und menschliche Glückseligkeit trübte und die satirische Tendenz in ihm in Bewegung setzte. Was deren Auswirkung im Drama betrifft, sagt Peter André Bloch ganz richtig: »Die Problematik von Schillers Jugendwerken — dies gilt besonders für die *Räuber* und für *Kabale und Liebe* — liegt nun darin, daß sie auf der Grenze zwischen anklagender Zeitsatire und eigentlicher Tragödie stehen. Tragisches Denken und satirischer Wirkungswille sind in ihnen untrennbar verknüpft. ... Durch die Verkoppelung von Satire und Tragödie legte Schiller selbst den Grundstein zu all den Mißdeutungen und Mißverständnissen, die ihn schließlich — nach jahrelangem Bemühen — bewogen, sich vom bürgerlichen Trauerspiel abzuwenden.« [14])

Wie zu erwarten, erstreckt sich die Auswirkung des satirischen Zugs auch auf die frühen Gedichte, vornehmlich auf den »Venuswagen« (1781?), worin über die Torheit geschlechtlicher Anfälligkeit vor der »Metze Zypria« scharf Gericht gehalten wird. Vor allem aber springt sie in der Vorrede zu der *Anthologie auf das Jahr 1782* ins Auge, so sehr, daß einer der besten Schillerkenner unserer Zeit, Benno von Wiese, hier vom »Satiriker Schiller« spricht, der seine »grotesken Späße« mit dem Tod treibt. Wie schon Scharffenstein berichtete, verdankte die *Anthologie* ihr Dasein einer »poetischen Neckerei« mit dem schwäbischen Dichter Stäudlin, Herausgeber des *Schwäbischen Musenalmanachs auf das Jahr 1782* (erschienen September 1781) und weiland Koryphäe der poetischen Zunft im Lande. Es sei, sagt Scharffenstein, Schiller weniger darum gegangen zu rivalisieren, als vielmehr den Almanach zu zertrümmern. Wie bitterbös satirisch gestimmt die »poetische Neckerei« im Grunde war, zeigt sich deutlich genug im ersten Gedicht der *Anthologie*, »Die Journalisten und Minos«. Vorherrschend war also wieder der Geist der Polemik, getragen von der Verachtung für die zahm konventionelle Poeterei Stäudlinscher Prägung und der unbändigen Lust am Provozieren mittels Darbietung stärkerer Kost. Dazu gehört die durchwegs satirische Vorrede zur *Anthologie* mit der Widmung »Meinem Prinzipal dem Tod« (Großmächtigster Zar alles Fleisches / Allezeit Verminderer des Reichs / Unergründlicher Nimmersatt in der ganzen Natur), gehören die grotesken Späße, die offensichtlich auf Provokation nach außen angelegt waren, jedoch auch eine tiefere Motivierung gehabt haben dürften: Drang zur Rache, zur Kompensation für die zutiefst erlebte Bedrängnis, die dem jungen Schiller aus der Realität des Todes erwuchs und in erheblichem Maße dazu beitrug, ihm das Leben immer wieder als Gaukelspiel, die Welt als Narrentheater erscheinen zu lassen. Zynismus, Sarkasmus, Satire vereinen sich in schneidendster Schärfe in solchen Sätzen wie:

Mit untertänigstem Hautschauern unterfange ich mich, deiner gefräßigen Majestät klappernde Phalanges zu küssen und dieses Büchlein vor deinem dürren Calcaneus in Demut niederzulegen. Meine Vorgänger haben immer die Weise gehabt, ihre Sächlein und Päcklein, dir gleichsam recht vorsätzlich zum Ärger, hart an deiner Nase vorbei, ins Archiv der Ewigkeit transportieren zu lassen, und nicht gedacht, daß sie dir eben dadurch umso mehr das Maul darnach wässern machten ...; Doch Spaß beiseite! — Ich denke, wir zweien kennen uns genauer denn nur vom Hörensagen. Einverleibt dem äskulapischen Orden, dem Erstgebornen aus der Büchse der Pandora, der so alt ist als der Sündenfall, bin ich gestanden an deinem Altare, habe, wie der Sohn Hamilkars den sieben Hügeln, geschworen unsterbliche Fehde deiner Erbfeindin Natur, sie zu belagern mit Medikamenten Heereskraft, eine Wagenburg zu schlagen um die Stahlische Seele ...;

---

14) Peter André Bloch, *Schiller und die französische klassische Tragödie* (Düsseldorf, 1968), S. 130—31.

Ei ja doch! Tue das, goldiger Mäcenas; denn siehst du, ich möchte doch nicht gern, daß mirs ginge wie meinen tollkühnen Kollegen und Vettern, die mit Stilet und Sackpuffer bewaffnet in finstern Hohlwegen Hof halten oder im unterirdischen Laboratorium das Wunderpolychrest mischen, das, wenns hübsch fleißig genommen wird, unsre politische Nasen über kurz oder lang mit Thronvakaturen und Staatsfiebern kitzelt; ... Ob du auch deinen Zahn auf Ostern und Michaelis gewetzt hast? — Die große Bücherepidemie in Leipzig und Frankfurt — Juchheisa, Dürrer! — wird ein königlich Fressen geben. Deine fertigen Mäkler, Völlerei und Brunst, liefern dir ganze Frachten aus dem Jahrmarkt des Lebens. — Selbst der Ehrgeiz, dein Großpapa, Krieg, Hunger, Feuer und Pest, deine gewaltigen Jäger, haben dir schon so manche fette Menschen-klopfjagd gehalten — Geiz und Golddurst, deine mächtigen Kellermeister, trinken dir ganze schwimmende Städte im sprudelnden Kelch des Weltmeers zu. — Ich weiß in Europa eine Küche, wo man dir die raresten Gerichte mit Festtagsgepränge auf die Tafel gesetzt hat — Und doch — wer hat dich je satt gesehen oder über Indigestionen klagen gehört? — Eisern ist deine Verdauung; grundlos deine Gedärme! [15])

Unschwer zu erkennen sind die satirischen Seitenhiebe auf menschliche Torheiten und Laster, die den grotesken Späßen mit dem Tod einverleibt sind.

Als sibirische Blumen aus Tobolsko, ein Geschenk von »uns Stiefsöhnen der Sonne«, die »mitunter auch in den Leierklang der Musen zu klimpern« belieben, wird der Inhalt der *Anthologie* dargeboten mit der satirisch-skeptischen Voraussage: »Geh — du wirst die Küche mancher Kritiker beraten; sie werden dein Licht fliehen und sich gleich den Käuzlein in deinen Schatten zurückziehen. — Hu, hu, hu! — Schon hör ich das ohr-zerfetzende Geheule im unwirtbaren Forst und hülle mich angstvoll in meinen Zobel.«

Es wäre überraschend, wenn nicht auch der dargebotene Blumenstrauß so manchen sati-rischen Niederschlag mitbekommen und Schiller nicht selbst etwas dazu zu sagen gehabt hätte. Auch zur *Anthologie* verfaßte er eine vorwiegend satirisch gehaltene Selbst-besprechung, die anonym im ersten Stück des *Wirtembergischen Repertoriums* erschien. Er spricht darin von einigen Gedichten als launisch und satirisch und nennt spezifisch »Bacchus im Triller«, »Der hypochondrische Pluto«, »Die Rache der Musen« und »Baurenständchen«.

So ersprießlich eine ins Einzelne gehende Darstellung der satirischen Einschläge in den Gedichten und frühen Schriften wie »Der Spaziergang unter den Linden«, sowie auch eine erschöpfendere Behandlung der *Räuber* als die hier unternommene sein möchte, eine weitere Ausdehnung unserer Untersuchung verbietet sich offensichtlich unter den gege-benen Umständen. Doch dürfte die recht aktive, sich »strafend« auswirkende satirische Ader des frühen Schiller durch die vorgelegten Hinweise hinreichend in das ihr ge-bührende Licht gestellt worden sein.

University of Illinois, Urbana   John R. Frey

---

[15]) S. 29—30, 1. Bd.

HARTMUT KAISER

Klingers *Geschichte Raphaels de Aquillas*

In der Vorrede zu seinem großen, in Rußland entstandenen Romanzyklus schreibt
Klinger, er habe den Plan »zu zehn ganz verschiednen Werken« so entworfen, »daß
jedes derselben ein für sich bestehendes Ganze ausmachte, und sich am Ende doch alle
zu einem Hauptzweck vereinigten.« [1]) Aus dieser Konzeption ergibt sich die schwierige
Aufgabe, die bei einmaligem Lesen kaum zu bewältigen ist: die Romane sind als selbständige Gebilde zu betrachten und zugleich als Teile eines größeren Ganzen. Bei dem
Umfang des Zyklus von rund 2300 Seiten ist das keine geringe Forderung, und hier
liegt wohl einer der Gründe dafür, daß er bisher nicht zu den bekannten Werken des
ausgehenden achtzehnten Jahrhunderts gehört.
Die erste bedeutende Besprechung des Zyklus hat Klingers Biograph Max Rieger vorgelegt, und die bis 1956 folgenden Arbeiten sind nicht wesentlich über seine Ergebnisse
hinausgekommen. [2]) Mit Nachdruck ist aber auf die wertvollen Studien Christoph
Herings hinzuweisen, und zwar hauptsächlich deshalb, weil ihm eine überzeugende Bestimmung jenes von Klinger genannten einen Hauptzwecks aller Werke gelungen ist. Als
besonders fruchtbar erweist es sich, daß Hering den Entwurf Klingers ernst nimmt und
in seinen Bemühungen, dessen Planung gerecht zu werden, vom Modell einer Dekade
ausgeht, obwohl das neunte Werk nie geschrieben wurde und das zehnte nur in Bruch-
stücken vorliegt. Deshalb gelingt es ihm wie keinem der anderen Kritiker zuvor, den
Bauplan des labyrinthischen Riesenwerks zu verstehen und die eindrucksvolle künstlerische Konzeption des Zyklus zu erhellen. [3])
Angesichts des Umfangs der Dekade ist es aber unvermeidlich, daß in Herings Deutungen der einzelnen Romane viele wichtige und interessante Aspekte, etwa Fragen kompositorischer oder erzähltechnischer Art oder auch die Funktion der Nebengestalten im

---

[1]) Friedrich Maximilian Klinger, *Sämmtliche Werke in zwölf Bänden* (Stuttgart und Tübingen
1842), III, iii. — Die Zitate aus *Raphael* entstammen Bd. IV dieser Ausgabe; die Seiten-
zahlen erscheinen im Text.

[2]) Max Rieger, *Klinger in seiner Reife* (Darmstadt, 1896), S. 247—422. Elsa Sturm, *Friedrich
Maximilian Klingers philosophische Romane* (Diss. Freiburg i. B., 1916); Hans Löscher,
Maximilian Klingers Romanzyklus in seiner philosophisch-pädagogischen Bedeutung (Lan-
gensalza, 1928); Ewald Volhard, *F. M. Klingers philosophische Romane* (Diss. Halle, 1930);
Spreckelmeyer, »Einführung« zu *Klingers Romane* (Leipzig, 1941), S. 5—48 (Deutsche Lite-
ratur in Entwicklungsreihen, hg. v. Heinz Kindermann, Reihe Irrationalismus, Bd. 14); Hans
Heinrich Borcherdt, »Klingers Romanzyklus«, in H. H. B., *Der Roman der Goethezeit*
(Urach und Stuttgart, 1949), S. 76—103; Hans Jürgen Geerdts, »Über die Romane Fr. M.
Klingers«, *Wissenschaftliche Zeitschrift der Friedrich-Schiller-Universität Jena. Gesellschafts-
und Sprachwissenschaftliche Reihe*, III (1953/54), S. 455—470; Paul Reimann, »Klingers
Romane«, in P. R., *Hauptströmungen der deutschen Literatur 1750 bis 1848* (Berlin, 1956),
S. 359—378.

[3]) Christoph Hering, »Klingers Romane. Das Baugesetz der Dekade«, *Modern Language Notes*,
LXXIX (1965), S. 363—390; ders., *Friedrich Maximilian Klinger. Der Weltmann als Dichter* (Berlin, 1966), S. 249—358. — Den Aufsatz zitiere ich als Hering I, das Buch als Hering II.

Handlungsgefüge, weitgehend unberücksichtigt bleiben. Was eine Analyse solcher Struktur- und Bauelemente für das Verständnis der Romane leisten kann, soll im folgenden am Beispiel der *Geschichte Raphaels de Aquillas* nachgewiesen werden.

I

»Das geistige Fundament aller Romane [der Dekade] ist ein schroffer Dualismus ...«
(Hering I, 374). Er ist in *Raphael* besonders deutlich in Gestaltelemente umgesetzt und prägt in Form von Kontrasten und Verdoppelungen Inhalt und Struktur. Zwischen den mohammedanischen Mauren und den christlichen Spaniern besteht ein gesellschaftlich-religiöser Gegensatz [4]), dem die beiden lokalen Brennpunkte Kastellmansor als Enklave des Naturhaft-Einfachen, des Guten, ja Heiligen und Madrid als Metropole korrupter Kulturmenschen zugeordnet sind. Der Held hat zwei Erzieher und Ratgeber: seinen Vater Don Roderiko und seinen väterlichen Freund, den Mauren Suleima. Er heiratet zweimal: die Spanierin Seraphine und die Maurin Almerine. Zwei Wünsche motivieren seine Aktionen: Rache zu üben an dem Verbrecher, der seinen Vater geblendet hat, und Retter der von den Spaniern mit Austreibung bedrohten Mauren zu werden.
Auch der Aufbau der Handlung des aus fünf Büchern bestehenden Romans ist zweiteilig; der Einschnitt liegt nach Buch II. [5]) Buch I beschreibt das alte Schloß Kastellmansor und erzählt, wie der geblendete Ritter Roderiko mit seinem Sohn zusammenlebt, ihn erzieht und schließlich stirbt. Buch II besteht aus Briefen; sie enthalten Raphaels Erfahrungen und Erlebnisse in Madrid und sind an Suleima gerichtet, der seit Roderikos Tod in Kastellmansor lebt. In diesem ersten Teil spielt die maurisch-christliche Spannung handlungstechnisch keine Rolle; sie ist spürbar lediglich in Form von kurzen Hinweisen des Erzählers, Roderikos, von einem in Madrid umgehenden Gerücht und dem inhaltlich und strukturell allerdings wichtigen Bericht Suleimas über das Schicksal seines Vaters und Bruders (II 3). Die beiden entscheidenden Ereignisse des ersten Teils bestehen darin, daß Roderiko Raphael in das Geheimnis seiner Blendung einweiht (I 3) und dieser das Unrecht an dem Verbrecher, dem Kriegsminister Don Antonio, rächt (II 9). Damit ist sein erster Wunsch erfüllt und gleichfalls seine erste Ehe beendet, denn von Seraphine, die — wie er zu spät erkennt — Antonios Tochter ist, sagt er sich los, zumal da er den König in der dem Racheakt vorangehenden Nacht in ihrem Gemach überrascht.
Erst in Buch III verbindet sich Raphael mit den Mauren, und zwar auf doppelte Weise: er heiratet Almerine und nimmt das Los der Verstoßenen auf sich, indem er sie helfend und tröstend auf dem Marsch zum Hafen und auf der Überfahrt nach Afrika begleitet. Auf dem Schiff geschehen schreckliche Verbrechen. Raphael wird gefangen, Almerine kann sich vor den Nachstellungen des brünstigen Kapitäns nur durch einen Sprung ins Meer retten, wo sie ertrinkt. In der folgenden Verwirrung befreit sich der Held und entkommt mit einigen Mauren. — Seine zweite Ehe ist in den Augen der Christen eine doppelte Sünde: er ist unscheidbar mit Seraphine verbunden, und Almerine ist eine Ungläubige. Dem Zugriff der Inquisition entzieht er sich durch die Flucht.
In Buch IV wird er zum Führer der in die Berge geflohenen Mauren, die lieber sterben

---

[4]) Als Quelle für die Kapitel über die Maurenvertreibung und die Intrigen zwischen den rivalisierenden Höflingen und Priestern hat Rieger ermittelt (vgl. a. a. O., S. 278 f.): Robert Watson, *The History of the Reign of Philip the Third, King of Spain* (Dublin, 1783).

[5]) In der *Geschichte Giafars des Barmeciden*, neben *Raphael* das zweite Seitenstück zu *Fausts Leben, Thaten und Höllenfahrt* (1791), liegt ebenfalls eine Zäsur nach Buch II; sie ist allerdings sehr viel auffälliger, da sie auch entstehungsgeschichtliche Gründe hat. Die Bücher I und II stammen aus dem Jahr 1792, schließen sich also unmittelbar an *Faust* an; die Bücher III bis V erschienen 1794, also erst nach *Raphael* (1793). Vgl. hierzu Rieger, a. a. O., S. 300; Volhard, a. a. O., S. 58; Hering II, S. 293 f.

als das Land ihrer Geburt verlassen wollen, unterliegt aber den militärisch überlegenen Spaniern und wird als Landesverräter gefangen. Durch Seraphinens Fürbitte begnadigt, steigt er zum Vertrauten des Königs auf und glaubt als solcher unter anderem auch für die Sache der Mauren Gutes wirken zu können. Er verläßt Madrid, um die vom Groß-inquisitor befohlene Zerstörung der Moschee bei Kastellmansor, der Grabstätte seiner Eltern, zu verhindern, kommt aber zu spät.

In Buch V verbindet sich der Held nach langem Zögern mit Herzog Ossuna, dem spanischen Unterkönig in Neapel. Dieser ungewöhnliche Mann plant, sich von Spanien zu trennen und das Papsttum anzugreifen; er will außerdem die vertriebenen Mauren in Sizilien ansiedeln, um ihnen die Möglichkeit zu geben, von dort aus einen Rachekrieg gegen Spanien zu führen. Seine Pläne scheitern jedoch, Raphael wird abermals gefan-gen und von den Inquisitionspriestern zu Tode gefoltert.

Die Auswertung des Überblicks über den zweiten Teil des Romans ergibt, daß Raphaels zweiter Wunsch nicht zu erfüllen ist, trotz der gesteigerten Intensität seiner Aktionen. Zunächst versucht er, mit den verstoßenen Mauren das Unrecht zu *erdulden* (III), ihm dann mit den ins Gebirge geflohenen zu *widerstehen* (IV), um schließlich als Bundesgenosse Ossunas zu planen, das politische und religiöse System Spaniens *anzu-greifen* (V). Er durchläuft eine Entwicklung vom Fatalisten über den Widerstands-kämpfer zum Revolutionär. Seinen Fesseln auf dem Schiff vermag er sich selbst zu entreißen, Befreiung aus dem Staatsgefängnis ist nur durch Seraphinens Fürbitte und den Machtspruch des Königs möglich, aus dem Kerker der Inquisition ist kein Ent-rinnen mehr. In den Büchern III und IV verliert er die ihm liebsten Mauren Almerine, Asan und Suleima, so daß er vollkommen vereinsamt.

Nicht nur in sich bilden die Bücher des zweiten Teils eine Steigerung, sondern auch gegenüber den beiden ersten. Roderiko werden von den Inquisitionspriestern die Augen ausgestochen (I 3); Raphael wird von ihnen drei Tage lang zu Tode gefoltert (V 6). Dem Racheakt für die Blendung seines Vaters fällt ein einzelner Mann, An-tonio, zum Opfer (II 9); in seiner verzweifelten Wut über die Tötung Suleimas und die Verwüstung der Gräber erschlägt der Held mehrere Priester (IV 10). Die Handlung des ersten Teils ist auf die beiden Orte Kastellmansor (I) und Madrid (II) beschränkt; demgegenüber führt sie den Helden im zweiten Teil auch an zahlreiche andere Schau-plätze, nämlich von Kastellmansor in den Hafen Alikante und auf das Schiff (III), von dort zurück in ein spanisches Gebirge, dann in die Hauptstadt und wiederum nach Kastellmansor (IV) und schließlich über Italien und Afrika endgültig nach Madrid (V). Diese große Steigerung seiner äußerlichen Bewegung ist als Spiegel zunehmender innerer Fassungslosigkeit und Bestürzung zu werten. Ist einerseits eine gewisse Parallelität der Teile gewahrt, indem beide fast idyllisch in Kastellmansor beginnen und in Madrid enden, so kontrastieren andererseits eben die Ausgänge scharf, dadurch daß der erste die Erfüllung des einen von Raphaels Wünschen bringt, der zweite das unwiderrufliche Scheitern des anderen besiegelt.

Der bisherige Überblick zeigt, daß der Stoff der Erzählung, den beiden Anliegen des Helden entsprechend, in zwei thematisch nicht identischen Gruppen oder Schüben dar-geboten ist. Daß aber der zweite Teil in mancher Hinsicht eine Steigerung des ersten ist, weist bereits auf ihre enge Zusammengehörigkeit hin. Die folgende Betrachtung einiger struktureller und kompositorischer Eigentümlichkeiten soll die gute Integrierung beider Teile, die bruchlose Geschlossenheit des Romans, etwas ausführlicher verdeut-lichen.

Das weitaus längste der insgesamt vierzig Kapitel enthält in Form einer Rückwendung Roderikos Enthüllungen (I 3). Es bildet das »Wurzelereignis« [6] des ersten Teils; Raphaels

---

[6] Eberhard Lämmert, *Bauformen des Erzählens* (Stuttgart, 1955), S. 60.

Bedürfnis, das Unrecht zu rächen, entsteht hier und ist das entscheidende Motiv seiner Reise nach Madrid. An paralleler Stelle, noch innerhalb des ersten Teils (II 3), findet sich ein Brief Suleimas an den Helden. Er enthält außer Ratschlägen und Mahnungen einen ebenfalls als Rückwendung dargebotenen Bericht über das schreckliche Schicksal seines von den Christen verschleppten Vaters und Bruders. Da die spanisch-maurische Spannung durch Andeutungen und Hinweise schon vorbereitet ist, kann dieses zweite Wurzelereignis, das die in Buch III einsetzende Liaison Raphaels mit den »Apostaten« großenteils motiviert, viel kürzer ausfallen. Beide Berichte erschüttern den Helden tief und machen ihn fassungslos.

Parallel sind auch Anfang und Ende der Beziehungen Raphaels zu den beiden Frauen angeordnet. Im zweiten Kapitel des Zweiten Buches begegnet ihm die Spanierin, im zweiten Kapitel des Dritten die Maurin zum ersten Mal. Im letzten Kapitel des Zweiten Buches sagt er sich von Seraphine los, im letzten Kapitel des Dritten ertrinkt Almerine.

Buch II besteht bis auf elf, dem Erzähler zufallenden Zeilen (95) und bis auf das bereits erwähnte Schreiben des Mauren (II 3) aus Briefen Raphaels an diesen. Das Bild von Madrid, das sich in ihnen entfaltet, ist dementsprechend begrenzt durch die subjektive Perspektive des Helden. Nicht anders verhält es sich mit den Kapiteln sechs bis neun in Buch IV, in denen er, wiederum brieflich, die Erfahrungen seines zweiten Aufenthalts in der Metropole mitteilt. Es besteht also eine auffällige formale Verwandtschaft zwischen den Büchern II und IV. Der zweiten Berichtserie vorangegangen ist ein erschütternder Brief des inzwischen seiner beiden Kinder beraubten Suleima (IV 5). Die Bedeutung dieses Schreibens liegt hauptsächlich in der dringenden Aufforderung des Mauren an Raphael, Madrid zu verlassen und nach Kastellmansor zu kommen. In seiner Funktion als Warnung gleicht es einem früheren, im Text nicht erscheinenden, aber aus der Antwort des Helden (II 6) klar erschließbaren Brief. Der Maure, der im Gegensatz zu Raphael mit der Identität des gesuchten Verbrechers vertraut ist und Schlimmes ahnt, warnt hier den jungen Mann nicht nur vor der Verbindung mit Antonio, sondern auch vor dem Verhältnis zu Seraphine. Dieser, wie gesagt faktisch gar nicht vorhandene Brief — erzähltechnisch eine interessante Form der Raffung — entspricht in seiner Funktion für den ersten Teil des Romans dann genau der des wichtigen Gesprächs zwischen Raphael und Suleima für den zweiten (III 4). Wiederum erfolglos warnt der väterliche Freund mit allen seiner Vernunft zur Verfügung stehenden Argumenten den Helden vor einer Verbindung mit den Mauren und insbesondere der Ehe mit Almerine. Die Person Suleimas, die Vergeblichkeit seiner Bemühungen, die Ähnlichkeit der jeweiligen Situation und die sich daraus für Raphael ergebenden Konsequenzen konstituieren weitere Elemente, die für die Einheitlichkeit beider Teile bürgen.

Nach seiner Blendung mußte Roderiko dem Inquisitionsgericht »Schweigen geloben«; an allen, denen er die Geschehnisse vertraue, werde es sich »blutig zu rächen ... wissen« (31). In den Enthüllungen, dem dritten Kapitel, bricht der Greis dieses Schweigegelöbnis Raphael gegenüber; im letzten, dem vierzigsten Kapitel macht das Gericht seine Drohung wahr. So sind beide Teile auch durch diese gleich einem bösen Fluch den gesamten Roman überspannende Vorausdeutung verklammert.

Ein Blick auf die Einteilung des Erzählstoffes in Bücher und Kapitel ergibt, daß die an sich symmetrische Anlage eine auffällige Unregelmäßigkeit zeigt. Die Eckbücher I und V haben je sechs, die mittleren Bücher II und III je neun Kapitel, Buch IV dagegen hat zehn. Nimmt dieses zehnte Kapitel schon rein äußerlich eine Sonderstellung ein, so hebt es sich auch in struktureller Hinsicht von den vorangehenden fünf Kapiteln in Briefform ab, und zwar dadurch, daß sich der Erzähler wieder zu Wort meldet. Er gibt in dem Einleitungsabschnitt die wohl ominöseste der zahlreichen Vorausdeutungen und weist damit auf die Katastrophe der Gräberverwüstung hin, die sich gegen Ende des Kapitels ereignet. Nicht von ungefähr fällt es aus dem Rahmen, denn die Schuld an dieser Katastrophe trifft im wesentlichen Raphael. Es bezeichnet den Tiefpunkt seiner Entwicklung.

II

Die wichtigste Nebengestalt des Romans ist zweifellos der alte Roderiko; allerdings nicht in handlungstechnischem Sinn (er stirbt bereits in I 4), wohl aber in seiner Eigenschaft als Erzieher des Helden. Sein Einfluß auf dessen Charakter und Vorstellungswelt wirkt prägend.

Der Greis ist ein guter Mensch; trotz seiner Blindheit wirkt er als »Beschützer, Helfer und Rathgeber« der bedrückten Mauren (4). In seiner Handlungsweise, nicht in ausdrücklichen Lehren, liegt die moralische Erziehung Raphaels. Roderiko bildet seinen Sohn aber auch geistig: er unterrichtet ihn in alten Sprachen und läßt sich später »die Geschichtschreiber, Dichter und Weisen der Vorwelt täglich von ihm vorlesen« (6). Dieser eigentlich traditionelle Erziehungsplan ergibt sich aber nicht nur aus dem Wert der Bildungsgüter selbst, sondern ist auch eine Folge von Roderikos Schicksal. Durch seine Blindheit gewinnt seine Einbildungskraft, wie der Erzähler selbst betont, eine alarmierende Intensität. »Er sah in dem Innern seines Geistes die Vorwelt in einem solchen Glanze, den das tiefe Gefühl einer schrecklichen Mißhandlung von der gegenwärtigen noch erhöhte, daß der Jüngling unter seiner Leitung ein Ideal von Welt und Menschen fassen mußte, das bei einem edlen Gemüthe leicht zum gefährlichsten Gefährten des Lebens wird« (7). Der Flucht des Greises aus Madrid nach Kastellmannsor entspricht also ein geistiger Rückzug aus der Gegenwart in die Vergangenheit. Seinen Vorstellungen ist Raphael ausgeliefert, weil er auf dem abgelegenen Schloß keine Gelegenheit hat, die gegenwärtige Welt und ihre Gefahren selbst konkret zu erleben.

Höchst bedenklich ist auch der Schicksalsbegriff, den sich der Held aus den kühnen Bildern des Korans, »aus den hingeworfenen Worten seines Vaters, aus den griechischen tragischen Dichtern« formt (12). Ein solcher Begriff ist, wie abermals der Erzähler äußerst kritisch bemerkt, »ein fernes, dunkles Luftgebilde«, dem die Menschen zwar »in dem Glücke zulächeln«, auf das sie aber »in dem Unglück ... mit Groll und Unmuth blicken« und dem sie in dieser Lage wenigstens ihre »Thorheiten und Schwächen aufbürden können« (13). Entscheidend ist zunächst, daß sich Raphaels Schicksalsvorstellung, dieser »Wahn«, ebenfalls unter dem Einfluß Roderikos ausbildet. Darüber hinaus handelt es sich hier um einen für den gesamten Roman sehr wichtigen Wortlaut, denn von ihm aus fällt auf alle die Stellen, wo sich der Held als Opfer des Schicksals fühlt oder gar der zweideutige Erzähler selbst fatalistisch zu denken scheint, ein ironisches Licht. Klingers Anliegen ist es ja gerade, in dieser »Geschichte« den Fatalismus als Irrweg *ad absurdum* zu führen.

Raphaels bedenklich zunehmende Begeisterung für die antiken Bildungsgüter veranlaßt Roderiko endlich, auch die geschichtliche Gegenwart zu berücksichtigen. Er entwirft jedoch ein einseitiges Bild. Zwar erzählt er von dem tapferen Freiheitskampf der Niederländer, vermeidet es aber tunlichst, über Philipp II und dessen Hof zu sprechen, obwohl er gerade dort die schrecklichsten Erfahrungen seines Lebens gemacht hat. Was wäre sinnvoller, als dem arglosen Raphael allmählich die Augen zu öffnen und ihm nach und nach beizubringen, wozu die Menschen fähig sein können? Da Roderiko das aber versäumt, gleicht die Wirkung des Berichts über seine Blendung auf den ahnungslosen jungen Mann einer unerwartet einbrechenden kosmischen Katastrophe. [7]

Die Wichtigkeit des Berichts (I 3) läßt sich bereits aus der sorgfältigen Vorbereitung erschließen. Die beiden ersten Kapitel enthalten jeweils eine entsprechende Vorausdeutung;

---

[7] In *Giafar* wird ein katastrophaler, wolkenbruchartiger Gewittersturm geschildert (I 4), demzufolge der Barmecide, durch die Ermordung seines Vaters ohnehin verzweifelt, die ganze Welt als Chaos ansieht.

besonders bemerkenswert ist die zweite. Da sagt Roderiko, die Enthüllungen müßten seinen »Lehren und Warnungen das Siegel aufdrücken« (8). Auf diese Weise wird das Schlimmste, was ihm begegnet ist und was er Raphael zu vermitteln hat, zum Schlußstein seines Erziehungswerkes.

Auch noch zu Beginn des dritten Kapitels wird mit großem Aufwand an räumlichen und zeitlichen Detailschilderungen die Spannung auf das Kommende gesteigert. Nach langem innerem Kampf entschließt sich Roderiko endgültig, das Geheimnis zu lüften, weil er Raphael »zur Warnung dienen könnte« (18). Der aufmerksame Leser fragt sich aber aus zwei Gründen, ob dies allein der wirkliche Anlaß ist. Denn erstens hat der Greis früher selbst gesagt, daß er »einst gezwungen« sein werde, »das schwarze Blatt« seiner Geschichte aufzuschlagen (8), und zweitens spricht aus der Art seiner Berichterstattung keineswegs der Abstand oder gar die Abgeklärtheit des Erziehers, dem ausschließlich das zukünftige Schicksal seines Schülers am Herzen liegt.

Roderiko gesteht, daß ihn Rachsucht erfüllte, als er den wahren Grund seiner Blendung erfuhr (33, vgl. auch 24); aber seine Blindheit machte jeden Versuch in dieser Richtung unmöglich. Von dem fassungslos erschütterten, wild schreienden Raphael aber fordert er, seine Rachegelüste zu bekämpfen. Gibt er ihnen einerseits Nahrung, indem er sagt, daß der Verbrecher noch lebe, so sucht er sie andererseits zu dämpfen, indem er dessen Namen verschweigt. Er tut damit zu viel und zu wenig zugleich. Zu viel, weil er seinen Sohn nicht mit in seine Leiden verwickeln will, deshalb überhaupt hätte schweigen sollen; zu wenig, weil Raphael in Unwissenheit des Namens zunächst Seraphine heiratet, ehe er ihren Vater als den gesuchten Verbrecher ersticht. Auf diese Weise zieht er auch sie »mit in die Verkettung« (117) und macht sich dadurch, daß er sie verläßt, in den Augen der Christen außerdem zum Ehebrecher.

Bemerkenswert ist auch die Intensität und Wildheit von Raphaels Reaktion auf den Bericht seines Vaters. Bisher wurde er als edel und still beschrieben. Sein Racheverlangen ist aber sogar fanatischer als die Drohung des Inquisitionsgerichts. Dieses will sich an den Mitwissern von Roderikos Geheimnis rächen, nicht aber wie der Held auch an den »Kindern und Kindeskindern« (34). Und in gewisser Hinsicht erfüllt er sein Verlangen auch: er ersticht Antonio (den Verbrecher), verstößt Seraphine (dessen Kind) und läßt sie mit ihrem Sohn (dessen Kindeskind, das aber zugleich auch sein eigenes Kind ist) im Stich.

Die Blendung Roderikos ist selbstverständlich ein Akt gemeinster Niedertracht, doch ist festzuhalten: ihm entgeht nicht nur, daß man seiner Frau Isabella nachstellt, sondern er fällt auch auf die Schmeicheleien der zwei Verräter herein, die seine Bibliothek durchwühlen und tatsächlich einige von der Kirche verbotene Bücher mit Notizen von seiner Hand finden. Nach katholischem Kirchenrecht ist solcher Besitz strafbar, und darauf beruht das Urteil. Kurz bevor sich Antonio als der gesuchte Verbrecher zu erkennen gibt, sagt er, daß Roderiko seine Augen »nicht brauchen wollte, sein Glück zu sehen« (102). Solcher Zynismus ist schamlos; Tatsache ist aber immerhin, daß ihm seine Augen nichts nützten, die ihn und Isabella bedrohenden Gefahren zu bemerken. Roderiko, Raphaels Erzieher, ist von einer erschütternd-verhängnisvollen Weltfremdheit.

Auch bezüglich der Rolle Raphaels den Mauren gegenüber ist der Greis zweideutig. Wenn sie sich bei ihm über die Verfolgung der Priester oder königlicher Beamter beklagen, sagt er in Gegenwart seines Sohnes zu ihnen: »... hier steht ein Jüngling, in dem euch ein Retter aufwächst ... « Wenn Raphael aber daraufhin aus Begeisterung für die große, gute Aufgabe in »heftige Bewegung« gerät, so sagt er zu ihm unter vier Augen: »mein Sohn, das Unglück, das über ihnen schwebt, kann dein Arm nicht abwenden« (5). Wie also soll er sich verhalten? Soll er in den Augen der Mauren seinen Vater zum Lügner und sich selbst zum Feigling machen und resignieren, oder soll er den großen Auftrag annehmen und als »Retter« der Mauren in einem aussichtslosen

Kampf untergehen? Die Ambivalenzen seiner späteren Handlungen haben in Roderikos widersprüchlichen Ratschlägen ihre Wurzeln.

Den ursprünglich christlichen Greis haben die entsetzlichen Praktiken einer institutionalisierten Kirche in eine schwer bestimmbare Form von nicht-katholischer Religiosität getrieben, die mohammedanische und besonders deistische Züge trägt. Außerdem pflegt er einen pietistisch-schwärmerischen Bundeskult mit seiner verstorbenen Frau. Seine Enthüllungen sind von Anspielungen auf dieses jenseitige Reich umrahmt; zu Beginn spricht er von seiner nahenden Wiedervereinigung mit ihr (17), am Ende empfiehlt er Raphael ihrem Schutz (36). Mit diesen Anrufungen der Toten ist ein für den ganzen Roman wichtiges Thema angeschlagen. Auch Raphael wendet sich später immer wieder um Schutz, Hilfe und Beistand an sie, namentlich an die Geister seines Vaters und Almerinens. Seine Vorstellungen vom Jenseits sind nicht zu trennen von diesem Toten- und Bundeskult. Die Gefilde, in denen nach seinem Glauben die Verstorbenen schweben, sind lichtvoll und bilden eine Gegenwelt zu der Wirklichkeit, wie er sie in Madrid erfährt. In jenes überirdische Reich schwingt er sich auf, wenn er trostbedürftig ist. Die gefährliche Neigung, auf solche Weise der Welt zu entfliehen und sich Träumen von einem besseren Jenseits hinzugeben, geht auch auf Roderikos Einfluß zurück. [8]

Der Erzähler selbst betont, wie sich bereits zeigte, verschiedentlich den zweideutigen Charakter der Erziehung, beispielsweise wenn er sagt, daß der Greis durch sie »den Keim des künftigen Glücks und Wehs in das Herz seines Sohnes« legt (6). Im Verlauf des Romans spricht auch Raphael mehrmals von der großen Bedeutung, die Roderikos Erziehung für ihn hat [9], ohne allerdings die Schäden zu bemerken, die in ihr liegen. Bis zu seinem Tod bewahrt er seinem Vater eine tiefe Verehrung, die der Greis zweifellos als Mensch, nicht aber ohne ernstliche Vorbehalte als Erzieher verdient. [10]

III

»Raphael«, so sagt Klinger selbst, »sucht [die Übel und Gebrechen der Gesellschaft] zu heilen, erträgt die Uebel, die ihn selbst treffen, durch die moralische Reinheit und Güte seines Herzens, durch Resignation, deren Quelle immer der Fatalismus war und ist, man verfeinere ihn auch noch so sehr, übertünche ihn, so viel man will, mit neuern Dogmen.« [11] Bereits der Überblick über den Aufbau der Handlung verdeutlicht jedoch, daß der Held keineswegs nur »erträgt«; zweifellos ist die Charakteristik des Dichters höchst einseitig. [12] Der Tektonik des Romans entsprechend ist vielmehr auch Raphaels

---

[8] Vgl. hierzu Herings Bemerkung: »Dem Moralisten Klinger erscheinen Spekulationen über das Jenseits nur als Vorwand, um sich der Verantwortung zu entziehen« (II, 369).

[9] Besonders instruktive Beispiele hierfür auf SS. 138, 185, 242.

[10] Hering schreibt: » ... von weisem Vater erzogen, früh in festen sittlichen Prinzipien ausgebildet, wird Raphael vorzeitig in die große Welt entlassen. Sein Vater stirbt, ehe der langsame Prozeß der Bildung abgeschlossen ist« (II, 287). Dazu ist festzustellen: Weder wirkt Roderiko »weise« noch wird Raphael »vorzeitig« entlassen, denn er ist dreiundzwanzig Jahre alt (2). Nach seinen eigenen Worten drückt der Greis mit dem Bericht seinen »Lehren und Warnungen das Siegel« auf (8). Die Schäden liegen in der Erziehung selbst, nicht in ihrem verfrühten Abbruch; das ist der Fall in der Geschichte eines Deutschen der neuesten Zeit (1798), dem sechsten Roman des Zyklus.

[11] F. M. Klinger, a. a. O., V, vi.

[12] Offenbar als Folge dieser Charakteristik wird Raphael auch von der Kritik erstaunlich einseitig beurteilt (die Literaturangaben in Anm. 2): Sturm spricht von seiner »stummen Unterwerfung unter die Notwendigkeit« (54); Volhard hält ihn gar für schuldlos, »weil er der Stimme seines Herzens, d. h. seiner sittlichen Natur gemäß gehandelt hat« (119 f.); für Borcherdt ist er ein »reiner Mensch« (86); für Geerdts »ein positiver Held« (463, Sp. 1); nach Riegers angemessenerer Meinung allerdings »gehört er keineswegs in die Classe der schuldlos leidenden Gerechten« (289).

Wesen von einer ausgeprägten Zweipoligkeit. Reinheit, Herzensgüte, Bereitschaft zu Entsagung und Fügung in das Unvermeidliche bilden den einen Pol, Stolz, Eigenmächtigkeit, Unerbittlichkeit in seinem Gerechtigkeitsempfinden, Veranlagung zu Haß und Bedürfnis nach Rache den anderen. Schon im Ersten Buch, kurz nach Roderikos Bericht, läßt Klinger den Erzähler diese beiden Pole in ihrer unverbundenen Schroffheit beschreiben: »... nur seine Grundbegriffe über Gott, seine reine moralische Kraft, die Güte, Sanftmuth seines Herzens, das Ergeben und die Lehren seines Vaters« mildern den schrecklichen Eindruck. Aber unmittelbar darauf heißt es weiter: »Nur das Gefühl, Rache an dem zu nehmen, der diese Leiden verursacht hatte, trieb die von Schmerz erdrückten Kräfte auf« (40). Deutlicher als durch das zweimalige, ausschließliche »nur« kann die Doppelheit seines Wesens nicht ausgesprochen werden. [13])

Diesen beiden »Seelen« entsprechen auch die ersten zwei Briefe aus Madrid (II 1 und 2). Der erste zeigt ihn völlig hilflos gegenüber dem Getriebe der Großstadt, erschüttert von der Kälte der Menschen, ihren Lastern und Nöten; im zweiten gerät er bereits in eine heftige Auseinandersetzung mit seinem Vetter Don Alvaro, der gar nicht ganz zu Unrecht meint, daß Raphaels Erziehung »vernachlässigt« sei (58). Als der Vetter vorschlägt, Philipp zu besuchen, taucht auch der Rachegedanke wieder auf, denn nach der Überzeugung des Helden ist der gesuchte Verbrecher nur »in der Gesellschaft eines Königs« zu finden (60). In dem wichtigen dritten Brief weist ihn Suleima darauf hin, daß Spanien »bescheidne Menschen« braucht, die »leise ... zu heilen oder ... zu helfen suchen«, und warnt ihn insbesondere »vor einer in schimmernde Wolken gehüllten Chimäre von Tugend« (62 f.). Raphael scheint auf die Mahnungen des Mauren einzugehen. Er verspricht, die Großen Spaniens, die »Würger«, »nie ... thöricht zum Kampfe« herauszufordern (68), stellt aber kurz darauf den mächtigen Kriegsminister Antonio in aller Öffentichkeit als Heuchler bloß (72). Diese Aktion zeigt, daß er sowohl Suleimas Warnungen mißachtet als auch seine eigenen Grundsätze bricht. Der Zweideutigkeit seiner Handlungsweise — sie ist mutig und töricht — entsprechen die Folgen: sie läßt ihn den Verbrecher finden und sein Racheverlangen stillen, sie führt aber auch zu der folgenschweren Ehe mit dessen Tochter.

Insgesamt kann kein Zweifel darüber bestehen, daß er Seraphine liebt, denn nur deshalb heiratet er sie (92 f.). Aber eine große, instinktiv empfundene Abneigung gegen Antonio überschattet diese Liebe. Der Held fühlt sich »scheitern an diesem Glück«, eine »dunkle Ahnung« trübt die Wonne (86 f.). Als ihn aber der wissende Suleima (in dem im Text nicht erscheinenden Brief) auffordert, nach Kastellmansor zurückzukommen, weil ihm Raphaels Verbindungen mit Antonio und Seraphine »gänzlich« mißfallen, die Sache »zu wichtig« ist und »die Reue ... nur zu bald erfolgen« möchte (85), da antwortet der Held trotz der eigenen Klagen beinahe vorwurfsvoll: »... du solltest sie sehen, reden hören und du würdest es bereuen, mir Dornen auf den beblümten Weg gestreut zu haben, den wir Hand in Hand hingingen« (87). Er beschuldigt den Mauren, eine Harmonie gestört zu haben, die ihm selbst nie recht als solche erschienen ist.

Dennoch will er Madrid verlassen, wird aber, als er sich von Seraphine verabschieden will, verführt; beide werden von einer Kammerfrau überrascht, und Antonio teilt ihm mit, daß dieser Vorfall »nur am Altar gut gemacht werden« kann (91). Als der Held dann zwei Monate nach der Hochzeit den König nachts in Seraphinens Gemach antrifft und tags darauf in ihrem Vater den gesuchten Verbrecher erkennt, nimmt er die langersehnte Rache, sagt sich von seiner Frau los und kehrt nach Kastellmansor zurück.

---

[13]) Diese Polarität ist bereits im Namen angedeutet: Raphael heißt hebr. »Gott heilt«, während Aquillas lat. *aquila* auffällig ähnelt. Ein Adler aber ist ein Raubvogel. — In dem seine Protestrede vor dem Inquisitionstribunal abschließenden irrealen Wunsch vergleicht sich Raphael tatsächlich mit einem Adler (249; zitiert im Text dieser Arbeit S. 200).

Auf den ersten Blick sieht es tatsächlich so aus, als ob er »zum Spielball höfischer Intrigen« wird und »ohne Argwohn die Mätresse des Königs« heiratet (Hering II, 288). Wie verhält es sich aber wirklich? Erstens: durch sein mutig-vorlautes Betragen hat er selbst die Bekanntschaft mit Antonio und Seraphine in die Wege geleitet. Zweitens: er ist mitverantwortlich an dem Zustandekommen der Ehe insofern, als er ihrer Verführung hätte widerstehen können; zusätzlich gesteht er, daß er sie heiraten will, weil er sie liebt. Drittens: nichts im Text weist *eindeutig* darauf hin, daß Seraphine die Mätresse des Königs bereits ist, sondern Antonio möchte sie erst dazu machen. Gewaltsam öffnet der Held die bewachte Tür ihres Gemachs, sie sinkt »leblos nieder«, und Philipp steht »stumm und bebend in der Mitte des Zimmers«. Raphael hat »genug gesehen« (98), aber was weiß er wirklich? Eine Gelegenheit, sich zu erklären, gibt er seiner Frau nicht.

Es ist begreiflich, daß dieser Vorfall in noch schwärzeren Farben erscheint, als Antonio am nächsten Tag die Maske fallen läßt; übrigens nicht, ohne daß Raphael auf ein höchst zweifelhaftes Spiel der Verstellung mit ihm eingeht (99—102). Als ihm Seraphine nach dem Racheakt entgegenkommt und seine »Knie umfassen« will, schreit er ihr zu: »... entweiche meiner Rache« (102). Von der Güte seines Herzens zeugt solches Verhalten nicht; auch jetzt darf sie sich nicht erklären, und so ist sie gezwungen, es schriftlich zu tun.

Während sein Brief an sie voll ungerechter Vorwürfe steckt und von Stolz und Gerechtigkeitshybris zeugt, ist ihr Brief an ihn das ehrliche Bekenntnis eines armen, echt menschlichen Geschöpfs. Von einem intrigierenden, machtgierigen Vater an der Ausbildung ihrer besten Kräfte gehindert, verführt sie Raphael in der Hoffnung, von ihm aus der Welt der Schlechtigkeit gerettet zu werden. Diese sündige Tat ist in ihrer Tragik viel eindrucksvoller als sein fanatischer Racheakt; in bezug auf den nächtlichen Besuch des Königs bei ihr spricht sie von einem »Plan« ihres Vaters (107), davon, daß man Philipp »durch List« zu ihr führte und daß die Zusammenkunft »schuldlos« war (112). Ein kleiner, schmerzlicher Trost bleibt ihrer echten, bis zu ihrem Tod andauernden Liebe: sie ist schwanger. Wenn Raphael auch glaubt, das Sakrament der Ehe mißachten zu dürfen, so sollte gerade er, der von seinem Vater der Natur geweiht ist (42), dieses natürliche Band zwischen sich und ihr nicht eigenmächtig zerreißen.

Bezeichnenderweise bleibt dieser Brief unbeantwortet; anderenfalls müßte der Idealist zu seinen falschen Anschuldigungen Stellung nehmen. Er will und kann es vor allem auch gar nicht, weil ihn seine Schwarz-Weiß-Vorstellungen daran hindern, die Tiefe von Seraphinens Wesen und die Tragik ihrer Situation und Handlungsweise zu erfassen.

Nach dem auf Briefen bestehenden Zweiten Buch spricht zu Beginn des Dritten der Erzähler wieder und faßt Raphaels Erlebnisse in Madrid in einem Vergleich zusammen:

> Er flog in Suleima's Arme, in den Schooß der Natur, wie der junge Hirsch, der unvorsichtig den unzugänglichen Aufenthalt seiner Freiheit verließ, sich nach lichten Gegenden des Waldes begab, wo den Unerfahrnen kaum die Hunde der Jäger erblickten, als sie auf ihn anschlugen, um ihn bis zur Entkräftung zu verfolgen. Aber der kräftige Sohn der Wälder setzte über Netze, Gräben und Gebüsche, und kehrte, obgleich abgejagt und athemlos, doch frei und gerettet in das sichre Land seiner Jugend zurück. Nun fühlt' er erst, daß Sicherheit und Ruhe in der Beschränktheit bestehen. Eben so fühlte sich Raphael ... (114).

Solche dem Munde des Erzählers entstammenden Worte führen den unkritischen Leser leicht in die Irre, wird ihm doch nahegelegt, die Harmlosigkeit des Hirsches auf Raphael zu übertragen. Aber dessen Racheakt allein widerlegt den Vergleich, und erstaunlicherweise verfolgt man ihn wegen dieser Gewalttat nicht einmal. Antonio, der Kriegsminister (!), gesteht selbst, die »Rache sey gerecht«, und Seraphine schreibt ihm, er könne »ruhig« nach seinem Schloß ziehen (106). Und ist er wirklich frei? Nicht nur Suleima warnt ihn, daß die Christen seine Ehe »für unauflöslich« halten (125), auch der Priester auf dem Schiff, der spanische Offizier Don Mescia, der König und Raphaels Vetter Alvaro vertreten diese Überzeugung.

Der letzte Satz des Zitats verdeutlicht jedoch, daß der Erzähler einen objektiv richtigen Befund gar nicht darstellt, sondern die Gefühle des Helden beschreibt. Es wäre auch überraschend, wenn er, der Roderikos Idealismus und Raphaels Schicksalsbegriff so kritisch beleuchtet, einen solch täuschenden Vergleich anstellte, ohne dem Leser ein Warnsignal zu geben.

Der Held ist weder so arglos wie der Hirsch (er plant Rache) noch so harmlos (er tötet Antonio und reißt Seraphine »mit in die Verkettung«); insofern spricht aus seinen Gefühlen eine große Verblendung. In einem tieferen Sinn aber kommt der Vergleich der Wahrheit näher. Wenn sich Raphael wie ein Hirsch fühlt, bedeutet das einerseits zwar, daß er keine bösartig-listigen Absichten hegt wie ein Jäger mit Hund und Netz; es bedeutet andererseits jedoch, daß er sich auch der positiven Möglichkeiten begibt, die der Mensch als ein über dem Tier stehendes Wesen in sich trägt. Das Tier ist Sklave seiner Instinkte, aber die »moralische Kraft«, dieser Kernbegriff von Klingers ethischer Überzeugung, ruht gerade auf der Freiheit, denn nur sie gewährleistet sittliches und einsichtsvolles Handeln. Raphaels Taten genügen jedoch keineswegs immer moralischen, geschweige denn vernunftgemäßen Kriterien.

Die Anfangskapitel des Dritten Buches sind ähnlich idyllisch wie die des Ersten. Der Einfluß der Natur, Suleimas Sanftmut und die schwärmerischen Abendversammlungen mit ihm und seinen Kindern Asan und Almerine wirken beruhigend auf Raphael. Mit Kummer muß der Maure aber bald feststellen, daß der Held seine Tochter liebt und sie zu heiraten wünscht. Wenn Suleima aus Gründen der Klugheit und Vorsicht gegen die Verbindung ist, so argumentiert Raphael seinen Gefühlen entsprechend für sie. Der Held fühlt sich ungebunden, da nach seiner Überzeugung die Ehe mit Seraphine nur durch »Betrug« zustande kam, durch »Schande« gelöst wurde und nun seinen »Ansprüchen auf das Glück der Menschheit« nicht im Wege stehen dürfe (125). Er hält es für möglich, mit Almerine »unter dem Schatten des Geheimnisses« zu leben (126). Auch der Hinweis, daß er durch diese Ehe »gegen alle Klugheit« das Schicksal der mit Verbannung bedrohten Mauren auf sich nehme (127), schreckt ihn nicht ab: von seinem Vater zum Retter der Mauren bestellt, würde er sich auch ohne Almerine nicht von ihnen trennen. Er läßt auch die Warnung nicht gelten, daß die Christen »einst die Beleidigung rächen« könnten, ihm dann aber kein Trost bliebe »als der Gedanke, ihre Rache berechtigt zu haben« (127); denn nach seiner naiven Meinung berechtigt ihre allgemeine sittliche Korruption sie dazu eben nicht. Der letzte Vorbehalt Suleimas ist besonders aufschlußreich, weil er zeigt, daß Raphael keineswegs eine Marionette des Schicksals ist, wie er zuweilen gerne glaubt: » ... du entscheidest durch diesen Schritt über dein Leben.... Wie magst du dem Schicksal Folgen zuschreiben, die du aus freier Wahl veranlassest? Dieses dunkle Wort hat nur für den Verunglückten einen tiefen, tröstenden Sinn, der sein Verhängniß nicht selbst bestimmt ...« (128). Aber der Held fühlt, daß sein und Almerinens Glück von der Eheschließung abhängt, und damit endet die Auseinandersetzung. Auf unentwirrbare Weise entspringen seine Argumente persönlicher Liebe und dem Wunsch, das Los der Mauren auf sich zu nehmen und ihnen nach Kräften zu helfen, d. h. seine Motive sind eigennützig und selbstlos, unklug und verständlich zugleich.

Als nach einigen seligen Monaten mit Almerine die Verbannung der Mauren unumstößliche Tatsache geworden ist, zeigt sich der Held von seiner besten Seite; er hilft und tröstet. Aber nichts bleibt den Vertriebenen auf dem Schiff erspart, das sie nach Afrika bringen soll. In seinem Eifer, menschenwürdigere Behandlung für sie zu erwirken, appelliert er wiederholt, aber vergebens, an das Mitgefühl von Kapitän und Mannschaft und protestiert gegen ihre Grausamkeiten. In bezug auf die juristische Interpretation eines den Transport der Mauren betreffenden königlichen Edikts verfeinden sich Raphael und der Kapitän immer ernstlicher, bis der Held erkennt, daß er dessen Spitzfindigkeiten ebenso unterlegen ist wie dessen physischer Macht. Ihm und den Mauren bleibt keine andere Wahl, als die Mißhandlungen zu ertragen, aber seine deistische Gottesvorstellung, die ihm früher »Sicherheit, Sanftmuth, Heiterkeit und gänzliche Gegenwart« gegeben hat (11), wird hier zum Anlaß leidenschaftlichen Aufbegehrens. Gottes Teilnahmslosigkeit, sein Schweigen, ist unfaßlich. [14]) Raphaels Geist droht seine »angeborne Kraft« zu verlieren; seine Freunde bittet er, »die wilden Geister« in seiner Brust »durch Liebe« zu fesseln, damit ihn seine Empörung nicht zu einem »kühnen Schritt« hinreiße, der das Unglück nur noch vergrößere (153). Aber durch seine allzu eifrigen Bitten und Drohungen hat er den Kapitän so gereizt, daß dieser sich nun rächt. Um »seine Brunst und seinen Haß zu befriedigen« (156), fordert er die schwangere Almerine von Raphael, bricht damit dessen Resignation und treibt ihn zu offenem, allerdings aussichtslosem Widerstand. Völlig verzweifelt ruft der rasch überwältigte Held: »Ungeheuer, sie ist mein Weib!« (158). Damit verrät er selbst das Geheimnis seiner zweiten Ehe. Ein anwesender Priester macht nun Suleimas Voraussage wahr, indem er von »höllischer Ketzerei« spricht und Raphael »im Namen der Inquisition« vom Kapitän fordert (158). Aus Furcht vor der Schande stürzt sich Almerine ins Meer; in der Verwirrung gelingt es dem Helden, sich loszureißen und ihr nachzuspringen, aber zu retten vermag er sie nicht.

So erweist sich die Berechtigung von Suleimas prophetischen Warnungen nur allzu eindeutig: Der Held konnte weder Almerine schützen noch den Mauren helfen. Er muß sie ihrem eigenen Schicksal überlassen und verliert die Geliebte. Nicht einmal das Geheimnis seiner Ehe mit ihr konnte er bewahren. Im Eifer für seine Liebe und für das Gute hat er seine Kräfte überschätzt.

Am Ende des Zweiten Buches sagt sich Raphael von Seraphine los. Hier, am Ende des Dritten, verliert er Almerine. Seraphine rettet ihm ohne sein Wissen durch ihre Fürsprache beim König vorübergehend das Leben (183 f.) und kreuzt auch seinen Weg noch einmal (202 ff.), doch hat er sonst keine weiteren Begegnungen mit Frauen. So ist hier wohl der Ort, einen kurzen Blick auf diese beiden Gestalten und ihre Wirkung auf ihn zu werfen.

Seraphine begegnet ihm zum erstenmal im Trubel eines Stierkampfes. Seine anfänglich idealen Vorstellungen von seiner Liebe zu ihr werden allmählich zu einem kühnen Feuer, und er fühlt dabei »etwas Rohes, Wildes, Thierisches« (90). Almerine hingegen sieht er zuerst in der Einsamkeit bei der Moschee, und seine Liebe zu ihr ist eine »stille Gluth« (123).

Seraphine erfüllt sein Ideal nicht, sie ist ein armer Mensch und daher im christlichen Sinn nicht makellos. Verstoßen von Raphael, bringt sie dennoch mutig ihr Kind zur Welt. Sie entflieht nicht, sondern wird ein Opfer der Schlechtigkeit und Herzlosigkeit der Menschen und erreicht ihre Größe gerade in ihrem Fall, da sie sich reumütig und tapfer zeigt. Almerine erfüllt alle Träume des Helden, aber um ihrer Reinheit willen stürzt sie sich mit dem noch ungeborenen Kind ins Meer. Sie ist eine ideale Gestalt und daher nicht lebensfähig.

Die beiden Frauen verkörpern zwei Möglichkeiten der Lebenshaltung, von denen aber Seraphinens tapferes Bemühen, trotz allem mit dem Leben fertig zu werden, achtunggebietender ist. Es ist bezeichnend für Raphaels Charakter, daß er dies nicht deutlich

---

[14]) Raphael ist noch weit entfernt von der Einsicht Ernsts, des »Deutschen der neuesten Zeit«: »Der Ewige sollte durch laute Erklärung das Gefühl der Selbstständigkeit, auf welcher unser moralischer Werth beruht, nicht erschüttern. Sein Schweigen rettet unser Verdienst; es deutet auf Licht jenseits des Grabes« (F. M. Klinger, a. a. O., VIII, 247).

erkennt, sondern bis zu seinem Tod Almerine nachträumt und Seraphine gegenüber unversöhnlich bleibt. Nach seiner letzten Begegnung mit ihr schreibt er an Suleima zwar von ihrer »Größe und Erhabenheit«, aber diese Eigenschaften werden ihm lästig, »weil sie den Flecken nicht tilgen, nur sichtbarer machen können« (202). Seine idealistische Besessenheit für das Unbefleckte findet aber gerade bei den ihm so verhaßten Christen eine Entsprechung: die Verbannung mit all ihren schrecklichen Konsequenzen wird über die Mauren verhängt, »um die Reinheit des Glaubens zu erhalten« (194).

Trotzdem besteht kein Zweifel, daß Raphaels kurzes Zusammenleben mit Almerine den positivsten Abschnitt seiner Entwicklung darstellt. Das zeigt sich nicht nur an seiner aufopferungsvollen Unterstützung der Mauren, sondern auch und vor allem im Hinblick auf die Selbsterkenntnis, daß »wilde Geister« in ihm stecken, und den daraus resultierenden ernsthaften Versuch, sie »durch Liebe« zu fesseln (153). An keiner anderen Stelle ist der Held zu einer solchen Selbsterkenntnis fähig, oder unternimmt er einen derartig motivierten Versuch. Somit erhält das Dritte Buch seine besondere Bedeutung dadurch, daß hier Raphaels gute Eigenschaften deutlicher als irgendwo sonst im Handlungsgefüge des Romans konkretisiert werden. [15])

Zu Beginn des Vierten Buches, nach dem Verlust Almerinens, verfällt Raphael vorübergehend in eine wahnsinnähnliche Krankheit. Von seinen Freunden umsorgt, übersteht er jedoch die Strapazen der dreitägigen Bootfahrt, und sie bringen ihn in ein Gebirge, den Zufluchtsort derjenigen Mauren, die sich der Verbannung widersetzen. Suleima bittet den Helden, ja beschwört ihn »knieend« (168), das dem Untergang geweihte Volk nun zu verlassen, aber selbst den Hinweis, daß Roderikos Grab »ohne Schutz« sei, schiebt Raphael brüsk beiseite: »Der Geist bewacht es nun, der uns einst von da so sanft entgegen klagte [Almerine]. Störe mich nicht weiter; ich bin genesen und bin entschlossen« (169). Wie Roderiko kurz vor seinem Tod Raphael dem Schutz der toten Isabella anvertraut (36), so überträgt dieser nun den Schutz der Gräber der toten Almerine. Daß er angesichts der realen Gefahren zu solchen Gedanken fähig ist, zeugt erneut von dem verhängnisvollen Einfluß seines Vaters auf ihn.

Nichts kann ihn hindern, der Führer der Mauren im Gebirge zu werden; als solcher sucht er Asan zur Rache zu überreden (170). Auch die Mauren sind entschlossen, gegen die spanischen Truppen zu kämpfen, aber aus Gründen des Nahrungsmangels. Die Verschiedenartigkeit der Motive gibt eine beredte Rechtfertigung der Bedenken Suleimas gegen Raphaels starkes Bedürfnis, auch weiterhin das Los der Verstoßenen zu teilen.

Durch einige umsichtig geführte Beutezüge gelingt es dem Helden tatsächlich, Zutrauen und Mut der Mauren zu erwecken. Es ist aber erstaunlich, daß ihn die kleinen Erfolge zu der Hoffnung hinreißen, »in diesem rauhen Gebirge einen Stamm von Menschen zu bilden, wie er sich seine Landsleute dachte, da sie mit den Römern um Freiheit und Daseyn kämpften« (173). Die negativen Wirkungen von Roderikos Erziehung sind in der Tat allgegenwärtig.

Inzwischen stellen sich die Spanier darauf ein, ihm Gedanken solcher Art auszutreiben. Der Strategie ihres erfahrenen Führers Don Mescia erliegt der Idealist. Bei einem Ausfall wird er gefangen und Asan getötet. Das Mißlingen seiner Unternehmung erklärt er aber nicht mit seiner und der Mauren Schwäche, sondern glaubt sich vom

---

[15]) Hinsichtlich der Vorgänge in Buch III ist bemerkenswert, daß der Erzengel Raphael als Begleiter des jungen Tobias Schutzherr der Pilger und Reisenden ist (vgl. das apokryphe *Buch Tobias*). Verwiesen sei auch auf Aquila und Priscilla, ein jüdisches, später christlich gewordenes Ehepaar, das mit anderen Juden unter Claudius 49 n. Chr. aus Rom vertrieben wurde (*Apostelgeschichte* 18, 2 f.). Da das Schicksal dieser Juden dem der Mauren in Spanien ähnelt, ist die Vermutung immerhin gerechtfertigt, daß Klinger Raphaels Familiennamen dieser biblischen Episode entnommen hat, zumal da in Watsons Buch kein solcher Name vorkommt.

Schicksal verspottet und sieht in dem spanischen Offizier nur den blinden »Vollzieher seines grausamen Spruchs« (177).

Sein gefährliches Bedürfnis, sich über die Wirklichkeit zu erheben und sich in ein Reich des Ideals oder der Geister zu schwingen, erfährt eine letzte Steigerung im Madrider Staatsgefängnis. »Er glaubte«, so sagt der Erzähler mit kritischem Abstand, »das Schicksal habe ihn durch diese schreckliche Verkettung von Unglück, Mißlingen aller seiner edlen Unternehmungen, zu diesem erhabenen Standpunkt leiten wollen, auf dem er sich nun so glücklich und ruhig fühlte« (179). Es ist doch paradox, daß er zu solchen Empfindungen ausgerechnet im Kerker fähig ist. Noch paradoxer wird die Situation, wenn man sich vergegenwärtigt, daß er das Glück und die Ruhe bisher nur auf Kastellmansor erfahren konnte. Bezeichnenderweise wandern seine Gedanken jetzt auch dahin. Aber Kastellmansor und das Gefängnis haben tatsächlich etwas Gemeinsames: Beide Orte sind von der Welt abgeschlossen. In beiden Fällen ist er ihr nicht ausgesetzt, tritt sie nicht fordernd oder provozierend an ihn heran. Die freilich rauhe und grausame Wirklichkeit versteht er nicht zu meistern, weil er einseitig erzogen ist und Warnungen, die ihm helfen könnten, in den Wind schlägt, sich unrealistische Aufgaben stellt und deshalb eine Enttäuschung nach der anderen erlebt. Diese Mißerfolge führen ihn aber nicht zu einer Revision seiner Gedanken und Vorstellungen, sondern zum Hader mit Gott und Schicksal, oder er rettet sich in die Gefilde, die ihm »ein entzückendes Vorgefühl der Unsterblichkeit« geben (179), um dann umso unsanfter von der Wirklichkeit überwältigt zu werden.

Der Held weigert sich dem Gericht gegenüber, einem anderen als dem König die Ursachen seiner Unterstützung der Mauren zu nennen. Deshalb verdammt man ihn. Aber ohne sein Wissen verwendet sich Seraphine, die in selbstloser Liebe sein Schicksal verfolgt, bei Philipp für ihn und wird erhört. Der König entnimmt Raphaels Erklärungen und Geständnissen, daß dieser des Mordes, des Zusammenlebens mit einer Ungläubigen und der Rebellion gegen sein Vaterland schuldig ist; weil er aber verstehen kann, warum der Held so und nicht anders gehandelt hat, spricht er ihn frei. Als dagegen Raphael sich in einer ähnlichen Lage Seraphine gegenüber befindet (nach ihrem ersten Brief an ihn), ist er nicht imstande, die Gründe ihrer Verhaltensweise zu begreifen, und schweigt hartnäckig.

Der erste Aufenthalt in Madrid hat dem Helden die wichtige Erkenntnis vermittelt, »den Ort zu meiden, wo sich das Verderben zusammendrängt, damit es ihn, da er es nicht hindern könnte, nicht in den gefährlichen Strudel zöge« (116). Jetzt aber, da ihn der König freigesprochen hat, ist das alles vergessen. Er bleibt in der Stadt und läßt sich in aussichtslose Unternehmungen ein, die ihm trotz der Gunst des Königs die Feindschaft von Adel und Klerus einbringen. Der Maure, ebenfalls befreit und wieder in Kastellmansor, beschwört ihn, zu ihm zu kommen. Auch Seraphine und Alvaro warnen ihn dringend. Da sich Raphael aber nicht als Verbrecher fühlt, will er auch nicht wie ein solcher fliehen.

Die Kapitel fünf bis neun des Vierten Buches bestehen aus Briefen. Abgesehen von dem ersten, den Suleima schreibt, läßt sich Raphael in ihnen unter anderem ausführlich über politische Machtkämpfe und religiöse Intrigen in Madrid aus. Da diese Schilderungen in einem zum Teil recht lockeren Verhältnis zur Handlung stehen, wirken sie retardierend. Zu Beginn des zehnten Kapitels aber bricht der Erzähler sein langes Schweigen und kündigt mit folgender Vorausdeutung die unmittelbar bevorstehende größte Katastrophe im Leben des Helden an:

Die Warnungen waren nur allzusehr gegründet. Die Kabale des Hofs, die Wuth der Priester hatten im Finstern den Dolch geschliffen, der Raphaels Herz zerspalten sollte. Das Schicksal ließ sich nieder auf dem Grabe seines Vaters, bereitete ihm den zermalmenden Schlag an der Stelle, die er zum Kreis seiner Bestimmung mit dem diamantnen Griffel der Nothwendigkeit bezeichnet hatte. Von dem Augenblick, da er diese Stelle betrat, umschlang ihn das da entworfene Gewebe; gewaltsam zog ihn die Kette der Zufälle, und hier, in dem Mittelpunkte seines Heiligthums, sollte, mußt' er scheitern (211).

Es scheint, als ob mit Raphael der Erzähler selbst zum Fatalisten, sozusagen zum Sprachrohr des Helden, geworden sei. Da er aber bereits am Anfang so entschiedene Vorbehalte gemacht und das Schicksal als ein »Luftgebilde« bezeichnet hat, dem die Menschen ihre »Thorheiten und Schwächen aufbürden können« (13), darf sich der Leser auch jetzt nicht durch die großen Worte verwirren lassen, sondern hat schlicht zu fragen, wieso es zu der Katastrophe kommt. Als Antwort ergibt sich folgendes: Nicht, weil ein maliziöses Schicksal den Helden zum Opfer erwählt, scheitert er an den Gräbern seiner Eltern, sondern weil er Roderikos Aufforderung nicht erfüllt hat, der ihn bat: »... versprich mir, dieses Grab als das Beste deiner Erbschaft zu schützen« (38). Außerdem bricht er seinen eigenen Schwur: »Kindliche Treue und Freundschaft bewachen den heiligen Ort! Zu seiner Vertheidigung fließe das Blut des Sohns!« (47). Als die Verwüstung der Gräber stattfindet, ist er zu ihrem Schutz nicht zur Stelle, da er trotz seiner eigenen früheren Erkenntnis und aller Warnungen von Suleima, Seraphine und Alvaro Madrid nicht verlassen wollte. Ja, in einem viel tieferen Sinn trifft ihn die Schuld an dem schändlichen Akt der Priester; denn er selbst hat dem König, einem von ihm verachteten, bedauerten Schwächling, das Geheimnis der Gräber preisgegeben (185), obwohl ihn sein Vater beschworen hatte, es zu hüten (38, 42). Hier sei an jene Szene im Lager Don Mescias erinnert, wo es heißt, ehe sie getrennt werden: »Raphael drückte Suleima an seine Brust und legte seinen Finger bedeutsam auf dessen Mund ...« (178). Der Maure bedarf jedoch keiner Erinnerung, denn er kann schweigen (15, 34). Von ihm dagegen wäre eine solche warnende Geste berechtigt gewesen, weil er es erlebt hat, wie Raphael, der es für möglich hielt, mit Almerine in einer geheimen Verbindung zu leben, dieses Geheimnis selbst verriet. Er verrät auch, wie gesagt, das Geheimnis vom Grab seines Vaters in der Moschee, und zwar dem König. Diesem wiederum wird es von seinem Beichtvater im Auftrag des Großinquisitors entrissen (212). Die wütende Kritik, die Raphael an Philipp übt, weil er das ihm »allein vertraute Geheimnis offenbart hat« (214), trifft ihn also selbst in gesteigertem Maß. Aber wie reagiert er? »Verflucht sey die Stunde, in der ich Euch mein Geheimniß vertraute! Verflucht der Augenblick, in dem ich mein Leben aus Euren Händen nahm ... Euch schützt nur mein Beruf, die Entweihung ihres [der Eltern] Grabs zu rächen, nur die Verachtung vor dem Mord, zu dem mich mein empörtes Herz jetzt auffordert. Ihr seyd der Rache meiner Hand nicht werth, und müßt als zitternder Sklave Eurer Priester sterben« (214 f.). Einen solchen Grad von selbstgerechter Eitelkeit zeigt der König im ganzen Roman nicht. Wenn er in seiner religiösen Verblendung meint, Raphael wüte »über eine Begebenheit«, wo er, Philipp, »bebend den Finger Gottes wahrnehme« (215), so entstellt auch er den Sachverhalt: weder Schicksal noch Gott, sondern Raphael selbst hätte die Katastrophe verhindern können.

Als er nach Kastellmansor kommt, ist der treue Suleima bereits getötet, die Gräber sind geöffnet und die modernden Leichen den Flammen übergeben.[16]) Da verflucht der Held in schrecklichem Grimm das ganze spanische Volk, schwört furchtbare Rache, will seine Hände mit dem Blut der Christen füllen »und es gegen den Thron ihres Gottes schleudern« (217). [17]) Dann stürzt er sich auf die Priester und erschlägt sie. Während Suleima

---

[16]) Unverständlicherweise schreibt Hering, daß die Moschee »dem Fanatismus des Christentums entrückt ist« (II, 355). Ihre Verwüstung findet in dem von ihm selbst bezeichneten Kapitel statt (IV 10).

[17]) Für Hering ist Raphaels Leidenschaft gedämpft, »ja durch fatalistische Ergebung und Geduld so gezügelt, daß er der großen Ausbrüche eines Faust nicht fähig ist« (II, 287). Dieser wilde Fluch des Helden widerspricht einer solchen Meinung.

schicksalsergeben und seinem Versprechen gemäß (47) auf den Gräbern kniend den Tod empfängt, läßt sich Raphael zu einer Rachgier und Mordlust hinreißen, die der fanatischen Zerstörungswut der Priester gleichkommt.

Die oben zitierte Vorausdeutung enthält auch eine Bestätigung dafür, daß Roderikos Erziehung die Entwicklung des Helden tatsächlich entscheidend bestimmt. Der »Augenblick, da er diese Stelle betrat«, bezeichnet Raphaels Geburt in der Moschee. Das »da entworfene Gewebe«, das ihn von diesem Augenblick an »umschlang«, ist nichts anderes als Roderikos Einfluß: in seine ambivalenten Lehren, seinen verhängnisvollen Idealismus und seine gefährlich-weltflüchtigen Vorstellungen vom Jenseits hat sich der Held hoffnungslos verstrickt. Aus den Konzeptionen, Empfindungen und aus den Enthüllungen des Greises erklärt sich dann auch »die Kette der Zufälle«, die zu Raphaels Scheitern »in dem Mittelpunkte seines Heiligthums« führt.

Die großen Worte des Absatzes, »Schicksal«, »Kreis seiner Bestimmung«, »der diamantne Griffel der Nothwendigkeit«, deuten auf Mächte hin, deren Fügungen der Mensch ausgesetzt ist. Sie sind die Grundbegriffe der fatalistischen Weltanschauung, die Roderiko seinem Sohn vermittelt hat. Es ist aber deutlich geworden, daß all das Unglück, das Raphael widerfährt, auf seine Absichten, Entscheidungen und seinen unbeugsamen Willen zurückzuführen ist. So stellt der Autor durch die Handlung des Romans den Fatalismus seines Helden als Täuschung, als Absurdität, bloß. Denkt man an die Vorrede zu dem gesamten Zyklus, so erkennt man, daß Raphaels Schicksalsglaube vom Standpunkt Klingers aus nicht sinnvoll ist. In dieser Weltanschauung, die den Menschen zum Spielball dunkler Mächte macht, ist kein Raum für die auf Freiheit gründende »moralische Kraft«.

Aber Raphael selbst handelt keineswegs immer als Fatalist. Er beruft sich auf seinen freien Willen ebenso wie auf schicksalhafte Unausweichlichkeit. Zu Philipp sagt er: »Was ich that, that ich aus freier Wahl ...« (185). Ossuna gegenüber behauptet er: »Das Schicksal hat mich ... zum Opfer seiner Tücke auserlesen« (229). In ihm zeigen sich quälender als in irgendeinem anderen Helden des Zyklus die Spannungen, die sich für den Menschen aus seiner Sonderstellung zwischen Freiheit und Notwendigkeit ergeben. Kein anderer Held verwickelt sich in seinem Ringen um einen festen Standpunkt in unheilvollere Widersprüche als er. Klingers Absicht, in der Dekade diesen Kampf zwischen Freiheit und Notwendigkeit darzustellen [18]), tritt in der *Geschichte Raphaels* am deutlichsten hervor.

Zu Beginn des Fünften Buches, nach der Gräberverwüstung, verläßt der Held Spanien. Seine Verzweiflung verstellt ihm jetzt »selbst die Aussicht in jene Welt« (219). Besonders im Hinblick auf das Ende des Romans ist es beachtenswert, daß der Erzähler diese Neigung Raphaels hier in einem sehr zweifelhaften Licht erscheinen läßt: »Ehemals konnte ... seine Seele ... leise auf den Fittigen des Wests, über die duftenden Felder, nach dunkeln Gebüschen schweben, wo er Schatten aus jener Welt, in dem Schimmer des Mondes, zu sehen glaubte. Zu diesen gesellte er sich in seiner Täuschung, schwang sich an der Hand Almerinens über die Gränzen dieser Welt....« Jetzt aber hat ihn der Sturz aus den Wolken zu tief in die Klüfte der Verzweiflung getrieben: »Nur an dem Rande der Abgründe verweilte er ... und sah nur in der Tiefe Ende und Auflösung der Dinge.... Alle seine Fragen schienen ihm entschieden und aufgelöst« (221). In dieser Stimmung völliger Hoffnungslosigkeit, die der Andeutung des Erzählers gemäß (»schienen«) nicht weniger Trug ist als seine Vorstellung vom Jenseits, zieht er nach Neapel. Gerade vor dieser Stadt hat man ihn gewarnt, aber von dort will er nach Afrika übersetzen, »um sich auf immer von den Christen zu trennen« (223).

---

[18]) Vgl. hierzu Klingers Brief an seinen Freund Nicolovius vom 10. 6. 1798 in M. Rieger, *Briefbuch* (Darmstadt, 1896), S. 119 ff.

In Neapel herrscht als spanischer Unterkönig der Herzog Ossuna; in ihm finden sich einige der Eigenschaften Raphaels in gesteigerter Form wieder. Klinger läßt den Erzähler ein grandioses, in vielen Farben zwielichtig schillerndes Gemälde von diesem Mann entwerfen. Er ist einer der Geister, die »zur Bewunderung und zum Schrecken der Welt ... oft durch ihre Unternehmungen ganze Welttheile erschüttert haben«. Er besitzt eine »glühende, regellose Einbildungskraft«, schafft »die gefährlichsten Entwürfe«, verlacht »die Regeln der Klugheit« und unterwirft »seinen hellen Verstand der Leitung seiner kühnen, wilden Phantasie« (223). Philipp fürchtet und die Inquisition haßt ihn. Seine weitausgreifenden, revolutionären Visionen, die einerseits gegen das Papsttum und Spanien, andererseits zur Verbesserung der Lage der Mauren entworfen sind, widersetzt sich der verbitterte Raphael lange. Aber schließlich begeistert er sich doch für »die kühnen Entwürfe Ossuna's«, denn sie »schienen ihm ... ein schönes, edles Werk« (234).

Der kritische Verstand des Helden reagiert überhaupt nicht auf die Pläne des Herzogs, aber sein Herz glüht (235); er übernimmt den Auftrag, nach Afrika zu segeln und dort die Fahrt der Mauren nach Sizilien in die Wege zu leiten. Aber während seiner Abwesenheit wird Ossuna auf Philipps Befehl gestürzt; bei seiner Rückkehr wird Raphael gefangen und der spanischen Inquisition übergeben. Er empfindet diese Entwicklung als zermalmenden Schicksalsschlag (238), die eigentliche Ursache ist aber wieder sein eigenes Versagen. Seine Freunde Balthasar und Pedro Gomez haben ihn vor Neapel gewarnt; sein eigenes Gefühl hat ihm Ossunas Pläne als schöne Träume erscheinen lassen (229). Dennoch ist er ihrer verführerischen Großartigkeit erlegen und muß nun die fürchterlichen Konsequenzen erleiden.

Wie schon während seiner ersten Gefangenschaft im Staatsgefängnis (IV 3) verliert er sich auch jetzt, im Kerker der Inquisition, wieder in das Reich seiner Vorstellungen: »Die Geisterwelt öffnete sich ihm in allem Glanz. ... So nahte er dem Felsen der Nothwendigkeit, an dem er zerschmettert werden sollte, ohne Schauder, ohne Murren, ohne Beben« (239). Denkt man allerdings an seinen flammenden Protest vor dem Inquisitionsgericht, dann zeigt sich, daß er sein Los keineswegs »ohne Murren« erträgt. Aber das Gefühl, »zwischen dem Geist seines Vaters und Almerinens« zu stehen (244), gibt ihm die Kraft, den Priestern gefaßt gegenüberzutreten.

Haben einerseits die Inquisitoren von ihrem katholischen Standpunkt aus hinlängliche Gründe, ihn zu verurteilen, so hat andererseits Raphael noch größere Ursache, sie anzuklagen. Seine zornige Rede richtet sich gegen die grausigen Exzesse einer in furchtbaren Glaubenseifer umgeschlagenen Religion, sie spiegelt aber auch sein von Widersprüchen zerrissenes Inneres. Spricht er davon, daß der Verstand des Menschen »Wahrheit und Irrthum unterscheidet« (246), so verraten gerade seine Aktionen einen Mangel an dieser Fähigkeit. Nennt er den Gott der Christen einen »Gott der Rache« (246), so klagt er damit auch sein eigenes, zu Zeiten von Rachsucht beherrschtes Wesen an. Fühlt er sich durch die Priester getrieben, »mit Groll und Murren zum Himmel« aufzublicken, so will er doch »das erhabene ... Wesen kühn um die Ursache ... der Leiden aller Unglücklichen« fragen (248). Behauptet er, »ohne Hoffnung auf die Zukunft« zu sein, so sagt er im nächsten Atemzug, sein Herz sei »voller Ahnung und süßer Hoffnung« (249). Und wenn er den Priestern entgegendonnert, daß in ihnen »des Fanatismus wilde Flamme« lodere (248), so charakterisiert er mit diesen Worten auch seinen eigenen letzten Satz: »Daß ich euch alle hier schlachten könnte, ... eure Leiber zum Haufen aufthürmen könnte — jauchzen könnte in dem Genuß der gerechten Rache, der Stärke meiner Faust, dann auffliegen könnte, wie der Adler, gesättigt vom erjagten Raub in den Schooß der Natur« (249).

Man begreift, daß ihn die Verdorbenheit der Kulturmenschen zu einer derartig grandiosen Überbewertung der Natur veranlaßt, ja zwingt. Trotzdem führt dieser Weg in die Irre, wie sich bereits anläßlich des Vergleichs mit dem Hirsch zeigte. Raphael orientiert sich einseitig an seinen Gefühlen, deshalb bleibt er in seiner Täuschung befangen und versteift sich auf diese falsche Meinung. Beide dem Tierreich entnommenen Vergleiche ergeben zusammen eine Steigerung, die der zunehmenden Intensität der Aktionen des Helden im Handlungsverlauf entspricht: ist der Hirsch harmlos und sucht er sein Heil in der Flucht, so ist der Adler gefährlich, denn er greift an und raubt.

Das Schwanken, die Versuche und Fehlschläge sind Zeichen von Raphaels Kampf um einen festen inneren Standpunkt; an seinen idealistischen Überzeugungen, an seinen fatalistischen Vorstellungen, an seinem starren Charakter und an den fürchterlichen Maßnahmen der Inquisitoren scheitern seine Bemühungen. Da deren Verbrechen aber — das ist offensichtlich — den überwältigenden Grund für seinen Untergang bilden, gebietet der Dichter dem »allwissenden« Erzähler, seine früheren Vorbehalte zurückzunehmen (221) und, sozusagen als Akt poetischer Gerechtigkeit, Raphael in das Reich eingehen zu lassen, dem die »seligen Träume« seines unseligen Lebens gegolten haben: »Umschlungen von Almerine, geleitet von seinem Vater, begleitet von den Freunden, schwebte er dahin, und sie eilten nun alle, in dem seligen, an den Gräbern gestifteten Bund wiedervereinigt, nach den Gefilden der Ruhe« (251).

Nach dem wuchtigen Abschluß des Vierten Buches wirkt das Fünfte in mancher Hinsicht, um einen Ausdruck aus der musikalischen Fachsprache zu gebrauchen, wie die Koda des letzten Satzes einer Symphonie. Erstens ist es das kürzeste; bei einem Gesamtumfang des Romans von 250 Seiten fallen ihm nur 33 Seiten zu (d. h. rund 13 %). Zweitens erreicht die Steigerung der äußerlichen Bewegung des Helden hier einen Höhepunkt. Verfolgt man seinen Weg: von Kastellmansor (bei Valenzia) über die Pyrenäen und Norditalien nach Rom und Neapel, von dort nach Afrika und zurück und schließlich nach Madrid, so ergibt sich, daß er hier erheblich mehr als das Doppelte der in den Büchern III und IV zusammen zurückgelegten Strecke durchläuft. Neben der Beschleunigung des Tempos ist drittens eine thematische Steigerung zu beobachten. In dem ruhmgierigen, genial-wahnwitzigen Charakter Ossunas, diesem Zwitter aus Idealismus und Macchiavellismus, erscheinen manche Züge des Helden ins Überlebensgroße hinaufgetrieben. Und viertens ist das letzte Kapitel des Fünften Buches dem des Vierten kontrapunktisch zugeordnet. Die Katastrophe der Gräberverwüstung ist, wie sich zeigte, die Folge von Raphaels Versagen, insofern eine schmähliche innere Niederlage für ihn. Rein äußerlich bleibt er jedoch halbwegs Sieger, da er die Priester rächend erschlägt und das Land ungehindert verlassen kann. Demgegenüber ist er im letzten Kapitel des Romans äußerlich unterlegen, der Unerbittlichkeit der Inquisition rettungslos ausgeliefert. Aber trotz der Verworrenheit seiner Anklagerede und trotz seiner an Hybris grenzenden Selbstgerechtigkeit (250) erkämpft er sich hier einen inneren Sieg; denn sein Protest ist mutig und, sobald der Held sich selbst aus dem Spiel läßt und nur die Verbrechen der Priester bloßstellt, auch gerechtfertigt. Außerdem ist kein anderer Mann vor ihm den Inquisitoren so tapfer gegenübergetreten und hat die Foltern standhafter ertragen als er. So stehen die Schlußkapitel der beiden letzten Bücher in einem dialektischen Verhältnis von Niederlage und Sieg, Schuld und Sühne.

In enger Anlehnung an Formulierungen aus Klingers Brief an Goethe vom 26. 5. 1814 sieht Hering »die einzelnen Romane als Stationen einer moralischen Abrechnung des Dichters mit sich selbst, übertragen auf Charaktere, die im Kampf mit der Welt und den Menschen stehen«. [19] Diese moralische Abrechnung mit sich selbst war für Klinger deshalb so entscheidend wichtig, weil er ohne sie, ohne mit sich selbst in Harmonie zu sein, nach eigener Überzeugung auch kein Recht darauf haben konnte, »über das Welt-

---

[19] Hering II, 271. Diesem Brief sind auch die folgenden Zitate entnommen (vgl. *Briefbuch*, S. 160 ff.).

ganze und seinen Gang zu richten«. »Um zur völligen Ruhe des Geistes zu kommen«, mußte er alles von ihm »Empfundene und Gedachte, Erfahrne und Erprobte« aus sich herausstellen und einer rücksichtslosen Kritik unterziehen. Darunter fallen auch viele der täuschenden Empfindungen und irrigen Gedanken, die er auf Raphael überträgt. Unerbittlich wie die Inquisitoren den jungen Spanier verfolgen und verurteilen, geht Klinger, sein eigener Inquisitor, mit den Verwirrungen und Verfehlungen seines früheren Lebens ins Gericht. Aber im Unterschied zu Faust ist Raphael einer der dem Autor »näher verwandten Heroen« des Zyklus, und zweifellos ist, trotz aller Widersprüchlichkeiten und Fehlhandlungen, der Wesenskern des Spaniers gut und echt. Das Dritte Buch, das mittlere, zeigt es deutlich. Aus Achtung vor sich selbst darf Klinger weder Raphaels Schwächen und Fehler beschönigen noch dessen guten Kern der Kompromißlosigkeit seiner Kritik opfern. Diese Spannung erklärt die Ambivalenzen des Romans, nicht zuletzt die merkwürdig unfeste, zwischen Sympathie und schonungsloser Kritik schwankende Perspektive des Erzählers. Aber gerecht ist diese Kritik immer, denn sie entspringt der vertieften Einsicht in das Wesen des Menschen, die sich Klinger ehrlich und mutig erkämpft hat.

Brown University   Hartmut Kaiser

HEINZ MOENKEMEYER

Friedrich Maximilian Klingers *Betrachtungen und Gedanken* über deutsche »Dichter und Denker«

Friedrich Maximilian Klinger gehört zu den mit Unrecht vergessenen »Klassikern« der deutschen Literatur, von denen bis heute noch keine Gesamtausgabe existiert. Während der frühe Klinger in Sturm-und-Drang-Anthologien gut vertreten ist, blieben seine späteren Werke weithin unbekannt. Beim breiteren Publikum hat er nur als Stürmer und Dränger Beachtung gefunden — und das nicht unbedingt zu seinem Vorteil. Auch in der Forschung ist die spätere Phase seines Schaffens, die von seiner 1780 erfolgten Übersiedlung nach Rußland datiert, und den größeren Teil des Klingerschen Gesamtwerks umfaßt, nicht ihrer Bedeutung entsprechend behandelt worden. Zwar hatte Max Rieger im zweiten Band seiner Biographie (Band I, 1880; Band II, 1896), dem noch ein »Briefbuch« hinzugefügt war, Klingers Leben und Werk nach seinem Weggang von Deutschland mit einer enormen Fülle an pietätvoll ausgebreitetem Detail beschrieben. Aber diese in einem lokalen Darmstädter Verlag erschienene Biographie blieb auf lange Zeit die einzige umfassende Gesamtdarstellung. Olga Smoljans aus dem Russischen übersetzte Klinger-Biographie (Weimar, 1962) brachte neue Aufschlüsse über die in Rußland verbrachten Jahre, unterzog aber von den »Schöpfungen des gereiften Dichters« nur den Faust-Roman und allerdings auch die *Betrachtungen und Gedanken* einer eingehenderen Analyse. Es ist das Verdienst von Christoph Hering, in einem jüngst (1966) erschienenen Buch zum ersten Mal seit Rieger Klingers Gesamtwerk wieder behandelt und damit auch des Dichters späteres Schaffen gebührend gewürdigt zu haben. [1]

Wir wollen uns hier mit Klingers Ansichten über deutsche Dichter und Denker sowie die deutsche Literatur im weiteren Sinne beschäftigen, wie er sie vor allem in seinen *Betrachtungen und Gedanken*, daneben aber auch in den von Rieger veröffentlichten Briefen kundgab. Die *Betrachtungen und Gedanken über verschiedene Gegenstände der Welt und der Literatur* (weiterhin abgekürzt als *BG*) erschienen in drei Bänden bei Hartknoch in Leipzig mit der fingierten Angabe »Cöln, bey Peter Hammer«, für die ersten beiden 1803 herausgekommenen Bände und »St. Petersburg, bey Peter Hammer dem Aelteren« für den 1805 gedruckten dritten Band. Die Aufzeichnungen selbst tragen das Datum 1801—1803, bzw. 1803—1804. Eine Neufassung der *BG* erschien 1809 im 11. und 12. Band der *Werke*. Wir folgen dieser Fassung in der Numerierung der Einträge, ziehen aber die Erstausgabe heran für Aufzeichnungen, die keine Entspre-

---

[1] Max Rieger, *Klinger in der Sturm- und Drangperiode* (Darmstadt, 1880) und *Klinger in seiner Reife* (Darmstadt, 1896). Letzteres Buch wird im Text als Bd. II angeführt. Das Buch von Olga Smoljan, *Friedrich Maximilian Klinger. Leben und Werk,* übersetzt aus dem Russischen von E. M. Arndt (Weimar, 1962), behandelt die *Betrachtungen und Gedanken* auf den Seiten 193—215 (speziell über Literatur, pp. 209—214). Christoph Hering, *Friedrich Maximilian Klinger. Der Weltmann als Dichter* (Berlin, 1966), bespricht die *Betrachtungen und Gedanken* auf den Seiten 361—372.

chung in den *Werken* haben. [2]) Eine nach Themen geordnete Ausgabe der *BG* kam 1958 in Berlin (DDR) heraus. In Auswahl wurden sie von Gerhard F. Hering (1947), von Hans-Jürgen Geerdts in der zweibändigen Ausgabe von Klingers Werken (2. Aufl., 1964) und neuerdings (1967) von Hermann Schweppenhäuser herausgegeben. [3]) Offensichtlich haben die *BG*, in denen sich Klinger als einer der wenigen Aphoristiker und Moralisten von Rang bekundet, welche die deutsche Literatur aufzuweisen hat, endlich gebührende Beachtung gefunden.

Klingers *BG* stellen keineswegs eine Sammlung von geschliffenen Aphorismen dar. Es handelt sich um Aufzeichnungen von verschiedener Länge, z. T. sogar in Dialogform. Viele Eintragungen sind augenscheinlich dem Augenblick und persönlichem Bedürfnis entsprungen. Andererseits sollten aber die *BG*, wie Hering ausführt [4]), den Ersatz für einen fehlenden autobiographischen neunten Roman in der vom Dichter geplanten Roman-»Dekade« bilden. In dem höchst bedeutsamen Brief an Goethe vom 26. Mai 1814, in welchem Klinger die Summe seines Schaffens zieht, heißt es: »Das letzte Werk aber, welches aus meinem Innersten entwickeln sollte, wie ich nach und nach durch die Wirkung der Welterscheinungen, auf mich, zu diesen Ansichten gekommen sey, kann ich, da ich von so vielen bedeutenden Rolle Spielenden [*sic*], reden müßte, nun nicht unternehmen zu schreiben. ... Auch ist es durch die *Betrachtungen* etc. in zwey Theilen der Sammlung meiner Werke, von 1801 bis 1805 geschrieben, überflüssig geworden, da ich hier in meinem eignen Namen spreche, und meine ganze Individualität, wie ich sie ausgebildet, rein und aufrichtig darstelle. Die Resultate, die das unterlassne Werk geben sollte, werden demnach, dem etwanigen [*sic*] Aufmerksamen, hier leicht sich darbieten« (*Briefbuch*, S. 163). [5]).

Die Resultate, von denen Klinger spricht, die Ergebnisse seiner Auseinandersetzung mit der Welt in Denken und Tun, sind nun in den *BG* keineswegs in einer Form niedergelegt, die ein Eindringen in die Gedankenwelt des Autors nach thematischen Gesichtspunkten erleichtern würde. Außer der oben erwähnten Sonderung in zwei große, nach der Datierung unterschiedene Abteilungen zeigen die *BG* keinerlei weitere Unterteilung. Spontaneität in Äußerung und Urteil, sowie Augenblickseinfall scheinen vorzuherrschen. Dennoch entbehrt diese Sammlung aber nicht einer gewissen inneren Einheit, vor allem bestimmt durch die Absicht, an das moralische Bewußtsein der Leser zu appellieren. Der Schriftsteller will das Gewissen der deutschen Nation vertreten und aufrütteln, zu ihr als Dichter und Weltmann sprechen. Die *BG* sollen bei den Deutschen Kraft erwecken (651). [6])

---

[2]) Für den Text der Zitate aus den *BG*, soweit sie nicht der Erstausgabe entnommen sind, benutzten wir *Friedrich Maximilian Klingers Ausgewählte Werke*, Bd. VII und VIII (Stuttgart, 1880). Die Zählung der *BG* ist hier dieselbe wie in Bd. XI und XII der gleichfalls bei Cotta erschienenen Ausgabe *Friedrich Maximilian Klingers sämmtliche Werke* (Stuttgart und Tübingen, 1842), die ihrerseits einen Abdruck der *Werke* (1809) darstellt.

[3]) Eine vollständige, nach Themenkreisen geordnete Ausgabe der *BG* erschien ohne Nennung des Herausgebers im Verlag der Nation (Berlin, 1958). Die Ausgabe von Hermann Schweppenhäuser (Frankfurt a. M., 1967) enthält eine Auswahl, die in Zählung und Text (in modernisierter Form) der Erstausgabe folgt. Die von Gerhard F. Hering besorgte Auswahl der *BG* (Darmstadt, 1947) war uns nicht zugänglich. Eine kritische, die Erstausgabe berücksichtigende Edition fehlt.

[4]) Christoph Hering, op. cit., S. 362; weiterhin im Text zitiert.

[5]) Die Zitate aus Klingers Briefen folgen in Text und Numerierung dem von Max Rieger herausgegebenen, seiner Klinger-Biographie zugefügten *Briefbuch* (Darmstadt, 1896). Nummer und Datum des Briefes, mit Angabe der Adressaten, werden weiterhin im Text gegeben.

[6]) Eingeklammerte Zahlen im Text bezeichnen im folgenden die Nummer der Eintragung in den *BG*. Die Nummern der Briefe werden durch ein der Zahl vorgesetztes Nr. angegeben.

Klinger selbst hat sich in Eintrag 416 gegen eventuelle, nach seinem Tode unternommene Versuche ausgesprochen, seine BG in »Kapitel oder bestimmte Rubriken« einzuteilen. Eine »Systematisierung des Gedankenguts« mag vielleicht, wie Hering behauptet
(S. 363), »ein Mißverständnis gegenüber dem eigentlichen Charakter dieser Schrift« sein.
Da es uns aber nicht um eine Erfassung der BG als Werkgestalt zu tun ist, dürfte es
durchaus angebracht sein, einen Themenkreis herauszugreifen, auf den Klinger immer
wieder zurückkommt: nämlich die deutsche Literatur. Seine Betrachtungen, Gedanken
und Urteile über deutsche Dichter, Denker und Schriftsteller stehen, wie sich erweisen
wird, in engem Zusammenhang mit seinen sittlichen und politischen Überzeugungen,
mit der Absicht, als Moralist auf das Bewußtsein und Gewissen seiner deutschen Leser
einzuwirken. Klinger will warnen und aufklären. Der Autor der BG hat den irratio-
nalistischen Gefühlsüberschwang des Sturm und Drangs, dem er zeitweilig bis ins unechte,
nur literarische Extrem verfallen war, längst hinter sich gelassen, zugunsten einer Position, die zwar nichts mit dem Optimismus der Popularaufklärer zu tun hat, dennoch
aber der Aufklärung verbunden ist und sie wahrhaft weiterführen will. Er versteht die
Aufklärung nicht als Besitz, bei dem man sich beruhigen kann, als Aufgeklärtheit, sondern wie Lessing und Kant, die er beide verehrte, als den um Klarheit und Klärung
bemühten Prozeß der Aufklärung, als Ringen nach Wahrheit und Wahrhaftigkeit.
Klinger steht im großen Strom der europäischen Aufklärung, deren Vertreter er be-
wundert, deren Wirkung er in Rußland tätig miterlebt, und beurteilt von diesem
Standpunkt her die deutsche Literatur. Er spricht als Deutscher zu seinen Deutschen,
aber aus der Distanz der Fremde, wie später Heinrich Heine und Thomas Mann, in
einer Haltung, welche Verehrung und Liebe für sein Volk mit hellsichtiger, zuweilen
scharfer Kritik verbindet, die aber nie um ihrer selbst willen geübt wird, sondern der
Besorgtheit entspringt.
Klinger schreibt als Weltmann, der die Enge seiner Heimat hinter sich gelassen hat,
betrachtet die Deutschen und ihre Literatur von einem weltbürgerlichen Standpunkt. Er
legt sich, durch seine Situation bestimmt, die Frage vor, was von der deutschen Literatur auch bei anderen Völkern Anerkennung finden könnte oder sollte. In einem anderen, spezifisch Klingerischen Sinne spricht der Autor der BG gleichfalls als Weltmann
über Dichter und Literatur, nämlich als Mensch, der sich in der »großen Welt« der
Staatsgeschäfte umgesehen und bewährt hat. Literatur, Dichtung und Philosophie werden in ihrer Verflechtung mit dem politischen und sozialen Leben betrachtet. Daneben
bringt Klinger auch hier, wie in seinen Romanen Geschichte eines Teutschen der neuesten
Zeit (1798) und Der Weltmann und der Dichter (1798), den Gesichtspunkt des Dichters
gegenüber dem Weltmann zur Geltung. Unabhängig von der Absicht, auf das Publikum
einzuwirken, bekunden die BG des Autors persönliche Reaktion auf die deutsche Literatur. Dies geht aus der Tatsache hervor, daß die Urteile in den an Privatpersonen gerichteten Briefen in ihrer allgemeinen Tendenz mit den in den BG ausgesprochenen
Meinungen übereinstimmen. Wie Rieger schon bemerkte (Bd. II, S. 484), liefern die
Briefe, besonders in den Jahren 1818 bis 1822, Material, welches einen Nachtrag zu den
Aufzeichnungen bilden könnte, die unserem Themenkreis gelten.
Klinger beurteilte die Dichtung kaum nach ästhetischen Gesichtspunkten, was einigermaßen erstaunlich ist in der »Kunstperiode« (Heine, Lukács) der deutschen Literatur,
als die Ästhetik eine solche große Rolle spielte. Er existierte, wie Schweppenhäuser bemerkt, am Rande von Klassik und Idealismus, weil er in deren Zentrum der Lüge zu
verfallen fürchtete. [7] Der Lehre von der Kunst des schönen täuschenden Scheins, wie sie
in der Weimarer Klassik und der romantischen Ästhetik ausgebildet wurde, begegnete
er mit Skepsis, wenn nicht mit Ablehnung. Selbst unter denen, die von Jugend an das

---

[7] Seite 132 seiner Ausgabe der BG.

»Schönste, Vortrefflichste, was der menschliche Geist hervorgebracht«, gelesen haben,
findet Klinger einen »Geisterpöbel«, dem »liberale, edle Gesinnungen« völlig fehlen
(328). Ästhetische Veredlung und Erziehung bedeuten wenig für Klinger, dem »wahre
Dichterei ein Beweis von höherer Moralität ... in dem Menschen« ist (151). Zwar erkennt er die Bedeutung der Einbildungskraft an, die erlerntes Wissen mit dem Feuer
schaffender Kraft durchglüht, so daß das Nichtige zerfällt und das Wunder auf-
steigt (271). Auch spricht er von der souveränen Macht des Genies über seine Schöpfung,
von Bildern, Gedanken und Ausdruck, die in seligen Augenblicken der Begeisterung
vollendet aus der Seele des Dichters entspringen, aber er betont dann in der gleichen
Eintragung (56), daß alles dies undenkbar ist ohne »eine hohe moralische Stimmung,
einen mit edlen, großen Gedanken beschäftigten Geist, eine durch den Charakter bestimmte, kräftige Denkungsart — einfache Sitten, Gefallen an einer beschränkten
Lebensweise — völlige Unkenntnis der Glücksjägerei — der schleichenden Mörderin des
Besten im Menschen«. Wir erkennen auch hier den bleibenden Einfluß, den Rousseau auf
Klinger ausgeübt hat. Bezeichnenderweise wird in beiden Eintragungen (271, 56) Klopstock als Beispiel solches Dichtertums angeführt, das »moralische Kräfte« und Genie
vereinigt (56). Allein derjenige Dichter kann die moralische Welt darstellen, der
Raum hat, sie in seiner Brust aufzunehmen; nur so ist sie mehr als ein bloß in seinem
Kopfe gespiegeltes Schauspiel (387). Jedoch ist es nicht genug, nur »idealischen Sinn«
zu haben, der Dichter muß das wirkliche, praktische Leben »recht innig und wahr« erkennen; die »hohe Einbildungskraft oder der idealische Sinn soll und muß den hetero-
genen Stoff der Wirklichkeit durchglühen, zerschmelzen, läutern, verarbeiten« und mit
einem Glanz überziehen, der die dichterische Wirklichkeit den Sinnen täuschend darstellt, ohne aber den Glauben an den idealischen Sinn aufzugeben (545). Der Dichter
macht den Menschen zu einem höheren Wesen, an das man glaubt, weil es aus Wirklichkeit und der »innern höheren Ahnung in uns« gesponnen ist. Hohe Dichtungsgabe
und Tugend haben »einen feinen Anstrich von Donquichotismus«, der ein »hohes Ideal«
an die äußere Wirklichkeit heranträgt (664). In einem Brief an Nicolovius vom 1. März
1798 heißt es: »Ach was ist die Dichtkunst, wenn sie nicht ein Balsam für die Wunden des
Schicksals wird! Wenn sie uns nicht über die enge, ängstliche Lage erhebt. Wenn sie
den Armen nicht reich macht — den gedrückten [sic] nicht emporhebt« (Nr. 33). Diese
Bestimmung der Dichtung wird im Zusammenhang mit einer Kritik an Goethes *Wilhelm
Meister* gegeben, in dem der »kalte Egoismus des Verstandes« herrscht, der »wenig Herz«
zeigt und auf eine »Aristokratie der Cultur« hinausläuft (Nr. 33).
Klinger rückt hier von einer rein ästhetischen Auffassung von Dichtung und Dichter
ab. Um letzteres zu sein, braucht man »weder Verse noch poetische Prosa« zu machen
(103). Aus dem Vorhergehenden könnte man schließen, es sei Klinger lediglich um
den von hohen Idealen begeisterten Dichter, um eine die Wirklichkeit verklärende
Dichtung zu tun. Dies ist jedoch keineswegs der Fall. Die »schönste, seltenste und
glücklichste Vermählung unserer Geisteskräfte« besteht in der Vereinigung »der hohen
Einbildungskraft mit der Vernunft des Mannes von Geschäften, der in der Welt lebt,
leben muß und Dichter bleiben will« (103). Das wahre Bild des Menschen ergibt sich
erst aus der Verbindung der Darstellung des idealisierenden Dichters und des Satirikers (4). Daß eigentliche Satiriker in der deutschen Literatur fehlen, wird ihr zum Vorwurf gemacht. Das Ideal der Dichtung ist offenbar dann gegeben, wenn sie Stärke der
Einbildungskraft und Idealität des sittlichen Pathos mit dem kritischen Scharfblick der
Satire verbindet. Klinger selbst hat diesem Ideal der Dichtung nachgestrebt. Moralischer
und poetischer Sinn, sittliche und dichterische Kraft sind für ihn in der Wurzel eins. Und
diese Auffassung vom Dichten und Dichter bestimmt seine Urteile über die deutsche
Literatur.
Die *BG*, Klingers literarisches Testament, sind ausdrücklich den Deutschen zugeeignet,

»dem Volke, das so hoch in der Kultur steht, daß man mit Kraft und Wahrheit, im biedern deutschen Sinn, zu seinem Nutzen und seiner Unterhaltung schreiben kann«. Diese in der »Zueignung« ausgesprochene Liebe und Achtung für den »biedern deutschen Sinn« stimmt mit anderen positiven Äußerungen über die Deutschen überein. Er lobt ihr Gefühl für Recht und die Treue des deutschen Volkes gegenüber seinen Fürsten, obwohl es viel gelitten hat (20, 172), seine Bescheidenheit, die ihm allerdings von anderen Völkern kaum als Verdienst angerechnet wird (128). Aus vielen moralischen Ursachen ist Klinger stolz darauf, ein Deutscher zu sein (20). Die Deutschen sind unter den kultivierten Nationen »das moralisch beste Volk«, bei dem die »schöne und täuschende Idee von immer steigender Veredlung des Menschengeschlechts« mehr »gläubige Anhänger und Verehrer« gefunden hat als sonstwo (6). In der Literatur äußert sich das in schönen dichterischen Bildern und platonischen Gedanken (6), was keineswegs der von Klinger geforderten Idealität entspricht, die sich stets in Zweifel und Auseinandersetzung bewahren muß. Der Glaube an die Veredlung der Menschheit führt also leicht zur Illusion.

Von keinem Volk, heißt es in Eintragung 437, »läßt sich im Ganzen mehr Gutes sagen«. Es ist das einzige in Europa, »das sich wirklich philosophisch veredelt hat und ganz weltbürgerlich gesinnt worden ist«. Da die Deutschen »der Durst nach Gold und die Ehrsucht nicht außerordentlich zu treiben scheinen« und sie überdies »nicht sehr biegsam, geschmeidig und politisch« sind, ist ihr Weltbürgertum nicht das Resultat der Klugheit, sondern einer »seltnen Gutmüthigkeit«. Ihre weltbürgerliche Gesinnung entspringt einem »aufrichtigen, treuen, Menschen liebenden und achtenden Herzen, das sich weder von Sprache, Farbe, noch Gebräuchen stimmen läßt«. Im Lichte dessen, was sich — nicht unbemerkt vom Dichter — schon zu Klingers Lebzeiten in der »Teutschtümelei« anbahnte und schließlich im Hitler-Reich kulminierte, erregt die Eintragung 437 in uns Trauer und Scham über den Weg, den das »Volk der Dichter und Denker« seitdem beschritten hat. Klinger war sich allerdings dessen bewußt, daß die kosmopolitische Gesinnung leicht in »charakterlose Weltbürgerschaft«, die übrigens ein Kennzeichen der modernen Literatur ist (292), ausarten kann, und daß der Kosmopolitismus der Deutschen auf einem Mangel an »Nationalcharakter« beruht (437).

In der Literatur führt dies zu einer »gewissen Charakterlosigkeit«, die es kaum erlaubt, aus den Werken der deutschen Schriftsteller die Sitten, Gebräuche, Denkungsart und den Charakter ihres Volkes zu ersehen, während jedes gute, sogar mittelmäßige englische oder französische Werk Ton und Farbe der Nation besitzt. Man sagt zwar von großen Schriftstellern, daß sie nicht einem Volke, sondern der ganzen Welt angehören. Aber die Werke von Klopstock, Goethe und Schiller sind Hervorbringungen des Genies, das durch jedes Werk seine Herkunft beweist (7). Leider gibt Klinger hier, wie meist in den *BG*, keine näheren Erläuterungen zu seinen apodiktisch hingestellten Behauptungen. Die Mehrzahl der deutschen Autoren, heißt es weiter, scheint keinen Volke besonders anzugehören und zeigt nicht mehr Charakter als die politische Verfassung des Reiches (7). Klinger weist damit auf die enge Verflochtenheit von Nationalcharakter, Literatur und politischer Wirklichkeit hin.

Die Deutschen, sagt der Autor der *BG*, sind tapfer, gelehrt, aufgeklärt, duldsam, gerecht, bescheiden und halten auf Sitten, werden aber trotzdem nicht nach Verdienst geachtet, weil sie ohne politische Tugenden sind (174). Sie sind, heißt es in Aufzeichnung 257, »ein gutmüthiges, ernsthaftes, betrachtendes, für die Menschheit besorgtes Volk«, das im Vergleich mit anderen Völkern »noch zu gut, zu groß von dem Menschen« denkt, das nichts so leicht nehmen kann, um darüber zu lachen oder zu spotten, das »die Weltbegebenheiten allzu sehr im moralischen Lichte« betrachtet und alles »so systematisch, gewissenhaft und redlich« behandelt, daß »Weltleute ohne gewisse Vorurteile« sie immer des »schwerfälligen Pedantismus« beschuldigen werden. Die Deutschen haben das

meiste Lächerliche für die große Welt an sich, vielleicht weil sie noch zu ehrlich sind,
die große Welt zu sehr verehren oder bewundern und ihnen der Takt für das Lächerliche fehlt (337). Ihre Literatur leidet an einer »gewissen ... Enge der Begriffe« (7).
Trotz dieser kritischen Einstellung gegenüber seinen Landsleuten kann von einer Ablehnung nicht die Rede sein. In einem Brief an Wolzogen vom 12. August 1808 bekennt Klinger, er sei stolz ein Deutscher zu sein und zu bleiben (Nr. 105). An Nicolovius
schreibt er im November 1809, sein Enthusiasmus für Deutschland wachse »bis zur
dämonischen Gluth«, obgleich seine Werke dort wohl »Conterband« seien und trotz
der erbärmlichen politischen Verfassung seines Vaterlandes (Nr. 108). Mehrere Jahre
später noch besteht er darauf, immer Deutscher gewesen zu sein und es immer mehr
zu werden (Nr. 162, an Ch. G. Schütz, 24. Dezember 1815). Diese Verbindung von
kritischer Einstellung und Liebe zu den Deutschen aus der Ferne ist kennzeichnend für
Klinger, der oft daran dachte, in die Heimat zurückzukehren und doch nicht den Entschluß dazu fassen konnte.
Fast alle oben angeführten Bemerkungen über die Deutschen können auch Anwendung
auf ihre Literatur finden, ja stützen sich wohl zum guten Teil auf Klingers Lektüre
deutscher Autoren, selbst wenn er an einer Stelle meint, der deutsche »gute Sinn« —
bezeichnenderweise fügt er hier parenthetisch *bon sens* bei — als Sohn eines »geraden
natürlichen Verstandes« und »unverdorbnen Herzens« sei zwar noch in Menschen, aber
nicht mehr in den meisten »Büchern zur Unterhaltung« zu finden (182).
Das oben aus Eintragung 257 angeführte Urteil über den Charakter der Deutschen
beschließt Ausführungen, die hauptsächlich der deutschen Literatur gelten. Es heißt dort,
sie finde nicht die verdiente Achtung bei Weltleuten, anderen Völkern und selbst nicht
bei den höheren, kultivierten Ständen in Deutschland. Die deutschen Dichter sind zu
sehr Dichter, schweben zu hoch, dringen zu tief, sind zu individuell, zu metaphysisch
und spruchreich, malen zu große Charaktere, denken zu groß und erhaben, um gefallen
zu können. Dies gilt von den wahrhaft großen Dichtern. Die »Poeten« dagegen sind
zu seicht und leer. Es fehlt ihnen an leichtem Witz und feiner Persiflage, an einem
durch Welterfahrung geschärften und gestimmten Ton. Sie wissen die Ereignisse des
Lebens nicht zu nutzen, beginnen mit Liebes- oder Trinkliedern und spielen dann mit
metaphysischen Seifenblasen. Die Dramatiker malen das Alltägliche gar zu alltäglich.
Klinger bezieht sich hier, wie aus anderen Eintragungen hervorgeht, nicht auf Lessing,
Goethe oder Schiller, sondern wohl auf die populären »Familiengemälde« eines Groß-
mann, v. Gemmingen, Iffland, Kotzebue usw. In der Philosophie, so lessen wir weiter,
haben die Deutschen keinen Locke, Condillac oder Montaigne. Ihr »Empirismus« wird
von den deutschen Philosophen mit Verachtung angesehen, die für Katheder und Pro-
fession schreiben, im Harnisch ihrer a priori Systeme einhergehen und entweder sich
auf barbarisch scholastische Weise oder so zugespitzt ausdrücken, daß der klügste Weltmann sich bei ihrer Lektüre wie ein Dummkopf vorkommt. Die deutschen Werke über
Moral sind entweder Kompendien oder wie solche geschrieben und lesen sich wie Lehr-
bücher der Dogmatik. Demgegenüber werden die »moralischen Schriftsteller« der Franzosen und Engländer gelobt, besonders die letzteren, welche von Addison bis Johnson
Werke aufweisen, die »mit so vielem Geschmack, Anmuth und Geist« geschrieben sind,
»daß sie sogar dem feinsten Weltmann Grundsätze lesbar machen, die er kaum mehr
ahnet«. Unsere Historiker sind zu gewissenhaft, belehrend, rechtschaffen und »gar zu
orthodox im Glauben, Denken und Zweck«. Ein Gibbon oder Voltaire wären bei uns
unmöglich. Die Gattung der *Mémoires*, in welcher die Franzosen brillieren, fehlt bei
uns ganz, weil die Männer, die sich im öffentlichen Leben auszeichnen, nicht schreiben
wollen oder können, während diejenigen, die schreiben könnten, ohne Weltkenntnis sind.
Ihre politischen und moralischen Erfahrungen beschränken sich auf Universität, Gymnasium, Gerichtshof, Konsistorium oder die Bücherwelt der Literatur. Ein »allzu ängst-

licher Kleinigkeitsgeist, von unserer Verfassung erzeugt und von den daraus entspringenden Verhältnissen auferzogen«, ist weitverbreitet. In den eigentlichen Wissenschaften tragen die Deutschen durch Fleiß und tiefes Nachsinnen die Materialien zusammen, welche der Franzose dann übernimmt und, »in ein schönes lesbares Ganze [sic] verarbeitet«, dem deutschen Publikum wieder zurückerstattet.

Klinger stellt nach diesen Ausführungen gegen Ende der Eintragung 257 die rhetorische Frage, ob er den Deutschen einen Vorwurf machen wollte. Statt einer direkten Antwort verweist er auf die Gutmütigkeit, Ernsthaftigkeit und Redlichkeit seiner Landsleute — alles Eigenschaften, die einen »schwerfälligen Pedantismus« mit sich bringen, während den »feinen Weltmann« immer »eine gewisse Falschheit« begleitet, — und endet mit der Aufforderung an seine deutschen Leser: »Wählet nun!« Was Klinger an der deutschen Literatur ausstellt, sei es in Dichtung, Philosophie oder Geschichtsschreibung, ist im Grunde genommen ein Mangel an Welthaftigkeit und Urbanität, wofür er sehr wohl den sozialpolitischen Grund ahnt, nämlich die seit Marx vielberufene »deutsche Misere«. Einen konkreten praktischen Ausweg bietet er allerdings nicht an, sondern beschränkt sich darauf, das politische Gewissen der Deutschen zu erwecken.

Klinger weiß, daß den oben angegebenen Mängeln gewisse positive Züge im Volkscharakter entsprechen und vermeidet ein unbedingt absprechendes Urteil über die deutsche Literatur. Friedrichs des Großen, »des größten der Könige« Schrift *De la littérature allemande* (1780) wird wegen ihres negativen Urteils als »echt königlich schale Schreiberei« abgelehnt und ihr großer Einfluß auf die höheren Stände im Ausland, der noch lange nachwirken wird, bedauert (129). In Aphorismus 23 beklagt Klinger zwar ganz im Sinne der in Eintragung 257 gemachten Beobachtungen, daß Garves »vortreffliche Versuche, voller Weisheit, politischer Klugheit und schöner Moral« so sehr dogmatisch, professoral, weitschweifig und ohne die Grazie der französischen Prosaisten sind, aber in Aufzeichnung 24 wird behauptet, die Deutschen überträfen die Franzosen in der »wahren Poesie« und in der »Moralität«. Noch 1815 schreibt Klinger an Chr. Gottfried Schütz: »Was wir durch unsre Literatur und Kultur geworden sind, ist unvertilgbar und von unsterblicher Dauer« (Nr. 162).

Die in Eintragung 257 vorgetragenen Anschauungen bedeuten eine knappe Zusammenfassung von Klingers Beurteilung der deutschen Literatur im ganzen, die dann an verschiedenen Stellen der BG im einzelnen konkretisiert oder nach mehreren Richtungen bedeutsam erweitert wird.

Die Spanier, Italiener, Franzosen und Engländer haben politische Schriftsteller, die Deutschen dagegen nicht, heißt es in Eintragung 126 in Erweiterung des in Aufzeichnung 257 Gesagten. Deutsche Staatsmänner schreiben nicht und die Gelehrten arbeiten noch immer an den Elementen des Staats- und Völkerrechts oder in der Statistik. Friedrich der Große, dessen Schriften Klinger an anderer Stelle (64, Brief Nr. 11) empfiehlt, wird hier nicht genannt, vielleicht weil er französisch schrieb. Auch an Möser hat Klinger erst in einer späteren Aufzeichnung (550) gedacht. In England und Frankreich gibt es einen öffentlichen und politischen, in Deutschland bisher nur einen »literarischen Geist«, was als Glück zu bezeichnen ist, denn angesichts des schmachvollen Regensburger Friedens — gemeint ist der Reichsdeputationshauptschluß von 1803, der den Frieden von Lunéville (1801) bestätigte — müßten die Deutschen vor Scham und Gram vergehen (361). Die Vorsehung gab ihnen »Geduld und viele Herren von innen und von außen« (ib.). Klinger kritisiert hier die literarische Geschäftigkeit, welche die Blütezeit der Klassik und Romantik kennzeichnet, als Flucht in bloße Literatur, die keinem öffentlichen Geist, keiner *res publica* entspringt. In Deutschland müssen Poeten den mangelnden Gemeingeist ersetzen (671). Es gab zwar schon vor der Französischen Revolution »poetische Freiheitsschreier« in den Musenalmanachen der Deutschen, aber es

handelte sich nur um einen »poetischen Prä-Jacobinismus«, der vom Publikum bald
vergessen wurde (E 133). [8]) Deutlich bekundet sich hier die Abstandnahme von dem
Treiben der Stürmer und Dränger, an dem Klinger selbst teilgenommen hatte.
Die Deutschen haben keine hervorragenden Satiriker oder Satiren, die ein Mann, der
Welt und Menschen kennt, lesen mag. Der Autor der BG fragt sich, ob das damit
zusammenhängt, daß sie ein leidendes, kein politisches Volk sind, das in seiner Treu-
herzigkeit und Gutmütigkeit fast alles ertragenswert findet. Rabener, obwohl witzig,
ist kein Satiriker, der einen Vergleich mit Rabelais oder Swift aushalten kann. Nur der
Verfasser des alten Gedichts von Reineke Fuchs, von dem es nicht feststeht, ob er
Deutscher war, könnte mit den erwähnten großen Satirikern genannt werden (5). Wie
lange werden die Deutschen auf einen Rabelais oder Swift warten müssen, fragt Klinger
in einer später weggelassenen Eintragung (E 352). Große Satiriker sind überhaupt
selten, heißt es in Aufzeichnung 69, denn scharfer, treffender Witz, eine ausgebildete
und geschmeidige Sprache, rege Einbildungskraft, geistvollste Poesie, freier und kühner
Beobachtungsgeist, eine aus moralischer Energie entsprungene Indignation über Torheiten
und Laster finden sich nicht häufig in einem Dichter beisammen. In Deutschland stehen
die »milden Sitten«, die »politische Stille«, Verträglichkeit, Achtung für das Herge-
brachte, sowie Verehrung der Großen und Reichen der Ausbildung einer großen Satire,
wie Swift sie vertritt, entgegen. Wiederum hebt Klinger die politische Bedingtheit von
Volkscharakter und Literatur hervor und führt den Mangel an großer Satire bei den
Deutschen auf ihre politisch-sozialen Verhältnisse, auf ihre Untertanenpassivität zurück.
Obwohl der Autor der BG meint, die Deutschen überträfen die Franzosen an wahrer
Poesie und Moralität (24), gesteht er, wie wir bereits gesehen haben, den Franzosen
Überlegenheit auf vielen Gebieten zu. Er lobt ihre Urbanität, ihre politische Bewußtheit,
ihren Witz und ihren Stil, der nie in schwerfällige Pedanterie ausartet. Ihr Sinn für
feine Ironie und Persiflage fehlt den Deutschen (E 155). In der Vorrede zu der 1785
erschienenen Ausgabe seiner dramatischen Werke hatte Klinger allerdings die seit Lessing
und Herder üblichen Einwände gegen das französische Drama gemacht. Er hatte die
»kalten beschränkten Regeln«, die »Declamation« und den »Galanteriekram, wovon
Racinens Helden strotzen«, als dem deutschen Charakter nicht angemessen kritisiert
und von dem Bemühen gesprochen, eine dem »deutschen Sinn« entsprechende Form des
Dramas zu finden, welche die Extreme des französischen oder englischen Theaters vermeidet. [9]) Aber diese Kritik hatte Klingers Achtung vor der französischen Literatur
nicht geschmälert. Nationalvorurteil und -haß mögen darüber Bitterkeit empfinden,
aber das 18. Jahrhundert ist das französische (97). Klinger, der sich dem großen Strom
der europäischen Aufklärung verbunden weiß, kritisiert die damals weitverbreitete und
bis ins 20. Jahrhundert nachwirkende, von Überheblichkeit nicht freie Einstellung der
Deutschen gegenüber den Vertretern der Aufklärung, besonders in Frankreich. Wir
schimpfen auf Voltaire, heißt es in Eintragung 481, Locke und Condillac sind abgetan,
wie auch Newton und Montesquieu; Rousseau ist kein Philosoph, Diderot und Raynal
sind »Phrasenmacher und Deklamateurs«, an Gibbon, Robertson, Hume als Historikern,
wie auch an Buffon ist manches auszusetzen.
Während Klinger seinen Enthusiasmus für Rousseau, dessen Einfluß sich durch das ganze
Werk des Dichters hindurchzieht und auch in den BG spürbar ist, mit den Stürmern
und Drängern teilte, steht er, wenn wir vom älteren Goethe absehen, mit seiner posi-

---

[8]) Zahlen mit vorangesetztem E beziehen sich auf Eintragungen der Erstausgabe der BG, die
später wegfielen.

[9]) *Friedrich Maximilian Klingers dramatische Jugendwerke*, hrsg. von Hans Berendt und Kurt
Wolff, Bd. III (Leipzig, 1913), S. 351.

tiven Einstellung zu Voltaire ziemlich isoliert da. An seinen Freund Ernst Christian Schleiermacher (1755—1844) schreibt er am 10. April 1790, Voltaire mache Vergnügen, sei nicht ohne Genie und habe Laune und Geist wie keiner der deutschen Schriftsteller (Nr. 11). Während Robertson und Gibbon bekennen, daß sie viel von Voltaire gelernt haben, schimpfen die Deutschen auf ihn; selbst »unser großer Lessing« hat sich »diese literarische Sünde... zu Schulden kommen lassen«, von dem sie sich wie eine Nationalsünde fortgeerbt hat (77). Diese Beobachtung, die heute noch gilt, wurde aufgezeichnet, bevor August Wilhelm Schlegel in seinen *Vorlesungen über dramatische Kunst und Literatur* (1809—1811) das deutsche Publikum in seiner Abneigung gegen Voltaire bestärkte. Die Erstausgabe der BG enthält eine Eintragung, in der Klinger bekennt, die *Pucelle* sei ihm ebenso lieb und lesenswert wie Schillers *Jungfrau* (E 167). In einem Brief an v. Wolzogen vom 16. Februar 1802 drückt er den Wunsch aus, Schiller hätte Voltaires Werk nicht angreifen sollen, das Klinger gleiches Vergnügen bereitet habe (Nr. 49). Die deutschen Philosophen sagen, weder Voltaire noch Friedrich der Große seien Philosophen gewesen; wahr ist es, sie haben weder Kompendien geschrieben noch Kollegien gelesen (259). Mehrere andere Eintragungen (78, 119, 257, 732) bekunden Achtung vor Voltaire.

Diderot, meint Klinger (68), hat den Deutschen gezeigt, wie man über ästhetische Gegenstände mit »Feinheit, Wärme und Bestimmtheit« schreiben kann. Dichter und Philosoph finden sich bei ihm in schönster Verbindung. Er entwickelt die tiefsten Geheimnisse der Kunst so klar und deutlich, daß jeder sie verstehen kann. Nur Lessing kann neben ihm bestehen und hätte ihn vielleicht übertroffen, wenn er nicht so viele Streifzüge in die Literatur getan und zu viel Zeit in »Scharmützeln mit elenden Geistern« verloren hätte. »Das deutsche, schwerfällige, systematische, mit Terminologie beladne, auf Stelzen gehende philosophisch-ästhetische Gewäsche«, unerträglich für einen Mann, der an Klarheit gewohnt ist, kann sich nicht mit Diderot messen.

Betrachten wir nun Klingers Urteile über einzelne deutsche Dichter, Schriftsteller und Philosophen, so finden wir, daß er, abgesehen von Luther und Leibniz, sowie im negativen Sinne Böhme, nur Autoren erwähnt, die seiner eigenen Lebenszeit angehören. Solche Beschränkung legt er sich durchaus nicht auf, wenn er von anderen Literaturen spricht. Als wahre Dichter bezeichnet er Homer, Ariost, Tasso, Shakespeare, Milton und fügt am Ende der Eintragung Klopstock hinzu (56). Letzterer wird an anderer Stelle als Dichter mit Homer, Shakespeare, Milton genannt (110) und nochmals mit denselben unter dem Stichwort »der wahr erhabene Dichter« (271). Hier werden Dichter der Vergangenheit angeführt, die der Weltliteratur angehören und die höchsten Maßstäbe für Dichtung geben. Abgesehen von der Frage, zu deren Beantwortung mir kein Material vorliegt, was Klinger überhaupt von der älteren deutschen Literatur kannte, muß man sich vor Augen halten, daß er sich weder an Literarhistoriker noch Ästheten wandte, noch aus literarhistorischem oder ästhetischem Interesse schrieb, sondern als Moralist, dem es vor allem darum zu tun war, die dem damaligen gebildeten Leser bekannte und für ihn lebendige, aktuelle Literatur nach Gesichtspunkten zu beurteilen, welche der Tendenz der BG entsprachen. Auch mag Klinger überzeugt gewesen sein, daß die deutsche Literatur erst seit Klopstock Rang und Bedeutung beanspruchen konnte. Jedenfalls fehlte ihm der Enthusiasmus und wohl auch das Verständnis etwa eines Herder für die ältere Literatur, von der er nur *Reineke Fuchs* erwähnt (5).

Obwohl Klinger zehn Jahre nach seiner Übersiedlung nach Rußland an Schleiermacher schrieb, er lese keine deutschen Bücher und habe keine in seiner Bibliothek (7. Januar 1790; Nr. 11), zeigt er in den BG sowie in seinen Briefen, daß ihm die deutsche Dichtung und Essayistik durchaus nicht unbekannt geblieben war. Die BG nennen Klopstock, Wieland, Lessing, Goethe, Schiller, Thümmel; dazu noch Gleim, Gellert, Rabener, Mendelssohn, Garve, Voß (E 827) und Möser. In den Briefen werden Jean Paul, Heinse,

Seume, Stolberg und die Schlegels erwähnt. Die *BG* enthalten zwar eine scharfe Kritik
an der Romantik und ihren Vertretern, aber ohne ausdrücklichen, klar ausgesprochenen
Bezug auf einzelne Autoren. Entsprechend der Kürze der Eintragungen gibt Klinger
kaum Begründungen für seine Urteile, die oft auf bloße Anführung von Namen hinauslaufen. So spricht er z. B. in Aufzeichnung 24 mit Bewunderung davon, welch »ein
schönes moralisches Ganze« das Leben der Greise Klopstock und Gleim »aufstellt«,
macht dann die schon zitierte Bemerkung, daß die Deutschen die Franzosen in der
wahren Poesie und Moralität übertreffen und führt zum weiteren Beleg die Namen
Lessing, Garve, Mendelssohn und Georg Schlosser an. Charakteristisch ist die moralische Bewertung der Autoren, welche der Überzeugung entspricht, daß wahre Poesie
und Moralität eng verbunden sind (24), wobei allerdings Garve, Mendelssohn und
Schlosser als Dichter nicht in Frage kommen. Daß Gellert und Rabener nach dem
eingeschätzt werden, was sie zur Bildung des deutschen Volkes beigetragen haben (226),
und Garve trotz seines Mangels an Grazie wegen seiner Weisheit, politischen Klugheit
und »schöner Moral« gelobt wird, verwundert uns nicht. Aber auch Klopstock wird,
wie wir gesehen haben, nach moralischen Gesichtspunkten beurteilt. Bezüglich Gellerts
und Rabeners hebt Klinger hervor, daß sie mehr als die »Genies« zur Bildung ihres
Volkes beigetragen haben, und fragt, was das Volk denn mit den Werken der »Genies«
machen könne (226). Hiermit rückt Klinger deutlich von der Genieästhetik ab und zeigt
Berührungspunkte mit der Kritik eines August v. Hennings. [10])
Klopstock scheint unter den deutschen Dichtern am höchsten zu stehen. Er allein wird
mit den nach Klingers Ansicht größten Dichtern der Weltliteratur, mit Homer, Shakespeare, Milton auf eine Stufe gestellt (56, 110, 271) und seine Werke, die Oden
und der *Messias*, erscheinen folglich auch in einer Liste der hervorragendsten Leistungen der deutschen Dichtung (22). »Der edle Klopstock« starb im Greisenalter als Jüngling und bewies damit, daß ein Dichter, der die Dichtkunst in edlen Sinn pflegt, nie
altert; seine Dichtung vermag selbst den welterfahrenen Mann wieder zu verjüngen
(614). Der von Klinger hochgeschätzte *Messias* läßt, wie er meint, erkennen, daß der
Dichter Protestant war. Wäre er Katholik gewesen, hätte er den Stoff seiner Messiade
dichterisch sinnlicher, »brünstiger« behandelt. Das »metaphysisch-Religiöse ... in Bildern, Gedanken und Charakteren« ist hier stärker als das »sinnlich-Religiöse« (177).
Auch Wieland, zu dem Klingers Verhältnis in der Zeit des Sturm-und-Drangs ge-
schwankt hatte, wird wie Klopstock und Gleim wegen seines jugendlich-heiteren Lebens-
abends gepriesen, welcher keinem »Welt-Staats-Geschäftsmann«, sondern nur dem echten
Dichter zuteil wird, der das Gerippe der Wirklichkeit in den Duft der Phantasie klei-
det und Asche gewordene Gestalten zu lieblichen frischen Bildungen erweckt. So verjüngt sich der greise Wieland in Griechenland (649). Als Prosaist scheint Wieland, dem
die Grazien in seinen Gedichten zur Seite stehen, allerdings Blei an den Füßen zu
haben (23), eine Bemerkung, die wohl eher auf seine Essays als auf die Romane zutreffen dürfte. In Wielands »vortrefflichen, einzigen Gedichten ihrer Art«, in *Musarion*,
Oberon, in den Rittergedichten und Märchen, herrscht »eine griechisch-italienische Phantasie, mit deutschem Gefühl erwärmt und durch schöne, menschliche Philosophie veredelt.« Er, der von allen deutschen Dichtern derjenige ist, »welcher den Ausländern
am meisten gefällt und gefallen mußte«, hat Europa gezeigt, daß sich in einem Deutschen die Grazien und schöne Weisheit in »immer gefälliger Dichtung, feiner Sinnlichkeit und Harmonie der Sprache« vereinigt haben. Die von ihm bearbeiteten Stoffe
liegen allen Völkern gleich nahe, obwohl er sie in einer ihm durchaus eigentümlichen
Weise behandelt. Er allein hat »den sanften Rosenschimmer über unsern Parnaß

---

[10]) Siehe Heinz Moenkemeyer, »August Hennings als Kritiker Goethes«, *Goethe. Neue Folge
des Jahrbuchs der Goethe-Gesellschaft*, XXIII (1961), 299—325.

gezaubert, der die grelle, ernste Farbe desselben erheitert und das düster erhabene, ihn oft verhüllende Gewölke erhellt«. Vielen, die Wieland verkennen und sich als Priester der Musen in Deutschland ausgeben, haben die Musen nie gelächelt (125). *Musarion* und *Oberon* werden in Aufzeichnung E 827 unter den Werken genannt, die Klinger bei erzwungener Aufgabe seiner Bibliothek behalten würde. In der langen Eintragung 125 geht der Autor der *BG* mehr als sonst im Werke auf ästhetische Werte ein und preist die in Deutschland seltene Grazie und Heiterkeit in Wielands Werken sowie des Dichters Urbanität, die ihn über Deutschlands Grenzen hinaus bekannt werden ließ.

Daß Klinger in Lessing einen Diderot fast ebenbürtigen Kritiker sah (68), wurde bereits erwähnt. *Nathan der Weise* ist »der Stolz der deutschen Literatur« (309). Dieses Drama gilt zusammen mit Goethes *Iphigenie* und *Tasso* als eines der »vollendetsten Dichterwerke neuerer Zeit« (59). Die Erwähnung dieser Dramen geschieht übrigens in Eintragung 59 im Rahmen einer Polemik gegen den Gebrauch des Wortes »Kunstwerk« in der Kritik. Dieser Ausdruck, der den Dichter als »mechanischen Künstler« erscheinen läßt, vermehrt das »ästhetische deutsche Geschwätz« mit einer neuen Phrase. Obwohl der Terminus »Kunstwerk« nicht spezifisch der romantischen Ästhetik angehört, scheint Klinger diese doch im Auge zu haben. Er selbst gibt dem Ausdruck »Dichterwerk« den Vorzug, da schon das Wort »Kunst« ihn zu sehr ans Machenkönnen erinnert. In Eintragung 714 beanstandet er, daß der Ausdruck »Kunstwerk« von »ausgebrannten Genies« auf die »Darstellungen der Poesie« angewendet wird, die so als »bloßes Kopfwerk oder Talent« erscheinen, so daß man gar von »Finger- oder Händewerk« sprechen könnte.

Lessings *Nathan* gehört für Klinger jedenfalls zu den hervorragendsten Werken der deutschen Dichtung, zusammen mit Schillers *Don Carlos, Wallenstein,* Goethes *Tasso* und *Iphigenie,* sowie Klopstocks Oden und *Messias.* (22). Welch ein Volk muß es sein, für das man so etwas schreibt, und das es zu schätzen weiß! Leider sind die Tempel der Götzen dieses Volks besuchter als die der wahren Götter, heißt es ebenfalls in Eintragung 22. Die Erstausgabe der *BG* enthält eine Aufzeichnung (E 827), in der Klinger sich fragt, was er von deutscher Dichtung unbedingt in seiner Bibliothek behalten möchte. Die Antwort lautet: *Nathan, Musarion* und *Oberon, Götz von Berlichingen, Iphigenie, Tasso, Don Carlos,* Vossens *Luise* und Thümmels *Reise in die mittäglichen Provinzen von Frankreich.* Auffallenderweise fehlt der sonst so außerordentlich hoch geschätzte Klopstock in dieser für Klingers Geschmack höchst aufschlußreichen Liste, die zwar sehr respektabel ist, wenn man vielleicht von Voß und vor allem von Thümmel absieht, aber auch eine gewisse Enge zeigt. Dies nicht nur in der Auswahl der Autoren, die ihre Erklärung findet in Klingers prinzipieller Abneigung gegen die Romantiker und seiner Distanzierung vom Sturm-und-Drang, sowie in der Tatsache, daß selbst in Deutschland Dichter wie Hölderlin oder Kleist kaum hervorgetreten oder bekannt waren, sondern auch in der Auswahl von einzelnen Werken, besonders etwa von Schiller und Goethe.

Auf Klingers kompliziertes Verhältnis zu Goethe kann hier nicht näher eingegangen werden. Wir haben auf Klingers hohe Einschätzung von *Iphigenie* und *Tasso* hingewiesen. In Eintragung 11 heißt es, daß man Goethe zwar von jeher Weihrauch gestreut habe, daß sich aber jetzt Knaben erkühnen, ihn mit Teufelsdreck zu parfümieren. Sicherlich ein Angriff auf die Schlegels, ohne ihre Namen zu nennen! Klinger schreibt, er denke zu gut von Goethe, um zu glauben, dieser habe den Gestank gerochen. *Wilhelm Meister* und *Hermann und Dorothea,* meint Klinger, seien von zu gutem Atem. Verständige Leute glauben allerdings, ihre Farbe sei etwas blässer als die der vorhergehenden Werke. Hierin liegt eine verhüllte Kritik an beiden Werken. In einem Brief an Nicolovius vom 1. März 1798 (Nr. 33) kritisiert Klinger am *Wilhelm*

Meister, daß alle Gestalten wie »verkleidete Goetechen« [*sic*] sprechen, daß Meister dafür gelobt wird, »daß er sich von dem rohen gemein bürgerlichen Haufen loszumachen sucht, um unter den Edelgebohrnen und hocherleuchteten Häufchen Platz zu nehmen«. Wir werden an Novalis' Urteil über Meisters Reise nach dem Adelsdiplom erinnert. Klinger fährt fort: »Was nun wir Armen Bürgerlichen in dem Meister u [*sic*] das Bettelvolk in dem Gedicht für Trost finden sollen, begreife ich garnicht?« Vermutlich will Goethe eine »Aristokratie der Cultur« aufführen. Aber all das zeigt »wenig Herz« und »der kalte Egoismus des Verstandes« brütet über allem. Klinger sieht in dem, was Goethe nun schreibt, den »entzauberten Dichter«, der den Weltmann auf den Dichter pfropfen will. Negativ werden später auch *Die Wahlverwandtschaften* beurteilt. Sie sind, so heißt es in einem Brief an Nicolovius vom 6. Juli 1810 (Nr. 115), das Produkt eines Menschen, der seine männliche Kraft nicht durch Tätigkeit und Kampf entwickelt hat oder sie ungebraucht ließ. Die Charaktere im Roman gleichen dem Autor, »der im Müßiggang schwelgend Geschöpfe schaft [*sic*], die aus Müßiggang — nicht handeln — sondern sich kitzeln um leben zu können«. Klinger, der allerdings »die schöne Darstellung« anerkennt, trifft mit seiner Kritik einen Aspekt der in den *Wahlverwandtschaften* geschilderten sterilen, todesumschatteten, eigentlich parasitären Gesellschaft, den Goethe selbst mit Ironie behandelte, für die Klinger freilich kein Organ besaß.

Am 20. Januar 1811 schrieb er an Nicolovius, Goethes Autobiographie könnte sehr interessant werden, wenn auch nicht gerade erfreulich, wenn sie uns den Schlüssel zu dem Manne gäbe, der einst den *Götz von Berlichingen* dichtete und mit den *Wahlverwandtschaften* endigte, deren Johannes der biedere Wilhelm Meister war. Was dann Klingers höchstes Interesse an *Dichtung und Wahrheit* erregte, war zunächst die Darstellung der Frankfurter Jugendzeit, welche in Klinger die Erinnerung an die Heimat mächtig werden ließ. Dazu kam die im späteren Teil gegebene kurze, wohlgemeinte, allerdings etwas vage Charakteristik von Klingers Schaffen und Persönlichkeit. Dieser sollte eine umfassendere Würdigung folgen, für welche Goethes Jugendfreund in einem langen Brief vom 26. Mai 1814 (Nr. 147) Material lieferte, das aber unverwendet blieb. Im allgemeinen war Klinger von Goethes Autobiographie begeistert, diesem »so klaren und herrlich dargestellten Werk«, welches einen neuen starken Beweis gibt, für »das innere Gemüth des Deutschen, das so einzig sich auszeichnet, im besondern, geistigen tiefern Sinn, daß keine Nation dergleichen aufzuweisen hat«, einen Beweis dafür, daß »unser Gemüth sich in der Aufklärung nicht allein erhellt, sondern erhebt« (Brief Nr. 131; an Morgenstern, 18. März 1812). An Nicolovius schrieb er, so ein Buch könnte nur von einem Deutschen und über Deutsche geschrieben werden (Nr. 149; 22. Juni 1814). Klinger meint jedoch, Goethe habe eine Autobiographie schreiben können, weil er »mit dem Leben ein Spiel getrieben« habe, während Klinger nur von Kampf, vielleicht auch von Sieg, berichten könnte (Brief Nr. 153; an Morgenstern, 5. März 1815). Nach der Übersendung der ersten Nummer der Hefte zur Morphologie schreibt Klinger an Goethe, diese Arbeit liefere einen neuen Beweis für Goethes »die Erscheinungen der Natur, so rastlos, sinnig u eigen, beobachtenden u mit Glük, erforschenden« [*sic*] Geist (Nr. 188; 9. Dezember 1817).

Neben den von ihm hochgeschätzten Dramen *Don Carlos* und *Wallenstein* (22, E 827) führt Klinger von Schillers Werken noch *Die Jungfrau von Orleans* an (E 167), ihm gleich lesenswert wie Voltaires *Pucelle*, eine bei den Deutschen seit Lessing und Herder einigermaßen seltene Bewertung. Im gleichen Sinn spricht sich Klinger in einem Brief an v. Wolzogen aus: »Für Schiller muß es genug sein, daß ich an Voltaire nicht während des Lesens gedacht habe« (Nr. 49). *Die Jungfrau von Orleans* hat Klingers »idealischem dichterischen Sinn, einen hohen, wahren Genuß gewährt.« Das Maß von Schillers Geist, heißt es, steige bei jedem neuen Produkt. In E 145 schreibt Klinger, Schiller sei von Natur aus zur Epopöe ausgerüstet gewesen, und lobt den epischen Schwung seiner besten Tragödien. Auf Klingers Kritik an Schillers dramatischer Gestaltung der Schicksalsidee werden wir noch zurückkommen.

Merkwürdig berührt uns die hohe Einschätzung des »geistreichen Thümmel« (253), dessen Reiseroman der Autor der *BG* »voller Geist, Jovialität, Genialität, neuer Ansichten, Menschen- und Weltkenntniß« findet (96) und zu den Werken zählt, die bleibenden Wert für ihn haben (E 827). Eintragung 714 enthält geradezu einen Panegyrikus auf Thümmel, mit dem Klinger sogar in briefliche Verbindung trat.

Als zu Unrecht vergessen wird Möser, der »Verfasser der patriotischen Träume«, den Deutschen ins Gedächtnis zurückgerufen (550). Dieser treffliche Schriftsteller für das Gemeinwesen, hat »vielen feinen Witz«, einen Geist, der dem praktischen Leben die treffendsten neuen Seiten abzugewinnen weiß, und schreibt, wie manche sogenannte Genies es nicht können. Hier, wie auch in den Eintragungen 714 und 226, welche sich auf Thümmel, bzw. Gellert und Rabener beziehen, distanziert sich Klinger von dem Geniekult der Weimarer Klassik und der Romantiker und bezieht eine Position, die an den alternden Herder, an Kotzebue und Merkel, sowie August v. Hennings erinnert.

Herder wird übrigens nirgendwo in den *BG* erwähnt, sondern nur in einem im April 1811 an Morgenstern geschriebenen Brief (Nr. 121), worin Klinger sich auf Kants Kritik von Herders *Ideen zur Philosophie der Geschichte der Menschheit* beruft und meint, Kant habe richtig erkannt, »daß Herder in allem halb sey — daß der Philosoph den Dichter, u der Dichter den Philosophen u der seherische Theolog alle verderben würde«. Nur die Darstellung und das Ästhetische sei an dem Werk zu loben, nicht aber dessen Tendenz. In Herders Humanitäts-Optimismus sah Klinger nur Plattheit.

In den Briefen werden Heinses *Ardinghello* (Nr. 11; an Schleiermacher, 10. April 1790) und Seumes Schriften (Nr. 81; an Hartknoch, 19. August 1805) erwähnt. Jean Pauls Roman *Die Unsichtbare Loge* (1793) erweckte Klingers Interesse für den Autor als Dichter und Menschen. Er beklagt die »desultorische« Schreibart, meint aber, nirgendwo in der deutschen Literatur finde sich »eine wahrere, blühendere erhabenere Imagination« (Brief Nr. 24 vom 20. Dezember 1795; an Schleiermacher).

Obwohl Klinger Jacobi hochschätzte und mit Nicolovius in Briefwechsel stand, verhielt er sich zum eigentlichen Eutiner Kreis negativ. F. L. Stolberg, dem er in seiner Jugend zugetan war, wurde nach seiner Bekehrung das Ziel von Klingers Kritik. Stolbergs religiöse Schriften fand der Autor der *BG* ebenso vernunft- und verstandlos wie die Erzeugnisse der »schlechten und mystischen Poeten« (Brief an Nicolovius vom 20. Januar 1811).

An der deutschen Literatur seiner Zeit bemängelt Klinger eine Neigung zu falscher, sentimentaler Idealisierung, die sich in Tränenseligkeit (33), in dem »Schnickschnack« von dem göttlichen oder heiligen Menschen (31), in dem Kult der »schönen Seelen« (33) und den engelreinen Seelen der Romane (104) bekundet. Verwandt damit ist die »poetische Verzerrung«, die in Unsinn und Wahn ausartet (57).

Es sind vor allem zwei Tendenzen in der damaligen deutschen Literatur, die Klingers Mißfallen erregen und nach seiner Meinung dazu beitragen, daß das gebildete Publikum der viel Achtenswürdiges aufweisenden deutschen Literatur nicht die ihr gebührende Achtung zollt. Die »Genies« kultivieren das griechische Schicksal in ihrer Produktion. Ihr Nachhall, die »verzerrten Geister«, wollen die Leser, »um den Sinn für die poetische oder romantische Poesie... zu erwecken«, ins 15. Jahrhundert zurücktreiben (695). Dieser Angriff richtet sich wohl in erster Linie, da das eigentliche Schicksalsdrama noch nicht hervorgetreten war, gegen Schillers *Braut von Messina* (1803), als Werk eines »Genies«, vielleicht gegen den Schluß des *Wilhelm Meister,* daneben noch gegen Tiecks *Karl von Berneck* (1795) und andere seiner Werke, in denen die Macht des Schicksals hervortritt. Vor allem werden aber in Eintragung 695 Tendenzen in der Romantik kritisiert, welche auf die »Verdunklung der Vernunft«, die »Vertilgung des Protestantismus« und eine »Wiederherstellung der Magie, Astrologie, Alchymie« hinauslaufen. Die politische und moralische Welt soll nur um der »poetischen, romantischen Poesie« willen existieren, in der man das Heil der Menschen sucht, während Vernunft und Verstand für das politisch-moralische Elend verantwortlich gemacht werden. Klinger lehnt schärfstens die anti-aufklärerische, Vernunft und Verstand herabsetzende Einstellung gewisser Romantiker ab, die restaurativ-katholisierende Neigungen begünstigt und zu einem moralisch und politisch schädlichen Obskurantismus führt.

Auf die moralischen und politischen Konsequenzen, welche die literarische Verwendung der Schicksalsidee haben kann, weisen auch andere Eintragungen hin (537, 680, 681 683). In Aufzeichnung 537 heißt es, das »dichterisch-dunkel-philosophische Ungeheuer« des alten ehernen Schicksals bestärke die Deutschen, die ohnehin »kein politisches Volk« seien, in der Resignation und raube ihnen Mut und Kraft zum Kampf gegen moralische wie auch physische Übel. Plato würde alles Recht haben, die Dichter zu verbannen, welche die Unterwerfung unter das Schicksal fördern (683). In einem Brief an v. Wolzogen vom 12. August 1808 (Nr. 105) äußert sich Klinger abschätzig über den poetischen Götzen des Schicksals. Noch Jahre später schreibt er an Karoline v. Egloffstein, daß in Müllners Drama *Die Schuld* der »mystische Hexen Zauber und Zigeuner Schicksals Zeit Geist [*sic*] ... alle menschliche innere hochstrebende Kraft zerdrückt und erwürgt« (Nr. 187; 9. Dezember 1817). Die Leser oder Zuschauer solcher Produkte liefern herrliche Werkzeuge politischen Mißbrauchs. [11]

In Aufzeichnung 618 spricht Klinger von einigen hervorragenden zeitgenössischen Dichtern, die sich so erhaben groß fühlen, daß sie keinen Sinn mehr für das Wirkliche und wahrhaft Große im Menschen oder für seine »wirklich politische Größe« haben. Alles Heil und Glück wird in ein mystisches, phantastisches Gefühl gesetzt, vor dem der Verstand zum Narren oder Sklaven werden soll. Diese Dichter streben danach, dem Menschen die wahre Ansicht der Dinge zu verekeln, für immer die Kraft zu ersticken, womit er seinen politischen Zustand erkennen und verbessern kann. Der Geist Jakob Böhmes und der Legenden ragt aus den düsteren Darstellungen einiger dieser »großen Dichter« so hervor, daß man meinen könnte, sie hielten die Verfinsterung des Verstandes und den damit verbrüderten Despotismus für die wahren Quellen dichterischer Begeisterung. Gespenster von Schicksal, Zufall, Mystizismus, Aberglauben, sowie Orakel und Schrecklarven gehören zu dieser Art Dichtung. Klinger nennt hier keine Namen, aber vieles deutet auf Tieck hin, den er im rein Dichterischen also hochschätzt. Eintragung 618 spricht deutlich aus, welche Folgen Klinger von einer mystifizierenden, den Verstand verdächtigenden, aus der politischen Wirklichkeit flüchtenden, romantischen Poesie befürchtet.

Dabei lehnt er durchaus nicht alles ab, was im weiteren Sinne »romantisch« ist. In Eintragung 776 spricht er davon, daß dem reiferen Menschen der »romantische Sinn« verloren geht, der vorher Romane voll hohen Gefühls, hochedler Charaktere, schwärmerischer Tugend bewunderte, findet aber, daß dieser Verlust nicht durchaus positiv zu bewerten sei. Auf dem großen Weltmarkt, heißt es, werde alles Große, Kühne, Edle, Heroische »romantisch« erscheinen, aber ohne dieses wäre alles ein scheußliches Schauspiel (777). Klinger gebraucht hier das Wort »romantisch«, wie damals üblich, nicht im ästhetischen oder literarhistorischen Sinn.

Während Klinger sich im ersten Teil der Aufzeichnungen gegen die Mystifikationen

---

[11]) Klingers scharfe Kritik am Schicksalsdrama steht in merkwürdigem Kontrast zu der Tatsache, daß er selbst dieses Genre in seinen Medea-Dramen kultivierte. Siehe F. E. Sandbach, »Klinger's Medea Dramas and the German Fate Tragedy«, in: *German Studies presented to Professor H. G. Fiedler* (Oxford, Clarendon Press, 1938), pp. 385—402.

eines Cagliostro, Mesmer, Lavater usw. gewandt hatte (218, 401), greift er in der späteren Partie der *BG* die zum Mystischen neigenden Tendenzen der Romantik an. Wenn man glaubt, schreibt Klinger, was er über Pfäfferei und Intoleranz gesagt habe, sei veraltet, so ist nur zu sagen, daß Jakob Böhme, Lavater, Gaßner, Swedenborg in den »poetischen Poeten« und in sogenannten »Philosophen« noch toller auferstehen, als sie in der Wirklichkeit gelebt haben. Während die deutschen Theologen der Vernunft huldigen, kultivieren die Dichter die »Mystik« (641). Klinger hat die Hoffnung auf ein deutsches Heldengedicht aufgegeben, da Naturwissenschaften, Philosophie, Theologie und historische Kritik alle Ingredienzien zu einem Epos verdächtig gemacht haben; aber ein »theosophisches Heldengedicht, worin wir in Hexametern lesen könnten, was Jakob Böhm [*sic*], Lavater, Swedenborg usw. gefaselt haben«, wäre durchaus nichts Überraschendes (702). Klinger sieht deutlich, daß die Zeit des Heldengedichts vorbei ist, und daß nur eine retrograde Romantik dieses Genre in pervertierter Form wieder künstlich beleben könnte.

In seinen Briefen bekundet Klinger ebenfalls Abneigung gegen die »mystisch-poetisch-philosophisch unsinnig verzerrte Zeit« (Nr. 64; an Nicolovius, 13. November 1803). Er beanstandet Goethes Verhalten zu den Schlegels, worauf er in Eintragung 11 ohne Namensnennung angespielt hatte, in einem Brief an Nicolovius vom 29. Mai 1805 (Nr. 79): »Wo Schlegels Genies genannt werden«, will er gerne Dummkopf heißen! Einige Jahre vorher schon hatte er gegenüber dem gleichen Korrespondenten sein Erstaunen darüber geäußert, daß Goethe sich von Leuten wie Friedrich Schlegel, von dem das Athenäumsfragment 216 zitiert wird, loben, d. h. prostituieren lasse (Nr. 41; 26. Mai 1799).

Klingers spätere Briefe aus den Jahren 1818—19 nehmen die Kritik an den mystisch-romantischen Tendenzen der damaligen deutschen Dichtung wieder auf. An Fanny Tarnow schreibt er am 24. Januar 1818 (Nr. 189), die Dichter und Historiker seien auf dem besten Wege, das deutsche Volk, das mehr denn je der Kraft und des gesunden Verstandes bedarf, durch Wahnwitz und Träumereien zum Mißbrauch für spanische Philippe zuzustutzen. Ein Jahr später bittet er seine Korrespondentin um Nachrichten über neue Literatur, vorausgesetzt sie sei »weder politisch, noch mystisch, noch ästhetisch poetisch, religiös, romantisch, spanisch, gespensterisch, mittelalternd« (Nr. 197; 8. März 1819). Solche Literatur, heißt es weiter, hatte als tröstendes Spiel unter Napoleons Joch vielleicht ihre Berechtigung, kann aber nun nur als Opiat wirken. Klinger zeigt wie immer einen scharfen, wenn auch nicht ganz vorurteilslosen Blick für die fragwürdigen Tendenzen in der damaligen deutschen Literatur. In einem Brief an Goethe vom 20. Januar 1819 (Nr. 195) drückt er seine Abneigung gegen die sie entstellenden, fast beängstigenden »Fratzen« aus. Zigeuner, Altweiber- und Pöbel-Fatum, bekleistert mit poetischer, nicht wahrhaft frommer Mystik, treiben ihr Unwesen. Selbstsucht, Wahn, Furcht, Verblendung und Verzerrtheit, sie seien »politisch, poetisch, romantisch ... mystisch«, verführen ein edles, treues Volk, das man beklagen aber nicht anklagen kann, in einer höchst wichtigen Zeit.

Hammer-Purgstalls Übersetzung persischer Poesie, befürchtet Klinger, werde eine neue persisch-mystische Dichtungsmode heraufbeschwören, nachdem die »spanisch phantastisch romantische« sich erschöpft hat (Brief Nr. 196; an Morgenstern, 3. März 1819). Er sieht in dieser Mode bloße Künstelei, schreibt aber ein Jahr später an Morgenstern (Nr. 198; 9. Januar 1820), er habe nicht an Goethes *Divan*-Dichtung gedacht, die das Orientalische durch das Nördliche weise mildere, sondern an eine davon ausgehende Mode, welche der spanischen und Sonetten-Narrheit folgen möchte. Bereits in den *BG* hatte Klinger die übergroße Verehrung der Deutschen für alles, was in fremdem Kleid erscheint, kritisiert (548) und die »gräcisierenden« Dichter angegriffen (748). An mehreren Stellen wenden sich die *BG* gegen die katholisierenden Tendenzen in der deutschen Romantik. Eintragung E 890 bezieht sich auf ein Gerücht, ein Dichter, ein Philosoph und ein poetischer Poet seien katholisch geworden. Selbst wenn dies nicht wahr wäre, bewiese es doch eine klare Erkenntnis im Volke von den Prädilektionen der neuen Philosophen und Poeten. Dagegen wird der Geist Luthers aufgerufen. Klinger preist ein 1804 erschienenes Buch *(Essai sur l'esprit et l'influence de la Réformation de Luther)* von Charles de Villers über »unsern großen Luther«, den die »sogenannten Philosophen und poetischen Poeten ... auf deutschem Boden, in deutscher Sprache«, mitsamt der Reformation verlästern, durch welche die Deutschen »ihrem tollen Unsinn, ihrem düstern Aberglauben, ihren mystischen Schwärmereien ... entgangen sind« (781). Zwei Aufzeichnungen der Erstfassung, die sich auf Napoleons Konkordat beziehen (E 920, 928), loben den »großen Luther«, der die Deutschen vor der Geistes- und Herzensunterjochung warnte, welche die »mystischen Philosophen und poetischen Poeten« zu fördern versuchen. Die Deutschen verdanken Luther, was sie sind oder was man ihnen zu sein erlauben muß (747).

In einer Formulierung, die an Herdersche Thesen erinnert, meint Klinger, die deutsche Dichtung stehe zwischen Jugendblüte und Mannesalter; es sei noch viel von ihr zu erwarten, vorausgesetzt ihr »hoher Sinn« werde nicht »von der mißbrauchten kantischen Philosophie, von der jetzt, nach dieser, aufblühenden Mystik« erwürgt (570). Die spekulative Philosophie wird an anderer Stelle (676) in Verbindung gebracht mit der Mystik der neuesten Dichtung und der ihr entsprechenden Ästhetik. Nur die praktische Philosophie, heißt es dort, sei dem Dichter nötig und heilsam.

Wir können im Rahmen dieses Aufsatzes nicht näher auf Klingers philosophische Anschauungen oder sein Verhältnis zur Philosophie eingehen. Auch seine wechselnde, im ganzen allerdings positive Einstellung zu Kant kann hier nicht im einzenen dargestellt werden. Wir müssen uns darauf beschränken, Klingers Urteile über deutsche Philosophen und ihre Lehren, insbesondere soweit sie das geistige und sittliche Leben des deutschen Volkes betreffen, anzuführen.

Nur Leibniz und Kant haben nach Klingers Meinung Aufsehen in Europa gemacht (228), d. h. über Deutschland hinausgehende Bedeutung erlangt. Von Leibniz ist in den *BG* nur noch einmal die Rede (»Leibnitzisch-theologisch«, 540). Dagegen wird Kant an vielen Stellen erwähnt. Die Nachricht von seinem Tode veranlaßt eine Aufzeichnung, die Klingers große Verehrung zeigt (730). Der große und erhabene Kant (216, 711) ist von großem, reinen Verstand (540), der tiefste, höchste und größte Denker seit Aristoteles, was nicht hindert, daß sich auch Narren auf Kant berufen (E 416). Kein anderer Philosoph der alten oder neuen Zeit hat »erhabnere Gedanken über den Menschen, seine wahre Würde, die Welt und Gott« gedacht. Dabei sind diese Gedanken »in der einfachsten, anspruchlosesten Sprache« ausgedrückt. In Deutschland spricht man allerdings lieber von den erhabenen, poetischen Ideen Platons, die mehr durch ästhetische Kunstgriffe hervorgebracht sind als durch die »hohe Kraft des Verstandes«, welche den Königsberger Weisen vor allen spekulativen Philosophen auszeichnet (636). Er wird zusammen mit Platon, Epikur, Bacon, Hobbes, Voltaire, Rousseau, Buffon, Homer, Shakespeare, Milton und Klopstock als einer der Geister genannt, die Herz und Geist erquicken (732). Kant hat bewiesen, daß die Vernunft der erhabensten Schwärmerei für gewisse Ideen fähig ist (652). Seine Philosophie, die ihr »Revolutionswesen in dem Geister- und Verstandesreich« gleichzeitig mit der Französischen Revolution begann (188), hat vielleicht in Deutschland von der politischen Erhebung abgelenkt (E 221).

Im Einklang mit Klingers Überzeugung, daß der praktischen Weltweisheit der Vorrang vor der Schulphilosophie gebühre, wird Kant vor allem als Moralist und Ethiker gewürdigt. Während in dem Roman *Sahir. Eva's Erstgeborener im Paradiese* (1798) der kategorische Imperativ satirisch behandelt worden war, spricht Klinger in Eintragung

55 mit einer gewissen Achtung von ihm als dem ehernen, rhodischen Koloß. Kant habe gezeigt, heißt es an anderer Stelle (215), daß die moralischen Gebote der Vernunft von dem höchsten Wesen eingegraben sind. Der Kantische Begriff von Sittlichkeit kontrastiert mit dem des Eudämonismus. Die Tugend, wie Kant sie versteht, ist die schwerste aller Künste; sie muß gelehrt werden, weil der »natürliche Sinn«, auf den sich der Eudämonismus beruft, nie von sich aus auf einen solch erhabenen Begriff von Tugend, wie ihn der Königsberger Weise aufstellt, kommen könnte (580). E 318 setzt Kants Lehre, daß nicht die gute Tat, sondern nur der reine Beweggrund für die sittliche Bewertung menschlichen Handelns maßgebend ist, in Beziehung zu Luthers Polemik gegen die guten Werke. Bezüglich der praktischen Auswirkung dieser Ethik hegt Klinger allerdings gewisse Zweifel.

Der Autor der BG war kein »Kantianer«, sah Kants Ethik durchaus im Wettbewerb mit anderen moralischen Systemen (154). Aber er bewunderte an ihr das erhabene Pathos und den Verweis auf eine Welt der Noumena, die für den Menschen nie ein Gegebenes darstellt, sondern nur ein dem Zweifel unterliegendes Aufgegebenes, durch steten Kampf zu Verwirklichendes. Daß die Kantische Philosophie dem Mißbrauch unterliegen konnte, wußte Klinger sehr wohl. In Eintragung 258 macht er auf die unheilvolle, wie wir heute sagen »entfremdende« Wirkung aufmerksam, welche aus der Beschäftigung eines geistreichen, tätigen Fürsten mit der spekulativen, »transcendental-idealistisch-kantisch-fichtischen« Philosophie erwachsen könnte. Von Fichte hatte er allerdings, wie er in einem Brief an Nicolovius gestand, 1801 noch nichts gelesen (Nr. 46), sprach aber doch von der »trocknen, schrecklich sengenden« Fichteschen Philosophie, obwohl die 1800 erschienene Bestimmung des Menschen ihn eines anderen hätte belehren können.

Eine Folge der mißbrauchten Kantischen Philosophie ist der Mystizismus der Dichter (570), bei dem »gar keine hellen Gedanken übrig bleiben«, die der Dichter in ihrer Wirkung auf die Einbildungskraft darstellen soll (678). Die spekulativen Philosophen haben sich des Eigentums der Lavater, Mesmer usw. bemächtigt und schwärmen durch Vernunft (480). Während die neuen sogenannten Philosophen sich der Geheimniskrämerei ergeben, sind aufgeklärte Theologen wie J. G. Eichhorn (1752—1827) und H. E. Paulus (1761—1851) die wahren Philosophen (746). Der Transzendentalphilosoph, der sich in das Leere, Übersinnliche, Unbegreifliche versteigt, wird mit einem Seiltänzer verglichen (272). Klinger wendet sich gegen die herrschende kalte, auftrocknende, wir dürfen wohl hinzufügen, rein spekulative Philosophie (214), die den Dichter tötet oder der Mystik zutreibt (676). Während die neue französische Philosophie, es sind wohl Helvétius und Holbach mit ihrer alles auf Selbstliebe reduzierenden Ethik gemeint, das Herz verdirbt, trocknet es die neueste deutsche Philosophie ganz auf (624). Die Franzosen schreiben für die ganze gebildete Welt, die Deutschen für die Schule (ib.), eine Beobachtung, die ihr Analogon in dem findet, was Klinger über die Weltfremdheit der deutschen Dichter bemerkt. Wir erinnern hier daran, daß er Voltaire als Philosophen (259) und den Empirismus eines Locke und Condillac (257) gegen die damals in Deutschland weitverbreitete Mißachtung verteidigt. Auch der »Glückseligkeitslehre«, dem Eudämonismus in der Ethik, die vor den »erhabnen deutschen Philosophen« der Zeit keine Gnade finden, wird eine relative Berechtigung zuerkannt (261). In dem damaligen Streit »zwischen den kaltvernünftigen und den warmen, gefühlvollen Philosophen« (114) neigt Klinger mehr den letzteren zu, wie aus seinem in mancher Beziehung einigermaßen überraschenden Eintreten für den »edlen« F. H. Jacobi hervorzugehen scheint (148; Briefe Nr. 46, 112, 115 usw.).

Der Natur der BG entsprechend, sind die dort ausgesprochenen Bemerkungen zur deutschen Literatur, Dichtung und Philosophie knapp und apodiktisch gehalten, entbehren meist einer näheren Begründung und bestehen z. T. aus bloßen Namensnennungen oder

Anspielungen, die einen gut orientierten Leser voraussetzen. Nirgendwo wird eine einfühlende Charakteristik von Dichtern oder ihren Werken versucht, welche zu Klingers Lebzeiten in Deutschland glänzende Vertreter fand. Solche Würdigungen hätten sich dem Rahmen der *BG*, die lange Dialoge enthalten, einfügen lassen, wenn der Verfasser es gewollt hätte. Aber ihm lag wenig an der Herausstellung ästhetischer Werte, auf die er nur selten und in größter Kürze eingeht. Noch war es ihm um die rein theoretische Würdigung philosophischer Werke zu tun. Alles, was Klinger sagt, ist vom Standpunkt des Moralisten bestimmt, der seine von ihm im Grunde geliebten Deutschen vor Irrwegen warnen möchte. Mit einem durch jahrelangen Aufenthalt in der Fremde geschärften, zuweilen wohl auch zu sehr vereinfachenden Blick erkennt er die positiven und negativen Charakterzüge seiner Landsleute, wie sie sich in ihren Dichtern und Denkern äußern. Wenn er so oft auf die negativen Züge hinweist, so geschieht das nicht aus Zynismus oder Haß, sondern aus anteilnehmender Besorgtheit. Er sieht in der Weltfremdheit, Sentimentalität und Phantastik deutscher Schriftsteller und Dichter, sowie in dem Hang der deutschen Philosophen zur Spekulation das Resultat der in Deutschland herrschenden politischen und sozialen Verhältnisse. Zugleich befürchtet er, daß diese Tendenzen die politisch-soziale Unfreiheit ihrerseits begünstigen und fördern. Klingers Einsicht in die enge Verflochtenheit von Literatur und Gesellschaft, sowie in die vielberufene »deutsche Misere« haben dazu geführt, daß man seinen *BG* im marxistischen Lager erneute Aufmerksamkeit geschenkt hat, die sie sicher verdienen. Aber Klinger war weder politischer Doktrinär noch Elfenbeinturmästhetiker. Seine Urteile mögen ästhetisch naiv, sein Geschmack mag beschränkt sein — *Werther* und *Faust* (soweit dieses Werk vorlag) werden erstaunlicher- und kennzeichnenderweise nicht erwähnt — aber er war von der »Wachsamkeit« erfüllt, die er selbst (722) im »Kampf für Licht und Recht« forderte.

University of Pennsylvania   Heinz Moenkemeyer

ERWIN W. GOESSLING

Johann Heinrich Voß' Verhältnis zur Romantik*)

Ein besonders unerquickliches Kapitel in Voß' Lebenslauf ist seine heftige Auseinandersetzung mit der Romantik. Es hat wohl niemand diese Bewegung schärfer bekämpft
als er. Ein gegenseitiges Verstehen zwischen den genialen Romantikern und dem nüch-
ternen Aufklärer war von vornherein unmöglich, dafür waren die weltanschaulichen und
prinzipiellen Gegensätze zu tiefgreifend. Insbesondere mißfiel Voß die Hinneigung der
jungen romantisch-restaurativen Bewegung zum Katholizismus und ihre Verherrlichung
des feudalen Mittelalters. Er glaubte sogar an eine allgemeine Verschwörung der Kirche
und des Adels, die darauf aus sei, alle Errungenschaften der Aufklärung zu vernichten
und die ihm so verhaßten Zustände des Mittelalters wiederherzustellen. Es waren vor
allem diese religiösen und politisch-sozialen Differenzen, die seinen Widerspruch wach-
riefen und ihn zum schärfsten Gegner der Romantik werden ließen.

Um Voß' Einstellung zur Romantik besser zu verstehen, ist eine kurze Betrachtung
seiner weltanschaulichen und literarischen Entwicklung am Platze. Besonders verdient
sein Anteil am Göttinger Hainbund hervorgehoben zu werden, nahm diese Bewegung
ja schon viele Tendenzen der Romantik vorweg. Es muß aber sogleich vorausgeschickt
werden, daß, abgesehen von seiner vorübergehenden Parteinahme für den Göttinger
Dichterbund, Voß einer eigentlichen literarischen Bewegung kaum zuzuzählen ist; welt-
anschaulich ist und bleibt er sein ganzes Leben Aufklärer, in formaler Hinsicht Klassi-
zist.

Chronologisch lassen sich drei Zeitabschnitte in Voß' literarischer Entwicklung feststellen. Die erste Periode reicht bis zum Beginn seiner Studien an der Universität Göttingen
(1772), die zweite schließt die Universitätsjahre (1772—1775) ein und endet ungefähr
1778, die dritte setzt hier an und reicht bis zu seinem Tode. Man könnte die erste auch
die vorklopstocksche Periode nennen, die zweite die klopstocksche und die dritte die
nachklopstocksche. Erst in der dritten, nachdem er die maßlose Verehrung für Klopstock
im wesentlichen überwunden, tritt er als wirklich selbständiger Dichter auf. Die Befreiung von dem Einfluß Klopstocks bedeutet aber zugleich eine verstärkte Hinkehr
zu den Idealen der Aufklärung. Somit ist die mittlere Zeit eine Art Unterbrechung,
ein zeitweiliges Abschwenken in den Geist des Sturm-und-Drangs.

Über die erste Periode können wir uns kurz fassen, da von einem Einfluß des Dichters
auf die Literatur während dieser Zeit kaum die Rede sein kann. Mit Ausnahme seines
Freundschaftsverhältnisses zu dem literarisch unbedeutenden Ernst Theodor Johann
Brückner, den er im Frühjahr 1771 in Groß-Vielen kennenlernte, hatte er noch keinerlei
persönliche Beziehungen zu irgendwelchen Dichtern angeknüpft, und die wenigen seiner
Gedichte, welche aus dieser Zeit stammen, waren erste Jugendversuche. Andererseits war
der Einfluß des herrschenden Zeitgeists (d. h. der Aufklärung) für Voß' Entwicklung von
großer Bedeutung; und das besonders, da seine ganze Veranlagung der Verstandesrich-

---

*) Die vorliegende Arbeit beruht in der Hauptsache auf dem vierten Kapitel meiner unver-
öffentlichten Doktorarbeit: *Johann Heinrich Voß' Stellung zu religiösen und politisch-
sozialen Fragen: Ein Beitrag zur Geistesgeschichte der Goethezeit.* University of Illinois,
1958.

tung zuneigte. Es ist anzunehmen, daß schon der Schulunterricht, erst in Penzlin (1759—1765) und dann in Neubrandenburg (1766—1769), in dieser Hinsicht auf ihn einwirkte. So berichtet er später selbst über seinen ehemaligen Rektor M. Dankert in Neubrandenburg, daß er diesem »strenge Grammatik und Vernunftlehre« zu danken habe. [1]) Auch eine »eigene Logik« verfertigte er jetzt für sich und seine Mitschüler. Dieses Werk, welches er mitsamt einigen anderen Jugendarbeiten »in einer trüben Stunde, wo er sich dem Tode nahe glaubte« [2]), dem Feuer übergab, war sicherlich im rationalistischen Sinne abgefaßt. Die eigentlichen Philosophen der Aufklärung aber, wie zum Beispiel Leibniz und Wolff, hat er wahrscheinlich damals und auch später nicht gelesen (immerhin erwähnt er sie nirgends), obwohl er in der Folgezeit Leibniz wiederholt mit Lob überhäufte und ihn mit Hermann und Luther als einen der »größten Deutschen« pries. [3]) Seine Lebensphilosophie — wenn man bei Voß, dem logisches Denken und alle tiefere Spekulation eigentlich abgingen, überhaupt von Philosophie reden kann — machte er sich aus den allgemeinen Glückseligkeits- und Nützlichkeitslehren zurecht, welche in der zweiten Hälfte des achtzehnten Jahrhunderts so eifrig von den Popularphilosophen verbreitet wurden. [4])

Voß' literarische Anfänge stehen, wie zu erwarten ist, unter dem Einfluß der vorklopstockschen Dichter: Hagedorn, Haller, Uz, Geßner, Gellert und besonders Ramler, »dem harmonischen Schwan der Spree«. [5]) Kein Dichter hat auf Voß in seiner vorklopstockschen Periode so entscheidend, bis zu selbstloser Hingabe gewirkt wie dieser regelrechte Meister der Form. Auf der Lateinschule in Neubrandenburg schrieb er Ramlers Oden ab und lernte sie sogar auswendig. Die wenigen Gedichte, welche wir von Voß aus dieser Zeit (vor 1772) besitzen, unterscheiden sich kaum von Ramlers Durchschnittsprodukten. Es sind künstliche Gebilde der Reflexion, denen alles ursprüngliche Leben fehlt; Gottsched könnte zu ihnen noch Pate gestanden haben.

Während der zweiten Periode (1772—1778), seiner sogenannten Sturm-und-Drangzeit, wird Klopstock sein Vorbild und er blickt in jugendlich-überschwenglicher Verehrung zu diesem als dem großen Meister auf. Der Ausdruck Sturm-und-Drang trifft übrigens auf ihn nur im beschränkten Maße und auch dann nur im relativen Sinne zu. Obwohl er viele der Tendenzen teilte, welche jene Bewegung verkündete, hatte er doch mit den eigentlichen Stürmern und Drängern wenig gemein. Diese erstrebten eine völlige Umwertung der bestehenden Werte. Hatte man sich bisher zu sehr auf die Vernunft verlassen, so überschätzten die jungen Genies oft in ähnlicher Einseitigkeit die irrationalen Kräfte. Der Vernünftler Voß, dem ein tieferes Gefühlsleben sowie Phantasie beinahe völlig abgingen, schwärmte wohl, solange sein Enthusiasmus für Klopstock anhielt, oberflächlich mit den sentimentalen Göttingern, aber schon nach einigen Jahren wandte er sich der Verstandesrichtung mehr denn je zu und erkannte im Gefühlsüberschwang eine Gefahr für die eigene Poesie (später sah er in dieser Richtung dann die ersten Keime der Romantik). [6]) Überdies ist es bezeichnend, daß, während die echten Genies, nachdem sie das Revolutioäre überwunden, in neue Bahnen einlenkten, Goethe und Schiller zum

---

[1]) Vgl. Wilhelm Herbst, *Johann Heinrich Voß* (Leipzig, 1872—76), I, 41.

[2]) Abraham Voß, *Briefe von Johann Heinrich Voß, nebst erläuternden Beilagen* (Halberstadt, 1829—33), I, 43.

[3]) Vgl. seinen Brief an Brückner vom 24. Februar 1773 (*Briefe*, I, 122 f.).

[4]) Voß hörte während der Göttinger Studienzeit Logik und Metaphysik bei Johann Heinrich Feder. Feder war ein Anhänger der eudämonistischen Richtung der Wolffschen Sittenlehre und hielt die Glückseligkeit für den Daseinszweck aller lebenden Wesen.

[5]) August Sauer, Hrsg. *Der Göttinger Dichterbund*, Deutsche National-Literatur, Bd. 49, S. 169.

[6]) Johann Heinrich Voß, *Bestätigung der Stolbergischen Umtriebe, nebst einem Anhang über persönliche Verhältnisse* (Stuttgart, 1820), S. 137 f.

Beispiel zur Klassik weiterschritten, Voß mehr denn je zur Gedankenwelt der Aufklärung zurückkehrte. Auch verschwand der rationalistische Untergrund bei Voß keineswegs während dieser Brausejahre. Den Göttinger Dichterbund faßte er doch hauptsächlich als einen Tugendbund auf, welcher auf die Sitten und die Moral einwirken, und, in politisch-sozialer Hinsicht, sich für die Freiheit einsetzen sollte.

Diese Phase (d. h. seine Beteiligung am Göttinger Dichterbund) bildet überhaupt eine merkwürdige Epoche in Voß' Leben. Schon die Zusammensetzung des »Bundes« enthält einen Widerspruch: einerseits sind die Mitglieder nüchterne Verstandesmenschen wie Voß und Johann Martin Miller, andererseits Naturen wie der gefühltiefe Friedrich Leopold Stolberg und der brausend revolutionäre Johann Friedrich Hahn, von welchem wahrscheinlich der Hauptanstoß zu den meisten der stürmischen Tendenzen herrührte, und dazwischen der weiche und übersentimentale Ludwig Hölty. Es war eben die Zeit, in welcher man schnell und gern Freundschaften schloß, ohne abzuwarten, ob man auch zueinander paßte. Unter dem Einfluß dieser Zeitstimmung entstand Voß' Freundschaftsverhältnis zu Stolberg, welches dann später, nachdem dieser zum katholischen Glauben übergetreten war, den beiden so viel Leid bringen sollte. Man darf übrigens Voß' Anteil an der Göttinger Bewegung nicht zu hoch einschätzen, obwohl er bald das Oberhaupt wurde und seit Ende 1774 auch den *Musenalmanach* besorgte. Die Tendenzen, zu welchen er sich jetzt bekannte, oder die er wenigstens mitmachte, entsprangen nicht seinem eigenen Wesen, sondern wurden ihm durch den »Bund« und durch die Zeitstimmung nahegelegt und verflogen, sobald diese äußeren Einflüsse wegfielen (ungefähr seit 1775 mit Voß' Übersiedlung nach Wandsbeck und der räumlichen Auflösung des »Bundes«). Untersuchen wir diese Periode etwas näher!

Durch Heinrich Christian Boies Vermittlung war es Voß ermöglicht worden, die Universität Göttingen zu beziehen. Als er dort im April 1772 eintraf, fand er schon eine Gruppe von Dichterjünglingen vor, welche sich um Boie und dessen *Musenalmanach* (dieser erschien seit 1770) geschart hatten. In diesem jugendlichen Kreise fühlte sich nun auch Voß sogleich wohl. Man kam gewöhnlich wöchentlich einmal zusammen und besprach und beurteilte Gedichte, welche man inzwischen gemacht hatte. Der Hauptzweck war, sich gegenseitig anzuregen. Eine bestimmte Richtung hatte sich noch nicht abgezeichnet; erst nach der Gründung des eigentlichen »Hains« oder »Bundes« (man gebrauchte beide Bezeichnungen) am 12. September 1772 trat diese zutage. Dieser engere Verein, als »Hainbund« in der deutschen Literaturgeschichte verewigt, wurde schon ganz in Klopstocks Geist gebildet. Voß' enthusiastischer Bericht an Brückner (20. September 1772) über dieses Ereignis zeigt bereits deutlich die Hinwendung zur Gefühlswelt Klopstocks:

Ach, den 12 September, mein liebster Freund, da hätten Sie hier sein sollen. Die beiden Millers [Johann Martin und Gottlob Dietrich Miller], Hahn, Hölty, [Thomas Ludwig] Wehrs und ich gingen noch des Abends nach einem nahgelegenen Dorfe. Der Abend war außerordentlich heiter, und der Mond voll. Wir überließen uns ganz den Empfindungen der schönen Natur. Wir aßen in einer Bauerhütte eine Milch, und begaben uns darauf ins freie Feld. Hier fanden wir einen kleinen Eichengrund, und sogleich fiel uns allen ein, den Bund der Freundschaft unter diesen heiligen Bäumen zu schwören. Wir umkränzten die Hüte mit Eichenlaub, legten sie unter den Baum, faßten uns alle bei den Händen, tanzten so um den eingeschlossenen Baum herum, — riefen den Mond und die Sterne zu Zeugen unseres Bundes an, und versprachen uns eine ewige Freundschaft. Dann verbündeten wir uns, die größte Aufrichtigkeit in unseren Urtheilen gegen einander zu beobachten, und zu diesem Endzwecke die schon gewöhnliche Versammlung noch genauer und feierlicher zu halten. Ich ward durchs Loos zum Ältesten erwählt. Jeder soll Gedichte auf diesen Abend machen, und ihn jährlich begehn. [7]

---

[7] *Briefe*, I, 91 f.

Der Bund war im Momente stürmischer Begeisterung entstanden. Rousseausche Natur-stimmung und Freude an dem damals weitverbreiteten Freundschaftskult bildeten den Grundton. Man wollte ethisch und sittlich auf die Literatur und das Leben einwirken. Religion, Tugend, Vaterland, Freiheit, unschuldiger Witz und wahre Empfindung soll-ten als würdiger Gehalt die Dichtung erfüllen und veredeln. Aus dieser Einstellung heraus wird auch der Standpunkt verständlich, den man bald gegenüber den beiden damals bekanntesten Dichtern Deutschlands einnahm: Klopstock wurde als vaterländisch und tugendsam über alle Maßen als größter Dichter verehrt, während man Wieland als undeutsch und als Sittenverderber ablehnte. Scharf und deutlich trat diese Tendenz hervor, als man am 2. Juli 1773 zum ersten Mal Klopstocks Geburtstag im Bunde feierte. Darüber berichtet Voß folgendermaßen an Brückner (4. August 1773):

Seinen Geburtstag feierten wir herlich. Gleich nach Mittag kamen wir auf Hahns Stube, die die größte ist (es regnete den Tag) zusammen. Eine lange Tafel war gedeckt, und mit Blumen ge-schmückt. Oben stand ein Lehnstuhl ledig, für Klopstock, mit Rosen und Levkojen bestreut, und auf ihm Klopstocks sämtliche Werke. Unter dem Stuhl lag Wielands Idris zerrissen. Jetzt las Cramer aus den Triumfgesängen, und Hahn etliche sich auf Deutschland beziehende Oden von Klopstock vor. Und darauf tranken wir Kaffee; die Fidibus waren aus Wielands Schriften ge-macht. Boie, der nicht raucht, mußte doch auch einen anzünden, und auf den zerrissenen Idris stampfen. Hernach tranken wir in Rheinwein Klopstocks Gesundheit, Luthers Andenken, Her-manns Andenken, des Bunds Gesundheit, dann Eberts, Goethens [8]) (den kennst du wol noch nicht?), Herders u. s. w. Klopstocks Ode der Rheinwein ward vorgelesen, und noch einige andere. Nun war das Gespräch warm. Wir sprachen von Freiheit, die Hüte auf dem Kopf, von Deutschland, von Tugendgesang, und du kannst denken wie. Dann aßen wir, punschten und zuletzt verbrannten wir Wielands Idris und Bildnis. [9])

Voß persönlich übertraf zu jener Zeit den Bund noch mit seiner Vergötterung Klop-stocks und Verdammung Wielands. In der Folgezeit nahm seine Begeisterung für Klop-stock dann aber immer mehr ab, während er zu Wieland bald freundliche Beziehungen anknüpfte.

Die Bestrebungen des Bundes standen mehr oder weniger in engem Zusammenhang mit der damals aufsteigenden Epoche der deutschen Literatur. Herders und Goethes Anre-gungen machten sich auch hier geltend. Voß stand zwar zu dieser Zeit in noch keinem unmittelbaren Verhältnis zu den beiden (erst während seines späteren Besuchs in Wei-mar im Jahre 1794 lernte er Goethe und Herder persönlich kennen), aber durch Boies Vermittlung wirkten deren Gedanken auf den Bund und damit auch auf Voß ein. Wie Herder will auch Voß nun nur die Griechen und Mutter Natur als Lehrer der Poesie anerkennen. So schreibt er an Brückner (15. November 1772): »Natur, ja die ist Dicht-kunst, und einzig Dichtkunst ... Man empfinde nur ganz, und sage dann seine Empfin-dung auch in Hans Sachsens Sprache, es wird mehr Eindruck machen, als alle prächtige Päane einiger lächerlichen Nachahmer unsres großen Ramlers und Klopstocks.« [10]) Und am 6. März 1774 heißt es an denselben: »Wir [Voß und Hahn] lesen den Pindar jetzt zusammen, und werden diesen Sommer noch mehr Griechen studieren. Das sind und bleiben doch die einzigen Lehrer der Poesie, wo außer Mutter Natur welche sind.« [11]) In einem Briefe an die Brüder Stolberg (20. Februar 1775), stellt er sogar den Satz auf: »Regeln entscheiden nicht, nur das Gefühl entscheidet.« [12])

Goethes frühe Werke, wie *Götz* und *Werther*, und die von Herder und Goethe 1773

---

[8]) Dies ist das erste Mal, daß Goethes Name in Voß' Schriften erwähnt wird.
[9]) *Briefe*, I, 144 f.
[10]) *Briefe*, I, 101.
[11]) *Briefe*, I, 156 f.
[12]) Louis Bobé, *Efterladte Papirer fra den Reventlowske Familiekreds* (Kopenhagen, 1917), VIII, 138.

gemeinsam herausgegebenen Blätter *Von deutscher Art und Kunst* wurden von Voß und den Bundesbrüdern mit Jubel begrüßt. An Goethe bewunderte man besonders den starken deutschen Ton und seine Ablehnung der Franzosen.

Mit Herder und Goethe berührte sich auch das Interesse für das Altdeutsche und das Volkstümliche. Es ist bekannt, daß Voß zeitlebens in Luthers naturwüchsiger Sprache sein Vorbild sah, und daß besonders seine Übersetzungen dem Bibeldeutsch des großen Reformators viel verdanken. So vertiefte er sich während der Göttinger Jahre in die Minnesänger und in Luthers Schriften, »um die alte Nerve wieder zu bekommen, die die deutsche Sprache ehedem hatte, und durch das verwünschte Latein und Französisch ganz wieder verloren hat«. [13]) Diesem Zweck (d. h. der Spracherneuerung) sollte auch ein allgemeines, vergleichendes Wörterbuch dienen, welches man gemeinschaftlich ausarbeiten wollte. Hierüber berichtet Voß an Brückner (24. Februar 1773): »Miller, Hölty und ich lesen jetzt die alten Deutschen auch mit Rücksicht auf ein allgemeines Wörterbuch für Deutschland, worin alle Wörter, veraltete und unveraltete, so weit es sich thun läßt, aus ihrer ersten Quelle abgeleitet, und ihre immer veränderten Bedeutungen angezeigt, auch mit den noch übrigen Wörtern im Englischen, Plattdeutschen und Schwäbischen verglichen werden sollen.« [14] Auch an dem neu erwachten Interesse für das Volkslied nahm Voß regen Anteil. In dem oben angeführten Briefe fordert er den Freund auf, ja alte Balladen und Gassenhauer, welche sich vielleicht in Mecklenburg erhalten hätten, zu sammeln und ihm mitzuteilen. Als aber später die Romantiker Achim von Arnim und Clemens Brentano mit dem Sammeln verschollener Volkslieder wirklich Ernst machten, hatte Voß für diese Bestrebungen kein Verständnis mehr und kämpfte sogar scharf dagegen an.

Damit sind wir bei Voß' dritter oder nachklopstockscher Periode angelangt. In diese fällt seine Hauptschaffenszeit sowie auch seine Auseinandersetzung mit der Romantik. Wie schon angedeutet, sah er in den Tendenzen der romantischen Bewegung einen Angriff auf alles, was ihm wert und teuer war. Es waren aber die allgemeinen Zeitereignisse, die unmittelbar zum Kampf reizten.

Im religiösen und politisch-sozialen Bereich war die Aufklärung bis zur Französischen Revolution die herrschende Geistesrichtung. Im Humanismus, wie er von Herder, Goethe und Schiller vertreten wurde, erreichte dieses Gedankengut, obwohl verfeinert und vergeistigt, vielleicht seine höchste Verklärung. Es ist bekannt, wie völlig Voß in den Idealen der Aufklärung aufging, und wie ihm besonders die religiösen und politisch-sozialen Bestrebungen dieser Richtung am Herzen lagen. Nun machten sich aber Tendenzen bemerkbar, welche dieser Geistesrichtung entgegenwirkten, und welche schließlich in der Romantik ihren Höhepunkt erreichten. Seit ungefähr 1780 machte wieder ein größeres Verlangen nach einem tieferen Glauben und nach geoffenbarter Religion von sich reden. Nach der Französischen Revolution, wie gewöhnlich nach großen Erschütterungen, trat ein Umschwung in der allgemeinen Stimmung ein. Man hielt die Gedanken, welche von der Aufklärung verbreitet worden waren, für den Umsturz in Frankreich verantwortlich und befürchtete Ähnliches in Deutschland. Eine Reaktion gegen den religiösen und politischen Liberalismus war die Folge. Noch verstärkt wurde diese Stimmung während und nach den Napoleonischen Kriegen. Voß glaubte aber in all diesen Entwicklungen der Zeit System und absichtsvolle Methode zu erkennen: »Das römische Pfaffenthum verbindet sich mit dem Ritterthum, beide mit feilen Schriftstellern [den Romantikern], um die Rohheit des Mittelalters zu erneun.« [15])

---

[13]) *Briefe*, I, 130. (An Brückner, 24. Februar 1773.)
[14]) *Briefe*, I, 130.
[15]) Johann Heinrich Voß, *Wie ward Friz Stolberg ein Unfreier? beantwortet von J. H. Voß* (Sophronizon, 3. Heft, Frankfurt am Main, 1819), S. 3.

Ähnlich wie in seiner Auseinandersetzung mit Stolberg [16]), sah Voß auch bei den Romantikern nur die Schwächen und Schattenseiten. Für die verheißenden Keime und dauernden Früchte der romantischen Bewegung fehlte ihm jedoch jeder Sinn. Somit kann hier gleich festgestellt werden, daß er im großen und ganzen die Gefahren, welche in der neuen Geistesströmung lauerten, wohl richtig erkannt hat; indem er aber alles Romantische in Bausch und Bogen verdammte, hatte er sicher unrecht.

Es ist bekannt, daß die Romantik viele der Tendenzen weiterführte, die schon im Strum-und-Drang aufgetaucht waren. Besonders die Betonung des Gefühlsmäßigen und Genialen und die Wiederentdeckung des nationalen Gehalts in der Literatur war beiden Bewegungen gemeinsam. Wie wir schon oben gesehen haben, hatte auch Voß diese Tendenzen in etwa mitgemacht, aber zu der Zeit, von welcher jetzt die Rede ist, stand er diesen Bestrebungen mißtrauisch gegenüber, glaubte er doch an Stolbergs Lebensgang zu erkennen, daß diese Elemente zum Mystizismus und Aristokratismus führten. Somit sah er in der neuen Richtung eine geist- und kulturfeindliche Macht, die die Menschheit von der mühsam erstiegenen Höhe der Aufklärung wieder herabreißen könne. Was er hauptsächlich an der jungen romantisch-restaurativen Bewegung auszusetzen hatte, war ihre katholisierende Tendenz und ihre Vorliebe für die feudale Gesellschaftsordnung des Mittelalters. Ganz unrecht hatte er nicht, denn nach unserem Dafürhalten sind immerhin die Extremen unter den Romantikern Vorkämpfer und Träger der Reaktion in Kirche und Staat gewesen.

Es waren aber nicht nur prinzipielle Differenzen, die zur Feindschaft reizten, auch persönlich und literarisch fühlte er sich angegriffen. Man setzte der einseitgen Verherrlichung des klassischen Altertums ein Ende, richtete den flachen Modeglauben der Aufklärungszeit, verspottete seine Freunde und Richtungsgenossen und behandelte die vorhergehende rationalistische Literaturepoche als längst veraltet und überholt. Es schien ihm persönliche Beleidigung, daß man seine geliebten Alten herabsetzte und die Nibelungen über Homer stellte; dies nannte er »einen Saustall einem Palast vergleichen«. [17]) Auch verletzte es natürlich seine Eitelkeit, wenn diese jüngere, übermütige Generation verächtlich auf seine Leistungen herabsah.

Es ist Ironie des Schicksals, daß Voß sich Heidelberg zum Ruheort wählte, als dieses gerade die Hochburg der romantischen Bewegung wurde. Als er dort im Juli 1805 ankam, weilten Clemens Brentano und Achim von Arnim schon dort, und etwas später (1806) kam auch Joseph von Görres. Zeitweise erschienen als Gäste Ludwig Tieck und die Brüder Schlegel. Diesem Kreis, der sich wieder mit Jung-Stilling berührte, gesellte sich später auch der Heidelberger Philologe Friedrich Creuzer zu.

Ein öffentlicher Bruch zwischen Voß und den Romantikern war unter diesen Umständen unvermeidlich, was aber den ersten Anstoß dazu gegeben hat, läßt sich nicht ermitteln. Immerhin war Voß das romantische »Unwesen« von vornherein zuwider, besonders da sich unter den Romantikern auch Katholiken und Adlige befanden, und die romantische Richtung schwärmerische Religiosität und politisch-soziale Zustände des Mittelalters in der Poesie zu begünstigen schien. Auch fühlte er sich wiederholt in den Schriften der Romantiker angegriffen und verspottet. Görres erzählt hierüber:

Clemens Brentano und ich hatten gemeinsam in einer Anwandlung muthwilliger Laune den *Uhrmacher Bogs* geschrieben, eher uns gegenseitig als sonst jemand anders ironisirend; der Uhrmacher war nach seiner Einbildung wieder er selber, sogar vorn im Bilde glaubte er sich zu

---

[16]) Stolberg war im Juni 1800 zum katholischen Glauben übergetreten. Voß verdammte und bekämpfte diesen Schritt in den beiden Schmähschriften: *Wie ward Friz Stolberg ein Unfreier?* und *Bestätigung der Stolbergischen Umtriebe.*

[17]) Reinhold Steig und Hermann Grimm, *Achim von Arnim und die ihm nahe standen* (Stuttgart, 1894), I, 147.

erkennen. In den *Schriftproben von Peter Hammer* hatte ich, mit keinem Gedanken an ihn denkend, meinem Zorn über die damalige politische Niederträchtigkeit der Zeit Luft gemacht, und der Sarcasm gab sich nur wenig Mühe zu verbergen, was er im Auge habe; er aber deutete auch hier wieder Alles aufs Künstlichste auf sich und sein Treiben; sogar der Marcus Junius Brutus im zizzernen Nachtwamms des tollgewordenen Epilogus war kein Anderer als er selber, und wer konnte der Schulmeister seyn, der mit der Brille ausgegangen um Schweine zu kaufen, und nun Ferklein nach Hause brachte, weil die Brille zu stark vergrößerte, wer konnte es anders seyn als eben J. H. Voß? [18])

Die Schriften, die Görres oben erwähnt, ironisierten aber gewisse rationalistische Tendenzen und, ob Görres es wahrhaben wollte oder nicht, wenn die Aufklärung verhöhnt wurde, mußte sich natürlich auch deren größter Kämpe und Fürsprecher getroffen fühlen.

Voß seinerseits griff hauptsächlich das von den Romantikern bevorzugte Sonett und Arnims und Brentanos Herausgabe von *Des Knaben Wunderhorn* an. Im Sonett sah er die poetische Form des von ihm so gehaßten Mittelalters verkörpert. Die Volksliedsammlung verspottete er als einen »zusammengeschaufelten Wust von muthwilliger Verfälschung sogar mit untergeschobenem Machwerk«. [19]) Es ist überraschend, daß er nun im Alter bekämpfte, wofür er in der Jugend selbst eingetreten war. Aber es ist wohl anzunehmen, daß seine Abneigung nicht so sehr der Volksliedsammlung als solcher galt, als dem Umstand, daß gerade den Romantikern dieses Unternehmen gelungen war. Immerhin gefiel ihm die freie Behandlung der Texte durch Arnim und Brentano nicht; er wollte authentische Texte ohne jegliche Zutat ediert haben.

Der literarische Streit wurde besonders heftig, seit Arnim, Görres und Brentano *Die Zeitung für Einsiedler* (diese erschien von April bis August 1808) [20]) herausgaben. Eichendorff berichtete später, die kurzlebige Zeitung sei eigentlich ein Programm der Romantik gewesen, »einerseits die Kriegserklärung an das philisterhafte Publikum, dem es feierlich gewidmet und mit dessen wohlgetroffenem Porträt es verziert war; andrerseits eine Probe- und Musterkarte der neuen Bestrebungen, Beleuchtung des vergessenen Mittelalters und seiner poetischen Meisterwerke«. [21]) Es ist offensichtlich, daß dieses Programm Voß nicht zusagte. Er trat dann auch wiederholt im *Morgenblatt für gebildete Stände* [22]) gegen die Einsiedlerzeitung auf. Aber auf die Einzelheiten dieser literarischen Fechtereien soll hier nicht weiter eingegangen werden.

Den Hauptkampf gegen die ihm so verhaßte romantische Geistesrichtung hat Voß erst später in seinem Streit mit dem Heidelberger Philologen Friedrich Creuzer ausgefochten. Der Hintergrund dieser Fehde ist kurz folgender: Creuzer lehrte seit 1804 am philologischen Seminar der Universität Heidelberg. Als Voß 1805 dort ankam, bildete sich anfangs ein leidliches Verhältnis zwischen den beiden Fachgenossen. Voß selber gehörte der Schule nicht als mitwirkendes Glied an, er sollte der Universität nur als Ratgeber beistehen. Im Februar 1807 wurde Voß' ältester Sohn Heinrich unter Creuzers Beistand nach Heidelberg berufen und als zweiter Lehrer, insbesondere der griechischen Sprache, am philologischen Seminar angestellt. Dieser wohlgemeinte Schritt sollte aber üble Folgen haben. Bald kam es zu Grenzstreitigkeiten, besonders da Voß wahrscheinlich gehofft hatte, seine leitende Hand über die beiden philologischen Lehrer halten zu können. Creuzer ging aber seinen eigenen Weg und näherte sich darüber hinaus, persönlich

---

[18]) Friedrich Pfaff, *Arnims Tröst-Einsamkeit* (Freiburg i. B. und Tübingen, 1883), S. XXX.
[19]) Herbst, II, 2, S. 124.
[20]) Die einzelnen Nummern dieser kurzlebigen Zeitung wurden später von Arnim gesammelt und als Buch unter dem Titel *Tröst-Einsamkeit* von ihm herausgegeben.
[21]) Pfaff, S. XXIV.
[22]) Das *Morgenblatt* erschien von 1807 bis 1865.

wie wissenschaftlich, immer mehr den Romantikern. Voß vermeinte jetzt, bei Creuzer wissenschaftliche Ungründlichkeit und eine katholisierende Richtung zu entdecken. Somit kam es bald zum öffentlichen Bruch.

Ganz besonders fühlte sich Voß dann später, nachdem schon aller Verkehr mit Creuzer aufgehört hatte, durch dessen Behandlung der Mythologie gereizt und zur Gegenwehr herausgefordert. In seinem Hauptwerk, der *Symbolik und Mythologie der alten Völker, besonders der Griechen* (1810—1812), welches mehrere Auflagen erlebte, versuchte Creuzer den Zusammenhang der orientalischen mit der abendländischen Religion zu beweisen. Er stellte hier die Hypothese auf, daß die verschiedenen Religionen der indogermanischen Völker aus e i n e r Urreligion entsprungen seien, deren Quelle in Indien oder Zentralasien gewesen sei. Die hellenische Mythologie erklärte er als eine Entwicklungsstufe dieser Urreligion.

Voß, der in dem ursprünglichen griechischen Glauben ein Muster natürlicher Vernunft-religion erblickte, war über diese Lehre höchst empört. Er glaubte, Creuzer verfälsche, im Dienst katholischer und hierarchischer Propaganda, absichtlich Geschichte, um den Katholizismus mundgerechter zu machen. [23]) Habe man erst verwandte Tendenzen als die herrschenden im Altertum nachgewiesen, so sei dadurch der Reaktion der Gegenwart eine neue Stütze gewonnen. Infolgedessen fühlte er sich berufen, ähnlich wie früher gegen Stolberg, nun gegen Creuzer, als Warner und Verteidiger der Wahrheit aufzu-treten. Das Ergebnis war die zweibändige *Antisymbolik* (1824—26), eine Schmähschrift im wahrsten Sinne des Wortes, in welcher nicht nur über Creuzer, sondern über die ganze Romantik scharf und leidenschaftlich gerichtet wird. Echt Vossisch an diesem Streit ist wiederum die Derbheit und Grausamkeit, mit welcher des Gegners Person angegriffen wird. Er wirft ihm mutwillige Verdrehung der Tatsachen vor und meint, Creuzers *Symbolik* sei nicht historische Mythologie, sondern ein Luftgespinst von Unkunde des griechischen Altertums. Es sei ein Werk von Unwahrheiten und Verfäl-schungen. Creuzer hasse Vernunft und Wahrheitsforschung und sei ein Freund des pfäffischen Zwangglaubens. [24]) Sehr scharf verurteilt er auch Creuzers wissenschaftliche Methode und spricht ihm alle Kenntnis der Mythologie ab: »Aber sag' uns doch der Symboliker, welcher Dämon ihn trieb, sich ohne mythologische Kenntnisse an ein Lehr-system der Mythologie zu wagen. [Er, der arm ist] an der ersten Nothdurft der Sprach-wissenschaft, ärmer an Geist, der aus dem Buchstab redet, Unfreund der Vernunftlehre, ein Verlezer des Anständigen und des Heiligen.« [25]) Mehr noch als gegen Creuzer ist sein Haß aber gegen die Romantik gerichtet. Die philosophischen Richtungen dieser Bewegung scheinen ihm purer Dunst und ihre Dichtungen wildes Geschrei. Das Ganze ist ein Geheimbund, der auf Verdunklung und Geistesfesselung hinarbeitet:

Aus Luft bildete man Grundlagen der sämtlichen Wissenschaften, die den Altmodischen auf derben Erfahrungssäzen zu ruhn geschienen. Man spähete, wie die Sokrateler, unter des Ur-grunds Öde hinab, und schuf eine urgründliche Wissenschaftslehre, aus welcher alles, was in irgend einer Wissenschaft einmal zu erfahren sei, als weissagender Vorspuk aufnebelte. Das

---

[23]) Johann Heinrich Voß, *Antisymbolik* (Stuttgart, 1824—26), I, 387. Hier sagt Voß: »Man ver-tuscht oder modelt die Geschichte des abartenden Christenthums, und heiliget die des Mittel-alters. Man schaft eine Scholastik für Priesterdogmen. Aus dem pfäffischen Rom leitet man die Begeisterung der Poesie, der Malerei, der Musik, der Baukunst. Was noch weit verderb-licher ist, weil es künftige Schullehrer und Prediger mit Pfäfflingsnatur vergiftet: man beschränkt und fälscht die Kunde des klassischen Alterthums, um alles, was durch Pflege des menschlichen Gemeinsinns gut und edel und gottwürdig erwuchs, von gefabelten Ur-pfaffen und Urmysterien abzuleiten.«

[24]) *Antisymbolik*, II, 386 f.

[25]) *Antisymbolik*, I, 163.

Emporbannen dieses Nebelspuks nannte man vornehm Wissenschaftlichkeit; und zu dieser magischen Kunst verhielt sich die Erfahrung, wie zur Arzneikunde die Empirie....
Mit solchem Anwachs voraussezender und aus sich selbst »construirender« Idealdenker verbrüderten sich anwachsende Idealdichter, deren Ideal, Urschrei der Wildnis, und Urkunst des wildkräftigen Mittelalters, unter dem Namen der Romantik römelte. ... Selbst Idealdenker befiel einst idealpoetische Wut; nicht nur den Denkmann der Lucinde, auch Bessere drängte es, Kraftwerke zu construiren. Man lud öffentlich junge Männer von Kraft, sich anzuschließen; Schuzbedürftige folgten im Troß, und endlich im Jahr 1807 verkündete der Rottmeister Wilhelm Schlegel mit lautem Ruf: »eine unsichtbare Gemeinschaft edler Menschen«, zur Verjüngung der kräftigen Pfaffenzeit. Ein Gemeinspruch ward: Regsame Jugendkraft, und unbehülfliche Altersschwäche; der Alte! war ein Schimpfwort. Bald zeigte sich kraftvolle Verjüngung bei mystischen Pflegern der Altäre, der Gymnasien und Universitäten; die Kälte der Aufklärung, der starre Frost des alten Vernunftglaubens, begann aufzuthauen an der neu aufgehenden Kirchensonne. [26]

Voß' übermäßiger Groll gegen die romantische Bewegung läßt sich zum Teil aus dem Gang der Zeitereignisse erklären. Die liberalen Bestrebungen der Aufklärung, die Voß als die einzig richtigen anerkannte, waren lange dominierend gewesen. Gegen Ende des achtzehnten Jahrhunderts setzte aber eine konservative Gegenbewegung (eine Art »backlash«) ein, und die rationalistisch-liberale Geistesrichtung befand sich nun in der Defensive. Für diesen Vorgang hielt Voß die Romantik verantwortlich. Im allgemeinen hat er die Schwächen Creuzers und der Romantiker wohl richtig erkannt, darüber hinaus hat er aber zu schwarz gesehen. Es gab natürlich auch hier Katholiken und Aristokraten, indem er aber die ganze Bewegung kryptokatholischer und hierarchischer Umtriebe bezichtigte, hatte er unrecht.

University of South Alabama   Erwin W. Goessling

---

[26] *Antisymbolik*, I, 352 ff.

ADOLF D. KLARMANN

Kleist und die Gegenwart

Es darf wohl angenommen werden, daß die gegenwärtige Renaissance Kleists auf der europäischen Bühne zum großen Teil auf seine Entdeckung im Nachkriegs-Frankreich zurückzuführen ist, eines Frankreich, das aus dem Inferno des zweiten Weltkrieges, der Besetzung, der Verfolgung, des geheimen Widerstandes sich eine Lebensphilosophie zurechtlegen mußte, die ihm eine Existenz trotz eines offenbar sinnlosen Weiterlebens bestätigte, und die sich gerade aus dem Willen, dem Leben einen Sinn zu geben, ergab. Ähnlich führte auch die französische Entdeckung Kafka in der großen Welt ein; denn der Dichter wurde auch zu Hause nur von wenigen zur Kenntnis genommen. Wohl wußten seine Prager Freunde, welche Potenz er war, aber wer sonst? Auch Büchners europäisches Schicksal war nicht viel anders, obwohl wenigstens die Naturalisten und ganz besonders die Expressionisten sich begeistert zu ihm bekannt hatten. Nicht unterschätzt werden darf in diesem Zusammenhang die internationale Wirkung der Oper *Woyzek* von Alban Berg. Auch für Kleist kann das Verdienst der neueren Kleist-Erkenntnis den Expressionisten nicht streitig gemacht werden, obwohl er ihnen in erster Linie der Überwinder der klassischen Form ist. Im großen und ganzen aber weichen sie wenig von der seit Erich Schmidt traditionellen Deutung des Dichters als Verherrlichers des Preußentums und des königstreuen Patriotismus ab.

Weite Strecken neuerer Erkenntnis sind inzwischen zurückgelegt worden. Wie erklären wir uns die Tatsache z. B., daß vor noch nicht allzu langer Zeit gerade die als die preußischeste aller Dramen angesehene Dichtung, *Prinz Friedrich von Homburg*, in Paris zu den größten Bühnenerfolgen gehörte? Eine neuentdeckte Liebe der Franzosen zum Preußentum, oder deren Jasagen zu preußischer Disziplin dürfte kaum der Grund gewesen sein. Der aus dem Krieg kommende Franzose muß irgend etwas darin entdeckt haben, woran die Deutschen vorbeigehört hatten. Ebenso überrascht die große Bewunderung für die spröde Wortkunst des Novellisten, von dem doch vor kurzem kaum etwas gelesen wurde, außer *Michael Kohlhaas*. Der Titel einer schon 1953 erschienenen französischen Arbeit, *L'univers existential de Kleist dans le Prince de Homburg*, von Alfred Schlagdenhauffen gibt uns eine Richtlinie, von der aus die Neueinstellung nicht nur zu Kleist, sondern zu der deutschen Romantik schlechthin bei den Franzosen verstanden werden kann. Es ist klar, daß es hier nicht um eine Romantik Victor Hugoscher Prägung geht. Auch ist es kaum die »mondbeglänzte Zaubernacht«, oder die aus Volksbüchern geschöpfte Großdramatik, oder gar die myopische Begeisterung einer Madame de Staël für die Butzenscheibenromantik plätschernder Brunnen auf mittelalterlichen Märkten im Schatten gotischer Dome. Nein, diese Welten sagen dem modernen Franzosen wenig. Vielmehr ist es die andere Seite der Romantik, die Nachtseite eines mit Gespenstern angefüllten Lebens, sind es die blutrünstigen Erzählungen und Märchen, in denen sich eine der Sprache widerstrebende seelische Verwirrung in den dunkelsten Exzessen pathologischer Gemüter enthüllt, die dem modernen Menschen den Zugang zur Identifikation ermöglicht. Man erkennt mit angstgeöffneten Augen das tief verwurzelte Übel in den »unschuldigen« Märchen der kinderfressenden Hexen und der hexenverbrennenden Kinder, man erschauert vor den Abgründen der der Natur entwachsenen Korruption, Grausamkeit und sadistischen Schadenfreude. Doch nicht allein das ist es. Mit bewunderndem Erstaunen erkennt man das bis ins Feinste gehende Wissen um die Geheimnisse der Seele, die ein Dichter instinktiv und aus eigenem Erleiden erfahren hat.

Wie paßt Kleist zu all dem? Nichts wäre falscher, als ihn zu einem Romantiker stempeln zu wollen. Und doch ist es gänzlich unmöglich, sich ihn ohne die Romantik vorzustellen. Was ihn schon rein äußerlich von ihr trennt, ist die Tatsache, daß ihm daran gelegen war, ein bühnenfähiges Drama zu schaffen, — rang er doch um eine neue Form, in der das klassische Theater des Aischylos mit der Weltvision eines Shakespeare zu einer neuen Schöpfung zusammenwuchs, was den jung-besessenen Dichter frech nach dem Lorbeer Goethes greifen zu dürfen berechtigte. Den Romantikern versagte sich das Drama. Nur die Erstlinge Tiecks, und ganz besonders seine wundervollen Gesellschafts- und Literatursatiren, wie z. B. *Der gestiefelte Kater,* sprühen von einem Witz und einer sprachlichen Gelenkigkeit, die ihm bis auf den heutigen Tag kaum einer nachmacht, und die nur auf einen kongenialen Regisseur warten, um zu einer neuen Laufbahn anzusetzen.

Kleists einziges echtes Lustspiel, *Der zerbrochene Krug,* ist ein literarisches Phänomen erster Ordnung. Es ist bei aller Heiterkeit und dem glücklichen Ende ein pessimistisches Werk. Die Welt, die wir hier erleben, die holländische Provinz, das Genrebildchen à la Teniers, ist ein Mikrokosmos, in dem das Böse die unbestrittene Obmacht hat, und nur durch das unerwartete Eingreifen eines höheren Willens *ad absurdum* geführt wird. Ist doch der Adam — in einer Umkehrung der biblischen Tradition — eine Potenz des Bösen, die nicht nur verführt, sondern auch die Macht hat, das Böse aufzuzwingen. Noch ist es eine bei Kleist und der modernen Literatur geläufige Situation, wonach die Macht des Bösen auf Erden vor der höheren Gerechtigkeit nicht besteht. Der Richter Adam muß weichen. Das Böse erliegt, aber die Unvollkommenheit der Welt bleibt bestehen. Eva leidet an dem mangelnden Vertrauen ihres Bräutigams; Frau Marthe gibt ihre Suche nach irdischer Gerechtigkeit nicht auf und wartet auf das Reichsgericht, um von neuem zu klagen; und die Ehrlichkeit Lichts, des logischen Nachfolgers im Amt Adams, ist wohl kaum über Kompromisse erhaben. So muß sich am Ende der gute Rat Walter — der Waltende also — damit zufrieden geben, wenn die Verhältnisse noch halbwegs ertragbar sind; noch ist er nicht gekommen, um zu strafen, bloß nach dem Rechten wollte er sehen. Kleists metaphysische Projektion enthüllt sich hier deutlich, als ob er andeuten wollte, die Zeit für das letzte, das endgültig entscheidende Gericht sei noch nicht gekommen. Der Mensch ist schwach, aber solange er den Blick für das Gute nicht eingebüßt hat, kann Gnade vor Recht ergehen. Das ist ein für Kleists und unsere Zeit bedeutsamer Zug, der sowohl damals wie heute auf eine katholische Renaissance hinweist. Dieser gleiche Zug führt bei Grillparzer und später bei Hofmannsthal zu Calderon. Es schreibt der Urprotestant Kleist schon 1801 anläßlich seiner Anwesenheit bei einem Gottesdienst in Dresden: »Ach, nur einen Tropfen Vergessenheit, und mit Wollust würde ich katholisch werden!« Hebbel, dessen Sinn für Humor kaum überwältigend war, sagt von Adam: »Seit dem Falstaff ist im Komischen keine Figur geschaffen worden, die dem Dorfrichter Adam auch nur die Schuhriemen auflösen dürfte.« Der Bezug auf Falstaff ist bezeichnend, da auch bei ihm trotz aller Komik eine tragische Grundsituation existiert, mit innerem Bruch, der aristotelischen *hamartia.* Ähnlicher tragikomischer Sinn haftet den Molièreschen Komödiengestalten an. Die Nähe des Tragischen im *Zerbrochenen Krug* erhellt noch besser, wenn man im Auge behält, daß auch ein Oedipus zu Gericht sitzt über eine Übeltat, die er selbst begangen hat. Allerdings ist der Unterschied groß: Oedipus handelt aus Unkenntnis der Wahrheit und verhängt die Strafe über sich selbst, sobald die Wahrheit sich erwiesen hat; Adam dagegen handelt in vollem Wissen seiner Untat und versucht die Wahrheit zu verhüllen:

Adam:

Mir träumt', es hätt' ein Kläger mich ergriffen,
Und schleppte vor den Richter mich; und ich,
Ich säße gleichwohl auf dem Richtstuhl dort,
Und schält' und hunzt' und schlingelte mich herunter,
Und judiziert' den Hals ins Eisen mir.

Licht:

Wie? Ihr Euch selbst?

Adam:

Sowahr ich ehrlich bin.
Drauf wurden beide wir zu eins, und flohn,
Und mußten in den Fichten übernachten.

Der Traum wird sein Schicksal.

Tragisch ist für Kleist in diesem Werk, wie in allem was er schafft und fühlt, der menschliche Zustand, die Malreauxsche *condition humaine*. Das wird uns bereits durch die dramatischen Mittel bewußt, deren sich der Dichter hier wie überall bedient. Wir befinden uns in einer Gerichtsszene, in der ohne das Eingreifen einer höheren Macht das Urteil dem Bösen zum Sieg verholfen hätte. Aus der Gerichtssituation resultiert notwendigerweise eine Verhörstechnik, die sich letzten Endes aus dem Mißtrauen des Verhörenden dem Verhörten gegenüber ergibt. Dieser wesentliche Charakterzug bezieht sich keineswegs bloß auf das Verhältnis Richter—Angeklagter, oder Richter—Zeuge, sondern er entspricht typisch Kleistisch dem Verhältnis von Mensch zu Mensch, das aus Unkenntnis und Mißtrauen sich zusammensetzt. Daher erklärt sich das bei Kleist so charakteristische gegenseitige Ausfragen, das eigentlich gar nicht auf eine Antwort wartet, als wäre diese überflüssig, da doch jeder von seiner eigenen Wahrheit durchdrungen ist und gar nicht eines besseren belehrt sein will oder kann. Hierher gehört auch das dramatische Aneinander-Vorbeireden. Ein jeder hat ein Geheimnis, in das der andere eindringen will. Das entspricht der Grundauffassung existentieller Isolierung und der Verfremdung von Gott und Welt. Allein steht der autistische Mensch und sucht aus seiner Einsamkeit einen Weg zur Welt, der sich ihm versperrt, weil er im wörtlichen Sinne des Wortes nicht aus seiner Haut heraus kann, die Umwelt nur nach sich selbst zu beurteilen vermag, und auch das nur durch die Vermittlung der Sprache, die nie das ausdrücken kann, was er fühlt. Sie ist fertige Norm, in die er sein Sich-Mitteilen-Wollen pferchen muß. »Es fehlt an einem Mittel zur Mitteilung«, schreibt Kleist in einem Brief. »Selbst das Einzige, das wir besitzen, die Sprache, taugt nicht dazu, sie kann die Seele nicht malen, und was sie uns gibt, sind nur zerrissene Bruchstücke. Deshalb habe ich jedesmal eine Empfindung wie ein Grauen, wenn ich jemandem mein Innerstes aufdecken soll.« In dieser Aphasie begegnen sich Kleist, Hofmannsthal, Rilke und Werfel. Die Tragödie der Unmittelbarkeit greift tief ins Kleistische Werk ein, wie auch in die moderne Literatur des Existentialismus und der Absurdität.

Hier liegt ein wesentlicher Schlüssel zum Wesen des Stotterers Kleist, und wir verstehen so vielleicht, warum unter allen romantischen Zeitgenossen er am tiefsten durch das Kanterlebnis erschüttert war. Der junge Mann, der bei allem Ehrgeiz bestrebt ist, vernünftig zu sein und sich einen vernünftigen »Lebensplan«, wie er es nennt, zurechtlegt, erfährt auf einmal, daß die Wahrheit, die er sich mit Mühe zurechtgebaut hat, nicht allgemein gültig sein kann, da sie in jedem Menschen anders ist und nur durch einen großen Willensakt zu einer Gesellschaftswahrheit gemacht werden kann. Diese Erkennt-

nis löst in ihm jeglichen Halt auf und treibt ihn an die Grenzen der Selbstvernichtung.
»Selbst die Säule, an welcher ich mich sonst in dem Strudel des Lebens hielt, wankt —
Ich meine die Liebe zu den Wissenschaften«, heißt es in einem Brief an seine Schwester
Ulrike aus dem Jahre 1801. Das ist der Zusammenbruch des Glaubens an eine empirische
Welt. In einem Brief an seine Braut schreibt er: »Mein einziges, mein höchstes Ziel ist
gesunken, und ich habe nun keines mehr.« Ein so katastrophaler Rückschlag, der sich
auf Leben und Werk auswirkt, entwächst zweifellos stark pathologischen Wurzeln.
Schon *Die Familie Schroffenstein* läßt aufhorchen mit den blutrünstigen Morden aus
Temperament und Verwechslung, sowie dem erotisch durchglühten Kleidertausch von
Ottokar und Agnes und der daraus sich ergebenden Tragödie. Man denke an Penthesileas
Bestialismus, an die perversen, haarsträubenden Exzesse in der *Hermannsschlacht*, oder
an die zahllosen Morde und Hinrichtungen im *Michael Kohlhaas*, bei denen Kleist uns
keine Einzelheit erspart, und an die fast schon mit wissenschaftlicher Gründlichkeit und
Wollust ausgeführte Ermordung des Findlings Nicolo durch seinen Pflegevater Piachi
und dessen Weigerung auf dem Schafott, die Absolution anzunehmen, um in Dantesk
anmutender Groteske die Rache über das Grab hinaus fortzusetzen. Thomas Mann
hielt gerade diese Novelle für eine von Kleists besten, und dessen Erzählungen für
»völlig einmalig, aus aller Hergebrachtheit und Ordnung fallend, radikal in der Hingabe an seine exzentrischen Stoffe bis zur Tollheit, bis zur Hysterie«. Exzentrisch, um
bei Thomas Mann zu borgen, ist auch die Situation in der *Verlobung auf San Domingo*.
Ein Kapitel für sich ist des Kurfürsten Spiel mit dem Prinzen Friedrich von Homburg,
aber davon noch später.

Kleists eigene Zeit schaudert vor diesem blutigen Überschwang zurück. Es fehlt ihr, im
Gegensatz zu unserer an das Absurde gewohnten Abgebrühtheit, an psychologischem
Verständnis für das leidende Streben nach der künstlerischen Artikulation dessen, was in
der verstörten Seele des genialen Dichters vor sich ging. Der olympische Goethe, dem
als jungem Stürmer und Dränger diese Gefühle zweifellos vertraut waren, und der
vielleicht in einer Art des Aus-der-Welt-Schaffens seiner eigenen Jugend Kleist desa-
vouiert, der Rat Goethe urteilt: »Kleist geht ... auf die Verwirrung des Gefühls
hinaus.« In einem Brief über die *Penthesilea*, die ihm Kleist »auf den Knien seines
Herzens« geschickt hatte, schreibt er an den Dichter:

... Mit der Penthesilea kann ich mich noch nicht befreunden. Sie ist aus einem so wunderbaren
Geschlecht und bewegt sich in einer so fremden Region, daß ich mir Zeit nehmen muß, mich
in beide zu finden. Auch erlauben Sie mir zu sagen (denn wenn man nicht aufrichtig sein sollte,
so wäre es besser, man schwiege gar), daß es mich immer betrübt und bekümmert, wenn ich junge
Männer von Geist und Talent sehe, die auf ein Theater warten, welches da kommen soll. ...

Einen geradezu sarkastischen Ton schlägt Goethe an in seiner Bemerkung J. Falk gegenüber, wenn er sagt:

Beim Lesen [der] »Penthesilea« bin ich neulich gar zu übel weggekommen. Die Tragödie grenzt
in einigen Stellen völlig an das Hochkomische, z. B. wo die Amazone mit *einer* Brust auf dem
Theater erscheint und ... versichert, daß alle ihre Gefühle sich in die zweite, noch übriggeblie-
bene Hälfte geflüchtet hätten; ein Motiv, das auf einem neapolitanischen Volkstheater im Munde
einer Colombine, einem ausgelassenen Polichinell gegenüber, keine üble Wirkung auf das Publikum hervorbringen müßte ...

Das *Käthchen von Heilbronn* ist dem Rat Goethe ein wunderliches Gemisch von »Sinn
und Unsinn«, und in einer Rezension sagt er gar: »Mir erregte dieser Dichter, bei dem
reinsten Vorsatz einer aufrichtigen Teilnahme, immer Schauder und Abscheu, wie ein
von der Natur schön intentionierter Körper, der von einer unheilbaren Krankheit
ergriffen wäre.«

Kleists Wissen um die in den undurchdringlichen Tiefen der menschlichen Seele verborgenen Triebe geht noch über das Wesen der romantischen Nachtseiten hinaus. Nicht, daß es Kleist in der Wiedergabe an Vorbildern mangelte: der Senecakult, Shakespeare und Grimmelshausen, der Sturm-und-Drang, liefern reichlich Beispiele. Aber selten, wenn je, entströmt es so offenbar einer in Mitleidenschaft gezogenen Psyche. Das Böse, alles pervers oder sinnlos Grausame, gehört zum Ganzen des Weltenplans, bei dem es schwer ist, die Rolle der Gottheit zu verstehen. »Es kann kein böser Geist sein«, schreibt er Kierkegaard vorausahnend 1806, »der an der Spitze der Welt steht; es ist ein bloß unbegriffener!« Und später: »O wie unbegreiflich ist der Wille, der über uns waltet.« Das Verzweifeln am letzten Sinn, und der immer wieder angestellte Versuch eines Sinngebens beherrscht das Werk, insbesondere aber die Novellen, obwohl es natürlich in jedem Werk vorhanden ist. Bezeichnenderweise beginnen und enden sie oft mit einer Katastrophe. Man denke nur an *Das Erdbeben in Chili*, in dessen erstem Satz, in einer nur bei Kafka wieder erreichten Kunst der Teleskopik, in äußerlich kühlen Nebensätzen fast die ganze Tragödie vorweggenommen ist: »In St. Jago, der Hauptstadt des Königreichs Chili, stand gerade in dem Augenblick der großen Erderschütterung vom Jahre 1647, bei welcher viele tausend Menschen ihren Untergang fanden, ein junger, auf ein Verbrechen angeklagter Spanier, namens Jeronimo Rugera, an einem Pfeiler des Gefängnisses, in welches man ihn eingesperrt hatte, und wollte sich erhenken.«
Man vergleiche damit die Nebensatzprägnanz des Anfangs von Kafkas *Heizer*: »Als der sechzehnjährige Karl Rossmann, der von seinen Eltern nach Amerika geschickt worden war, weil ihn ein Dienstmädchen verführt und ein Kind von ihm bekommen hatte, in dem schon langsam gewordenen Schiff in den Hafen von New York einfuhr, erblickte er die schon längst beobachtete Statue der Freiheitsgöttin, wie in einem plötzlich stärker gewordenen Sonnenlicht.« Oder der Anfang der *Marquise von O . . .*: »In M . . ., einer bedeutenden Stadt im oberen Italien, ließ die verwitwete Marquise von O . . ., eine Dame von vortrefflichem Ruf, und Mutter von mehreren wohlerzogenen Kindern, durch die Zeitung bekannt machen: daß sie, ohne ihr Wissen, in andre Umstände gekommen sei, daß der Vater zu dem Kinde, das sie gebären würde, sich melden solle; und daß sie, aus Familien-Rücksichten, entschlossen wäre, ihn zu heiraten.« Gleich im ersten Satz sind die wesentlichen aufregenden Momente vorweggenommen. Wir sehen Menschen plötzlich und ohne ihr Wissen in ein überdimensionales Schicksal hineingestoßen, und zwar von Mächten die jenseits ihres Verstehens sind. In bewußtem Leiden müssen diese Menschen nun Sinn und Überwindung finden lernen. Die Vergehen, die gebüßt werden, sind schicksalsgegeben: Liebe, Leidenschaft, Sinnentrieb, die den Menschen in Situationen führen, die seinem Begreifen widerstreben. So entsteht die Kausalitäts-Kette im *Erdbeben in Chili*: Die unstandesgemäße Liebe Jeronimos zu Josephe, die das Mädchen ins Kloster treibt, wo sie Mutter wird und daher hingerichtet werden soll, während Jeronimo ins Gefängnis geworfen wird. Als Josephe auf dem Weg zum Hinrichtungsort ist, bricht das Erdbeben los. Das ist auch der Augenblick, wo Jeronimo sich aufhängen will. Wie durch ein Wunder werden die beiden und ihr Kind gerettet, während Stadt und Bevölkerung zu Grunde gehen. Sie schließen mit einer Familiengruppe von Flüchtlingen eine vertrauensvolle Freundschaft, was Josephe und Jeronimo den Glauben an die Menschheit wiedergibt. Während sie sich der Menge beim Danksagungsgottesdienst anschließen, werden sie vom Pöbel, den ein fanatischer Mönch aufwiegelt, gesteinigt. Das Kind der Sünde wird gerettet, während das Söhnchen des Don Fernando aufs brutalste umgebracht wird. Hören wir Kleist:

Meister Pedrillo schlug sie [Josephe] mit der Keule nieder. Drauf, ganz mit ihrem Blute besprützt: »Schickt ihr den Bastard zur Hölle nach!« rief er, und drang, mit noch ungesättigter Mordlust, von neuem vor. . . . Meister Pedrillo ruhte nicht eher, als bis er der Kinder eines bei

den Beinen von seiner Brust gerissen, und, hochher im Kreise geschwungen, an eines Kirch-
pfeilers Ecke zerschmettert hatte. Hierauf ward es still, und alles entfernte sich.

Welche Logik des Schicksals! Die Stadt wurde zerstört, damit das Liebespaar gerettet
werde, und das wiederum wird hingeschlachtet, weil ihre Liebe den Zorn Gottes auf die
Stadt gezogen haben soll. Und wir fragen uns, warum der Mord am falschen Kind?
Kleist scheint den Sinn in den letzten Worten andeuten zu wollen: » ... so war ihm
[Don Fernando] fast, als müßt' er sich freuen.« Aber sogar hier, wo Kleist in das Geheimnis zu dringen scheint, sagt er nur » ... so war ihm *fast*«.
Nirgends also Sicherheit, nirgends ein Aufgehen-Können in Vertrauen. Schon der junge
Kleist kennt diese Qual. In seinem Erstling, *Die Familie Schroffenstein*, hören wir: »Gott
der Gerechtigkeit! / Sprich deutlich mit dem Menschen, daß er's weiß / Auch, was er
soll!« Uralt ist dieser Ruf, der Grieche schreit ihn in den leeren Himmel, dem Mann
der Bibel ist er vertraut. In ein großes Netz ist der Mensch verfangen und weiß nicht,
ob die Fäden des Netzes außerhalb oder innerhalb seiner selbst liegen. Das erlebt Penthesilea, das fragt sich die Marquise von O..., die dem russischen Grafen die Untat
der Vergewaltigung verzeiht »um der gebrechlichen Ordnung der Welt willen«, wie
Kleist sagt, der diesen Satz wörtlich in *Michael Kohlhaas* wiederholt.
Immer wieder können wir feststellen, wie groß die Liebes- und Opferfähigkeit der
Kleistschen Frauen ist, die die Zweifel und die Zerrissenheit der Männer nicht kennen.
Das wird uns besonders klar bei der Marquise, wie auch bei ihrer Schwester Alkmene
im *Amphitryon*, wo nicht einmal die Liebe des Zeus in der Gestalt ihres Gatten sie in
ihrer Treue erschüttern kann. Wie Dionysos in Paul Ernsts *Ariadne auf Naxos* leidet
auch Zeus an seiner göttlichen Einsamkeit. Alkmenes Antwort bleibt »Amphitryon«.
Am Anfang unserer Betrachtung stellten wir mit Verwunderung des *Prinzen von Homburg* Beliebtheit in Paris fest. Es ist erfreulich, daß Kleist immer seltener als bewußt
preußisch-patriotisch und königstreu gesehen wird. Diese lang wohlgehütete Legende
erhielt ihre wissenschaftliche Sanktion wohl durch Erich Schmidt, der vor mehr als
60 Jahren die Kleistschen Werke im Bibliographischen Institut herausgegeben hat. Es
sprach ja manches für diese Legende: die Abstammung aus einer uralten preußischen
Offiziersfamilie, der Napoleonhaß, die Verehrung für Königin Louise, und manches
andere. Bei genauerem Hinhorchen erweist sich dieser Schein aber als trügerisch. Nach
kurzer Kadettenzeit verwirft Kleist den Offiziersberuf. Er ist ihm verhaßt, und nur
mit Überwindung kann er sich der Notwendigkeit des Kriegsdienstes unterwerfen. Der
Drill war ihm »Gegenstand herzlichster Verachtung«. Während des Rheinfeldzugs betet
er zum Himmel um den Frieden, um »die Zeit, die wir hier so unmoralisch tödten,
mit menschenfreundlicheren Thaten bezahlen zu können!« Einen Preußenpatriotismus
kennt er nicht, ebensowenig eine stramme Königstreue: »Mir möchte es nicht schwer
fallen, einen anderen König zu finden, ihm aber, sich andere Untertanen auszusuchen.«
Er flieht seine engere Heimat, sobald er kann, und möchte sich in der Schweiz ganz
rousseauistisch als Bauer niederlassen. Er will Dienste in der französischen Armee nehmen, wenn auch aus seelischer Erschütterung und mit der Absicht, in England den
Tod zu finden; er sucht nicht den Tod in preußischen Kriegsdiensten. Schwerer ist sein
Napoleonhaß zu erklären: »Schlagt ihn tot, das Weltgericht fragt euch nach den Gründen nicht.« Es handelt sich hier wohl um eine höchst komplexe Kausalitätenkombination.
Man möchte vorerst vermuten, daß der aus einer Offizierstradition stammende, und
trotz aller Liberalität im Wesen doch sozial konservative Kleist in Napoleon den
Usurpator und Emporkömmling ablehnt. Als ein Mitglied der Romantikergeneration
träumt er ferner von einer Einigung Deutschlands und sieht in Napoleon deren schwerste Gefährdung. Die Aufrüttelungsversuche beim König in Berlin und beim Kaiser in
Wien zu einem heiligen Krieg führen zu den kaum noch ertragbaren Haß- und Per-

versitätsexzessen seiner *Hermannsschlacht*. Was nun die Kleistsche Königstreue betrifft, so läßt sie sich eigentlich nirgends belegen. Auch sonst fehlt es in seinem Werke an Bekundungen monarchistischer Überzeugungen. Deutlich spüren wir diesen Mangel z. B. im *Michael Kohlhaas*. Und der Kaiser im *Käthchen von Heilbronn* ist auch kein Muster an Edelmut; er bekennt sich zur Vaterschaft nur unter Druck, und um den Skandal zu verhüten: »[Ich] will ... nicht wagen, daß der Cherub zum zweiten Mal zur Erde steige und das ganze Geheimnis, das ich hier den vier Wänden anvertraut, ausbringe!«

Am subtilsten und wohl am umstrittensten liegt der Fall beim Kurfürsten in *Prinz Friedrich von Homburg*. Rekapitulieren wir: Beim Aufgehen des Vorhangs sehen wir den Prinzen im Wachschlaf unter einem Baum sitzen und einen Kranz flechten. Der Graf von Hohenzollern, der Mann, der ihm angeblich in Freundschaft verbunden ist, — das Verhältnis des wohl aus einer Seitenlinie der Hohenzollerndynastie stammenden Grafen zum Prinzen entgeht nicht dem leisen Verdacht persönlichen Neides — überrascht ihn dabei, und holt, statt ihn zu wecken, den Kurfürsten mit dem ganzen Hof herbei, damit sie sich an dem Anblick belustigen. Das kann wohl kaum als Freundschaftsbeweis ausgelegt werden. Der Kurfürst windet seine goldene Kette in den Kranz und gibt ihn Natalie, die sich damit dem Prinzen nähert; dieser spricht sie als Braut, den Kurfürsten als Vater an, und wie alles überrascht auf die Rampe zurückweicht, erwischt der noch immer schlafwandelnde Prinz Nataliens Handschuh. Während bei beiden Frauen — der Kurfürstin und Natalie — des Prinzen Zustand Mitleid erregt: »Man sollt' ihm helfen, dünkt mich, / Nicht den Moment verbringen, sein zu spotten!«, ruft ihm der Kurfürst, der nun durch diesen unglücklichen Kasernenspaß erfahren hat, was der Prinz im tiefsten Herzen als Traum verborgen hielt, ins Gesicht:

> Ins Nichts mit dir zurück, Herr Prinz von Homburg,
> Ins Nichts, ins Nichts! In dem Gefild der Schlacht
> Sehn wir, wenn's dir gefällig ist, uns wieder!
> Im Traum erringt man solche Dinge nicht!

Kosten wir diese Zeilen etwas aus. Der Kurfürst darf die höchste Anstrengung von seinen Leuten erwarten. Zugestanden. Aber wir haben gehört, daß der Prinz seit drei Tagen auf ununterbrochener Verfolgung der Schweden sich befunden, und, eben eingetroffen, eine dreistündige Unterbrechung zugestanden bekommen habe, um mit seiner Truppe die Pferde zu wechseln und gleich weiter zu reiten. In völliger Übermüdung ist er eingeschlafen. Hohenzollern hat anscheinend den Kurfürsten wiederholt auf den Somnambulismus des Prinzen aufmerksam gemacht, diesmal aber erbringt er ihm den Beweis. Als der Spaß zu weit gegangen ist, und der Prinz sein Innerstes entblößt hat, brüllt der Kurfürst den Schlafenden voll Wut — denn wie sonst kann man den Spott des dreifachen »ins Nichts« und des »Herr Prinz« deuten — an, um ihn an seinen Platz zurückzuverweisen. Der Kurfürst weiß nun, daß Homburg Natalie liebt und durch sie, wie er meint, auf den Thron spekuliert. Soviel sei vorläufig für die Entwicklung des Kommenden vermerkt.

Es folgt die Szene zwischen dem Prinzen und Hohenzollern, deren Zweck es ist, den Erwachten zu verwirren, welches Mädchen er im Traum gesehen habe. Darauf kommt die aus zweierlei Gründen wichtige Szene beim Kurfürsten um 2 Uhr morgens, während der die Schlachtparole für den nächsten Tag ausgegeben und Abschied von der Kurfürstin und ihrer Nichte genommen wird. Dabei wird es klar, daß der übermüdete und verliebte Prinz auf die Ordre nicht hört und vom fehlenden Handschuh die Gewißheit bekommt, er habe Natalie nicht geträumt, sondern leibhaftig von ihr Kranz und Kette empfangen. Die Ordre, die ihm befiehlt, auf ein Signal zu warten, ehe er angreifen darf, überhört er. Mit staunenswerter Gleichgültigkeit warnt der Kurfürst den Prinzen, ihm nicht zum drittenmal den endgültigen Sieg zu verscherzen: » . . . laß mich heut den dritten nicht entbehren, / Der Mindres nicht, als Thron und Reich, mir gilt.« Wir stellen fest, daß der Kurfürst, der den Zustand des Prinzen kennt, wissentlich den Thron aufs Spiel setzt. Zwei Schlüsse können wir aus diesen Worten ziehen, und zwar daß der Kurfürst entweder aus Zuneigung zum Prinzen mit dem Wohl des Landes spielt, oder daß er damit rechnet, der Prinz werde wieder den Gehorsam brechen und sich dadurch strafbar machen. Welchen Schluß wir auch aus dieser Szene ziehen, des Kurfürsten Absicht bleibt undurchsichtig und besorgniserregend.

In der letzten Szene des ersten Aktes läßt Kleist den Prinzen in gewagter Hybris und existentieller Schicksalsherausforderung Fortuna versuchen in einer Persönlichkeitsausdehnung, die an Guiskard erinnert, dem keine Krone zu hoch ist, und der, der Gefahr der Pest spottend, nach dem Thron von Byzanz greift, nur um in Reichweite des Ziels der Krankheit zu erliegen: »Auf deinem Fluge rasch, die Brust voll Flammen, / Ins Bett der Braut, der du die Arme schon / Entgegenstreckst zu dem Vermählungsfest, / Tritt, o du Bräutigam der Siegesgöttin, / Die Seuche grauenvoll dir in den Weg — !« Die Hybris einer so monomanen Zielsicherheit erfüllt noch Hermann und Michael Kohlhaas.

In der ersten Szene des zweiten Aktes befinden wir uns auf einem Hügel, der das Schlachtfeld von Fehrbellin überschaut. Der Prinz ist noch nicht da und seine Abwesenheit wird von Hohenzollern durch den Hinweis auf einen leichten Reiterunfall bagatellisiert: »Es ist den Odem keiner Sorge wert«, während ein Offizier meldet, er sei zur Nachtzeit mit dem Pferd gefallen. Der Prinz erscheint mit verbundener Hand, erkundigt sich bei Hohenzollern nach der Ordre, hört aber offenbar wieder nicht auf die Antwort —« (nach einer Pause, in der er vor sich niedergeträumt). — Ein wunderlicher Vorfall!« — und ehe Hohenzollern sprechen kann, beginnt die Schlacht, die wir in einer gut gelungenen Teichoskopie miterleben. Die Schweden weichen, der Prinz gibt Befehl anzugreifen, wird vom Obersten Kottwitz verwarnt, der ihn an die Parole gemahnt, sich aber anschließt, sobald der Prinz die volle Verantwortung übernimmt. Es kommt nun die dramatisch Wichtiges vorwegnehmende Episode der Verhaftung des Offiziers, dem der Prinz den Degen abverlangt, und alles folgt dem aufs höchste erregten Homburg in die Schlacht, ehe er das verabredete Signal bekommen hat.

Die Kurfürstin und Natalie, da sie eben vom Sieg gehört haben, vernehmen die Hiobsnachricht, der Kurfürst sei gefallen. Der Prinz von Homburg habe »dem Bären gleich« unter den Schweden rachenehmend gewütet und den Sieg davongetragen. Natalien versichert der auftretende Prinz, er werde von nun an die Sache der Verwaisten vertreten:

> Ich, Fräulein, übernehme eure Sache!
> Ein Engel will ich, mit dem Flammenschwert,
> An eures Throns verwaiste [sic] Stufen stehn!
> Der Kurfürst wollte, eh' das Jahr noch wechselt,
> Befreit die Marken sehn; wohlan! ich will der
> Vollstrecker solchen letzten Willens sein!

Er wirbt um sie, sie nimmt seine Werbung an. Beglückt wünscht er, der Kurfürst wäre am Leben, um wie ein Vater den Bund zu segnen. In dem Augenblick kommt die Nachricht, der Kurfürst lebe. Wir hören die rührende Geschichte vom Stallmeister Froben, der mit dem Kurfürsten sein Pferd ausgetauscht und dadurch ihm das Leben gerettet habe. Friedensverhandlungen haben begonnen. Man folgt dem Kurfürsten nach Berlin, wohin sich der schwedische Unterhändler ebenfalls begeben hat. Homburg sucht die Zustimmung für seine Verlobung bei der Kurfürstin; da sie ihn nicht abweist, ruft er: »O Cäsar Divus! / Die Leiter setz' ich an, an deinen Stern!«

Überblicken wir kurz die Lage: Der Prinz, erschöpft von der langen, ununterbrochenen Campagne, geschwächt von seinem Unfall, beglückt von der Wirklichkeit seines Traumes, gibt gegen die ausdrückliche Ordre des Kurfürsten den vorzeitigen Befehl zum Angriff, schlägt im Schmerz um den vermeintlichen Tod des Kurfürsten die Schweden aufs Haupt und gewinnt den entscheidenden Sieg, der die Schweden zwingt, sofort einen Waffenstillstand zu suchen. Vereitelt wurde allerdings dadurch des Kurfürsten Absicht, die schwedische Armee gänzlich aufzureiben. Insofern hatte der Kurfürst einen guten Grund gegen die Insubordination des Prinzen mit der ganzen Strenge des Gesetzes einzuschreiten, zumal da es die dritte ist. Verwunderlich ist aber die Schärfe des Kurfürsten. Aus dem Gespräch mit dem Grafen Truchß wird offenbar, daß der Kurfürst **bei der Nachricht** von dem vorzeitigen Angriff sofort an den Prinzen gedacht hat, denn ein Ton verbitterter Enttäuschung haftet seinen Worten an, als er erfährt, der Schuldige könne nicht der Prinz gewesen sein, da er einen schweren Unfall erlitten habe. Achten wir nun auf die Worte selbst, mit denen die Szene anfängt:

> *Der Kurfürst:*
> Wer immer auch die Reuterei geführt,
> Am Tag der Schlacht, . . .
> Der ist des Todes schuldig, das erklär' ich,
> Und vor ein Kriegsgericht bestell' ich ihn.
> Der Prinz von Homburg hat sie nicht geführt?
>
> *Graf Truchß:*
> Nein mein erlauchter Herr!
>
> *Der Kurfürst:*
> Wer sagt mir das?

Nur ungern gibt der Kurfürst die Überzeugung von der Schuld des Prinzen auf, als ob ihm dadurch ein Strich durch die Rechnung gemacht worden wäre. Beachtenswert ist hier zudem, daß zuerst die Todesstrafe kommt, und dann erst das Kriegsgericht, das nur mehr den Spruch des Herrschers bestätigt.

Nun erscheint der Prinz; als Sieger Lob erwartend, wird er statt dessen durch den Kurfürsten verhaftet: »Nehmt ihm den Degen ab. Er ist gefangen.« Die umgekehrte Szene haben wir vor der Schlacht von Fehrbellin erlebt. Große Konsternation bei den Offizieren, deren der Kurfürst nicht achtet, was sogar dem alten Kottwitz, dem treusten der Treuen unter des Kurfürsten Offizieren zu viel ist: »Das, beim lebend'gen Gott, ist mir zu stark!« Der gänzlich verwirrte Prinz versteht nichts: »Helft, Freunde, helft! Ich bin verrückt.« Der Akt endet mit des Prinzen stolz zurückweisender Rede an den Kurfürsten, während er sich den Degen abschnallt. Auch hier müssen wir feinhörig sein:

> Mein Vetter Friedrich will den Brutus spielen,
> Und sieht, mit Kreid' auf Leinewand verzeichnet,
> Sich schon auf dem curul'schen Stuhle sitzen:
> Die schwed'schen Fahnen in dem Vordergrund,
> Und auf dem Tisch die märk'schen Kriegsartikel.
> Bei Gott, in mir nicht findet er den Sohn,
> Der, unterm Beil des Henkers, ihn bewundre.
> Ein deutsches Herz, von altem Schrot und Korn,

> Bin ich gewohnt an Edelmut und Liebe;
> Und wenn er mir, in diesem Augenblick,
> Wie die Antike starr entgegenkömmt,
> Tut er mir leid, und ich muß ihn bedauren!

Mit dem Befehl des Kurfürsten, den Prinzen nach Fehrbellin vor das Kriegsgericht zu bringen, endet der Akt.

Im dritten Akt ist der Prinz im Gefängnis. Er hat sich beruhigt und erwartet vom eintretenden Hohenzollern die Nachricht vom Pardon. Auf dessen Zweifel antwortet er mit dem Ausdruck vollster Sicherheit auf den Ausgang:

> . . . Ich bin ihm wert, das weiß ich,
> Wert wie ein Sohn; das hat, seit früher Kindheit,
> Sein Herz, in Tausend Proben mir bewiesen.
> . . . Bin ich nicht alles, was ich bin, durch ihn?
> Und er, er sollte lieblos jetzt die Pflanze,
> Die er selbst zog, bloß, weil sie sich ein wenig
> Zu rasch und üppig in die Blume warf,
> Mißgünstig in den Staub daniedertreten?
> Das glaubt' ich seinem schlimmsten Feinde nicht,
> Vielwen'ger dir, der du ihn kennst und liebst.

Er kann noch nicht einmal die Tatsache, daß das Kriegsgericht das Todesurteil gefällt hat, ernst nehmen, da er sich auf sein Gefühl vom Kurfürsten verläßt. Langsam beginnt aber seine Zuversicht zu wanken; noch kann er sich eine solche Tyrannentat des Undanks nicht vorstellen. Auf Hohenzollerns Frage: »Hast du vielleicht je einen Schritt getan, / Sei's wissentlich, sei's unbewußt, / Der seinem stolzen Geist zu nah getreten?« ist er sich keiner Schuld bewußt. Erst als er von Hohenzollern hört, daß der schwedische Unterhändler um die Hand Nataliens für seinen König angehalten, und daß die Kurfürstin Nataliens Verlobung bekannt gemacht habe, brechen des Prinzen Hoffnungen zusammen, und in völlig haltloser, unheldischer Verzweiflung sucht er Rat und Hilfe. Zur Tante, der Kurfürstin, stürzt er davon.

Halten wir hier nur lange genug, um festzustellen, daß sowohl der Prinz, als auch Hohenzollern, den Kurfürsten jetzt einer Untat aus persönlichen und politischen Gründen für fähig halten. Beim Verlassen seines Gefängnisses stellt der Prinz fest, daß er jederzeit das Ausgehrecht hat. Daraus ergeben sich zwei Möglichkeiten: Entweder will der Kurfürst dadurch dem Prinzen sein Vertrauen ausdrücken, oder ihm eine Gelegenheit zur Flucht geben.

Aus den ersten Worten der Kurfürstin an Natalie wird offenbar, daß auch sie an die Vollstreckung des Urteils glaubt. Da sie selbst vergeblich versucht hatte, Gnade zu erwirken, möge Natalie sich zu ihm »schleichen« und sehen, ob sie den Freund sich retten könne. Es folgt nun die Szene mit dem vor nackter Todesfurcht beim Anblick seines eigenen Grabes hysterisch gewordenen Prinzen, die in ihrer überwältigenden psychologischen Echtheit wohl in der gesamten dramatischen Literatur ihresgleichen sucht. Nirgends, auch in der an starken Tobak gewöhnten modernen Dramatik, erleben wir auf der Bühne so überzeugend den völligen seelischen und moralischen Zusammenbruch eines Helden, der, auf die Stufe einer nur noch nach dem vegetierenden Leben haschenden, in die Enge getriebenen Kreatur gesunken, auf alles, Liebe, Stand, Zukunft verzichtet, um sich irgendwo lebendig verkriechen zu können. Eine ganz neue Art Tragik wird hier geboren, in der das Nackt-Menschliche ohne Pose in seiner ganzen erschütternden Wahrheit sich vor uns enthüllt. Wohl erfaßt den Goetheschen Egmont die Todesangst, sie schwindet aber in theatralischer Apotheose mit Musikbegleitung. Was Klärchen Egmont sein konnte, die Botin des gesegneten, ruhmreichen Jenseits, kann Natalie dem Prinzen nicht sein. In tragischer Größe schickt sie sich in das Unvermeidliche und beginnt den Kampf um das Leben des Geliebten.

Im vierten Akt ist Natalie beim Kurfürsten, um ihn um Homburgs Leben zu bitten, den sie, wie sie versichert, nicht mehr für sich selbst wünscht: »Ich will ihn nicht für mich erhalten wissen - - / Mein Herz begehrt sein und gesteht es dir; / Ich will ihn nicht für mich erhalten wissen - - / Mag er sich welchem Weib' er will vermählen.« Mit warmen Worten verschanzt sich der Kurfürst hinter das Urteil, das er, wie wir uns erinnern werden, beeits vor Beginn des Kriegsgerichts ausgesprochen hatte: »Darf ich den Spruch, / Den das Gericht gefällt, wohl unterdrücken? - - / Was würde wohl davon die Folge sein?« Folge für wen? Für ihn? Nein für das Vaterland. Auch diese Ausflucht wird geschickt von Natalie entkräftet: »Das Kriegsgesetz, das weiß ich wohl, soll herrschen. / Jedoch die lieblichen Gefühle auch.« Der Kurfürst weicht aus, indem er sie fragt, ob der Prinz meine, »dem Vaterlande gelt' es gleich, / Ob Willkür drinn, ob drinn die Satzung herrsche?« Nun endlich gesteht sie ihm den Zusammenbruch des Prinzen: »Ach, welch ein Heldenherz hast du geknickt!« Darauf der Kurfürst: »(im äußersten Erstaunen). ... Unmöglich, in der Tat?! - - Er fleht um Gnade?« An seiner Brust weinend schildert Natalie ihm die Szene bei der Kurfürstin:

> Verstört und schüchtern, heimlich, ganz unwürdig,
> Ein unerfreulich jammernswürd'ger Anblick!
> ... Ach, was ist Menschengröße, Menschenruhm!

> *Der Kurfürst* (verwirrt):
> Nun denn, beim Gott des Himmels und der Erde,
> So fasse Mut, mein Kind; so ist er frei!

Warum die plötzliche Milde? Wohin ist die Sorge um das Vaterland? Beachten wir, daß Kleist ausdrücklich »verwirrt« in der Bühnenanweisung sagt. Eine solche katastrophale Änderung im Wesen des Prinzen hat der Kurfürst nicht erwartet. Wenn er wirklich daran gedacht hat, am Prinzen ein Exempel zu statuieren, — und die ihm Allernächsten trauen es ihm zu — dann kann er es sich kaum gestatten, der Welt das Schauspiel eines um sein Leben winselnden Prinzen zu bieten. In der Verwirrung erscheint ihm zuerst eine bedingungslose Begnadigung als der einzige Ausweg, aber er faßt sich schnell und entwirft nun einen Plan von fast satanischer Schläue. Wenn der Prinz »den Spruch für ungerecht kann halten, / Kassier' ich die Artikel: er ist frei!« Dadurch gewinnt er eine Stellung, in der ihn kein Vorwurf treffen kann. Verharrt der Prinz in seiner Todesangst und ist bereit zu bezeugen, ihm geschehe Unrecht, dann spricht er ihn frei und ist seiner los. Weigert sich der Prinz, so etwas zu unterzeichnen, dann hat er zu einer inneren Disziplin zurückgefunden, mit deren Hilfe er den Spruch würdig tragen wird. In jedem Fall steht der Kurfürst unantastbar da und ist einen lästigen und ungeduldigen Zwischenkömmling los. Nun verstehen wir auch den Zweifel der intuitionsreichen Natalie:

> Was deine Huld, o Herr, so rasch erweckt,
> Ich weiß es nicht und untersuch' es nicht.
> Das aber, sieh, das fühl' ich in der Brust,
> Unedel meiner spotten wirst du nicht:
> Der Brief enthalte, was es immer sei,
> Ich *glaube* Rettung — und ich danke dir!

Kurfürst:
Gewiß, mein Töchterchen, gewiß! So sicher,
Als sie in Vetter Homburgs Wünschen liegt..

Im nächsten Auftritt bekommt Natalie den Brief von Kottwitz mit der Bittschrift der Offiziere um die Begnadigung, zu der Natalie als Chef des Regiments ihre Unterschrift hinzufügen soll. Trotz der versprochenen Begnadigung schließt sie sich der Aktion an. Auf ihre Frage, warum Kottwitz nicht selbst gekommen sei, um das Einsammeln der Unterschriften zu betreiben, erfährt sie von Graf Reuß »er wünsche... nichts zu tun, das man / Mit einem übeln Namen taufen könnte!« Der üble Name ist natürlich Meuterei. Schnell entschlossen schreibt sie die Ordre an Kottwitz, die ihn sofort in die Stadt bestellt. Das Blatt soll Reuß solange bei sich behalten, bis sie ihm den Auftrag mündlich gibt. Die Frau, die nur ihrem eigenen Gesetz der Liebe folgt, das nichts mit männlichen Begriffen von Ehre und Tugend zu tun hat, greift ohne Zögern zu einer gewagten Tat, die in der Männer Sprache gefährlich klingt wie Meuterei und Insurrektion. In Reußens Begleitung begibt sie sich zu Homburg, um nach der Unterredung zu entscheiden, ob der Brief abgegeben werden soll.

Im Gefängnis sehen wir den eben eintretenden Prinzen sich »auf ein, auf der Erde ausgebreitetes, Kissen« niederlassen, eine für das damalige Theater höchst ungewöhnliche symbolische Geste. Nach dem kurzen Monolog über die Flüchtigkeit des Lebens mit den bezeichnenden Zeilen, die ein Jenseits bezweifeln — »Zwar, eine Sonne, sagt man, scheint dort auch, / Und über buntre Felder noch, als hier: / Ich glaub's; nur schade, daß das Auge modert, / Das diese Herrlichkeit erblicken soll.« — tritt Natalie mit des Kurfürsten Brief ein. Sie versichert ihm, sie bringe die Begnadigung. Als er aber den Brief liest, in dem der Kurfürst es ihm überläßt, zu entscheiden, ob ihm ein Unrecht geschehen sei, erblaßt Natalie, den wahren Sachverhalt intuitiv erkennend, und versucht durch übereifrig freudiges Zureden den Prinzen von der List des Briefes abzulenken, aber vergeblich. Er durchschaut die Absicht. Er schreibt nun den Brief an den Kurfürsten, in dem er jegliches Unrecht ableugnet, und schickt ihn mit Worten schicksalschwerer Ironie durch einen Kürassier ab:

Ich will ihm, der so würdig vor mir steht,
Nicht, ein Unwürd'ger, gegenüber stehn!
Schuld ruht, bedeutende, mir auf der Brust,
Wie ich es wohl erkenne; kann er mir
Vergeben nur, wenn ich mit ihm drum streite,
So mag ich nichts von seiner Gnade wissen.

Das sind nicht die Worte eines Mannes, der sich einer unverzeihlichen Schuld bewußt ist. Hier spricht tieferes Wissen als des Kurfürsten Rabulistik, und ein Mut, dessen Größe der Kurfürst kaum ermessen kann. Natalie aber kann es, die den Prinzen stolz küßt mit den Worten: »Wenn du deinem Herzen folgst, / Ist's mir erlaubt, dem meinigen zu folgen.« Und damit läßt sie den Brief, der Meuterei bedeutet, abgehen.
Was hat sich wohl im Herzen des Prinzen abgespielt, seit wir ihn bei der Kurfürstin verlassen haben? Nach dem völligen Zusammenbruch ist er ins Gefängnis zurückgekehrt. Der Gefühlsausbruch hat ihn, wie der psychologisch feinhörige Kleist aus eigener Erfahrung wohl weiß, beruhigt. Er meditiert über Tod und Unsterblichkeit, ohne Trost im Gedanken an ein Jenseits zu finden, das ihm in diesem Augenblick noch leer ist, über einen Tod, dessen Sinn er nicht erkennt, und der der Laune der schicksalhaften Willkür des unbeschränkten Herrschers entspringt. Aber er schickt sich darein. Da kommt Natalie und mit ihr offensichtlich die Begnadigung und Hoffnung auf ein neues Leben. Der Brief, den er wiederholt lesen muß, um auch den letzten Sinn zu erfassen,

setzt ihn selbst zum Richter über sein Handeln. Die Alternativen sind, entweder die Schuld zu leugnen und damit indirekt sie auf den Kurfürsten und das System zu schieben, oder sich zu der Schuld zu bekennen, und dadurch das, was er als einen Akt menschlicher Kleinlichkeit erkannt hatte, durch seinen eigenen heroischen Entschluß zu verklären, und der Willkür den strengen Glanz der Staatsnotwendigkeit zu verleihen. Die Schuld also, die er auf sich lasten fühlt, ist die heilige Verpflichtung des plötzlich ganz wach und reif Gewordenen, die Krone, die, wie wir wiederholt gehört haben, wichtiger ist als ihr zeitweiliger Träger, vor Verunglimpfung zu bewahren, indem er den guten Namen des Kurfürsten mit seinem Leben deckt. Vaterland und Krone sind ewig, sterblich sind Kurfürsten und Helden. So gibt er ganz im Geist des Existentialismus dem Widersinn einen Sinn aus sich selbst heraus. Damit Vaterland und Krone weiter unbeschadet bestehen können, ringt sich der Prinz zu dieser Opfertat durch. Daß wir es hier nicht mit einer Schillerschen Rhetorik zu tun haben, wird uns aus der Szene einleuchten, in der der Prinz, auf der Todesstrafe bestehend, verzweifelt allem Abschiednehmen ausweicht, nachdem er die schönen Reden auf die Größe und Güte des Kurfürsten vor der versammelten Armee gehalten hat, weil er sich auf seine eigene Willenstärke nicht länger verlassen kann: »Tyrannen«, ruft er den ihn umringenden Offizieren zu, »wollt ihr / Hinaus an Ketten mich zum Richtplatz schleifen? / Fort! - - Mit der Welt schloß ich die Rechnung ab!« Am Ende des vierten Aktes hat der Prinz Läuterung und Reife erreicht. Wie steht es mit dem Kurfürsten?

Im letzten Akt sind wir im Schloß. Es ist Nacht. Der Kurfürst kommt »halb entkleidet«, wie es im Text heißt, herein, gefolgt von Truchß, Golz und Hohenzollern. Es herrscht große Konsternation; vor dem Schloß sind Nataliens Dragoner unter Kottwitzens Führung aufgezogen. Keiner weiß warum. Kottwitz ist auf dem Rathaus, wo sich die »gesamte Generalität« versammelt hat. Auch dafür weiß niemand einen Grund, und die Offiziere wollen sich ebenfalls dorthin begeben. Allein geblieben, schlägt sich der Kurfürst seine und der Seinigen Sorgen aus dem Kopf. Gleichzeitig schickt er aber doch einen Diener zum Aushorchen ins Stadthaus. Darauf läßt er sich in vollem kurfürstlichem Ornat ankleiden. Es kommt der Feldmarschall Dörfling mit dem Ruf: »Rebellion, mein Kurfürft!« Damit ist das trächtige Wort gefallen, das unausgesprochen dem Kurfürsten vorgeschwebt haben muß. Mit betonter Ruhe will er wissen, was los ist. »Es geht ein Blatt in ihrem [der Offiziere] Kreis herum, / Bestimmt in deine Rechte einzugreifen.« Mit größter Gewiegtheit nimmt der Kurfürst dem Feldmarschall den Wind aus den Segeln; er wisse alles, es handle sich um eine Petition für Homburg, der er sich im Herzen anschließe. Ernster ist der Bericht, daß man den Prinzen mit Gewalt zu befreien gedenke, sollte der Kurfürst »mit unversöhntem Grimm« auf dem Spruch beharren. Man merke, nicht nur die eigene intimste Familienumgebung, sondern auch die ganze Armee, glaubt fest, daß der Kurfürst die Hinrichtung ausführen wird. Niemand zweifelt daran. Der Feldmarschall versucht mit leisen Warnungen den Kurfürsten zu überreden, dem Prinzen den Degen zurückzuschicken, noch ehe Kottwitz erscheint, um so dem Gnadenakt den Schein der Freiwilligkeit zu verleihen: »Du gibst der Zeitung eine Großtat mehr, / Und eine Untat weniger zu melden.« Dazu, meint der Kurfürst, müßte er den Prinzen erst befragen. Im Augenblick, da Kottwitz mit der Offiziersdelegation erscheint, kommt des Prinzen Antwort: der Kurfürst liest sie schnell und verlangt das Todesurteil. Nun wendet er sich an Kottwitz. Es stellt sich heraus, daß nicht aus Insubordination, sondern auf Nataliens, angeblich in des Kurfürsten Namen gegebenen Befehl, die Truppen sich hier versammelt haben. Mit dem Wissen um den Inhalt des Homburgschen Briefes und die Sicherheit vor einer Meuterei, hat nun der Kurfürst seine Fassung und Oberhand wiedergewonnen, und fängt sein kurioses Spiel von neuem an.

Er bestellt Kottwitz mit seinen Schwadronen zum letzten Ehrengeleit für den Prinzen.

Er stellt mit Genugtuung fest, daß die Reiterei vom Schloß abgezogen ist, so daß er keinen Gewaltstreich zu befürchten hat. Kottwitz überreicht die Bittschrift, der Kurfürst beruft sich auf das Gesetz, und Kottwitz gemahnt ihn daran, nicht er, sondern das Vaterland, die Krone, sei das höchste Gesetz. Wertlos sei eine Armee, die nur ein Werkzeug sei und kein Gefühl haben dürfe. Anscheinend um eine Antwort verlegen, läßt der Kurfürst den Prinzen holen. In dem Augenblick wird ihm eine zweite Zuschrift gereicht. Sie ist von Hohenzollern, der den Kurfürsten beschuldigt, des Prinzen Tat selbst veranlaßt zu haben, als er sich den grausamen Spaß mit dem Prinzen im ersten Akt geleistet habe. Tief betroffen hadert der Kurfürst auf nicht mehr würdige Weise mit Hohenzollern, dem er die Verantwortung zuschiebt. Der Prinz wird gemeldet, der zuvor noch einmal sein Grab hatte sehen wollen. Vom Kurfürsten von der Petition unterrichtet, besteht er auf seiner Strafe: »Ich will den Tod, der mir erkannt, / erdulden! / ... Ich will das heilige Gesetz des Krieges, / Das ich verletzt', im Angesicht des Heers, / Durch einen freien Tod verherrlichen! / Was kann der Sieg euch, meine Brüder, gelten, / ... den ich vielleicht / Dem Wrangel noch entreiße, dem Triumph / Verglichen, über den verderblichsten / Der Feind' in uns, den Trotz, den Übermut? ...« Er bittet den Kurfürsten um Vergebung, und um Nataliens Freiheit vor den Werbungen des Schwedenkönigs. Der Kurfürst küßt ihn und erklärt Natalie als seine Braut im Tode. Der Prinz segnet ihn und soll nun wieder abgeführt werden. Von der Abschiedsszene haben wir bereits gesprochen. Die Offiziere sind überzeugt, daß nichts den Kurfürsten von seiner Absicht abbringen kann. Da wendet er sich wie ein guter Regisseur an sie mit der Frage, ob sie es mit dem Prinzen ein viertesmal in der Schlacht versuchen wollten und zerreißt das Todesurteil. Man möchte meinen, des kurfürstlichen Possenspiels wäre nun genug; aber nein, wir müssen noch eine Reprise der ersten Szene über uns ergehen lassen. Der Prinz wird zur Hinrichtung geführt; auf einmal ist Licht um ihn: Natalie, der Kurfürst, der Hof, und er fällt in Ohnmacht. Großer Jubel allerseits, Kriegsgeschrei, der Prinz erwacht und spricht seine letzten Worte: »Ist es ein Traum?« Der Kurfürst hatte seinen Spaß, der Vorhang fällt.

Vielleicht hieße das Stück besser *Prinz Friedrich von Homburg oder die Erziehung des Kurfürsten*. Seit langem ist sich die Kritik darüber einig, daß Kleist hier den großen Wandlungsprozeß des Prinzen demonstrieren wollte. Viel weniger einstimmig ist man über die Rolle des Kurfürsten. Ist er ein gerechter Fürst, ist er von Anfang an zur Gnade entschlossen? Was für ein Mensch ist er? Gegen die Gnadenabsicht *a priori* spricht die unleugbare Tatsache, daß jeder, von der Kurfürstin bis zum niedrigsten Offizier, bei aller Achtung vor dem Souverän, ihm die Absicht, den Todesspruch auszuführen, glaubt. Ferner findet sich weder in der Familie, noch in der Armee auch nur ein Mensch, der die Strafe für gerecht oder notwendig hielt. Wie kann ein Herrscher so lange von seiner Familie und auf dem Thron so verkannt werden? Wir halten eine solche Möglichkeit für kaum glaubbar. So bleibt uns eben nichts anderes übrig, als uns an des Kurfürsten Willkür zu halten. Vergessen wir auch nicht, daß im Stück zu keiner Zeit die beabsichtigte Verlobung Nataliens mit dem Schwedenkönig geleugnet wird. Nur die Gefahr für seine Krone läßt den Kurfürsten am Ende die Rolle des Großzügigen spielen. Aus dieser Perspektive gesehen, überrascht uns das Stück durch die Modernität seiner Motivierung und seiner psychologischen Menschenkenntnis, und so können wir es verstehen, daß die heutige französische Bühne sich mit dem Drama identifizieren kann, als wäre es ein Stück Resistanceliteratur. In diesem Zusammenhang interessant ist die Rezension einer Berliner Aufführung in der Leipziger Zeitschrift *Europa* vom 18. Oktober 1848, in der es heißt:

... Unsere Zeit verwirft diese Fürsten und Könige, welche sich vermessen, mit ihrem Willen und ihrer Anschauungsweise sich als das absolute Gesetz gebaren und die allein maßgebende und entscheidende Willensausströmung eines ganzen Volkes sein zu wollen. Dieser Große Kurfürst ist ein echter starrer, absoluter Hohenzoller, welcher sich einbildet, der Gott und das Gesetz seines Volkes zu sein, die ganze Hohenzollernsche Starrheit ist in diesem Charakter ausgeprägt, und wenn wir jetzt diesen »Prinz von Homburg« sehen, so verletzt uns damit nicht mehr bloß wie früher die Starrheit des Gesetzes den Anforderungen und Bedingungen des Geistes und Herzens gegenüber, sondern mehr noch der Anblick dieses absoluten Herrschers, dessen individueller Meinung und dessen despotischem Willen die Edelsten und Besten sich fügen sollen.

Daß übrigens der perverse Kurfürstenspaß kein Einzelfall, sondern irgendwie Teil des Kleistschen Schemas ist, sehen wir auch am Ende von *Käthchen von Heilbronn,* wo Wetter vom Strahl sich einen ähnlichen Spaß mit Käthchen und mit Kunigunde leistet.

Kleist selber hat das Käthchen, die Idealgestalt der sich willenlos unterordnenden Frau, für das Gegenstück der Penthesilea gehalten. Wir haben bereits flüchtig angedeutet, daß bei Kleist Penthesilea als Frau untypisch, dagegen mit psychologischem Maßstab gemessen, von höchstem Interesse ist. Es werden hier Seelentiefen und Verquickungen aufgerissen, die ein grelles Schlaglicht auf Kleist selbst werfen, der von dem Werke sagte: »Mein innerstes Wesen liegt darin, ... der ganze Schmutz zugleich und Glanz meiner Seele.« Die Seelenverwirrungen, die den Rat Goethe so störten, deuten auf intuitive Seelenkenntnisse hin, die erst der neusten Psychiatrie und Mythenforschung und, von dort her, der Literatur bekannt sind.

Die in der Ilias kurz behandelte Amazonenepisode wird von Kleist auf originelle Weise umgedeutet. Er gibt einerseits der Penthesilea Heldenzüge des homerischen Achilles, andererseits verweichlicht er die Gestalt des Achilles, der hier nicht mehr unverletzbar ist, so weit, daß wir von einer Geschlechtsvertauschung sprechen können. Der Achilles, der bei Homer außer sich und Patroklos niemanden liebt, erliegt der Liebe, so sehr, daß er bereit ist, der geliebten Frau in ihr Land zu folgen. In der männischen Penthesilea ist die Liebe ebenfalls bis zur Selbstaufgabe gestiegen, und die Tragödie ergibt sich aus der bei Kleist gewohnten Vertrauenskrise, aus Mißverständnis des Vertrauens, mit dem beide einander entgegenkommen, ohne sein volles Wesen einander restlos mitteilen zu können. Was im *Zerbrochenen Krug* die Komödie fundiert, führt hier zur Tragödie. Wieder ist die Hybris ausschlaggebend, indem sie zum Bruch kultischen Brauches führt. Penthesilea wird vom Traum der sterbenden Mutter, die der Tochter den Achilles zum Mann bestimmt, in ein ungeahntes Schicksal verflochten. Ihre Übertretung des Amazonengesetzes, den ersten besiegten Mann zum Rosenfest mitzunehmen, ist ein Vergehen gegen die Götter, das sich an ihr und an dem geliebten Mann rächt. Der seelische Kampf der liebenden Frau gegen ihre Widernatur endet in der Verbestalisierung der in ihrem Frauentum zu Tode Beleidigten und der unmittelbar darauf folgenden fraulichen Verklärung, die sie dem Geliebten in den Tod folgen heißt.

Der der Amazone anhaftende unlösbare Konflikt zwischen dem Aggresiven und dem fraulich Mütterlichen ist großenteils mythisch bedingt. Sie ist die Tochter des Ares, des Kriegers und des Geliebten Aphroditens, die nicht nur die Göttin der Schönheit und der Liebe ist, sondern auch auf Cyprus lüsterne Orgien feiert. Vom Mythos her gesehen sind in Pethesilea Krieg und Leidenschaft, Lust und Liebe so ineinander verflochten, daß sie beim Anblick des Achilles den Ares begrüßt, der kommt, seine Braut willkommen zu heißen. Wir wissen, daß die Amazonen sich als Bräute ihres Gottes betrachten. (Der Gedanke der Heirat der frommen Nonne mit ihrem Heiland drängt sich auf.) Als solche unterstehen sie seinem Willen bei der Wahl der zu erobernden Städte und zum Liebesraub bestimmten Männer und vereinigen so in sich untrennbar das destruktive und prokreative Element.

Penthesilea ist aber auch die Priesterin der keuschen Göttin Diana, die den sie beim Bade belauschenden Akteon in einen Hirsch verwandelt, um ihn mit ihren Hunden um die Wette zu zerreißen. Gleichzeitig kann sie sich aber auch in Endymion verlieben, dem sie ewigen Schlaf einflößt, damit er sie auf immer wie bei der ersten Liebesstunde in Erinnerung behalte. Mit feiner Intuition verquickt Kleist diese Mythen in dem Schicksal des Achilles und der Penthesilea. Hinzu kommt noch, daß Penthesilea in ihm den Gott Apollo sieht. So motiviert der Dichter die höchst komplexe Seele der Penthesilea aus dem Mythos und aus der Psychologie.

Es gibt auch in der Moderne wenige Dichter, in deren Werken sich soviel Lieblichkeit mit soviel blutrünstiger Perversion letzten Endes harmonisch verbindet. Die orgiastischen Exzesse der Neuromantiker um 1910, wie Ernst Hardt, oder Eulenberg, oder das Theater des jungen Brecht, Genet oder Dürrenmatt, gehen bei aller Verschiedenheit ähnliche Wege; und wir verstehen Georg Kaisers Worte:

Wie kann ein Dichter ohne das Vorbild Heinrich von Kleists dies schmutzige Meer der menschlichen Gesellschaft durchwaten?

Es fühlt der Mensch von heute ein tiefes, instinktives Verständnis für den armen Sünder, den Kämpfer gegen sich selbst, den Berenner eines gehör- und gesichtslosen Gottes, den verzweifelten Sinngeber eines sinnlosen Kosmos, den nach Liebe, Freundschaft, Tod dürstenden, unerlösbar Einsamen:

Was ist das doch für ein seltsamer Zustand, sich immer an eine Brust hinsehnen und doch keinen Fuß rühren, um daran niederzusinken.

University of Pennsylvania   Adolf D. Klarmann

INGEGRETE KREIENBRINK

Johann Georg Schlossers Streit mit Kant

Es mag auf den ersten Blick zweifelhaft erscheinen, ob eine literarhistorische Berechtigung besteht, Johann Georg Schlosser und Kant zu konfrontieren. Kant, den Schöpfer
eines in sich geschlossenen Denksystems, auf dessen Fundament sich die gesamte Philosophie des deutschen Idealismus aufbaute, und Schlosser, den nahezu Unbekannten, dessen Denken jede Systematik vermissen läßt, dessen Argumentationen gegen Kant manche Blöße für den gegnerischen Stoß freigeben. Man könnte meinen, die Überlegenheit
des einen über den anderen lasse eine Gegenüberstellung vor vornherein nicht zu. Dieser
Eindruck wird verstärkt durch die eindeutige Stellungnahme der Zeitgenossen, in deren
Augen es eine verwegene Anmaßung Schlossers war, öffentlich gegen Kant aufzutreten.
Aber es sollte zu denken geben, daß die Entwicklung der Geschichte der Philosophie seit
dem 18. bis in das 19. Jahrhundert immer stärker auf eine gewisse Überwindung Kants
hinstrebte, und daß die Grundlagen des sich darin aussprechenden Lebensgefühls eben
dieselben waren, die Schlosser die Kraft und den Mut zur Selbstbehauptung einem überlegenen Gegner gegenüber gaben. Dazu kommt ein weiteres, was die Zeitgenossen
übersahen, was aber nicht übersehen werden darf: die Konsequenz des Kantischen Systems und die Kühle seiner Denkabstraktion mußten nahezu naturnotwendig eine Gegenbewegung hervorrufen, die sich dem Menschen und seinem konkreten Lebensgefühl
zuwandte.
Die ersten Anzeichen dafür, die bald in der Romantik festere Formen annehmen
sollten, spürt man auch bei Schlosser, als er mit einem nachgerade heiligen Eifer gegen
Kant auftritt. Aus dieser Perspektive gesehen, dürfte auch die Ungleichwertigkeit der
beiden Gegner sich milder beurteilen lassen und die Berechtigung einer Gegenüberstellung objektiver Kritik standhalten können. Der Klarheit des Kantischen Denkens,
der Festigkeit seines Standpunktes, dem lückenlosen Aufbau und der absoluten Beherrschung seines Denksystems stehen bei Schlosser Labilität des Gefühls, mangelnde Systematik der Beweisführung, sprunghafte Argumentation, tastendes Suchen nach einem
alles versöhnenden Zusammenhang gegenüber. Das heißt mit anderen Worten: Kants
System war die Vollendung einer lange gewachsenen Form des Denkens, Schlossers
Intentionen waren erste Andeutungen einer neuaufkommenden philosophischen Wertung.
Die fruchtbaren Ansätze aber, die zweifellos in Schlossers Denken liegen und die Kant
zu einer weittragenden Polemik anregten und die dann von ihm nachfolgenden dif-
ferenziert und zu einer eigenen Weltanschauung gestaltet wurden, berechtigen, Schlosser gegenüber Kant ein größeres Maß an Berechtigung zuzuerkennen, als es bisher
geschehen ist.
Schlosser war in seiner philosophischen Weltanschauung in starkem Maße den Einflüssen
verhaftet, die aus seiner Epoche auf ihn einwirkten. Seine Stellung innerhalb dieser
Vielheit genau abzugrenzen, ist kaum möglich. Denn weder dachte Schlosser spekulativ-
philosophisch, noch war er Systematiker. [1] Daher ist er keiner philosophischen Rich-

---

[1] Vgl. »Über die Träume eines Menschenfreundes«, 6. Brief Iselins an Schlosser, *Kleine Schriften* (Basel, 1779—93), Bd. I, S. 235 ff.

tung eindeutig zuzuordnen, sondern auf diesem Gebiete in erster Linie Eklektiker. Von
jeder Richtung nimmt er die ihm gemäßen Seiten auf und fügt sie mehr oder weniger
glücklich seinem Lebensbilde ein. Das Geständnis, nicht aus innerstem Drang, sondern
»durch eine Hinterthüre« zur Philosophie gekommen zu sein, die Einsicht, die für eine
»spekulative Philosophie notwendige Abstraktionsfähigkeit« [2]) nicht zu besitzen, beweist, daß Schlosser sich seiner wesensmäßigen Befangenheit, aus eigener Kraft zu
philosophieren, durchaus bewußt war.

Seine Abneigung gegen Metaphysik und abstrakte Spekulation, verbunden mit seiner
Ablehnung der rationalen Aufklärung als solcher, mit der er in seinen jungen Jahren
in der Persönlichkeit Gottscheds und der Philosophie Wolffs in Berührung gekommen
war, mußte Schlosser notwendig zu einer Ablehnung Kants führen, fand aber erst
im Alter literarischen Niederschlag.

Im Zuge der Übersetzertätigkeit [3]), mit der Schlosser bereits vor Voß und Fritz Stolberg
die Einbürgerung antiker Schriftsteller in Deutschland zu vollziehen begann, ging er im
Jahre 1792 als erster daran, die von ihm als echt erkannten platonischen Briefe zu
übersetzen. Dieses bedeutende Unternehmen Schlossers hat in der Nachwelt ebensowenig Würdigung gefunden, wie es ihm zu Lebzeiten Anerkennung einbrachte. Denn
Schlosser glaubte, mit dieser Plato-Übersetzung zugleich die beste Gelegenheit gefunden
zu haben, in einer Anmerkung dem lange aufgespeicherten Groll gegen die Kantische
Philosophie Ausdruck zu geben:

»Bekanntlich lehrte Plato nach, wie es nicht unwahrscheinlich ist, der Schule des Heraklid, daß
die Materie immer schwankend und unstät flösse, also eigentlich nur Eigenschaft, Affection wäre;
daß aber einen jeden Dinge ein eigenes Wesen, das er oft Idee nennt, unterläge, das fest und
unveränderlich bliebe. Diese Idee nun, dieses feste, unveränderliche Wesen, das sich nur in der
Seele und durch die Seele anschauen läßt, dieses ist das, was hier Plato unter dem fünften ver-
stehet, wenn anders ich diese Stelle richtig verstanden habe.
Dieser Gedanke scheint mir auch sehr gegründet; denn wir werden auf denselben durch die
unmittelbare Anschauung unsrer eignen ersten wirkenden Prinzipien in uns, und durch die
gleichfalls unmittelbare Anschauung unsers Leidens geführt, und dadurch berechtigt, einen
analogischen Schluß auf die Objecte außer uns zu machen, der uns zwar nicht ins innere Heilig-
thum der Wahrheit führt, aber doch unsern Platz im Vorhof desselben so sehr erleuchtet, als es
uns nöthig ist, um da den Dienst unsrer Priesterschaft zu versehen.
Es ist jedoch nicht zu leugnen, daß die alten und neuen Philosophen durch einen Mißbrauch
dieses analogischen Raisonnements, und daß unter ihnen sonderlich Plato im Objectiviren oft zu
weit geht; aber mich dünkt, die allerneuste deutsche Philosophie zieht die der Menschheit gesetzten Grenzen durch ihr Subjectiviren eben so sehr viel zu enge zusammen. Aus lauter Sorge,
in ihr gereinigtes oder reinigendes System nichts empirisches einschleichen zu lassen, sondern
alles auf lauter Grundsätze und Begriffe, die a priori entstanden sind, zu bauen, schneidet sie
den denkenden Menschen gleichsam von der ganzen Natur und der um ihn lebenden, ihn immer
mit sich fortreißenden Schöpfung gänzlich ab, und macht ihn vielleicht in einigen Dingen um
etwas gewisser, aber wahrhaftig weder weiser noch besser, wenn anders die Weisheit noch
will, daß man sich in seine Verhältnisse schicke. Es mag seyn, daß diese Philosophen sehr große
Ursache hatten, eine Kritik der reinsten Philosophie im engsten Verstand des Wortes, Philoso-

---

[2]) »Schreiben an Friedrich Heinrich Jacobi über Dessen David Hume«, in: *Deutsches Museum*
   2 (1787), S. 338 f.
[3]) Musaios, *Hero und Leander*. Frankfurt/M. 1771. — Xenophon, Hiero oder über die Könige.
   Kleine Schriften II, Basel 1780. — Plato, Alcibiades. Zweyte Unterredung über das Gebet.
   ebda. — Longinus, *Vom Erhabenen*. Mit Anmerkungen und einem Anhang. Leipzig 1781. —
   Aristophanes, *Die Frösche*. Basel 1783. — Aischylos, *Prometheus in Fesseln*. Basel 1784. —
   Plato, Euthyphron I und II. *Kleine Schriften V*. Basel 1787. — Thucydides, passim 1793 ff. —
   Platos Briefe nebst einer historischen Einleitung und Anmerkungen. Königsberg 1792. —
   Aristoteles, *Politik und Fragmente der Oekonomie*. Lübeck 1798.

phie, zu geben, und mir scheinen sie einen glücklichern und bessern Weg gegangen zu seyn, als die alten Skeptiker, die im Grund eben diese Absicht gehabt haben mögen. Aber Kritik der Philosophie ist nicht deswegen Kritik der Vernunft. Jene kann vielleicht zu ihrer Demüthigung auf die engen Kreise der apodiktischen Gewißheit eingeschränkt werden; warum maßt sie sich an das Schild: hier findet man Wahrheit, auszuhängen? Aber nicht so die Vernunft. Die Vernunft, dünkt mich, kann den, der ihrer Leitung sich ergiebt, nicht in engere Grenzen schließen, als diejenigen sind, in welchen er ist, und wem es scheint, daß, wie einige alte Stoiker prahlten, die Vernunft in der Hungersnoth gebiete, ohne zu essen glücklich zu seyn, dem würde wohl Shakespear mit Recht die Frage vorlegen können: ob er auf den beeisten Alpen wärmer werde, wenn er an das Feuer denke?

Die Vernunft kann die Schlüsse aus Analogien und aus Wahrscheinlichkeiten ehe nicht entbehren, als bis sie entweder das Wesen, den Grundstoff, alle Prinzipien der Dinge erkennt; oder, bis sie sich losmacht von der Sinnlichkeit, von dem Willen, von der Empfindung; oder endlich bis die ihr a priori unbekannte Welt aufhört, auf sie zu wirken. Dann mag sie über Realitäten oder Phänomene absprechen wie sie will, nichts hindert sie dann in jedem Augenblick zu sagen: Ich weiß nicht. Aber so lang sie die Gesetzgeberin des Willens seyn muß, so lang sie zu den Phänomenen sagen muß, du gefällst mir, und du gefällst mir nicht; so lang muß sie selbst die Phänomene als Wirkungen von Realitäten ansehen, und nach Analogien, Inductionen und Wahrscheinlichkeiten über deren Ursachen richten und urtheilen, und nach ihren Urtheilen dem Willen seine Gesetze geben. Eine Kritik, die der Vernunft dieses absprüche, würde sie nicht reinigen, sondern entmannen; und mich dünkt sogar, eine Philosophie, die sich durch eine solche Reinigung so sehr von der Vernunft sequestrirte, würde selbst Gefahr laufen, bald in eine bloße Formgebungs-Manufactur auszuarten, welche in kurzem alle Materie verlieren, und in der nächsten Generation im Denken den alten scholastischen Peripatetismus einführen würde, welchem dann immer im Handeln, zumahl da, wo dem Vorurtheil und dem Aberglauben ihre zähmende Kraft benommen worden ist, der regelloseste Libertinismus folgt, bis sich beyde in der Barbarey verlieren. Ein System, das beynahe alle Wirklichkeit, das Gott und Unsterblichkeit wegkritisirt, und die Tugend so metaphysisch sublimirt, daß ihre Gestalt kaum mehr zu ahnden ist, läßt nichts bessers hoffen. Und obgleich das allerneuste Reinigungssystem uns eine Sittlichkeit a priori, und selbst Realität, Gott und Unsterblichkeit, die dasselbe uns mit der einen Hand genommen hat, mit der andern wieder zu geben scheint; so giebt es doch diese eben so wieder, wie man in einigen schwachen Gerichtshöfen dem, den das Urtheil als einen Betrüger verdammt, seine Ehre durch die frostige Clausel, seiner Ehre unbeschadet wieder zu geben pflegt, und die Sittlichkeit, die uns dieses System aus dem Schiffbruch der Vernunft rettet, ist so feinnervig geworden, daß sie den Kampf mit dem Laster schwerlich mehr wird bestehen können.

Ich gehe in dem System herum, und rufe der Weisheit, wie Orlandino in dem Zauberpalast der Lirina seiner Geliebten ruft; ich glaube sie zu sehen, aber wenn ich sie ergreifen will, so entschlüpft immer die Erscheinung, die mich täuschte, meiner Hand, und spottet noch unfreundlich meines Wahns. In Plato's System kann ich freylich auch die Göttin nicht mit der Hand ergreifen; aber: wenn ich ihr doch so nahe komme, daß ich das Rauschen ihres Gewandes vernehmen kann, so fühle ich wenigstens, daß Lebensgeist auf der Stelle webte. Plato hebt freylich den Schleyer der Isis nicht auf, aber er macht ihn doch so dünne, daß ich unter ihm die Gestalt der Göttin ahnden kann. Macht uns die neue deutsche Philosophie glücklicher, wahrer, besser, macht sie uns nur gewisser, wenn sie neue Schleyer auf die alten wirft, oder wenn sie vielmehr gar die Göttin so verschwinden macht, daß es niemand mehr einfallen kann, nur nach ihr zu fragen?

Mich dünkt, das sicherste äußere Kennzeichen der Aechtheit der Menschen-Philosophie ist nicht das, daß sie uns gewisser, sondern das, daß sie uns besser mache. Denn die Philosophie, die uns nur Gewißheit giebt, schließt uns überall in Kreise ein, in welchen Vernunft und Menschensinn sich doch nicht behelfen können; die aber, die uns besser macht, schlingt uns ein in die gränzlose Harmonie des Ganzen.« [4]

Mit dieser Kampfansage gegen Kant entzündete Schlosser einen Funken, der sich in kürzester Zeit zu einem gefährlichen Brande entwickeln sollte. Denn der »Meister der

---

[4] *Platos Briefe* nebst einer historischen Einleitung und Anmerkungen. 2. Aufl., Königsberg 1795. S. 180 ff.

kritischen Philosophie« lohnte Schlossers Angriffe mit seinem scharfen Aufsatz *Von einem neuerdings erhobenen vornehmen Ton in der Philosophie.* [5]) Und Schlossers einmal angefachte Kampfeslust enthielt sich nicht, die Polemik fortzuführen.

Als Rechtfertigung und Erläuterung seiner Anmerkung in der Plato-Übersetzung entstand 1797 das erste *Schreiben an einen jungen Mann, der die kritische Philosophie studiren wollte.* Mit dieser Schrift beabsichtigte Schlosser, das Kantische System, speziell das Gebiet der Sittenlehre, mehr oder weniger *ad absurdum* zu führen und es als eine wahrhaftige Gefahr für die Entwicklung des menschlichen Geistes hinzustellen. Als Sensualist und Irrationalist mußte Schlosser dem Kantischen Kritizismus fern stehen; für ihn, dessen Weltanschauung sich wesentlich auf seiner Tugendlehre aufbaute, war die Aufstellung des kategorischen Imperativs, wie für die meisten Gegner Kants, der spezielle Stein des Anstoßes und mußte seinen geistigen Standpunkt bestimmen, einen Standpunkt, der, wenn auch von den Zeitgenossen nicht als solcher erkannt, durchaus beachtenswert war. Deshalb muß man es bedauern, daß Schlosser, als er sich in diesen öffentlichen Streit einließ, die Grenzen seines eigenen Könnens nicht genügend berücksichtigte, damit dem Gewicht seiner Worte Abbruch tat und dem Gegner die Waffen selbst in die Hand gab. Wer sich mit einem Kant messen wollte, mußte dessen System bis in seine Feinheiten kennen und beherrschen. Schlosser lag es aber ebensowenig wie Herder, in die subtilen Feinheiten der theoretischen Erkenntnislehre Kants einzudringen und in einer methodisch-kritischen Untersuchung des Systems die eigenen Angriffspunkte zu unterbauen. Ohne die Entwicklung von den theoretischen Gedankengängen Kants zu den praktischen Maximen nachzuvollziehen, polemisierte Schlosser allein vom Standpunkt seiner eigenen Sittenlehre gegen die Kants.

Allerdings dürfte der Vorwurf, die gegnerischen Gedanken mit nicht genügender Einfühlung untersucht zu haben, mit derselben mehr oder weniger starken Berechtigung Kant entgegengehalten werden. Er wollte und konnte Schlossers Denken ebensowenig Verständnis entgegenbringen, wie Schlosser Kants Anschauungen gerecht wurde. Zwei elementar verschiedene Weltanschauungen standen einander gegenüber.

Schlossers Argumente richten sich in erster Linie gegen die Herrschaft des Verstandes über die Natur, die das lebensvolle Universum in eine unfruchtbare Wüste verwandeln müsse. Denn die abstrakte Spekulation der Transzendentalphilosophie schließe durch ihren absoluten Dualismus den Menschen notwendig »von der ganzen lebendigen Natur aus«. [6]) Damit besteht der Wert des Menschen aber nicht in seinem irdischen, sinnlichen Sosein, sondern allein in seiner Funktion als »Bewußtsein überhaupt«. Dadurch erscheint Schlosser das Leben verödet, der Mensch herabgewürdigt. Die Sinnlichkeit, die Schlosser bei Kant zur Funktionslosigkeit erniedrigt sah, hatte für ihn nicht nur dem Verstand gegenüber Berechtigung, sondern darüber hinaus einen durchaus eigenen Sinn und Wert. Das Gefühl, für Kant lediglich fähig, Lust und Unlust in verschiedenen

---

[5]) *Berlinische Monatsschrift* 1796. Vgl. dazu Schlossers Brief an Johann Georg Jacobi vom 28. August 1776: »Der alte Kant hat sich so sehr vergessen, daß er über einige meiner Anmerkungen zu Platos Briefen bitter böse worden ist und in einer Art von halb schwerer Rüstung mich vorzüglich angegriffen hatte ... Mich hat das ... gar nicht gestört, aber ich glaubte, das wäre eine gute Gelegenheit mein Herz über den Kantischen Unfug aus zu schütten. Ich habe ihm also in einem Büchlein geantwortet, das samt dem Angriff wirklich bey Bohn in Lübeck gedruckt wird und das du haben sollst.« *Ungedruckte Briefe von und an Johann Georg Jacobi,* hrsg. von Ernst Martin. In: *Quellen und Forschungen zur Sprach- und Kulturgeschichte der germanischen Völker.* (Straßburg, 1874), H. 2. S. 37.

[6]) *Erstes und zweites Schreiben an einen jungen Mann, der die kritische Philosophie studiren wollte* (Lübeck, 1797—98). *Zweites Schreiben,* S. 24.

Intensitätsgraden aufzunehmen [7]), besitzt für Schlosser das Vermögen, die Welt in ihrem individuellen Sinne nicht nur zu erfassen, sondern darüber hinaus »das All in Liebe zu verbinden«. Für Kant gibt es keine andere Struktur der Natur als die durch den Verstand hervorgebrachte. Eine solche Welt lehnte Schlosser ebenso ab wie eine rein empirisch-sensualistisch erfaßte, die im Extrem zu anarchistischer Sinnlichkeit führen muß. Schlosser suchte, in Anlehnung an die Gedankenwelt Platos, eine Synthese beider.

Im »inneren Menschen« — einem bei Schlosser stets erneut auftretenden Begriff — als dem Ausdruck geistig-seelisch-sittlicher Substanzialität, der Vernunft, vereinigen sich Sinnlichkeit und Denken. Die Empfindungen aber stehen am Anfang und am Ende aller denkenden und handelnden Wirksamkeit. Innerer und äußerer Mensch sind nicht gesondert, sondern gemeinsam zu betrachten. Die innere Bedeutung der Persönlichkeit liegt durchaus in ihrer sichtbaren Erscheinung mit eingeschlossen. Die unmittelbare, innere, intellektuelle Anschauung kann allein das Empfinden und damit den Willen bestimmen. Das bedeutet, daß der Mensch als ein Ganzes erkannt und anerkannt werden muß. Sinnlichkeit und Verstand gehören absolut zusammen. Neben dem reinen Vernunftschluß muß dem Schluß aus Analogie und Wahrscheinlichkeit, neben der apodiktischen Gewißheit *a priori*schen Denkens auch den Erkenntnissen *a posteriori*, auch dem Meinen und Glauben als Übergangsstufen Raum gewährt werden. Die kritischen Philosophen aber »erlauben nur, dann und wann, und das sehr ungern und gezwungen, einiges das nicht bewiesen ist, als Postulat, nicht zu glauben, vielweniger anzunehmen oder etwas daraus zu schließen, sondern bloß und allein z u   d e n k e n «. [8]) Das, behauptet Schlosser, bedeutet, daß jeglicher Menschensinn vor der »Schwelle des Tempels der kritischen Schule« abgelegt werden müsse, denn die Spekulation diene nicht dem Weltgebrauch, sondern allein dem Irrweg in die Weltabgeschiedenheit. Wahre Philosophie aber müsse entstehen am Studium des Menschen, seines Lebens und seines Wesens. Sie solle nicht »die glänzende Darstellung eines unerreichbaren Ziels« [9]) sein, sondern die hilfreiche Freundin des Lebens.

Das erschreckendste Resultat und damit eine Verurteilung in sich selbst glaubte Schlosser aber darin zu erkennen, daß durch die kritische Philosophie der Glaube an Gott erschüttert und verhöhnt, ja Gott selbst vom Throne gestoßen sei, denn ein postulierter Gott, eine postulierte Unsterblichkeit könne den warmen Menschensinn nicht befriedigen, und das nur mit einem »armseligen bloß zum Weltgebrauch geknüpften Strohband« [10]) gehaltene Verhältnis von der Menschheit zur Gottheit müsse nur zu bald völlig zerreißen.

Der Versuch, die Gestalt und das Erdendasein Christi nach den Kategorien des Verstandes zu begreifen, mußte für Schlossers Religiosität einem Sakrilegium nahekommen, das die Reinheit und Hoheit Christi in Lüge und Verstellung verwandele. »Es ist unfein von dem Meister der kritischen Philosophen, unübereinstimmend mit seinem Moralsystem, daß er nicht gerade zu sagt, daß der ganze Christus, die ganze Offenbahrung ihm eine Lüge ist, sondern sie lieber mit Staub zudecken als verwerfen will.« [11]) Der Kritizismus führt sich damit in Schlossers Augen selbst *ad absurdum*, weil er auf der einen Seite gestehen muß, daß er ohne Gott nicht auskommt, andererseits aber einen Gott anerkennt, von dem ihm keinerlei Erfahrung zuteil wird.

---

[7]) Die veränderte Bedeutung des Gefühls in der *Kritik der Urteilskraft* ist hier nicht ausschlaggebend, da sich Schlosser nur mit den Argumenten aus der *Kritik der reinen Vernunft* und der *Kritik der praktischen Vernunft* auseinandersetzte.

[8]) *Erstes Schreiben, ...* S. 13.

[9]) a. a. O., S. 61.

[10]) a. a. O., S. 36.

[11]) a. a. O., S. 120.

Es kann nicht übersehen werden, daß Schlosser bei dieser Behauptung die Erkenntnisse und Problemlösungen, die die *Kritik der reinen Vernunft* mit der *Kritik der praktischen Vernunft* verbinden, nicht genügend beachtete oder beherrschte, aber es kann ebensowenig einem Zweifel unterliegen, daß Schlosser gefühlsmäßig den Kern dessen trifft, was auch analysierende Kritik als einen schwachen Punkt in Kants Lehre erkennen mußte.

Das eigentliche Gebiet, auf dem sich Schlosser in eine eingehendere Auseinandersetzung einließ, war das der Sittenlehre. Kants strenge Ansichten mußten Schlossers eudämonistisch gefärbter Tugendlehre geradewegs entgegenstehen. Für alle bisher einzeln vorgebrachten Gegenargumente fand Schlosser hier eine gemeinsame Angriffsfläche. Glückseligkeit und Vollkommenheit, die bei Kant verschiedenen Zuständen des menschlichen Daseins zuzuordnen sind, gehören bei Schlosser unlösbar zusammen. Das Streben nach Vollkommenheit ist für ihn nicht gebunden an einen Bereich abstrakter Zwecke, nicht an ein vom Individuum abgelöstes Gesetz von höherer Allgemeingültigkeit, sondern allein erreichbar in der Erfüllung der Gesetzlichkeit des »inneren Menschen«, in der Vervollkommnung der Individualität. Dieser Trieb zur individuellen Vollkommenheit ist der Inbegriff der Schlosserschen Sittlichkeit. Erst wenn sie erreicht ist, erhebt sich das Auge zur Harmonie des Ganzen. Der Kantische Begriff der Sittlichkeit als ein überindividuell für alle Intelligenzen geltender, scheine zwar größer, »aber da seine Grösse mit unserm Aug nicht im Verhältniß steht, ist er für Menschen leer«. [12]

Schlosser forderte als Voraussetzung für die Aufstellung eines kategorischen Imperativs eine konkrete Bestimmung des Gesetzes. Wie kann sich aber — fragt Schlosser — die Maxime des persönlichen Handelns nach dem Vorbild einer Naturgesetzgebung richten, wenn dieses Naturgesetz nicht greifbar, nicht einmal formulierbar ist? Das ist dasselbe Argument, das Schlosser bereits Shaftesbury entgegengehalten hatte. [13] Eine Tatsache, die Beachtung verdient, denn sie widerlegt die von Kant und den Zeitgenossen vorgebrachte Anschuldigung, Schlossers Darlegungen seien allein Ausdruck des Gekränktseins und des bösen Willens, geboren aus der Sucht, Kant zu mißkreditieren. Bei aller Heftigkeit des Ausdrucks an verschiedenen Stellen kann davon keine Rede sein. [14] Was Schlosser gegen Kant vorbrachte, war Ausdruck seiner Weltanschauung, die lange vor der Auseinandersetzung mit Kant ihre Form gewonnen hatte.

Die Antwort, die Kant Schlosser mit seiner *Verkündigung des nahen Abschlusses eines Traktats zum ewigen Frieden in der Philosophie* [15]), zuteil werden ließ, war äußerst scharf, nicht so sehr im Wort, als im Ton des herablassenden Spottes und der geistigen Verachtung.

Den Zeitgenossen kam es nach dieser scheinbaren Niederlage wie eine Herausforderung vor, daß Schlosser 1798 Kants Schrift mit einem *Zweiten Schreiben an einen jungen Mann* beantwortete. Man sollte aber nicht übersehen, daß sich Schlosser, der sich einem Gegner nie entzogen hatte, gegenüber Kant in erhöhtem Maße zur Verteidigung gezwungen fühlte, denn dieser hatte nicht allein ihn persönlich angegriffen, sondern eine für ihn grundlegende Weltanschauung verächtlich gemacht.

Diese seine Weltanschauung stellte Schlosser nun in seinem *Zweiten Schreiben* als »Dogmatismus« dem Kantischen »Kritizismus« gegenüber und grenzte beide gegeneinander ab. Die schon im ersten Schreiben angeschnittenen Problemkreise werden noch einmal erläutert und, so weit wie ihm möglich, systematisch behandelt. Die von Kant

---

[12]) a. a. O., S. 90.
[13]) Vgl. »Ueber Schäftsbury von der Tugend«, *Kleine Schriften IV*, S. 177 ff.
[14]) Vgl. Goethe an Schiller am 14. September 1797: »Indessen thut er [Kant] doch, wie mir scheint, Schlossern unrecht, daß er ihn einer Unredlichkeit, wenigstens indirect beschuldigen will.« *Briefwechsel zwischen Schiller und Goethe*, 4. Aufl. (Stuttgart, 1881), Bd. I, S. 304.
[15]) *Berlinische Monatsschrift* 1796.

bereits in seinem Schreiben über den »Vornehmen Ton« gezeigte Mißachtung dem gefühlvollen, »vornehmen« Schwärmer und Mystiker gegenüber, der geniemäßig durch einen einzigen Blick die Grundlagen der Erkenntnis gewinnen zu können glaube, wird scharf zurückgewiesen und das Gefühlsmoment, der Mystizismus als »eigene Anschauung des Übersinnlichen«, als die tragende Kraft des dogmatischen Standpunkts, sein Fehlen als die grundlegende Schwäche des Kritizismus darlegt. »Der Dogmatist bleibt gern in dem Menschen, und geht so ungern als möglich ist aus ihm heraus. Der Kritizist hingegen schweift lieber ausser dem Menschen herum, und geht höchst ungern wieder in ihn hinein.« [16]) Das heißt, der Kritizist sucht die absolute Vernunft, der Dogmatist die dem Menschen faßbare Vernunft. »Die Kritizisten fragen: wie findet d e r Verstand Wahrheit? Die Dogmatisten wie findet der M e n s c h Wahrheit?« [17]) Das bedeutet: für den Dogmatisten gehört der Verstand dem Menschen, für den Kritizisten hingegen ist der Mensch der Gefangene seines Verstandes. Die Dogmatisten behaupten eine lebensvolle Beziehung zwischen dem Individuum und der es umgebenden Welt, wollen nicht verzichten auf den Wahrscheinlichkeitsschluß um den Preis der absoluten Gewißheit und fühlen sich gestärkt durch einen allem Deduzierbaren fernliegenden Glauben. Dieser Glaube ist es, der den Dualismus von Erkennbarem und Unerkennbarem überwindet, der aus der Ordnung in der Mannigfaltigkeit der Erscheinungen den Schluß auf einen Ordner außerhalb der Wesen, auf Gott, zuläßt.

Eine solche unmittelbare, gefühlsmäßige Beziehung auf das Übersinnliche wies Kant streng zurück. Nicht das Gefühl, das für ihn, als allein dem Irdischen zugehörig, pathologischen, das heißt in Kants Terminologie: rein passiven Charakter besaß, sondern allein ein vom aktiven sittlichen Bewußtsein ausgehendes Postulat kann den Übergang zum Sinnlichen vollziehen. Höhnend forderte der Kritizismus den Beweis für die gefühlsmäßige Verbindbarkeit der verschiedenen Sphären. Schlosser konnte ihn nicht erbringen. Er hält ihn für überflüssig, weil er »so ganz in dem Wesen der Vernunft liege«. [18]) Er glaubt die menschliche Vernunft nicht berufen, in das Wesen der Welt einzudringen; ihre Aufgabe ist es, den »inneren Menschen« bis zu einer sittlichen Vollkommenheit und damit individuellen Glückseligkeit zu führen, die dadurch zugleich einen möglichen höheren Weltzweck erfüllt. Der Tugendbegriff erhält seine Sanktion also durch den individuellen Charakter, der seinerseits das harmonische Ineinandergreifen von Denken und Fühlen manifestiert. Die Bindung an ein Höheres vermittelt der Glaube.

Das sind religionsphilosophische Grundanschauungen, die wenig später in der Romantik festere gedankliche Formen annahmen. Gewisse Parallelen zwischen Schleiermachers »schlechthinniger Abhängigkeit« und Schlossers religiösem Weltbild sind unübersehbar.

Diese Beziehung zu einem so unmittelbar anzuschauenden Übersinnlichen haben die Kritizisten in Schlossers Augen völlig zerstört. Die Naturzwecke: Vollkommenheit und Glückseligkeit werden in engste Verbindung zum Pflichtbegriff gesetzt. Damit muß notwendig der Tugendbegriff der Kritizisten kalt und empfindungslos werden. Tritt hierzu die Tatsache, daß Kant das Sinnliche im Menschen mißachtet, so ergibt sich daraus für Schlosser eine absolute Entwertung des individuellen Persönlichkeitsbegriffes. Das Subjektive wird zu einem reinen Gegenglied der Objektivität *a priori*scher Wertungen. Das Subjekt des Kritizismus muß sich, um Wertfaktor zu sein, zum »Bewußtsein überhaupt« erheben, trägt damit aber bereits überindividuelle, das heißt für alle bestehende Geltung. Alles andere besitzt nur »Privatgültigkeit«, ist damit objektiv wert-

---

[16]) *Zweites Schreiben* ..., S. 62.
[17]) a. a. O., S. 21.
[18]) a. a. O., S. 39.

los. Schlossers Empfindungsgehalte als reine »Privatgefühle« müssen somit für Kant von vornherein Minderwertigkeit besitzen.

Auch in dem *Zweiten Schreiben* betont Schlosser, daß der kategorische Imperativ als Inbegriff des absolut guten Willens, als ein Gesetz für alle vernünftigen Wesen, ja für das postulierte, unendliche Wesen als oberste Intelligenz einbegriffen, frei von allem Subjektiven sei. Was Kant im Kategorischen Imperativ von der Persönlichkeit verlangt, mußte Schlosser ablehnen, denn es bedeutet, daß sich das Individuum in seinem »Bewußtsein überhaupt« soweit erhebt, daß es seine individuellen Besonderheiten der überindividuellen Form des allgemein gültigen Gesetzes unterordnet. Das ist aber für Schlosser gleichbedeutend mit einem Mangel an Glückseligkeit, einem Hemmnis für die Ausbildung des »inneren Menschen« und damit unakzeptabel als reinste Form der Sittlichkeit. Dennoch steht für beide Weltanschauungen die Sittlichkeit mit gleichem Schwergewicht und gleicher Verantwortlichkeit im Mittelpunkt.

Noch einmal kommt Schlosser von diesem Punkt aus auf die Bedeutung der Empfindung, die in ihrer positiven Reaktion: als Glückseligkeit in unlösbarer Verbundenheit mit dem Verstand und der »Energie« bestimmt ist für die Erfüllung der Sittlichkeit. Das angeborene Verlangen nach Glückseligkeit drückt sich in der Empfindung aus. Die Vernunft muß dieses Verlangen zur sittlichen Reife bringen. Die so erlangte Glückseligkeit strebt nicht über den Menschen hinaus, sondern knüpft ihn mit den »Banden der Liebe« an die Menschheit. Damit erfüllt sie zugleich den höchsten, wenn auch durch keine Spekulation ergründbaren Weltzweck; damit wird der Dualismus von Diesseits und Jenseits überwunden.

Schlosser steigerte sich in seinem *Zweiten Schreiben* zu einer immer heftigeren Empörung. Die Grundlagen seiner gesamten Weltanschauung fühlte er angegriffen. Er spricht, als ob er nicht allein sein eigenes Fühlen verteidigen müsse, sondern das einer bereits bestehenden philosophischen Gemeinschaft seines Geistes. Seine Worte stehen der Schärfe Kants um nichts mehr nach: »Höchst widerlich, ich leugne es nicht ... ist mir die verwegene und so erbettelte, erkünstelte ersophistizirte Anmassung der Vernunft, mit welcher sie sich selbst zu einem Gott macht, ... und in welcher sie, ehe sie irgend ein Gesetz von der Natur und Gott dem Lenker der Natur annehme, lieber den schönsten und edelsten Theil des Menschen, den ganzen empfindenden Menschen, zum Thier erniedrigt, ihn höchstens einiger Regeln kleinherziger Klugheit fähig hält, und über seine Gesellschaft errötend, ihm, in ihrer erträumten Despotie, kaum Sclaven-Rang einräumt!« [19] Die Kritizisten geben nicht Wahrheit, denn sie können die Abwesenheit Gottes und einer göttlichen Vorsehung nicht beweisen, sondern nur Zweifel, und gereichen damit der Mehrheit der Menschen zum Schaden. »So begehen sie durch Verbreitung ihrer, nicht W a h r h e i t e n , sondern ihrer s c h o l a s t i s c h e n Z w e i f e l - K r i t i k , ein Verbrechen, an dem ich, wenn ich die Welt gewinnen könnte, nicht Theil nehmen möchte, und das ich, wenn nicht nur ein paar academische Pultasten, sondern, wenn auch die ganze Welt mich ergrimmen sollte, doch immer und überall laut und lebhaft verabscheuen muß!« [20] Und damit kommt Schlosser letztlich zu dem Ergebnis, daß die Kantische Philosophie die »Einimpfung der unheilbarsten Krankheit« ist, »sie ist Verstümmelung, die ärger ist als irgend eine Krankheit, denn sie tödtet das Gefühl der Wahrheit, reißt aus unsern Herzen ... das Zutrauen auf die Gottheit; zerstört die Zufriedenheit mit dem Gang der Natur, raubt uns auf ewig den Frieden in uns, und macht uns taub für die schöne Harmonie, die uns alles liebe, lieb, alles schöne, schön macht, die dem Glück, die Freude ausstreuende Hand eröffnet, dem Unglück den heilenden Balsam tröstender Hoffnungen reicht.« [21]

[19] a. a. O., S. 102.
[20] a. a. O., S. 91.
[21] a. a. O., S. 41 f.

Die wesentlichen Punkte der Schlosserschen Kant-Kritik sind damit genannt. Im Ergebnis dürfen Schlosser und Herder in eine enge geistige Gemeinschaft gegenüber Kant gestellt werden. Schlosser war ebenso wenig wie Herder ein gefährlicher Gegner Kants. Auch Herders geistige Kampfmittel schienen denen Kants ungleichwertig, auch Herders Polemik schien zur Unterlegenheit verurteilt. Schlosser glaubte, »daß es auf lange Zeit, allen Zutritt zur Menschenweisheit versperren würde, wenn es [das Kantische System] je, die jetzige Generation in Deutschland überleben sollte« [22]) — und Schlosser kämpfte.

Herder kannte von Schlossers Schriften 1797 noch nichts. »Von seinen Anti-Kantianis auch nichts.« [23]) Aber er schätzte Kants Bedeutung von einem dem Schlosserschen ähnlichen Standpunkt aus ein: »Das Jahrhundert oder Jahrzehnd ist in der Kantischen Wortgrübelei ertrunken; ein neuer Mensch wird emporkommen, und jene Sündflut wird verlaufen. Jetzt mit ihr fechten, dünkt mich vergeblich; man muß nur Löcher graben, wohin sie ablaufe, wenn ihre Zeit kommt.« [24]) Ein Jahr darauf schrieb Herder seine *Metakritik zur Kritik der reinen Vernunft* und unterlag wie Schlosser.

Was allerdings in den Gegnern Kants in Erscheinung trat, sind letztlich die Wurzeln dessen, was auf dem Wege über die Romantik später bis zu einem gewissen Grade als Überwindung Kants zur Wirkung kam. Am Sichtbarsten trat in Herder gegenüber der spekulativen Vernunftsphilosophie Kants eine neue Form des Lebensgefühls auf den Plan. Aber schon Schlosser hatte in diese Richtung gewiesen. Mag manches Schlosser von Herders Monismus trennen, — der Ausgangspunkt ihrer Anschauungen war derselbe. [25]) So wie Herders Eigenbedeutung gegenüber Kant später anerkannt wurde, so muß auch Schlossers Anschauung diesem gegenüber Gerechtigkeit widerfahren; ihre Schwächen werden damit keineswegs übersehen. So deutlich Schlosser die Einseitigkeit des Kantischen Systems betonte, so wenig wurde er dem Verstandesbegriff Kants und der engen Bindung zwischen der theoretischen und der praktischen Vernunft gerecht; so richtig Schlosser bei Kant die zu strengen Scheidungen erkannte, so sehr lassen seine eigenen Ausführungen die für jede Philosophie notwendigen klaren Linien vermissen. Mangelndes spekulatives Vermögen ließ ihn die Probleme der Philosophie wesentlich auf das Gebiet der Sittenlehre beschränken.

Durch diese Schwächen fiel Schlosser in den Augen seiner Zeitgenossen in Mißkredit. Der Streit zog die wichtigsten literarischen Vertreter Deutschlands auf Kants Seite. Schillers heftige Beschuldigungen [26]) konnten durch Goethes oben erwähnten Rechtfertigungsversuch [27]) nicht beschwichtigt werden [28]) und auch Goethe selbst wandte sich kurze

---

[22]) *Erstes Schreiben* ... a. a. O., S. V.

[23]) An Jacobi am 1. Dezember 1797. In: *Friedrich Heinrich Jacobis auserlesener Briefwechsel*, hrsg. von Friedrich Roth. (Leipzig, 1825—27), S. 255.

[24]) a. a. O.

[25]) Vgl. Herder *Metakritik (Sämtl. Werke*, hrsg. von Suphan, Bd. XXI, S. 154): »Die erste Lebensregel ist also: anerkenne Dich selbst. Werde der Form inne, die in Dir liegt, und drücke sie aus.« — Schlosser (*Erstes Schreiben* ... S. 88): »Ein Wesen das so [mit dem Trieb nach Vollkommenheit] beschaffen ist, kann keinen andern allgemeinen Zweck seiner Wirkungen auf sich selbst haben, als den zu werden, was es seyn kann. Es kann keinen Genuß der Glückseligkeit haben, als wenn es ist, was es seyn kann.«

[26]) Vgl. Brief an Goethe vom 22. September 1797 (*Briefwechsel* ... a. a. O., Bd. I, S. 309 f.) und besonders vom 9. Februar 1798 (a. a. O., Bd. II, S. 28 f.).

[27]) Vgl. Anm. 14.

[28]) Am 9. Februar 1798 (*Briefwechsel* ... a. a. O., Bd. II, S. 28) urteilte er gegen Goethe: »Es läßt sich im einzelnen über die Schrift nichts sagen, weil der eigentliche Punkt, auf den alles ankam, nämlich die Argumente des Kriticism anzugreifen und die Argumente für diesen neuen Dogmatism zu führen, gar nicht von weitem versucht worden ist.«

Zeit später gegen seinen Schwager. [29]) Vor allem aber schadeten Friedrich Schlegels in mancher Hinsicht weit über das Ziel hinausschießende Polemiken [30]), denen selbst Schiller »die böse Absicht und die Partei« ansah [31]), Schlosser im allgemeinen Urteil. Allein Friedrich Heinrich Jacobi, der Schlosser stets nahestand und der auch in diesem Streit an seine Seite trat, fällte ein Urteil, das den Kern des Konfliktes erkannte: »Wer für seine Meinung streitet, streitet für sein menschliches Daseyn.« [32])

Der Kantstreit beweist, daß Schlosser auf dem Gebiet der Philosophie zwar schöpferisches spekulatives Denken versagt blieb, daß er aber dessen ungeachtet, wie auf vielen anderen geistigen Gebieten, nicht allein mit den Strömungen seines Jahrhunderts in enger Verbindung stand, sondern in ihrer Entwicklung neu entstehende Kräfte mit hervorgerufen und gestärkt hat.

Schlosser träumte von einem Zeitalter, »wo ächte Religion Gottes, männliche Philosophie, großmüthige Politik und der Genius der Künste zusammen blühen« [33]) würden, von »einem goldenen Zeitalter der Wissenschaften und Künste ...«, »wo ein neuer Baco, ein neuer Sokrates, ein neuer Homer, ein neuer Leibnitz, ein neuer Montesquieu, ein neuer Newton aufsteht, und die alle zusammen leben und Freunde sind.« [34]) Und Schlosser wollte nicht nur Zuschauer, sondern Teilnehmer an der Erweckung einer neuen philosophischen Ära sein.

Schlosser hat unter den heftigen und ungerechtfertigten Angriffen, die der Kantstreit auf ihn häufte, als Mensch tief gelitten. Nicht allein die von Goethe zu recht erkannte Veranlagung, der zufolge er »seiner innern Überzeugung eine Realität nach außen zuschreibt und kraft seines Charakters und seiner Denkweise zuschreiben muß« [35]), sondern eine höhere Verpflichtung seinem eigenen Lebensethos gegenüber hatte Schlosser veranlaßt, im Alter noch einmal in die Öffentlichkeit zu treten.

Eine eingehende Untersuchung und Bewertung des Kantstreits war ebenso wenig wie die Einbeziehung des Herderschen Standpunkts an diesem Ort möglich; beides sollte so schnell wie möglich nachgeholt werden. Damit wäre ein neuer Schritt getan zur »Neuorientierung im 18. Jahrhundert«, die Detlev W. Schumann in seinem gleichnamigen Aufsatz [36]) mit Recht gefordert hat.

Kiel   Ingegrete Kreienbrink

---

[29]) Brief an Schiller vom 10. Februar 1798 (Briefwechsel ... a. a. O., Bd. II, S. 29).
[30]) Journal Deutschland 1796, 10. Stück: »Der deutsche Orpheus« und Allgemeine deutsche Literatur-Zeitung 1798.
[31]) Brief an Goethe vom 16. Mai 1797. Briefwechsel ... a. a. O., Bd. I, S. 255.
[32]) Brief an Schlosser vom 20. Januar 1793. In: Aus Friedrich Heinrich Jacobis Nachlaß, hrsg. von R. Zoeppritz (1869), S. 171.
[33]) »Bruchstücke einer Vorlesung über Zweck, Blüte und Zerfall der Wissenschaften und Künste.« Kleine Schriften V, S. 245.
[34]) a. a. O., S. 246.
[35]) Brief an Schiller vom 14. September 1797 (Briefwechsel ... a. a. O., Bd. I, S. 304).
[36]) Modern Language Quarterly, IX (1948), S. 54—73; S. 135—145.

HANS JOACHIM SCHRIMPF

From Kant to Hegel

Some Aspects of Hegel's »Concept of Right« *)

It would appear to me that it is not possible to achieve an approximately adequate understanding of the philosophical relevance of Hegel's approach to the issue of what he calls the »Actual Concept« or the »Concept of Right« and its significance within the progress of the history of philosophy in the modern world without a brief reference, first of all, to the philosophical situation into which he was born, and secondly, to some main tendencies in the contemporary metaphysical and religious thinking which he was to face. But I shall have to confine myself, on the one hand, to some outstanding issues which seem to announce themselves within Kant's critical approach, and on the other, to what might be called trends of metaphysical and religious emotionalism and of philosophical historicism.

When Kant has been called the »destroyer of everything« (»Alleszermalmer«) and when he himself confidently asserts that the new method of thought he has adopted is to cause a »Copernican reversal«, we must remember that these two remarks mean one and the same thing. Both of them refer to the revolution in metaphysical thought which Kant called criticism, or more completely »Transcendental Philosophy«, which was an abrupt break with the traditional mode of thinking. But mind you, Kant criticized the faculty of reason itself; he did not merely set up a new system against older ones: »I do not mean by this a criticism of books, but a critical inquiry into the faculty of reason, with reference to the cognitions which it strives to attain without the aid of experience; in other words, the solution of the question regarding the possibility or impossibility of Metaphysics, and the determination of the origin, as well as of the extent and limits of this science. All this must be done on the basis of principles.«

What, then, did he destroy? In what does the revolution consist? Kant, in support of science, stood opposed to dogmatism (although not to the dogmatic method of philosophical deduction) as well as scepticism. He rendered problematic the naive belief in reason's capacity to reach Being, but he also opposed the sceptical resignation of this same reason with respect to the *bellum omnium contra omnes* of the philosophical systems.

What does this mean? Descartes had broken with the *opiniones veteres*, had doubted all ways of cognition in order to find a certain point from where to begin. His attempt to begin philosophy right from the beginning originated, it is true, from a scientific will. But his doubt was not complete. He never doubted the fact that reason cognizes things as they are. He fought the *opiniones veteres* but he did not criticize the faculty of reason as such. That is why Kant, out of the same but radicalized scientific will, had to state that philosophy had not become a science yet, and that is why he, guided by the example of the scientific revolutions of mathematics and physical science, undertook

---

*) Text of a lecture delivered by H. J. Schrimpf at several Universities during his stay in the U. S. A. as Hill Foundation visiting professor at the University of Minnesota.

the task of leading the metaphysical struggles and pretensions from »groping in the dark« into the »path of certain progress«, namely, the »certainty of scientific progress«.

What, we must ask, is the new method of thinking that must be employed in order to achieve this aim? Mathematics and natural science (Bacon) entered the path of certain progress only when they discovered that all ideas drawn from experience alone are bound to remain accidental observations, never united under a necessary law as long as they are not obtained according to a preconceived plan into which these observations can be gathered and systematized, and only when they learned »that reason perceives only that which it produces after its own design«. No rules which claim absolute necessity and universality can be drawn from arbitrary observations, i. e. unguided experience only, which means that their origin is bound to be *a priori*. But without them there is no science. *A priori* cognitions, however, can never be derived from the cognized things, but have to be imposed on them in order to compel the objects to conform to our cognition.

The natural scientist, by means of the conditions set up by his experiment, compels nature to reply to his questions. He must know that he, in Kant's own words, »must not be content to follow, as it were, in the leading strings of nature, but must proceed in advance with principles of judgment according to unvarying laws.« This, however, does not mean that the mind produces the replies of nature, but it does force nature to answer only its questions. What answers nature gives are her own. This, of course, indicates that nature knows much more than she says, since her replies are only in response to what she is asked.

Here now follows Kant's attempt at a new approach to philosophical cognition. It is guided by the principle that the philosopher, »in order to arrive with certainty at *a priori* cognition, must not attribute to the object any other properties than those which necessarily follow from what he has himself, in accordance with his conception, placed in the object«, and also by the principle that »reason must approach nature with the view, indeed, of receiving information from it, not, however, in the character of a pupil, who listens to all that his master chooses to tell him, but rather in that of a judge, who compels the witnesses to reply to those questions which he himself thinks fit to propose«.

This is the essential reason for Kant's classification of things into things-in-themselves and appearances, *noumena* and *phaenomena*. By means of our *a priori* preconditions to actual cognizing experience we only cognize these things, it is true, as they appear to us, as *phaenomena*. But otherwise we should not cognize anything at all. This distinction, however, which confines our cognition to appearances and leaves the things-in-themselves out of the reach of our Understanding, actually does not contract our reason but expands it, because it frees it from an obvious self-contradiction. Kant precisely distinguishes between »to think« and »to cognize«, a distinction which will become most important with regard to Hegel. If we cognized things as they are in themselves, the laws of natural science would cover all reality. It would be impossible then to say about myself that I am subject to the causal nexus of the mechanism of nature and at the same time free in action and will. There would be no room left for my moral, metaphysical existence, because the *nexus effectivus* would cover all reality. I would not even without a self-contradiction of reason be allowed *to think* the Unconditioned (»das Unbedingte«), because things-in-themselves in their totality, *cognized* by my Understanding, would be subject to the universal and necessary law of cause and effect.

Nature, thus, given to us through the pure *a priori* forms of intuition: Time and Space, and determined, i. e. cognized, by the pure *a priori* categories of Understanding in the act of the original unity of transcendental apperception, becomes the realm of all possible experience. The faculty which governs it with its laws is the pure theoretical reason, i. e. the speculative Understanding, which as such is autonomous. It constitutes the realm of nature, through its determination of nature's phenomenal aspect (and only this aspect), by means of the purely intuitive and categorical system.

On the other hand the intelligible world (mundus intelligibilis) of which, although it is uncognizable, man remains a citizen, is constituted as the realm of ethics by the legislation of practical reason gaining its objective validity not from possible experience, i. e. nature in the sense mentioned above, but from the autonomy of will. It is the realm of morality.

The critical principle of Kant is, as it were, to harmonize reason by limitation; to confine the use of speculative reason (Understanding) to the region of possible experience, and thus prevent it from transcending its limits by a dialectic and pseudo-synthetical insight in non-empirical use; to prove that speculative reason is incapable of reaching the fundamental Being; with regard to the mundus intelligibilis: »to abolish knowledge, in order to make room for belief«.

All this seems to be fundamentally contradictory to the Hegelian concept of a Metaphysics of the »absolute Spirit«. But we can find points of contact between Hegel and Kant which enable us to indicate that Hegel, rather than falling back into an uncritical mode of thought, actually completes Kant in some respects, while in many respects he is even preconditioned by him.

What, then, does Kant mean by Metaphysics? Four meanings at least can be drawn from the Critique:

1) Metaphysics as a natural disposition of the human mind (metaphysica naturalis). Kant says that »human reason, in one sphere of its cognition, is called upon to consider questions which it cannot decline, since they are presented by its own nature«. He thus emphasizes that man necessarily is subject to a natural metaphysical impulse: homo naturaliter philosophus. Which is only another way of expressing what Plato states in Phaidros: »Φύσει γὰρ, ὦ φίλε, ἔνεστι τις φιλοσοφία τῇ τοῦ ἀνδρὸς διανοία.«

2) Metaphysics as a dogmatism which is bound to call forth scepticism. Kant says that Metaphysics is the non-empirical use of the faculty of reason »without previous criticism of its own powers«.

Here Kant refers to its hyper-physical use beyond the region of possible experience, which he calls »vain fancies and desires«, and which he has in mind saying: »The arena of these endless contests is called Metaphysics.« In the »Introduction« Kant speaks of »the light dove, which, cleaving in free flight the air, whose resistance it feels, might imagine that her movements would be far more free and rapid in airless space.«

3) Metaphysics as established science, rendered possible by transcendental inquiry as criticism and dependent on the solution of the question: »How are synthetical judgments a priori possible?« Kant states in the »Preface« to the first edition: »And it is my task to answer the question of how far reason can go, without the material presented and the aid furnished by experience?« Or: »For this science is nothing more than the inventory (Inventarium) of all that is given to us by pure reason, systematically arranged.« And basing this third meaning upon the first: the »unavoidable problems of mere pure reason are God, Freedom of will and Immortality. The science which, with all its preliminaries, has for its especial object the solution of these problems is named Metaphysics«.

4) Metaphysics of Ethics. To be sure, this may be regarded only as part of the criticism of pure reason, namely in its practical use, but it requires especial mention: since Kant's proof that the categorical interpretation of the world as the sum of all possible

experience is the necessary but at the same time special *aspect* of science, establishes man as a metaphysical being subject to the autonomy of ethics, a being, who raises the question about his own personality.

Kant's »destroying of all« now refers to point two. It needs no deep insight into Hegel's work to say that the three remaining meanings are absorbed in his thought. Hegel's essential advance beyond Kant, however, is his belief that the speculative *actus* of the *potentia* of reason need not necessarily be the »flight of the light dove into airless space«. For Hegel Metaphysics is speculation which involves neither a dogmatism nor an illegal transcending of limits set up by the critical investigation of the faculty of reason.

Where, then, are the points of contact with Kant? Five outstanding ones appear to be worth mentioning:

1) The critical reason in reflecting about its own capacities is bound to transcend its own limits in order to become aware of these limits. Being inside something I cannot know that I am inside without having been outside before or going outside in order to recognize my being inside. In cognizing my world I actualize *it*. I am thinking in the direction of this world. But in reflecting about the conditions of the possibility of my own thinking I transcend this world and realize that I am doing so. Then my thinking takes on an opposite direction. My reflecting about the categorical disposition of my Understanding is thus non-categorical.

2) Kant does not discuss the *a priori* forms of Understanding (spontaneity) because of their logical structure, but because they are conditions of the possibility of *synthesis*. The analytical elements of this *synthesis* are preharmonized in order to render the *synthesis* possible. But while Kant establishes the principles which synthesize experience he never synthesizes the principles themselves. This latter *synthesis* (dialectical for Hegel) is an ontological *synthesis* rather than phenomenal (in Kant's sense of the term).

3) In the moral act of pure reason in its practical use I constitute myself as an autonomous intelligible being and become aware of myself as a thing-in-itself in its transcendental identity of Understanding, reason and ethical will.

4) The *Critique of Judgment* discovers nature as an organism apart from its disposition as the sum of all possible experience under the conditions of Time, Space and categories. Beside the realm of nature and the realm of autonomous ethical life Kant sets up nature as the region of a continuous teleology, a *nexus finalis,* even though it is confined to a necessary »as if«-construction.

5) He emphasizes the identity of reason of which Understanding (theoretical reason) and moral will (practical reason) are only different modes of use. In the *intellectus archetypus* he conceives, furthermore, an intuitive reason which is divine, but for its conception a transcending of categorical thinking is necessary.

From here on we can immediately switch over to our primary concern. Kant's criticism had become general property when Hegel found himself confronted with an entirely different historical situation. Kant was 65 years of age when the French Revolution broke out; Hegel was 19 at that time. In 1806 he finished his *Phenomenology of Mind* next to the battle-field of Jena, so to speak. Before his eyes a complete change within the development of society took place. History had been discovered as a peculiar reality and an autonomous world in itself, set up against the more generalizing and systematizing attitude of the period of enlightenment. Romantic interpretation of reality, of present, past and future tended to dominate in Germany. Within the turbulent struggle of systems, theories and opinions Hegel found it only too necessary to maintain a resolute and clear position.

Two main tendencies of the time appear to be worth considering because they help to clarify Hegel's point of view: first of all, the rise of the spirit of subjective individualism and qualities of philosophy that Hegel called superficiality *(Seichtigkeit)* and thoughtlessness *(Gedankenlosigkeit)*, which were closely connected with a quickly developing contempt for this science, and an emphatic emotionalism in the sphere of religion, all based upon a strong distrust of the cognizing reason as such; secondly, the confusion of historical and philosophical comprehension and explanation in the region of political sciences.

What was Hegel's criticism? Kant's remark in respect to his transcendental treatment of Metaphysics: »I must, therefore, abolish knowledge, in order to make room for belief«, appears to have become, through a complete misunderstanding and misinterpretation, one of the sources for an attitude of mind which was prepared to replace reason by subjective inspiration and thought by enthusiastic emotion. The metaphysical foundation upon which this attitude was based, consciously or unconsciously, is this: the universe is divided into two parts. On the one side there is the region of positive sciences. The world here is interpreted as the sum of experiences, nature cognized by the exact scientific Understanding, completely covered by the laws of nature, subject to the categorical determination and strictly kept together by the causal nexus. On the other side there is the spiritual and incomprehensible universe, subject to religious feelings and hopes only, inaccessible to human reason and cognition. There was no connecting substance left to bridge the gulf between the two realms of reality, and the individual was left alone with his subjective feelings and attempts to approach the transcendent sphere of God, Freedom and Immortality in his personal way.

Hegel's criticism was very harsh. He calls the »warm emotions« the »cold despair« of a perverted reason, and with reference to certain romantic theological constructions he speaks of a »theology of despair«. He blames the representatives of this mode of »thought« mainly because they completely forget to raise the question about the basic connecting substance, thus degrading the finite world and at the same time rendering the state of finiteness absolute. He blames them for setting up their emotional universality against the facts, laws and institutions of reality, and for making the subjective individual the measure of truth. He attacks the escapism of emotional and speculative individualism.

Heart and fancy are thus opposed to a reality which they do not comprehend any more. They tend to break down laws in order to set up the realm of complete freedom (arbitrariness) of the individual and of originality of emotion. It has become a general opinion that the human mind can only be genuine and original when opposed to the improvements of reason, that it can only be free »when it diverges from what is universally recognized and valid and when it has discovered how to invent for itself some particular character«. Thus not only the scientifically cognized, cut off nature is treated as being parted from the religious truth, but also the institutions and formations of the mental reality. Or, in Hegel's words: »The universe of mind is supposed rather to be left to the mercy of chance and caprice, to be God-forsaken, and the result is that if the ethical world is Godless, truth lies outside it, and at the same time, since even so reason is supposed to be in it as well, truth becomes nothing but a problem.« And again in the »*Preface*« to the *Elements of the Philosophy of Right* he states: »Besides, this self-styled ›philosophy‹ has expressly stated that ›truth itself cannot be known‹, that only that is true which each individual allows to rise out of his heart, emotion, and inspiration about the state, the government, and the constitution.« »He giveth to his own in sleep has been applied to scientific investigation and hence every sleeper has numbered himself among the elect.« »This is the quintessence of shallow thinking, to base philosophic science not on the development of thought and the Concept but on immediate sense-perception and the play of fancy, to take the rich inward articulation of ethical life ... and confound the completed fabric in the broth of ›heart, friendship and inspiration‹.« »By the simple family remedy of ascribing to feeling the labour, the more than millenary labour, of reason and its intellect, all the trouble of rational insight and knowledge directed by speculative thinking is of course saved.«

Of the men Hegel here bears in mind, it will do if we just mention Jakob Fries, professor of philosophy in Jena; Friedrich Schlegel, author of the renowned novel *Lucinde*, which caused such a stir in its day because it supported the theory of »free love«, and Schleiermacher, the theological theoretician of romantic universalism and religious emotionalism. Hugo's *Textbook of the History of Roman Law* Hegel criticizes sharply because of the author's merely causal and historical deduction of laws, because of his confusing this deduction with philosophical interpretation and because of his blindness to the development of reason in these laws within the course of history. Contrary to this Hegel sets out to give his own demonstration of the philosophical »Concept of Right«.

From all this we can learn, first of all, that the main problem Hegel faced was quite different from the question Kant was confronted with; secondly, that Hegel's primary concern had to be directed towards the splitting up of the universe into incoherent parts. His objective now became to demonstrate that »uni-verse« truly means: »that which is turned into one«. The fundamental conviction on which the necessity of this objective was based was that God, that the »True« *(das Wahre)* is *knowable*. The content of philosophy is — according to Hegel — »the *speculative* knowledge of God, nature and mind, the knowledge of truth«. We must, however, be prepared to recognize that this »knowing« is not at all identical with Kant's »cognition«; it does mean reason's capability of reaching God. This is in direct contradiction to the romantic conviction that the truth of the intelligible universe *(mundus intelligibilis)* is only approximately accessible to feeling, intuition, presentiment *(Ahnung)* and religious nostalgia.

What, then, with regard to Kant's critical mode of thought, which quite rightly freed reason from its self-contradiction, what, then, does Hegel mean by »philosophy«? Four characteristic features must be marked:

1) Hegel does not intend to set up a »new beginning«, to start afresh, to begin with doubt or revolution, although he, as well, was guided by severe critical investigation and by strict scientific intention.

2) Transcendental criticism (in Kant's sense of the word) is not the prevailing philosophical issue, nor is reflection about the conditions of possibility with respect to the use of theoretical reason, — but rather interpretation, *interpretation of what is*.

3) The very end of philosophy is not limitation but *reconciliation*.

4) Speculation (in Hegel's sense of the word) does not mean the »flight of the light dove into airless space«.

Hegel says: »To comprehend what is, this is the task of philosophy, because what is, is reason.« And: »Philosophy is the exploration of the rational, it is for that very reason the apprehension of the *present* and the *actual*, not the construction of a beyond *(eines Jenseitigen)*, supposed to exist, God knows where«. We can at once see that here terms are used which require explanation. When Hegel emphasizes that »what *is*, is *reason*«, he closely connects »Being« with »Reason« and by this he can only mean that which is the foundation of all, that which everything is based upon, in which everything has its being. And Hegel emphasizes this statement in such a way that it becomes quite clear that here we meet with his primary concern. We are confirmed in this assumption when we take into consideration the famous proposition which refers to the »inward centre of speculation« and which we can only understand within the course of further investigation: »*What is rational is actual and what is actual is rational.*«

What we can see at once is that Hegel — unlike Kant — makes »substance« again the central problem, the very subject of philosophy. Kant's basic question on the other hand — although »substance« remained in its position as »first analogy« and »first category« and was preserved in the background — was not directed at substance but at the conditions of the possibility of *a priori* synthesis. Again, the term »synthesis« must make us pause, because we shall have to admit that synthesis is also the basic concern of Hegel's thinking, and, in a way, the problem of the conditions of its possibility as well. What is the difference between the two approaches?

The problem of synthesis is carried out on two quite different levels by the respective philosophers. For Kant thinking means driving at the question: how can *we* cognize objects, how is it possible to achieve the synthesis of *phaenomena* in experience and what are the *a priori* conditions of this cognition? He obviously takes it for granted that things appear at all and takes into consideration things-in-themselves only as a limitation of our possible experience. Whereas Kant is driving at this question, Hegel is puzzled by the thought: What does it mean: things appear? What does it mean: to appear? We see: this question must necessarily lead to the problem of substance. And substance is Hegel's synthesis: the reality and action of this substantial synthesis, the condition of its possibility is Hegel's issue.

In his *Philosophy of History* Hegel says: »In order to comprehend the universal, the rational, one must bring reason with oneself.« If now the rational is that which *is,* if that which *is* in such a way is actual, it can only be comprehended by reason. Reason as Being and reason as Comprehension (knowing) indicate each other and are necessarily directed towards each other. This passage just mentioned appears to be related to Aristotle's doctrine that οὐσία is only comprehended by θεωρία and that thinking is only θεωρία when thinking οὐσία as οὐσία. After all the relation between *phaenomenon* and *noumenon,* between the particular and the universal, finitude and infinitude, difference and identity, inessential and essential, seems to be Hegel's issue; in other words: the structure of reality. »To comprehend what is, this is the task of philosophy, because what is, is reason.«

And here is where the »Concept of Right« comes in. We shall easily understand this as soon as we have tried to explain the disposition of what Hegel calls reason as speculative thinking. This kind of thinking always requires the presence of the entire philosophical object at a given time because this object is a completed circle, finished before one sets out to grasp it and yet in want of actualization, a circle in which each beginning is a result and each result is a beginning. Thus it is impossible to explain a particular, single object separated from its context. For the context *is* this object and only as *rational* in this context *it is* actual, and only as such accessible to reason. »Philosophy has to do with Ideas, and therefore not with what are commonly dubbed ›mere concepts‹. On the contrary, it exposes such concepts as one-sided and false, while showing at the same time that it is the Concept alone (not the mere abstract category of the Understanding which we often hear called by the name) which has actuality, and further that it gives this actuality to itself.« This proposition of the *Philosophy of Right* contains the whole of Hegel's mode of thinking which, as we shall see, does not destroy the limitations of criticism but in transcending them and at the same time preserving them opens the way to a speculative thinking capable of comprehending the truth. It is this mode of thinking we have to consider now.

We have mentioned that »substance« is Hegel's primary concern. We have also seen that he tackled this traditional issue at a time when it had become subject to growing oblivion, the world being split up into disconnected bits. Since substance, therefore, refers to a problematic reality and its objective is reconciliation, since furthermore it made conscious this problematic reality by its calling upon a certain historical situation it was bound to lead Hegel to history. His *Philosophy of History*, of which actually everything else in the mental and social world, set up beside the realm of nature, is only part, is thus the way how — according to Hegel — philosophy at that time realized the perennial within the transitory, the present within the stream of history, »the rose in the cross of the present«. And not only this. By setting out to comprehend reason in that sphere of reality this philosophy also aimed at reconciling the finite with the infinite, became *rational* theology and interpreted the historical world as theodicée, as history of salvation.

The speculative mode of thinking, which is the precondition of this task, is based upon the conviction of two essential identities. First of all: reason in the rational actuality of what is, is one and the same as in the comprehending penetration of this actuality. For reason produces itself not only through producing this world but also through producing the comprehending mind capable of becoming conscious of it. In Hegel's words: »For *form* in its most concrete signification is reason as speculative knowing, and *content* is reason as the substantial essence of actuality, whether ethical or natural.« Reason thus recognizes and acknowledges the world as its own, recognizes itself in it. There are no incompatible and disconnected regions of reality but only one and the same substance. Understanding and Speculation only comprehend it on different stages of the development of one and the same reason.

The other identity mentioned above is the identity of will and thinking, of practical and theoretical reason. Kant, to be sure, was well aware of this identity, but again, he did not make it the explicit subject of his philosophy. He stressed that (in his own sense of the term) speculatively theoretical and practical reason are the same because both are *pure reason,* in its practical as well as in its theoretical use. Hegel, so it seems, goes one step further. He holds that theoretical reason is actually theoretical only as practical reason and vice versa. Either of them is the synthesis of both. Reason acts while it thinks, and will thinks while it acts. Here now we come to what Hegel calls the essential »inward centre of speculation«.

The basic character of reason is activity, its dynamic structure. By dynamic movement of self-determination and self-development it actualizes, i. e. it completes itself. The philosophical Concept — unlike the »mere« concepts — is reason in its abstract, undetermined stage with an original dynamic disposition so as to determine itself, to give itself actuality. It ist the *potentia* of the *actus* of self-consciousness. Hence we must always remember: Concept is a *process;* it is the process of self-actualization of this Concept. This has a significant effect upon the relation between the particular and the universal. We must remember that synthesis according to Kant means the unity of experience in an object as phaenomenon occuring on the level of Understanding. This synthesis proved both conceptions and intuition to be abstract, rendered concrete only by their unification in the spontaneous act of the transcendental apperception.

Hegel's synthesis now is no longer the identity of Understanding and intuition in a possible experience which, however, Hegel's synthetical thinking recognizes and presupposes as the stage of consciousness and reflection, but it is the reconciliation of the *mundus sensibilis* and the *mundus intelligibilis*. Hegel thus raises the discussion to a higher level into which the previous one is absorbed and on which he proves both the particular *and* the universal to be abstract. According to Hegel, only their dynamic identity is concrete. It is here that Hegel, who claims that philosophy is the comprehension of what is because what is is reason, it is here that he becomes the concrete thinker. The identity of the synthesis of the particular and the universal is the return of the Concept, which had to go forth from itself into determined particularity but also had to build up itself in returning into itself. This means that only now infinitude contains finitude in itself and is only now really infinite, because previously it stood opposite to finitude, and »standing opposite« means to be limited and thus not infinite.

Hegel's essential point of view which was here introduced into modern philosophy was that not only the particular is the negation of the universal, determinacy the negation of indeterminacy, but also that empty, abstract infinitude is a negation, namely the negation of finitude. The concrete identity of reason in itself, the self-consciousness of the active Concept which returned into itself, however, is what Hegel calls the *concrete* or *actual concept*, the actualization of this Concept, or the philosophical *Idea (die Idee)*. That is why reason in watching this process can only recognize itself in it. The reconciliation, however, of the particular and the universal is only possible on the level of selfconsciousness, not in the realm of categorical consciousness or reflection, as Hegel calls it.

The comprehending Concept in its self-production rises from stage to stage. On the mathematical-scientific level it apprehends nature as the region of planned experience and society *(bürgerliche Gesellschaft)* as a system of needs *(System der Bedürfnisse)* where everybody pursues his particular purposes. On the organic level it comprehends organisms in their teleology. In the philosophical realm it becomes self-consciousness: it recognizes its own nature in reason (or actuality) which it penetrates, looks back at its own activity and effort. It takes the decisive retrospective view which enables it to think in two directions, thus transcending the passed stages in looking back at them and retaining them. The lower stages of the self-determination of reason are only parts, but essential and necessary parts and constituents, elements, or, using Hegel's expression, »moments« *(Momente)* of the complete synthesis. For Hegel the particular is not dissolved in the universal (he calls this universality, referring to Schelling, the »night, in which all cows are black«), but »aufgehoben«. This term »aufgehoben« involves three meanings, all of which are actualized in this *actus* at the same time; namely: *tollere* = to cancel out, *conservare* = to absorb and preserve, and *elevare* = to elevate. The organ of this synthetical reconciliation is the speculative thought, i. e. what Hegel calls *dialectics*.

For Kant, dialectics was an organ of harmonizing reason with itself by means of limitation, i. e. dialectical criticism of the dialectics of illusory appearance. For Hegel, it is the method of speculation which here means: to take a bird's eye view, which means dialectics as the reconciliation of reason with itself by means of a speculative synthesis of finitude and infinitude. Dialectics is the organ with which reason recognizes and watches itself in its process of self-actualization. And only dialectics is capable of comprehending that the particular is not something added to the universal, but that the particular *is* the universal itself, of recognizing the »rose in the cross of the present«. For speculative thought, reason is *here* and *now*, not somewhere in an abstract beyond: the *Idea (die Idee)* is present and »philosophy has to do with what is here and present«.

Hence I or *ego*, as a particular subject, is the »*existing concept*«. In saying »I am«, I mean: I am as one who *is*, who has being. This being is the Concept as activity and actuality achieved through me. As the *ego* is practical and theoretical reason at the same time, will is reason which decides for finitude. Will, as the absolute faculty of the *ego* to abstract from everything, the infinite indeterminacy, is what Hegel calls the Concept in-itself and in-itself only and therefore abstract. But will is also, due to the dialectic activity of the Concept, the faculty of self-determination. The Concept has to go forth from its identity and immediacy into differentiation and determinacy in order to absorb finitude, and by recognizing itself in its depth, to become actual and concrete. It requires mediation in order to give itself actual content. The non-identity thus gained, which is the divestiture of the Concept, is what Hegel calls *for-itself-ness*. It is the for-itself-ness of the Concept in-itself, but at the stage of differentiation: both sides are still abstract and immediate, the will is not yet *in-itself* what it is *for-itself*. Will for-itself has the determinate particular as its content. But as soon as it takes the *retrospective* view, which it is capable of because it still bears its *in-itself-ness*, it begins the process of mediation which is also the process of reconciliation.

Will, then, takes itself as the content of its action and thus, although determined, determines itself for its own essence. This concrete independence is the stage at which will is for-itself what it is in-itself. It is no longer indefinite arbitrariness *(Willkür)*, but definite, actualized freedom: the concrete *Concept of Right*. In Hegel's own words: »It is the self-determination of the *ego*, which means that at one and the same time the *ego* posits itself as its own negative, i. e. as restricted and determinate, and yet remains by itself, i. e. in its self-identity and universality«. And: »It is not until it has itself as its object that the will is for-itself what it is in-itself«. »This ist the freedom of the will and it constitutes the Concept or substantiality of the will«. This does not only mean the reduction of finitude and infinitude to a connecting basic principle, but also, and above all, the demonstration of the reality of this principle *in* this identity.

Such identity does not simply mean the transcending of finiteness. It is the synthesis of finitude *and* infinitude: the identity of identity *and* non-identity. This, however, is — according to Hegel — the reconciliation of reality. As far as the Concept as a »Concept of Right« is concerned, it means that Right must necessarily become positive: as laws. And even if the positive laws are something restricted, posited, and tentative, something originated by men and therefore always insufficient, this does not mean that they are mere arbitrary inventions. They must not be regarded as opposed to the natural Right, its pure Concept, but they are, although never finally fixed and always subject to change, the place where this Concept occurs in its activity and in its permanent attempt to give itself a real definition.

Only the abstract cognition of consciousness sees a contradiction here; speculative reason is bound to find a concrete unity in which it recognizes itself. The positive laws demand the continuous query for the condition of their reality. They occur in their context. They thus indicate the Concept and demand the question for it as a permanent control of the limited, always insufficient and tentative positive laws. And freedom becomes actual in the progressive dialectic process of setting up, correcting, and changing positive laws under the rational supervision of the Concept of Right.

The subject of Hegel's *Philosophy of Right* now is the demonstrative development of the actual Concept through its three main stages: 1) as identity and immediacy: »abstract Right« or »Right of Property«; 2) as non-identity and mediation: »Morality«; 3) as mediated and actualized identity: »Ethical Life.« Hegel — unlike Kant — sharply distinguishes between Morality and Ethical Life, the former being for him the empty and »universal abstract essentiality of the will« without positive content: i. e. as imperative in a finite subject; the latter being the actualization of Right in the development of positive laws and institutions of a state.

Hence now, if the state is the final point in the demonstration of the »Concept of Right«, and if the state is regarded as the complete and actual realization of »Ethical Life«, does this not mean that it becomes the ultimate end of everything, does it not mean idolatry of the state? This is a widely controversial problem, which obviously cannot be expected to be discussed here at full length. It may, however, be mentioned that what Hegel is actually aiming at is that the state as the substantial unity of a people is the place where, by means of positive laws and institutions and by their development in a continuous process, by the universal and non-egoistic purpose here given and revealed to man, the abstract and empty moral law receives its universal and actual content and is thus rendered into ethical life. And that is what »state« stands for: ethical life only as a result within the infinite dialectic process of the self-actualization of reason as »Concept of Right«. The interpretation of the »idolatry of the state« is at least very one-sided and does not even touch upon Hegel's primary concern. State in his view is the region where man as a particular being is driven beyond his own limits and out of his egoistic finiteness, where he is shown not to be sufficient in himself.

Bochum/Minneapolis   Hans Joachim Schrimpf

FRANZ H. MAUTNER

Nestroys »historisch-romantisches« Jamben-Drama

I

Prinz Friedrich. Historisch-romantisches Drama in fünf Akten, nach van der Veldes Erzählung, Nestroys erstes Theaterstück, ist weder in der Brukner-Rommelschen 15-bändigen »historisch-kritischen Gesamtausgabe« *(Sämtliche Werke*, 1924—30), noch sonst in irgendeiner Ausgabe der Werke enthalten. Erst Fritz Brukner hat es, vom 19. September 1937 ab, im *Neuen Wiener Tagblatt* in Fortsetzungen bekanntgemacht. Diesen Text, mit allen seinen Druckfehlern, und durch viele andere vermehrt, hat Gustav Pichler unter dem Titel *Rudolph, Prinz von Korsika* in der Reihe »Bibliophile Zeit- und Streitfragen« abgedruckt (Wien, 1947) und, nachdem er deshalb von Rommel im ersten Band (1948) seiner sechsbändigen Nestroy-Ausgabe *Gesammelte Werke* heftig angegriffen worden war (S. 186 f.), in etwas verbesserter Form neuerlich in *Unbekannter Nestroy* (Wien, 1952). Nur eine seit kurzem in Maschinenschrift vorliegende Dissertation schenkt ihm einige Beachtung. [1]
Es ist das einzige fast durchwegs ernste — zumindest ernst gemeinte — dramatische Werk Nestroys. Schon sein Untertitel wird jeden Kenner des Komödiendichters in ungläubiges, vielleicht amüsiertes Staunen versetzen; und das Stück verdient es.
Es behandelt die abenteuerliche, aber historische Karriere eines westfälischen Barons Theodor Neuhof, der als Führer der korsischen Freiheitskämpfer 1736 zum König gewählt wurde, und seines heldenhaften Vetters — in van der Veldes Erzählung und Nestroys Drama: Sohnes — und Mitkämpfers Friedrich. Durch den Tod des Barons Theodor wird er zum Thron-Prätendenten. Van der Velde macht Theodor zum realistischen Machtpolitiker, Friedrich zu einem mit allen Vorzügen des Leibes und der Seele ausgestatteten Idealisten. [2] Nestroy folgt ihm hierin.
Prinz Friedrich ist eine pathetisch-sentimentale Epigonentragödie mit versöhnlichem Abschluß: Nachklassik, versetzt mit »Romantik« und Rührseligkeit. Dazu ist sie in jeder Zeile auf Effekt bedacht, kurz das, was im Theaterjargon ein »Reißer« genannt wird: voll von Schlachten-, Belagerungs- und Zigeunerszenen, die wirken, als kämen sie direkt aus *Götz von Berlichingen* und andern Ritterstücken; pompös-farbenreichen Auftritten in Thronsaal und Kathedrale, billigem Abklatsch aus der *Jungfrau von Orleans* und ihr nachgebildeter theatralischer Dutzendware; Nacht-, Natur-, Zauber- und Liebesromantik in der Nachfolge des *Käthchen von Heilbronn*. Das Stück hat das Freiheitspathos eines Körnerschen *Zriny* und die Larmoyanz eines Ifflandschen Rührstücks. Stille, »schaurig-schöne« ebenso wie lärmende Bühneneffekte und zwei oder drei eingesprengte »humoristische«, nur selten auf der Bühne erscheinende Episodenfiguren, wie die des ewig Latein zitierenden pedantischen Gelehrten, sollen offenbar die Wirksamkeit des Ragouts noch steigern.
In zumeist holprig jambischer, gewöhnlich fünf- bis siebenfüßiger Prosa erzielt die

---

[1] Siegfried Diehl, »Zauberei, Parodie, Satire. Ihre Vereinigung im Frühwerk Nestroys« (Universität Frankfurt, 1968), S. 29—31.
[2] Vgl. Rommel in *G. W.*, I, S. 178.

Sprache dieses typischen Anfängerstücks ihre pseudoklassische Kadenz durch syntaktische Inversionen, manchmal kaum schlechter als die durchaus erträglichen Verse Raimunds und der ernsthaften Geisterszenen in den späteren Stücken Nestroys, nicht selten aber auch nach dem Muster:

»Dort hat, um Eure schleunigste Verhaftung zu bewirken, er sich selbst als Kaution geboten und für den Weigerungsfall so ernste Drohungen hinzugefügt, daß nicht umhingekonnt der Gouverneur, den zweiten Haftbefehl zu unterzeichnen« (II, 20) oder:

»doch fragt sich's hier bloß, ob ich ein bedrängtes Volk, das mich zum Herrscher hat erwählt, soll retten aus dem Elend, oder ob aus übertriebener Gewissenhaftigkeit ich es schnöde preis soll geben den Henkern, die schon lauernd es bedroh'n« (III, 10).

Dieser jambische Fluß mit Hindernissen wirkt oft als schreiender Kontrast zum realistischen Inhalt: »Wolltet Ihr jedoch nun krönen Euer gutes Werk, so leiht mir auf mein Ehrenwort nur zehn Dukaten, bis den Wechsel zu Gold ich gemacht« (I, 5).

In einem ernsten Stück läßt Nestroy hier also seine Helden auf eine Weise sprechen, die später neben dem Wortspiel immer wieder sein häufigstes und für sein Werk zutiefst kennzeichnendes humoristisches, parodistisches und satirisches Stilmittel werden sollte: das Durcheinander des feierlichen Tons (oder Klischees) mit Alltags-Realistik, oft aus niederer Sphäre. Auch sechsfüßig jambisch gereimte, manchmal alexandrinisch gefärbte Szenen und Aktschlüsse gibt es in Fülle, wie etwa:

> **Friedrich:** Des Vaters Ausspruch fürchtend, trat ich in dies Land,
> Nun führet zum schönsten Ziel mich liebevoll seine Hand.
> Nichts droht mehr, selig bin ich, stürme jetzt, Geschick!
> Es bleibt die Liebe mir, nimm deinen Thron zurück!
> Olympia, freudetrunken eil ich dir entgegen,
> Jetzt erst bis du ganz mein,
> Ich hab' des Vaters Segen (III, 17).

Die Regiebemerkungen passen zu diesem Stil:

Friedrich *(mit liebevollem Erstaunen ihr nachblickend):*
Welch liebliches Geschöpf hier unter dieser Horde!
(Er bleibt noch einige Augenblicke gedankenvoll stehen, dann legt er sich auf den für ihn bereiteten Rastplatz, horcht noch ein wenig auf die Töne einer Mandoline, die aus dem Zelt, in welches Alma abgegangen ist, hergekommen, dann schläft er ein. Der Donner, welcher während der früheren Gespräche immer dumpf und leise fortrollte, wird stärker, häufigere Blitze erleuchten die Szene in den Pausen) (I, 9)

oder:

Friedrich: Geh', Alma — höre! *(Man vernimmt links in der Entfernung Flintenschüsse, welche bis zum Schluß des Aktes fortwähren. Friedrich hört nicht darauf, sondern sieht unverwandt nach der Gegend, wo Alma abging.)* Engelreines Mädchen! *(Ein Blitz, von einem heftigen Donnerschlag begleitet, schlägt in einen Baum in der Mitte des Hintergrundes und zündet. Friedrich tritt dem brennenden Baum näher und winkt, vom Feuer beleuchtet, mit einem Tuch ein Lebewohl nach der Seite, wo Alma verschwand.)* Nie vergeß ich dich! *(Er geht in heftiger Bewegung rechts ab.)*
Der Vorhang fällt. Ende des ersten Aktes (I, 10).

Der Schluß des dritten Aktes dient als szenischer Vorgang unverhohlen der Schaulust des Wiener Volkstheater-Publikums, Steigerung und Ausdehnung der Kampfszenen in

Goethes Ritterstück, im klassischen und romantischen Drama zum »Spektakel« der Wiener Tradition:

(Alle gehen mit geschwungenen Waffen ab.) Verwandlung. Platz in Sartena. Im Hintergrunde sieht man das Schloß in Flammen, zu beiden Seiten brennen einige Seitengebäude, großer Schlachtspektakel. Die Genueser, in deren Reihen sich viele Korsen, mit genuesischen Feldbinden angetan, befinden, sind mit den übrigen korsischen Soldaten und Bewohnern von Sartena handgemein. Man hört Kanonenschüsse, Musketenfeuer, die Sturmglocken werden geläutet. Giafferi mit Mannschaft drängt einen Teil der Genueser zurück. Nach einer Weile bricht Friedrich mit Trevoux und den Seinigen aus den Toren des brennenden Schlosses hervor. Es beginnt ein hartnäckiger Kampf. Friedrichs Schar wird zerstreut; ganz im Vordergrund sieht man Friedrich sich gegen mehrere Genueser verteidigen; endlich sinkt er, von einem Streich gegen das Haupt getroffen, zusammen, wird entwaffnet und gefangen fortgeschleppt. Bei fortwährendem Schlachtgetümmel und Siegesgeschrei der Genueser fällt der Vorhang.

Hie und da kann man der Vermutung nicht widerstehen, das Drama sei Nestroy beim Schreiben unter der Hand zur unbeabsichtigten parodistischen Stilübung geworden:

Olympia: Nimm hier dies Portefeuille, es ist mit Wechseln von hohen Summen angefüllt, nimm es, Geliebter, aus meiner treuen Hand. *(Sie bietet ihm das Portefeuille dar.)*
Friedrich *(beschämt, halb unwillig):* Olympia!
Olympia: Ich weiß es, kein Geschenk darf ich dem Königssohne bieten, nimm es als Darlehen nur, und wenn König Fredrigo den väterlichen Thron einst hat bestiegen, will ich es von ihm nur, nur von ihm, zurückempfangen (II, 19).

Oder hat ihn gelegentlich der Teufel geritten und *bewußt* in Parodie übergehen lassen? Denn manche Strecken lesen sich, als stammten sie aus den parodistischen Partien der Zauberpossen, die Nestroy bald schreiben wird:
Olympia: Oh, Ihr tut nicht wohl, mein schwaches Herz so zu umgarnen, das noch kindisch genug ist, um der Männerworte Wahrheit leicht zu glauben — und weh' mir! Ließ Eure süße Rede vergeblich eitle Hoffnungen in mir erblühen, die allzu schnelle verwelken müßten, in dem Sonnenglanz des künft'gen Throns. . . .
Friedrich: Wär's möglich! Spricht für mich die inn're Stimme? Dann laßt in der Trennungsstunde mich's gesteh'n, es füllen zum erstenmal dies Herz der Liebe Seligkeit und Qual. Stellt Euer Götterbild, o stellt es auf in dem noch unentweihten Tempel, nehmt auf ewig mein ganzes Sein zum Opfer hin und Eurem Dienst sei es geweiht.
Olympia: Fredrigo — ach! *(Sie sinkt an seine Brust.)*
Friedrich *(einen Kuß auf ihre Lippen drückend):* Auf ewig nun die Meine!
Olympia *(nach einer Pause aus Friedrichs Armen sich losreißend):* . . .
Friedrich *(feurig):* Glanz nur *empfangen* wird von diesem Haupt Europas erste Krone, nicht ihm *geben*. Nehmt mein Fürstenwort, es bürge Euch für Theodors und für der Korsen freudigen Empfang, und sprach die schöne Wallung, die mich erst beseligt, wahr, so dürfen diese Rosenlippen nicht den Verlobungskuß verschmäh'n, mit dem der Erbe des Kors'schen Thron's auf ewig sich der holden Braut verbindet.

Olympia *(entzückt in seine Arme sinkend):* Dein bin ich für's ganze Leben! (II, 17.)
Von einem »Gehalt« des Dramas läßt sich nicht viel mehr sagen, als daß es in traditioneller Weise Heldenmut, Freiheitsliebe, Ehrgefühl und Zartsinn verherrlicht. Echt persönlich — weil im späteren Werk und Leben Nestroys wiederkehrend — *scheint* der aufgeklärt-freimaurerisch-josephinische Respekt für das Menschenleben und für die Menschenwürde des wegen seiner Nationalität, seines sozialen Standes oder aus sonstigem Vorurteil Verachteten zu sein. Wegen seiner Geldgier und Sprechweise im Drama verspottet, soll der kreditgebende Jude, »dieser lästige Schreier«, da er der Sache der

Korsen gefährlich werden kann, »für immer beseitigt werden«. Doch Friedrich ruft aus:

Friedrich: Was? — Um Gotteswillen, Vater, das dürft Ihr nicht. Nein, nein! Wenn Euch die Ehre, wenn Euch Euer Sohn noch wert ist, übt nicht diesen Greuel!
Theodor: Ich muß.
Friedrich: Ihr bringt Fluch auf unsere reine Sache.
Theodor: Du schwärmst. Korsikas Freiheit und ein Judenleben!
Friedrich: Von einem Menschenleben ist die Rede hier. In Schlachten mögen Tausende hinsinken, doch d e r Mann besteht auf seinem guten Rechte, und Ihr könntet ihn nicht ermorden, ohne schlechter noch zu werden, als der schlechteste von Genuas Henkern je werden kann. Laßt Eure Knie mich umfassen *(er fällt ihm zu Füßen)* —, verlasset Gott nicht, sonst wird er Euch verlassen.
Theodor *(ihn gerührt aufhebend):* Mein wack'rer Friedrich, widerrufe den Befehl (IV, 14).

Als dem Widerruf nicht gehorcht wird, ersticht der Prinz den Mörder. — Und als Friedrich nicht glauben will, daß die gute, holde Alma ein Zigeunermädchen sei, antwortet sie: »Beurteilt man doch stets anmaßend, lieblos, unwissend mein Volk« (I, 4).
Aber alle derartigen Folgerungen sind so gut wie wertlos, denn das Drama ist vom Anfang bis zum Ende in der Handlung, dem Gehalt und dem Dialog meist im engsten Anschluß an sein Vorbild geschrieben, Karl van der Veldes *Prinz Friedrich. Eine Erzählung aus der ersten Hälfte des achtzehnten Jahrhunderts,* die seit 1819 in verschiedenen Einzelausgaben und Sammlungen erschienen war. [3]) Nur ist der oft überaus sentimentale, süßliche Stil der Erzählung noch lächerlicher geworden durch den Verszwang, den Nestroy ihm auferlegt hat. Hier ein paar typische Beispiele für seine Methode; zunächst die oben zitierte Stelle:

van der Velde, *Prinz Friedrich* IV, S. 96 ff.	*Friedrich, Prinz von Korsika* Zweiter Akt, 17. Szene
Von Euerem Glücke, Federigo? fragte sie, zärtlich schmachtend: Ihr thut nicht wohl, meinem schwachen Herzen mit dieser Galanterie zu schmeicheln. Es ist noch kindisch genug, um an der Männer-Worte Wahrheit zu glauben, und wehe mir, wenn Euere süße Rede Hoffnungen in mir erblühen ließe, die nur zu sehr im Sonnenglanz des neuen Thrones verwelken würden.	**Olympia:** Von Eurem Glück, Fredrigo? Oh, Ihr tut nicht wohl, mein schwaches Herz so zu umgarnen, das noch kindisch genug ist, um der Männerworte Wahrheit leicht zu glauben — und weh' mir! Ließ Eure süße Rede vergeblich eitle Hoffnungen in mir erblühen, die allzu schnelle verwelken müßten, in dem Sonnenglanz des künft'gen Throns. ...
. . . .	. . . .
Der Liebe Seligkeit und Qualen sind zum ersten Mal in dieß Herz eingezogen. O, stellt Euer Götterbild in dem noch unentweihten Tempel auf, und nehmt mein ganzes Seyn, das ich auf ewig Euerem Dienste weihe, zum Opfer an!	**Friedrich:** Dann laßt in der Trennungs- stunde mich gesteh'n, es füllen zum ersten Mal dies Herz der Liebe Seligkeit und Qual. Stellt Euer Götterbild, o stellt es auf in dem noch unentweihten Tempel, nehmt auf ewig mein ganzes Sein zum Opfer hin und Eurem Dienst sei es geweiht.

---

[3]) Vgl. Goedecke, X, 2, 168. Zuletzt in *Neueste Damenbibliothek,* XX (1825). Wir zitieren nach *Schriften,* IV, V (1820).

Federigo! seufzte Olympia,
und sank, in ihrer Reize Fülle,
an seine hochschlagende Brust, und ihr
Purpurmund preßte auf den seinen das
Gluthsiegel des Liebebundes.
Auf ewig die Meine! rief Friedrich
in freudiger Begeisterung.
Da entwand sie sich plötzlich seinen
Armen und sprach traurig: Mein Herz
hat mich über die Grenze geführt, die
des Weibes Sitte nie überschreiten sollte.
Vergeßt meine Schwäche, Prinz Federigo,
und laßt uns dann auf immer Lebewohl
sagen.
Olympia! rief Friedrich, aus seinen
Himmeln gefallen.
Doch sie fuhr mit ernster Fassung fort:
Olympia kann nicht Euere Gemahlin
werden, und jedes andere Verhältniß
würde die Häuser Freskobaldi und
Brienne beschimpfen. Darum laßt uns
scheiden, da es noch Zeit ist, und wenn
Ihr dort über'm Meer von Siegen zu
Siegen fliegt, so denkt bisweilen mit
freudiger Rührung der armen Verlas-
senen, die bald im Nonnenschleier
feurige Gebete für Euer Wohl zum
Himmel senden wird.
Nicht meine Gemahlin? fragte Friedrich
bestürzt: so bindet Euch ein Gelübde?
Das Gelübde der Tugend und der
Ehre, antwortete Olympia stolz.

Weder Euerem Vater, noch Euerem
Lande mag ich mich aufdringen. Beide
könnten glänzendere Pläne für Euch
entworfen haben. Ihr selbst könntet
vielleicht einst den Schritt bereuen —

Europa's erste Krone, unterbrach
Friedrich sie feurig: würde von diesem
Haupte nur Glanz empfangen, nicht
ihm geben. Mein Fürstenwort bürgt
Euch für Theodor's und seines Corsica
freudigen Empfang, und war die schöne
Wallung, die mich beseligt, Wahrheit,
so dürfen diese Rosenlippen den
Verlobungskuß nicht verschmähen, mit
dem sich Corsica's Thronerbe seiner
holden Braut auf ewig verbindet.

Olympia: Fredrigo — ach! *(Sie sinkt
an seine Brust.)*

Friedrich *(einen Kuß auf ihre Lippen
drückend):* Auf ewig nun die Meine!
Olympia *(nach einer Pause aus Friedrichs Armen sich losreißend):* Es hat
mich mein Herz über die Grenze geführt.
Vergesset meine Schwäche, Prinz,
und laßt auf immer Lebewohl uns
sagen!

Friedrich *(betroffen):* Wie? Olympia ...

Olympia *(mit ernster Fassung):*
Gemahlin kann ich Euer nicht sein,
unmöglich ist's; drum laßt uns scheiden,
und wenn Ihr dort überm Meere vom
Siege fliegt zu neuen Siegen, denkt
bisweilen mit Rührung der Verlass'nen,
die in heil'gen Mauern verlor'ne Ruh'
vergebens suchend nimmer Euch vergißt.

Friedrich *(mit Bestürzung):* Nicht meine
Gattin? Bindet ein Gelübde Euch?
Olympia *(mit edlem Stolz):* Ja! der
Tugend und der Ehre heiliges Gelübd'!

Aufdringen will weder Eurem Vater
ich mich noch Eurem Volke; glänzendere
Pläne sind schon vielleicht für Euch
entworfen; Ihr selbst könntet den Schritt
einst noch bereuen.

Friedrich *(feurig):* Glanz nur e m p -
f a n g e n wird von diesem Haupt
Europas erste Krone, nicht ihm g e b e n.
Nehmt mein Fürstenwort, es bürge Euch
für Theodors und für der Korsen
freudigen Empfang, und sprach die
schöne Wallung, die mich erst beseligt,
wahr, so dürfen diese Rosenlippen nicht
den Verlobungskuß verschmäh'n, mit
dem der Erbe des Kors'schen Thron's
auf ewig sich der holden Braut
verbindet.

IV, 100, ff.:

Olympia kann nach dieser Stunde an den Mann ihres Herzens keine Fehlbitte thun, sprach sie, ein reichgesticktes Portefeuille ihm darbietend. Corsica hat, seine Freiheit zu erkämpfen, nur Eisen, ihm mangelt das alles bezwingende Gold, das allein Genua's Schale noch im Gegengewicht hält. Die Schätze, die mein Gemahl mir hinterlassen, setzen mich in den Stand, diesen Fehler des Schicksals zu verbessern. Doch kein Geschenk darf ich dem Königsohne bieten. Drum nehmt, was ich Euch freudig gebe, aus meiner treuen Hand als Darlehn an. Wenn König Federigo einst den väterlichen Thron besteigt, will ich es von ihm, und nur von ihm zurück empfangen. Einen harten Strauß focht bei diesem Anerbieten der alte und neue Stolz mit der Liebe zu diesem schönen Weibe in des gefürsteten Freiherrn Herzen. Doch als Olympia noch ein Mal mit sanfter Bitte und süßem Kuß ihn umfing und die Brieftasche ihm mit der Sammethand in den Busen schob, da war um so weniger an Widerstand zu denken, als in dem Augenblicke Giafferi, die niedliche Lauretta unsanft von sich drängend, in's Gemach stürzte.

. . . .

Jetzt, Federigo, beschwöre ich selbst Euch, zu fliehen.

V, 153, ff:

Jetzt hielt der erste Wagen.
Der Marquis, in reicher Generals-Uniform, mit mehren Orden decorirt, sprang heraus und bot der reizenden Olympia galant die Hand zum Aussteigen. Stolz wallte das Paar der Kirche zu.

Zweiter Akt, 19. Szene

Olympia (*nimmt ein reichgesticktes Portefeuille aus einer Schatulle und spricht mit Zartheit*): Korsika hat zu dem Kampf, den es begonnen, Eisen nur, ihm fehlt das Gold, das allbezwingende, das Genuas Schale noch allein im Gleichgewichte hält.
Die Schätze, die mir mein Gemahl hat hinterlassen, setzen in den Stand mich, diesen Fehler des Geschickes zu verbessern. Nimm hier dies Portefeuille, es ist mit Wechseln von hohen Summen angefüllt, nimm es, Geliebter, aus meiner treuen Hand. (*Sie bietet ihm das Portefeuille dar.*)

Friedrich (*beschämt, halb unwillig*): Olympia!

Olympia: Ich weiß es, kein Geschenk darf ich dem Königssohne bieten, nimm es als Darlehen nur, und wenn König Fredrigo den väterlichen Thron einst hat bestiegen, will ich es von ihm nur, nur von ihm, zurückempfangen.

Friedrich (*umsonst seinen Stolz zu bekämpfen suchend*): Nein! Nein!

Olympia: Du gabst dein Wort! — (*Sie steckt, da Friedrich noch unschlüssig ist, ehe er es hindern kann, ihm das Portefeuille in den Busen. In dem Augenblick tritt Giafferi ein.*)

. . . .

Olympia: Fredrigo, ich beschwör' Euch, flieht!

Fünfter Akt, 6. Szene

(*Der Hochzeitszug kommt rechts aus der Vorderkulisse und bewegt sich nach dem Hintergrunde. Pagen, Kavaliere und Damen erscheinen paarweise, darunter Graf Giafferi in reicher, neapolitanischer Uniform, und Alma, reich in italienisches Kostüm gekleidet; sie erscheint, wie alle*

Da bekam, wie durch einen elektrischen Schlag, der Graumantel an der Säule Leben. Er riß sich hervor, trat der Herzogin entgegen, schlug den Mantel vom Gesicht und rief: Olympia!

Diese schaute ihn ängstlich an und sank dann, ein schönes Bild von weißem Wachs, in des Bräutigams Arme.

Gott sey Dank, sie hat noch ein Gewissen! schrie der bleiche Jüngling: sie war also kein Teufel, sie war nur ein Weib!

Diese Unverschämtheit verdient Züchtigung! rief Maillebois, die Hand an den Degen legend.
Ein Wahnsinniger! stammelte Olympia, die aus Angst nicht zur völligen Ohnmacht gelangen konnte.
Wahnsinnig? rief der Jüngling, ihr näher tretend: noch bin ich's nicht; doch könnte ich's werden, wenn Deine Schwüre mich so frech belogen. Sieh, Olympia! Deine Wünsche sind erfüllt, ich bin von meiner Höhe herabgestürzt, und der Hirt, der ruhig seine Heerde weidet, ist glücklicher als ich. Jetzt halte Wort, schöne Schlange, und hebe mich zu Dir empor.

Des Burschen Reden scheinen einen tief verborgenen Sinn zu haben, Herzogin! sprach Maillebois befremdet: und Euere Verlegenheit ist nicht geeignet, mich darüber zu beruhigen.
. . . .

Da rief Olympia, durch die Furcht vor der Schmach zu grimmigem Zorn entzündet: Jetzt erkenn ich den Elenden. Es ist der verrückte Sommerprinz von Corsica, der sich schon dort in seinem Irrsinn einbildete, ich sey seine Braut, und dessen Verfolgungen ich nur mit Mühe entging.

übrigen Damen, verschleiert. Zuletzt kommt das Brautpaar, Herzogin Olympia und Marquis von Maillebois in hochzeitlichem Schmucke. Zahlreiche Dienerschaft füllt die Halle. Wie Olympia in der Mitte der Bühne ist, bricht Friedrich durch die Reihen der Trabanten und tritt ihr in den Weg.)

Friedrich: Olympia!
Olympia *(sinkt mit einem Schrei dem Marquis in die Arme.)*

Maillebois *(ihr den Schleier lüftend):* Was ist Euch, teure Braut?
Friedrich: Sie hat noch ein Gewissen, sie war kein Teufel, sie war nur ein Weib . . .

Maillebois *(zu Friedrich):* Wer seid Ihr? Die Unverschämtheit fordert Züchtigung! *(Er legt die Hand an den Degen.)*
Olympia *(welche sich aufgerichtet hat):* Ist's ein Wahnsinniger?

Friedrich: Wahnsinnig? Ja, ich war's. Es war dein Werk, weil deine Schwüre mich so frech belogen. *(Mit bitterem Hohn):* Sieh nun, Olympia, was einstens du gewünscht, ist jetzt erfüllt; ich bin von meiner Höh' herabgestürzt, der Hirt, der ruhig seine Herde weidet, ist reicher, glücklicher als ich; jetzt halte Wort, du schöne Schlange, hebe mich zu dir empor.

Maillebois: Des Menschen Reden scheinen tief verborg'nen Sinn zu haben, Herzogin, und die Verlegenheit, die Ihr umsonst bekämpft, ist nicht geeignet, mich hierüber zu beruhigen.
. . . .

Olympia *(sich stellend, als ob sie sich erst jetzt besänne):* Jetzt erkenn ich den Elenden, 's ist der verrückte Sommerprinz von Korsika *(mit kalter Verachtung zu Friedrich),* der sich schon dort in seinem Irrsinn einbildete, ich wäre seine Braut, der Tor.

Jetzt starrte ihr der Jüngling in das schöne Gesicht, und als er in ihm keiner Spur der vormaligen Neigung, nur dem allerentschiedensten Hohne und der tiefsten Verachtung begegnete, sank er, ohne ein Wort zu sprechen, leblos zu Boden, und neben ihm hin schritt die holde Braut triumphirend in die Kirche.

Friedrich *(geht zitternd vor Wut näher, blickt ihr starr ins Auge und ruft mit furchtbarer Stimme):* Ha, Ungeheuer! *(Er stürzt wie leblos zu Boden.)*

Giafferi *(zu den Dienern):* Schnell, Ihr Leute, schafft Hilfe! *(Zu Friedrich tretend):* Der Arme ...

Maillebois *(zu seinen Dienern):* Meinen Wagen vor! *(Geht rechts im Vordergrunde ab, ohne Olympia eines Blickes zu würdigen.)*

Olympia: Gott, diese Schmach, ich überleb' es nicht. *(Sie droht, der ihr zunächst stehenden Dame in die Arme zu sinken, wird von dieser unterstützt und rechts gegen den Hintergrund abgeführt.)*

Wo also in der Novelle Olympia und Friedrich schweigen, »dramatisiert« Nestroy die Szene in jedem Sinn, indem er beiden melodramatisch-pathetische Worte verleiht und aus *einer* drohenden Ohnmacht zwei macht.

V, 170:
Ende des vorletzten Kapitels

Fünfter Akt, 7. Szene:
Ende des Dramas

Friedrich: Nicht auf der Größe Höhen blüht des Glückes Blume, ein stilles Tal erkor er sich zum Heiligtume, ein treuer Freund, ein treues Weib, *das* ist das Glück, mir ward's zuteil, ich preise dankbar mein Geschick.

Ein treues Weib und ein treuer Freund! was fehlt noch zu meinem Glücke? Wahrlich, nicht Corsica's blutgefärbtes Diadem!
V, 182:
Ende der Erzählung

Dann sprach er [Wachtendonk] tröstend zu dem Jugendfreunde: Der Schiffer hat nach zahllosen Stürmen den Hafen der Ruhe gefunden. Ihm ist wohl!

Giafferi: Nach vollbrachter, stürmisch schwerer Fahrt fand er den Hafen ew'ger Ruhe; ihm ist wohl. [4]

Fast alle Stücke Nestroys gehen auf irgendwelche Vorlagen, epische oder dramatische, zurück, oft in engem Anschluß an die Handlung oder sogar den Dialog. Fast immer aber ist es ihm auch gelungen, aus farblosen Bühnen- oder Romankreaturen Charaktere zu schaffen oder wenigstens mit erstaunlicher Kunst durch unzählige kleine sprachliche

---

[4]) Diese Zeilen Giafferis gehen im Drama den hier vorher zitierten Schlußworten Friedrichs unmittelbar *voraus*, so daß Friedrich mit seinen gereimten Versen schließen kann.

Änderungen einem konventionellen Dialog Glanz und Witz zu verleihen. Hier ist von all dem noch keine Rede. Nur wenige für Nestroys späteres Werk charakteristische Züge und Einzelheiten erscheinen schon in unserem Drama unabhängig von der Vorlage, vor allem — selten, aber in einem ernsten Stück auffallend genug — seine in Wortspiele umschlagende Hellhörigkeit für Doppelsinn:

Friedrich *(zu den [Karten-]Spielern):* Nun, seid Ihr einmal fertig?
Ein Spieler *(seufzend):* O ja, ich bin's! (I, 1);

oder:

Fregoso: Ihr seid kein Edelmann.
Friedrich: ... wir wollen jetzt die Klingen, nicht den Stammbaum messen. (Ebd.) [5]

oder:

Prokurator: Mich trifft der Schlag; mir wirbelt's!
(Zum Schreiber): Nur etwas Niederschlagendes!
Friedrich: Nichts Besser's wüßt' ich, als das Duell mit mir! (II, 7).

Als Friedrich sich weigert, vier gefangene Offiziere erschießen zu lassen, wird er gewarnt: »Ihr könnt diese Leute nicht richten? Ihr seid am Kopfe verwundet, vermögt also nicht, so scharf nachzudenken, als es die vier Menschenleben erheischen, um die hier gewürfelt wird.« Das bleibt in Nestroys Gedächtnis als Wortassoziation hängen und wird in einer rührseligen Szene zwischen Vater und Sohn ganz anderen Inhalts, in der »der heil'ge Glaube«, »Hoffnung« und »Treue« bemüht werden (IV, 9), zum bös-maliziösen Scherz:

Theodor *(auf Friedrichs Verband blickend, mit schneidender Kälte):* Du bist verwundet am Gehirne, Sohn, ich seh's und säh ich's nicht, ich hörte es an Deinen Worten!

Nestroy wird in seinen frühen Stücken nicht müde, mit dem Doppelsinn von »Kopf« zu scherzen.

Es ist für die bedenken-, fast schamlose Anhäufung billigster Bühneneffekte in diesem Stück charakteristisch, daß Nestroy schon zwei Sätze später denselben höhnischen Vater Friedrich »wehmütig« ans Herz drücken und sagen läßt:

»Leg' zur Ruhe dich *(seine heftige innere Bewegung gewaltsam unterdrücken wollend, aber dennoch mit etwas gebrochener Stimme)* und schlafe süßer als dein Vater. *(Geht rechts ab.)*«

Bilder und Metaphern werden Nestroy schon in diesem heroischen Rührstück konkret, und er zieht die sprachlichen Folgerungen daraus:

Friedrich: ... Bis jetzt hielt ich mit Mühe noch die Phantasie im Zügel, allein vereint sich alles, sie aus ihrer Bahn zu scheuchen, dann bricht doch am Ende mein Verstand den Hals (II, 11). [6]

---

[5] Auch von Diehl, S. 30 zitiert.
[6] Von Diehl, S. 31 als »groteskes Bild« zitiert.

Trevoux ...: ... Den Häschern will ich eine Nase dreh'n, die wenigstens von hier bis Köln soll reichen (I, 6).

Im »Einbau komischer Szenen und Figuren« sieht Diehl (S. 30) »die Eigenleistung des jungen Autors«, ohne sie überschätzen zu wollen: »In diesem romantischen Schauspiel gibt es neben der unfreiwilligen auch eine echte Komik, die nicht auf die Vorlage zurückgeht« (S. 31). Nestroy habe durch Straffung der langweiligen Tiraden die Lächerlichkeit zweier komischen Figuren der Vorlage gefördert und »um den in der Vorlage nur kurz erwähnten Prokurator ganz neue Szenen geballter Komik (II, 5, 7, 8, 23)« geschaffen. Diese Szenen sind jedoch ganz kurz, und als »geballt« erscheint uns ihre Komik nur insofern, als sie minimal ist. Ein »Hauch von Satire« mache sich im Gang der Handlung in solchen Fällen selbständig (ebd.). »Satire«, selbst »ein Hauch« von ihr, ist ein anspruchsvolles Wort dafür. Burlesk könnte vielleicht der Satz des Schreibers »Wenn nur keine Rippe doch etwa gnädigst Schaden nahm« (II, 5) genannt werden, die eine der zwei von Diehl als Satire zitierten Stellen, eine Art serviler Fügung, die Nestroy auch später gerne noch verwendet. Das »Theaterpathos« (Diehl):

Prokurator: [...] Er zittere! Verweg'ner Fant! Er bebe!
Nichts mehr rette dich vor meinem Tigergrimme! Wehe! Dreimal wehe! *(Stürzt wütend in sein Gemach.)*
Schreiber: Wehe! *(Folgt ihm.)* (II, 8)

würden wir gleichfalls eher Parodie nennen als Satire.
Sollte es aber in diesem dramatischen Produkt wirklich Satire geben, dann ist sie wohl, unbemerkt vom Leser, als dauernde Unterströmung gegen seine eigene in ihm verwendete Bühnensprache gerichtet, Beispiel eines »spottet ihrer selbst« und weiß wohl wie. Sie läßt sich's aber nicht merken, hilflos getrieben von ihrem eigenen dahinrauschenden Gefälle, das Sinn und Unsinn unterscheidungslos mit sich fortführt.

II

Vom Lesen des Untertitels an drängt sich die Frage auf, wie und warum Nestroy dieses Drama schreiben konnte, ein Erzeugnis, dessen Eigenart sich jede Faser seines Wesens widersetzen mußte, wie wir es aus seinem späteren Werk kennen. Die Antwort kann sich mit einiger Wahrscheinlichkeit nur aus der auf eine zweite Frage herleiten:
Wann hat Nestroy *Prinz Friedrich* geschrieben? Der theoretisch früheste Zeitpunkt wäre etwa 1820, da die Erzählung van der Veldes das erste Mal 1819 erschien (dann wieder 1820 und 1825), der denkbar letzte 1826 oder 1827, da Nestroys *Verbannung aus dem Zauberreiche* (Grazer Fassung 1828, Wiener Fassung 1829) sich durchwegs in der Verspottung und Parodie eben derjenigen Elemente des alltäglichen Bühnenstücks ergeht, die er hier dauernd gebraucht: der romantischen Behandlung des Volkes — der bei einem Raufhandel aus der Wirtshaustür Hinausgeworfene wurde aufgegabelt »wo man alles Edle und Schöne aufgabelt, auf der Gassen« (I, S. 622) —, des klischeereichen Stils, des sentimental-tragischen Theaterpathos, der ernst wirken sollenden edlen Phrase im Mund sozial niedrigstehender Personen. Als Nestroy das bis dahin unbekannte Manuskript, gütig wie immer, widerstrebend für eine Benefizvorstellung zu Gunsten seines Freundes Grois im Dezember 1841 hergab, da war nicht schwer zu sehen, daß es ein »Jugend«- oder »Erstlingsstück« war. Rommel bemerkt, *S. W.*, XV (1930), S. 6, es »war, wie der *Sammler*[7]) (20. 12. 1841) — wohl von Nestroy selbst — wußte, schon

---

[7]) Ein Irrtum Rommels. Nichts dergleichen findet sich im *Sammler,* wohl aber in Bäuerles *Allgemeiner Theaterzeitung* vom gleichen Tag.

vor vierzehn Jahren geschrieben, eine Angabe die durch den Charakter eines Blattes der Originalhandschrift bestätigt wird.« Dies wäre also 1827; »ein Briefkonzept auf der Rückseite ... weist auf die Zeit ca. 1829—1830, was aber natürlich nicht besagt, daß das Stück nicht noch älter ist« (ebd., S. 522). 1947 veröffentlichte Pichler es unter dem Titel des Theaterzettels als *Rudolph, Prinz von Korsika* in der eingangs erwähnten Ausgabe und bemerkte in einem kurzen Vorwort, sie dürfte für Liebhaber des Alt-Wiener Theaters von Interesse sein, »da nunmehr das gesamte dramatische Werk des großen Satirikers der Öffentlichkeit in Buchform zugänglich ist.« Hierdurch fühlte sich Rommel als Herausgeber der »Gesamtausgabe« angegriffen. In einer überaus emotionalen, fast rüden Polemik gegen Pichler in den *Gesammelten Werken*, I (1948), suchte er nun die Auslassung des Dramas aus den *Sämtlichen Werken* zu verteidigen und, in offenkundigem Zusammenhang damit, es als möglichst früh und daher der Aufnahme nicht wert zu kennzeichnen. Nun bemerkt er, in dieser Form und mit solcher Bestimmtheit offenbar frei erfunden, »die Rezensenten ... sind ... — wenn schon nicht durch eine Pressekonferenz, so doch durch einen vormärzlichen Ersatz dafür — genau darüber unterrichtet, daß es sich um ... eine ›theatralische Studentenübung‹ handelt« (S. 184) und schreibt im Widerspruch auch zu Pichlers und seiner eigenen früheren Datierung um 1827 nun: »Näher dürfte der Wahrheit der *Wanderer* kommen, der mit voller Bestimmtheit angibt: ›Wir haben es hier mit einem Produkte zu tun, das Nestroy kurz nach Antritt seiner theatralischen Laufbahn geschrieben....‹« (Ebd.)

Diese begann am 24. August 1822. Damals aber war Nestroy noch Opernsänger. Erst in der Brünn-Grazer Zeit (1825/26) spielte er »zahlreiche ernste Rollen in Stücken, die ins Genre des ›historisch-romantischen Dramas‹ fallen« (S. 185). Es erscheint uns darum am wahrscheinlichsten, daß er dessen Manier in dieser Zeit, aber nicht vorher, so in sich aufsog, daß ihr Ergebnis unser Drama war. Bis Ende Oktober 1825 hatte Nestroy nur ganz selten und, wie er im Tagebuch bemerkt [8]), nur »aus Gefälligkeit« ernste Sprechrollen gespielt; in den November 1825 fiel »mein erster Versuch im seriösen Drama«, übrigens die Rolle des edel entsagenden Kronprätendenten (!) in *Stille Größe*, einem rührseligen Alexandrinerstück. [9]) Von nun an und 1826 tritt er sehr häufig in Tragödien und ernsten Dramen auf. Zu seinen Rollen gehören Geßler im *Wilhelm Tell*, Gianettino Doria in *Fiesko*, Burleigh in *Maria Stuart*, König Heinrich in Theodor Körners *Rosamunde*, der Geist von Hamlets Vater, Gottschalk in einer Bearbeitung des *Käthchen von Heilbronn* und die Helden einer Menge heute vergessener dritt- und viertklassiger »romantischer Schauspiele«, Trauerspiele u. dgl., deren Art die Titel erraten lassen wie *Stille Größe*, als König Alphons im Schauspiel *Die Schirmherrn von Lissabon*, als Erasmus Lueger im gleichnamigen Trauerspiel, als Herzog im Schauspiel *Der Lorbeerkranz*, als Graf Bildau in Ifflands *Der Spieler*, als Othebrich, Herzog von Böhmen in Kotzebues Schauspiel *Gisela, die deutsche Fürstin*, im romantischen Schauspiel *Albrecht der Streitbare, Landgraf zu Thüringen*, als Graf Wulfing von Stubenberg in *Ernst der Eiserne, Herzog von Steiermark* u. dgl. [10]) Ein Konglomerat aus den Themen, Charakteren, Situationen und Tonfällen dieser und ähnlicher Stücke, zusammengebunden durch die Vorlage van der Veldes, scheint unser Drama zu sein.

Rommel meint, die Entstehung des *Prinz Friedrich* »in die Nähe des ersten echten [!] Nestroy-Stückes, d. i. der *Verbannung aus dem Zauberreiche* (1828), zu setzen«, hindere »wohl die geradezu puerile Hilflosigkeit des Autors des *Prinzen Friedrich von Korsika* in allen Belangen der dramatischen Technik, die der Verfasser der *Verbannung*

---

[8]) *S. W.*, I, S. 16, 20.

[9]) Ebd., S. 20.

[10]) Vgl. die Liste seiner Rollen, mit den Namen der Verfasser dieser Stücke, in *S. W.*, XV, S. 430 ff.

schon souverän beherrscht«. Es sei »undenkbar, daß ein Schauspieler, der auch nur ein oder zwei Jahre praktische Bühnenerfahrung hinter sich hat, die Personen so unmotiviert auf- und abtreten läßt, wie es im *Prinzen Rudolph* doch beinahe auf jeder Seite geschieht«. [11]) Wo Rommel in dem höchst einfach gebauten Zauberspiel *Die Verbannung* souveräne Beherrschung der dramatischen Technik sehen kann, ist bei bestem Willen nicht zu entdecken, und das unmotivierte Auftreten der Personen im *Prinz Friedrich (Rudolph)* »beinahe auf jeder Seite« ist eine gewaltige Übertreibung, vom Unterschied der Schwierigkeit der Motivierung in einer Zauberposse und einem mehrere Jahre umspannenden historischen Drama ganz zu schweigen. Außerdem ist es eine Tatsache, daß Nestroy bloße Aneinanderreihung von Szenen und unmotiviertes Auftreten sich noch nach vielen Jahren Bühnenerfahrung und glanzvoller Wirksamkeit als Komödiendichter gerade in seinen halbernsten Stücken leistete, die der Mode des »Lebensbildes« entgegenkommen wollten (und daß er von der Kritik deshalb zerzaust wurde), wie in dem »dramatischen Gemälde« *Der Treulose* (1836) und im »lustigen Trauerspiel« *Gegen Torheit gibt es kein Mittel* (1838). Der *Sammler* vom 8. November 1838 zum Beispiel bemerkt darüber: »Die Anlage des Planes verrät eine ewige Ungelenkigkeit... Alles wird in weitläufigen Szenen bis zur Übergenüge exponiert... Möchte sich Herr Nestroy dem ihm so ganz zusagenden Genre der eigentlichen Posse recht bald wieder zuwenden!«

Warum wurde *Prinz Friedrich* nicht aufgeführt? Entweder weigerten sich die Direktoren seiner Theater, das Stück anzunehmen oder Nestroy wurde sich seiner Mängel bald nach der in diese Zeit zu setzenden Niederschrift bewußt und widerstand darum der Versuchung, es vorzuschlagen. Denn in der gleichen Zeit bricht der tiefliegende Sarkasmus seines Wesens durch und gibt auch seinem sprachlich-literarisch guten Geschmack expliziten Ausdruck. Damit nicht genug, fällt in diese Jahre der entscheidende Übergang des Schauspielers Nestroy zum Komiker: 1826 spielte er noch 26 ernste und 72 komische Rollen, im nächsten Jahr ist das Verhältnis 21 : 122. [12]) 1827 gab er seinem Hohn auf den Geschmack des Publikums Luft in der »Komischen Kleinigkeit« *Zettelträger Papp* und im Jahr darauf machte er sich aus dem ernsthaften Theater und dem Drama einen Jux in seinem ersten aufgeführten, abendfüllenden Stück, der burlesk-satirischen »Zauberposse mit Gesang« *Die Verbannung aus dem Zauberreiche oder Dreißig Jahre aus dem Leben eines Lumpen.*

Umso erstaunlicher erscheint es zunächst, daß er 1841 sein unseliges Jugendwerk aufführen ließ. Aber nun war die Situation völlig anders geworden. Nestroy war der Liebling Wiens, als Schauspieler und als Komödiendichter. *Der Talisman* und *Das Mädl aus der Vorstadt* waren kurz vorher Riesenerfolge gewesen und neben andern seiner Possen dauernd im Repertoire: *Der Talisman seit 1840, Das Mädl* seit November 1841, noch am Vorabend der Premiere des nun unter dem Titel *Rudolph, Prinz von Korsika* als »romantisches Schauspiel in Jamben« angekündigten Dramas. So wurde es mit größter Spannung erwartet, mußte, zumindest bei der Uraufführung, am Samstag, dem 18. Dezember, das Haus füllen und dem »Benefizianten«, seinem besten Freund, dem Schauspieler Grois, der auch überaus beliebt war, eine reiche Einnahme sichern, und das war der Zweck der Aufführung. Auch die Umtaufe des Titelhelden von »Friedrich« auf »Rudolph« hat wohl diesen Zweck gehabt, meinen Pichler und Rommel. Die Spannung wurde wenigstens für die zwei Tage zwischen der Voranzeige [13])

---

[11]) *G. W.,* I, S. 185.

[12]) Rommel, in *S. W.,* XV, S. 23.

[13]) In Saphirs *Der Humorist,* 16. Dezember 1841. Vgl. den Abdruck in Pichlers Ausgabe von 1947, gegenüber dem Titelblatt. Daß die Änderung eines Personennamens im Theaterzettel denselben Zweck gehabt habe, wie Rommel glaubt *(G. W.,* I, S. 189), ist kaum möglich, da der Untertitel dort lautet: »nach van der Veldes Erzählung«.

und der Erstaufführung dadurch gesteigert, da die Reminiszenz an die wohl noch bekannte Erzählung van der Veldes verhindert wurde.

Die Mängel des Stücks fielen natürlich gleich auf und es erlebte nur noch *eine* Aufführung, am folgenden Abend. Schon am Tag darauf wurde der *Prinz von Korsika* vom *Mädl aus der Vorstadt* abgelöst.

Die Kritik verurteilte das Stück einmütig; das Publikum scheint es mit wohlwollender Nachsicht und einiger Heiterkeit über die unfreiwillige Komik da und dort aufgenommen zu haben. Womit Rommel, in seiner Absicht, das Stück noch schlechter zu machen als es ist — und sein Fehlen in der »historisch-kritischen Gesamtausgabe« zu entschuldigen — seine summarische Bezeichnung »lärmender Durchfall« für die Aufnahme begründen könnte, ist unerfindlich:

M. G. Saphir berichtet im *Humorist* vom 20. Dezember 1841, daß »das zahlreich versammelte Publikum ... diese Novität mit guter Laune, ohne Zeichen des Mißfallens, aufnahm«, der *Wanderer im Gebiete der Kunst und Wissenschaft* vom 21. Dezember, daß es die »gelungeneren Stellen des Stückes mit Beifall auszeichnete«. Das *Österreichische Morgenblatt* vom 22. Dezember hat nichts über Beifall oder Mißfallen der Zuschauer zu sagen, bloß »Der Besuch war zahlreich«; nur die *Allgemeine Theaterzeitung* vom selben Tag bemerkt, daß »das romantische Schauspiel mißfiel« und daß »das Publikum alle die Inkonsequenzen (der unmotivierten häufigen Theatereffekte) lächerlich fand und lachte«. Dieses gelegentliche Gelächter gab wohl auch der »vornehmen« *Wiener Zeitschrift* vom 21. Dezember Anlaß, die Zuschauer zu rügen: »Nestroys Verdienste [verdienen] eine würdigere Behandlung, als sie seinem Erstlinge in der ernsten Bahn geworden ist: eine kalte teilnahmslose Aufnahme genügt vollkommen, um auf einen Mißgriff aufmerksam zu machen; man ehrt das Verdienst am schönsten, wenn man seine Fehler mit Schweigen bedeckt.«

Die Kritik war ziemlich einmütig in den Gründen für ihre Verurteilung des Werks: Der dialogisiert-epische (statt dramatische) Charakter des Dramas, die mangelnde Motivierung der verworrenen Handlung und Psychologie, die Überladung mit »Schandtaten« und theatralischen Effekten und »die Spuren der Unkenntnis theatralischer Wirksamkeit« *(Wanderer)*. Das *Österreichische Morgenblatt* tadelte außerdem das »Rohe«, die »Kraftausdrücke und Komödienbehelfe«; die *Wiener Zeitschrift* beschrieb es als »kein gutes Stück, aber es ist auch nicht so ganz schlecht ... immerhin finden sich hie und da kleine, lichte Momente, welche zeigen, daß es von einem Manne von Verstand und Geschick« herrühre, aber »vieles [ist] in der That läppisch und lächerlich.«

Es ist erstaunlich, daß noch im Jahre 1841 nicht *eines* dieser fünf angesehenen kritischen Blätter irgendetwas an der Sprache auszusetzen hatte, die vielfach so kitschig ist, daß sie aus den parodistisch sentimentalen Stellen zusammengesetzt scheint, mit denen Nestroys Zauberspiele und Possen seit 1828 übersät sind. Die einzigen Bemerkungen über die Sprache des Stücks überhaupt sind jener Tadel der »Kraftausdrücke« und die Einschränkung des Urteils, daß der *Prinz von Korsika* »durchaus die Merkmale eines Erstlingsproduktes an sich trägt«, mit der Anerkennung: »eine recht fließende Sprache abgerechnet«! *(Der Wanderer)*.

Einen Zeitungsbericht gibt es, der möglicherweise Rommels Bezeichnung »lärmender Durchfall« erklärt, der des *Sammler* vom 21. Dezember 1841, der, ohne auf das Stück selbst mit einem Wort einzugehen, berichtet: »Ein romantisches Schauspiel von Johann Nestory! Es klingt fast so, als wollte man sagen, eine Localposse von Grillparzer! Das Publicum kennt Hrn. Nestroy als einen genialen Komiker und ist gewohnt über seine Darstellungen zu lachen; das Publicum kennt Hrn. Nestroy als trefflichen Possendichter und ist gewohnt seine Possen zu belachen; das Publicum kennt das Theater an der Wien und weiß warum es hinaus geht; nämlich — um zu lachen. Was war bei solchen Umständen natürlicher, als daß sich die Aufnahme dieses historisch-romanti-

schen Schauspiels in Lachen auflöste? Man lachte herzlich!« Dieses Wort »herzlich« in
der Erzählung des Nestroy seit jeher übelwollenden *Sammler,* zusammen mit der Tatsache, daß keine der bei Wiener Premieren-Durchfällen üblichen heftigen Mißfallens-
Äußerungen — »Schreien«, »Toben« und dgl. — erwähnt werden, ist überaus aufschlußreich: Nestroy hatte zwar im Jahr 1836 ein ernstes Stück geschrieben: *Der Treulose oder Saat und Ernte,* Dramatisches Gemälde, und war darin sogar in einer teilweise tragischen Rolle aufgetreten, aber selbst hier gab es auch die reichbedachte wichtige Rolle des Dieners Treuhold für den Komiker Scholz. So nahmen offenbar viele
im nachromantischen Publikum, abgebrüht durch Nestroys eigene Parodien, das Stück
allmählich für einen Jux, bestenfalls als eine freundliche Ehrung des Regie führenden
Benefizianten.

Nestroy selbst kann zu dieser Zeit sein Jambendrama unmöglich mehr ernst genommen, ja er muß sich darüber amüsiert haben. Er hatte durch die aufsehenerregende Ankündigung eines ernsten Dramas seinem Freund eine gute Einnahme verschafft, dem
Publikum ein Schnippchen geschlagen und bis zu einem gewissen Grad auch den Be-
rufskritikern. Wohl mochte, wie die *Wiener Zeitschrift* erinnerte, das Genre »der
dramatisierten Romane veraltet« sein; aber der Mangel jeder Kritik an der »gefühlvollen«, bald süßlichen, bald heroischen ausgelaugten Bühnensprache des Stücks zeigte
ihm: Sein nun dreizehn Jahre währender parodistischer und ausdrücklicher Kampf
gegen sie war noch nicht überlebt und durfte weitergehen.

Swarthmore College   Franz H. Mautner

WOLFGANG PAULSEN

Grillparzer und Schiller

Der *Don Carlos* als Vorbild der *Blanka von Kastilien*?

In seiner *Selbstbiographie* aus dem Jahre 1853 macht Grillparzer rückblickend die Fest-stellung, er habe seinerzeit bei der Ausarbeitung der *Blanka von Kastilien* »immer den Don Carlos im Auge« gehabt. [1]) Das klingt kurz und bündig, und wer es nicht für nötig hält, eine solche späte Aussage kritisch mit dem Text und den sonst noch erhaltenen Dokumenten aus der Entstehungszeit der Dichtung zu vergleichen, wird sich, im Stile der bisherigen Literaturgeschichte, mit Grillparzers Altersorakel zufrieden geben. Sieht man sich die Dinge aber etwas genauer an, verlieren die Worte des sich im Alter über sein eigenes Werden Rechenschaft ablegenden Dichters viel von ihrer Verbindlichkeit. Auf sehr Grillparzersche Weise stimmen sie und stimmen auch nicht. Sie gewinnen ihre tiefere Bedeutung jedenfalls erst, wenn man sie im Lichte des eigentümlichen Spannungs-verhältnisses sieht, in dem Grillparzer sich zeit seines Lebens zu Schiller befand. Man müßte sich da wohl zunächst erst einmal fragen, ob es nicht verläßlichere Zeugnisse von ihm aus früheren Jahren gibt, aus denen sich Schlüsse über die Art seines Arbeitens an der *Blanka* ziehen lassen und die am Ende auch einiges Licht auf deren schöpferisches Verhältnis zum *Don Carlos* werfen. Denn wenn es wirklich zuträfe, daß er diese Dich-tung bei der Ausarbeitung seines eigenen ersten Versuchs auf dem Gebiet der hohen Tragödie »immer im Auge« hatte, dürfte ein solcher Tatbestand ja nicht erst vierzig Jahre später feststellbar geworden sein. Die Tagebücher, in denen er zu Zeiten schon-nungslos mit sich selbst ins Gericht gegangen ist, wären der gegebene Ort gewesen, eine so schlichte Tatsache wie die erkannte Abhängigkeit seines dramatischen Erstlings von Schiller zum mindesten zu konstatieren. Und eine solche Stelle gibt es denn auch, nur daß ihr gerade die Eindeutigkeit fehlt, die man erwarten würde. Sie findet sich unter dem 19. und 20. Juni 1810, wurde also ein knappes Jahr nach Abschluß der Dichtung zu Papier gebracht, daß heißt gerade in der Zeit, als er, nach der Einreichung der *Blanka* beim Burgtheater (im Januar) und vor ihrer Ablehnung dort (im August), auf die erste große Entscheidung in seinem Leben als Dichter wartete. Es sind zwei eng aufeinander bezogene, im Manuskript sogar fortlaufende Eintragungen, die zunächst einmal dadurch auffallen, daß sie sich in Ton und Inhalt wesentlich von allen früheren unterscheiden. Bisher hatte der junge Dichter, wie es scheint, noch nicht das richtige Ver-hältnis zu seinem Tagebuch gefunden. Er hatte versucht, Wortnetze auszuwerfen, ohne aber viel darin zu fangen. Gewiß, sehr Persönliches war bereits zur Sprache gekom-men, aber nichts, was auf das Werden des Dichters irgendein Licht würfe. Das änderte sich nun plötzlich mit dem leidenschaftlichen Ausfall gegen Schiller. Schon die erste Feststellung, die er macht, wirkt wie ein Neueinsatz: »Noch vor einem halben Jahre«, lesen wir da, »konnten mich Schillers Schriften entzücken, da hingegen Goethe eine sehr untergeordnete Rolle bei mir spielte; nun ist es ganz umgekehrt, ich suche Schillern bei mir, und sogar manchmal bei andern [,] auf eine leidenschaftliche Art zu verkleinern,

---

[1]) Franz Grillparzer, *Sämtliche Werke*, hrsg. von Peter Frank und Karl Pörnbacher (München: Hanser Verlag, 1965), IV, 47. — Im folgenden wird durchweg nach dieser Ausgabe zitiert.

indes Goethe mich ganz dahinreißt!«, und nun folgen einige Beispiele dieser seiner »leidenschaftlichen Art«, Schiller zu verkleinern. Zunächst wird einmal *Turandot* (übrigens zusammen mit dem *Großkophta)* zum alten Eisen getan. Dann aber zieht er gegen *Kabale und Liebe* blank, das er »das elendeste Machwerk« nennt, das je einer der angesehenen Dichter »seiner Nation« zusammengeflickt habe, um im weiteren über die philosophischen Schriften herzuziehen, wobei sogar das Wort »ekelhaft« fällt, über den arroganten [2]) Menschen Schiller selbst, dessen *Egmont*-Bearbeitung, die *Braut von Messina* und die *Xenien* — in eben dieser Reihenfolge. Erst ganz zu Ende dieser kritisch ziemlich konfusen Generalattacke kommt er schließlich auch auf den *Don Carlos* zu sprechen, und zwar nun gleich unter verräterischer Bezugnahme auf seine eigene *Blanka.* Er habe die »Bemerkung« gemacht, erklärt er, daß seine »Blanka von Kastilien Ähnlichkeit mit [dem] Don Carlos habe«. Wir stutzen. Das klingt beinahe, als ob daraus dem *Don Carlos* und nicht der *Blanka* ein Vorwurf gemacht werden sollte. Er hat die »Bemerkung gemacht«, daß sie eine »Ähnlichkeit habe«, und das nicht einmal richtig im Indikativ. Eine ein wenig verspielte Überraschung spricht aus diesen Worten. Wann hat er diese Bemerkung gemacht? Beim Abschreiben? Nur der erste und fünfte Aufzug in der Reinschrift sind von seiner Hand. Beim Wiederlesen? Wir wissen es nicht. Ebensowenig wird uns verraten, worin die plötzlich entdeckte Ähnlichkeit der *Blanka* mit dem *Don Carlos* bestehen soll. Grillparzer geht darüber hinweg und bemüht sich statt dessen, die Feststellung selbst zu präzisieren und gleichzeitig zu bagatellisieren, wobei er in der Hitze des Gefechts ganz offensichtlich seine Satzkonstruktion verliert: »einige Gedanken, auf denen ich mich ertappte, und die ich, ohne es zu wissen« — wir wiederholen: »ohne es zu wissen« — »von ihm entlehnt hatte, dies und was weiß ich was noch alles ist, wie ich glaube, der Grund meiner Abneigung, meines Hasses [,] möchte ich beinahe sagen, gegen diesen vergötterten Dichter«. [3]) Einen solchen Satz kann man sich nicht lange genug vor Augen halten: er ist raffiniert in seiner Doppelzüngigkeit. Allein dieses »wie ich glaube« spricht Bände! Was ihn in diesem Augenblick offenbar völlig aus der Fassung brachte, war wohl weniger die durch die Begegnung mit Goethes Werk bedingte Desillusionierung mit Schiller, als vielmehr der Umstand, daß er sich selbst bei etwas »ertappt« hatte, was ihm unangenehm war, und was er nun plötzlich nicht mehr leichten Herzens beiseite schieben konnte — nämlich dabei, sich auf eine nicht mehr akzeptable Weise an Schiller angeklammert zu haben. Wieweit da die seit dem Sturm-und-Drang für Deutschland obligat gewordenen Originalitätsvorstellungen mit ins Spiel kamen, läßt sich schwer ausmachen; wenn sie das taten, so sicher wiederum auf dem Umweg über Schiller und zwar am nachdrücklichsten durch das ihm von Schiller vorgelebte Dichtertum. Grillparzers erste große Abrechnung mit Schiller vollzog sich jedenfalls auf einer sehr emotionellen Ebene, war eine Projektion von Unlust- und Inferioritätsgefühlen in etwas, was ihm bisher Vorbild gewesen war (der »vergötterte Dichter«), war also die typische Götzendämmerung eines jungen Menschen.

Nun besteht aber gar kein Zweifel darüber, daß es sich, was die Entlehnungen in der *Blanka* aus dem *Don Carlos* (und aus Schiller überhaupt) betrifft, keineswegs nur um »einige Gedanken« handeln kann, ja um Gedankliches eigentlich noch am wenigsten. Schon eine erste flüchtige Lektüre des Stückes läßt den Leser auf Schritt und Tritt über Schillersche Wendungen stolpern, und die Textkritik (besonders Sauers und seiner Schule) hat darüber ja längst, verschämt aber eindeutig, Inventur gehalten. Man hat

---

[2]) Dabei muß man wissen, daß Grillparzer sich selbst für arrogant hielt, wie er schon in seinem Tagebuch 1808 (Tgb. 25, IV, S. 235) feststellte. Das Wort fällt auch in der Folge noch durchaus in Bezug auf ihn selbst.

[3]) Ebd., S. 253/4.

dann in der Folge den Wert solcher Indizien gelegentlich arg überschätzt. Wir müssen sie zwar auch heute noch zur Kenntnis nehmen, dürfen sie aber trotzdem weitgehend auf sich beruhen lassen, denn auf die verschiedenen direkten oder indirekten Entlehnungen kommt es weniger an als auf die gesamte Tonlage, die sich der Dichter — »ohne es zu wissen« — dadurch geschaffen hat. Wir denken dabei vor allem an den durchgehenden Zug ins Rhetorisch-Didaktische, der sicher an Schiller orientiert ist, dann an die ins Barocke ausschweifende, sich im Barocken geradezu überschlagende Diktion, die, wenn sie auch gewiß primär auf die österreichische Literaturtradition zurückgeht, dem jungen Dichter doch durch Entsprechendes bei Schiller noch einmal wieder legitimiert wurde — nicht zuletzt aber auch an konkrete technische Momente, wie etwa die Selbstverständlichkeit, mit der Grillparzer in der *Blanka* hochgestimmte Monolog- und Dialogpartien in gereimte Verse auslaufen läßt, eine Praxis, auf die er auch in späteren Dichtungen noch gerne zurückgekommen ist.

Es ist hier nicht der Ort, den inneren Beziehungen des jungen — wie weitgehend auch noch des alten — Grillparzer zu Schiller im einzelnen nachzugehen. [4]) Daß sie zunächst auf pubertären Voraussetzungen beruhten, versteht sich bei einem Sechzehn- bis Achtzehnjährigen am Rande, verbindet aber auch wieder Grillparzers Schillererlebnis mit dem von Generationen anderer junger Deutscher bis in unsere Tage. Es genügt, die Ambivalenzen in seinem Verhältnis zu Schiller in großen Umrissen darauf zurückzuführen, daß ihn auf der einen Seite der ins Große angelegte Weltanspruch Schillers, der Dynamismus seines nur sich selbst setzenden Dichtertums — und wir berufen uns damit ausdrücklich und in allem Prinzipiellen auf Emil Staigers Schiller-Deutung [5]) — bis zur Wunscherfüllung faszinierte, während er sich gleichzeitig durch einen solchen Machtanspruch in seiner eigenen Art gefährdet fühlte. Die Inferioritätsgefühle sind augenscheinlich früh bei ihm entwickelt und lassen sich schon aus den ersten Tagebuchblättern belegen. Nicht zufällig kehren die Worte »Ehre«, »Ruhm«, »Ruhmbegier« usw. fast leitmotivisch in allen Tagebüchern wieder. Sonderbar ist dabei vor allem, daß es bei Grillparzer eine solche Gefühlsambivalenz nur Schiller gegenüber gab — Goethe etwa beeindruckte ihn von Anfang an ganz anders, wenn auch keineswegs nur in einem positiven Sinne. Das aber heißt doch wohl, daß es zwischen ihm und Schiller eine Beziehung — um nicht zu sagen: eine Verwandtschaft — ganz eigener Art gegeben haben muß, von der anzunehmen ist, daß sie für seine Dichtung notwendig von entscheidender Bedeutung war. Man wird sie sorgfältig zu erwägen haben, wenn es um die Genese nicht nur der *Blanka von Kastilien,* sondern auch der *Ahnfrau* geht — um von allem anderen zunächst gar nicht zu reden. Wir müssen dabei darauf gefaßt sein, daß das Moment des psychologischen Involviertseins die klaren Linien rein literarischer »Beziehungen«, an denen uns so viel gelegen ist, immer wieder verschleiern.

Wie es nun mit der Ähnlichkeit, die dem Tagebuch des jungen Grillparzer zufolge zwischen der *Blanka* und dem *Don Carlos* besteht, in Wahrheit bestellt ist, läßt sich nur anhand einer genaueren Textanalyse herausarbeiten. Sie wird uns vor allem zu beschäftigen haben. Eines aber sollte doch schon von vornherein festgestellt werden: nämlich daß weder das Im-Auge-haben des *Don Carlos,* von dem wir in der *Selbstbiographie* hören, noch die ungewollte Ähnlichkeit, die Grillparzer in seinem Tagebuch konstatiert, den Schluß zulassen, der junge Dichter sei schon bei der Wahl seines Stoffes von Schillers Dichtung ausgegangen oder dabei durch sie bestimmt worden. Abgesehen davon, daß beide Stücke am spanischen Königshof (wenn auch in sehr ver-

---

[4]) Das ist in einem anderen, recht ausführlichen Teil meiner noch nicht abgeschlossenen Grillparzer-Monographie geschehen, aus der die vorliegende Untersuchung einen Vorabdruck darstellt.

[5]) *Friedrich Schiller* (Zürich, 1967), passim.

schiedenen Jahrhunderten) spielen und daß, was die äußere Form betrifft, beide fünf-
aktige, bei Grillparzer allerdings hier und da durch ein Hinüberwechseln in andere
Versmaße aufgelockerte Blankvers-Tragödien sind, stellen sich die Ähnlichkeiten als so
geringfügig und gleichzeitig auch wieder so hintergründig heraus, daß sie schwer zu
bewerten sind. Schon Grillparzers Bedürfnis nach formaler Auflockerung weist wieder
auf die ganz unschillerschen Hintergründe seines dichterischen Geschmacks, wobei offen
bleiben soll, was dabei auf das Konto der Romantik geht, die sich mit ihrem weiten
Gelände zwischen seine Welt und die Schillers geschoben hatte.

Andererseits aber liegt natürlich der Schatten Schillers schwer auf Grillparzers dramatischem Erstling — Erstling, wenn wir die drei einaktigen Exerzitien in der Literatur-
sprache des ausgehenden Jahrhunderts, die noch vor der *Blanka* entstanden sind, außer
acht lassen. Wie aber wäre dieser schöpferische Zwielichtzustand zu erklären? Doch
wohl nur so, daß ihm während des Schreibens das, was er noch vor gar nicht so langer
Zeit so intensiv am *Don Carlos* erlebt hatte, unter der Hand in die eigene Dichtung
einfloß. Dabei dürfte es sich weniger um bestimmte Momente gehandelt haben als um
den Geist des Ganzen, den er auf sich wirken ließ. Wie man sich das vorzustellen hat,
dazu hat er selbst die nötigen Anhaltspunkte gegeben, und zwar wieder in seinem
Tagebuch — und sogar nur zehn Tage nach jener leidenschaftlichen Abrechnung mit
Schiller, von der die Rede war. Am 30. Juni berichtet er von einer erneuten Lektüre
der *Jungfrau von Orleans*, die ihn wieder so gerührt habe, daß er sich »sogar der Tränen
nicht enthalten« konnte. Er fragt sich, ob er Schiller vielleicht Unrecht getan habe, aber
»reiferes, kälteres Nachdenken« habe ihn dann auf die rechte Spur geführt. Er versucht,
sich vor allem darüber klar zu werden, wann er für Schiller offen ist und wann nicht.
»In gewissen Stimmungen..., wo mich Melancholie befällt«, meint er, greife er gerne
nach Versen:

Ich pflege Verse, wenigstens die bessern, laut zu rezitieren, und nun ereignet sich eine sonder-
bare Sache. Die Melodie der Verse, das Steigen und Fallen, der sanfte, schmelzende oder herrische Ausdruck der Stimme bringt meine Phantasie in Bewegung, vergangene, halbverlöschte Bilder erneuern sich in meiner Seele, reizende Ideale formen sich, ich gerate in Enthusiasmus, aber
nicht für das [,] was ich lese, nicht für die Ideen, die mein Mund ausspricht, für andere, schönere
(da ein Gefühl im Herzen stets schöner ist als eines auf dem Papiere) oft ganz fremdartige Bilder
entstehen [sic], und diese rezitiert meine Seele möchte ich beinahe sagen zu den Versen, die ich
lese; ungefähr wie ich öfter zu einer vor mir liegenden Musik, die gar nicht zum Singen bestimmt war, Worte gesungen habe, die Verse [,] die ich lese [,] sind mir nur das Accompagne-
ment für den Text in meinem Kopfe. [6])

Man fühlt sich dabei natürlich sofort an jene bekanntere Episode aus Grillparzers Leben
erinnert, von der er in der *Selbstbiographie* berichtet: daß er nämlich nach der Rückkehr aus Italien den fallengelassenen Faden der *Vließ-Dichtung* erst wiederfand,
als er einmal mit der Tochter Karoline Pichlers vierhändig Klavier spielte und dabei
über jene Kompositionen kam, die er zur Zeit seiner ersten Arbeiten vor der Italienreise schon mit seiner Mutter gespielt hatte. [7]) Und doch ist das nicht ganz dasselbe. Das
Gemeinsame beschränkt sich darauf, daß hier wie da die Musik eine mehr oder weniger
entscheidende Rolle hatte. Der Vergleich präzisiert sich aber, wenn man das Lautlesen
der Verse als einen musikalischen, nicht als einen literarischen Vorgang nimmt, wobei
der Effekt, der sich in der *Vließ*-Episode so unerwartet einstellte, zur *Blanka*-Zeit noch
bewußt stimuliert werden mußte. Es handelt sich hier ganz offenbar um einen Fall von
schöpferischer Autosuggestion — wenn wir wollen: sogar von recht zweifelhafter
Natur. Schiller wurde als Stimulans gebraucht. Grillparzer ließ sich durch ihn in eine

---

[6]) Ebd., S. 260.
[7]) Ebd., S. 106/7.

Lage versetzen, in der er sozusagen »auf den Flügeln des Gesanges« die eigene Sprach-
melodie fand. Dadurch aber erklärt sich nun die wesentliche Gemeinsamkeit der beiden
Dichtungen: sie liegt im dichterischen Fluidum, nicht in irgendwelchen Gedankengängen.
Gedankliche Entsprechungen wären, soweit es solche gibt, auf demselben Wege durch
Anempfindung zustande gekommen.

Das aber wirft nun auch einiges Licht auf einen anderen, sehr sonderbaren Tatbestand,
der bei jeder Betrachtung der beiden Dichtungen sofort in die Augen springt. Wenn
Grillparzer nämlich bei der Gestaltung der *Blanka* wirklich den *Don Carlos* »immer
im Auge« gehabt hätte, wäre es unverständlich, daß gerade die Elemente, die wir heute
ganz unmittelbar und selbstverständlich mit dem *Don Carlos* verbinden — also etwa
das Vater-Sohn-Motiv oder die Freundschaftsproblematik, von jenem Hinüberspielen der
Dichtung ins Politische ganz zu schweigen, das in der Forderung nach »Gedankenfreiheit« gipfelt — auch nicht andeutungsweise in die *Blanka* miteingegangen wären.

Wenn aber den jungen Grillparzer diese fundamentalen Aspekte der Schillerschen Dichtung überhaupt nicht angesprochen haben, muß man sich allen Ernstes die Frage vorlegen, wie er den *Don Carlos* denn überhaupt gelesen, und auf welche Weise er seinen
Zugang zu ihm trotzdem gefunden habe. Es ist ja nicht so, als ob die drei Hauptelemente
der Dichtung seinem Denken und Empfinden von Natur aus fremd gewesen wären.
Grillparzers Verhältnis zum eigenen Vater war, wie wir wissen, sogar im höchsten
Maße problematisch, und doch hat er die Vater-Sohn-Problematik seiner »Vorlage« —
wenn es eine solche war — in eine Bruder-Problematik abgebogen und sich damit begnügt, auf recht unverbindliche Weise das Kain-und-Abel-Motiv zu umspielen. Lag
ihm, der unter problematischen Brüdern aufzuwachsen hatte, damals das Verhältnis
zu den Brüdern, das er dann dichterisch in ein Verhältnis zu *dem* Bruder zusammenge-
zogen hätte, mehr auf dem Herzen als das zum Vater, oder ist er der so viel bedroh-
licheren Vater-Problematik nur für den Augenblick noch ausgewichen, um sie erst in
die *Ahnfrau* — d. h. nach dem Tode des eigenen Vaters — frei eingehen zu lassen? Das
sind Fragen, auf die es sicher keine einfachen Antworten gibt, die aber trotzdem gestellt werden müssen.

Noch mehr sollten wir uns vielleicht darüber wundern, daß das im *Don Carlos* eine
so wesentliche Rolle spielende Freundschaftsmotiv keinen größeren Eindruck auf den
Blanka-Dichter gemacht hat. Nur drei Tage vor jenen Tagebucheintragungen, in denen
er sich so leidenschaftlich mit Schiller auseinandersetzte, findet sich nämlich der schrift-
liche Niederschlag jener Eifersuchtsszene mit dem Freund Altmütter, der in der älteren
Grillparzer-Literatur gelegentlich so viele Mißverständnisse hervorgerufen hat. Ohne
Frage waren die Erschütterungen, die der jugendliche Dichter damals erfuhr, sehr viel
mehr pubertär bedingt als die Erlebnisse, die Schiller zur Gestaltung seines Posa geführt
hatten. Für den jungen Grillparzer hatte es neben dem Freund auf ganz andere Weise
auch schon die Freundin gegeben, und zwar sogar durchaus im Plural. Von Homo-
sexualität jedenfalls kann da nur insofern die Rede sein, als sie Teil eines jeden Wachs-
tumsprozesses ist. [8]) Gerade daß er nicht der Versuchung erlag, das Phänomen »Freund«
in Schillerschen Proportionen nachzuerleben, belegt die untergeordnete Rolle, die es in
seinem seelischen Gefüge spielt.

Völlig aber fehlte Grillparzer jede innere Beziehung zu Schillers Freiheits-Konzeption.
Auch das ist an sich nicht so ganz selbstverständlich, denn schließlich wäre eine Forderung nach »Gedankenfreiheit« im Wien der Jahrhundertwende nicht weniger sinnvoll
gewesen als in Schillers Schwabenland. Worunter hat Grillparzer denn sein ganzes Le-

---

[8]) Gegen die diesbezüglichen Unterstellungen Raus und Allers' wenden sich auch Hans Hoff
und Ida Cermak, *Grillparzer, Versuch einer Pathographie* (Wien, 1961), S. 54: »nichts davon« überzeuge.

ben lang schwerer gelitten als unter ihr? Alle seine späteren Schwierigkeiten mit der
Zensur und der Polizei sind auf diesen einen Punkt zurückzuführen. Die Idee der
Freiheit aber existiert nicht *in vacuo*, sie wird jeweils bedingt durch die Art und den
Grad an Unfreiheit, gegen die sie gerichtet ist. Eine solche Un-Freiheit kann einen
totalen Un-Wert darstellen und als solcher alle Werte aufheben — aber das ist keineswegs immer so. Un-Freiheit beginnt schließlich mit jeder Form von Bindung, sei es als
religio oder in einem rein sozial-gesellschaftlichen Sinn, und sie kennt ein weites Spek-
trum bis hin zur deklarierten Tyrannei. Gegen das eine Extrem wird mit Reformationen
geantwortet, gegen das andere mit Revolutionen. Eine aktiv verfolgte Forderung nach
Freiheit setzt jedoch eine Unfreiheit voraus, die einen so unertragbaren Grad erreicht hat,
daß das lebensnotwendige Gleichgewicht dadurch aufgehoben wird. Das aber war bei
Grillparzer nicht der Fall, weder in seiner Jugend noch in späteren Jahren — auch
wenn es für ihn dann Augenblicke geben sollte, in denen er sich aus der bedrückenden
Atmosphäre Österreichs wegsehnte und sogar an eine »Flucht« nach Deutschland denken
konnte. Allen Unannehmlichkeiten und Widerwärtigkeiten zum Trotz fühlte er sich in
seiner Welt noch durchaus geborgen, überwogen für ihn die Werte alle nur möglichen
Un-Werte. Eine Art von Josephinischer Gedankenfreiheit hat auch er natürlich immer
gefordert und praktiziert, aber die erschöpfte sich bei ihm dann im »Geraunze«, um
sich schließlich sogar in eine Verbitterung gegen ihn selbst zu kehren. Irgendwelcher
revolutionärer Impetus kam dem nicht zu. Man könnte da bei Grillparzer geradezu
von einem eingeborenen Konservatismus sprechen. Wie dem auch sei, von dort aus, wo
er stand, gab es keine Ausblicke ins Humanitär-Utopische [9]), und was Schiller im *Don
Carlos* mit den Niederländern vorgehabt hatte, muß ihm völlig unbegreiflich geblieben
sein.

*

Betrachtet man nun die Entstehung der *Blanka von Kastilien* vor solchem Hintergrund,
könnte man zu der Meinung kommen — und sie ist in der Literaturgeschichte die
gängige Münze — daß wir es bei diesem Erstling Grillparzers lediglich mit einer schüler-
haften Fleißarbeit zu tun haben. Es fehlt ihm sicher jenes die Dichtung verschmelzende
Moment zündender Inspiriertheit, jener Zug ins Geniale, den der Leser in den *Räubern*,
Schillers Erstling, auch heute noch miterlebt. Freilich, was bei den *Räubern* »zündet«,
ist nicht die Dichtung allein; auch die Legende, die sich von Anfang an um ihre Entstehung gesponnen und nicht wenig zum »Mythos« des *Räuber*-Dichters beigetragen
hat, schwingt da noch untergründig für jeden Gebildeten mit. Derartiges gibt es bei
dem jungen Mann im fernen Wien nicht. Bei ihm liegen die Dinge schon sehr viel
Tonio-Krögerhafter: was für Thomas Manns Helden Hans Hansen war, war für den
jungen Grillparzer das wirkliche Erlebnis mit Georg Altmütter. Wir hören auch noch von
anderen Freunden in seinem weiteren Kreise, aber es ist doch ein Kreis ganz ohne jenen
inneren Zusammenklang, ohne jenes Moment des Dynamischen, das den Kreis um den
jungen Schiller kennzeichnet, natürlich als Reflex seiner eigenen Persönlichkeit. Statt
dessen haben wir es hier mit jungen Leuten zu tun, die sich zwar »für Literatur interessieren«, aber keineswegs nur für sie allein. Man treibt da auch sonst allen möglichen
jugendlichen Unfug. Daneben dann die Welt der Familie, die für uns zu dieser Zeit
ziemlich undurchsichtig bleibt: der geschäftsuntüchtige Vater, der am Ofen steht und
Schundliteratur verschlingt, die hypersensitive, hysterische Mutter, die Brüder. Das
etwa ist der Raum, innerhalb dessen der junge Dichter für sich das Gebiet des Dichterischen, speziell des Dramatischen, abtastet. Wie macht er das? Wir haben nur wenige

---

[9]) Soweit ich sehe, gibt es nur einen direkten Beleg für unmittelbar utopistische Gedankengänge
   bei Grillparzer, und zwar im Tagebuch aus demselben Juni 1810 (Tgb. 94, IV, 257/8).

Anhaltspunkte, die uns einen Einblick in den Vorgang gewähren, denn die Tagebücher befassen sich meist mit anderen, persönlichen und privaten Dingen. Was die Entstehung der *Blanka* betrifft, so fließen die Quellen besonders spärlich. Gewiß, da ist die relativ ausführliche Abhandlung über die Gestalt der Maria de Padilla, Grillparzers »femme fatale«, aus dem Jahre 1809 [10]), aber wir erfahren daraus wenig, was nicht auch aus dem Text zu gewinnen wäre. Wir horchen dagegen auf, wenn der junge Mann nach Beendigung des ersten Aufzugs bereits Zweifel über sein Dichtertum äußert und sich fragt, ob er »vielleicht etwa für diesen Zweig der Dichtkunst« noch allzu jung sei. [11]) Unter dem 1. Juli 1809 berichtet er dann, ihm habe geträumt, seine *Blanka* sei im Theater ausgepfiffen worden — ein Traum, der den Psychologen beschäftigen wird, vor allem wenn er hört, daß Grillparzer sich beim Erwachen sofort über den unangenehmen Eindruck mit der Überlegung hinwegsetzte, es könne unmöglich sein eigenes Stück gewesen sein, da er es ja »noch unvollendet im Schranke liegen habe« — als ob sich das Unterbewußte je um solche Äußerlichkeiten gekümmert hätte! Grillparzer muß damals drei fertige Aufzüge seines ihn im Innern so beunruhigenden Stückes »im Schranke« liegen gehabt haben.

All das hilft uns jedoch nicht weiter, es sei denn, wir wollten das Moment der inneren Beunruhigung für den schöpferischen Prozeß mit in Rechnung setzen, wenn auch vielleicht nur, um ein wenig besser zu verstehen, was Grillparzer damals nach einer mehrmonatigen Unterbrechung und verschiedenen Versuchen, in andere Richtungen auszuweichen, doch wieder zu diesem sich augenscheinlich nicht leicht ergebenden Stoff zurückgebracht hat. Für die Einsicht in die Dichtung selbst ist damit zugegebenermaßen zunächst nicht viel gewonnen. Erstaunlich aber ist denn doch die Vielseitigkeit des dramatischen Experimentierens, auf das er sich in den beiden Jahren, in denen die *Blanka* entstand, wie nebenher einließ — genauer: in der Zeit, die zwischen der Entstehung der beiden ersten Aufzüge verging. Wir müssen das ein wenig in den Blick zu bekommen suchen, denn zum mindesten indirekt ging es dabei ja auch um die *Blanka*. Bei dem frühesten der erhaltenen Fragmente, dem ersten Auftritt aus einem geplanten »Trauerspiel in 5 Aufzügen« aus der englischen Geschichte *(Lucretia Creinwill)* handelt es sich noch um einen Plan aus der Zeit vor der *Blanka*, deren ersten Aufzug Grillparzer im März und April 1808 zu Papier brachte, den zweiten Aufzug dann aber erst im Oktober in Angriff nahm. Was war in dieser Zwischenzeit geschehen? Die *Blanka* hatte er offenbar schon vor Ende April wieder beiseite gelegt, denn aus demselben Monat haben wir noch die Niederschrift des kurzen Fragments zu einer *Rosamunde Clifford*, die wieder als »Trauerspiel in 5 Aufzügen« konzipiert und stofflich ebenfalls der englischen Geschichte entnommen war. Lange dürfte ihn dieses neue Trauerspiel aber kaum beschäftigt haben, denn was er davon zu Papier brachte, ist nicht mehr als das Moment des Erschreckens, das eine Frau bei der Erscheinung des »Liebesgottes« erfährt, wie Grillparzer das später oft gestaltet hat, als eine seiner »Urszenen«, um die dann fünf Aufzüge herumgebaut werden sollten. [12]) Am 27. Mai entwarf er dann den Plan zu einer komischen Oper in drei Aufzügen unter dem Titel *Der Zauberwald*, wieder mit einer sofort ausgeführten ersten Szene. Wir sind nicht nur in die Welt Mozarts hinübergewechselt, sondern vor allem doch wohl in die des Wiener Volksstückes, für das Grillparzer sein Leben lang aufgeschlossen blieb, ohne sich ihm dichterisch doch jemals ganz anvertrauen zu können, auch in der *Melusine* nicht. Es lockte ihn, aber er stellte, wie es scheint, von Anfang an ganz andere und höhere

---

[10]) Tgb. 38, IV, 240/1.
[11]) Tgb. 11, IV, 227.
[12]) Was die Tgb. Notiz 35 (Der Franzose), die die Hanser-Ausgabe mit diesem Fragment in Zusammenhang bringt, mit dem Ganzen zu tun haben soll, bleibt unerfindlich.

Ansprüche an sich und seine Kunst, und so verstehen wir, daß schon dieses Mal der Funke nicht fing und Grillparzer seinen Plan bereits am nächsten Tag wieder fallen ließ. Statt dessen skizzierte er sich einen neuen Plan zu einem »Schauspiel in 4 Aufzügen« — wobei die Viererzahl der Anlage noch immer eine Anlehnung an das Volksstück bedeuten dürfte — mit dem Titel *Seelengröße*, der als Titel ebenfalls noch das Zeichen seiner Herkunft aus der Wiener Volksdramatik auf der Stirne trägt. Grillparzer entwickelte dafür ein ausführliches Szenarium und arbeitete dieses Mal sogar drei Auftritte des ersten Aufzugs aus. Aber nur vier Tage lang hielt er es bei diesem Projekt aus, denn schon am 31. Mai finden wir ihn wieder über einem anderen »Trauerspiel in 5 Aufzügen«, dem *Robert, Herzog von der Normandie*, von dem er nun in einem Zuge gleich mehr als zwei Aufzüge ausführte und es damit zu einem seiner umfangreichsten Fragmente anwachsen ließ. Bis Ende September fesselte ihn der *Robert*, aber auch dann kehrte er noch nicht zu der vernachlässigten *Blanka* zurück, sondern führte zunächst noch die sechs Auftritte des für den Freundeskreis verfaßten, ebenfalls Fragment gebliebenen Lustspiels *Das Narrennest* aus, ein Kind der guten literarischen Laune, geschrieben im sicheren dichterischen Rückgriff auf die Dramaturgie der Aufklärung, die er im Grunde längst hinter sich gelassen hatte. Erst im Oktober wandte er sich dann, und diesmal endgültig, seiner *Blanka* wieder zu, obgleich sie inzwischen in ihrem Wachstum hinter anderem, zum mindesten hinter dem *Robert*, zurückgeblieben war. Vergleichen wir den ersten Aufzug der *Blanka* aber mit den beiden Aufzügen des *Robert*, glauben wir zu spüren, wo der eigentliche dichterische Zündstoff für ihn gelegen haben muß.

Der erste Eindruck, den wir von Grillparzers Bemühungen in diesen Monaten gewinnen, ist der einer großen Unsicherheit und vollkommenen Weglosigkeit. Erst als er zur *Blanka* zurückfand, scheint er auch sich selbst wiedergefunden zu haben, denn er ließ von ihr nun nicht wieder ab. Auch wenn er die Arbeit im folgenden Frühjahr und Sommer, nach Beendigung des dritten Aufzugs, noch einmal wieder unterbrach — es ist die Zeit, in der er den Traum hatte, der ihn so beunruhigte, daß er ihn in seinem Tagebuch verzeichnete — versuchte er doch nicht mehr, in andere Richtungen auszuweichen. Er ließ die Dichtung liegen, aber er wandte sich nicht von ihr ab. Erst nach Abschluß des Ganzen, zu Ende des Jahres, begann er wieder, mit neuen Formen und Stoffen zu experimentieren, nun aber mit weitaus größerer Gemächlichkeit.

Was ist dieser wenig inspirierenden Chronologie nun zu entnehmen? Wir müssen, um darauf eine Antwort geben zu können, zunächst festhalten, daß Grillparzer auf dramatischem Gebiet vor der *Blanka* nur einige an sich recht gelungene, aber doch in jedem tieferen Sinne längst überholte Übungsstücke mit den dramaturgischen Mitteln des 18. Jahrhunderts zuwege gebracht hatte (*Die unglücklichen Liebhaber* im Frühjahr 1806 und *Die Schreibfeder* um die Jahreswende 1807/8). Jetzt plötzlich ging es ihm um nichts so dringend wie um die Gewinnung des dramatischen Großform, vornehmlich der großen Tragödie. Man hat geradezu den Eindruck, daß er sich bei jedem seiner neuen Projekte zunächst einmal die Aktzahl festlegt und in sich immer gleichbleibenden Untertiteln genau bestimmt. Das wird sich nach der Vollendung der *Blanka* ändern. Schon *Irenes Wiederkehr*, das chronologisch nächste Fragment, trägt den Untertitel »Ein poetisches Gemälde«, und auch die folgenden Projekte, bis in die zwanziger Jahre, kommen ohne jegliche diesbezügliche Bestimmung aus. Es ist selbstverständlich geworden, daß es sich jeweils um Großformen handelt, und die Aktzahl ist damit vorgegeben. Das große Drama hatte er im Auge gehabt, als er die verschiedenen europäischen Möglichkeiten — unter ihnen Shakespeare, dann aber auch die Oper und das Volksstück — auf ihre Tragfähigkeit hin abklopfte, um sich schließlich für Schiller zu entscheiden, dessen Welt ihm am vertrautesten war — einen Schiller freilich, der durch alle möglichen anderen Faktoren gebrochen war.

Sehen so die Vorbedingungen und entwicklungsgeschichtlichen Begleiterscheinungen einer »Fleißarbeit« aus? Daß die *Blanka* nicht aus einem Guß ist und auch nicht in einem der Entstehungsgeschichte der *Ahnfrau* vergleichbaren Prozeß zu Papier gestürmt worden war, liegt auf der Hand. Statt dessen haben wir es innerhalb des weitgespannten Rahmens einer fünfaktigen Tragödie offenbar immer noch mit kleineren Schöpfungseinheiten zu tun. Der Blick des noch sehr jungen Dichters war auch jetzt noch nicht auf das Ganze der Tragödienstruktur gerichtet, sondern auf die einzelnen Aufzüge als in sich geschlossene Einheiten. Auch und gerade die Entstehungsgeschichte der *Blanka* belegt, daß er seine Aufzüge im Grunde noch nicht anders gestaltete als vorher seine Einakter. Daraus aber ergäbe sich die Frage, wieweit er auch in späteren Jahren noch auf eine solche Weise komponiert haben könnte. Das soll nicht heißen, daß es nicht auch in der *Blanka* schon Momente einer inspiratorisch bedingten Intensität gibt, nur daß sie immer wieder gefolgt werden von solchen, in denen die dramatische Maschinerie hörbar ihren konventionellen Lauf nimmt. Er war sich selbst darüber durchaus im klaren, daß es ihm zum mindesten bis zum Ende des dritten Aufzugs nicht gelungen war, eine einheitliche Stimmungslage durchzuhalten, und er fragte sich daher besorgt in seinem Tagebuch, ob es nur sein eigener Fehler sei oder vielleicht der Fehler »jedes wahren dramatischen Dichters überhaupt«, daß »alle Szenen, in denen keine heftige Leidenschaft herrscht, matt und unbeholfen sind, da hingegen die übrigen vielleicht zu feurig, zu heftig geraten«. [18]) Dramatisches Dichten wird also mit der Gestaltung von »Leidenschaften«, was immer im einzelnen darunter zu verstehen sein mag, gleichgesetzt. Wir haben das als wichtigen Befund zu verzeichnen, denn wenn uns nicht alles trügt, befinden wir uns zunächst nicht auf dem Weg zu einem Ideendrama — und damit auch nicht in der geistigen Nachbarschaft des *Don Carlos*.

*

Sehen wir uns nun den Aufbau des Dramas genauer an, so ergibt sich uns zunächst das folgende Bild: in einem Werk von etwa der doppelten Länge eines durchschnittlichen Grillparzerschen Dramas — genauer gesagt: einem Drama, das rund 500 Verse länger ist als die drei Teile des *Goldenen Vließes* zusammengenommen, aber doch immerhin noch um etwa 200 Verse kürzer als der *Don Carlos*, an dessen äußeren Umfang es sich, wenn an nichts sonst, zum mindesten orientiert haben könnte, entfaltet sich eine Tragödie aus der Geschichte Spaniens zu einem Zeitpunkt, der dem des *Don Carlos* zugrunde gelegten chronologisch um etwa zwei Jahrhunderte vorausliegt.

Die erste Begegnung mit dem Stück muß den unvorbereiteten Leser notwendig desorientieren. Es ist keine Dichtung, bei der es ihm warm wird. Er weiß sozusagen nicht, wie ihm geschieht, wenn die gewaltigen und gerade durch ihre Gewaltsamkeit so ermüdenden Wortkaskaden fünf Aufzüge lang über ihn dahinbrausen. Der Weitläufigkeit der rhetorischen Bildersprache scheint andererseits eine ähnlich angelegte, aus demselben Geiste lebende Unruhe in der Handlungsführung zu entsprechen. Erst wenn er dann wieder kritisch von dem vor seinen Augen sich entfaltenden dramatischen Gemälde Abstand gewinnt, erkennt er, daß der Handlungsaufbau in Wirklichkeit alles andere als kompliziert ist — daß das, was ihn zunächst verwirrte, die eigentümliche Vermischung einer fast klassizistischen Strenge im Aufbau mit einer aus einer ganz anderen Welt herkommenden barocken Sprachgebung ist. Alles scheint sogar dafür zu sprechen, daß der junge Dichter sich seinen Stoff in der Tat sehr genau gegliedert hatte. Die zweisträngige Handlung erweist sich in ihrer Doppelung als erstaunlich geradlinig. So stellt der Leser mit einiger Überraschung fest, daß Grillparzer (wenn man die nicht

---

[18]) Tgb. 37, IV, 240.

genau feststellbare Anzahl von Statisten nicht mit in Rechnung bringt) für seinen so umfänglichen Erstling mit zehn handelnden Figuren ausgekommen ist, also mit genau der Hälfte der zwanzig *dramatis personae,* die Schiller für seinen *Don Carlos* gebraucht hatte.

Die beiden Hauptstränge der Handlung lassen sich am leichtesten als Federiko-Handlung und Don-Pedro-Handlung identifizieren. Beide erweisen sich aber als derartig eng aufeinander bezogen, daß man sagen kann, die Federiko-Handlung durchziehe alle fünf Aufzüge und werde erst vom Ende des zweiten oder vom Anfang des dritten an von der Don-Pedro-Handlung aufgefangen. Beide Stränge sind durch die Gestalt der Bourbonentochter Blanka miteinander verbunden, und zwar so, daß sie, als weibliche Hauptfigur, bis zuletzt im wesentlichen auf Federiko hin ausgerichtet bleibt und den Lebensbereich des Königs Don Pedro nur tangiert. Im Mittelpunkt der Handlung um Don Pedro steht dafür dessen Maitresse Maria de Padilla, deren dramatische Funktion sich anfangs darin erschöpft, Blankas Gegenspielerin zu sein, bis sie durch eine unerwartete innere Wandlung im letzten Aufzug ihr eigenes Schicksal erhält. Insofern Grillparzer vor unseren Augen in seiner Dichtung eine dramatische Kosmologie im Sinne des Barock aufbaut, kommt darin Blanka, als der Verkörperung des absolut Guten und Schönen, die Funktion der Sonne zu, der Maitresse Maria dagegen, als dem Sinnbild eines ebenso absolut gesetzten Bösen in weiblicher Gestalt, die des Mondes. Metaphorisches Denken steckt allem Anschein nach an; eine solche Bestimmung der Dinge rechtfertigt sich aber durch die die ganze Dichtung beherrschende Metaphorik, der sie gerecht zu werden sucht.

Damit wird deutlich, daß Grillparzer sich offensichtlich sehr um eine gleichmäßige Verteilung der dramatischen Gewichte bemüht hat. Die Symmetrie der Anlage ist unverkennbar, auch wenn er sich nicht ängstlich an das klassizistische Rezept gehalten hat, das ihm aus dem französischen Drama und dessen Wiener Derivaten vertraut gewesen sein muß. Ja, wie er den alten Sauerteig unter der Hand in ein Derivat ganz eigener Art verwandelt hat, verrät recht eigentlich erst den kommenden Dichter. Denn wenn man genauer zusieht, stimmen die klassizistischen Proportionen nicht mehr. Etwas ist da am Werke gewesen, was sie von innen her verschoben und verzerrt hat. Vor allem wäre darauf aufmerksam zu machen, daß die Symmetrie immer wieder durch asymmetrische Momente aus dem Gleichgewicht gebracht wird. Schon der Wendepunkt der Handlung liegt nicht genau im dritten Aufzug. Im Gegenteil, hier im dritten Aufzug setzt eigentlich erst die Gegenhandlung ein, die am Ende des Dramas Federikos und Blankas Schicksal, das sich schon gleich nach ihrer ersten Wiederbegegnung im ersten Aufzug als drohendes Verhängnis zu erkennen gegeben hatte, von außen her besiegeln wird. Streng genommen gibt es einen wirklichen und als solchen zu identifizierenden Wendepunkt sogar überhaupt nicht. Statt dessen geht die Handlung in Akt-Schüben vor sich, in denen jeweils der erste und zweite, sowie der dritte und vierte paarweise aufeinander bezogen sind, bis die Fäden dann in der Katastrophe des fünften zusammenlaufen und in ein und demselben dramatischen Zugriff zerrissen werden. Die ganze Tragödie scheint, wie ähnlich auch noch die *Ahnfrau,* auf dieses Ende hin angelegt zu sein.

Das wohl auffallendste asymmetrische Moment im Bau der Dichtung besteht nun aber fraglos darin, daß die Gestalten um Federiko denen um Don Pedro nicht entsprechen, sondern von Anfang an wie Plus und Minus, in der Tradition des Barock, einander gegenüberstehen und ein im Grunde unmöglich gewordenes Gleichgewicht nur noch vortäuschen. Daran ändert auch die Tatsache nichts, daß trotz dieser alles bestimmenden Kontrastsetzung einige kompositorische Parallelen zwischen den beiden Positionen in die Augen fallen — wie etwa die, daß dem elenden Geschwisterpaar Padilla, einem (wenn das möglich wäre) noch gesteigerten Marinelli und seiner Schwester Maria, auf

Seiten Federikos der treue Freund in doppelter Gestalt entspricht. Federiko hat näm-lich, anders als Don Carlos, nicht nur einen Freund zur Seite, sondern gleich zwei, die sein Handeln, jeder auf seine Weise, beeinflussen möchten. Gomez vertritt das Prinzip der Königstreue, Lara dagegen möchte Federiko für die Sache der Aufrührer, die unter der Führung von Federikos Bruder Heinrich von Trastamara stehen, gewinnen, beide in der tiefen Überzeugung, das Recht — und das ist bei dem jungen Grillparzer noch immer ganz aufklärerisch die »Tugend« — auf ihrer Seite zu haben. Diese Freunde ziehen Federiko in verschiedene Richtungen, und er selbst schwankt zwischen ihnen bis zuletzt, wenn die Ereignisse ihm die Entscheidung aus der Hand spielen. Eine freie Willensentscheidung, um deren Möglichkeit Schiller sein Leben lang so ostentativ gerun-gen hatte, gibt es für sie alle nicht: auch die *Blanka von Kastilien* ist in diesem Sinne bereits ein Schicksalsdrama. Was ihr im Vergleich mit dem *Don Carlos* vor allem fehlt, sind die bestimmten, in menschlichen Charakteren verankerten dramatischen Gravi-tationspunkte, die menschlich sichtbar gewordenen geistig-seelischen Energie-Zellen: weder Federiko, noch Blanka, Don Pedro oder Maria strahlen etwas aus. Das, was hier trotzdem Strahlen aussendet, sind entweder übernommene Konzeptionen (wie Tugend, Ehre und Heldentum), und die geben keine Wärme mehr ab, oder es liegt als Bild und Szene hinter allen Menschen und Vorgängen, als die immer wieder berufene Landschaft der Loire, als die uranfängliche Idylle, in der Federiko und Blanka einander begegnet waren, das verlorene Paradies, zu dem sie vergeblich und zu spät zurückstreben.

Der größte Verlust dem *Don Carlos* gegenüber aber ist fraglos der Wegfall der — natürlich für das Drama höchst problematischen — Gestalt des Marquis Posa. Wollten wir wirklich die Schillersche Dichtung als Ausgangspunkt für Grillparzer gelten lassen, ließe sich die Auflösung des Marquis in die beiden farblosen Freundesgestalten an Fede-rikos Seite nicht erklären. Aber nicht nur ihn, auch die anderen Figuren der Vorlage hätte der junge Dichter dann bis zum nicht mehr Wiedererkennen umfunktioniert. Dabei wäre nun noch einmal an die Verschiebung der Vater-Sohn-Problematik in eine kaum durchgehaltene Bruderproblematik zu erinnern, aber mit der Einschränkung, daß das Bruderverhältnis während der ganzen Tragödie sonderbar verschleiert bleibt. Darauf, daß das Verhältnis zwischen Federiko und seinem »richtigen« Bruder Heinrich von Trastamara im rein Dramaturgischen steckenbleibt, also auf keine Weise wirklich proble-matisch wird, sei nur im Vorübergehen aufmerksam gemacht. Rätselhaft dagegen ist das Verhältnis zwischen Federiko und Don Pedro. Federiko ist nur der Halbbruder des Königs, was ihn — psychologisch gesehen — abwertet, ohne daß diese Abwertung aber jemals zu einem Makel würde. Der »böse« Bruder dagegen ist in Wahrheit der legitime. Es geht also um das Phänomen »Bruder« — aber auch wieder nicht. Die Problematik ist entworfen, aber im Verlaufe der Handlung dann wieder aufgehoben. Grillparzer hat sich allem Anschein nach in die festliegenden Formen eines konventio-nellen Handlungsaufbaus gerettet.

So bleibt uns schließlich an Gemeinsamkeiten zwischen den beiden Dichtungen, der Schillers und der Grillparzers, nur die Tatsache, daß die beiden männlichen Protago-nisten jeweils um eine Frau kämpfen — ein freilich so allgemein literarisches Moment, daß es als ernst zu nehmende Parallele doch wieder kaum in Betracht kommt. Aber selbst wenn wir diese Parallele als solche akzeptieren, hat Grillparzer die ihm vorge-gebene Situation doch auf eine Weise verschoben, die jede innere Beziehung zwischen den beiden Dichtungen aufhebt. Bei ihm hat der jugendliche Held selbst die Braut im Stich gelassen, sein Gegenspieler sie — um die dafür übliche Vokabel zu gebrauchen — nicht einmal »begehrt«. Don Pedro ist die Ehe mit Blanka nur aus politischen Rück-sichten eingegangen und hat, erotisch auf andere Weise vollauf beschäftigt, seine neue Königin, ohne sie auch nur erst in Augenschein zu nehmen, zunächst einmal im Gefäng-nis verschwinden lassen. Auch ein Gottsched hätte sich eine solch haarsträubende Vorgeschichte kaum unglückseliger zurechtlegen können. Dasselbe Niveau reiner Literatur-konvention wird festgehalten, wenn Don Pedro ausgerechnet Federiko zu Blankas Wärter macht. Man könnte da von dramatischer Ironie sprechen, wenn nicht der bloße Ablauf (und Leerlauf) der alten Theatermaschinerie jeden diesbezüglichen Tiefgang verhinderte. Das Motiv der Braut im Gefängnis endlich ist so absurd, daß es sich durch keinerlei nachträgliche Motivierung dichterisch retten läßt. Der jugendliche Dichter war allem Anschein nach lediglich bemüht, seine Menschen in Positionen zu manövrieren, die ihm die Möglichkeit verschafften, Szenen zu gestalten, die versprachen, »feurig« und »heftig« genug auszufallen. Es sieht daher so aus, als wäre die ganze Dichtung auf solche Kernszenen hin angelegt, in denen sich der eigentliche seelische Gehalt der Dichtung findet. Was den Stoff selbst betrifft, so gibt er kaum mehr her als eine klassizistisch aufdrapierte Haupt- und Staatsaktion. Gerade das aber ist nicht selbst-verständlich, wenn man annimmt, Grillparzer wäre wirklich vom *Don Carlos* ausge-gangen, denn hier war ja gerade das ideologische Gut ein wesentlicher Bestandteil der Dichtung gewesen; es ausklammern, hieß, Schillers Dichtung auf eine Weise lesen, die zum mindesten recht ungewöhnlich ist.

So hat denn auch gerade Grillparzers Don Pedro mit Schillers Philipp dem Zweiten nichts gemein als den obersten Platz in der Monarchie. Was Grillparzer uns da an königlicher Menschlichkeit bietet, gehört zwar immer noch — um mit Schiller zu reden — dem Typus des »schlimmen Monarchen« an, aber nun doch in einem sehr Grillparzerschen Sinne des Wortes. Man könnte einen Augenblick versucht sein, sich zu fragen, ob sich das Vorbild für diesen König, der durch nichts so bestimmt wird wie durch sein Verhältnis zu seiner Mätresse, nicht überhaupt eher in *Kabale und Liebe* — zwar nicht vorgebildet, aber doch impliziert findet. Man könnte sich schon vorstellen, daß die Gestalt des auf der Bühne nicht erscheinenden »Landesvaters« die Phantasie des jungen Wieners sehr beschäftigt hätte. Dann aber hätte er ihm ein Gesicht zu geben gehabt, das bei Schiller nicht vorgezeichnet war. Wenn daher Don Pedro ein »schlimmer Monarch« ist, so ist er das doch auf eine sehr unschillerische Weise, nämlich als bodenloser Schwächling — das aber dann wiederum mit der Ein-schränkung, daß er trotz all seiner königlichen Würdelosigkeit gleichzeitig doch noch ein recht scharmanter Mann ist, alles andere jedenfalls als eine Sturm-und-Drang-be-dingte Kraftnatur, und schon sehr nahe an Gestalten heranreicht, wie sie Schnitzler und andere Wiener später mit so viel psychologischem Gusto auf die Bühne bringen soll-ten. Don Pedro kann uns als Mensch überhaupt nur insofern interessieren, als auch in ihm schon die eigentümliche Gebrochenheit des charakteristischen Grillparzerschen Man-nes spürbar wird, hinter und trotz aller Verhärtung des Menschlichen bei ihm im Typi-schen. Er nimmt nicht nur wesentliche Züge eines Jason vorweg, sondern sollte dann, ein Lebensalter später, zur männlichen Mittelpunktfigur in der *Jüdin von Toledo* werden.

Genau besehen ist auch die Don Pedro-Handlung wieder zweisträngig, und zwar vor allem dadurch, daß Maria im letzten Augenblick ihr Schicksal in die eigenen Hände nimmt und damit die um Don Pedro herum aufgebaute Welt aus sich heraus ausein-anderbrechen läßt. Wenn die Verführerin zur Büßerin wird, anstatt einfach die Koffer zu packen und, nach einer rührenden Abschiedsszene mit den versammelten Dienst-boten, abzureisen, griff der Dichter mit erstaunlich sicherer Hand nach einem alt-bewährten Topos, auf dessen Wirksamkeit er sich verlassen konnte. Natürlich aber mußte einen jungen Dichter die Gestaltung einer rein aus ihren Sinnen lebenden Frau mehr reizen als die Aufgabe, einen approbierten Tugendpinsel dramatisch zu ver-lebendigen. Die Sünde ist und bleibt reizvoller als die Tugend, auch wenn man diese dauernd im Munde führt. Wenn Grillparzer sich an seine Maria »verlor«, erlebte er als Dichter Ähnliches wie schon der junge Goethe bei der Gestaltung der Adelheid in seinem *Götz*. Vergleicht man dann aber die beiden Frauen Blanka und Maria de Padilla miteinander, fällt auf, daß Blanka das rein rhetorische Moment in der Dichtung ungleich mehr zu strapazieren hat als Maria. Es gibt nur wenige Augenblicke — eigentlich sogar nur einen einzigen — in denen sie die schlichte menschliche Geste findet, die ihre Deklamationen zu einem wirklichen (wenn auch metrischen) Sprechen werden läßt. Maria andererseits ist wohl die einzige Gestalt in der ganzen Tragödie, die noch etwas von der genialen Weiblichkeit einer Sturm-und-Dang-Heroine an sich hat, mit dem Unterschied freilich, daß sie erst in dem Augenblick menschlichen Tiefgang gewinnt, wenn sie in sich geht, ihre Kraftgeste also gerade nicht mehr durchzuhalten vermag — wenn sie in religiös bedingter, oder doch das Religiöse noch überzeugend und selbstverständlich festhaltender Gewissensqual zusammenbricht.

Sehr ungleichartig verläuft die Bewältigung der dramatischen Konflikte in den beiden Handlungssträngen des Grillparzerschen Erstlings. Was Federiko und Blanka miteinander und daher im Grunde in ihrem eigenen Innern auszutragen haben, wird für Don Pedro und Maria durch äußere Handlungsmomente, nicht zuletzt durch eine Theaterintrige geleistet, die darin besteht, daß Blanka und Federiko durch den Schurken Padilla mit Hilfe eines ganz konventionell eingefädelten Attentats aus dem Wege geräumt werden sollen. Das aber heißt, daß Grillparzer für den Ablauf der Katastrophe, der durch diese Vorgänge manipuliert wird, noch mit wesentlich anders gearteten Theaterpraktiken gearbeitet hat als in den ersten, wo lediglich der als Mönch verkleidete Lara, der sich in die Burg einschleicht, um Federiko für die Sache der Aufständischen zu gewinnen, unmittelbar aus dem Fundus des Wiener Theaters genommen ist.

*

Mit diesen Überlegungen ist die *Blanka von Kastilien* kritisch natürlich nicht erschöpft. Eine noch mehr ins Detail gehende Strukturanalyse müßte die Art des dichterischen Komponierens noch genauer bestimmen und vor allem die Mittel herausisolieren, deren Grillparzer sich dabei bediente. Vor allem aber wäre der seelische — um nicht zu sagen: der archetypische Urgrund herauszuarbeiten, der den jungen Dichter allem Anschein nach mehr als alles andere beschäftigte und ihn so lange bei einer Arbeit festzuhalten vermochte, zu der er mehr als einmal den Mut verlor. Denn daß die *Blanka* nicht, wie so manches andere Projekt, dazu verurteilt war, Fragment zu bleiben, ist das eigentliche Problem, mit dem wir es hier zu tun haben. Das aber muß einem weiteren Darstellungsrahmen vorbehalten bleiben.

University of Massachusetts

Wolfgang Paulsen

ANNI MEETZ

Hebbels *Demetrius*-Fragment und sein Frühwerk *Der Rubin*

Hebbels *Demetrius*-Fragment, zuerst nach des Dichters Tode von seinem Biographen Emil Kuh 1864 herausgegeben, ist seit Erich Schmidts Verdikt, es sei mit »erlahmender Kraft« geschrieben, von der Forschung zumeist als Werk zweiten Ranges angesehen worden. Dabei waren die Kriterien für dies in fünffüßigen Jamben gedichtete, auf ein Vorspiel und fünf Akte berechnete Drama aus der zweiten Hälfte des 19. Jahrhunderts von der klassischen Tragödientradition hergenommen, vornehmlich aus Schillers ästhetischen Kategorien, dessen *Demetrius* man — bewußt oder unbewußt — stets als Folie im Blickfeld hatte. Die Schiller-Jubiläen von 1955 und 1959 boten erneut Anlaß, Schillers *Demetrius*-Fragment mit der Großartigkeit des Eröffnungsaktes und der Lyrik der Marfa-Szene mit Hebbels nüchternerem Werk zu konfrontieren. [1] Selbst Untersuchungen über die von Hebbel benutzten Quellen, die er benannt hat (N. M. Karamsin, *Geschichte des Russischen Reiches*, 11 Bde., 1820/33), mündeten oft in Spekulationen über Hebbels Kenntnis der Schillerschen Skizzen und Szenarien, die vollständig ja erst 1895 von Gustav Kettner herausgebracht wurden. [2]

Seit der ersten Ausgabe von Hebbels Briefen (1890/92) und seinen Tagebüchern (1885/87) durch Felix Bamberg hat Hebbels dichterisches Werk es sich gefallen lassen müssen, durch Jahrzehnte hindurch als Ideendichtung interpretiert zu werden. Die Fülle der in den Tagebüchern niedergelegten philosophischen Überlegungen und die große Zahl von Briefen, die den Sinn und Gehalt eigener Dichtungen ausdeuteten, schienen es nahezulegen, Hebbel als nach vorgefaßten philosophischen Überlegungen gestaltenden Künstler zu sehen. Man erkannte nicht, wie eng in seinem Schaffen sich Intuition und Bewußtheit [3] ineinander verwoben, obwohl es dafür eine einzigartige Dokumentation in den

---

[1] Für die Bibliographie verweise ich auf: Anni Meetz, *Friedrich Hebbel*, 2. Aufl., Realienbücher für Germanisten (Stuttgart, 1965). Die von Wütschke bis 1910 geführte Bibliographie ist fortgeführt in den *Hebbeljahrbüchern* von 1953 bis 1956 durch Peter Michelsen, sodann ebenda 1963 durch Hayo Matthiesen.

[2] Für die vergleichende Forschung wichtig ist besonders die Frage, ob Hebbel in der Tat, wie Emil Kuh (im Vorwort zu seiner *Demetrius*-Ausgabe) ausführt, erst nach der Fertigstellung seines »Vorspiels« durch Carl Hoffmeisters Publikation *Supplemente zu Schillers Werken* von 1858 über Schillers (später unterdrückten) ›Sambor-Akt‹ etwas erfuhr, wobei die Übereinstimmung ihm »Überraschung und Freude« bereitet habe. Hayo Matthiesen (*Untersuchungen über die Quellen zu Friedrich Hebbels historischen Dramen* [Diss., Kiel, 1965]) hat glaubhaft gemacht, daß Hebbel, wenn ihm auch Carl Hoffmeisters *Supplemente zu Schillers Werken* von 1840 entgangen sein mögen, so doch kaum — bei den ausgezeichneten Wiener Bibliotheksverhältnissen — Carl Hoffmeisters *Schillers Leben für den weiteren Kreis seiner Leser*. Ergänzt und herausgegeben von Heinrich Viehoff, 3. Theil (Stuttgart, 1846), übersehen haben kann. Für die Quellenfrage hat Matthiesen (a. a. O.) nachgewiesen, daß Hebbel, außer der von ihm genannten russischen Geschichte von Karamsin, in besonderem Maße Prosper Mérimées 1853 in Leipzig in deutscher Übersetzung herausgekommene, von W. E. Drugulin besorgte Darstellung *Der falsche Demetrius. Episode aus der Geschichte Rußlands* benutzt hat.

[3] Vgl. Anni Meetz »Intuition und Bewußtheit im Schaffen Hebbels«, in: *Dithmarschen*, N. F., H. 4 (1963).

Briefen an Elise Lensing aus Kopenhagen über die Entstehung von *Maria Magdalena* gibt. Man bemerkte auch nicht, daß die Briefe über eigene Werke nach deren Fertigstellung in einer apologetisch zu nennenden Phase entstanden. So konnte es geschehen, daß Hebbel als Dichter Hegelscher Staats- und Rechtsauffassung gedeutet wurde trotz seiner eigenen wiederholten Proteste [4]), wobei die Rolle, die Solger für ihn gespielt hatte, erst spät erkannt wurde. [5]) Ebenso ist die Eigenart des Hebbelschen Geistes, primär in allem das dualistische Moment zu erblicken und es in Paradoxen zu formulieren, erst spät aus seinen Tagebüchern nachgewiesen worden. [6]) Als 1938 die Hebbelforschung durch das Buch von Klaus Ziegler *Mensch und Welt in der Tragödie Friedrich Hebbels* neue Impulse in der Richtung auf werkimmanente Interpretation zu erhalten schien, stellte sich bald heraus, daß an die Stelle der Hegelschen Kategorien jetzt die philosophischen Argumente Kierkegaards und der deutschen Existenzphilosophie als für Hebbels Tragödien konstitutiv gesetzt waren (Dieser von Kurt May zuerst durchschaute Zusammenhang ist von Ziegler selbst in der »Vorbemerkung« zum Neudruck seines Buches von 1966 zugegeben worden.) Wenn man sich Nietzsches Bemerkung auf die Frage: »Was ist Nihilismus?« im Zusammenhang mit Hebbels Tragödien vergegenwärtigt: »Daß die obersten Werte sich entwerten. Es fehlt das Ziel. Es fehlt die Antwort auf das ›Wozu?‹ «, so wird deutlich, daß es unzulässig ist, Hebbels dichterisches wie schriftstellerisches Werk als Zugang zum Nihilismus in Anspruch zu nehmen, wie es vielfältig geschehen ist.

Bei der Eigenart Hebbels, dichterisches Schaffen mit philosophisch-theoretischem Raisonnement zu begleiten, ist die Einbeziehung persönlich-biographischer Fakten für die Interpretation seiner Werke als flacher Positivismus verworfen worden. Vielleicht aber stellt gerade die *Demetrius*-Dichtung ein Werk Hebbels dar, das bei mehr ganzheitlicher Betrachtung einen Weg zur Erkenntnis der Einheitlichkeit des Hebbelschen Schaffens insgesamt zu bieten vermöchte. Gewiß hat Hebbel mit der Niederschrift seiner *Demetrius*-Dichtung Ende Juli 1858 begonnen, unmittelbar nach seiner Rückkehr aus Weimar, wo er mit Dingelstedt eine *Demetrius*-Aufführung im Schillerjahr 1859 verabredet und wo er auf der Altenburg den glühenden Erzählungen der Fürstin Carolyne von Sayn-Wittgenstein und ihrer jungen Tochter, der Prinzeß Marie von Sayn-Wittgen-

---

[4]) Hebbel distanzierte sich später wiederholt von seinem in Paris 1843 unter dem Einfluß seines hegelbegeisterten Freundes Felix Bamberg entstandenen »Vorwort« zu *Maria Magdalena*. Vgl. dazu: Hebbel an Gustav Kühne, Wien 15. 5. 1862: »... nur um das Eine bitte ich Sie: vergessen Sie die Vorrede zur Maria Magdalena. Schiller fand in seiner Jugend nötig, sich mit den Pastoren auseinander zu setzen, Niemand hat ihm seine Abhandlung »Die Schaubühne als moralische Anstalt betrachtet« in späteren Jahren vorgerückt und daraus deducirt, daß er den Wallenstein geschrieben habe, um einen moralischen Gemeinplatz zu illustrieren. Ich, in die persönliche Gesellschaft eines Poeten-Fressers, wie Ruge, geraten und mit Hegel aus der Welt heraus bombardirt, suchte mir durch meine Vorrede, als ich mein kleines Tischler-Trauerspiel geschrieben hatte, irgend einen aufgegebenen Winkel von der Philosophie zu erschmeicheln, und man hat meinen Todesschweiß aufgefangen, um mich darin zu ersäufen. Mag ich's verdient haben; aber jetzt, dächt' ich, hätt' ich genug gebüßt.« (Anni Meetz, *Neue Hebbel-Briefe* [Neumünster, 1963], p. 162/63.)

[5]) Vgl. dazu: Horst Siebert, *Friedrich Hebbels Auseinandersetzung mit Hegel und Solger* (Diss., Kiel, 1964). — Ders. »Die dualistischen Weltdeutungen Hebbels und Solgers im Gegensatz zu Hegels dialektischer Philosophie«, in: *Hebbel-Jahrb.*, 1965. — Ders., »Zur Theorie der Komödie bei Friedrich Hebbel«, in: *Hebbel-Jahrb.*, 1968.

[6]) Vgl. Peter Michelsens Göttinger Dissertation von 1951: jetzt als: *Friedrich Hebbels Tagebücher. Eine Analyse* (Göttingen, 1966), sowie: »Das Paradoxe als Grundstruktur Hebbelschen Denkens«, in: *Hebbel-Jahrb.*, 1952 und in: *Hebbel in neuer Sicht*, hrsg. von H. Kreuzer (Stuttgart, 1963).

stein über ihr »heiliges Rußland« gelauscht hatte. Aber das waren nur äußerliche Anlässe zu dem Werk: die Wurzeln lagen viel tiefer in Hebbels Wesen und zeitlich weiter zurück in seiner geistigen Entwicklung.

Hebbel liebte es nicht, für seine Dichtungen ausführliche Skizzen zu machen, anders also als Schiller, für dessen Arbeitsweise mit Skizzen und Szenarien und Argumentationen die Kettnersche Publikation zum *Demetrius* mit ihren zwei Bänden erstaunliche Aufschlüsse gibt. Hebbel notierte sich 1854 nach einer Wiederbegegnung mit Karl Gutzkow in seinem Tagebuch mit einer gewissen *malice:* » ... ein sehr zarter Punkt kam auch zwischen uns zur Sprache, er fragte mich, ob ich für meine Dramen ausführliche Pläne mache, und als ich es verneinte, gestand er mir, daß es ihm ebenso gehe, daß er das Gegenteil aber doch für besser halte. Ich bestritt dies, ich setzte ihm das Gefährliche einer zu großen Vertiefung ins Detail auseinander, das den Reiz vor der Zeit abstreift und im Gehirn abtut, was nur vor der Staffelei abgetan werden darf, ich behauptete, eine gründliche Skizze vor dem Kunstwerk sei nicht viel besser, wie eine Biographie vor dem Leben, dem Menschen gleich mit in die Wiege gelegt, ich glaube aber doch, daß er recht hat und daß für ihn das Eine besser ist, wie für mich das Zweite« (T. 5338). [7]) Mit fast denselben Worten bestätigt der Biograph Emil Kuh diese Eigenart Hebbels und weist darauf hin, daß er Stoffe nicht zu suchen brauchte, sie boten sich ihm unablässig an, und in der Tat bestätigen ja die Tagebücher in unzähligen Notizen diese Behauptung. Für unseren Zusammenhang noch wichtiger ist eine Bemerkung, die die Kontinuität im Planen und Ausführen seiner Dichtungen deutlich macht: »Die meisten [Stoffe] trug er aus der Periode seiner Entwicklung in die der Reife hinüber, manche zehrte er unterwegs auf, andere wieder gaben ein treibendes Motiv oder Einzelelemente an höher organisierte ab« (Kuh, II, p. 653).

Als ein solches »treibendes Motiv« sehe ich die Gestalt des jungen anmutigen, innerlich adligen Assad aus Hebbels frühem Märchen *Der Rubin*, der in Niedrigkeit und Armut wie auf dem Thron er selbst bleibt, eine Gestalt, in die zweifellos eigene Wesenszüge des Dichters eingegangen sind. Es ist m. E. ein Motiv, das Hebbel seit der frühen Münchener Zeit 1836/7 nicht losläßt, über das Märchen-Lustspiel *Der Rubin* von 1849 hinaus, bis sein tiefster Gehalt eingeht in das Spätwerk *Demetrius* als in das »höher organisierte«.

Man weiß, daß die früheste Tagebucheintragung Hebbels, die zum *Demetrius* in Beziehung steht, vom März 1838 stammt: »Die Geschichte eines falschen Prinzen, der selbst nicht weiß, was er ist, könnte zu einem Lustspiel höheren Styls einen trefflichen Stoff abgeben« (T. 1047). Sie gehört also in die Münchener Zeit und ist nicht lange nach der Vollendung des Prosamärchens *Der Rubin* aufgezeichnet. Diese Münchener Jahre Hebbels (im September 1836 war er von Heidelberg dorthin gewandert, im März 1839 verließ er die Stadt zu jener vielgenannten bösen Fußreise nach Hamburg) stellen die geistig entscheidende Epoche in seinem Leben dar: zwar hört er noch Kollegs, wobei ihm Schelling den stärksten Eindruck macht, aber das Wesentliche ist die pausenlose, angespannte und weitgreifende Lektüre neben dem unbeirrbaren Kampf um das eigene dichterische Werk. So steht diese Bemerkung zwischen Notizen über Napoleon, über Schillers *Wallenstein*, über die Sophokleische Tragödie, über das Wesen des Dramas, Exzerpten aus deutscher Dichtung und wissenschaftlichen Werken. In dieser geistig erregten Zeit, da Shakespeare, Jean Paul und Goethe gleicherweise ihn faszinieren, entstehen einige der schönsten rein lyrischen Gedichte Hebbels. Sein heftigstes Bemühen aber

---

[7]) Zitiert wird in dieser Arbeit nach der historisch-kritischen Ausgabe von R. M. Werner (Saecular-Ausg.), und zwar Werke (W.) und Briefe (Br.) mit lateinischen Ziffern für die Bandzahl, arabischen für die Seiten. Die Tagebücher (T) werden mit der laufenden Nummer gegeben.

gilt der Gestaltung eigener Novellen, wenn auch zunächst kleineren Umfangs. An den Freund H. A. Th. Schacht schreibt Hebbel (19. Okt. 1836) aus München, an gemeinsame Wesselburener Zeiten erinnernd, im Glück dieser geistigen Bewegtheit: »Der Sirokko-Wind, der über mein Jünglingsalter seinen Pesthauch ergoß, hat Vieles eingetrocknet, aber Nichts vergiftet; in Hamburg fing es wieder an zu blühen und jetzt ergießt sich mir der Strom des geistigen Lebens durch alle Adern, brausend und überschäumend, als wäre er nie gefesselt gewesen« (Br. I, p. 111).

In unmittelbarer zeitlicher Nähe zu diesem Bekenntnis steht im Tagebuch die seltsame Notiz: »Wirf weg, damit du nicht verlierst, ist die beste Lebensregel« (T. 442), offenbar schon im Hinblick auf die Anfang 1837 konzipierte Märchennovelle *Der Rubin* formuliert. Dazwischen findet sich im Tagebuch (T. 464) die aus persönlicher Not gepreßte Bemerkung: »Die im Leben glücklich Gestellten sollten wissen oder bedenken, daß die Not die Fühlfäden des inneren Menschen nicht abstumpft, sondern verfeinert; dann würden sie sich ihrer Stellung nicht so oft überheben, denn gewiß geschieht dies weniger aus Vorbedacht, als aus Dummheit.« Und in einer Zeile Abstand ist zu dieser Notiz hinzugefügt: »Aus dem Innersten heraus!« Die furchtbare Not dieser Zeit, in der nur Elises Hilfe ihn vor dem Verhungern schützte, hat Hebbels Überempfindlichkeit und seinen Stolz durch das Bewußtsein seines geistigen und menschlichen Wertes bis zum letzten gesteigert. Zweifellos ist das die Erlebnisgrundlage für die Gestalt des jungen Assad wie des Prinzen Demetrius in Sendomir.

Es ist erstaunlich, mit welcher unbeirrbaren Sicherheit Hebbel den Wert und die Qualität des *Rubin*-Märchens betont, während die andern frühen Novellen wiederholt Zweifel an ihrer Güte in ihm auslösen. An Elise schreibt er während der Arbeit (27. 3. 37): »Ein Märchen: Der Rubin (klein, aber der Idee nach wohl das Beste, was in München in Prosa aus meiner Feder geflossen ist) wird, wenn es die Stimmung irgend erlaubt, in den nächsten Tagen fertig« (Br. I, p. 189/90). Wenig später meldet er: »Das Beste hab ich zu allerletzt in München geschrieben, ein kleines Märchen: der Rubin, auf dessen Idee, die sich herrlich für eine Oper eignen möchte, ich mir wirklich so viel, als ein ehrlicher Mann darf, einbilde« (Br. I, p. 197). Und nach der Fertigstellung heißt es (23. 5. 1837): »Das Märchen ›Der Rubin‹ ist fertig und die beste meiner bis jetzt entstandenen prosaischen Arbeiten. Ich glaube darin eine sehr schwierige Aufgabe glücklich gelöst zu haben« (Br. I, p. 203).

Wenn Hebbel für eine eigene Arbeit solche Prädikate findet, sollte man hinhorchen: seine überkritische Gespanntheit sich selbst gegenüber ist zu diesem Zeitpunkt, wo er in elender finanzieller Lage und einsam (sein Freund Emil Rousseau war noch nicht in München eingetroffen) um den eigenen Stil rang, kaum zu überbieten. Hier aber glaubt er offensichtlich dem Meister, dem er nacheifert, einmal genug getan zu haben: Heinrich von Kleist. Im gleichen Brief heißt es (23. 5. 1837): »Die Lektüre der Heinrich von Kleistschen Erzählungen hat mich erfrischt und wahrhaft gefördert. So geht es mit allen echten Werken des Genies, sie sind unerschöpflich. Kleist ist, soweit man ein Muster haben kann, mein Muster; in einer einzigen Situation bei ihm drängt sich mehr Leben als in drei Teilen unserer modernen Roman-Lieferanten. Er zeichnet immer das Innere und das Äußere zugleich, Eins durch das Andere und dies ist das allein Rechte« (Br. I, p. 203).

Noch als Hebbel 1844 aus Paris seinem Verleger Julius Campe seinen Plan [8]) zu einem umspannenden weltgeschichtlich-politischen Dramenzyklus entwickelte (die schon vollendeten *Judith*, *Genoveva* und *Maria Magdalena* sollten die Basis dafür bilden) knüpfte er an seinen wieder vorgebrachten Wunsch nach möglichst baldigem Druck seiner frühen Erzählungen die Bemerkung: »Die Qualität muß hier für die Quantität entschädigen.«

---

[8]) Friedr. Hirth, *Aus Hebbels Korrespondenz* (München/Leipzig, 1913), p. 37.

Drei davon: Matteo, Anna, Rubin gehören zum besten, was ich jemals schreiben werde, es sind kleine Dramen.« Das bedeutet also, daß sie genau das wären, als was die moderne Literaturwissenschaft [9]) die Novellen von Hebbels »Muster«, Kleist, interpretiert.

In einem Konzeptfragment Hebbels [10]), das wahrscheinlich den Entwurf zu einer Vorrede für diese (damals nicht gedruckten) Novellen darstellt, wird die Nähe zur Kleistischen Novellentechnik noch evidenter: »Wenn man sich darüber verwundern sollte, daß ich, statt der Herzens- und Geisteszerfaserungen, worin die Novelle sich mehr und mehr zu gefallen anfängt, Novellen im alten Styl bringe, die durchaus auf die neue unerhörte Begebenheit und das aus dieser entspringende neue unerhörte Verhältnis des Menschen zu Leben und Welt gebaut sind, so sehe man hierin die thatsächliche Darlegung meiner Überzeugung, daß die Novelle keinen Fortschritt machte, als sie ... den geschlossenen Ring ihrer Form durchbrach und sich wieder in ihre Elemente auflöste.«

Es trifft zu: in der Märchennovelle *Der Rubin* (W. VIII) sind Handlung und Situationen mit Kleistischer Konzision und dramatischer Straffheit gegeben. Sicher ist es Jugenddichtung, aber von besonderer »Qualität«, wie Hebbel richtig erkannte. Daß er die Form des Märchens für die ihn erregenden Fragen wählte, sichert dem Ganzen eine überraschende Symbolkraft bei großer Geschlossenheit der Form.

Der junge, bettelarme Assad, der die Herrlichkeit Bagdads zum ersten Mal erblickt und staunend vor einem Juwelierladen steht, erhält von dem freundlichen Juwelier einen Ring geschenkt. Da fesselt Assads Blick »mit magischer Gewalt ein Rubin von seltener Größe, auf den die Sonne ... ihren vollen Schein warf«. Er drückt unwillkürlich die Hand aufs Herz und seufzt tief, dann streift er den ihm angesteckten Ring »mit dem Ausdruck sonderbaren Widerwillens wieder ab« und ruft leidenschaftlich aus: »Behaltet das elende Ding und gebt mir den da!« Als der Juwelier sich weigert, ergreift der Jüngling wie im Wahnsinn den Rubin und stürzt flammenden Auges davon. Er wird ergriffen, vor den Kadi geführt, zum Tode verurteilt, wird aber im letzten Augenblick durch den greisen Zauberer Irad gerettet, der ihm jedoch nur das Mittel zu sagen weiß, wie er die im Rubin begrabene schöne Prinzessin für einen Augenblick beschwören kann. Um Mitternacht [11]) drückt Assad drei inbrünstige Küsse auf den Rubin, und Fatime erscheint ihm in all ihrer Schönheit. Aber sie kann ihm — wenn sie nicht durch den bösen Zauber für immer in dem Edelstein begraben sein soll — das Mittel zu ihrer Erlösung nicht verraten; er wird »das Werk nimmer vollbringen, nicht weil es zu schwer ist, sondern weil es zu leicht ist!« Durch den »boshaftesten und verschmitztesten« aller Zauberer ist sie, die Tochter des Sultans, in den Rubin begraben; damit »ich aber niemals wieder des schönen Lebens mich erfreuen möge, hat er die Entzauberung an ein Mittel geknüpft, auf das, weil es einem jeden an jedem Ort und zu jeder Stunde zu Gebote steht, eben darum keiner verfallen wird«. Erst nach langem Grübeln und vergeblichem Suchen wirft Assad, als der Sultan ihm mit dem Tode droht, den Rubin in den Fluß und — Fatime ist erlöst! »Wirf weg, damit du nicht verlierst!« Eine Forderung, der freiwillig kein Mensch nachkommen wird: den kostbaren Stein, der das teuerste Wesen umschließt, fortzuschleudern, geht gegen die Menschennatur; seinen Besitz umkrampfend festzuhalten, das ist Menschenart (auch die der

---

[9]) Man vergleiche Emil Staigers Interpretation von Kleists *Bettelweib von Locarno*, in: *Meisterwerke deutscher Sprache*, p. 100.

[10]) Abgedruckt in: Anni Meetz, *Neue Hebbel-Briefe* (Neumünster, 1963), p. 80.

[11]) Für die Bedeutung von Traum und Vision bei Hebbel verweise ich auf die Forschungen von Wolfgang Liepe: »Der Schlüssel zum Weltbild Hebbels: G. H. Schubert«, *Monatshefte* (1951); »Hebbel zwischen G. H. Schubert und L. Feuerbach, *DVjs* (1952). Neu gedruckt in: W. L., *Beiträge zur Literatur- und Geistesgeschichte*, hrsg. von Eberhard Schulz (Neumünster, 1963).

späteren Hebbelschen Gestalten: Herodes will seinen teuersten Menschen, Mariamne, wie einen kostbaren Edelstein mit ins Grab nehmen, Kandaules will sich der Schönheit Rhodopes wie des Wertes eines Kunstwerkes durch fremdes Urteil versichern, aber sie dennoch festhalten). Daß Assad schließlich das Schönste fortwirft, diese leichteste Handlung exekutiert, auf die niemand verfallen würde, geschieht in der Todesnot; das Lebensrätsel löst sich ihm durch ein völlig widervernünftiges Tun. Die Widersprüchlichkeit des Lebens, der alles durchwaltende Dualismus ist in diesem Prosamärchen in seiner Unauflösbarkeit gestaltet. (Hebbel hat in dieser frühen Zeit einmal Elise gegenüber diese seine unaufhebbare Veranlagung, in jedem Ding das Gegending, in jedem Stoß den Gegenstoß zu spüren, als seine »Krankheit« bezeichnet.) Als Assad in der Todesnot den Rubin fortgeschleudert hat, als Fatime schon vor ihm steht, da verwühlt er sich in reuevollen Gram, daß er »nichtswürdig« gehandelt habe, daß man ihn verachten müsse. Und als sie ihm bedeutet, daß die »schlimme Bedingung«, die auf das starrsinnige Festhaltenwollen in der Menschennatur gebaut war, ihre Erlösung zweifelhafter gemacht habe als ein »Kampf mit Ungeheuern und Drachen«, da faßt Assad den ganzen Protest der reinen Seele gegen die Widersprüchlichkeit des Daseins in den Satz: »So ward ich denn glücklich, weil ich erbärmlich war.«
Aber es ist ein Märchen, und Hebbel hat ihm einen Märchenschluß gegeben: der Sultan tritt dazwischen und sagt: »Du bist von nun an mein Sohn, tritt nicht zurück, ein Mann muß sich nicht schämen, das von dem Zufall als Geschenk anzunehmen, was er, wenn's nötig wäre, dem Schicksal abtrotzen würde, durch Kraft und Beharrlichkeit.« Und es endet fast in der Idylle; sie begleiten ihn in den Palast, denn »Fatime hat noch eine Mutter«.
Die autobiographischen Züge und die Reminiszenzen an die Wesselburener Jugend lassen sich trotz der Knappheit der Diktion deutlich verfolgen. Der innere Adel des bitterarmen jungen Menschen scheint durch; obwohl der Juwelier ihn vor dem Kadi einen »frechen, undankbaren Bösewicht« nennt, gesteht er doch, daß »so viel Einnehmendes in seiner Gestalt liege«, daß er aber den wundervollen Rubin von ihm verlangt habe »in einem so gebieterischen Ton, als ob er, wenn es ihm beliebte, auch wohl meinen Kopf fordern dürfte«. (Zwanzig Jahre später läßt Hebbel den jungen Demetrius im »Vorspiel« durch Poniatowsky so charakterisieren:

> Woher es ihm auch immer kommen mag,
> Er hat die Art, die manchem König fehlt,
> Den Mantel gleich so feierlich zu falten,
> Daß er die Stirn nicht mehr zu falten braucht.)

Willy Krogmann [12]) hat einer Untersuchung über die autobiographischen Bezüge zwischen dem Wesselburener Hebbel und dem jungen Demetrius den Titel »Der heimliche Prinz« gegeben, weil er damit das Lebensgefühl aus der Frühzeit zu treffen glaubt. In diese Zeit gehört die Beobachtung über die Gerichtsherren, die im *Rubin*-Märchen auf die Person des Kadi gemünzt ist: »Der Kadi, ein langer hagerer Mann mit einem Gesicht, das, wenn er in seiner Gerichtsstube stand, die Inschrift der Danteschen Hölle furchtbar getreu widerspiegelte, war einmal selbst bestohlen worden und sprach seit-

---

[12]) In seiner Biographie Hebbels hatte Emil Kuh ausgeführt (I, p. 169), daß das »trotzige, herausfordernde Benehmen Dmitris, ... der dem Jüngling eingepflanzte Stolz, gegen den derselbe umsonst ankämpft ..., daß dies alles aus verwandten Stimmungen und Prätendentengelüsten der Jugend« Hebbels geschöpft sei. Willy Krogmann (»Der heimliche Prinz«, in: *Hebbel-Jahrbuch*, 1965, p. 33 ff.) hat, an diese »Prätendentengelüste« anknüpfend, Details aus der Wesselburener Zeit im *Demetrius* aufgezeigt.

dem gegen Diebe nur noch Todesurteile aus. Er fragte Assad freundlich, ob er das ihm angeschuldigte Vergehen leugne. ›Wie könnt ich!‹ gab der Jüngling finster zur Antwort. ›Es wäre auch gleichgültig‹, versetzte der Kadi, mit jenem dem Teufel abgeborgten Lächeln, womit Gerichtspersonen in allen Ländern der zerquetschten Menschheit in einem Unglücklichen so gern den Gnadenstoß geben ...«

Wie sehr der Rubin-Stoff Hebbel persönlich anging, erhellt auch die Tatsache, daß er ihn zum zweiten Mal, und zwar als Lustspiel, gestaltete, als sich ihm nach den Revolutionsmonaten von 1848, die er sehr bewußt und aktiv miterlebt hatte, die Wiener Hofburgbühne öffnete (am 8. Mai 1848 war *Maria Magdalena* gegeben worden und am 19. April 1849 *Herodes und Mariamne* gefolgt). In kurzen Wochen (zwischen dem 1. April und dem 19. Mai 1849) schrieb Hebbel das Lustspiel, mit sehr viel mehr Personen und einer gewissen Freude am orientalischen Prunk und einer Neigung zur Groteske. Er gab jedoch dem Werk eine deutlich politische Tendenz, und deshalb mußte er selbst bei der verunglückten Uraufführung am 21. November 1849 erkennen, daß Beifall und Zischen des Publikums »politische Demonstrationen« gewesen seien, und daß er »eine Granate in einen Rosenkelch gelegt« habe (T. 4777). [13]) Die Gewalt der Mächtigen ist grenzenlos und wird skrupellos gebraucht; sie füttern die Hunde aufs beste und lassen die Menschen verhungern. Als Assad als Nachfolger des Sultans in dessen Machtfülle eintritt, begreift er als erstes, daß er begnadigen und die Gefängnisse öffnen lassen darf. Aber genau wie im Märchen quält es ihn, daß er den Rubin aus Eifersucht auf den Sultan in den Fluß geschleudert habe, weil aus dessen Augen die gleiche Liebe zu dem Edelstein leuchtete:

> Von Raserei der Eifersucht erfüllt —
> Ja, ja, der Eifersucht, ich! — schleuderte
> Ich ihn hinunter in den Fluß und wußte
> Doch längst, daß er dein holdes Selbst umschloß.
> Pfui über mich! Nie werd' ich's mir verzeihn!

Während im Prosamärchen das Leiden an der Widersprüchlichkeit des Daseins durch den Märchenausgang aufgehoben wird, ist es hier von Hebbel durch einen fast operettenhaft wirkenden Lustspielschluß überspielt: der Sultan erscheint mit allen Wesiren und Schranzen, die nicht nur diesen Hofstaat ausmachen, um Assad zu huldigen. Seine verzweifelte Ratlosigkeit vermag nur der weise Irad zu entwirren; er antwortet auf Assads bescheidenen Einwand:

> Ehrwürd'ger Greis,
> Ich bin ein Fischersohn! ...
> Wie kann der Fischersohn die Millionen
> Regieren, welche —
>
> *Irad:* Wenn er nie vergißt,
> Daß er von allen diesen Millionen
> Nur einer ist, und daß sein Volk nicht bloß
> Mit seinen beiden, nein, mit Millionen
> Von Ohren und von Augen hört und sieht,
> Daß es mit Millionen Herzen fühlt,

---

[13]) Im Feuilleton der *Österreichischen Reichszeitung*, dessen Redakteur Hebbel vom 15. November 1849 bis zum 15. März 1850 war, hat er es in einer Selbstrezension für nötig erachtet, darauf hinzuweisen, daß er vor zehn Jahren schon »die Idee zum ›Rubin‹ gefaßt ... und daß eine Skizze zu demselben schon damals in Theodor Mundts ›Freihafen‹ veröffentlicht« worden sei.

> Mit Millionen Köpfen denkt! Du hast
> Die Not gekannt, die bittre Not, es schritt
> Dreimal sogar der Tod an dir vorüber,
> Du wirst dich niemals in betörtem Sinn
> Für einen Gott erklären, auch dein Sohn
> Wird's noch nicht tun, und selbst dein Enkel nicht,
> Und das ist schon genug!

Eine deutliche politisch-moralische Mahnung also an die Herrscher und ihre Erben, sich der Verantwortung bewußt zu sein. Hebbel hat hier aktuelle Bezüge hergestellt, die dem Stoff eigentlich wesensfremd waren. Interessant ist in diesem Zusammenhang die Beachtung einer Lesart, die, von Hebbel unterdrückt, das Lustspiel an die rein menschlichen Belange und Bezüge des Märchens heranrückt. Die erste Handschrift hat auf Assads Frage: »Wie kann der Fischersohn die Millionen / Regieren, welche ...« die viel kürzere Schlußfassung (ab Vers 1306):

> *Irad:* Wenn er das bleibt, was er jetzt ist: ein Mensch!
> An einem Menschen hat's hier längst gefehlt,
> Und dennoch kann kein Gott dafür!
> (Zum Wesir)
> Verkünde dem Volk
> Den neuen Herrscher! Assad ist
> Der Name, den er führt.

Das zu bleiben, was er bisher war, ein Mensch, wäre also die Voraussetzung für den Herrscher: genau dasselbe wird Hebbel später in der Gestalt des Demetrius Wirklichkeit werden lassen. Während Assad als das Glück der Macht die Fähigkeit zum Begnadigen erlebt, wird Demetrius es als Segen der Herrschaft empfinden, endlich er selbst sein zu dürfen.

Als Hebbel das *Rubin*-Lustspiel niederschreibt, haben seine äußeren Lebensumstände sich grundlegend geändert: seit 1845 in Wien und seit 1846 mit der Hofburgschauspielerin Christine Enghaus vermählt, ist er ein Autor, dessen Werk mit zu den bedeutenden bereits gezählt wird und in dessen gastlichem Hause Künstler und Gelehrte, Schauspieler und Musiker verkehren. Mit dem Arzt Professor Ernst von Brücke, dem Direktor der Sternwarte Littrow, dem Juristen Julius Glaser verbindet ihn Freundschaft, sein Briefwechsel spannt sich in diesen Jahren über Deutschland, und Persönlichkeiten von geistigem und künstlerischem Gewicht gehören zu seinen Partnern. Die erregenden wissenschaftlichen Fragen haben Hebbel ebenso interessiert wie die politisch-soziologischen; seine Tagebücher bringen unablässig Exzerpte aus naturwissenschaftlichen Werken, das Jahr der Arbeit am *Demetrius*, 1859, ist das Jahr von Darwins *On the Origin of Species,* und die Gespräche mit den Freunden haben Hebbel für diese Fragen nicht nur aufgeschlossen, sondern erregt. Das Gedicht Hebbels »Die Erde und der Mensch. Ernst Brücke freundschaftlichst zugeeignet (1848 gedichtet)« (W. VI, p. 303) geht sicher auf solche Gespräche zurück, es gestaltet ein heute aktuelles Problem, wie die Erde ihre ständig wachsende Bevölkerung noch wird ernähren können, und es weist die Regierenden auf das Mittel der Auswanderung hin, aber mit einer ganz ernsten Mahnung:

> Laß aber du, o Vaterland, dich mahnen:
> Vergiß sie nicht, die Kinder in der Ferne;
> Sie werden segeln unter deinen Fahnen,
> Drum sorge du, daß man sie achten lerne,

Und ziehn sie auch von Pol zu Pol die Bahnen,
Sei du mit ihnen, wie die treuen Sterne,
Und halte jedes, voll erhab'nen Trutzes,
Je ferner dir, je würd'ger deines Schutzes!

Die naturwissenschaftlichen Kenntnisse und Interessen Hebbels [14]) lassen es begreiflich erscheinen, daß auch seine psychologischen Motivierungen der Dramenhelden eine andere realistische Dichte aufweisen als die der klassischen Tragödie geläufigen, daß seine Zeichnung der Demetriusgestalt mit anderen Mitteln arbeitet als etwa die Schillers.
In seinen Tagebuchnotizen, die sich auf den Demetrius beziehen, kommt Hebbel seiner späteren Konzeption langsam näher: im Januar 1840 (in Hamburg um den Druck des *Rubin*-Märchens bemüht) notiert sich Hebbel: »Idee zu einem höchsten Lustspiel: Einer, der sich für einen Prinzen hält und nun nicht weiß, ob er, der selbst über seine Geburt nicht gewiß ist, Versuche machen soll, den Thron zu erobern oder nicht. Was er auch tue oder unterlasse: Beides ist vielleicht Frevel oder Schande, also ein Mensch, der nicht einmal weiß, was für ihn gut oder böse ist. Eine sehr fruchtbare Idee« (T. 2231). Hier ist zuerst die Ungewißheit über die legitime Geburt betont, und es erweist sich, daß die sittliche Kategorie von ›gut‹ und ›böse‹ einbezogen wird: Hebbels Konzeption des Demetrius hat ihn nie als bewußten Betrüger einbezogen, die sittliche Integrität eignete auch dem Helden eines »höheren Lustspiels«, das ja hart an die Tragödie grenzt. Seinen Demetrius wird Hebbel in einem ganz entscheidenden Augenblick sagen lassen können: »Noch bin ich rein, noch drückt mich keine Schuld!« [15]) Nachdem Hebbel an Elise (8. 12. 1846) von dem Schloß des ›falschen Demetrius‹ in Galizien, wohin er eingeladen sei, berichtet hat, notiert er sich kurz vor dem Beginn der Niederschrift des *Rubin*-Lustspiels: »Ein Prinz, der nicht weiß, daß er es ist, in der Wut einen Mord begeht und nun, da das Gesetz ihn packen will, da er selbst auch damit übereinstimmt, daß es geschehe, plötzlich erfährt, daß er über dem Gesetz steht, so wie auch diejenigen es erfahren, die ihn packen wollen« (T. 4566). Der Ernst des Konflikts wird sichtbar, der Lustspielcharakter des *sujet* ist fallengelassen, der Held ist bereit, dem Gesetz Genüge zu tun.
Zu den bedeutenden Freunden Hebbels gehörte Franz von Dingelstedt, der als Intendant in München Hebbels *Agnes Bernauer* »zum Siege geführt« hatte [16]) und 1858 als Generalintendant in Weimar auf Wunsch des Großherzog *Genoveva* in Hebbels Gegenwart auf die Bühne brachte. Als geehrter Gast des großherzoglichen Paares war Hebbel es auch auf der Altenburg bei der Fürstin Carolyne von Sayn-Wittgenstein und Franz Liszt. Ein schöner Abend in diesem auserlesenen Kreise, an dem Liszt spielte und die junge Prinzeß ihm die Noten umwendete, gekleidet ins russische Nationalkostüm, ist

---

[14]) Hebbels naturwissenschaftliche Kenntnisse und Studien, wie die Tagebücher sie ausweisen, sind bisher nicht genauer untersucht.

[15]) Es sei hier vorwegnehmend darauf hingewiesen, daß Hebbels Arbeit am *Demetrius* gewissermaßen ›umrahmt‹ ist von den ernsten, religiös oft bekenntnishaften Briefen an Friedrich von Uechtritz und den Pfarrer Luck, die die ethische Seite des Christentums stark betonen. — Das Epigramm ›Selbstkritik meiner Dramen‹ — wahrscheinlich viel früher entstanden — (zu seinen Epigrammen hat Hebbel nur gesagt, daß sie in die Zeit von Rom und Neapel gehörten) — sei hier dennoch zitiert:
Zu moralisch sind sie! Für ihre sittliche Strenge
Stehn wir dem Paradies leider schon lange zu fern,
Und dem jüngsten Gericht mit seinen verzehrenden Flammen
Noch nicht nahe genug. Reuig bekenn ich auch dies.

[16]) Ich verweise auf den von mir zum Teil herausgegebenen Briefwechsel zwischen Dingelstedt und Hebbel (*Neue Hebbel-Briefe*).

nicht nur in einem Brief Hebbels an Christine ausführlich geschildert, sondern hat ihn auch zu einem Gedicht inspiriert: »Der Prinzeß Marie Wittgenstein. Zur Erinnerung an einen Abend«, datiert »Zwischen Weimar und Jena 28. 6. 58« (W. VI, p. 403/4). Wenige Wochen später beginnt Hebbel in Wien die Dichtung: das »Vorspiel« hat nicht nur in die Marina-Handlung episodische Züge aus Wesselburen eingeflochten [17]), sondern erst die Erinnerung an die junge Prinzeß Marie von Sayn-Wittgenstein brachte die Gestalt der Marina zum »Phosphorisieren«: ein schöner Abend in Bad Berka, wo sie ihrer Mutter und Hebbel entgegengekommen war wie von Glühwürmchen bekränzt, klingt in dem Gespräch Demetrius-Marina nach:

> *Demetrius:* Gestern Abend
> Gingst du noch spät allein hinab zum Garten —
> *Marina:* Mich abzukühlen! Ja, ich läugn' es nicht.
> *Demetrius:* Ich schlich dir nach —
>
> *Marina:* Gewiß mit einem Messer
> Bewaffnet, um vor Wölfen mich zu schützen!
> Ich danke dir! Sie sind im Wonnemond
> Bei uns so häufig als im Winter selten!
>
> *Demetrius:* Und du erschienst mir schön, wie nie zuvor,
> Als du den dunklen Lindengang durchschwebtest,
> Bald hell vom Mond bestrahlt und bald vom Schatten
> Der breiten Bäume wieder eingeschluckt.
> Leuchtkäfer tanzten gaukelnd um dich her,
> Sie hüpften auf dein Kleid und hüpften ab,
> Es war, als ob du selbst die Funken sprühtest,
> Und hubst du deine Augen auf zum Himmel,
> So tauchten alle Sterne sich hinein.

(W. VI, p. 17/18) [18])

Die Gespräche in Weimar mit Dingelstedt, der für das Schillerjahr 1859 eine Musteraufführung von zwölf großen Werken plante, gaben den Anstoß zu Hebbels Demetrius-Plan. Aber Hebbel war viel zu sehr Realist und Sohn seines Jahrhunderts, um nicht sogleich die Notwendigkeit genauer soziologischer und kultureller Details für das Werk zu erkennen. Wenn er schon für die Kenntnis eines Einzelmenschen die Kenntnis seines »Hintergrundes« für unerläßlich hielt, »denn der Mensch ist ein viel zu bedingtes Wesen, als daß er in der Luft stehen dürfte« (an Arnold Schloenbach, 3. 6. 1858. Br. V, p. 303), wieviel mehr galt das für die Helden des Dramas. Schon am 4. August 1858, wenige Tage nach dem Beginn der Dichtung, schreibt Hebbel an Glaser: »Ihre Bemerkungen über den Demetrius sind so wahr als fein und tief. Allerdings kann für mein Drama nur die große und doch wieder in sich selbst zerrissene slawische Welt den Humus abgeben, während Schiller ohne Zweifel einzig und allein von dem allgemein menschlichen Moment des Factums angeregt wurde. Das bedingt denn aber freilich auch, wie ich nicht gedacht hätte, aber jetzt finde, eine so ganz verschiedene Behandlungsweise, daß ich kaum noch das Recht behalten werde, von ›Schillers Grund-Idee‹ zu sprechen« (Br. VI, p. 188/9). Zwar schrieb Hebbel noch am 17. 8. 1858 an Major Serre,

---

[17]) Vgl. Willy Krogmann (a. a. O.) über Emilie Voß, die Tochter des Kirchspielschreibers.
[18]) Für diese Zusammenhänge verweise ich auf meinen Aufsatz »Hebbel und Prinzeß Marie von Sayn-Wittgenstein«, in: *Nordelbingen*, Bd. 33 (Heide, 1966).

Vorsitzenden der Tiedge-Stiftung, als ob er den *Demetrius* ›bearbeite‹, aber dieser Brief antwortet auf gewisse Druckvorschläge: »Es ist vollkommen richtig, daß ich in Folge getroffener Übereinkunft mit der General-Intendanz für die Großherzogl. Hofbühne zu Weimar den »Demetrius« bearbeite. Dies war seit meinem achtzehnten Lebensjahre schon meine Absicht, und sehr gründliche Studien der Russischen Geschichte setzen mich in den Stand, jetzt ernstlich an die endliche Ausführung meines ersten dramatischen Gedankens zu denken.« [19]) In dem Bemühen um genauere Kenntnis der slawischen Welt unternimmt Hebbel im September 1858 einen Ausflug nach Krakau und berichtet der Prinzeß Wittgenstein darüber. »Die Aufgabe ist aber, wie ich sie fasse, sehr schwer. ... Ich bewundere den Schillerschen Torso, und habe ihn von jeher zu seinem Allerbesten gerechnet, kann jedoch keinen einzigen Vers davon brauchen. Er setzt hier, wie immer, alles voraus und gibt sich nie damit ab, die Wurzeln der Menschen und der Dinge bloßzulegen. ... Er läßt den Sturm elementarisch in seine Welt hineinbrausen, ich suche ihn aus Atemzügen entstehen zu lassen, und das sind so ganz verschiedene Styl-Arten, daß wir uns wirklich nur in der Grund-Idee und in der letzten Wirkung begegnen können; darin liegt aber auch die einzige Berechtigung meiner Arbeit« (Br. VI, p. 204). Kurz darauf heißt es an den Verleger Julius Campe: » ... von Schiller brauche ich keinen Vers, nur den Grundgedanken, er selbst müßte seinen Plan modificiren, wenn er jetzt lebte, und statt eines Feuerwerks ein historisches Bild des ungeheuren Slawen-Reiches geben wollte, worauf es bei mir allerdings abgesehen ist« (27. 10. 1858. Br. VI, p. 207).

Von Schiller völlig unabhängig konzipiert ist die Gestalt des Demetrius selbst. Hier ist mit der reifen Kunst des späten Hebbel das Bild des jungen Assad sowie der »heimliche Prinz«, als den Hebbel sich in seiner Jugend gefühlt haben mag, in die Sphäre des menschlich und auch des politisch Bedeutsamen erhoben. Was zu oft übersehen ist: den Schluß dieses Werkes, wie immer er im Detail hätte gestaltet werden sollen [20]), bildet nach den letzten von Hebbel selbst geschriebenen Zeilen der freie Entschluß dieser adligen Gestalt, auf die Krone zu verzichten, sie einfach wie ein Nicht-Zukommendes abzulegen. Die Macht entlockt dem jungen Assad ein Jauchzen, weil er jetzt Menschen aus Kerkern erlösen kann; für Demetrius ist sie nur noch das Mittel, die Freunde zu retten. Er fällt nicht als Opfer der Geschichte [21]), er entsagt aus freiem menschlichen Entschluß, mit sicherer Anmut, einer Krone, die ihm nicht gebührt, die ihn seinem Selbst entfremdet. Er wirft weg, damit er nicht sich selbst verliert.

Die »ganz verschiedenen Styl-Arten«, von denen Hebbel bei seinem Vergleich von Schillers Gestaltungsweise mit seiner eigenen sprach, offenbaren sich besonders in der

---

[19]) Major Serre hatte sich dafür eingesetzt, daß Hebbel für sein Epos »Mutter und Kind« den Preis der Tiedge-Stiftung in Dresden erhielt. Jetzt wollte er für 1859 den Druck des *Demetrius* betreiben. Hebbels Brief geht daher weiter: »Da ich die Materie vollkommen beherrsche und der Traun-See an meinem leiblichen Menschen dies Mal doppelt seine Schuldigkeit getan hat, so zweifle ich keinen Augenblick, im rechten Moment fertig zu werden. Es kann nur im höchsten Grade ehrenvoll für mich sein, mein Werk bei einem so feierlichen Anlaß, wie es die hundertjährige Geburtsfeier Schillers ist, durch Ihre Vermittlung der Öffentlichkeit übergeben zu sehen, und ich wiederhole Ihnen daher einfach Ihr eigenes Wort: wir sind verbunden.« (Abgedruckt: Anni Meetz, »Neuerwerbungen von Hebbelbriefen 1967«, in: *Nordelbingen*, Bd. 37 [Heide, 1968]).

[20]) Hebbel hat Christine einiges über seine Intentionen für den letzten Schluß erzählt; in der »Hebbelsammlung der Stadt Kiel« befinden sich einige der letzten Blätter zum *Demetrius;* die Bleistiftzeichen sind (wohl von Christines Hand) mit Tinte nachgezogen.

[21]) Dem Problem der Macht im *Demetrius* ist Joachim Müller nachgegangen in seiner tiefdringenden Abhandlung »Bemerkungen zur Kernproblematik und dramatischen Dialektik von Hebbels *Demetrius*«, in: *Hebbel-Jahrb.*, 1962.

Motivierung von Personen und Handlungen. Das »Vorspiel«, von jeher als auto-biographische Aussage erkannt, stellt den jungen, adlig empfindenden Menschen als zwischen zwei sozialen Schichten stehend dar. Wie Assad im *Rubin*-Märchen verab-scheut er niedrige Handlungsweise; wie Assad im *Rubin*-Lustspiel lieber hungert als die ihm von dem niedrig denkenden Hakam in die Tasche praktizierten Früchte zu essen, so entbehrt Demetrius lieber, als daß er die Gemeinschaft der Dienenden erduldet, zu denen er doch so ganz offensichtlich gehört. Der einfache Grund aber ist:

> . . . . Ich bin nun so!
> Ich setz mich lieber auf die nackte Erde,
> Als auf den Stuhl des Bauern, trinke lieber
> Aus hohler Hand, als aus dem Napf des Knechts,
> Und such mir lieber Beeren für den Hunger
> Als daß ich schwelge, wo der Bettler zecht.

Das Bedürfnis nach Reinheit — physisch wie psychisch — kennzeichnet diesen Jüngling, der nichts von seiner Herkunft weiß. Er kann nur sagen: »Ich bin nun einmal so!« und daran leiden, daß er zwischen den Menschen, die ihn umgeben, in der Mitte steht, denn so muß man m. E. die — nach der Formulierung Joachim Müllers (a. a. O., p. 118) — »in apodiktischer Negation« wiederholte Feststellung interpretieren. Als Demetrius den höhnenden Nebenbuhler in raschem Zorn erstochen hat, weiß und akzeptiert er die Konsequenz:

> *Poniatowsky:* Das ist ein Mord!
> *Demetrius:* Und darauf steht der Tod!

Und dann gesteht er, was er gelobte, als er Marinas Hand küßte, deren Mund er sich verbot:

> *Demetrius:* Wie ich nicht sitze auf dem Stuhl des Bauern,
> Wie ich nicht trinke aus dem Napf des Knechts,
> Wie ich nicht schwelge, wo der Bettler schmaust,
> So will ich auch die nied're Magd nicht küssen,
> Die mir bestimmt ist, denn ich weiß gar wohl,
> Daß ich mitnichten Euresgleichen bin.

Nach Hebbels Regieanweisung wird dies »Halb zu Marina, halb zu den übrigen« gesprochen, also nicht allein zu den Dienern, wie man zuweilen interpretiert hat. Deme-trius fühlt sich zwischen beiden Schichten. Der Realist Hebbel hat für diesen Prätenden-ten, dessen Stolz in seiner niedrigen sozialen Schicht so absolut ungerechtfertigt er-scheint, die Motivierung gefunden, die dem 19. Jahrhundert mit seinen naturwissen-schaftlichen Erkenntnissen einleuchten mußte: Hebbels Demetrius ist der Sproß des Zaren Iwan u n d der Bäuerin Barbara. Was Schiller in seinen umfangreichen Über-legungen nur in einem sogleich wieder durchstrichenen Satz erwogen hat, ist von Hebbel als Grundmotiv verwendet. (Vielleicht darf man eine Randnotiz schon in I, 6, die die »schöne Barbara« betrifft, so deuten, daß Hebbel — um der dramatischen Spannung willen — eine die Einheitlichkeit seiner Konzeption zeigende Notiz dann ausgelassen hat. W. XIV, p. 88).
Der Hochmut des Zarensprosses wird ihm selbst begreiflich, als er erfährt, daß er als Zarewitsch nun endlich der sein darf, der er »nun einmal« ist: er selbst. Er fühlt sich im Kampf um die Krone, die er für sein Recht hält, fähig, den Krieg auf sich zu neh-men, aber Hebbel zeichnet diesen Helden der Schlachten, wie noch kein Held in einem deutschen Jambendrama, der siegreich vom Kampf zurückkehrt, dargestellt wurde: der

Prätendent, siegreich vom Kampf hereinstürmend, besteht die eigentümlichen und wilden Konflikte um die Menschen, die für ihn ihr Leben gaben und für ihn bluteten und litten. Dem Mitleid des den Niederen verbundenen und mit ihnen fühlenden Demetrius steht die hohe Kraft, sein Reich zu erobern, entgegen:

> *Demetrius:* (zu Mniczek und den Bojaren, die ihn zurückhalten wollen):
> . . . . Eine solche Schlacht
> Ist fürchterlich, wenn man sich sagen muß:
> Sie wird für dich geschlagen! Jeder Schuß
> Trifft dich ins Herz, Du fällst mit jedem Toten,
> Und windest dich mit jedem Sterbenden!
> Und ich, ich hätt' mich ferne halten sollen,
> Anstatt mein Recht zu prüfen und dem Tod
> Die nackte Brust zu bieten? Hütet euch,
> Mich umzurufen, wenn das grause Spiel
> Sich wiederholt! Mir wird's in Ewigkeit
> Kein Hahnenkampf, bei dem man nur den Preis
> Der Wette überschlägt, doch nicht die Qualen
> Der armen, blinden Tiere! Und ihr lauft
> Gefahr, daß ich zum Rückzug blasen lasse,
> Wenn ihr mir wehrt, mich selbst mit einzusetzen,
> Das kann man nur ertragen, wenn man's teilt.   (II, 4)

Hier spricht der Sohn aus mächtigem und tapferem Zarengeschlecht — aber lauter spricht der Sprößling derjenigen, die seit Jahrhunderten auf allen Schlachtfeldern der Erde die Kämpfe der Mächtigen mit ihrem Blut, ihren Qualen bezahlen und ihr Leben verröcheln dürfen. Die Qualen der »armen blinden Tiere« nachempfinden kann nur, wem im Blute so etwas vererbt wurde, wie auch den »Gnadenstoß«, den alle Gerichtsherren der Welt der »zerquetschten Menschheit« »in einem Unglücklichen« versetzen, nur der empfinden kann, dem die Ungerechtigkeit den Erniedrigten gegenüber von gequälten Generationen überkommen ist. Aber Demetrius als Sohn des Zaren fängt sich in einer noblen Geste und entschuldigt sich bei dem alten Mniczek, doch der Zwiespalt, dem er gerade entronnen zu sein glaubt, zittert noch in ihm nach:

> . . . mir war zumut, als müßt' ich heut
> Dem Allertapfersten den Kranz entreißen,
> Wenn nicht der Feigste mich verspotten sollte,
> Und meinem Vater hätt' ich auch getrotzt.

Der Sohn Iwans hat sich als Held bewiesen, der Sohn der Bäuerin hat dafür mit Qualen bezahlt. Die Schwere des Herrscheramtes wird mit der Nennung des Vaters evoziert; die Widersprüche in seinem Wesen, aus dem Blutserbe begreiflich, offenbaren sich vielfach: in der zarten Demut Marfa gegenüber, in der Härte zu dem Verräter Otrepiep, der Urbanität der alten Barbara gegenüber, der Leutseligkeit mit dem Volk. Aber nach allen Heldentaten muß der Sieger von der Desna schlagartig erkennen:

> . . . . Der Morgen brach herein,
> Die alte Frau dort stieß die Läden auf
> Und meine Maske leg' ich wieder ab!

Er schlägt die Hände vor's Gesicht: er steht wieder da, wo er am Anfang war: zwischen den verschiedenen Schichten, aber eins bleibt ihm: er kann er selbst sein bis zum letzten Ende. Was er gewonnen hat im Schloßhof von Sendomir, als er erfuhr, daß er der Zarewitsch sei, das bleibt ihm: er selbst zu sein.

Hebbel hat diesen Schluß (bis zu der Zeile: »Dann zünde ich die Pulverkammer an!«) mit ungewöhnlich sicherer Psychologie gezeichnet: Demetrius, der sich schon völlig frei wähnt und als Jäger nach Sendomir zurückkehren möchte, muß begreifen, welche Verantwortung und Belastung ihm aufgebürdet ist: er hat alle die zu retten, die ihm vertrauensvoll gefolgt sind, und die Doppeldeutigkeit dieser wiederum unechten Stellung preßt ihm immer wieder das Bild vom Maskenspiel ab.

Hebbel hat diesen Schluß ja sehr viel später — schon auf dem Krankenbett [22]) — geschrieben. Es paßt zu der Wiederaufnahme des jugendlichen Helden aus Hebbels Frühzeit in die tragische Gestalt des Demetrius, daß auch Hebbels Leben in einem gewissen Sinne zu dem Erlebnis der Jugend: nicht dazu zu gehören, sich innerlich adlig und äußerlich niedrig zu fühlen, zurückkehrt.

Nach den schönen Weimarer Wochen vom Sommer 1858 und dem glücklichen Beginn des *Demetrius* fuhr Hebbel 1859 mit dem bisher Vollendeten nach Weimar, um es auf der Altenburg vorzulesen. Er reiste überraschend schnell nach Wien zurück: nicht nur das Zerwürfnis zwischen Dingelstedt und Liszt mag ihn dazu gebracht haben, sondern auch die Nachricht von der Verlobung der Prinzessin mit dem Fürsten Konstantin von Hohenlohe-Schillingsfürst. *Demetrius* war nicht vorgelesen worden; die Arbeit daran ruhte »wie ein Stein«, die *Nibelungen* traten in den Vordergrund. Das feinsinnige und kluge Urteil der Prinzessin, die eine ausgezeichnete Leserin war, bewog Hebbel, ihr seine Werke weiterhin vorzulegen, auch als sie mit ihrem Mann nach Wien übersiedelt war. Für Hebbel und seine Frau wäre es natürlich gewesen, wenn ein freundlicher Verkehr von Haus zu Haus sich hier angebahnt hätte — man schrieb immerhin das Jahr 1861! Aber die junge Fürstin, die sich später in ihren *Erinnerungen an Friedrich Hebbel* bitter und traurig über die Entfremdung äußerte [23]), fand den Weg nicht. Vielleicht war sie durch die Isolierung, in die ihre Mutter durch ihre Flucht aus Rußland und ihre sich endlos hinziehende Ehescheidungssache geraten war, scheu und übervorsichtig ihren Standesgenossen gegenüber geworden. Es gibt eine Reihe von Briefen, die Felix Bamberg nicht vorgelegen haben (und also auch von R. M. Werner nicht abgedruckt wurden), und andere, die nur verstümmelt überliefert sind und dazu beigetragen haben, Hebbels Bild zu schwärzen. Nachdem ich sie vollständig veröffentlichen konnte [23]), teile ich daraus mit, was sich in Beziehung zum *Demetrius* befindet. Wie Hebbel sich in seinem Stolz gekränkt fühlte, spürt man aus seinem Brief an Adolf Stern (März 1860): »Die Fürstin Hohenlohe ist hier, doch habe ich sie erst einmal gesehen, und in meinem Hause, wo sonst alle Farben vertreten sind, und auch an Fürsten, Baronen, Ministern und Minister-Candidaten kein Mangel ist, noch gar nicht. Ich

---

[22]) Hebbels letzte Eintragung in sein Tagebuch (25. 10. 1863, T. 6176) bezieht sich auf die Wiederaufnahme der Arbeit am *Demetrius:* »Eine lange Leidensperiode, die noch nicht vorüber ist, so daß ich sie erst später fixiren kann. Aber seltsam genug hat seit 14 Tagen der poetische Geist angefangen, sich in mir zu regen, es entstanden anderthalb Acte des Demetrius, obgleich ich, durch Rheumatismen verhindert, kaum imstande war, sie niederzuschreiben, und wenn es so fort geht, darf ich hoffen, das Stück im Winter unter Dach und Fach zu bringen. Wunderlich-eigensinnige Kraft, die sich Jahre lang to tief verbirgt, wie eine zurückgetretene Quelle unter der Erde, und die dann wie diese, plötzlich und oft zur unbequemsten Stunde, wieder hervorbricht.«

[23]) Die *Erinnerungen* ... der Fürstin Hohenlohe sind abgedruckt in meinem Aufsatz »Hebbel und Prinzeß Marie von Sayn-Wittgenstein« (a. a. O.). Auf diesen Aufsatz und auf »Hebbel und das Haus Sayn-Wittgenstein«, in *Nordelbingen*, Bd. 35, (Heide, 1966) verweise ich für die folgenden Zusammenhänge.

beklage das aufrichtig, denn ich sähe diesen schönen Stern nicht ohne Schmerz auf immer
für mich untergehen, auch suche ich den Grund nicht in ihr, aber ich kann mit niemand
anders verkehren, als auf dem Fuß der Gegenseitigkeit und mit Aristokraten nun schon
gar nicht . . .« (p. 163). Hebbels Schmerz und sein gekränkter Stolz sind nur zu begreiflich, denn ihm wurde zugemutet, daß er fortan seine Sendungen an die junge Fürstin in
Wien — es handelte sich um die *Nibelungen,* die er ihr gesandt hatte, weil er ihr echtes
Interesse und ihr sicheres künstlerisches Urteil schätzte — nach Rom an Fürstin Carolyne
spedieren solle, die sie ihrer Tochter dann wieder nach Wien schicken würde. Fürstin
Marie von Hohenlohe hat in ihren *Erinnerungen . . .* dies selbst eine »Anfrage« genannt,
aber ihre Mutter scheine es Hebbel »schonungslos beigebracht« zu haben: »und er schrieb
ihr einen entrüsteten Brief über den unfaßlichen Dünkel Wiener Aristokraten«. Sie
fügt dann hinzu: »Auf meine Änderung in den Nibelungen war er trotzdem eingegangen. Seit dieser Zeit hörten meine Beziehungen zu ihm gänzlich auf . . .« (p. 158). Dieser
»entrüstete« Brief Hebbels nun, der lange Zeit sein Bild mit bestimmt hat, ist weder
bei Felix Bamberg, noch bei R. M. Werner, noch bei La Mara [24]) abgedruckt. Er befindet sich jetzt in der Landesbibliothek Kiel [25]) und beweist, daß Hebbel Lebensart genug
besaß, nicht mit grober Waffe zu fechten, sondern mit dem Florett der Ironie, die aber
vielleicht darum als so »entrüstend« empfunden wurde, als sie berechnet schien, eine
hochadlige Bildungslücke zu treffen. Die fragliche Passage Hebbels lautet (datiert Wien,
20. April 1860):

Empfangen Sie also meinen aufrichtigsten Dank . . . und gestatten Sie mir, Ihr geneigtes Anerbieten so weit zu benutzen, daß ich Sie bitte, auch der Frau Fürstin von Hohenlohe meinen
Dank für Ihr ebenso schönes als auch schmeichelhaftes Votum auszusprechen. Der Werth der
Gabe ist durch den Umweg, auf dem sie zu mir gelangte, nicht vermindert, sondern erhöht und
obendrein habe ich den ethnographischen Gewinn, daß ich den Punct der deutschen Erde nun
ganz genau kenne, wo der schon vor achtzig Jahren zu Pempelfort am Rhein bei unserem
philosophischen Dichter Jacobi zwischen dem Hof- und Staatskalender und dem goldenen Buch
des Jahrhunderts geschlossene Compromiß nicht im allerbescheidensten Sinne gilt.

Wer sich, wie Hebbel, durch künstlerische oder wissenschaftliche Leistungen ins »Goldene
Buch der Jahrhunderte« eingetragen hatte, bedurfte, seit Jacobi, wie Goethe es in der
Campagne in Frankreich beschrieben hat, nicht des Ahnennachweises mehr in Deutschland, nur eben in — Wien doch noch.
Der verletzte Stolz, der hier geistreich zurückschlägt, ist wohl mit ein Moment, das in
die Gestaltung des *Demetrius*-Schlusses hineingewirkt hat: nichts besitzen zu wollen,
was einem nicht zukommt, selbst wenn man es sich schon erkämpft hat, das ist die Haltung des Demetrius, nachdem die alte Frau »die Läden« aufgestoßen hat und er weiß,
daß er zwar Iwans Sohn, aber auch der der Bäuerin Barbara ist. Nüchtern beurteilt er
seine Prätendentenansprüche: »Ritt ich den Blitz? Ich ritt ein Manifest!« Anders als
der Schillersche Held denkt er keinen Augenblick daran, das Eroberte festzuhalten: der
selbst Betrogene sieht die Widersprüchlichkeit, unter der sein Leben von jeher gestanden
hat, unerbittlich klar:

> . . . . was ist da wunderbar?
> Man kann der echte Sohn des Zaren sein,
> Und doch ein Hund, ein Bastard nebenbei.

---

[24]) *Aus der Glanzzeit der Weimarer Altenburg. Bilder und Briefe aus dem Leben der Fürstin
Carolyne von Sayn-Wittgenstein,* Hrsg. von La Mara (Maria Lipsius) (Leipzig, 1906).
[25]) Abgedruckt in meinem Aufsatz »Hebbel und das Haus Sayn-Wittgenstein« (a.a. O., p. 136).

In spontaner Regung will er anmutig-stolz sogleich verzichten:

> Was ist's denn auch? Wer straft mich, daß ich nicht
> Allwissend bin? Die Krone wuchs ja nicht
> Mit meinem Haupt zusammen!

Und »mit einer Bewegung« (nach der Krone, darf man wohl interpretieren) fügt er hinzu:

> Rußland, nimm,
> Was übrig bleibt, ist mein.

Ihm bleiben bis zuletzt die Sicherheit und der Stolz dessen, der ein für allemal er selbst geworden ist, doch da kommt Mniczek mit seinem Anspruch an den Herrscher, der Verantwortung trägt für die Menschen, deren Schicksale er an seines geknüpft hat, und er kann sicher sein, daß der, der den Kampf der »armen blinden Tiere« im Gefühl trug, nicht versagen wird. Mniczeks Appell ist von Hebbels Ethos [26] geprägt:

> Hast du den Mut, bloß um dich rein zu halten,
> Vom kleinsten Hauch, der Seelen trüben kann,
> Die große Wechselrechnung durchzustreichen,
> Die uns verknüpft, und Lieb und Treu zu opfern,
> Und glaubst du, daß du rein bleibst, wenn du's tust?
> Der Himmel selbst ruht auf gespalt'nen Kräften,
> Die ganze Welt auf Stoß und Gegenstoß;
> Denkst du, der Mensch ist davon ausgenommen?
> Pflicht gegen Pflicht, das ist auch sein Gesetz!
> Du sinnst, mein Sohn! Laß das Gespenst der Nacht
> Und wende dich dem Leben wieder zu:
> Du bist der Czar, denn du bist Iwans Sproß!

Demetrius repliziert sehr schnell und klar:

> Ich hab sein Blut geerbt, doch nicht sein Recht!

und hier ist der einzige Punkt, an dem er zusammenzubrechen droht:

> O könnt' ich in den Mutterleib zurück!

Aber als Mniczel sein Spiel gewonnen glaubt, und ihn zum Träger eines neuen Stammes und Geschlechts proklamieren will, da erlebt er eine Verdammung der Machtraserei der Großen dieser Erde, so daß völlig deutlich wird, daß Demetrius noch derselbe ist wie in der Schlacht. Zugleich wird evident, daß Hebbel nicht entfernt an ein Drama eines Machtmenschen wie Wallenstein oder Macbeth gedacht hat, in deren Nähe doch Schiller seinen russischen Thronprätendenten hatte ansiedeln wollen.

---

[26] Ilse Brugger hat in ihrer Abhandlung »Die ›Mensch-Ding‹-Problematik bei Hebbel« (auch in spanischer Sprache erschienen) die bestürzende Rolle aufgezeigt, die bei Hebbel der Trieb des Menschen spielt, den anderen zu seinem Besitz zu machen, zu einem »Ding«, und in wie bedrohlicher Weise Hebbel die Entwicklung dahin gehen sieht, daß der Mensch nur noch als Funktion eine Rolle zu spielen vermag. Hebbels ethische Mahnung an den Wert des Menschen erscheint in dieser feinsinnigen und eindringenden Untersuchung plötzlich von einer bestürzenden Aktualität (Hebbel-Jahrb., 1965).

> Im Donnerwagen über Berg und Tal
> Einher zu brausen im Kometenglanz
> Und, wie der fleischgewordne Geist der Erde
> . . .
>
> Mit rotem Siegerschwert von Stadt zu Stadt,
> Von Land zu Land zu ziehen und ganz zuletzt
> Sich nach der Himmelsleiter umzuschaun;
> Ja, das ist groß, das ist so göttlich groß,
> Daß die Bewundrung alles, selbst den Jammer
> Des armen menschlichen Geschlechts erstickt,
> Und daß das Opfer jauchzt, indem es fällt. [26])

Er wirft die Krone weg, um nicht zum Betrüger zu werden (in der Tragödie bieten sich nicht Märchen- oder Lustspielschlüsse an wie seinerzeit in den Jugendwerken).

> Als Iwans Sohn hatt' ich ein Recht auf sie,
> Ich griff nach ihr und zwang sie auch herab.
> Jetzt seh' ich, daß ich ein Betrogner bin,
> Was bleibt mir übrig, als sie wegzuwerfen,
> Wenn ich nicht auch Betrüger werden will!

Nur die Verantwortung für die andern bringt ihn noch dazu, sie zum Schein auf dem Haupt zu behalten, die Zarenrolle weiter zu spielen, bis zu deren Rettung; ein »Lustspiel höheren Styls«, wie Hebbel es einst geplant hatte, bahnt sich jetzt noch an, hart am Rande des Abgrunds: zahlreich sind die Ausdrücke für Spiel: »Maske«, »Rolle«, »Spaß« und »Carneval« deuten an, daß die Fiktion des Zaren nur noch auf Zeit aufrechterhalten werden soll. Demetrius bleibt, der er im Vorspiel endlich hatte werden dürfen: er selbst, aber er nimmt das, was er als Schein-Zar um der andern willen noch zu agieren hat, als Komödie, die allerdings ihn selbst »Frieden und Gewissen« kostet:

> . . . . Ich seh es ein,
> Daß ich die Zarenmaske weitertragen
> Und Frieden und Gewissen opfern muß,
> Wenn ich euch retten will und bin bereit.
> Ja, morgen werden wir uns krönen lassen,
> Marina soll als Czarin aller Reussen
> Und nicht als Kartenkönigin zurück. . . .
> Doch nimmer werd' ich meinen Carneval
> Mit Blut beflecken, keinen Missetäter
> Bestrafen, da ich selbst der größte bin.
> Drum darf der Spaß nicht allzu lange dauern,
> sonst merkt's der Frevel, daß das einz'ge Schwert,
> Das keine Scheide hat, nicht länger blitzt,
> Und häuft durch jeden Gräuel meine Schuld.
> Ich bin der Capitain auf einem Schiff,
> Das scheitert; rasch ins sich're Boot mit euch,
> Dann zünde ich die Pulverkammer an. . . .

Die letzte Zeile scheint mir der sichere Beweis zu sein, daß sich Demetrius nach Hebbels Intention die Handlungsfreiheit bis zum eignen Ende wahren sollte: der Kapitän, der das ohnehin scheiternde Schiff in die Luft jagt; der sich nicht selbst verliert, damit er sich nicht klein und gierig an etwas klammert, was ihm nicht zusteht. Assad warf den Rubin fort und gewann den Purpur und Fatime, Demetrius wirft die Krone fort und gewinnt sich selbst, das Höchste, wonach er sich in der Widersprüchlichkeit des Daseins und der Doppeldeutigkeit des eigenen Wesens gesehnt hat. Am Ende seines Lebens kehrt Hebbel zu Gestalten zurück, die die früh als kostbar erkannten Wesenszüge unverstellt tragen: den Stolz, die eigne Reinheit um jeden Preis zu wahren, die Fähigkeit, wegzuwerfen, zu verzichten, um nicht der Gier des Besitzenwollens um jeden Preis, dem ärgsten Übel, zu verfallen.

Kiel

Anni Meetz

FELIX M. WASSERMANN

Jakob Burckhardt und Claude Lorrain

Geweihter Geist, den die Natur erkoren,
Als Hohepriester ihr mit reinen Händen
Des Abendopfers Weihrauchduft zu spenden,
Wann schon die Sonne naht des Westens Toren —

Vielleicht hast du im Leben viel verloren,
Bis du, entrinnend vor des Schicksals Bränden,
Dein Bündnis schlossest an des Waldes Enden
Mit den Dryaden und den süßen Horen.

Drum will ein tiefes Sehnen uns beschleichen
Nach Glück und Ruh, wann du den Blick geleitest
Vorbei den hohen immergrünen Eichen,
Zu schattigen Hainen dann die Landschaft weitest,
Palläst' und Tempel baust und jenen weichen
Nachmittagsduft auf ferne Meere breitest.

Die Bedeutung von Jacob Burckhardts dichterischer Produktion ist erst kürzlich als ein nicht unwesentlicher Teil seines Werks in der eingehenden Analyse in Werner Kaegis monumentaler Biographie gewürdigt worden. [1]) Unter den Gedichten, die seine Erlebnisse und Stimmungen durch die zwei Jahrzehnte seiner werdenden Reife begleiten, ist kaum eines bezeichnender, als Bekenntnis wie als Spiegelung von Burckhardts Persönlichkeit, als sein Sonett auf Claude Lorrain. [2]) Gewiß war Burckhardt kein genialer Dichter, das Dichten war nur ein wenn auch persönlich wichtiges Parergon seiner so viele Gebiete umfassenden Tätigkeit [3]), und der in allen persönlichen Bekenntnissen scheu gewordene Verfasser wollte später nicht gern an diese Erzeugnisse seiner jüngeren Jahre erinnert werden. Und doch nimmt das Gedicht auf Claude eine achtbare Stelle in der langen Reihe der Sonettdichtung des 19. Jahrhunderts ein.

In seiner Liebe zu Claude erscheint Burckhardt wie in so manchem anderen als Erbe der klassischen wie der romantischen Seiten der Goethezeit. [4]) Es ist ja bekannt, wie sehr Goethe seine eigenen Eindrücke italienischer Landschaft in Claude wiederfand, und wie er noch im Alter beim Betrachten der Skizzen im *Liber Veritatis* im Gespräch mit Ecker-

[1]) W. Kaegi, *Jacob Burckhardt: Eine Biographie*, III (Basel, 1956), 218—84. — Jacob Burckhardt, *Gedichte*, herausg. v. K. Hoffmann (Basel, 1926) — das Claude-Sonett auf S. 99. — S. Christ, *Jacob Burckhardt und die Poesie der Italiener* (Basel, 1940), 21—39; A. L. Gass, *Die Dichtung im Leben und Werk Jacob Burckhardts* (Basel, 1967). — Burckhardt und Eichendorff: W. Rehm, *Späte Studien* (Bern, 1964), 276—343; Kaegi, III, 44.

[2]) W. von der Schulenburg, *Der junge Burckhardt* (Stuttgart, 1926), 248; O. Markwart, *Jacob Burckhardt* (Basel, 1920), 35; Gass, 40.

[3]) W. Waetzoldt, *Das klassische Land* (Leipzig, 1927), 186; Christ, 14.

[4]) W. Rehm, *Nachsommer* (Bern, 1951), 21 f.

mann auf das Wesentliche dieser Landschaften hinwies: »Die Bilder haben die höchste Wahrheit, aber keine Spur von Wirklichkeit.« [5]) Das ist auch Burckhardts Haltung; nicht umsonst klingt sein *Cicerone*, der mit den griechischen Tempeln von Paestum einsetzt, in dem Preis des zum Römer gewordenen Lothringers aus [6]), als einem anderen Eckpfeiler der »Kultur Alteuropas«, wie er den Kern seiner humanistischen Weltanschauung zu nennen pflegt. Als Burckhardt sein Sonett gerade in den Tagen schrieb, als nach der scheinbaren Ruhe der Metternichschen Restaurationsperiode ganz Europa von einer Wiederkehr der Französischen Revolution erschüttert zu werden schien, hatte ihm die Begegnung mit den Werken des Meisters in München, Berlin und Dresden, in Rom und Florenz, vor allem im Louvre eine der großen Verkörperungen der europäischen Kulturgemeinschaft in Natur und Kunst vor Augen gestellt; erst auf späteren Reisen sollte er die Claudes in London kennen lernen, und die *Vier Jahreszeiten* der Kasseler Galerie hatten schon, wie er in den Notizen zu seiner kunsthistorischen Vorlesung vermerkt [7]), ihren Weg in die Ermitage gefunden dadurch, daß Kaiser Alexander sie »aus Galanterie« der Kaiserin Josephine abgekauft hatte (die sie ihrerseits der Freigebigkeit ihres die Sammlungen der eroberten Länder als Kriegsbeute betrachtenden Gatten verdankte).

Bei aller Aufmerksamkeit, die Burckhardt der technischen und ästhetischen Leistung des großen Landschaftsmalers schenkt, ist es gerade auch hier ein Charakteristikum Burckhardtscher Haltung, daß er nie nur Kunsthistoriker ist, daß das Ästhetische und das Ethische in einer Art von idealer Kalokagathie zusammenfallen. [8]) So erlebt er in der Landschaft Claudes die Verbildlichung seiner eigenen Suche nach der humanistischen *vita contemplativa* in einer Welt voll von »verwirrender Lehre zu verwirrendem Handel« (wie es wenige Jahre zuvor Goethe in seinem letzten Brief an Wilhelm von Humboldt bezeichnet hatte). Damit tritt Claude für Burckhardt als dritter neben die beiden anderen Archetypen sinnvoller Kunst, Rafael und Rubens. [9]) Der Verfasser des Claude-Sonetts war noch nicht der gefestigte Konservative *Weise von Basel* seiner letzten vier Jahrzehnte; es war der dreißigjährige Sucher nach dem Sinn seiner persönlichen und beruflichen Existenz. Die Auseinandersetzung mit der spätromantischen Begeisterung für das noch nicht imperialisierte Deutschland und mit den mehr oder weniger aktiv in den Sog der Revolution gezogenen deutschen Freunde wie Kinkel und Schauenburg lag schon hinter ihm. [10]) Aber auch die Rückkehr nach Basel brachte dem angehenden Do-

---

[5]) *Gespräche mit Eckermann*, 10. IV. 1829.

[6]) »Claude, als reingestimmte Seele, vernimmt in der Natur diejenige Stimme, welche vorzugsweise den Menschen zu trösten bestimmt ist, und spricht ihre Worte nach«, vgl. H. Trog, *Jacob Burckhardt* (Basel, 1898), 63. — W. Rehm, *Europäische Romdichtung* (München, 1960), 132 f., spricht von Poussins und Claudes »gemalten Rom-Dichtungen«, Waetzoldt, 242, von Claudes »lyrischem Schwelgen in der Unermeßlichkeit lichterfüllter Räume«. — Die maßgebende Darstellung von Claudes Leben und Werk: M. Röthlisberger, *Claude Lorrain* (New Haven, 1961); von den früheren vgl. die von W. Friedländer, U. Christoffel, Th. Hetzer, K. Gerstenberg.

[7]) Kollegheft O. Markwarts, Basel, Staatsarchiv (Priv. Arch. 300, 8 k).

[8]) K. J. Weintraub, *Visions of Culture* (Chicago, 1966), 130.

[9]) Das religiöse Element bei Burckhardt: A. v. Martin, *Die Religion Jacob Burckhardts* (München, 1947): Der Weise als *homo religiosus*, 87—89.

[10]) In dem gleichzeitigen Gedicht »An einen Dichter« lesen wir: »Laß die Welt ihr Spiel gewinnen, / ›Freiheit‹ rufen um die Wette / Unter innrer Knechtschaft Kette.« — Burckhardts Absage an die Politik: K. Löwith, *Jacob Burckhardt: Der Mensch inmitten der Geschichte* (Luzern, 1936), 154 f. — Burckhardts Brief an H. Schauenberg, 23. VIII. 1848: »Du hast wirken wollen und Dich deshalb mit dem Zerfallenen und Verworrenen abgeben müssen, ich will schauen und suche die Harmonie.« Vgl. v. d. Schulenburg, 239; F. Kaphahn, Einl. zu seiner Ausgabe von Burckhardts Briefen (Stuttgart, 1935), 51.

zenten und zeitweisen Journalisten Verwicklung in die Krise der schweizerischen Politik. In seinem persönlichen Leben führen die Hoffnungen und Enttäuschungen seiner Liebe zu Margaretha Stehlin [11]) (die ihren Niederschlag in einigen seiner im heimischen Dialekt geschriebenen Gedichte gefunden haben) zum Abschied von seiner Jugend [12]) im Sichdurchringen zur Resignation eines mönchisch asketischen Daseins. [13])

Zeugnisse für eine fast religiöse Devotion [14]) gegenüber Claudes Landschaften erstrecken sich durch Burckhardts ganzes Leben. Noch in seinen letzten Jahren schreibt er bei Erwähnung des ihn an die Riviera erinnernden »Prachtbilds« der Dresdener *Galatea* [15]) einem seiner Großneffen: »Zieh Deine Schuhe aus; hier ist heiliger Boden.« Wenn er von Claude spricht, sei es in Brief, Vortrag oder Abhandlung, bekommt der Ton seiner Stimme einen festlichen und freudigen Klang, als wolle sie die Leuchtkraft und die priesterliche Weihe dieser Landschaften in Worte umsetzen; bei den relativ primitiven visuellen Mitteln der damaligen Darstellung von Kunstwerken lag ja eine von Burckhardts bemerkenswertesten Fähigkeiten gerade in der Lebendigkeit seiner bildhaften Beschreibung und seiner eindrucksvollen Übermittlung von Thema und Stimmung. Das gilt auch von unserem Sonett: Wenn er einmal bei Glucks Armida an in Musik umgesetzte Claudesche Stimmung dachte [16]), so versucht die Dichtung diese Atmosphäre in Klang und Sinn der Worte zu erfassen. Der religiöse Einsatz mit der künstlerischen Schöpfung als Gottesdienst erinnert nicht von ungefähr an die *Eklogen* des römischen *poeta vates* und seinen Burckhardt in Italien begleitenden hellenistischen Vorgänger Theokrit [17]), mit dem Anklang an die plastisch greifbaren Geister der antiken Natur. [18])

Das verströmende Licht des Spätnachmittags läßt Auge und Stimmung sich verlieren im romantischen Blick auf die unendliche Landschaft, aber zugleich mit dem klassischen Gegenspiel der Menschenwerk und Menschengeschichte vertretenden Tempel und Paläste (die ja in der klassizistischen Baumode von Burckhardts Jahrhundert ein bezeichnendes Nachleben feierten). Das Ganze ist erfüllt von der Sehnsucht des unbehausten modernen Menschen nach innerer Ruhe, nach dem Glück der Befreiung von dem unerbittlichen Zwang des persönlichen und politischen Schicksals [19]), von der Erlösung aus der Unruhe der Zeit im Glück zeitlosen Seins, das Burckhardt selbst (wie wir aus früheren wie späteren Äußerungen seiner Korrespondenz wissen) in aus Freude und Wehmut ge-

---

[11]) Kaegi, III, 233 f.

[12]) W. Rehm, *Jacob Burckhardt* (Frauenfeld, 1930), 271.

[13]) Das Claude-Sonett und die Flucht vor der Wirklichkeit: Christ, 13. — Burckhardts Askese: v. Martin, 61—69.

[14]) Der Künstler als Priester: Gass, 40.

[15]) An Hans Lendorff, 1. V. 1893. Von dem Empfänger dieses Briefs stammt die beste Porträtzeichnung Burckhardts aus seinen späteren Jahren.

[16]) An F. v. Preen, 29. XII. 1880; v. Martin, 29.

[17]) Kaegi, III, 429.

[18]) Arkadische Stimmung bei Burckhardt: Waetzoldt, 164; vgl. Burckhardts Bemerkung über die an Claude erinnernde Atmosphäre des kaiserzeitlichen Arkadiens in der *Griechischen Kulturgeschichte* (*Ges. Werke* VIII [Basel, 1957], 512).

[19]) Markwart, 35. Zu Burckhardts »Flucht« aus der aktiven Teilnahme an der Realität seiner Zeit in die Welt der Dichtung, Kunst und Geschichte: L. W. Spitz, »Reflections on Early and Late Humanism« in *J. Burckhardt and the Renaissance — 100 Years Later* (U. of Kansas, Lawrence, 1960) 20 f.; J. Wenzel, *Jakob Burckhardt in der Krise seiner Zeit* (Berlin, 1967) 69—98, mit ausführlicher Darbietung des einschlägigen Materials unter gelegentlicher Betonung des in der DDR üblichen gesellschaftskritischen Standpunkts. Es ist interessant, damit die Auseinandersetzung mit Burckhardts »Flucht nach innen«. von der nationalsozialistischen Schau aus zu vergleichen in C. Stedings in mancher Hinsicht noch heute lesenswertem Buch, *Das Reich und die Krankheit der europäischen Kultur* (Hamburg, 1938) 203—210.

mischter Stimmung in Rom und der römischen Landschaft empfand. Auch in den anderen gleichzeitig mit dem Sonett von dem scheuen und seiner dichterischen Begabung nicht mehr ganz sicheren Verfasser anonym veröffentlichten Gedichten finden sich verwandte Motive, die seinen allmählichen Übergang von dem romantisch gefärbten Überschwang seiner Frühzeit zu der klassischen Strenge und Verhaltenheit der reifen Jahre begleiten: »Statt ewger Jugend nur das ewge Sehnen.« [20]) Wenn auch das sechs Jahre später einem Brief an Heyse beigelegte ungewöhnlich sprachgewaltige *Arianna*-Fragment wie ein letzter Ausklang dämonischer Leidenschaft anmutet, so bringt doch schon das neben dem Sonett stehende Gedicht *Bestimmung des Dichters* den nicht ohne Wehmut vollzogenen Abschied eines, der sich bewußt geworden ist, daß seine wahre Berufung nicht die eines Dichters ist, sondern des akademischen Lehrers und Forschers:

> Daß einst in späten Jahren ein liebend Aug'
> In meinem Lied sein eigenes Leid und Glück,
> Und daß ein Geist, der nach der Schönheit
> Pilgert, den treuen Gefährten finde. [21])

Es ist die sehnsuchtsferne und doch in den Wanderungen durch die römische Landschaft Wirklichkeit gewordene Traumwelt, in der sich Burckhardt mit dem zum Römer gewordenen Franzosen des *grand siècle* trifft [22]), dessen lothringische Heimat seiner eigenen oberrheinischen durch alte geographische und kulturelle Beziehungen eng verbunden war. Beider Werk bildet eine bezeichnende Stufe in der für die Kultur des Abendlands so wesentlichen Aneignung der italienischen Atmosphäre durch den in *Italia diis sacra* eine zweite Heimat findenden Nordländer. Die *vita contemplativa* als Überwindung der nervösen Dynamik der, wie Burckhardt es nennt, nach »dauernder Revision« drängenden zeitgenössischen Ideologien, verwirklicht sich für ihn in der von Luft und Licht durchströmten Landschaft Claudes, in der sich nordische Sehnsucht und die erfüllte Wirklichkeit der mediterranen Welt durchdringen. »Glück und Leid stehn offen — wähle ... Du entsage; gib dein Sinnen ganz dem Schönen«: so lesen wir in einem Burckhardtschen Gedicht aus diesen Jahren. Wie bei anderen konservativen Kritikern des Zeitgeists ist ein Grundmotiv seiner Weltanschauung die Spätnachmittagsstimmung der Sehnsucht nach dem verlorenen Goldenen Zeitalter [23]), als im Einklang von Mensch und Natur das Leben, um seine Worte zu gebrauchen, ein *Dasein* war und kein *Geschäft*. Man könnte auch von einer nachsommerlichen Stimmung [24]) des dem Schicksal abgerungenen Glücks der Entsagung sprechen. An einer der zahlreichen Briefstellen, die dieses Thema berühren (an Friedrich von Preen, 3. VII. 1870) heißt es: »Ewige Hatz ... drinnen in eurer Seele gibts keine Ferien« [25]); wobei zu bemerken ist, daß Burckhardt der kleinen, von ihm später selbst aus dem Verkehr gezogenen Auswahl seiner Gedichte, die das Claude-Sonett enthält, eben den Titel *Ferien* gegeben hat. [26])
Was Claude auch dem von der Welt fast schon Abgeschiedenen bedeutete, verrät der an

---

[20]) An Kinkel, 11. IX. 1846; an Grüninger, 20. IV. 1875.
[21]) C. Neumann, *Jacob Burckhardt* (München, 1927), 323 f. — Verwandlung von Leiden und Gefühl in die Einfachheit und Wahrheit von Kunst und Dichtung: an E. Brenner-Krohn, 21. III. 1853.
[22]) Waetzoldt, 23.
[23]) P. Requadt, *Die Bildersprache der deutschen Italiendichtung von Goethe bis Benn* (Bern, 1962), 140 f.
[24]) Rehm, *Nachsommer*, 112; R. Stadelmann, *Antike VII* (1931), 68 f.
[25]) »Eile und Sorge verderben das Leben« (Burckhardt, *Historische Fragmente*, Ges. Ausg. VII, 199).
[26]) Gass, 36.

seinem 76. Geburtstag (25. V. 1894) an den früheren Schüler und späteren Biographen Otto Markwart gerichtete Dankbrief für den Kupferstich einer Claudeschen Küstenlandschaft. Es war auch kein Zufall, daß die letzte Vorlesung, mit der er im Jahr zuvor von seiner ein halbes Jahrhundert umfassenden akademischen Karriere Abschied nahm, sich mit Claude Lorrain befaßte. [27]) Schon bei der Überarbeitung der Kunstgeschichte seines Lehrers und Freundes Kugler hatte er unter Übernahme der Kuglerschen Darstellung ein konzentriertes Bild von Claudes Werk gegeben. [28]) Wie er selbst Claude in seinen kunsthistorischen Vorlesungen behandelte, wissen wir aus dem Kollegheft Markwarts (für den Burckhardt wie für alle seine Studenten in Nietzsches Worten »unser großer Lehrer« war) [29]) der Vorlesungen über *Kunstgeschichte seit 1400* und über *Kunst des 17. und 18. Jahrhunderts.* [30]) Sein persönliches Bekenntnis kommt vor allem in seinen öffentlichen Vorträgen zum Ausdruck, in denen *Köbi der Geistreiche,* wie ihn sein Landsmann Bachofen mit ironischem Witz nannte, als Bürger zu seinen Mitbürgern sprach, witzig und gelöst von der strengeren Atmosphäre des Universitäts und Schulunterrichts. In dem Vortrag über *Landschaftliche Schönheit* zitiert er Petrarcas Flucht aus der Zeit mit deutlichem indirektem Hinweis auf das, was ihn zu Claude zog: »Praeterita oblivisci nitor et praesentia non videre.« Wir haben seine Aufzeichnungen über das, was er in seinem kunstgeschichtlichen Vortragszyklus im Winter 1845/46 zu Claude wie zu dem als nordischem Gegenstück zu ihm gleichfalls hochgeschätzten Ruysdael vorzubringen hatte [31]), wobei die Prägnanz, Feinheit und Bildhaftigkeit seiner Sprache den Eindruck vermitteln mußte, der heute bei solcher Gelegenheit durch Lichtbilder gegeben wird. Ein paar Schlagworte mögen als Beispiel dessen dienen, was Burckhardt im mündlichen Vortrag natürlich lebendiger und wortgewaltiger ausgeführt hat: »Die Hauptsache ist das schaffende Leben der Natur. ... Wirkung der Luft, besonders in dem beseelenden Glanze des Lichtes ... wie ein seliger Traum ... alles verzaubert im Lichte ... golden niederströmend durch die Bäume ... alle Form in ein ätherisches Gewand gehüllt. ... Es sind landschaftliche Gedichte im größten Stil, ... durch die ernst antike Architektur und die mythologische Staffage über alles Gewöhnliche emporgehoben.« Über ein Menschenalter später, unter dem noch frischen Eindruck der gerade für dieses Thema ergiebigen Londoner Kunstschätze [32]), hielt Burckhardt im Februar 1881 nochmals zwei als Gegenstücke angelegte Vorträge über Ruysdael und Claude Lorrain. Seine Notizen scheinen sich hier nicht erhalten zu haben; dafür haben wir gute Berichte in der *Grenzpost* (für den Claude-Vortrag in der Ausgabe vom 17. II.), die nicht nur den Inhalt, sondern, unverkennbar für jeden mit Burckhardts Stil Vertrauten, auch seine Formulierungen im Wortlaut wiedergeben (die sowieso kein journalistischer Bericht hätte verbessern können). Da heißt es etwa:

In Claudes Landschaften löst sich die plastische Strenge der Linienführung zum anmutvollsten Wohllaut auf, ein weiches, quellendes Leben entfaltet sich im Halbdunkel des Waldes und auf

[27]) Trog, 63 f.

[28]) Rehm, »Jacob Burckhardt und Franz Kugler«, *Basler Ztschr. f. Gesch. u. Altertum* 41 (1942), 214.

[29]) Was das Claude-Sonett für drei der bekanntesten unter Burckhardts Schülern bedeutete, zeigt sich in der Übersendung des Gedichts durch Spitteler, der es von A. von Salis erhalten hatte, an Widmann, vgl. C. Bohnenblust, »Jacob Burckhardt und C. Spitteler«, *Festschrift f. E. Castle* (Wien, 1953), 163.

[30]) Staatsarchiv Basel, Priv.-Arch. 300, 8k und 8n: Ruysdael und Claude als gegenseitige Ergänzung, »das hohe Dur und Moll der damaligen Landschaftsmalerei«.

[31]) Staatsarchiv Basel, Priv.-Arch. 207 (Burckhardt), 171, 143 f., vgl. Kaegi, II 510.

[32]) Preis der Londoner Claudes im Vortrag »Aus großen Kunstsammlungen«, Jan. 1883 (Basel, Staatsarchiv, Priv.-Arch. 207, 177, 6).

dem schimmernden Teppich der Wiese, ein ätherisches Licht, wunderbar abgestuft, erfüllt bese-
ligend Nähe und Ferne. ... Wie Ruysdael, tief ergreifend, in die geheimnisvollen Tiefen der
Natur hinabsteigt, so führt uns Claude Lorrain zu ihren klaren sonnigen Höhen empor. ...
Überall dasselbe sorgliche Eingehen in den ganzen Reichtum und Wechsel der Erscheinungen. ...
Das Weben und Schaffen der Natur, alles, was den Menschen in der Enge seines täglichen
Verkehrs wie in dem offenen und heiteren Leben der Natur umgibt, nimmt Claude in seine
Bilder auf, ahmt es mit der liebevollsten Sorgfalt und unermüdlicher Treue nach und bringt
es in solchem Streben zu einer fast illusorischen Wirkung. Es klingt durch seine Bilder etwas
von der Energie, der Freude und Wonne der ersten Tage der Schöpfung. Und ist nicht der ein
wahrhaft großer Meister, der in unserer Brust das heimatliche Gefühl und das süße Verlangen
und Sehnen nach der Heimat hier und dort zu wecken und neu zu beleben weiß?

Dieses Bekenntnis zu dem, was Claude für ihn bedeutete, mit dem man seine früheren
Äußerungen im abschließenden Kapitel des *Cicerone* vergleichen mag, findet sinngemäß
für Claude wie für Burckhardt seine Krönung im Zitat der Strophe »Wie Natur im
Vielgebilde ...« aus dem »Künstlerlied« in *Wilhelm Meisters Wanderjahren*. Der »spielende farbige Glanz der Natur«, auf den Burckhardt an einer anderen Stelle seines
Vortrags verweist, durchleuchtet wie das Sonett auch viele seiner Briefe aus Italien,
wo im Glück eines zeitlosen Augenblicks »ausgeglichen ist eine Weile das Schicksal«,
um es in den hymnischen Worten von Hölderlins *Rhein* auszusprechen. Es ist dieselbe
romantische Sehnsucht nach der seelischen Windstille des klassischen Lands [33]), die einen
von Burckhardts menschlich lebendigsten Vorträgen, über das Phäakenland Homers [34]),
durchzieht; manche Stellen in ihm müssen die Zuhörer wie eine in Worte umgesetzte
Landschaft Claude Lorrains berührt haben.
Wenn Burckhardt schon in früheren Jahren ganz im Sinne von Claudes gemalter dichterischer Stimmung den »süßen Frieden, der leis aus Roms Ruinen spricht«, sucht, so
faßt der 65jährige kurz vor seinem letzten Abschied von Rom im Spätsommer 1883 in
einem Brief an seinen jüngeren Freund Robert Grüninger noch einmal zusammen, was
die durch die Augen Claudes gesehene römische Atmosphäre ihm bedeutete; er spricht
von seinem Abschiedsausflug nach dem noch nicht von den Massen der suburbanen
Wohnkästen erdrückten ponte molle (natürlich, und für ihn bezeichnend, unter Erwähnung des daselbst erhältlichen guten Weißweins): »Dann sah ich mir die klassische
Landschaft an, gegen Monte Mario und Villa Madama hin, und hätte bald heulen
mögen, ohne zu wissen warum. Ich denke mir bisweilen, ich sollte in einer Gegend des
Claude Lorrain unter Hirten ausleben.« [35]) Ein paar Jahre zuvor (11. VIII. 1881),
bezeichnenderweise auch im Hochsommer, in dem ihm die italienische Landschaft besonders nahekam, hatte er an denselben Freund aus Lucca geschrieben: »Italien ist ganz
unsäglich schön ...«, um dann mit einer an Claudesche Motive erinnernden Wendung
abzuschließen: »In einem früheren Leben, nach pythagoreischer Lehre, muß ich hier
daheim gewesen sein.« Gerade auch in dieser wesensverwandten Erfassung der in Claudes zeitloser Schau in eine *idéa* umgestalteten römischen Landschaft erscheint Burckhardt als echter Erbe der Goethezeit, zu deren gewichtigsten Äußerungen die Stelle in
dem von W. von Humboldt von den Albanerbergen an Goethe am 23. VIII. 1804
geschriebenen Brief gehört: »Den großen Unterschied zwischen diesen und unsern Ge-
genden finde ich darin, daß die unsern uns immer aus uns hinaus ins Ungestüme oder
in uns hinein ins Düstere treiben, immer unruhig und schwermütig machen. Hier löst
sich alles in Ruhe und Heiterkeit auf. Man bleibt immer klar, immer gleichmütig, immer

---

[33]) Burckhardt als Romantiker: Markwart, 92—134; Christ, 27; v. d. Schulenburg, 271. —
      Burckhardts Synthese von Klassik und Romantik: Gass, 108.
[34]) Rehm, *Jacob Burckhardt*, 271.
[35]) Rehm, *Nachsommer*, 120 f.

objektiv gestimmt.« Es ist auch bemerkenswert, daß ein anderer, der wenigstens tangential der Welt Jacob Burckhardts angehörte, Friedrich Nietzsche, die Schönheit des Herbstes 1888 in Turin, des letzten, den er erlebte, bevor die Dämonen von ihm Besitz nahmen, als einen »Claude Lorrain ins Unendliche gedacht« erlebte. [36])

Marquette University   Felix M. Wassermann

---

[36]) An P. Gast, 30. X. 1888; an F. Overbeck und an Meta v. Salis, 13. XI. 1888.

OSKAR SEIDLIN

Arthur Schnitzler — in Retrospect

»Everything divine approaches on light feet« — this was Nietzsche's protest against the German national vice to confuse heavyfootedness with profundity and elegance with shallowness or even frivolity. Of the great writers in our age hardly any has suffered more and more persistently from this nefarious prejudice than Arthur Schnitzler, who, from his beginnings in the last decade of the nineteenth century to his death in 1931, has so often been dismissed as a lightweight that it is short of miraculous to find him so thoroughly alive four decades after his death. Light weight, indeed; provided that we are mindful of Nietzsche's admonition. For the easy grace and polished elegance of Schnitzler's work is something unique in German letters; and it may very well be that only Vienna, crossing point of so many cultural strains, German, Jewish, Slav and Italian, that only the capital of an Empire which age had taught the melancholy wisdom of the transitoriness of all things earthly and the sweet ripeness of resignation could produce a poetic sensibility as subtly urbane and flawlessly catholic as Schnitzler's.

If we speak of his urbanity — and no term seems to fit him better than this one — we must remember that »urban« and »urbane« is the same word, that a form of human habitation and cohabitation is made to designate those values without which a civilized human existence is deemed impossible. In this double sense of urban and urbane Schnitzler is a city-author, quite literally the author of one city; for even when he removes his characters from the confines of his Vienna, he hardly ever takes them farther than one of the many summer and winter resorts where urban society leads a still heightened urbane life. The very atmosphere in which this world breathes is the spirit of conversation; and there is in all of German literature no greater master of it than the playwright Arthur Schnitzler. From carefree chatter to soul-searching and soul-baring revelation, from witty repartee to tense verbal duel, from naughtily seductive *badinage* to the cruelly sharp settling of accounts, from sincere and tender simplicity to sly and gossipy innuendo, from poignant confession to deluding and self-deluding rationalization — there is not a single nuance and color of dialogic interchange which Schnitzler withholds from the conversational flow of his plays.

Of the whole range of human verbal articulation only a few tones are missing in Schnitzler's mature works: the declamatory exhortation, the lyrical effusion, the uncontrolled outburst, and the self-indulgent sentimentality; and they are of necessity missing, because they are all basically monologic, offenses against the spirit of true conversation. The early Schnitzler was still capable of such offense. When Christine, the heroine of *Liebelei*, his most popular and probably most enduring play, learns that her beloved has been killed, killed in a duel for another woman, she cries out in pain, throwing the debris of her wrecked life before the feet of those who surround her and to whose words she proves desperately deaf. Heartrending, chokingly poignant as this scene is, it does strike an alien chord within the verbal chamber music of Schnitzler's work. The mature Schnitzler, the Schnitzler of *Der einsame Weg, Zwischenspiel, Das weite Land, Professor Bernhardi*, of the many, incomparably wrought one-act plays does not permit himself such an outburst again. The life-situation of Christine will recur in Schnitzler's later work innumerable times; over and over again the realization that one's happiness, one's whole existence had rested upon a delusion, that even the closest, the most beloved being was a stranger, inaccessible and remote at the very moment of the most intimate union. Yet when the bitter truth becomes known, there will be no outcry to herald it. A world may collapse, all that a human being has lived and lived for may be buried under the landslide of a shattering revelation, the ground upon which one stands may tremble and give; but all we hear is the faltering of a voice, a muffled breathless stammer, a brief choked silence. And yet, we do not doubt for a second that in this stammer, in this moment of silence a human life is breaking to pieces. Tragedy engulfs us, but the conversation flows on, *sotto voce*, in Schnitzler's inimitable *sotto voce*.

What he lacks in dramatic ostentation Schnitzler replaces by a controlled artistry which is without parallel. His dialogues move like the most natural thing on earth, they never seem to be consciously directed to make a »point«, to force into the open a given psychological or dramatic constellation. And yet, in the most casual way they build up tensions and conflicts, reveal, just by the dropping of an occasional word here and there, whole life histories, and unmask hidden desires, corrosive guilt and deadly fears. Take something like the opening scene of the short one-act play *Lebendige Stunden*. An elderly distinguished gentleman is chatting with his man-servant. They are talking about nothing more weighty than the balmy weather of this Indian summer afternoon, of the harvesting of the fruit trees, of the gardener next door. And then, quite accidentally, about the fact that the gentleman's invalid lady friend hasn't come out for a long time to sit in the garden, and that her son has not visited with them for quite a while, either. Nothing but the most common conversational barter; and still, the whole theme and mood of the play as it is to unfold before us are here prepared and prefigured: the melancholy and fragile sweetness of the last »living hours« before death snuffs them out; the cruel rashness of plucking life's fruit into whose growth went so much tender care and hopeful expectation; the bitterness and despair at the realization that all that made for warmth and glow is doomed to fade into a pale memory, shared with noone and even destructive if it tries to interfere with the new day, its new demands and realities.

There were few in Schnitzler's own days who recognized what perfect craftsmanship had gone into the natural ease and unstrained suppleness of his dramatic and novelistic productions. There were still fewer who noticed that underneath this deceptively smooth surface lay the calamities and anxieties of the great European civilization on the eve of its downfall. Even those who were responsive to the refined polish of his art complained that his world was severely limited, his themes and problems those of a by-gone era, the play and counterplay of his human conflicts, with all their delicate psychological subtlety and touching melancholy, utterly private affairs, which missed the stark realities of an age in turmoil, and whose muted half-tones could hardly assert themselves against the din of revolutions and upheavals. And when, in the First World War, the whole fabric of bourgeois society, and with it Schnitzler's Vienna, disintegrated, the new brash and activist generation pronounced him a relic whose voice had become meaningless in a totally changed world. To such insolent and ignorant reproaches Schnitzler had an irrefutable rejoinder: »In my work I have presented love and death, and I cannot see why they should be less generally valid and timely than, for instance, a sailors' revolt.« He was convinced — and who would dare claim that he was wrong? — that only man's timeless concerns are truly timely, and that nothing is more dated than events in yesterday's newspaper.

Yet even if he shunned the themes and questions which seemed so pressing to the succeeding generation, he has become, probably quite unintentionally, one of the most sensitive chroniclers of his age, of the disintegration of a world which was ripe for the fall. A world in the process of disintegration, knowing no security and certainty but the one that the end, that death is inexorably approaching — this is the essence and *summa* of Schnitzler's work. In *Schleier der Beatrice*, one of his most ambitious plays — and his more ambitious literary ventures were usually not his most successful — he found the perfectly adequate symbol for this historical and human situation: a city completely surrounded by the armies of the enemy, and dreadfully aware that no more than one night is given to it before the conqueror will march through its gates. This is the backdrop against which Schnitzler's characters, here and elsewhere, enact their destinies: the hectic hunger for life, the corrosive remorse at all the opportunities missed, the sudden discovery of desires which have been smoldering secretly in the hidden recesses of the soul, the intense love for the present moment which we know will be the last, the bitter realization of how shallow were all one's yesterdays, and the skeptical wisdom which can now, when faced with the ultimate reality, smile at all our childish hopes and our vaingloriously empty victories.

In a world so lacking in cohesion, so undermined by the awareness of utter insecurity, man himself becomes a hopelessly isolated island, incapable of establishing contact and communication with his fellow. It is the offshot, a most ironic offshot, of all of Schnitzler's easy conversation that genuine conversation does not exist, that everybody is alone, powerless to make himself understood, and, more often than not, not understanding himself, either. What we know of the other is, at best, his non-committal surface, the mask he wears, and behind which inscrutable secrets are hidden. It is for this reason that one specific theme recurs in Schnitzler's work over and over again: the illicit love affair, the adulterous relationship. He employed it not for frivolity's sake, as so many have believed for so long, but as a demonstration of the fact that even the closest partner in life, the one with whom we share our home and bed, is so remote as to have become inaccessible. Hardly anywhere in German literature has this awareness of utter alienation at the moment of the closest physical intercourse become as brutally manifest as in Schnitzler's *Reigen*, this dance of sex, in which two bodies touch most intimately, just for a moment, each a complete stranger to the other, and ready to part even before they enter into communion. The play earned Schnitzler a law suit for pornography; but the judges who acquitted him may well have realized that here was not a bit of indecent sensationalism but the tragi-comic revelation of man's extreme loneliness.

There is, indeed, something tragi-comic about the human constellations and situations which Schnitzler construes again and again. It cannot be otherwise. For if, as is the case with Schnitzler, the human encounter takes place on the darkened field of impenetrable misunderstandings, everybody wrapped in loneliness which the other is unable to pierce, then the resulting pathos and tragedy are bound to be tinged by the comic, by the feeling of utter incongruity in the relationships and responses of human beings. Let us review some of the recurring misunderstandings which form the basis — and what a fragile basis it needs must be! — upon which the life and fate of Schnitzler's characters are built. Take the playlet *Die Gefährtin:* Two people have lived together for many years; yet she did not know that, all the time, her husband had been aware of her deception, of her adulterous affair with another man. But, so it turns out at the end, the husband, who had resigned himself wordlessly to her relationship with the other in order to save their marriage, did not know that she actually never loved this man with whom she had betrayed him. Take the plot of the one act play *Der grüne Kakadu*. A cheap Parisian tavern on the eve of the great revolution. Every night, the effete and dissipated aristocrats go »slumming« here in order to have their jaded spirits vicariously stirred up by the remarkable performances of a band of actors, above all of the one who plays a jealousy scene so convincingly that the audience are sure that what is being enacted here must be the truth while in reality the actor is just laying it on. And he can lay it on so overwhelmingly because he does not know that, in reality, he is the very cuckold he plays, until finally, in the course of the act, the truth gradually dawns upon him, and, while the audience now think that he is just acting, really kills the aristocrat who had seduced his wife, with the result that at the end he finds his deed glorified by the revolutionary Parisian mob who do not know that his murder was an act of personal revenge and not at all a political deed. Take the little play which I mentioned before, *Lebendige Stunden:* There is a young writer who does not know that his mother committed suicide in order to free him of the shadow which her long illness had cast upon his life. But this heroic sacrifice is being annulled by her old-time friend who betrays the secret in order to take terrible revenge on the one who, unwittingly, has deprived him of his beloved companion, not knowing that this very knowledge will open to the despondent young man the road to a new responsible life which the disclosure of his mother's sacrificial act was meant to block to him forever. Take the later play, *Der Ruf des Lebens:* There is a regiment whose officers have pledged to fall, one and all, in their next battle, in the belief that only by such an extreme sacrifice can they wash away the regiment's shame to have fled, many years ago, before the enemy in a previous engagement, not knowing that their commanding officer has thought up this deadly mission only because he suspects one of his officers of having an affair with his wife; and he, the commander, in turn does not know that his young and charming adjutant whose life, as the only one, he wants to spare by assigning to him a duty which, in all likelihood, will save him, is the very one who has committed adultery with his wife. Take, again, *Der einsame Weg:* There is a son who does not know who his father is while the father does not know that he will lose this son forever at the moment when he, in order to bind him more firmly to himself, reveals the truth to the young man.

This may look like the stuff of which tragedy has been made since time immemorial: the cruel irony of fate, man groping in the dark, falling victim to a decree which he does not see through and cannot understand. But needless to say, the Schnitzler situation is far removed from great tragedy. There, in Sophocles no less than in Schiller, the decree of fate, the nemesis, is something immutable, a firm rock against which man, with all his pathetically futile attempts at circumvention, is inexorably destined to founder. It is this very inexorability and immutablility that bestow upon high tragedy its majestic grandeur, and upon the victim, the tragic hero, his nobility in spite of, or perhaps because of his blindness and final downfall. There is nothing immutable and inexorable in the Schnitzlerian fate, if, indeed, this word can be used at all. His fate, if we may call it thus, is a highly mischievous agency, not nemesis, be it divine or otherwise hallowed by supranatural authority, but the workings of incalculable whims which seem to set traps and spring surprises on the victim. And this victim is not nobly blind, but befuddled by a veritable rat's tail of misunderstandings which, were they not so pathetic and were they not to lead to disaster and destruction, would be comic, indeed. Surely, it is not accidental that Schnitzler, when thinking about a proper characterization of *Der grüne Kakadu,* came up with the designation: »eine Groteske«.

My point can be best illustrated by just recalling the outline of Schnitzler's probably most ambitious dramatic venture, a rather unsuccessful one just because it is so ambitious, his play *Der junge Medardus.* Here, for the first and only time, Schnitzler tried to approach the heroic spirit of true tragedy. He wrote the play, and this, too, is quite unique, as a patriotic gesture, a *Festspiel,* with which he wanted to pay homage, on its one-hundredth anniversary, to the spirit of Aspern, to the battle where, in 1809, Napoleon suffered his first defeat inflicted upon him by the Austrian armies. There is already something slightly quixotic about this occasion, because the Austrian victory at Aspern was a bit of a fluke, followed immediately by Napoleon's triumph at Wagram, which paved the way for the Peace Treaty of Schönbrunn, the zenith of his conquests and power. But even if we overlook this awkwardness, a glimpse at Schnitzler's patriotic hero will show us that his great »dramatische Historie« turns into something like a tragic burlesque. Young Medardus is consumed by two passions. He feels called upon to avenge the death of his sister, whom the arrogant rank-consciousness und social prejudices of the royal French Valois family, now living in Vienna as refuges from the great revolution, have driven to suicide. And then his even more momentous mission: to kill Napoleon, the scourge of Europe and of Medardus' homeland. But the young hero, who bravely mounts his battle horse like another Parzival, turns before our eyes into a slightly ludicrous Don Quixote on his rickety mare Rosinante. Out he goes into his first great adventure, the humiliation of Helene, the proud daughter of the proud Valois. He, Medardus Klähr, will force her into his bed, will disgrace her and make her pay for the haughtiness of her family who, by opposing the marriage between Helene's brother and Medardus' sister, have driven the poor girl into death. But shortly before Medardus reaches his goal, fate plays a mischievous trick on him. He who wanted to vent his hatred on Helene, ends up by falling in love with her, and when he now holds Helene in his arms, he has indeed fulfilled his mission — by betraying it. And what has, under these circumstances, become of his heroic obsession to murder Napoleon? If he now killed the emperor, he would no longer act as the pure avenging angel of his despoiled fatherland, but as a tool in the hands of the Valois, who, considering themselves the legitimate pretenders to the French crown, want to drive the usurper from the throne.

But this is only the beginning of the burlesque. At the end, Medardus kills Helene in a fit of jealousy, because he is convinced that she has become Napoleon's mistress; and he kills her exactly at the moment when she is about to enter the emperor's bedroom with the intention to stab him to death. For Helene had yielded to Napoleon's advances only in order to find a convenient opportunity to do away with him. So Medardus, who set out to avenge his sister's death ends up by murdering the woman he loves; he who set out to avenge his country ends up by saving the life of his country's enemy. We might think this is enough. But it is not, the burlesque goes on. In the meantime Napoleon has found out about Helene's deceit and murderous intentions of which Medardus was completely unaware, and he sends his messenger to thank Medardus for having saved his life. What an opportunity opens up now for the would-be killer of Napoleon; the arch-enemy offers him his gratitude and trust. But what does Medardus do? Into the messenger's face he blurts out his oath that to the end of his days he will remain the emperor's fiercest enemy, and will not rest until he has brought him down. With this he seals his own death warrant and forfeits forever any chance to do the great patriotic deed into whose service he had placed his whole existence. But the burlesque seems to follow Medardus beyond his life's end. Napoleon, after having him executed, orders for this, his most deadly and implacable enemy a military funeral with all honors, and as the salvoes of the honor guard ring out over Medardus' grave, the emperor pronounces him »this war's last and strangest hero.«

I admit that by reducing Schnitzler's play to its bare skeleton I have committed a capital aesthetic crime. But this brutal reduction may help to illuminate the basic contours of Schnitzler's world view: the dissolution of all clear direction and orientation, the helplessness that results when all certainty is gone from our life's course, when we do not know what the one whom we touch is, feels and plans.

What do we know of the other? — this is the question that Schnitzler has asked again and again. What is, in a world dissolving and losing its firm contours, reality and what only appearance, an outside façade through which we cannot penetrate? Where is the line between truth and mere playacting? Is not, perhaps, what we take for truth playacting and what we take for illusion the truth? This is, as we have seen, the theme of what seems to me Schnitzler's most masterful one-act play, *Der grüne Kakadu;* yet it was to appear in his work in innumerable variations: man settled (or unsettled) in an existence where the line between waking and dreaming is permanently blotted out; where a bit of memory suddenly rising from the depth of his unconscious can alter a whole life's course; where an act carelessly committed years ago, something long forgotten and belonging to the »finished« past exerts a disastrous power over the living, present moment; where a hidden and suppressed desire suddenly comes to the fore and destroys the foundations of what seemed to be a normal, well-established existence; where, as in his last and probably finest short novel, *Flucht in die Finsternis,* a strange delusion, an *idée fixe* grows like a cancer until it undoes a human mind and all that was dear to it.

These may be all utterly private affairs, nothing on the order of a sailors' revolt that shakes the world. But they are, one and all, symptoms of a world shaken, of a human and historical condition from which all securities and certainties have been drained. Such a view, Schnitzler's skeptical view of a world lacking in cohesion, in solid ground and stability, is not conducive to the creation of great tragedy or great comedy. Of this Schnitzler was painfully aware. But even if he did not write *the* great tragedy or *the* great comedy, if, as he said himself, everything he touched turned into »melanchol-edy«, the sum total of his work presents a great *comédie humaine,* an unmistakable canvas of the spectacle of our own times, and, beyond that, the timeless spectacle of human existence.

The Ohio State University   Oskar Seidlin

RALPH S. FRASER

Ernst Stadler and Francis Jammes:
From *Quatorze prières* to *Der Aufbruch*

Ich will mich ganz von meinem Selbst befreien,
Bis ich an alle Welt mich ausgeschenkt.

These lines from Ernst Stadler's »Tage IV«, which appeared in 1914, express the wish of the maturing poet whose ethic, after a beginning firmly rooted in a turn-of-century aestheticism, was changing into one of involvement with the human community. »Tage IV« appeared in Stadler's second published volume of verse, *Der Aufbruch,* and is the final section of a poem that brings together several themes that run throughout much of his later poetry, among them a sort of religious eroticism and a consciousness of the dangers inherent in a wilful individuation. The poem is not the best of those found in *Der Aufbruch,* but the lines quoted above state succinctly the goal toward which Stadler was moving in the months before his untimely death in October, 1914. [1]
To be sure, the desire expressed here is neither original nor exclusive with Stadler. Rather, it is the expression of a whole generation, especially of those poets whose writings belong to the early phase of Expressionism. For each of these such an expression was both natural and significant, but our primary concern here is to see what the wish meant in the career of a particular poet and to examine a likely source for the impulse that led him to thus formulate it.
Stadler's career as a poet is perhaps best understood as the expression of a struggle between conflicting points of view within him. On the one hand there is the thesis of his aesthetic period, 1902 to 1905, exemplified by the volume *Praeludien,* while on the other hand we can see the antithesis of an humanitarian period, 1911 to 1914, whose ethic is expressed in *Der Aufbruch.* However, one must realize here that »thesis« and »antithesis« do not mean »black« versus »white«; the conflicts within Stadler are not always clearly resolved, and it is quite possible to find in one period elements that are similar to those in the other. [2] And to speak of »periods« from 1902 to 1905 and from 1911 to 1914 calls at least for an explanation of the obvious interlude, the time from 1905 to 1911. Again, to merely enumerate Stadler's activities in these various »periods« or stages of his development, let alone assess them, calls for a consideration not only of his poetry but of his essays and reviews of others' work. In addition, another factor of considerable significance is the translation that he made from foreign poets. Such translation occupied him for varying lengths of time over a period of several years, and I feel that this activity must be considered an integral and important part of the sum of his production.

---

[1] The citation from »Tage IV« is taken from Karl Ludwig Schneider's two-volume edition *Ernst Stadler: Dichtungen* (Hamburg: Ellermann, 1954). Further references will indicate the appropriate volume as »I« or »II«.

[2] Detlev W. Schumann in »Ernst Stadler and German Expressionism«, *(JEGP* No. 29 [1930], pp. 510—534) shows how Stadler's struggles were not always clearly resolved or expressed. Karl Ludwig Schneider reaches much the same conclusion in *Der bildhafte Ausdruck in den Dichtungen Georg Heyms, Georg Trakls und Ernst Stadlers* (Heidelberg: Winter, 1954), p. 152.

Stadler's well-known cosmopolitanism manifested itself in several ways: he maintained a genuine interest in foreign writers, especially the French, took a degree at Oxford, lectured on German literature at the Université libre in Brussels and accepted an appointment to the University of Toronto. All of these facts, when taken together with the early exposure to the intermingling of two distinct cultures in Alsace, his native region, give us a prime example of that sense of membership in a supranational European community of the spirit that was one of the characteristics of early Expressionism. He is cited frequently as representative of those who enjoyed such an unrestricted view. Fritz Martini says of the pan-European attitude of these poets:

Diese Dichtung war frei von national-staatlichen und nationalideologischen Bindungen. Sie wandte sich der Menschheit im universalen Sinne zu. Sie empfand sich als die absolute Stimme der Menschheit, als Ausdruck der weitesten Universalität des Geistes und der Bruderschaft aller Herzen. Wenn Villon oder Baudelaire, Rimbaud und Verlaine, der Belgier Verhaeren, wenn ebenso jetzt Péguy und Claudel neu oder zum erstenmal gesichtet wurden, wenn Francis Jammes von E. Stadler übersetzt wurde, vollzog sich diese Aufnahme allerdings unter dem Aspekt einer Auswahl, die der eigenen Erlebnisweise entsprach. Man fand in Baudelaires Lyrik das Qualvoll-Zerrissene, das Schmerzlich-Sehnsüchtige, die Klage und die Anklage, erkannte aber nicht deren Bindung an die vollkommene Form. Ebenso empfing man Frankreichs religiöse Dichtung von den eigenen inneren Voraussetzungen her. Die Aufnahme vollzog sich als ein Verwandeln. [3]

Martini's reference to Stadler's translation of Francis Jammes is of particular interest here, as is also his touching upon the common experiences and intellectual affinities that made such contacts fruitful for the rising young German poets. This is especially true for Stadler. To be sure, Jammes was not the only foreign poet who had attracted his notice; in the first stage of his career he used a poem by Verlaine as a motto for his »Freundinnen. Ein Spiel«, dedicated to Hugo von Hofmannsthal (1903), and had published translations of several poems by Henri de Régnier, the French Symbolist. Further, he translated essays by Péguy (1912) and edited a selection of stories by Balzac (1913). His knowledge of Shakespeare was deep, and occasional comments reveal a familiarity with the writings of such diverse foreign poets as Verhaeren and Walt Whitman. But Stadler seems to have felt a special enthusiasm for Francis Jammes, and especially for the latter's Quatorze prières, first published in 1898. One measure of his admiration for the French poet may be seen in the readiness with which he accepted the suggestion of Kurt Wolff in 1913 that he translate for publication certain poems by Jammes. At the time Wolff made his proposal Stadler had already published several in translation: two, the »Prière pour aller au paradis avec les ânes«, from the Quatorze prières, and the twenty-third poem of the cycle »L'Eglise habillée des feuilles«, had appeared in the Neue Blätter, while a third, »Je fus à Hambourg«, had been published in Die Aktion, all in 1912. The correspondence between Stadler and Wolff continued for somewhat over a year (April, 1913 to June, 1914), and during its course Stadler suggested that he prepare a translation of excerpts from Jammes' prose as well as his poetry. In February, 1914 he announced to the publisher of the Weiße Blätter that he proposed to forward to him a manuscript essay on Jammes, plus samples of the poetry in translation. Moreover, on May 14 he wrote to Wolff of his continuing interest in Jammes, one that went well beyond the limits of the proposed contract between translator and publisher: »Ich habe nun zu meinem Privatvergnügen noch eine ganze Reihe anderer Gedichte von Jammes übersetzt resp. die Übersetzung angefangen. Zum Beispiel das große, dialogisierte Gedicht ›Die Geburt des Dichters‹, das in der Originalausgabe 21 Seiten umfaßt.« (II, 147)

---

[3] Quoted from p. 264 of »Der Expressionismus«, in Deutsche Literatur im 20. Jahrhundert, hrsg. von Hermann Friedmann und Otto Mann (Heidelberg: Rothe, 1961), pp. 256—284.

Admittedly, a somewhat more prosaic note may also be found in Stadler's correspondence with Wolff; in one letter the poet notes that »Francis Jammes ist in Deutschland noch so gut wie unbekannt«, (II, 131) and in another, »Für beide Bücher [reference is to a planned volume of selected prose as well as the planned volume of poetry] wäre eine möglichste Beschleunigung, wie mir scheint, geboten, da Francis Jammes eben im Begriffe steht, in Deutschland ›entdeckt‹ zu werden.« (II, 138) Nevertheless, it is evident that beyond the opportunity to introduce to the German public a poet whom they did not yet know there was a more serious motivation to Stadler's interest.

I have referred above to the »interlude« of 1905—1911 in Stadler's career, and now must add that the term is valid only in relationship to the publication of his poetry. These years were by no means arid or unproductive for Stadler, for he carried on at this time a remarkable scholarly activity. A mere listing of the products of this period is proof of such a statement: *Über das Verhältnis der Handschriften D und G von Wolframs Parzival* (Straßburg dissertation, 1906); *Wielands Shakespeare* (Oxford thesis, published in Straßburg, 1910); *Wielands gesammelte Schriften* (Stadler edited three volumes of Shakespeare translations, Berlin, 1910—1911); and *Der Arme Heinrich* (Stadler revised Wackernagel's edition, Basel, 1911). Stadler the scholar seems to have replaced Stadler the poet completely. It may be true that such a steady production allowed no time for other pursuits, but another and quite different interpretation of Stadler's poetic inactivity is possible. The evidence available to us supports the logical conclusion that the poet hat reached a point of no return and was unable and unwilling to draw further and with profit upon the sources that had inspired him previously. To accept this latter premise we may consider the relative fertility of the two periods of Stadler's career. He wrote a total of one hundred and eleven poems, thirty-nine of which appeared from 1902 through 1905. Almost two-thirds of his entire production, or seventy-two poems, thus appeared from 1910 to 1914, following the interlude to which I have referred above. Chronology makes clear that Stadler's interest in Jammes must have been aroused during this interlude. Nineteen translations of the other's poems eventually found their way into print; three appeared in 1912, six in 1913, one in 1914, and nine in 1915, after Stadler's death on the battlefield.

In order to integrate these translations into the poet's career it is necessary to return once again to his early period. We shall then follow his development up to that point where an identical interest with Jammes may be established, and shall attempt to discern the evidence of such interest in *Der Aufbruch*. It has been pointed out frequently that Stadler's initial appearance as a poet took place upon a stage set by Stefan George and Hugo von Hofmannsthal. There is abundant evidence of this; aside from such superficial considerations as his use of George's distinctive punctuation and the dedication of »Freundinnen« to Hofmannsthal there is a conscious evocation of mood and a view of the poet as a man aside from others that make clear to us who Stadler's mentors were. The nature of this period in his career is most clearly demonstrated, of course, in his first printed volume, *Praeludien;* significantly, the contents include four poems translated from Régnier (»Wanderung«, Der gelbe Mond«, »Der Pavillon«, and »Marsyas«). In the *Praeludien* the poet makes frequent use of »Traum« and »Sehnsucht« as poetic figures, but does not define them beyond their usefulness in evoking an atmosphere.

Stadler himself must have looked upon the work of this first period as basically unsatisfactory. [4]) The title of his first volume, *Praeludien,* shows that he considered it

---

[4]) Schneider calls Stadler's first period a »belanglos abgetane Phase« (I, 53). Karl Otto Conrady says »Der junge Literat scheint selbst bestürzt gewesen zu sein, als er seine Hofmannsthalsch-Georgesch klingenden und mit George-zeichen-setzung versehenen Verse gedruckt vor sich sah.« (p. 393 of »Ernst Stadler: ›Vorfrühling‹ «, in *Die deutsche Lyrik; Form und Geschichte,* hrsg. von Benno von Wiese [Düsseldorf: August Bagel Verlag, 1957], II, 389—400).

only a preliminary stage, not a final or definitive one. I shall quote here a poem typical
of the early Stadler, »Incipit Vita Nova«, which closes the first section of *Praeludien:*

> *Der funkelnden Säle · goldig flimmernden Schächte*
> *und Pfeiler und Wände mit rieselnden Steinen behängt*
> *ward ich nun müde. Und der fiebernden Nächte*
> *in klingenden Grotten von lauen Lichten getränkt.*
>
> *Zu lange lauscht ich in den smaragdenen Grüften*
> *schwebenden Schatten · sickernder Tropfen Fall —*
> *Zu lange lag ich umschwankt von betörenden Düften ·*
> *lüstern gewiegt von schläfernder Geigen Schwall.*
>
> *Vom Söller · den die eisernen Zinnen hüten ·*
> *sah ich hinab aus dämmrigem Traum erwacht:*
> *Glitzernd brannten die Wiesen · die Wasser glühten*
> *silbern durch die schwellende Sommernacht.*
>
> *Süßer als aus Rubin und Demant die Hallen*
> *wiegt mich der funkelnde Himmel · das dampfende Ried —*
> *Durch die taumelnden Tannen will ich wallen ·*
> *weinend lauschen der kleinen Amseln Lied.*

The references to colors, grottoes, water and dream remind us strongly of Régnier. The
reader, having reached the last several lines, may be misled, for here it seems that the
poet, weary of the jeweled shackles of his past, is eager to break them and abandon
a life of indolence and languor for a communion with Nature, if not with his fellow-
men. But this is more a pose than a sincere desire; there is obvious bathos in the poet's
seeing himself moving across the landscape, listening in tears to the blackbirds' song. The
title of the poem simply does not agree with its content; there is considerable aesthetic
rapture, but little that indicates any sort of sincere motivation for a »new life«. And
the shadow of George lies upon the whole, not the least aspect of which is the unique
punctuation that Stadler uses. [5]
If we move now from the close of Stadler's first period to the beginning of the
second, from 1905 to 1911, we can detect in the poem »Evokation« how he attempted
to speak with a new voice, although not very convincingly; the early mannerisms were
not so easily abandoned. What interests us here is the expression in the middle section
of the poem; while still erotically motivated, it would convey the bliss of surrender
of the Self:

> *O Trieb zum Grenzenlosen,*
> *abendselige Stunde,*
> *Aufblühen über den entleerten Wolkenhülsen,*
> *die in violetter Glut zersprangen,*
> *Und Schaukeln gelber Bogenlampen,*
> *hoch im Bunde*
> *Mit lauem Flimmer sommerlicher Sterne.*
> *Wie ein Liebesgarten nackt und weit*

---

[5] In a recent article, »Nachwirkungen Stefan Georges im Expressionismus«, Manfred Durzak
concludes that Stadler's indebtedness to George is evident even in the poems of *Der Auf-*
bruch. (GQ, XLII [May, 1969], pp. 393—417). Cf. especially pp. 399—406, where Durzak
concludes, »Stadler hat... George überwunden, aber es ist nicht Überwindung im Sinne von
Negation, sondern von Verarbeitung und Weiterführung« (p. 406).

> *Ist nun die Erde aufgetan .. o, all die kleinen*
> *   kupplerischen Lichter in der Runde ..*
> *Und alle Himmel haben*
> *   blaugemaschte Netze ausgehangen —*
> *O wunderbarer Fischzug*
> *   der Unendlichkeit!*
> *Glück des Gefangenseins,*
> *   sich selig, selig hinzugeben,*
> *Am Kiel der Dämmerung hangend*
> *   mastlos durch die Purpurhimmel schleifen,*
> *Tief in den warmen Schatten*
> *   ihres Fleisches sich verschmiegen,*
> *Hinströmen, über sich den Himmel,*
> *   weit, ganz weit das Leben,*
> *Auf hohen Wellenkämmen treiben,*
> *   nur sich wiegen, wiegen —*
> *O Glück des Grenzenlosen,*
> *   abendseliges Schweifen!* (I, 194)

The poet's individuation here begins to lose its firm contours (O Trieb zum Grenzen-
losen), and the world seems to be taking on a new significance (Wie ein Liebesgarten
nackt und weit / Ist nun die Erde aufgetan). Other poems from the same year express
a similar mood; in »Pans Trauer«, for instance, there is an awareness of Nature's latent
power, and this implies a broadening of Stadler's view. The poet seems on the verge
of discovering a fresh source of inspiration, for he is at least aware of the world
existing beyond the limits of the area in which he had confined himself previously. It
is at this point that the poems of Jammes come to his attention. Let us turn now to the
Quatorze prières and see to what extent they may be integrated into the development
of the poet's more mature period.

Stadler's first publication in book form of his translations from Jammes appeared in
1913 as the ninth work in the series »Der jüngste Tag«, published by Kurt Wolff. It
included just nine poems, for it was meant to be only a sample of the more extensive
edition that translator and publisher had agreed upon. It bore the title that Stadler
himself had chosen, *Die Gebete der Demut*. [6]) The projected publication of thirty-five
poems never came about, and the first short edition was the only one that Stadler was
privileged to see in print. [7])

---

[6]) Schneider includes the nineteen poems that appeared in Wolff's second edition in 1917. These
are the *Quatorze prières* and five other poems from various works by Jammes: numbers
twelve, twenty-three and twenty-seven from the cycle *L'Eglise habillée de feuilles*, »Amsterdam« from *Le Deuil des Primevères*, and »Je fus à Hambourg« from *Clairières dans le
ciel*. In Schneider's edition the original poems and Stadler's translations are on facing pages
(I, 205—287). Three lines of Stadler's translation of the »Prière pour offrir à Dieu de
simples paroles« have been omitted on p. 241.

[7]) René Schickele's 1915 edition in the *Weiße Blätter* included only the *Quatorze prières*. It
bore the title »Franziskanische Gedichte«, chosen by Stadler. Jammes originally wrote twenty-
two prayers, but only fourteen were published in Orthez in 1898. The eight prayers omitted
were so similar to others in the collection that Jammes feared their inclusion would be
repetitious. The »missing« prayers are called »Prière pour se dépouiller de la vanité poétique«,
»Prière pour être prêt à pardonner«, »Prière devant un beau paysage«, »Prière pour obtenir
le Paradis terrestre«, »Prière pour mourir aimé des jeunes filles«, »Prière pour demander
l'apaisement«, »Prière pour être pareil à un pauvre«, and »Prière pour accepter une douleur
nouvelle«.

Stadler rearranged the order in which Jammes had written his poems. The following
table lists the order of the poems in the 1898 edition and Stadler's revision that Wolff
published in 1917 (the second edition):

Jammes, 1898	*Stadler, 1917*
1. *Prière pour que les autres aient le bonheur.*	1. *Gebet zum Geständnis der Unwissenheit.*
2. *Prière pour demander une étoile.*	2. *Gebet, mit den Eseln ins Himmelreich einzugehn.*
3. *Prière pour qu'n enfant ne meure pas.*	3. *Gebet, um Gott einfältige Worte anzubieten.*
4. *Prière pour avoir la Foi dans la forêt.*	4. *Gebet, daß ein Kind nicht sterbe.*
5. *Prière pour être simple.*	5. *Gebet, daß die anderen glücklich seien.*
6. *Prière pour aimer la douleur.*	6. *Gebet, einen Stern zu erlangen.*
7. *Prière pour que le jour de ma mort soit beau et pur.*	7. *Gebet, den Glauben im Wald zu finden.*
8. *Prière pour aller au Paradis avec les ânes ...*	8. *Gebet, einfach zu sein.*
9. *Prière pour louer Dieu.*	9. *Gebet, seinen Schmerz zu lieben.*
10. *Prière pour se recueillir.*	10. *Gebet, daß mein Sterbetag schön und rein sei.*
11. *Prière pour avoir une femme simple.*	11. *Gebet, Gott zu loben.*
12. *Prière pour offrir à Dieu de simples paroles.*	12. *Gebet um Sammlung.*
13. *Prière pour avouer son ignorance.*	13. *Gebet, ein einfaches Weib zu finden.*
14. *Prière pour un dernier désir.*	14. *Gebet um einen letzten Wunsch.*

I reproduce here one of the most significant of the prayers, the »Prière pour avouer son
ignorance«, along with Stadler's translation, the »Gebet zum Geständnis der Unwissenheit«:

> *Redescends, redescends dans ta simplicité.*
> *Je viens de voir les guêpes travailler dans le sable.*
> *Fais comme elles, ô mon coeur malade et tendre: sois sage,*
> *accomplis ton devoir comme Dieu l'a dicté.*
> *J'étais plein d'un orgueil qui empoisonnait ma vie.*
> *Je croyais que j'étais bien différent des autres:*
> *mais je sais maintenant, mon Dieu, que je ne fis*
> *que récrire les mots qu'ont inventés les hommes*
> *depuis qu'Adam et Ève au fond du Paradis*
> *surgirent sous les fruits énormes de lumière.*
> *Mon Dieu, je suis pareil à la plus humble pierre.*
> *Voyez: l'herbe est tranquille, et le pommier trop lourd*
> *se penche vers le sol, tremblant et plein d'amour.*
> *Enlevez de mon âme, puisque j'ai tant souffert,*
> *l'orgueil de me penser un créeur de génie.*
> *Je ne sais rien. Je ne suis rien. Je n'attends rien*
> *que de voir, par moments, se balancer un nid*
> *sur un peuplier rose, ou, sur le blanc chemin,*
> *passer un pauvre lourd aux pieds luisants de plaies.*
> *Mon Dieu, enlevez-moi l'orgueil qui m'empoisonne.*
> *Oh! Rendez-moi pareil aux moutons monotones*
> *qui passent, humblement, des tristesses d'Automne*
> *aux fêtes du Printemps qui verdissent les haies.*

Faites qu'en écrivant mon orgueil disparaisse:
que je me dise, enfin, que mon âme est l'écho
des voix du monde entier et que mon tendre père
m'apprenait patiemment des règles de grammaire.
La gloire est vaine, ô Dieu, et le génie aussi.
Il n'appartient qu' à Vous qui le donnez aux hommes
et ceux-ci, sans savoir, répètent les mêmes mots
comme un essaim d'été parmi de noirs rameaux.
Faites qu'en me levant, ce matin, de ma table,
je sois pareil à ceux qui, par ce beau Dimanche,
vont répandre à vos pieds dans l'humble église blanche
l'aveu modeste et pur de leur simple ignorance.

Hernieder, steige hernieder in die Einfalt,
  die Gott will!
Ich habe den Wespen zugesehen,
  die im Sand ihr Nest gebaut.
Tu so wie sie, gebrechlich krankes Herz:
  sei still,
Schaffe dein Tagwerk, das Gott
  deinen Händen anvertraut.
Ich war voll Hoffart, die mein Leben
  falsch gemacht.
Anders als alle andern
  meinte ich zu sein:
Jetzt weiß ich, o mein Gott,
  daß nie ich anderes vollbracht
Als jene Worte niederschreiben,
  die die Menschen sich erfanden,
Seitdem zuerst im Paradies Adam
  und Eva aufgestanden
Unter den Früchten, die im Lichte
  unermeßlich blühten.
Und anders bin ich nicht
  als wie der ärmste Stein.
Sieh hin, das Gras steht ruhig,
  und der Apfelbaum senkt schwer
Bebürdet sich zur Erde, zitternd
  und in liebendem Verlangen —
O nimm von meiner Seele, da so vieles Leiden
  über mich ergangen,
Die falsche Schöpferhoffart,
  die noch immer in ihr liegt.
Nichts weiß ich ja. Nichts bin ich.
  Und nichts will ich mehr
Als bloß zuweilen sehen, wie ein Nest
  im Wind sich wiegt
Auf einer rötlichen Pappel oder einen Bettler
  über helle Straßen hinken,
Mühselig, an den Füßen Risse,
  die im Staube blutig blinken.

Mein Gott, nimm von mir diese Hoffart,
die mein Leben giftig macht.
Gib, daß ich jenen Widdern
ähnlich sei auf ihrer Weide,
Die immer gleich, aus Herbstes Schwermut,
demutsvoll gebückt,
Zur Frühlingsfeier wandeln, die mit Grün
den Anger schmückt,
Gib, daß im Schreiben meine Hoffart
sich bescheide:
Daß endlich, endlich ich bekenne,
daß mein Herz den Widerhall
Nur tönt der ganzen Welt,
und daß mein sanfter Vater mir
Geduldig nur die Kinderregeln
beigebracht.
Der Ruhm ist eitel, Herr,
und Geist und Schaffen leerer Schall —
Du einzig hast sie ganz
und gibst sie an die Menschen fort,
Die aber schwatzen immer bloß
dasselbe Wort
Gleich einem Bienenschwarme,
der durch sommerdunkle Zweige zieht.
Gib, daß wenn heute früh
ich mich vom Pult erhebe,
Ich jenen gleiche,
die an diesem schönen Sonntag zu dir gehn
Und in der armen weißen Kirche,
vor dich hingekniet,
Demütig lauter ihre Einfalt
und Unwissenheit gestehn.

It is significant, I believe, that Stadler chose this specific poem to open *Die Gebete der Demut,* for it contains visible evidence of the ethic that he was attempting to formulate more precisely. The poet here addresses himself and God, and it is remarkable to what extent Jammes' words may be applied to Stadler's development as a poet. What the one man says in a religious sense has significance for the other's artistic maturation. »Ich war voll Hoffart ... / Anders als alle andern meinte ich zu sein« must have reminded Stadler of the wilful isolation expressed in his first published poem, »Eine Nacht« (1902), where he is fearful of becoming »So klug und fromm und matt und kalt / Wie die Andern ...« (II, 157). And the lines »Jetzt weiß ich, o mein Gott, daß nie ich anderes vollbracht / Als jene Worte niederschreiben, die die Menschen sich erfanden ...« strongly remind us of one of Stadler's most famous poems, »Worte« (1913), the very poem that opens *Der Aufbruch.* In »Worte« Stadler looks back wistfully at the words that he had »inherited« and that failed him (in the *Praeludien,* for example):

Sie versprachen Sturm und Abenteuer,
Überschwang und Gefahren und todgeweihte Schwüre —
Tag um Tag standen wir und warteten,
daß ihr Abenteuer uns entführe.

Aber Wochen liefen kahl und spurlos,
und nichts wollte sich melden unsre Leere fortzutragen. (I, 109)

And perhaps it was the note of humility in the line »Nichts weiß ich ja. Nichts bin ich«, etc., that inspired Stadler to choose as a title *Die Gebete der Demut.* Certainly the request »Daß endlich, endlich ich bekenne, daß mein Herz den Widerhall / Nur tönt der ganzen Welt...« states the theme that is so prevalent through *Der Aufbruch.* But even more impressive than such obvious similarities is the fact that Jammes' poems are by no means the expression of a weak resignation or submission of his will to a higher force. He does not surrender himself without a struggle, and this must have found a response in Stadler. One might say that in the *Quatorze prières* Jammes redis-covers Christianity and shapes it in his own image, creating a religion suited to his own needs. Stadler, on the other hand, is in the process of discovering a »religion of life« that employs Christian symbols and vocabulary, but whose ethic is drawn largely from a combination of Nietzschean vitalism and the humanitarian gospel of his con-temporaries.

Jammes' prayers were produced as the result of a series of crises in his life: a disap-pointing love affair, family tensions, and illness. Seen from the Christian point of view, they are much more poetic than orthodox. They may seem at first glance ingenuous and sentimental, but actually represent an important step along the path of struggle that eventually led Jammes to the return to faith that took place in 1905 under the guidance of his close friend, Paul Claudel. The prayers aroused conflicting emotions when they were published; those who reacted favorably coined the term »jammisme«, meant to convey the philosophy of a simple, peaceful and pious life, while detractors scorned the apparently over-simple reduction of the problems of existence to a plati-tudinous mawkishness. [8] At any rate, after their publication Jammes was a name to reckon with in French poetry at the turn of the century.

As Jammes looked for consolation in his sufferings he believed he had found it in invoking God; from that point on God's presence was clearly visible in every element of the world about him. He thus felt that he had broken the bounds of self-concern and had attained a clear understanding of the role of human unhappiness as a part of Creation. For him, comfort could be drawn from Nature in all her forms: birds, wasps, trees, flowers, clouds — and humble people in particular.

In considering the relationship between Jammes' poems and their significance for Stadler it is more appropriate to speak of an affinity than it is to try to ascertain a demonstrably direct influence. With the exception of the *Quatorze prières* the writings of Jammes with which Stadler was familiar convey the same message: they express an optimistic faith that sometimes verges on the buoyantly enthusiastic and fulsomely praise the virtues of the simple, rustic life that Jammes himself enjoyed at Orthez. [9]

---

[8] Jammes and André Gide were close friends for many years in spite of the great difference in their characters and literary interests. Gide speaks very highly of Jammes' poems in a letter of March 10, 1904: »... je te désire alors, vieux faune, près de moi, parce que tu représentes pour moi bien plus qu'un humble deuil de primevères, mais tout le paradis perdu de mon enfance...« and further, »... si déjà je ne récitais pas tes vers, c'est bien parce qu'alors tu ne les avais pas encore écrits; car, à présent que je me les récite, c'est ce passé pieux que je revois, plein d'herbes, de ruissellement et de feuilles.« Moreover, »... je ne pourrai jamais relire [Jammes' ›Élégies‹] sans larmes. Et pourtant j'y préfère encore tes *Prières.*« (Quoted from *Francis Jammes et André Gide: Correspondance 1893—1938,* ed. Robert Mallet [Paris: Gallimard, 1948], p. 210).

[9] In his correspondence with Wolff Stadler speaks of his interest in particular works by Jammes: *Clara d'Ellébeuse* (novel, 1899), *Almaïde d'Étremont* (novel, 1900), *Roman du*

There is almost no acknowledgment of the existence of Evil in the novels and poems
that Stadler knew; all too often they seem to depict a dream world that is far removed
from the harsh realities of human existence. [10]) At times they also contrast a corrupt
»artistic« sensibility to an ostensibly healthy bourgeois outlook whose smugness is
extremely irritating. In this way they represent the other view of the »artist-bourgeois«
tension and furnish an interesting counterpart to the early Thomas Mann, for example.
Jammes certainly was aware of the »other side« of literature at the turn of the century,
but usually reacted to whatever he did not like by summarily (and arrogantly) dis-
missing it. [11])

Where the *Quatorze prières* are concerned, however, a different impression is gained;
it is evident that a powerful struggle is going on within the poet, and the tensions
produced comprise his poetic inspiration. The poet wishes to surrender himself and
sincerely love God and all elements of the world, but often despairs at the difficulties
involved in such an act. For example, in the »Prière pour avoir la Foi dans la forêt«
he says, »Je n'espère plus rien, mon Dieu, je me résigne. / Je me laisse aller comme la
courbe des collines.« Similar expressions are found in one or another of the prayers,
and it seems logical to assume that the many references to restlessness and searching
must have produced a sympathetic reaction in Stadler. And another similarity is seen
in the two poets: Jammes' sometimes delicate phrasing cannot always successfully
conceal his strong sensuality, while many of Stadler's poems, both from the *Praeludien*
and *Der Aufbruch,* have an emphatically erotic cast. Perhaps we may say here that
while Jammes tried to transform his sensual urge into a »brother-sister« relationship,
Stadler regarded his own in a rather different light (as in the poem »Was waren
Frauen« [I, 119]). While the lowly and humble generally are meaningful for Jammes
because they tell him something yet undiscovered about himself, Stadler sees them not
as »objects« worthy of compassion, but as people whose sometimes degrading calling
(e. g., the prostitute) may be looked on as an act of devotion or the expression of a
part of the life-process (for example, the poem »Die Dirne« [I, 197]).

For Jammes the Church was a refuge; after his conversion in 1905 he determinedly
ignored anything that might have disturbed his new-found security. [12]) Stadler's *Aufbruch* shows in the titles of its four divisions a movement toward a goal, perhaps itself
a type of refuge. [13]) The four sections are called »Die Flucht«, »Stationen«, »Die Spiegel«, and »Die Rast«, passing from a flight from his own original poetic inspiration

---

Lièvre (novel, 1903), *Pensée des Jardins* (poems, 1906), and *Ma Fille Bernadette* (novel,
   1910).

[10]) Bruno Berger's essay »Francis Jammes« refers to the fact that Evil does not seem to exist
   for Jammes in his various prose works (p. 95). He thus finds a lack of tension between sin
   and Grace. (»Francis Jammes«, in *Christliche Dichter der Gegenwart,* hrsg. von Hermann
   Friedmann und Otto Mann [Heidelberg: Rothe, 1955], pp. 91—97).

[11]) For example, Jammes admits to an almost total unfamiliarity with Nietzsche. He says in
   a letter written to Gide in July, 1900: »... tu me réponds avec Nietzsche, et ... je le
   connais peu.« *(Correspondance,* p. 163). In an earlier letter he was even more abrupt: »Pas
   de Nitche [sic].« *(Correspondance,* p. 155).

[12]) World War I seems not to have disturbed Jammes' optimistic picture of mankind to any
   discernible degree.

[13]) Arno Schirokauer states that Stadler sought refuge in the Church: »Vom gottverlassenen
   Gewühl profanen Lebens angewidert, flüchtet der Dichter — ein Aufbruch ins Rückwärts —
   in die Zeitlosigkeit der Kirche; vor der vorgeahnten Zukunft lärmenden Tages weicht er in
   die verlassene Nacht zurück der Kathedralen, in die Einfalt des Glaubens und seiner Handlungen.« (Quoted from p. 388 of »Über Ernst Stadler«, in *Die Werkinterpretation,* hrsg. von
   Horst Enders. [Darmstadt: Wissenschaftliche Buchgesellschaft, 1967], pp. 379—394).

into a respite afforded by the developing ethic of kinship with the world and all its
creatures. Thus in the one case we see a flight from the demanding pressures of the
world into the sanctuary of an ostensibly firm religious faith, while in the other we
find the expression of a restless urge to move on until a settlement within the world
is possible. It is significant, of course, that Stadler's two published volumes bear titles
that indicate first an introduction to life and then a starting out upon the way:
Praeludien and *Aufbruch*. Taken together, his two works demonstrate an inevitable
development from a turn of the century Impressionism and aestheticism to the discovery
of his identification with the rest of mankind. The posture of wilful isolation seems to
have been exchanged for committment of the Self to involvement with the world. We
can say that Stadler learned to create from the tensions within himself, just as Jammes
did when he wrote his *Quatorze prières*.

To be sure, Jammes is by no means the only poet who affected Stadler's development
as a poet; the latter was keenly aware of the literary currents moving about him and
responded intelligently to them, as may be seen in his 1912 essay on Heym, for example
(II, 11—15). His close friendship with René Schickele gave Stadler the opportunity to
observe another's development, and he comments thoughtfully on this in an essay of
1913 (II, 79—102). Again, there are resemblances between Stadler and Franz Werfel;
his admiration for the latter is obvious in the review of *Wir sind* in 1913 (II, 23—23).[14])
But Stadler's absorbed interest in Francis Jammes was one of the strongest threads in
the fabric of his career. Undoubtedly, the ethic of *Der Aufbruch* would not have
evolved in quite the same way if Stadler had not been conscious of his affinity with
his French contemporary. That the poet found a more meaningful Self in the course
of his development, a Self of unsuspected depths, is seen in the poem »In Dir« from
the »Stationen« section of *Der Aufbruch*:

> Du wolltest dir entfliehn, an Fremdes dich fortschenken,
> Vergangenheit auslöschen, neue Ströme in dich lenken —
> Und fandest tiefer in dich selbst zurück.
> Befleckung glitt von dir und ward zu Glück.
> Nun fühlst du Schicksal deinem Herzen dienen,
> Ganz nah bei dir,
> leidend von allen treuen Sternen überschienen. (I, 136)

The Jammes-experience is clearly reflected in this poem; the reference to suffering in
the last line echoes the note found in so many of the *Quatorze prières*. And even a
mere statistical investigation of the »two Stadlers« of the *Praeludien* and *Aufbruch*
periods shows an evolution in themes and figures that without doubt is due in some
measure to Stadler's response to Jammes.[15]) The isolationist has abandoned his position;
the dream, often vaguely defined, has lost its significance and power to attract and

---

[14]) Alfred Richard Meyer suggests that Stadler's association with the group of the »Altes Ballhaus« contributed to the evolution of his *Aufbruch* poems: ».. . hier im Alten Ballhaus vergaß er die ›Balladen südlicher Meere und grüner Küsten und der großen Städte‹ und fand zu
anderen Tönen den ›Aufbruch‹ — denn so würde seine nächste Gedichtsammlung heißen.«
(Quoted from p. 35 of *Die Maer von der Musa expressionistica* [Düsseldorf-Kaiserswerth:
Die Faehre, 1948]).

[15]) It is obvious that Jammes' »Amsterdam« inspired Stadler's »Judenviertel in London« (I,
165). The spirit of Jammes also is evident in most of the *Aufbruch* poems, among them
»Heimkehr«, »Irrenhaus«, »Ende«, and »Gratia divinae pietatis adesto Savinae« (compare
with »Die Taube« that is quoted at the end of this study!).

hold; the use of a religious vocabulary increases noticeably; »Demut« becomes a much more significant term; and a sense of having attained a longed-for »Erfüllung« is evident in many places.

It is perhaps the greatest irony of the Stadler-Jammes relationship that the French poet is not considered very significant today; »jammisme« seems to be an outworn idea, and it is difficult to categorize Jammes precisely. Certain individual poems still appear in anthologies, usually one or another of the *Quatorze prières*. [16]) Stadler's translation of Jammes, however, still attracts interest; K. L. Schneider lists seven editions from 1913 to 1950. How Stadler might have continued to develop beyond *Der Aufbruch* is, of course, impossible to say, but the relative maturity of his last and most significant work owes a goodly share of its power and beauty to the poet's interest in Jammes. The discovery of a wider world marks Stadler's turning from aestheticism to a life-bound ethic; it came about gradually and not always clearly, almost as if the poet were experiencing the revelation of an absorbing secret. Such a »secret« was revealed to him in part by Jammes, and I feel that it is of more than passing interest that by his own choice of arrangement Stadler closed his volume of translations from the French poet with the poem which he called »Die Taube«:

> Die Taube, die den Zweig des Ölbaums hält,
> Das ist die Jungfrau, die den Frieden bringt der Welt.
> Das Osterlamm, das man zur Schwelle trägt,
> Wird einst zum Lamme, das ans Kreuz man schlägt.
> Nur Stück um Stück wird das Geheimnis offenbar.
> Der brennende Busch ertönte, ehe Pfingsten war.
> Vor Noahs Arche schwamm die Kirche
>   auf der Wasserflut,
> Und Noah schwamm darauf,
>   eh' Moses drüber hat geruht;
> Moses war überm Wasser,
>   ehedenn Sankt Peter war:
> Von Stund zu Stunde reiner
>   macht das Licht sich offenbar.

Wake Forest University   Ralph S. Fraser

---

[16]) Andre Gidé's *Anthologie de la poésie française* (Paris: Gallimard, 1949) contains twelve poems by Jammes, three of which are from the *Quatorze prières*.

CHARLES W. HOFFMANN UND JOHN B. FUEGI

Brecht, Schweyk and Commune-ism [1]

The assumption that the figure of Brecht's Schweyk not only provides a key to the attitudes of many of Brecht's major characters, but that he mirrors the playwright's own personality is a commonplace of Brecht scholarship. Martin Esslin — to take but one example for illustration — confronts us directly with this view. For Esslin Schweyk is the very embodiment of a Weltanschauung shared by most of the principal characters in the great works of Brecht's exile. Esslin hears particularly clear echoes of what he calls the »Schweikian philosophy« or the »Schweikian attitude« in Galileo, Mutter Courage, Azdak, Matti, Herr Keuner, and in the *Kalendergeschichten*. [2]) He defines the attitude as »a philosophy of enlightened self-interest based on the conviction that survival and success are more important than the striking of heroic attitudes« (p. 48). And as further characteristics of the »philosophy« he lists: servility, the eagerness to please, a show of compliance with the powers that be, passivity, and intransigence.

The first contention of this paper is that Esslin's picture of Schweyk is only half right and that, as a result, the conclusions he draws are misleading. Brecht and some of his characters do indeed share a way of looking at things and a mode of action with Schweyk. But Esslin's definition of the »Schweikian philosophy« is an oversimplification derived from only one of two conflicting sides of Schweyk's being. The definition must be corrected if we are to do justice to the other, similar characters; and, as we intend to demonstrate later, it is especially important to take both sides into account if we are to call Schweyk a portrait of Brecht himself.

Esslin's error stems in part no doubt from carelessness. But the fact that so many other critics make the same error suggests as a more important reason the false assumption that Brecht's Schweyk is simply a borrowed character and the »Schweikian philosophy«, therefore, largely identical with the philosophy of Hašek's famous rogue. Esslin's hearing is clearly impaired by this presupposition. He seems to find only »technical« differences between Hašek's Schwejk and Brecht's Schweyk: changes in characterization made necessary by the shift from novel to drama and from Hapsburg empire to Hitler dictatorship. »The immortal good soldier [of Hašek] is here transferred to German-occupied Prague«, he says, and Brecht's play is a »pastiche of Hašek's language and characterization« (p. 308). The words »*transferred*« and »*pastiche*« show that, for Esslin, neither Brecht's character nor his play are particularly original. And it is largely in terms of *Hašek's* character that he defines the »Schweikian philosophy«, which he then finds in Brecht's

---

[1] This essay is, in a sense, the product of three generations. Included in a volume honoring Detlev W. Schumann, it is written by his academic son (Charles Hoffmann) and his academic grandson (John Fuegi). To the demanding but always helpful father the son owes much of his understanding of what scholarship is about; and it was in a seminar with the son that the grandson had his first serious taste of Brecht. The study — which grew out of the joint labors of that seminar — is offered to Professor Schumann as modest evidence that his training and his example live on, not just in his own students but in his students' students as well.

[2] *Brecht: The Man and His Work* (New York, 1960), p. 47 *et passim*.

other heroes and heroines and which he calls the embodiment of Brecht's own mentality. We challenge the facile assumption that *Schweyk im zweiten Weltkrieg* is a direct borrowing and a pastiche, that the hero has simply been transferred to German-occupied Prague, and that the mere wish to survive, that mere self-interest are in fact the salient characteristics of his »philosophy«. To prove that this is not so, it will be necessary to examine closely the differences between Hašek's Schwejk and Brecht's hero, rather than to cite, as most critics have been content to do, only the similarities between the two.

First, it should be granted that there are obvious, if in our opinion superficial, reasons for the widely held view which Esslin has been used to represent: that in essence Brecht simply lifted a large part of his materical from Hašek. Reinhold Grimm puts the crucial one of these reasons perfectly: »Manche Szenen sind nicht nur in ihrer Anlage, sondern tatsächlich fast Wort für Wort von Brecht übernommen worden.« [3]) And yet even though Brecht sometimes borrows word for word, it does not necessarily follow that his Schweyk and Hašek's Schwejk are therefore the same fellow. In the case of Brecht one always does well to approach the question of originality with an extra dose of caution. His use of others' material is usually sly and ironic, and in addition it is often made to serve the purposes of alienation. That is, familiar words and even direct citation are used in new contexts which strip the quotation of its original meaning. This sort of modification by context takes place throughout *Schweyk* and makes a positivistic view of the play's borrowings quite inappropriate.

Before we begin a textual comparison of Hašek and Brecht it is also of interest to trace the path of the good soldier from the Czech novel to Brecht's play. According to Max Brod, the first attempt to present Hašek's material in dramatic form and in German was made in Prague and resulted in a series of »lose Szenen, die vier oder noch mehr Abende füllten«. [4]) Brod then credits Hans Reimann with the idea of presenting the Schwejk story in a condensed and radically altered version as one evening of boulevard theater. It would appear that Brod and Reimann submitted such a version to Piscator, who rejected it as unsuitable for his revolutionary theater. Piscator wanted more of the political bite of Hašek's novel than the stage script retained. He gathered about him a play-writing collective made up of Brod and Reimann plus Brecht, Lania, and Gasbarra; and together they produced a loosely structured series of scenes. By and large faithful to the episodes in the novel from which they were taken, these scenes contained much of the bitter political commentary of the original.

When Brecht returned to the figure of Schweyk some fifteen years later, in 1943, he patterned his language on that of Grete Reiner's German translation of Hašek. [5]) But in at least one significant regard he relied even more heavily on this 1927/28 dramatization than he did on the novel itself. A long book, the novel contains a great wealth of episodes which he might have borrowed for use in his own play; but he did not take a single one that had not already been included in the Piscator stage version of

---

[3]) *Bertolt Brecht und die Weltliteratur* (Nürnberg, 1961), p. 55.

[4]) »Jaroslav Hašek und sein Schwejk«, in the 1927 program notes: *Schulter an Schulter: Blätter der Piscatorbühne*. A complete copy of these notes is to be found in the Brecht Archives (2092/07—08).

[5]) Hans Mayer claims, in his *Bertolt Brecht und die Tradition* (Pfullingen, 1961), that Brecht used a translation by Lotte Eisner (p. 86). This translation, if it indeed existed, was apparently never published, for it is not mentioned in any of the bibliographical sources. In any event, the many instances in which the language of both the collective dramatization of 1927/28 and Brecht's later play is identical with the wording of Grete Reiner's translation (first published in Prague in 1926) prove that hers was the German version used in both cases.

1927/28. That is, as far as the choice of incident is concerned, *Schweyk im zweiten Weltkrieg* is an adaptation not so much of Hašek's original as of the earlier adaptation. This fact, though not by itself at all conclusive, should suggest caution to anyone tempted to say that Brecht's play is borrowed directly from Hašek and its hero therefore a twin brother of the Czech rogue.

A comparison of the two works which confines itself to analyzing the similarities between Hašek's and Brecht's handling of the same episodes leads, as we have suggested, to error. The crucial thing is, rather, to note the subtle but decisive ways in which Brecht changes the incidents he »borrows« and the character of his central figure. The changes are of two sorts, and they occur in varying degrees throughout the play. First, Brecht changes the social context in which his hero operates. And second, he consistently reduces the unmodified self-interest which motivates Hašek's asocial good soldier. The result is a Schweyk whose »philosophy« is in part like that of his Czech prototype but in equal part quite different.

As a first illustration take the famous scene where Schwejk steals a dog, in the novel for Lieutenant Lukash, and in the play for Scharführer Bullinger. The similarities of motivation and tactic are obvious, and it is equally obvious that Brecht follows the language of the original closely. When Schwejk approaches the servant girl exercising the dog, Hašek (in the Reiner translation) writes:

»Verzeihn Sie, Fräulein, wo geht man hier nach Zizkov?«
Sie blieb stehen und blickte ihn an, ob er es auch aufrichtig meine, doch das gutmütige Gesicht Schwejks sagte ihr, daß der Soldat wohl wirklich nach Zizkov gehen wolle. Der Ausdruck ihres Gesichtes wurde weich, und sie erklärte ihm entgegenkommend, wie er nach Zizkov zu gehen habe.
»Ich bin erst unlängst nach Prag versetzt worn«, sagte Schwejk, »ich bin kein Hiesiger, ich bin vom Land. Sie sind auch nicht aus Prag?«
»Ich bin aus Vodnan.«
»Da sind wir ja nicht weit voneinander her«, antwortete Schwejk, »ich bin aus Protiwin«.
Diese Kenntnis des böhmischen Südens, die er sich einmal bei den Manövern angeeignet hatte, erfüllte das Herz des Mädchens mit heimatlicher Wärme. »Da kennen Sie wohl auch in Protiwin aufm Ring den Fleischer Pejchara?« »Wie denn nicht! Das is mein Bruder. Den ham bei uns alle gern«, sagte Schwejk, »er is sehr brav, dienstfertig, hat gutes Fleisch und gibt gute Waage«. [6])

The conversation between Brecht's Schweyk and the servant girls goes:

> Schweyk: Verzeihn Sie, Fräulein, wo geht man hier in die Palacky Straße?
> Kati *mißtrauisch:* Gehns übern Hawlitschekplatz. Komm, Anna.
> Schweyk: Entschuldigens, daß ich noch frag, wo der Platz is, ich bin fremd hier.
> Anna: Ich bin auch fremd hier. Komm, Kati, sags dem Herrn.
> Schweyk: Das is aber gelungen, daß Sie auch fremd sind, Fräulein. Das hätt ich gar nicht gemerkt, daß Sie nicht aus der Großstadt sind und so ein nettes Hunterl. Woher sind Sie?
> Anna: Ich bin aus Protowin.
> Schweyk: Da sind wir nicht weit voneinander her, ich bin aus Budweis.
> Kati *will sie wegziehen:* Komm schon, Anna.
> Anna: Gleich. Da kennen Sie wohl auch in Budweis aufn Ring den Fleischer Pejchara?

---

[6]) *Die Abenteuer des braven Soldaten Schwejk,* trans. Grete Reiner, 2 vols. (Leck, 1960), I, 191—192.

> Schweyk: Wie denn nicht! Das is mein Bruder. Den ham bei uns alle gern,
> er is sehr brav, dienstfertig, hat gutes Fleisch, und gibt gute Zuwaag.
>
> *(Stücke, X, 58—59)*

Even though the borrowing is sometimes word for word, such similarity is superficial
rather than substantive, however, for Brecht has made the context of the episode
quite different. Hašek's Schwejk is only interested in stealing the dog and fulfilling
his promise to Lukash; he gives no thought at all to the consequences of the theft for
the servant girl. In the novel the dog is stolen, as it were, in a social vacuum, and the
incident takes place in the unreal world of straight comedy. But Brecht very carefully
places it within a socially conscious framework. Even before the girls are approached
he has his Schweyk say:

> Der Vojta is gemein zu die Dienstmädchen, sie is schon die dritte seit Licht-
> meß und will schon weg, her ich, weil die Nachbarn sie triezen, weil sie bei
> einem Herrn is, wo ein Quisling is. Da is es ihr gleich, wenn sie ohne Hund
> heimkommt, sie muß nur nix dafir können. (p. 58)

Though Schweyk is eager to get the dog, he is also eager to protect the girl sent out
to walk it: »sie muß nur nix dafir können«. And he then goes to pains to arrange the
actual theft in a way that shields the girls from reprisal. The point is not, of course,
that Hašek's good soldier is a villain but, rather, that Brecht's Schweyk is aware of
social consequences that do not occur to the novel's hero. And he is also actively
concerned with protecting a fellow »little man« from harm.

This concern is illustrated even more dramatically by a comparison of the scenes in
which Schweyk helps his friend Baloun out of difficulties caused by the latter's persistent
preoccupation with filling his stomach. In the novel (II, 109—110) Schwejk claims
that he, rather than the culprit Baloun, has eaten Lieutenant Lukash's rations. Hašek,
however, does not present this seemingly selfless admission as an act of great courage,
for Schwejk stands to suffer little more than a box on the ear and is saved even from
that when Baloun promptly confesses his own guilt. Not only does Brecht, fascinated
as he was by eating and gluttony, make a great deal more of this episode, but in the
play, when Schweyk defends his friend, he does so knowing that he risks arrest and
perhaps much worse. Baloun is caught during the SS-raid on the »Kelch« with the
package of meat and, terrified by the severity of the penalties for possessing black-
market meat, is struck dumb. Schweyk first tries to get Baloun off the hook by suggesting
that obviously he would not have opened the package, had he known what was inside.
But when Bullinger ignores Schweyk, persists in questioning Baloun, and finally in a
fit of rage brutally attacks Frau Kopecka, Schweyk makes a bolder — and more
hazardous — attempt to shield his friends. This time he shoulders the blame himself:

> Schweyk *tritt vor:* Melde gehorsamst, ich kann alles aufklärn. Das Packerl
> gehert niemand hier. Ich weiß es, weil ich es selber hingelegt hab.
> Bullinger: Also du?
> Schweyk: Es stammt von einem Herrn, der mirs zum Aufheben gegeben hat
> und weggegangn is, aufn Abort, wie er mir gesagt hat. (p. 85)

It is true that by fantasy, by exaggeration, by sheer boldness Schweyk hopes to save
his friends without suffering the consequences himself. But he is by no means certain
that this will work, and in fact it does not. He is led off by the SS, and his friends
predict that the act of friendship will cost Schweyk his life. One guest says flatly:
»Der kommt nicht lebend davon« (p. 89). And Baloun, in tears, laments:

> Meinen besten Freund hab ich so hineingerissn, daß er mir womeglich heit
> nacht erschossen wird, wenn nicht, kann er von Glick sagn, und es passiert
> ihm morgen frih. (p. 90)

The dire predictions do not come true, but certainly in this scene Schweyk's »philosophy« is not one of self-interest (Esslin); certainly he cannot be accused of complying
passively with authority or of putting his own survival first. Particularly in the light
of the capricious brutality he has just witnessed from the SS, his effort to save his
friend is dangerous, brave, and selfless. And a note in Brecht's diary shows that the
playwright was well aware that the humanitarian hue, which this act lent his portrait
of Schweyk, was a clear departure from Hašek:

> gestern nacht von N. Y. zurück, erzähle steff einiges von dem SCHWEYK-
> plan, er sagt sogleich, der originalschweyk würde sich um balouns schwie-
> rigkeiten kaum kümmern, ihm eher zum eintritt in die deutsche armee zu-
> raten und schwerlich in einem so gefährlichen lokal wie dem jetzigen wirts-
> haus zum KELCH verkehren. [...] jedoch beschließe ich auf der stelle,
> diese unpolitische haltung S. s. widersprüchlich in die kleine fabel (RET-
> TUNG DES FRESSERS BALOUN) einzubauen. [7]

A further example of the »humanitarian« Schweyk of Brecht's play and a further contradiction of Esslin's notion of simple character transference from the novel is the
incident with the Russian peasants in scene 8. [8]) The old woman, the young mother,
an her child are helpless before the wrath of the Feldkurat Bullinger, who wants vodka
and who tries to take the mother's thin shawl to add to his two fleece-lined overcoats.
As he did when Baloun was threatened, Schweyk first tries to avert violence with talk.
But when the chaplain — a true brother of the SS captain from the earlier scene —
crashes into the house after the women and attacks them with a knife, Schweyk again
takes a more active part in their defense. This time the risk is perhaps not so great, for
Bullinger is alone and reeling drunk. But he *is* armed, and Schweyk has nothing personal
to gain from the fight with him, which takes place inside the house. To emphasize that
Schweyk's motivation for becoming thus involved is selfless, Brecht has his hero give
the young mother one of Bullinger's overcoats as the women begin their trek through
the snow.

At no point in the two long volumes of Hašek's novel does the original good soldier
act as Brecht's hero acts in these examples. Behind the sometimes apparently selfless
acts of Schwejk there is always selfish motivation. Always he seems to be thinking of
his own comfort, his own preservation. Brecht's Schweyk, on the other hand, intelligent
and fully aware of the risks, makes himself vulnerable again and again, either for
the sake of others or for the sake of the Czech cause. The wagon number trick is no
longer simply a humorous episode, but an overt and conscious act of sabotage. When
Schweyk meets the German deserters, he suggests that they take along a machinegun or
a good pair of binoculars for the Russians and so contributes to the war effort. Even
the discussion of the assassination attempt on Hitler enables Schweyk to rib the SS
man and the Gestapo agent and, more important, to solidify the anti-German sentiments
of his compatriots.

---

[7] »Tagebuchnotizen zum ›Schweyk‹ « in *Spectaculum III* (Frankfurt, 1960), p. 337. The
entry is dated »27. 5. 43«, and as usual Brecht's own typed comment is all in lower case.

[8] Although the Piscator version of 1927/28 contains a similar scene, there is no counterpart
to this episode in Hašek.

Thus far we have talked about major modifications Brecht makes in the character of his hero. There is another change he makes in the material which, along with the conclusions reached above, is important for the view we want to establish later in the paper. Both the Hasek novel and the collective dramatization of 1927/28 consist of a wealth of characters and scenes connected to each other only very loosely by the figure of Schwejk. In the novel particularly there is a constant shift of scenery as Schwejk's odyssey unfolds. In Brecht's drama, however, all the scenes (apart from the stylized interludes) either play in the »Kelch« or are tied more or less closely to the »Kelch«. The inn thus serves as the unifying center of the play. In part Brecht makes this possible by skillfully combining characters — Hašek's Blahnik, Sapper Woditschka, and Baloun become Schweyk's friend Baloun — and by making them all at home in the »Kelch«. In part he keeps the »Kelch« before us by constant reference to it even when the action plays elsewhere. The most striking instances of this, of course, are the visions of his *Stammtisch* which save Schweyk whenever he is in danger of falling asleep in the snowy steppes of Russia.

One reason for this greatly increased importance of the »Kelch« is obviously technical. As anchoring point for the action, the inn gives *Schweyk im zweiten Weltkrieg* a much tighter structural unity than either Hasek's novel or the Piscator version had. But this is not the whole story, and a look at *Der kaukasische Kreidekreis* or at *Galileo* shows that Brecht did not hesitate to make radical shifts in locale when they suited his dramatic purpose. Far more important is the metaphoric function which the »Kelch« has in Brecht's play. In an otherwise violent and distinctly hostile world the inn stands as a place of refuge, of friendliness, of belonging for the little man. Here he drinks his beer in peace and asks for nothing more than food, drink, companionship, and warmth. Frau Kopecka and her patrons are not interested in honor or glory or in politics; they want simply to be left alone. And though their peaceful, harmonious world is violated, the »Kelch« remains a clear symbol for the way of living, perhaps even for the communal sort of »society« that the characters in Brecht's non-propagandistic plays so often long for.

This symbolic value of the inn is established in several ways. First, without drawing explicit attention to the fact, Brecht suggests that the »Kelch« means shelter and root simply by making it the place where Schweyk and his friends meet to drink and to enjoy each other's company. It is the place where help is offered to one's fellow man or — when Schweyk is saved by his visions of the inn during his anabasis — the very source of help. Second, the idyllic nature of this refuge is underscored by the intrusions into it of the violent outside world. The atmosphere in the inn changes immediately whenever (figuratively as well as literally) a foreign element enters: the German soldiers who insist on talking politics, the Gestapo agent Brettschneider who comes sniffing for treason, or the SS who raid the »Kelch«. Harmony and friendliness give way to uneasy talk of honor, glory, power, or victory and sometimes to brutality as soon as the representatives of the ruling class — »die Herrschenden«, to use Brecht's favorite term of opprobrium — appear. The interludes in the »higher regions« also emphasize the threat which the outside poses for the peaceful world of the inn. Their function is to present the selfish and bellicose thinking of the high and mighty, and this thinking then serves as a contrast for the sentiments of the little men in the »lower regions«, the *Stammgäste* of the »Kelch«.

Finally, the metaphoric quality of the inn is stated openly in the »Lied vom Kelch«, which Frau Kopecka sings very near the end of the play. Schweyk, still on his way to Stalingrad, has dozed off in the snow; and this time a particularly positive vision is needed to keep him from freezing to death. In his dream he sees his friends gathered at the inn for the marriage feast of Frau Kopecka and Prochazka. Baloun, who has by now inherited Schweyk's gift of gab, rambles on and on about the virtues of eating, of fullness, and about the contentment with existence that food brings: and Frau Kopecka picks up this motif in the first stanza of her song:

Komm und setz dich, lieber Gast
Setz dich uns zu Tische
Daß du Supp und Krautfleisch hast
Oder Moldaufische.
Brauchst ein bissel was im Topf
Mußt ein Dach habn überm Kopf
Das bist du als Mensch uns wert
Sei geduldet und geehrt
Für nur 80 Heller.

(p. 121)

In the second stanza the welcome already extended is implicitly modified. Position, honor, ambition, social standing, and the like have neither value nor a place here. What counts in the »Kelch« is that one is content simply to be human; and this means lack of pretension, a willingness to be satisfied with what one's fellow man has too, and above all friendliness:

Referenzen brauchst du nicht
Ehre bringt nur Schaden
Hast eine Nase im Gesicht
Und wirst schon geladen.
Sollst ein bissel freundlich sein
Witz und Auftrumpf brauchst du kein
Iß dein Käs und trink dein Bier
Und du bist willkommen hier.
Und die 80 Heller.

The things which the inn comes to represent in these two strophes are, of course, those virtues championed or at least envisioned time and again by the »little men« in Brecht's exile plays. Thus, the »Kelch« now stands as a sort of »Wunschbild des armen kleinen Menschen« [9]), a very down-to-earth paradise where the peace and harmony that remain but a vision for the Wangs, the Shen-Tes, the Azdaks, the Kattrins — are realized. In the final stanza Frau Kopecka makes the point which the metaphor has aimed at all along. Someday the whole earth will be, like this inn, »ein gastlich Haus«:

Einmal schaun wir früh hinaus
Obs gut Wetter werde
Und da wurd ein gastlich Haus
Aus der Menschenerde.

---

[9]) Harold Lenz, »Idee und Bild des Leidens im Drama von Bertolt Brecht« in *Der Friede, Idee und Verwirklichung: Festschrift für Adolf Leschnitzer* (Heidelberg, 1961), p. 286. This essay is indebted to Lenz, who reaches some of the same conclusions about the significance of the inn. We feel that Lenz claims too much when he sees in the name »Kelch« Brecht's literal symbol for »Becher des Heils«, the Holy Grail (p. 288). But we agree with him completely when, in the same paragraph, he says of Brecht:
»Seine Friedensvision ist nicht die kalte Ordnung und Tüchtigkeit der marxistischen Kommune, sondern die menschenfreundliche Spelunke à la Rabelais und François Villon.«

> Jeder wird als Mensch gesehn
> Keinen wird man übergehn
> Ham ein Dach gegn Schnee und Wind
> Weil wir arg verfrorn sind.
> Auch mit 80 Heller!

For just eighty »Heller« everyone, everywhere, should be able to enjoy warmth, food, and companionship. And the plaintive wish is for an earth where the great play no role, where politics, honor, discord, and leaders are unnecessary because human affairs are regulated by friendliness.

Since the »Kelch« symbolizes a communal ideal and since Schweyk is its leading patron, we might now expect the message of Brecht's play to be: when all little men begin to act like Schweyk, then the friendly world of Frau Kopecka's song cannot be far off. And no doubt Brecht does want us to leave the play with this feeling. But if that were all the drama said, it would be a simplistic propaganda piece, not the complex demonstration of the little man's dilemma, which we feel it is. Despite Frau Kopecka's apparent faith that the earth will someday be made over in the »Kelch's« image, despite the final scene's implied prophecy that someday the little man will whistle the tune for the great, the play contains little real hope that this will come to pass. And certainly it does not tell us how one should act if he wishes to help the vision become reality. Schweyk, for all the positive traits Brecht added, is still far from being a perfect model. And beside the optimistic faith of the »Song of the Kelch«, there is a considerably less sanguine prediction in the second major song of the play, the »Song of the Moldau«.

These matters deserve more attention, for they have brought us to the ambivalence that informs so many of Brecht's late plays and *Schweyk im zweiten Weltkrieg* perhaps most of all. Correctly understood, this ambivalence is what makes it legitimate to ascribe a »Schweikian philosophy« to other characters and to see in Schweyk a key to much of Brecht's own thinking. While it has a number of facets, we submit that the fundamental reason for the ambivalence is this: Schweyk and his friends from the »Kelch« live in a political world and know that they will always have to confront political reality. But the goal they long for has very little to do with politics, and the way of living they envision is, in fact, possible only in an apolitical world.

This situation helps to explain the changes which Brecht made in the character of Schweyk and which we examined earlier. Hašek's good soldier is consistent; his actions are always based on the conviction that no real change in the political realities is dreamable. The enemy, bureaucracy, will always be there; and the problem is not how to do away with it but how to act so that it does not do away with you. Brecht's Schweyk, however, does not act consistently. On the one hand he shares the »Kelch« dream of an apolitical world without heroes and without »higher regions«. He even expresses his longing for a time when the little man can live unpretentiously, perhaps unproductively, but at peace, in imagery similar to that of Frau Kopecka's song:

> Die großen Männer sind immer schlecht angeschrieben beim gewöhnlichen Volk... Warum, es versteht sie nicht und hält alles für überflüssig, sogar das Heldentum. Der kleine Mann scheißt sich was auf eine große Zeit. Er will ein bissel ins Wirtshaus gehn und Gulasch auf die Nacht.
>
> (p. 25)

And when he is courageous and helpful, the dream of a friendly world is uppermost in his mind and he acts as though it were realizable.

Yet on the other hand Schweyk often acts in the self-protective, servile way of his
Czech predecessor, and at such times he is conforming to the political facts of life. When
the dream has faded and he feels compelled to accommodate to the »higher regions«,
he can be as concerned with his own survival as Hašek's Schwejk was. To a fellow
patron of the »Kelch«, surprised that Brettschneider has let him go after his first arrest,
he explains simply: »In solchen Zeiten muß man sich unterwerfen. Es ist Übungssache.
Ich hab ihm die Hand geleckt« (p. 43). And a few minutes later, when the same woman
suggests that they are partly responsible for the Nazis' crimes as long as they do not
oppose them more actively, Schweyk cautions:

> Verlangens nicht zu viel von sich. Es is schon viel, wenn man überhaupt
> noch da is heutzutag. Da is man leicht so bescheftigt mit Ieberlebn, daß man
> zu nix anderm kommt.
> (p. 54)

Much later in the play he tells Ajax, the mongrel dog he finds as he makes his way
toward Stalingrad:

> Wenn du im Krieg ieberleben willst, halt dich eng an die andern und das
> Iebliche, keine Extratouren, sondern kuschn, solang, bis du beißen kannst.
> Der Krieg dauert nicht ewig, so wenig wie der Friedn . . .
> (pp. 124—125)

Not only is this stance at odds with the selfless courage Schweyk displays elsewhere;
it also leads him into moral and ideological contradictions. He may be tactically
correct when he cautions against active resistance, but surely the woman is morally
right when she says: »mir sin mit schuld«. And though the canny Schweyk does hinder
the Nazis in numerous ways, these efforts are compromised by his support, no matter
how half-hearted, of a war that he knows is both stupid and none of his business. In
the speech to Ajax he simply avoids the troublesome question of how one »keeps close
to the others« without killing right along with them. [10]
Obviously this does not mean that we are to blame Schweyk for knuckling under
to authority or for resisting only in the small ways he does. If he is to survive —
and survive he must for Brecht's metaphoric purposes — then he must bow to the
political realities; and in this play these are the Nazi occupation and the war. He
wants no war, but to stay alive until he can enjoy peace again he is forced to do his
bit, however reluctantly, in the war. As long as he helps wage war, however, the peace
he longs for is impossible. This situation, we are convinced, is to be read as the
late Brecht's *Modell* for the little man's dilemma in the real political world.
One could imagine several potential ways out of the dilemma. If this were the war
to end all wars, if Hitler's defeat could somehow bring about the friendly world
envisioned in the »Song of the Kelch«, then Schweyk's ambivalent behavior, even his
participation could make ideological sense. The final scene, Schweyk's »historical
meeting« with Hitler, suggests that Brecht wanted us to feel that he was ending his
play with some such prediction. And there are occasional hints elsewhere that survival
is worth any cost precisely because the little man's time will come once this war is
over. In the passage cited above, for example, Ajax is urged to submit now so that
he will be around when the time arrives for revenge (»kuschn, solang, bis du beißen

---

[10]) Schweyk's support of the war is even plainer in various alternate forms of the manuscript to be found in the Brecht Archives.

kannst«). But this advice is not justified by any indication of the nature of the revenge
or how it is to become possible. And, more important, the following sentence makes
such a time extremely dubious anyway: »Der Krieg dauert nicht ewig, so wenig wie der
Friedn...« Though Schweyk may not be entirely aware of it, his words betray a
deep pessimism as far as the coming peace is concerned. Other wars will follow, and
they too will have to be fought by little men concerned with nothing more than
survival.

This undertone of fatalism is also present in the beautiful »Lied von der Moldau«, the
song that forms the political and structural heart of the play. It cautions endurance
and points to the inevitability of the day of peace which must follow the long night
of war:

> Am Grunde der Moldau wandern die Steine.
> Es liegen drei Kaiser begraben in Prag.
> Das Große bleibt groß nicht und klein nicht das Kleine.
> Die Nacht hat zwölf Stunden, dann kommt schon der Tag.
>
> Es wechseln die Zeiten. Die riesigen Pläne
> Der Mächtigen kommen am Ende zum Halt.
> Und gehn sie einher auch wie blutige Hähne
> Es wechseln die Zeiten, da hilft kein Gewalt.
>
> (p. 91)

The song, which ends with the repetition of the initial verse, is first sung by Frau
Kopecka at the darkest moment of the play when endurance seems as futile as victory
seems impossible. It is then repeated by the entire cast at the drama's close when
victory appears certain. The trouble is, of course, that politically the song cuts both
ways. Though the little man is assured he will come back into his own, the great man
can draw as much assurance from the same words. Like the »hospitable house«
envisioned by the »Song of the Kelch«, this day of lasting peace may be possible in
an ideal, apolitical world, but hardly in the everyday world where political realities
shift with the same regularity as the stones at the bottom of the Moldau.

There are two other potential ways out of the little man's dilemma. The problem
could be presented as one of class solidarity: one little man can make no dent in the
political facts of existence, but all little men, acting together, can. Or perhaps one
could blame Schweyk and his friends for not seeking more actively to change the
oppressive political structure by violence of their own, by revolution. Anyone familiar
with the Lehrstücke of the early thirties knows that the younger Brecht would very
likely have suggested the first and certainly the second of these solutions. But in
Schweyk im zweiten Weltkrieg the dilemma is left a dilemma. The first possibility is
simply not an issue, and the second is explicitly rejected. The »Song of the Moldau«
says flatly: »Es wechseln die Zeiten, da hilft kein Gewalt.«

The naïveté with which Brecht once counseled the use of force to »good ends« is not
the only thing which has disappeared since the Lehrstücke days. Gone too is the ideologically secure and oversimplified view of character. Schweyk is, as we have now seen,
neither all good nor all bad, but good when he can be and bad — or at least weak —
when he has to be. At times he is passive and cowardly, but he is also courageous, even
heroic when others are threatened. He wants to live undisturbed in a good country
where friendliness and comradeship are the rule rather than the exception, and yet
he foresees a world whose peace will be regularly shattered. He longs for Utopia, but

he does not show the slightest inclination to work in any conscious, consistent way toward social improvement. For his Utopia is not defined in terms of social or political organization. It is, rather, a somewhat sordid, utterly mundane paradise where the individual's everyday wants are met, where the little man is at peace with his friends, and where he is otherwise left alone. Schweyk is in short a complex and essentially anarchic character, who values simple human warmth but not high ideals or greatness either of men or of the plans of men. He is also a character completely alien — so far as we can judge — to any organized political system.

It is for this reason, of course, that East German critics (e. g., Müller, Knauth, Petr, and earlier Mayer) have looked askance at Schweyk and at those of Brecht's characters who share the »Schweikian philosophy«. They question, quite correctly, the usefulness of the Schweykian little men to the world Communist movement. As Petr puts it, Brecht's Schweyk simply would »nicht aktiv an einer kommenden sozialistischen Revolution teilnehmen«. [11])

Now if this assessment is accurate and if other critics are also correct when they see in Schweyk a portrait of his creator, then we are smack up against a central problem of Brecht criticism. How can a character who fits so poorly into the scheme of organized Communism be a likeness of Brecht, whose professed allegiance to world Communism is beyond all debate? As long as access to personal memoirs and political documents in the Brecht Archives remains highly restricted, it is too early to form a complete view of Brecht the man; despite Esslin's work and the more recent study of Frederic Ewen [12]), this must remain a highly speculative area. Nevertheless it seems to us that enough evidence is in to justify drawing some tentative links between the Schweykian characters and their creator. Specifically, we feel that there is a real connection between Schweyk's essentially anarchic philosophy and Brecht's »Communism«. That this connection has been largely overlooked is due in part to ideological bias and in part to generally held but false suppositions about the »Schweikian mentality« on the one hand and about the nature of Brecht's »Communism« on the other. If we modify the conventional view of Schweyk to grant his frequent lack of self-interest, his humanitarianism and if we modify our view of the exiled Brecht to include a vision of »Communism« having but little to do with Party politics, we may find it easier to identify Brecht with his apolitical hero. As a term for what they share we suggest the neologism »Commune-ism«. Both Schweyk and Brecht are, we submit, Commune-ists, people eager above all else to live in harmony with their fellow men and in a world which is »ein gastlich Haus«. Such a world would certainly be classless, but its guiding principle would be friendliness, not its social and political organization.

A Commune-ist would of course look to the 19th-century Marxist-Humanist theory for his inspiration. But he could as readily draw on the simple *caritas,* the humanist vision of the Christian tradition, for the dream of the 19th-century Utopian Marxists is not very different from original Christianity's dream of peace on earth. [13]) This similarity, important in its own right, is significant for our thesis in that it underlines the strongly religious nature of 19th-century Marxism. Speaking of the early Marxists (the men who preceded the Apparatchiks) and here specifically of theoretical Marxism, Bertram Wolfe states this religious essence very nicely:

---

[11]) Pavel Petr, *Hašeks »Schwejk« in Deutschland* ([East] Berlin, 1963), p. 168.

[12]) *Bertolt Brecht: His Life, His Art, and His Times* (New York, 1967).

[13]) Both Lenz and Mayer have drawn this parallel. Also in this general regard see Hans Mayer's fine exposition of Brecht's »grubby« humanism in the essay »Brecht und die Humanität« in his *Anmerkungen zu Brecht* (Frankfurt, 1965).

> It made a true gospel of its particular brand of salvation. It possessed
> singleness, exclusivism, dogma, orthodoxy, heresy, renegation, schism, ex-
> communication, prophets, disciples, vocation, asceticism, sacrifice, the ability
> to suffer all things for the sake of the faith. Heresy or rival doctrine was
> worse than ignorance; it was apostasy. To the disciple even of so rational
> a doctrine as that of Marx, an *ipse dixit* was an irrefutable proof. [14])

It is true that Wolfe, after likening Marxism to a religious gospel which the believer
accepts on faith for the sake of future salvation, does call the doctrine »rational«. But
this is very much open to question. Too many of the »rational« predictions about
what had to happen have failed for one to be very happy with the basic logic of the
theory. And in addition to its appeal to faith, the passivity and dream-like naïveté,
which are also part of the early doctrine, argue against its rationality. Sit back and
relax, the gospel implies, for the proletariat will not only unite but also win. Once
they have done so, one can relax again, since Paradise will be upon us. The state will
wither away, money can be abandoned, and people will practice brotherly love as a
matter of course. To borrow the imagery of *Schweyk,* the friendly world Frau Kopecka
predicts in the »Song of the Kelch« will — also as a matter of course — become
reality.

When Brecht turned to Marxism in the late twenties, the lovely humanistic dream of
the early Marxists had by no means faded. On the one hand the purges had not yet
begun in the Soviet Union, and on the other the tottering of the Capitalist structure
seemed to herald the fulfillment of Marx's predictions for that edifice. Furthermore, as
Capitalism crumbled while Marxism flourished, the Fascist movement grew so
alarmingly that Brecht, like many another basically apolitical intellectual of the period,
saw in the world Communist movement the only effective counterforce to darkest
Reaction. The dream of Marx held out hope for those who might otherwise be
overwhelmed by the threat of approaching cataclysm; Brecht and the time were ripe
for Marxism. His conversion was, we are convinced, at least as emotional as it was
rational. The fervor of his initial commitment supports this idea as does the testimony
of two of his closest friends of the period, neither of whom saw Brecht as a rational
thinker. Feuchtwanger, in the figure of Kaspar Prökl in the novel *Erfolg,* challenges
Brecht's ability to understand social problems by logical analysis. And Fritz Sternberg,
a better authority on logic and political analysis than Feuchtwanger, says flatly
(though without the least malice) of Brecht: »Das systematische Denken lag ihm
nicht.« [15])

Because of the time when Brecht adopted Marxism, because of his initial fanaticism,
and because there is little evidence that he ever was a very logical thinker, we agree
with those critics who see his conversion as a profound religious-emotional experience.
He found in Communism what he wanted to find there, and this was the beautiful
humanistic dream of an idyllic world, which lay behind the logical façade. If this is
true, then we must seek Brecht's creed and the creed of his most successful characters
not in the activist doctrines of Lenin, Stalin, and Ulbricht, men presumably faced with
the task of reconciling harsh reality with wondrous vision. Rather, it should be clear
that Brecht's creed is derived from the dream world that was to come after the Stalins
and Ulbrichts had outlived their usefulness and had passed away. An undated »political
fragment« in the Brecht Archives shows (though proof is hardly needed) that he knew
well the difference between the political realities of the moment and the eventual goal:

---

[14]) *Three Who Made a Revolution* (New York, 1964), p. 35.
[15]) *Der Dichter und die Ratio: Erinnerungen an Bertolt Brecht* (Göttingen, 1963), p. 12.

> man kann nicht sagen: in dem arbeiterstaat rußland herrscht die freiheit.
> aber man kann sagen: dort herrscht die befreiung. [16])

One can deny the intelligence of his prediction but not the fact that his loyalty is to the salvation promised rather than to the political structure of the present. What Brecht longed for — or so we are convinced — was a world of simple, quiet peace where there was no further need of heroes, parties, functionaries, and politics. What he wanted was not the machine guns of the Vopos but the hospitable, undisturbed world of the »Kelch«.

With this we can now return briefly to the starting point. We agree with Esslin that Schweyk is a character who reappears in various guises in many of Brecht's best plays. And we agree that he is a portrait of the author . . . so much so in fact that he provides new insights into Brecht's commitment to Communism and perhaps a way of solving some of the puzzles which this commitment presents. But this only when Schweyk is seen correctly. No longer Hašek's good soldier who is motivated by savage but grandly comic self-interest and for whom survival is everything, the Schweyk of Brecht's play is prepared to run great risks for his friends and for the sake of the friendly world of his dreams. Of course, he too wants to survive to the time when such risks, such sacrifices, and such dangers are no longer necessary; but his wish is not for survival at any cost. His actions are ambivalent, now heroic, now passive and compliant. For his vision of an earth made over in the warm image of the »Kelch« and the reality of a political world which will always force the little man to bend are two quite different things. In a world of power, ambition, »higher and lower regions«, brutality, and wars there can perhaps be no clear strategy for realizing a goal which is beyond party and class. In this world there can certainly be no active and ideologically consistent tactic for establishing a harmony among men which is apolitical and Utopian. Schweyk has no such strategy nor did Brecht when he wrote *Schweyk im zweiten Weltkrieg,* during his exile and in one of his ideologically weak, least doctrinaire periods. But both dream the humanist dream of an undisturbed and lasting peace on earth. Both are Commune-ists who would like to live in the »hospitable house« of a world ruled by the anarchic god of Friendliness.

Charles W. Hoffmann

The Ohio State University

John B. Fuegi

University of Wisconsin-Milwaukee

---

[16]) BBA 73/03, portfolio entitled »Politische Aufsätze und Fragmente.«

ELIZABETH G. LORD

Borcherts Ballade von den Begrabenen

Ein wirksames Stilmittel des Dichters ist die Einschaltung einer kürzeren, in sich geschlossenen Dichtung in ein längeres Werk. So begegnen wir lyrischen Gedichten oder dramatischen Szenen im Roman, sachlichen Berichten oder Märchen im Drama, kurzen Geschichten oder Balladen in der Novelle. Funktion solcher Episoden ist es, als Parallelen oder Gegensätze ein Hauptthema zu betonen, oder die Fabel des Ganzen schärfer zu umreißen. Handelt die Einschaltung von vergangenen Ereignissen, die sich später auf ähnliche Weise wiederholen sollen — wie zum Beispiel Fürst Oheims Erzählung vom Marktbrand in Goethes »Novelle« — so wird im Leser eine Vorahnung erweckt und hierdurch seine Aufmerksamkeit und Spannung erhöht. Ist das Einschiebsel ein Gleichnis — wie das »Märchen« von den drei Ringen in Lessings Drama *Nathan der Weise* — so bewirkt es durch Vereinfachung und Verdichtung des Geschehens einen tieferen Eindruck und besseres Verständnis. Strukturell wird eine solche Episode zu einem Tragpfeiler und wesentlichen Teil des ganzen Werkes. Hier wollen wir nun sehen, wie Wolfgang Borchert dieses Stilmittel gebraucht, wenn er in seine Kurzgeschichte »Die lange lange Straße lang« [1] eine Ballade einschiebt. Wir hoffen zu zeigen, daß diese Episode nach Form und Inhalt mit einer alten Volksballade verwandt ist, und daß das Motiv dieser Volksballade, Tod und Auferstehung in der Natur, für Borcherts Werk von Bedeutung ist.

Auf den ersten Blick ist in »Die lange lange Straße lang« keine Ballade zu finden. Es fragt sich also, welcher Teil der Geschichte eine selbständige Einheit darstellt, dadurch daß er sich vom übrigen Text nach Form und Inhalt unterscheidet. Leutnant Fischer ist unterwegs zur Straßenbahn. Vom Krieg erschöpft und vom Hungern geschwächt, ist er kaum fähig, Wirklichkeit, Erinnerung und Wahnvorstellung auseinanderzuhalten. Was immer er sieht, bezieht er auf die Schrecken des Krieges. Borcherts Geschichte besteht also aus lose aneinandergereihten Straßenbildern und -szenen, aus schnell vorübergehenden Eindrücken, die erst durch ihre Assoziation mit dem Kriege Zusammengehörigkeit erlangen. Fischer liest eine Reklame für Lebensversicherung und meint dazu, daß seine toten Kameraden »ihr Leben nicht richtig versichert« hätten (S. 255). Er sieht, wie ein schwangeres Mädchen sich unter einen Eisenbahnzug wirft — »weil einer von den [Toten] nicht versichert war« (S. 257). Er hört ein Mädchen auf einer Bank heiser ein Lied singen: »Komm lieber Mai und mache die Gräber wieder grün ... die Schlachtfelder bierflaschengrün ...« (S. 256). Die Erinnerungen an Kriegserlebnisse und die Gedanken über die Schrecken des Krieges, die solche Eindrücke auf der Straße in Fischer hervorrufen, sind scheinbar Bruchstücke ohne inneren Zusammenhang. [2] Nur einmal gibt es in »Die lange lange Straße lang« eine Ausnahme und eine Einheit: Wenn die Schilderung vom nächtlichen Besuch der siebenundfünfzig bei Woronesch Begrabenen (s. u. S. 351) allein stünde, wäre sie völlig

---

[1] Wolfgang Borchert, *Das Gesamtwerk* (© Rowohlt Verlag, Hamburg, 1949), S. 244—264. Zitate aus dieser Ausgabe werden im Text nur mit der Seitenzahl angegeben.

[2] Siehe hierüber auch: A. D. Klarmann, »Wolfgang Borchert: The Lost Voice of a New Germany«, *Germanic Review*, XXVII (1952), 120.

verständlich. Sie hat eine eigene, zwingende Wirklichkeit, die weit über die Grenzen von Einbildung oder Angsttraum des Einzelnen hinausgeht. Die Handlung ist konsequent und einheitlich. Während »Die lange lange Straße lang« eine »offene Kurzgeschichte« [3]) ist, ist die Erzählung vom nächtlichen Besuch der siebenundfünfzig geschlossen und hat Anfang, Höhepunkt und Ende: Die Gefallenen stehen aus ihren Gräbern auf und gehen zusammen von einem Verantwortlichen zum andern, um zu fragen »warum«? Niemand weiß eine Antwort. Die Ermordung des Generals und der Besuch beim Minister führen zum Wendepunkt. Endlich wird hier die Frage »warum« beantwortet mit den Worten »Deutschland, Kameraden, Deutschland! Darum! (S. 250). Diese Antwort scheint unbefriedigend, denn die Toten wiederholen immer wieder: »Darum?« (S. 250, 251). Da ihnen nichts anderes übrig bleibt, kehren sie um und legen sich wieder ins Grab.

Auch sprachlich hebt sich diese Episode vom übrigen Text ab. Das Vorüberziehen der Eindrücke und Assoziationen in »Die lange lange Straße lang« ist begleitet vom Rhythmus des marschierenden Fußsoldaten. Um seinen müden Körper vorwärts zu zwingen, kommandiert Leutnant Fischer: »Links zwei drei vier links zwei drei vier links zwei weiter, Fischer!... schneidig ist die Infanterie zickezackejuppheidi...« (S. 244). Die Hebungen und Senkungen ergeben den geraden Takt des Marsches, der dann fast durchweg den Rhythmus der Prosa in dieser Geschichte bestimmt — auch wenn nicht direkt vom Gang zur Straßenbahn die Rede ist. Beim Schmied heißt es: »Pink Pank macht der Schmied. Pink Pank macht die Infantrie« (S. 249). Schon dem Titel der Geschichte liegt der gerade Takt zugrunde. Während der Wiedergabe des Angsttraumes (s. u.) setzt aber der Viervierteltakt aus! Hier fehlen auch »vereinende« und »trennende Aufzählung« [4]), deren sich Borchert sonst in »Die lange lange Straße lang« ausgiebig bedient. Ebenso fehlt Synästhesie. Von weiteren sprachlichen Unterschieden sei hier noch einer erwähnt: Während die umgebende Prosa Stabreim und verschiedentlich Binnenreime aufweist, beschränkt sich die Schilderung des nächtlichen Besuches (s. u.) auf den Endreim, der nur erscheint, wenn Wichtiges zu betonen ist: Fast ausschließlich lautet der Reim auf -um, im ersten Teil auf die Frage »warum«. Als einzige Ausnahme finden wir beim Wendepunkt »erschreckt«, »versteckt« und »Sekt«. Dann lautet der Reim wieder auf -um, diesmal als Folge der Antwort »darum«.

Sehen wir uns nun den Aufbau der Episode an. Jede Nacht kommen siebenundfünfzig gefallene Kameraden nach Deutschland an Leutnant Fischers Bett und fragen ihn, wo seine Kompanie sei:

> Bei Woronesch, sag ich dann. Begraben, sag ich dann. Bei
> Woronesch begraben. 57 fragen Mann für Mann: Warum? Und
> 57mal bleib ich stumm.

> 57 gehen nachts zu ihrem Vater. 57 und Leutnant Fischer.
> Leutnant Fischer bin ich. 57 fragen nachts ihren Vater: Vater,
> warum? Und der Vater bleibt 57mal stumm. Und er friert
> in seinem Hemd. Aber er kommt mit.

---

[3]) Siegfried Unseld, »An diesem Dienstag«, *Akzente,* II (1955), 142: »Dieses Offen-, dieses Nichtabgeschlossensein unterscheidet die literarische Art der Kurzgeschichte von der Novelle, die mit einem Definitivum endet, und von der Erzählung, die einen gerundeten Ausschnitt oder das Ganze eines geschlossenen Lebenskreises additiv berichtet; dies unterscheidet sie auch von der Feuilletongeschichte, die aus möglichst unkomplizierten Prämissen eine verblüffende Konklusion zu ziehen versucht.«

[4]) Über »conjunctive and disjunctive enumeration« siehe: D. W. Schumann, »Enumerative Style and Its Significance in Whitman, Rilke, Werfel«, *Modern Language Quarterly,* III (1942), 171—204.

57 gehen nachts zum Ortsvorsteher. 57 und der Vater und ich.
57 fragen nachts den Ortsvorsteher: Ortsvorsteher, warum?
Und der Ortsvorsteher bleibt 57mal stumm. Und er friert in
seinem Hemd. Aber er kommt mit.

57 gehen nachts zum Pfarrer. 57 und der Vater und der Ortsvorsteher und ich. 57 fragen nachts den Pfarrer: Pfarrer,
warum? Und der Pfarrer bleibt 57mal stumm. Und er friert in
seinem Hemd. Aber er kommt mit.

57 gehen nachts zum Schulmeister. 57 und der Vater und der
Ortsvorsteher und der Pfarrer und ich. 57 fragen nachts den
Schulmeister: Schulmeister, warum? Und der Schulmeister
bleibt 57mal stumm. Und er friert in seinem Hemd. Aber er
kommt mit.

57 gehen nachts zum General. 57 und der Vater und der Ortsvorsteher und der Pfarrer und der Schulmeister und ich. 57 fragen nachts den General: General, warum? Und der General —
der General dreht sich nicht einmal rum. Da bringt der Vater
ihn um. Und der Pfarrer? Der Pfarrer bleibt stumm.

57 gehen nachts zum Minister. 57 und der Vater und der Orts-
vorsteher und der Pfarrer und der Schulmeister und ich.
57 fragen nachts den Minister: Minister, warum? Da hat der
Minister sich sehr erschreckt. Er hatte sich so schön hinterm
Sektkorb versteckt, hinterm Sekt. Und da hebt er sein Glas
und prostet nach Süden und Norden und Westen und Osten.
Und dann sagt er: Deutschland, Kameraden, Deutschland!
Darum! Da sehen die 57 sich um. Stumm. So lange und stumm.
Und sie sehen nach Süden und Norden und Westen und Osten.
Und dann fragen sie leise: Deutschland? Darum? Dann drehen
die 57 sich rum. Und sehen sich niemals mehr um. 57 legen sich
bei Woronesch wieder ins Grab. Sie haben alte arme Ge-
sichter. Wie Frauen. Wie Mütter. Und sie sagen die Ewigkeit
durch: Darum? Darum? Darum?

(S. 249—251)

Diese Schilderung erfüllt die Forderungen einer einfachen, sachlichen Definition der
Ballade als einer »kleinen episch-lyrischen Dichtung, die in gedrängter Form eine zumeist
dramatisch bewegte effektvolle Handlung, oft grausigen oder düsteren Inhalts, volkstümlich gestaltet«. [5]) Grausig ist die Prozession der teils verwesten Verstümmelten und
der im Hemde frierenden Lebenden. Dramatisch und düster ist das vergebliche Fragen,
die Ermordung des Generals durch den Vater, und daß der Pfarrer dazu schweigt. Die
unbefriedigende Antwort läßt den Toten keine Ruhe im Grabe. All dies ist passender
Stoff für eine Ballade. Volkstümlich ist auch die Gestaltung dieses Stoffes. Der nächt-
liche Zug setzt sich aus »Soldat«, »Vater«, »Pfarrer«, »Schulmeister« und anderen na-
menlosen Typen zusammen, nicht aus individuell gezeichneten Charakteren. Wie der

---

[5]) Wilhelm Kosch, *Deutsches Literatur-Lexikon* (Bern, 1949).

Zug zustande kommt und anwächst, wird Auge und Ohr durch kumulative Wiederholung vermittelt: Dem allmählich immer länger werdenden Zug der Antwortheischenden entspricht die allmähliche Anhäufung von Worten und Sätzen. So dauert es auch immer länger, das immer mühsamere Weiterkommen des Zuges zu beschreiben. Bis zum Wendepunkt. Von hier an läuft das Geschehen schnell ab. Dieser rapide Ablauf erfolgt durch eine Zusammenfassung mittels einfacher Wiederholung an Stelle kumulativer Wiederholung.

Borcherts Gebrauch der sich häufenden Wiederholung, das Aneinanderreihen der einzelnen Figuren und der rapide Ablauf der Handlung nach dem Wendepunkt erinnern an Verse aus dem Schatz deutscher Kinderlieder: »Der Herr, der schickt den Jockel aus. / Er soll den Haber schneiden. . . .« [6]) Die Ballade von Jockel ist wohl eines der bekanntesten Beispiele für kumulative Wiederholung in deutscher Sprache. [7]) Wir dürfen annehmen, daß Borchert diese Verse kannte. Wahrscheinlich kannte er auch noch eine andere Fassung, die in *Des Knaben Wunderhorn* enthalten ist (s. u.). Nun erhebt sich die Frage, ob Borcherts Ballade von den Begrabenen außer der strukturellen auch noch eine thematische Ähnlichkeit mit der Volksballade hat. Da diese ihrem Wesen nach häufig sprunghaft ist, und daher nicht alle Zusammenhänge klar werden, ist für uns eine kurze Untersuchung von drei Fassungen zweckmäßig: Da sie einander ergänzen, geben sie ein vollständigeres Bild von ihrem Gehalt.

Das Kinderlied »Für die Jüngelcher von unsern Leut«, im Anhang von *Des Knaben Wunderhorn*, beginnt folgendermaßen:

> Ein Zicklein, ein Zicklein,
> Das hat gekauft das Väterlein
> Um zwei Schilling Pfennig,
> Ein Zicklein!
>
> Da kam das Kätzlein
> Und aß das Zicklein,
> Das hat gekauft mein Väterlein . . . [8])

Wie in der Ballade von Jockel werden die Strophen immer länger, indem Hund, Stock, Feuer, Wasser, Ochse und Schlächter hinzukommen. Dann erscheint in der Ballade vom Zicklein noch der Todesengel. Eine böse Tat reiht sich an die andere — in der Ballade von Jockel wiederholt sich der Ungehorsam. Beide Handlungen, das Tun von Verbotenem, wie auch das Nichttun von Befohlenem, sind in sich negativ. Nach langer Anhäufung von Negativem erscheint dann hier wie dort der Herr, und die Handlung geht schnell einem positiven Ende zu:

> Da kam unser lieber Herr Gott
> Und schlächt den Malach hammoves, [Engel des Todes]
> Der da hat geschlächt den Schochet, [Schlächter]
> Der da hat geschlächt den Ochsen,
> Daß er hat getrunken das Wasserlein,
> Das da hat verlöscht das Feuerlein,
> Das da hat verbrennt das Stöckelein,
> Das da hat geschlagen das Hündelein,

---

[6]) Zu finden in Maria Kühn, *Macht auf das Tor! Alte Deutsche Kinderlieder* (Königstein im Taunus, 1950), S. 135, und in vielen Kinderbüchern.

[7]) Ähnliche kumulative Geschichten aus anderen Sprachen werden von Joseph Jacobs in seinen Anmerkungen zu *English Fairy Tales* (London, 1893) angeführt.

[8]) *Alte Deutsche Lieder*, gesammelt von L. Achim von Arnim und Clemens Brentano.

> Das da hat gegessen das Zicklein,
> Das da hat gekauft das Väterlein
> Um zwei Schilling Pfennig,
> Ein Zicklein! Ein Zicklein! [9])

Ein Zicklein wird im Frühling geboren, und das Lied handelt vom Sieg Gottes über den Tod. Es ist eine deutsche Fassung von *Had Gadya* [10]), einem aramäischen Kindertanzlied. Man singt es an den ersten beiden Abenden von *Passah*, dem achttägigen jüdischen Fest, das im Frühlingsmonat gefeiert wird. Dies war ursprünglich ein altes Hirtenfest, an dem man dem Mondgott die Erstgeburten der Tiere darbrachte. Das Zicklein im Lied, wie auch das jüdische Osterlamm, geht wohl auf ein solches zum Opfer bestimmtes Erstgeborenes zurück. Heute wird angenommen, daß der Ursprung des Liedes *Had Gadya* in »Der Herr, der schickt den Jockel aus ...« zu suchen ist. [11]) Die Ballade von Jockel handelt aber nicht von Frühling und Wiedererwachen der Natur, sondern von Ernte und Herbst, was auch durch eine ähnliche Fassung in Norks »Festkalender« bestätigt wird. Hier steht unter dem 17. September:

In Münster wird am Lambertiabend ein Reihentanz um einen erleuchteten Laubkranz aufgeführt. ... Ehedem wurde das Fest mit größerem Glanz gefeiert, die langen Züge der Kapuziner, Observanten, Dominicaner und Minoriten verhalfen der Procession zu einigem Ansehn, und ein großer Kreis tanzte auf dem Markte um eine stattliche Pyramide, und dabei wurden »Lambertuslieder« gesungen, von welchen hier eines zur Probe:

> Der Herr, der schickte den Jäger aus,
> Sollt' die Birnen schmeißen.
> Jäger wollt' kein Birnen schmeißen,
> Birnen wollten nicht fallen,
> Der Jäger wollt' nicht sammeln ... [12])

Als Zusammenfassung und zum Vergleich sei hier wieder der Schluß angeführt:

> Da schickt der Herr den Teufel aus,
> Sollt' sie alle holen:
> Teufel wollt' wohl alle holen,
> Ochse wollt' wohl Wasser saufen,
> Wasser wollt' wohl Feuer löschen,
> Feuer wollt' wohl Knüttlein brennen,
> Knüttlein wollt' wohl Hündlein prügeln,
> Hündlein wollt' wohl Jäger beißen,
> Jäger wollt' wohl Birnen schmeißen,
> Birnen wollten wohl fallen,
> Jäger wollt' wohl sammeln. [13])

Allem Anschein nach handelt es sich hier um ein Erntedankfest teils heidnischen, teils christlichen Ursprungs. Der Jäger soll Birnen sammeln — Jockel soll den Hafer schnei-

---

[9]) Ebd.
[10]) *The Jewish Encyclopedia*, VI (Funk and Wagnalls Co., New York and London, 1904, 1910)
[11]) Ebd.
[12]) [Friedrich Korn], *Etymologisch-symbolisch-mythologisches real-wörterbuch zum handgebrauche für bibelforscher, archäologen und bildende künstler*, von F. Nork (Stuttgart, 1843—45), S. 587.
[13]) Ebd.

den. Der Herr des Jägers ist Gott, denn er hat die Macht, den Teufel auszuschicken. Man darf dann annehmen, daß auch Jockel von Gott dem Herrn ausgeschickt wird. In beiden Fassungen tut der ausgeschickte Knecht nicht, wie ihm geheißen. Noch gehorchen die andern, die ihn dazu bringen sollen, das Gebot des Herrn auszuführen. In der einen Ballade geht der Herr schließlich »selbst hinaus und macht gar bald ein End' daraus«, in der anderen verschafft der Teufel dem Herrn Gehorsam.

Die drei Versionen haben miteinander gemeinsam, daß sich im ersten Teil langsam entwickelt, was im zweiten Teil schnell und entschieden überwunden wird. Die alte Ballade ist ein Lied zum Dank für die Ernte im Herbst, bzw. zum Lob des neu erwachenden Lebens im Frühling. Sie ist ein vertrauensvolles und freudiges Lied von Gott und vom Kreislauf in der Natur, — von Tod und Auferstehung. Daß Borcherts Ballade von den Begrabenen durch ihren Aufbau und die kumulative Wiederholung mit der alten Ballade verwandt ist, wurde bereits gezeigt; nun findet sich im negativen ersten Teil ihres Inhalts ein weiterer verwandter Zug.

Borcherts Ballade von den Begrabenen wirkt umso tragischer, da sie aus der Verkehrung eines freudigen Erntedankliedes hervorgegangen ist. Eine Spannung macht sich fühlbar, die hervorgerufen wird durch alle Gegensätze, die eine solche Gegenüberstellung in sich birgt: Kindheit und Kriegsgrauen, Zuversicht und Verzweiflung, Überwindung des Bösen und Zerstörung der Werte. In der Prozession der Toten könnte man eine schreckliche Abwandlung fröhlicher Auferstehung sehen. Im Gegensatz zur Volksballade ist und bleibt die Stimmung zutiefst unglücklich und hat eher Ähnlichkeit mit dem nach Inhalt und Aufbau auch verwandten biblischen Gleichnis vom Herrn des Weinberges. Als die Weingärtner ihm seinen rechtmäßigen Anteil am Ertrag verweigern, sendet der Herr einen Knecht nach dem andern aus, zuletzt noch seinen einzigen Sohn. Alle werden mit Gewalt daran gehindert, ihm von der gereiften Frucht zu bringen — einige werden getötet, darunter der Sohn. »Was wird nun der Herr des Weinberges thun? Er wird kommen und die Weingärtner umbringen, und den Weinberg andern geben« (Markus XII, 1—9). Ob Borchert dies Gleichnis im Sinne hatte, ist schwer zu sagen. Er bezieht sich häufig auf die Bibel [14]), und Christus erscheint in seinem Werk fast ausschließlich als Verkörperung des Leidens und als ein Mensch, der von Menschen getötet und begraben wurde (s. u.).

Sehen wir nun, welche Rolle die Ballade in der Geschichte spielt. Die siebenundfünfzig bei Woronesch Begrabenen kommen in »Die lange lange Straße lang« immer wieder vor, und der Ort wie auch ihre Zahl wird zum Leitmotiv. Das Ganze kommt also keineswegs ohne diesen Teil aus, wenn er auch allein stehen könnte. Die Ballade bildet gewissermaßen den Kern des Ganzen. Sie erklärt den Zusammenhang der Vorstellungen in Fischers Bewußtsein. Sie stellt die einzig wichtige Frage und zeigt, daß es darauf eigentlich keine Antwort gibt. Also sollte der Mensch vermeiden, daß sich die Notwendigkeit für diese Fragestellung überhaupt je ergibt: Er sollte das Leben niemals mißachten. [15])

Borchert führt dieses Hauptthema aus, indem er verschiedentliche Auswirkungen in Szenen gestaltet. Für jede solche Szene entwickelt er einen prägnanten Ausdruck und wiederholt ihn, bis er repräsentativ wird. Wenn »das Mädchen mit dem runden Bauch« (S. 257) erwähnt wird, werden wir daran erinnert, daß sie auf dem Bahnsteig stand und die Räder der Züge zählte, bis sie sich unter einen warf, der genug Räder hatte — und daß dies geschah, weil einer der siebenundfünfzig »nicht versichert« war — und wir werden daran erinnert, daß die siebenundfünfzig bei Woronesch gefallen und

---

[14]) Siehe hierüber auch: Kurt J. Fickert, »Some Biblical Prototypes in Wolfgang Borchert's Stories«, *The German Quaterly*, XXXVIII (March 1965), 172—178.

[15]) Borcherts »Dann gibt es nur eins« (*Gesamtwerk*, S. 318) handelt von nichts anderem.

begraben sind. Die uns bereits eingeprägten Ausdrücke werden wiederholt. Diese Aufzählung wächst im Laufe der Erzählung an, bis Fischer endlich in die Straßenbahn
einsteigt. Alle Menschen, die für Fischer eine Rolle gespielt haben, fahren mit. Die
siebenundfünfzig, Leutnant Fischer voran und seine Mutter hinterher, marschieren
neben der Straßenbahn. (Er sieht sich zweimal.) So wird hier die alte kumulative
Wiederholung bei moderner Stream-of-consciousness-Technik angewendet.

Eine ähnliche Spannung wie sie in der Ballade aus der Umkehrung von Positivem ins
Negative entstand, macht sich auch sonst in »Die lange lange Straße lang« bemerkbar.
Alles Gute ist in Unheil verwandelt worden. Während junge Dichter des Ersten Weltkrieges in gemeinsamer Erinnerung an eine glückliche Kindheit ein Mittel zur Überwindung von Trennung und Feindseligkeit unter den Menschen sahen, bietet die Kindheit in Borcherts Geschichte keinerlei Zuflucht. Dies mag historische Gründe haben,
aber so unentwegt schwarz wie Leutnant Fischer sieht nicht leicht jeder seiner Generation.
Er klagt, daß seine Mutter ihn »von [sich] geschrien« und »allein gelassen« hat (S. 245).
— Der liebe Gott kann einem hungernden kleinen Mädchen keine Suppe geben, weil er
keinen Löffel hat. Auch Fischer muß hungern, weil der liebe Gott keinen Löffel hat.
Wohl aber hat der Hampelmann des Leierkastenmannes ein Löffelchen, womit er
»hundert Millionen« (S. 263) vergiften kann. — Fischer sieht einen kleinen Jungen
beim Schmied Nägel holen: Sie sind für die Kreuzigung von drei Männern und »der,
der sagt, er ist Gottes Sohn, [ist] auch dabei« (S. 249). Von den schweren Nägeln bie-
gen sich die kleinen Hände. Schon das Kind muß helfen, wenn Menschen von Menschen
getötet werden sollen.

Hier muß noch eine andere Geschichte Borcherts erwähnt werden, in der das Motiv
von Tod und Auferstehung pessimistisch und mit derselben Spannung behandelt wird:
»Jesus macht nicht mehr mit« (S. 178—181). Jesus ist hier ein Armer im Geiste, den
»der Alte ... so [nennt], weil er so sanft aussieht« (S. 181). Er ist Soldat an der Front
und muß helfen, in der fest gefrorenen Erde Gräber auszusprengen. Dann muß er aus-
probieren, ob sie passen. Den »ganzen Tod hindurch« muß man unbequem liegen,
denn die Gräber sind immer »reichlich kurz«. Außerdem sind sie »viel zu flach. Im
Frühling kommen nachher überall die Knochen aus der Erde. Wenn es taut« (S. 180).
Das ist ihm gräßlich, und daß »immer [er] in die Gräber steigen soll«. Jesus beschließt,
nicht mehr mitzumachen. Vorsichtig legt er seine Spitzhacke neben den Haufen von
toten Menschen: »Um Gottes willen keinen wecken!« (S. 180, 181). Dieser Satz wird
mehrmals wiederholt, während Jesus sich entfernt. Diese Geschichte zeugt nicht von des
Dichters Nihilismus [16]), sondern von der Unmenschlichkeit des Menschen. Wenn im
Frühling keine andere Saat aufgeht als die Knochen der Toten, wenn es also in der
Natur keine Wiederauferstehung gibt, liegt es daran, daß der Mensch den Tod gesät
hat. Wenn Gott tot ist [17]) dann hat der Mensch ihn getötet. Meiner Meinung nach ist das
Borcherts Ansicht, wenigstens als Dichter. So wie bei Rilke der Mensch an Gott baut,
wird er bei Borchert vom Menschen zerstört. Darin liegt an sich kein Widerspruch. Aber
die Ausführung dieses Themas würde hier zu weit führen.

Kehren wir noch einmal zurück zur alten Ballade vom Kreislauf in der Natur. Wie wir
gesehen haben, besteht ihr erster Teil aus der Anhäufung dessen, was zu überwinden
ist. Bisher haben wir bei Borchert nur gefunden, was dieser Anhäufung entspricht —
ohne Hoffnung auf Überwindung. Tod und Grab erscheinen als endgültig. Und doch
zeugen andere Geschichten von einem Glauben an Umgestaltung und Wiederkehr

---

[16]) Bernhard Meyer-Marwitz nennt es ein »voreiliges und oberflächliches Urteil«, wenn Borchert
als nihilistischer Dichter bezeichnet wird (Gesamtwerk, S. 345). Über Borcherts Nihilismus
siehe auch: Klarmann, S. 122.

[17]) Siehe hierüber auch Klarmann, S. 110—111.

organischer Formen im Diesseits, an Tod und Auferstehung im Sinne der Natur-religionen. Eine Spiegelung des thematisch positiven Ablaufs der alten Ballade kommt also in Borcherts Werk vor.

Wieder zu guter, fruchtbarer Erde zu werden, bedeutet für Borchert nicht nur Zerfall und Vernichtung des Lebewesens, sondern einen großen Trost. Das beste Beispiel hierfür ist die Geschichte »Radi«. Radi ist ein einstiger Schulkamerad und kommt nachts ans Bett des Freundes, um etwas mit ihm zu besprechen. Er ist im Winter in Rußland gefallen und klagt, daß ihm alles fremd sei: »Die Bäume sind so fremd. So traurig, weißt du ... Und die Steine stöhnen auch manchmal. Weil sie russische Steine sein müssen. Und die Wälder schreien nachts. Weil sie russische Wälder sein müssen. Und der Schnee schreit. Weil er russischer Schnee sein muß. Ja, alles ist fremd. Alles so fremd. ... Auch man selbst« (S. 188). Radi bittet den Freund, auf einen Augenblick nach Rußland mitzukommen. Er zeigt auf ein Skelett und erklärt, daß er das sei, daß es aber mit all dem, was er früher war, nichts mehr zu tun hätte. »Dann hob er mit den Fingerspitzen etwas von der dunklen Erde hoch und roch daran. Fremd, flüsterte er, ganz fremd. Er hielt mir die Erde hin. ... Riech, sagte er. ... Sie riecht gut, sagte ich« (S. 190). Auf seine ängstlichen Fragen hin versichert der Freund dem Toten wiederholt, daß diese Erde weder fremd noch widerlich rieche, sondern »etwas sauer ... etwas bitter«, wie »alle Erde« und »ausgesprochen gut«. Radi solle doch noch einmal riechen. Dieser

steckte seine Nase ganz in die Hand mit der Erde hinein und atmete. Dann sah er mich an. Du hast recht, sagte er. Es riecht vielleicht doch ganz gut. Aber doch fremd, wenn ich denke, daß ich das bin, aber doch furchtbar fremd, du. Radi saß und roch und er vergaß mich und er roch und roch und roch. Und er sagte das Wort fremd immer weniger. Immer leiser sagte er es. Er roch und roch und roch (S. 190—191).

Da geht der Freund nach Hause zurück. »In den Vorgärten sah überall Erde durch den Schnee. Und ich trat mit den nackten Füßen auf die dunkle Erde im Schnee. ... Und sie roch. Ich stand und atmete tief. Ja, sie roch. Sie riecht gut, Radi, flüsterte ich. Sie riecht wirklich gut. Sie riecht wie richtige Erde. Du kannst ganz ruhig sein« (S. 191).

Aus guter Erde erwächst wieder neues Leben — und für Borchert die Hoffnung auf Wiederkehr im Diesseits. Dafür ist »Die Hundeblume« (1946) ein gutes Beispiel. Lange völlig auf sich selbst angewiesen, hatte ein Gefangener allen Zusammenhang mit dem Leben verloren. Eines Tages entdeckte er beim Rundgang im Hof einen Löwenzahn, und es gelang ihm nach langem Trachten und vielen Ängsten, diese Hundeblume abzureißen. In der Zelle stellte er sie in seinen Wasserbecher. »Aber du riechst ja nach Erde. Nach Sonne, Meer und Honig, liebes Lebendiges!« sprach er zu ihr.

> Er war so gelöst und glücklich, daß er alles abtat und abstreifte, was ihn belastete: die Gefangenschaft, das Alleinsein, den Hunger nach Liebe ... die Welt und das Christentum — ja, auch das!

> Er war ein brauner Balinese, ein »Wilder« eines »wilden« Volkes, der das Meer und den Blitz und den Baum fürchtete und anbetete. Der Kokosnuß, Kabeljau und Kolibri verehrte, bestaunte, fraß und nicht begriff. So befreit war er, und nie war er so bereit zum Guten gewesen, als er der Blume zuflüsterte ... werden wie du ...

> Die ganze Nacht umspannten seine glücklichen Hände das vertraute Blech seines Trinkbechers, und er fühlte im Schlaf, wie sie Erde auf ihn häuften, dunkle, gute Erde, und wie er sich

der Erde angewöhnte und wurde wie sie — und wie aus ihm
Blumen brachen: Anemonen, Akelei und Löwenzahn — win-
zige, unscheinbare Sonnen (S. 39).

In seiner Darstellung von Borcherts Leben und Werk stimmt Peter Rühmkorf mit der
hier gebrachten Auslegung insofern überein, als er zu einer früheren Prosaskizze »Die
Blume« (1941) bemerkt, daß »ganz vorn und an erster Stelle ... hier die Erfahrung des
Nichts« stehe. Andererseits aber fände sich wie in der Geschichte »Die Hundeblume« am
Schluß »jene besondere, jene anbetend-beschwörende Verehrung einer Blume, die man
als primitive, als prächristliche Religiosität bezeichnen könnte«. Hier offenbare sich
»uns als letztes Beständiges der Glaube an den ewigen Kreislauf des Lebendigen, an
die Einfügung des Menschen in einen gütlichen Naturzusammenhang und eine Wiederkehr im Diesseits«. [18]) Von einem solchen Glauben zeugt auch ein Gedicht aus Borcherts
Nachlaß. Unter dem Titel »Wir sind im Kreis« lautet die letzte von drei Strophen:

Kein Tod ist stärker als dies Sein,
das um das Letzte weiß —
Forelle, Rose, Mensch und Stein:
Wir sind im Kreis. [19])

Ein anderes Mal schreibt Borchert mit Galgenhumor:

Um meinen Körper hab ich keine Bange —
der ist bei Wurm und Made bestens aufgehoben.
Das große Karussell bleibt stets im Gange:
Als Distel bin ich morgen wieder oben. [20])

In einer kurzen Geschichte Wolfgang Borcherts fiel uns eine Episode durch die Dichte
ihres Inhalts und durch ihre Form auf. Als Ballade ließ sie sich sprachlich und im
Aufbau eindeutig von ihrer Umgebung unterscheiden, zeigte jedoch bemerkenswerte
stilistische Beziehungen zur sonstigen Prosa. Die Art der Einfügung und die Spannung,
die in dieser Episode durch die Vereinigung von Gegensätzen entsteht, zeugen von
Borcherts künstlerischem Können und widerlegen einen Vorwurf, der ihm manchmal
gemacht wurde: es fehle seiner Dichtung an Form. [21])
Wir haben auch gesehen, daß die Ballade von den Begrabenen im Wesentlichen den
Gehalt anderer Geschichten vertritt. Aus dem Vergleich mit einer alten deutschen Ballade
vom Kreislauf in der Natur ging hervor, daß Borcherts Ballade nur den negativen, zu
überwindenden Teil dieses Vorbilds widerspiegelt. Das Positive läßt sich jedoch in
einigen anderen Dichtungen Borcherts finden — allerdings beschränkt auf die reale
Ebene des Gleichnisses von Tod und Auferstehung.

Washington State University, Pullman   Elizabeth Grunbaum Lord

---

[18]) Peter Rühmkorf, *Wolfgang Borchert in Selbstzeugnissen und Bilddokumenten* (Rowohlt
Verlag, Hamburg, 1961), S. 67—68.
[19]) *Akzente*, II (1955), S. 120.
[20]) Rühmkorf, S. 75.
[21]) Siehe hierüber: Konrad Freydank, *Das Prosawerk Borcherts: Zur Problematik der Kurzgeschichte in Deutschland* (Dissertation Philipps-Universität, Marburg, 1964).

EGBERT KRISPYN

Günter Eich und die Romantik

Beim ersten Wiederaufblühen des deutschen literarischen Lebens nach dem zweiten Weltkrieg tat sich zwischen der Lyrik und der Prosa ein grundsätzlicher Unterschied kund. Der damals entstandene Ausdruck »Kahlschlagprosa« zeigt, daß auf dem Gebiete der erzählenden Literatur wieder einmal die traditionelle Fiktion der völligen Traditionslosigkeit aufgewärmt wurde. Dies geschah vor allem im Kreise der »Gruppe 47«, die, nach Aussage Werner Richters, ausdrücklich gegen die werdende Lyrik Stellung nahm. In seiner etwas ungelenken Sprache erklärte Richter: »Die heutige schreibende Jugend hat sich zum großen Teil von dem ungeheuren Schock der letzten Jahre noch nicht erholt und zieht sich in eine imaginäre romantische Welt zurück. Ein Beispiel dafür ist das kolossale Anwachsen der Lyriker, die zum Teil gute Sachen schreiben. Aber diese Romantiker leben noch immer in einer anderen Zeit. ...« [1]

Der Vorwurf, romantische Traditionen zu hegen, konnte, von Richters Standpunkt aus, mit besonders gutem Recht gegen Günter Eich als den Dichter des 1948 erschienenen Lyrik-Bandes *Abgelegene Gehöfte* erhoben werden. [2] In dem in dieser Sammlung abgedruckten Gedicht »Wiepersdorf, die Arnimschen Gräber« zieht Eich sich nicht nur, um mit Hans Werner Richter zu sprechen, in »eine imaginäre«, sondern — und zwar ganz offen — in die historische romantische Welt zurück.

> Die Rosen am Verwildern,
> Verwachsen Weg und Zaun, —
> in unverwelkten Bildern
> bleibt noch die Welt zu schaun.
>
> Tönt noch das Unkenläuten
> zart durch den Krähenschrei,
> will es dem Ohr bedeuten
> den Hauch der Zauberei.
>
> Umspinnt die Gräberhügel
> Geißblatt und Rosendorn,
> hört im Libellenflügel
> des Knaben Wunderhorn!
>
> Die Gräser atmen Kühle
> im gelben Mittagslicht.
> Dem wilden Laubgefühle
> versank die Stunde nicht.

---

[1] Zitiert nach Albert Soergel und Curt Hohoff, *Dichtung und Dichter der Zeit* (Düsseldorf, 1963), Bd. II, S. 823.

[2] Erschienen bei Georg Kurt Schauer (Frankfurt/Main).

Im Vogelruf gefangen,
im Kiefernwind vertauscht
der Schritt, den sie gegangen,
das Wort, dem sie gelauscht.

Dem Leben, wie sies litten,
aufs Grab der Blume Lohn:
Für Achim Margeriten
und für Bettina Mohn!

Nicht unter Stein und Ranke
schläft oder schlägt ihr Herz,
ein ahnender Gedanke
weht her von anderwärts.

Verstummen uns die Zeichen,
wenn Lurch und Krähe schwieg,
hallt aus den Sternbereichen
die andere Musik. [3])

War Eichs Rückgriff auf die Romantik nun wirklich, wie Richter implizierte, nichts als ratloser Eskapismus? Oder fand er in den Anschauungen jener Epoche, die ja auch im Zeichen nationaler Erschütterungen stand, gültige Anhaltspunkte für die lyrische Erfassung der Welterfahrung seiner eigenen Zeit? In den zweiundzwanzig Jahren, die seit dem Erscheinen der *Abgelegenen Gehöfte* vergangen sind, hat die Zeit, diese gerechte Richterin, ihr Urteil schon unmißverständlich gesprochen. Die »Trümmerliteratur« und »Kahlschlagprosa« sind zum größten Teil bestenfalls noch von literarhistorischem Interesse, die »Gruppe 47« ist dabei, sich selbst zu überleben, aber Günter Eichs Lyrik hat, immer noch aus den gleichen romantischen Quellen gespeist, mittlerweile eine künstlerische Vollkommenheit erreicht, von der das Arnim-Gedicht noch weit entfernt ist.

Aber gerade dadurch, daß in diesem Gedicht die Ideen nicht ganz durch*gebild*et, nicht restlos in die lyrisch-schöpferische Symbolwelt aufgegangen sind, deuten diese Strophen offen auf den Punkt hin, in welchem Eich sich der Romantik am engsten verbunden fühlt. Bei den Arnimschen Gräbern spürt er Achims und Bettinas Gegenwart über Zeit und Tod hinweg. Der Geist ihres Lebens und Schaffens ist in die Natur, in Pflanzen und Tiere »aufgehoben«. Aber die Arnimsche Welt war nicht bloß irgendeine willkürliche Konstruktion. Sie hatte die ewige Gültigkeit der mystischen Offenbarung; war Widerklang der göttlichen All-Einheit. Die Romantiker lauschten dem adamischen Urwort, das am Anfang der zeitlichen Schöpfung steht, und deren einzige Verbindung mit der Ewigkeit ist. Ihre Versuche, das Zauberwort zu treffen, erkennt Eich als das

---

[3]) Auch in *Ausgewählte Gedichte* (Frankfurt/M.: suhrkamp texte 1, 1960). Zu der inhaltlichen Beschäftigung mit den Romantikern Achim und Bettina von Arnim gesellen sich formale und thematische Anklänge an die »typische« romantische Lyrik. So gibt es z. B. von Max von Schenkendorf ein Gedicht »An Jakob Böhmes Grab« mit genau derselben volksliedartigen strophischen Struktur und sehr ähnlicher Terminologie, wie folgende Strophe bezeugt:
> Des ew'gen Ursprungs Spuren,
> Die Form aus erster Hand,
> Der Dinge Signaturen —
> Sind sie so schnell erkannt?

(*Gedichte*, hrsg. von A. Hagen, 4. Aufl. [Stuttgart, 1871], S. 67 f.)

Wesentliche. Ja, wie Pflanzen und Tiere an der Grabstätte das Dasein der Arnims
zeichenhaft darstellen, so symbolisiert für Eich ihr heraufbeschworenes Bild das eigentliche Mysterium. »Der Schritt, den sie gegangen«, und »das Wort, dem sie gelauscht«
sind ihm auswechselbare Vorstellungen, »im Kiefernwind vertauscht«. Und wenn beim
Einbruch der Nacht die Pflanzen unsichtbar werden und die Tiere schweigen, wenn
diese Zeichen des symbolhaften Daseins von Achim und Bettina verstummen, dann
erscheinen die Sterne als supramenschliche Symbole der *unio mystica*. In diesem Gedicht
bekennt sich Eich also zu einer Auffassung der ganzen diesseitigen Schöpfung als Chiffre,
Hieroglyphe der Ewigkeit.

Ein Überblick über seine seitdem erschienenen Werke bezeugt, daß es sich hierbei
keineswegs um einen vereinzelten Fall handelt. Die Betrachtung der Zeit- und Raum-
gebundenen Welt als verschlüsselten Zeichens des transzendentalen Absoluten ist nicht
bloß anempfunden angesichts des Arnimschen Grabes. Im Gegenteil; diese Anschauung
ist ein wesentlicher Bestandteil des Eichschen poetischen Universums. Bezeichnend ist
in diesem Zusammenhang der Titel *Botschaften des Regens*, den er, nach einem darin
enthaltenen Gedicht, einer 1955 erschienenen Lyriksammlung gab. [4]) Die zweite Strophe
des Titelgedichts lautet:

> Jenseits der Wand schallt das Fensterblech,
> rasselnde Buchstaben, die sich zusammenfügen
> und der Regen redet
> in der Sprache, von welcher ich glaubte,
> niemand kenne sie außer mir —

Eichs Hörspiel *Allah hat hundert Namen* ist die mit wundervollem Humor gestaltete
Geschichte des Ägypters Hakim und seiner Frau Fatime, die, der Stimme des Propheten
gehorchend, zueinander fanden, ein blühendes Geschäft aufbauten und, immer noch
den Eingebungen Mohammeds folgend, über Nacht Pleite machten. [5]) Auf dem Höhepunkt seines Wohlstandes begreift Hakim plötzlich, wohin er sein Sinnen und Trachten
zu lenken hat, nämlich auf den hundertsten Namen Allahs, in dem das Geheimnis
der Welt verborgen liegt, der alles begreift, der Himmel und Erde bewegt. Aber alle
Bemühungen, um das Wort zu erfahren, sind umsonst, bis Armut und Alter ihn zur
Einsicht bringen, daß alle Dinge, als Dinge *erlebt* und nicht als Begriffe *betrachtet*, auf
das Geheimnis des Weltalls hinweisen. Hakim sagt, »Als mir der Star gestochen war,
sah und hörte ich den hundertsten Namen Allahs hundert- und tausendfach. Im Ruf
eines Vogels und im Blick des Kindes, in einer Wolke, einem Ziegelstein und im Schrei-
ten des Kamels.«

Sehr häufig führt Eich in seine poetische Welt Vögel ein als Symbole der Ewigkeit.
Diese Tiere sind hierzu besonders geeignet, da sie so dargestellt werden können, daß
die Zeit- und Raum-Kategorien in ihrer Gestalt sich verbinden. Das regelmäßige Auf
und Ab der Flügel versinnbildlicht wie der Herzschlag, wie ein Metronom, das unauf-
hörliche Fortschreiten der Zeit. Die Bewegung der fliegenden Vögel teilt das Himmels-
gewölbe auf durch die Linien, die sie darüber zu ziehen scheinen, und wird so zum
Ausdruck des Raums. Die Kombination dieser Kategorien im Bild des Vogels deutet

---

[4]) (Frankfurt/M.) Auch in edition suhrkamp, Nr. 48 (Frankfurt/M., 1961). Weitere zu er-
wähnende Werke von Günter Eich, deren Verlagsort nicht in den Fußnoten angegeben wird,
erschienen ebenfalls bei Suhrkamp, Frankfurt/M.

[5]) Dieses Stück, sowie die im folgenden zu erwähnenden Hörspiele, mit Ausnahme des ungedruckten *Schritte zu Andreas*, jetzt in *Fünfzehn Hörspiele* (Frankfurt/M., 1966), Die Bücher
der Neunzehn, Bd. 136.

auf den Zustand hin, in dem sie aufgehoben sind in eine absolute Dimension, mit anderen Worten, die Ewigkeit.
Auf dieser Bedeutung des Vogel-Motivs basiert das Hörspiel *Sabeth*. Von der Titelfigur, einem riesigen Raben, heißt es:

Er existierte so, daß es war, als ob er nicht existierte. Ich glaube, daß er in einer Welt lebte, in der die unsre als ein Teil enthalten ist. ... Haben wir nicht eine Ahnung davon in dem Rätselhaften und Schrecklichen, was wir Zeit nennen? Das ist der Rest, der sich in unserm Raum nicht einordnen läßt. Für Sabeth gab es keine Zeit in unserm Sinne. Er lebte darin wie wir im Raum. Er lebte in der Ewigkeit.

Und Sabeth selber, diese vogelähnliche Manifestation der Ewigkeit, sagt von sich und seinesgleichen, »vielleicht kamen wir den Menschen nur wie Raben vor. Vielleicht ist das die Gestalt, in der wir ihnen sichtbar werden können. Oder vielleicht ist es eine der Gestalten«.
Von den vielen Gedichten, in denen Eich die Vögel als Chiffre des Absoluten benutzt, sei hier nur »Ende eines Sommers« aus *Botschaften des Regens* erwähnt. Hier heißt es, der Vogelzug »mißt seinen Teil von Ewigkeit gelassen ab«, und der Moment des Todes, in dem alle Geheimnisse gelöst werden, wird eine Entsieglung der Vogelschrift genannt.
Die Belege für den symbolischen Charakter alles naturhaft Dinglichen in Eichs Dichtung ließen sich fast beliebig häufen. Nur ein paar Beispiele verschiedener Art seien noch angeführt. Der Dichter spürt die Nähe der Unsterblichkeit im Fledermausflügel und in den Scheinwerfern eines Omnibus. Alles erklärte sich leicht »aus den Wirbeln des fallenden Eschenblatts«. Einsichten in die Wahrheit sind, nur dem Schlafe begreiflich, enthalten in den »Steinmetzzeichen im Laub«. Im Gewitter liest Eich

> Texte, gesetzt
> um deine Verfolgung zu regeln,
> Buchstaben im Weiß,
> schwarzes Geäst,
> Laubwerk,
> in die Ordnung des Bösen gebracht —

Der Maulwurfshügel ist eine Nachricht, und die Quallen an dem Strand zeigen eine undeutbare, hieroglyphische Inschrift. [6]
Idee und Bezeichnung der Hieroglyphik oder Chiffrenschrift der Natur stammen ursprünglich von Shaftesbury, der sie aus Böhmes, im Zusammenhang mit seiner Natursprachenlehre entwickeltem Begriff der Signatur abgeleitet hatte. [7] Durch ihn und seine Landsleute John Pordage und Robert Fludd kamen die Romantiker und ihre deutschen Vorläufer mittelbar mit dem geistigen Erbe des Görlitzers in Berührung. [8]
In der romantischen Vorstellung der natürlichen Hieroglyphen lag der Akzent jedoch nicht ganz auf dem gleichen Punkt, wie in Böhmes Signatur-Begriff. Für diesen war die Erscheinung der Dinge zunächst deutbarer Ausdruck ihres jeweiligen Wesens; für

---

[6]) Diese Zitate und Paraphrasen sind jeweils den folgenden Gedichten entnommen: »Ende August« (*Untergrundbahn* [Hamburg, 1949]); »Herrenchiemsee« (*Botschaften des Regens*); »Die Herkunft der Wahrheit« (*Zu den Akten*, 1964); »Lesen im Gewitter« (*Botschaften des Regens*); »Veränderte Landschaft« (*Botschaften des Regens*); »Strand mit Quallen« (*Botschaften des Regens*).

[7]) Siehe Franz Schultz, *Klassik und Romantik der Deutschen* (Stuttgart, 1959), I. Teil, S. 45 ff.

[8]) Siehe Ernst Benz, *Adam. Der Mythus vom Urmenschen* (München-Planegg, 1955), S. 79—82.

jene bezeugte jedes Ding symbolhaft den Einen, die *unio mystica*. So sagt Böhme: »Ein jedes Ding hat seinen Mund zur Offenbarung. Und das ist die *Natursprache*, daraus jedes Ding aus seiner Eigenschaft redet und sich selber offenbaret.«[9]) Aber in Friedrich Schlegels Gedicht »Die Gebüsche«, z. B., heißt es mit einer bezeichnenden Akzentverlagerung:

> Es regt nur Eine Seele
> Sich in der Meere Brausen,
> Und in den leisen Worten,
> Die durch die Blätter rauschen.
>
> . . .
>
> Durch alle Töne tönet
> Im bunten Erdentraume
> Ein leiser Ton gezogen,
> Für den, der heimlich lauschet.[10])

Ein anderes Beispiel der romantischen Betonung des Absoluten hinter den irdischen Erscheinungen ist Friedrich de la Motte-Fouqués Gedicht »Waldessprache«:

> Ein Flüstern, Rauschen, Klingen
> Geht durch den Frühlingshain,
> Fängt wie mit Liebesschlingen
> Geist, Sinn und Leben ein.
>
> *Ein* Chor von all den Zweigen
> In süßer Harmonie,
> Und doch jedwedes Neigen
> In eigner Melodie.
>
> Säng ich es nach, was leise
> Solch stilles Leben spricht,
> So schien aus meiner Weise
> Das ewge Liebeslicht![11])

Die romantische Einstellung in dieser Hinsicht war im Grunde genommen eine logische Weiterentwicklung einer von Böhme selber zuerst in diesen Gedankenkreis eingeführten Idee. Böhme verknüpfte als erster die primitiv-mystische Einheit von Namen und Sache, die immer allem magischen Wortgebrauch zugrunde liegt, mit der christlichen Tradition des göttlichen, schöpferischen Logos.[12]) Für ihn ergab das in erster Linie die Einsicht, daß das Wesen eines jeglichen Dinges Teil hat am universalen Wesen Gottes, obgleich er auch schon die logische Folgerung hieraus zog, daß die Kenntnis der Signaturen ein Mittel sei, das »Wesen aller Wesen« erkennen zu lernen.[13]) Die Späteren richteten

---

[9]) *Sämtliche Werke*, Hrsg. K. W. Schiebler (Leipzig, 1831—1847), »de signatura rerum«, Bd. IV, S. 276.

[10]) *Dichtungen*, Hrsg. Hans Eichner (München, Paderborn, Wien, Zürich, 1962), Bd. V, 1. Abteilung, S. 190.

[11]) *Die Deutschen Romantiker in zwei Bänden*, Hrsg. Gerhard Stenzel (Salzburg, o. J.) Bd. I, S. 762.

[12]) Siehe Wolfgang Kayser, »Böhmes Natursprachenlehre und ihre Grundlagen«, *Euphorion. Zeitschrift für Literatur-Geschichte*, 31 (1930), S. 521—562, bes. S. 539; 554.

[13]) *Sämtliche Werke*, a. a. O., Bd. IV, S. 276.

ihre Aufmerksamkeit jedoch nicht vorwiegend auf die einzelnen Erscheinungen, sondern auf ihren göttlichen Urquell. Aus dieser Auffassung heraus gelangte Hamann zu
seiner bekannten Formulierung in der *Aesthetica in nuce:* »Reden ist übersetzen — aus
einer Engelsprache in eine Menschensprache, das heißt, Gedanken in Worte, — Sachen
in Namen, — Bilder in Zeichen, die poetisch ... — historisch, oder hieroglyphisch sein
können.« [14]) Eich verwendet übrigens genau die gleiche Terminologie. Auf einem
Deutsch-Französischen Schriftstellertreffen im Jahre 1956 erklärte er: »Als die eigentliche Sprache erscheint mir die, in der das Wort und das Ding zusammenfallen. Aus
dieser Sprache, die sich rings um uns befindet, zugleich aber nicht vorhanden ist, gilt
es zu übersetzen. Wir übersetzen, ohne den Urtext zu haben.« [15]) Und in bezug auf den
hundertsten Namen Allahs sagt Hakim, »Man muß übersetzen, wenn das Original
nicht zu verstehen ist.«

Nach Hamann wird der Begriff der hieroglyphischen Naturchiffre aufgenommen von
Herder; Kant beschäftigt sich damit, ebenso Schiller. Man denke an die Stelle in den
Philosophischen Briefen (»Theosophie des Julius«), wo Julius erklärt:

Die große Zusammensetzung, die wir Welt nennen, bleibt mir jetzo nur merkwürdig, weil sie
vorhanden ist, mir die mannigfaltigen Äußerungen jenes Wesens symbolisch zu bezeichnen. Alles
in mir und außer mir ist nur Hieroglyphe einer Kraft, die mir ähnlich ist. Die Gesetze der
Natur sind die Chiffern, welche das denkende Wesen zusammenfügt, sich dem denkenden Wesen
verständlich zu machen — das Alphabet, vermittelst dessen alle Geister mit dem vollkommen-
sten Geist und mit sich selbst unterhandeln. [16])

Aber erst im Weltbild der eigentlichen romantischen Bewegung gewinnt die symbolische
Naturauffassung in ihrer, mit Korff zu reden, idealistischen, von den Verkörperungen
dem metaphysischen Grunde zustrebenden, Gott zugekehrten Tendenz die zentrale
Bedeutung, die ihr zum Beispiel von Novalis in den Anfangssätzen seiner *Lehrlinge zu
Sais* beigemessen wird.

Mannigfache Wege gehen die Menschen. Wer sie verfolgt und vergleicht, wird wunderliche
Figuren entstehen sehn; Figuren, die zu jener großen Chiffernschrift zu gehören scheinen, die
man überall, auf Flügeln, Eierschalen, in Wolken, im Schnee, in Kristallen und in Steinbildungen,
auf gefrierenden Wassern, im Innern und Äußern der Gebirge, der Pflanzen, der Tiere, der
Menschen, in den Lichtern des Himmels, auf berührten und gestrichenen Scheiben von Pech und
Glas, in den Feilspänen um den Magnet her, und sonderbaren Konjunkturen des Zufalls erblickt. [17])

Auch an diesen Autor klingt Eich manchmal bis in die Wortwahl an, zum Beispiel in
folgendem aus den Fragmenten des Novalis: »Einem gelang es — er hob den Schleier
der Göttin zu Sais — Aber was sah er? Er sah — Wunder des Wunders — sich
selbst.« [18]) Hiermit vergleiche man die Worte, mit denen der Prophet das Geheimnis
des hundertsten Namens Allahs preisgibt: »Eine Dattelpalme ist eine Dattelpalme ...
O Wunder aller Wunder, das nie Gehörte ist eine Dattelpalme.«

---

[14]) *Sämtliche Werke, Schriften über Philosophie / Philologie / Kritik 1758—1763*, Hrsg. Josef
Nadler (Wien, 1950), Bd. II, S. 198.

[15]) Veröffentlicht unter dem Titel »Einige Bemerkungen zum Thema ›Literatur und Wirklichkeit‹ «, *Akzente*, Heft 4 (August 1956), S. 313 ff.

[16]) *Schillers Werke. Nationalausgabe*, Hrsg. Benno von Wiese, »Philosophische Briefe. Theosophie des Julius. Die Welt und das denkende Wesen« (Weimar, 1962), Bd. 20, S. 115.

[17]) *Deutsche Literatur ... in Entwicklungsreihen*, Hrsg. Paul Kluckhohn (Leipzig, 1932),
Reihe 17, Bd. 5, S. 21.

[18]) Ebd., S. 247.

Wenn Günter Eich in mancher Hinsicht der romantischen Tradition verpflichtet ist, so äußert sich darin eine der Romantik grundsätzlich ähnliche Einstellung zur Welt und zur Existenz. Aber er geht in so vielen Aspekten derart weit über alles Vorbild hinaus, daß Hans Werner Richters Vorwurf einer bloß eskapistisch-reaktionären Romantik-Nachahmung in seinem Fall bestimmt nicht zutrifft. Sehr wesentlich ist in diesem Zusammenhang vor allem Eichs Auffassung der Liebe, deren Originalität im Vergleich mit romantischen und anderen älteren Vorstellungen auf diesem Gebiet klar zutage tritt. Schon bei dem niederländischen Philosophen Frans Hemsterhuis, der für die Entwicklung der romantischen Bewegung von überragender Bedeutung war, findet sich, zum Beispiel in dem Dialog »Simon oder von den Kräften der Seele«, die Theorie der Liebesgemeinschaft als Organs der Erkenntnis. [19]) Schillers »Theosophie des Julius« enthält ähnliche Gedanken: »Also Liebe, mein Raphael, ist die Leiter, worauf wir emporklimmen zu Gottähnlichkeit.« Diese Idee wird von den Romantikern, für die »das Liebeserlebnis ein ganz zentrales« war, wie Kluckhohn sagt, aufgegriffen und auf die Spitze getrieben. [20])

Ein paar willkürlich gewählte Äußerungen dürften deren Haltung illustrieren. Clemens Brentano sagte, »der Liebende geht ein durch den Geliebten ins Göttliche, in die Seligkeit.« Bettina: »Gott ist Mensch geworden in dem Geliebten, in welcher Gestalt Du auch liebst, — es ist das Ideal Deiner eignen höheren Natur, was Du im Geliebten berührst.« Nach Philipp Otto Runge ist ohne Liebe »keine Kunst und Weisheit zu finden, nur durch die Liebe können wir zur Seele des Menschen sprechen und die Kunst und jede Seelensprache verstehen, sie mag in Bild, Ton oder Wort gesprochen sein.« Liebe sei »die alte Sehnsucht zur Kindheit, zu uns selbst, zum Paradiese, zu Gott.« Der Liebende, schreibt Zacharias Werner, »*ist* und *soll* dem Geliebten sein *ein Mittler der Gottheit*, mit dem Liebenden soll sich der Geliebte werfen ins Universum und den Strahl, beide vom Höchsten erhalten und sich mit demselben einander durchglüht haben, aussprühen, daß sich daran erwärme die übrige Welt.« [21]) In welcher individuellen Abwandlung auch, so erscheint also die Liebe bei den Romantikern immer als Mittel zu irgendeinem Zweck. So auch, ganz nachdrücklich, bei Franz von Baader, in dessen Schriften die romantische Liebesauffassung in der Vorstellung einer dialektischen Entwicklung zur religiösen Vergeistigung gipfelt.

Für einen Vergleich solcher Auffassungen mit denen Günter Eichs ist es notwendig, den Begriff der Liebe etwas genauer zu erfassen, und zwar in erster Linie dadurch, daß man Eros von Karitas unterscheidet. Dabei stellt sich heraus, daß die Romantiker fast ausschließlich die Liebe als Eros betonten. Bei allem Idealismus und Symbolismus ihrer Auffassungen nahmen sie ihren Ausgangspunkt doch vom »Erlebnis der Liebe von Mann und Weib.« [22]) Die erotische Liebe spielt auch bei Eich eine Rolle. Sie ist ihm, wie alles andere auch, Chiffre der Ewigkeit, wie zum Beispiel im Gedicht »D-Zug München-Frankfurt« aus der Sammlung *Botschaften des Regens:*

> zwischen den Ziffern der Abfahrtszeiten
> breiten sich die Besitztümer unserer Liebe aus.
> Ungetrennt
> bleiben darin die Orte der Welt,
> nicht vermessen und unauffindbar.

---

[19]) *Philosophische Schriften,* Hrsg. Julius Hilss (Karlsruhe, Leipzig, 1912), Bd. II, S. 153—216.
[20]) *Die Auffassung der Liebe in der Literatur des 18. Jahrhunderts und in der deutschen Romantik,* 2. Aufl. (Halle, 1931), S. 1.
[21]) *Deutsche Literatur ... in Entwicklungsreihen,* Hrsg. Paul Kluckhohn (Leipzig, 1936), Reihe 17, Bd. 11, S. 121; 123; 139 f.; 141; 142.
[22]) *Die Auffassung der Liebe ...,* S. 1.

Aber die Liebe als solche hat nicht mehr Bedeutung als irgendeine andere Hieroglyphe,
und nicht mehr Macht, den Menschen auch nur einen Schritt näher zum Paradiese zu
führen, also überhaupt keine.

Schon in dem ganz frühen Hörspiel *Schritte zu Andreas*, aus dem Jahre 1935, wird das
Unvermögen der Liebe, Zeit und Raum zu überwinden, angedeutet. [23]) Andreas liegt im
Sterben, und schreit nach Kathrin, die weit entfernt ist. Sie vernimmt zwar seinen Schrei,
doch kommt sie zu spät. Die gleiche Idee ist viel radikaler ausgearbeitet in *Die Mädchen
aus Viterbo* vom Jahre 1953. Eines der in den Katakomben verirrten Mädchen will
dadurch ihre Rettung herbeiführen, daß sie mit aller Kraft an einen von ihr geliebten Jungen in ihrer Heimatstadt denkt. Sie sagt: »Von ihm zu mir und von mir
zu ihm gehen die Gedanken wie ein Band von Tönen. Solange er sie hört, ist er auf
dem Weg.« Die sich vor der Gestapo versteckende Gabriele Goldschmidt, die ihrem
Großvater diese Geschichte erzählt, führt sie so zu einem happy ending. Der Junge
vernimmt tatsächlich die Gedanken des Mädchens, und rettet die Schulklasse aus den
Katakomben. Aber der Großvater überzeugt Gabriele, daß diese Lösung auf einem
Trick, auf Taschenspielerei basiert, und daß die Geschichte falsch ist und noch einmal
erzählt werden muß. Jetzt verzichtet Gabriele auf trügerische Zauberkunststücke, und
führt die Geschichte ohne Träume, ohne Stimmen aus der Ferne, ihrem unausweich-
lichen, tragischen Ende zu.

Auch die Liebe der Dona Catarina für Camoes in dem Hörspiel *Die Brandung vor
Setúbal* ist machtlos und kann sie nicht vom Tode, von der Einsamkeit retten, noch
auch die erträumte Glückseligkeit früherer Jahre heraufbeschwören. In *Geh nicht nach
El Kuwehd!* ist Mohallabs Erinnerung an das wartende Liebesglück mit Fatime wirkungslos gegen die Mächte des Bösen, die ihn in ihren Bann schlagen. In allen diesen
Fällen betont Eich also die Unfähigkeit der Liebe, die Menschen von den Verstrickungen
und tragischen Gesetzlichkeiten des zeit- und raumbedingten irdischen Daseins zu erlösen.

In direktem Gegensatz zu den romantischen Anschauungen bezieht Günter Eich also ganz
eindeutig Stellung gegen jegliche magische Teleologisierung der Liebe. Wie es in seinem
Gedicht »Gegenwart« aus *Botschaften des Regens* heißt, ist im Zusammenhang mit der
»Aufhebung der Gegenwart« und den »beantworteten Fragen des Glücks« die Liebe
»ungültig«. Dieses Urteil bezieht sich jedoch nur auf die Liebe als Eros, denn in anderer
Gestalt ist sie für Eich das einzig Endgültige.

Um diese Liebe kennenzulernen, löst der Titel-Rabe des Hörspiels *Sabeth* vorüber-
gehend seine Bande mit der Ewigkeit. Wenn er seinesgleichen nicht mehr erreichen
kann, und so den Kontakt mit seiner Sphäre verloren hat, sagt die Bäuerin zu ihm:
»Wenn deine Brüder fort sind, bleibe bei uns. Wir lieben dich.« Und Sabeth antwortet,
»Lieben? Ja, ihr könnt lieben. Ich glaube, das hat mich verführt, zu euch zu kommen.
Oh, ihr armen herrlichen Menschen, die ihr lieben könnt!«

Die Implikation, daß das karitative Liebeserlebnis das eigentliche *summum bonum* ist,
ist in späteren Werken Eichs zum Hauptthema geworden. *Das Jahr Lazertis*, ein Hörspiel aus dem Jahre 1954, variiert diese Idee dahin, daß ein seit drei Jahren zu Unrecht in einer Leprosenanstalt Eingesperrter auf die Möglichkeit seiner Entlassung verzichtet. Der Gedanke an die Kranken, die für Vieles auf seine Hilfe angewiesen sind,
führt ihn zu der Schlußfolgerung: »Gewiß, sie konnten alle auch ohne mich sterben, aber
ich konnte nicht ohne sie leben.«

Die ausführlichste Behandlung der Karitas als höchsten Wertes findet sich in dem 1958
geschriebenen Stück *Festianus, Märtyrer*. Seitdem er von den Löwen im Circus Maximus
zerrissen wurde, weilt Festianus an der Stätte der Glückseligkeit. Aber über der An-

---

[23]) Ms. im Besitz des Norddeutschen Rundfunks, Hamburg.

schauung der Ewigkeit hat er — und er allein — die Menschen nicht vergessen. Er vermißt seine Eltern, seine Freunde, Bekannten, Leute, die er nur einmal, aber auch solche, die er nie gesehen hat. Mit anderen Worten, er hat Sehnsucht nach allen, die er im Himmel nicht findet. Die Nachfrage bei Petrus ergibt, daß sie in der Hölle sind.

Festianus geht dahin, um sie zu besuchen, womöglich zu trösten, und findet einen Ort, der eine erstaunliche Ähnlichkeit mit der modernen Welt hat. Er trifft seine Angehörigen und Freunde, aber seine Bemühungen, ihre Leiden zu lindern, schlagen fehl, und er erntet nichts als böse, erbitterte Anfeindung. Aber dennoch, oder gerade deshalb, entschließt er sich, das Paradies aufzugeben und in der Hölle zu bleiben.

Mit der Feststellung, daß die hier von Eich vertretene Liebesauffassung eher karitativ als erotisch zu nennen wäre, ist ihr Wesen nur sehr annäherungsweise erfaßt. Um Eichs Liebeskonzeption gerecht zu werden, muß man etwas mehr ins Einzelne gehen. Hierbei ist zuerst zu beachten, daß der Begriff der Karitas grundsätzlich ein christlich-religiöser ist, der seine bekannteste Ausprägung in dem ersten Korintherbrief des Apostels Paulus findet. Die Interpretation dieses 13. Kapitels ist umstritten. Einer Auffassung zufolge sei es »wesentlich für die *Caritas*, daß sie *nur* ausgeht von dieser Liebe *zu* Gott, die die Liebe Gottes zur Voraussetzung hat.« [24]) Diese Karitas-Deutung trifft auf Eichs Liebeskonzeption schon deshalb nicht zu, weil er ausdrücklich verneint, daß Gott die Menschheit liebt. In dem Gedicht »Ende August« heißt es:

> Manchmal weiß ich, daß Gott
> am meisten sich sorgt um das Dasein der Schnecke.
> Er baut ihr ein Haus. Uns aber liebt er nicht.

Eine enge Verwandtschaft besteht andererseits zwischen Eichs Liebesauffassung und einer anderen Interpretation des ersten Korintherbriefes, die Harnack folgendermaßen zusammenfaßt:

Die Liebe, nämlich die Nächstenliebe, ist das Beste, weil das Bleibende und Ewige, in der Welt; sie steht über allen Gütern und Erkenntnissen, die wir zu erwerben vermögen, und sie hat ihren Platz neben, ja über den religiösen Tugenden des Glaubens und der Hoffnung. *Die schlichte ungefärbte Moral ist damit als das Wesen der Religion selbst enthüllt.* Die Religion ist, wie bei Jesus selbst, vom Himmel herabgeführt ins Menschliche und Notwendige, ohne ihre Göttlichkeit einzubüßen. [25])

In Eichs Auffassung der Liebe lassen sich jedoch Züge feststellen, die völlig außerhalb des Rahmens der paulinischen Karitas-Idee liegen. Da ist z. B. die enge Verknüpfung von Mitleid und Menschenliebe in der Gestalt des Festianus. Dies ist ein unverkennbar Schopenhauerisches Element. In der *Preisschrift über die Grundlage der Moral* heißt es: »Noch augenscheinlicher, als der Gerechtigkeit, liegt der Menschenliebe Mitleid zum Grunde.« [26]) Das Mitleid als wirkliches Mit-Leiden, das Festianus zuletzt verkörpert, entspricht durchaus Schopenhauers Ideen. Aber in einem wichtigen Punkte unterscheidet sich Eich von ihm. In seiner säkularisierten Karitas verwirft Schopenhauer zwar die egoistische Idee einer »Belohnung« für Taten der Menschenliebe, sei sie nun metaphysisch oder diesseitig. Aber dennoch hat die Menschenliebe von seinem Gesichtspunkt aus

---

[24]) Heinrich Scholz, *Eros und Caritas. Die platonische Liebe und die Liebe im Sinne des Christentums* (Halle, 1929), S. 68.

[25]) Zitiert nach Scholz, S. 70.

[26]) »Die beiden Grundprobleme der Ethik«, *Arthur Schopenhauer's sämtliche Werke*, Hrsg. Julius Frauenstädt, *Schriften zur Naturphilosophie und zur Ethik*, 2. Aufl. (Leipzig, 1891), Bd. IV, S. 237.

einen direkten, konkreten Effekt auf beiden Seiten. In Hinsicht auf den Leidenden
hat die Nächstenliebe den Zweck, daß er »unverletzt bleibe, oder gar Hülfe, Beistand
und Erleichterung erhalte.« [27]) Der Mitleidende erfährt »diejenige innere Zufriedenheit,
... welche man das gute, befriedigte, lobende Gewissen nennt.« [28]) Eich verneint auch
diese Ergebnisse der Menschenliebe; die Qualen der Leidenden werden nicht vermindert, und Festianus kann sich selber nur Vorwürfe machen wegen seiner Machtlosig-
keit. Und so verzichtet er denn auch auf die unfruchtbare Samariter-Pose, und entscheidet sich für das pure Mit-Leiden mit den anderen Verdammten. Aber gerade
dieses menschliche Vermögen zu völlig absichtsloser, reiner Kompassion entpuppt sich
als selbst-erlösende Kraft, nicht im transzendentalen Sinne, sondern umgekehrt, als
Überwindung der Ewigkeit. Diese Art der Liebe kann, wie der Fall Festianus zeigt,
die Endgültigkeit des Paradieses überwinden. »Und wenn das Paradies nicht endgültig ist — so ist es auch die Hölle nicht.«
Es ist klar, daß die Hoffnung auf Erlösung für das Menschengeschlecht gilt, und nicht
für das Individuum. Festianus opfert sich letzten Endes für die Menschheit als Gan-
zes. In diesem Punkte berührt sich die Eichsche Karitas mit dem Platonischen Eros des
Gastmahls — aber als dessen genaues Gegenteil. In Diotimas Erklärung erscheint die
Liebe als diejenige Macht, mittels deren das Menschengeschlecht durch Generation und
Geburt zur Unsterblichkeit und Ewigkeit gelangt. Für Eich besteht die Macht der
Liebe darin, daß sie die paradiesische Endgültigkeit erschüttern kann, und somit zur
Hoffnung Anlaß gibt, einmal könne die Menschheit von der »Hölle« des Daseins erlöst werden. Die Liebe, die nur als Ergebnis des Sündenfalls, und nur unter den aus
der Harmonie des Weltalls verstoßenen Menschen möglich ist, erweist sich als wertvoller
und mächtiger als die verlorengegangene paradiesische, ewige Seligkeit. Die irdisch-
menschliche, zeitgebundene Sphäre, in welcher allein die Liebe bestehen kann, wird somit zur einzig gültigen, in der die Bereiche des Ewigen überwunden und aufgehoben
werden. Hiermit ist Eich auf der Grundlage des, nach Korff, »metaphysischen Humanismus« der Romantik zu einer »humanistischen Metaphysik« vorgestoßen.

University of Florida   Egbert Krispyn

---

[27]) Ebd., S. 207
[28]) Ebd., S. 227.

ALBERT R. SCHMITT

Schuld im Werke von Siegfried Lenz:
Betrachtungen zu einem zeitgemäßen Thema

Seit dem Erscheinen des ersten Romans von Siegfried Lenz (*Es waren Habichte in der Luft* [1951, ²1966]) sind fast zwanzig Jahre vergangen. Inzwischen ist unser Autor mit über einem Dutzend weiterer Bücher, sowie mit zahlreichen Erzählungen, Rezensionen, Reden usw., die in verschiedenen Anthologien, Zeitschriften und Zeitungen erschienen sind, vor die Öffentlichkeit getreten. Begehrte Literaturpreise sind ihm in beachtlicher Zahl zuteil geworden. Und doch hat die literarische Forschung diesem bedeutenden Repräsentanten der deutschen Gegenwartsliteratur, der auch im Ausland kein Unbekannter mehr ist, bisher relativ wenig Beachtung geschenkt. Der Grund dafür ist vielleicht darin zu suchen, daß Lenz das Rampenlicht scheut und auch keine literarischen Modepferdchen reitet. In der Besprechung seines neusten Romans, *Deutschstunde*, nennt ihn der Rezensent der London *Times* mit vollem Recht »a writer who has always insisted, and proved, that he is a story-teller, a lucid exponent of the *craft of fiction*«. [1] Als Erzähler — und das will er hauptsächlich sein — versucht er vor allem, dem moralischen, existentiellen und ontologischen Dilemma des modernen Menschen auf den Grund zu gehen. Er ist, wie vordem Lessing und Wieland, Wahrheitssucher, wobei er sich der Relativität alles »Wahren« schmerzlich bewußt ist. Er hat »beim Schreiben ein eigentümliches Unbehagen vor gewissen Worten, ... und nicht nur ein Unbehagen, sondern einen beständigen Argwohn« [2]); er mißtraut »einigen Worten, weil sie zuviel verbergen, anderen, weil sie Unerwünschtes preisgeben, und deshalb [zweifelt er] daran, daß wir uns der Wahrheit nur durch die Sprache bemächtigen können. ... Wer sich auf die Suche nach der Wahrheit begibt, muß damit rechnen, als einziges Ergebnis nur die Einsicht mitzubringen, daß alles vergeblich war«. [3]) Deshalb bedient sich Lenz wohl auch einer recht konservativen und fein abgewogenen Erzähl- und Stiltechnik, die nicht immer auf den ersten Blick besticht, dafür aber von ehrlicher und deshalb umso eindringlicherer Bescheidenheit zeugt, um ein Oxymoron Lenzscher Art zu prägen.

Lenz ist zutiefst überzeugt von der Notwendigkeit des moralischen Engagements. Dies spricht aus seinem eigenen Bekenntnis:

Mein Anspruch an den Schriftsteller besteht nicht darin, daß er, verschont von der Welt, mit einer Schere schöne Dinge aus Silberpapier schneidet, vielmehr hoffe ich, daß er mit den Mitteln der Sprache den Augenblicken unserer Verzweiflung und den Augenblicken eines schwierigen Glücks Widerhall verschafft. In unserer Welt wird auch der Künstler zum Mitwisser — zum Mitwisser von Rechtlosigkeit, von Hunger, von Verfolgung und riskanten Träumen. ... Es scheint mir, daß seine Arbeit ihn erst dann rechtfertigt, wenn er seine Mitwisserschaft zu erkennen gibt, wenn er das Schweigen nicht übergeht, zu dem andere verurteilt sind. [4])

---

[1]) London *Times Literary Supplement:* 317, 27 March 1969.
[2]) *Schwierigkeiten heute die Wahrheit zu schreiben*, Hrsg. Heinz Friedrich (Nymphenburger Verlagshandlung: München, 1964), 105.
[3]) Ebd., 105—106.
[4]) Aus Lenz' Dankrede bei der Verleihung des Literaturpreises der Stadt Bremen 1962; zitiert nach Marcel Reich-Ranicki, *Deutsche Schriftsteller in West und Ost* (München, 1963), 171.

Lenz ist aber kein literarischer Draufgänger und Dreinschläger, denn es geht ihm nicht
in erster Linie darum herauszufordern, sondern »einen wirkungsvollen Pakt mit dem
Leser herzustellen, um die bestehenden Übel zu verringern«. [5]) Diese Übel sind, wie
sie im Lenzschen Werke dargestellt werden, »Flucht und Verfolgung; Auflehnung und
Untergang; Schuld, Sühne und Rechtfertigung«. [6]) Daraus ergibt sich in logischer Konsequenz, daß Menschen, die unter solchen Schicksalen leiden, keine Helden im herkömmlichen Sinne sein können, denn ihnen fehlt »die Gloriole; die Sicherheit des Handelns;
die Robe der Metaphysik. Keine [der Roman- und Dramenfiguren] ist der Belastung
gewachsen, der Lenz sie im Fortgang der Geschichten unterwirft; jede endet, desillusio-
niert, im Kampf mit den Mächten. Lenz schildert den Werdegang von Opfern, nicht die
Karriere von Siegern«. [7]) Er steht menschlichen Schwächen, menschlicher Schuld, im
Sinne künstlerischer »Mitwisserschaft« gegenüber und versucht, sie zu ergründen, und
zwar aus einem tiefen Verstehen heraus und aus dem Wissen um die unumgängliche
Notwendigkeit der Achtung vor der Persönlichkeit, dem Menschsein des anderen. Man
darf hier wohl an Albert Camus' »Ersten Brief an einen deutschen Freund« erinnern,
in welchem er im Juli 1943 schrieb von der »conviction profonde ... qu'aucune vic-
toire ne paie, alors que toute mutilation de l'homme est sans retour«. [8])
Dieser Gedanke Camus' von der Unmöglichkeit, eine Verletzung und Schändung des
Menschen und der Menschenwürde rückgängig zu machen, ist aufs engste mit dem
Schuldbegriff im Werke von Lenz verknüpft. Man wird unserem Autor wohl am besten
gerecht, wenn man ihn einen Humanisten nennt, weil es ihm eben primär um den
Menschen geht. Für Lenz gibt es keine größere Schuld als die Sünde wider das Leben,
des Menschen höchstes Gut. Diese Überzeugung dürfen wir als sein Programm ansehen,
denn mit irgendwelchen weltanschaulichen oder politischen -ismen läßt er sich nicht
identifizieren.
Man ist versucht, Lenz' Gedanken über Schuld mit der Schematik des Schuldbegriffs
zu vergleichen, die Karl Jaspers in seinen Heidelberger Vorlesungen über *Die Schuldfrage* [9]) 1946 aufgestellt hat. Von den dort aufgeführten vier Arten der Schuld, der
kriminellen, der politischen, der moralischen und schließlich der metaphysischen Schuld,
begegnen uns im Lenzschen Werke hauptsächlich die letzten zwei, d. h. diejenigen, die
am relativsten sind. In diese letzteren Kategorien der Schuld gehört auch das Verhalten
eines Forschungsreisenden in Kafkas *Strafkolonie*, eines Andreas in Brochs *Schuldlosen*,
eines Alfredo Traps in Dürrenmatts *Panne*, eines Clamence in Camus' *La Chute*, oder
auch eines »Chefs« in Grass' Drama *Die Plebejer proben den Aufstand*. In diesen
Werken, wie auch bei Lenz, wird Schuld demonstriert, die sich der weltlichen Gerichts-
barkeit entzieht, denn die entsprechenden Paragraphen, die dafür in Frage kämen,
sucht man in den *codices* unserer diversen Rechtssysteme vergeblich. Die einzige Instanz,
an die Lenz appelliert, ist das Gewissen, ist das Gefühl des Verantwortlich-Seins. Damit
begegnen wir einem Problem der Existentialphilosophie. In seinem Buch *A Short History of Existentialism* erklärt Jean Wahl einen auf unser Thema sich beziehenden
Aspekt der Heideggerschen Transzendentalphilosophie wie folgt:

Not only are we always and as a matter of course in natural relation with the world, but we
are in immediate relation with other existents. And here, this theory which first presented
itself as an individualism becomes an affirmation of our natural, even our metaphysical, relation
with other individuals. Even in our most individual and private consciousness, even when we

---

[5]) Ebd., 172.
[6]) Günther Busch, »Eine Rechtfertigung?«, *Frankfurter Hefte,* 18 (1963), Nr. 7, 493.
[7]) Ebd., 493.
[8]) Albert Camus, *Lettres à un ami allemand* (Lausanne, 1946), 20.
[9]) (Heidelberg, 1946), 31—32.

think we are most alone, we are not separated from others. »Without others«, says Heidegger, is another mode of »with others«. [10])

Daraus hat Sartre wohl seine Konsequenzen gezogen, denn er ist ja der Meinung, der engagierte Mensch, der sich darüber im klaren sei, daß er nicht nur derjenige ist, der zu sein er sich entschloß, sondern auch ein Gesetzgeber, der sich für die ganze Menschheit entschließt, dieser engagierte Mensch könne sich des Gefühls seiner unbedingten und totalen Verantwortlichkeit nicht erwehren.

Ähnliches finden wir bei Lenz. Schon in seinem ersten Roman, *Es waren Habichte in der Luft*, deutet er das an, was ihm Hauptanliegen zu sein scheint. Es heißt dort: »Jeder wird verfolgt; verfolgt von der Liebe, verfolgt vom Haß, verfolgt von allen möglichen Bedürfnissen. Du kannst nicht entfliehen, es hat keinen Zweck. ... Aber Gleichgültigkeit hilft dir nie. ... Wer sich verloren gibt, hat schon verloren. Wir gehören auf diese Erde, wir haben uns damit abzufinden.« [11]) Der Begriff *Gleichgültigkeit* ist hier das Stichwort, denn sie bildet ja, verbunden mit der Eigenliebe, die Basis dessen, was man die Misere unserer Zeit nennt. An der Gleichgültigkeit scheiden sich die Geister. Wer ihr verfällt, begibt sich seines Menschentums. In Brochs *Schuldlosen* bekennt Andreas:

Wahrlich, es droht uns, ja gerade unserem Geschlecht droht es, daß der Mensch aus seiner Gottnähe verstoßen wird und ins Tierische, nein, noch tiefer herabsinkt ins Untierische, da das Tier niemals ein Ich zu verlieren gehabt hat. Zeigt unsere Gleichgültigkeit nicht schon das beginnende Abgleiten ins Tierische an? Denn das Tier mag wohl zum Jammer fähig sein, doch nimmermehr zur Hilfe und nicht einmal zur Hilfsbereitschaft; es ist vom Ernst der Gleichgültigkeit geschlagen, und es vermag nicht zu lächeln. [12])

Gleichgültigkeit schließt also Schuld mit ein. Darf uns das nun zu der Annahme verleiten, der nicht-gleichgültige, also der engagierte Mensch, sei frei von Schuld? Die Antwort auf diese Frage gibt der politische Theoretiker Aati im Lenzschen Roman *Habichte*:

Wir können im Leben nur zweierlei verüben: Rechtes und Unrechtes. Aber wer entscheidet darüber, was Recht und Unrecht ist? Bleiben wir logisch. ... Man kommt leichter zur Schuld als zu Hühneraugen. Die Schuld ist eine Art unvermeidliches Patengeschenk. ... Jeder läuft mit der unsichtbaren Schlinge der Schuld am Halse, den Berg hinauf und hinunter. Jeder wird in der Sackgasse der Schuld geboren. Vor dem einzigen Ausgang, der ins Leben führt, steht eine riesige Mausefalle und lockt den Neuling mit einem Würfelchen Speck. [13])

Das klingt nach existentieller Schuld und ist wohl auch so gemeint. Man würde jedoch das Werk unseres Autors auf einen allzu einfachen Nenner bringen, wollte man lediglich Hoffnungslosigkeit und eine defaitistische oder gar fatalistische Einstellung darin sehen. Lenz hofft auf die Erziehbarkeit des Menschen, ist überzeugt von der Notwendigkeit und sondiert die Möglichkeiten einer Erweckung und Verfeinerung des Gewissens. Deshalb unterwirft er seine Figuren gewissen Bewährungsproben, extremen Situationen, um zu erforschen, ob und wie sie bestehen. Man erwarte aber nicht, daß derjenige, der in der Bewährungsprobe die Gleichgültigkeit überwindet und zur Tat schreitet, gänzlich von Schuld freigesprochen wird. Niemand ist schuldlos, wie schon gesagt wurde. Gleichgültigkeit wie Handlug ziehen Schuld nach sich. Art und Grad der Schuld aber werden durch die innere Einstellung bestimmt. Der engagierte, handelnde Mensch ist schuldig,

---

[10]) Jean Wahl, *A Short History of Existentialism*. Aus dem Französischen übersetzt von Forrest Williams und Stanley Maron (Philosophical Library: New York, 1949), 16.

[11]) *Es waren Habichte in der Luft* (Hamburg, [2]1966), 236.

[12]) Hermann Broch, *Die Schuldlosen* (München, 1950), 359.

[13]) *Habichte*, 229.

weil Handlung schuldig macht. Der indifferente, nicht-handelnde Mensch ist »unschuldig« vor dem Gesetz, sein Mangel an Engagement macht ihn jedoch im metaphysischen Sinne schuldig. Bei Karl Jaspers heißt es:

Es gibt eine Solidarität zwischen Menschen als Menschen, welche einen jeden mitverantwortlich macht für alles Unrecht und alle Ungerechtigkeit in der Welt, insbesondere für Verbrechen, die in seiner Gegenwart oder mit seinem Wissen geschehen. Wenn ich nicht tue, was ich kann, um sie zu verhindern, so bin ich mitschuldig. [14])

Das stimmt mit dem überein, was Lenz den Studenten in dem Stück *Zeit der Schuldlosen* sagen läßt:

Wer zu handeln versäumt, ist noch keineswegs frei von Schuld. Niemand erhält seine Reinheit durch Teilnahmslosigkeit. Schuld ... gilt für jeden. Die einzige Möglichkeit ihr zu begegnen, liegt darin, sie anzuerkennen, sie zu übernehmen. Wir haben keine Wahl, als bestehende Schuld zu unserer eigenen Schuld zu machen, dann erst kann sie uns ändern. [15])

Das soll also heißen: Schuldig bleiben wir so oder so, aber durch das Bekenntnis zu einer Überzeugung, durch die Bereitschaft zur Tat, sichern wir uns wenigstens einen Platz unter wahren Menschen.

Wenden wir uns nun den Werken von Lenz zu, in welchen der Schuldgedanke, wie er ihn sieht, am konsequentesten abgehandelt und bis zum logischen Ende durchgeführt wird. Das geschieht — auf politischer Ebene — in dem Hör- und Schauspiel *Zeit der Schuldlosen* und im Roman *Stadtgespräch*, der in gewisser Hinsicht eine epische Erweiterung und Vertiefung der *Schuldlosen* darstellt. Moralische Schuld und daraus resultierendes Versagen auf dem Gebiet direkt zwischenmenschlicher Beziehungen bietet das bereits 1963 entstandene, aber erst 1967 veröffentlichte Hörspiel *Haussuchung*, sowie der 1968 erschienene Roman *Deutschstunde*. [16])

In seinem Vorwort zur amerikanischen Schulausgabe des Hörspielpaars *Zeit der Schuldlosen — Zeit der Schuldigen* sagt Lenz über die Entstehung der beiden Stücke:

Ich hatte vor, das Abenteuer von neun Männern zu erzählen, die in einer Zeit äußerster Rechtlosigkeit schuldlos blieben und sich auf ihre Schuldlosigkeit sehr viel zu gute hielten. Ich dachte mir eine Lage aus, in der strahlende Schuldlosigkeit, die durch schweigende Billigung und Wegsehen erkauft worden war, auf eine Härteprobe gestellt und widerlegt wird. Es kam mir dabei vor allem auf die Begebenheit an, auf den ausreichenden Anlaß, der aus Schuldlosen Schuldige macht. [17])

Das Stück spielt in einer seit elf Jahren bestehenden Diktatur. Nach einem mißlungenen Attentat auf den Diktator wird der Attentäter, Sason, gefangen und dann gefoltert, um ihm die Namen seiner Komplicen abzuzwingen. Die Folterung erzielt nicht das gewünschte Resultat. Von der Straße weg verhaftet man nun neun »unschuldige« Männer aus allen Gesellschaftsschichten. Diesen neun wird Sason überantwortet. Sie werden so lange, ohne etwas zu essen und zu trinken zu bekommen, mit dem Attentäter in einer Zelle eingeschlossen bleiben, bis sie diesen zu einem Geständnis überredet, ihn zum

---

[14]) Karl Jaspers, a. a. O., 31.

[15]) *Zeit der Schuldlosen — Zeit der Schuldigen*, Hörwerke der Zeit 21/22 (Hans-Bredow-Institut: Hamburg, [3]1964), 59.

[16]) In der umfangreichen und ausführlichen Studie von Werner Jentsch, »Konflikte: Theologische Grundfragen im Werke von Siegfried Lenz«, *Zeitwende*, 37 (1966), 174—85; 247—59; 316—23, wird die Schuldfrage *passim* aus theologischer Sicht betrachtet.

[17]) *Zeit der Schuldlosen — Zeit der Schuldigen*. Zwei Hörspiele von Siegfried Lenz, hrsg. von Albert R. Schmitt (Appleton-Century-Crofts: New York, 1967), 7. Siehe auch »Mein erstes Theaterstück. Wie *Zeit der Schuldlosen* entstand«, *Die Zeit* (1961), Nr. 39, S. 16.

Umkippen gebracht haben. Sason bleibt aber fest, und damit werden die neun in eine extreme Situation versetzt und vor eine grausame Alternative gestellt: Sie müssen sich entweder mit dem Attentäter solidarisch erklären und mit ihm für die Idee der Freiheit untergehen, um schuldlos zu bleiben, oder aber sie müssen ihn töten, um zu leben und schuldig zu werden. Letzteres geschieht. Während der Nacht wird Sason von einem der »Unschuldigen« erwürgt. Wer der Mörder ist, bleibt unbekannt. Im Geiste waren sie aber alle zu Mördern geworden, denn jeder hatte den Mord gewünscht. Sie alle haben sich der Verantwortung entzogen. Sie alle sind sich selbst verhaftet, dem anderen menschlichen Schicksal gegenüber — das ja auch ihnen galt — gleichgültig geblieben. [18]) Es gelingt Lenz, vor allem mit Hilfe des sehr geschickt angewendeten Stilmittels der Ironie, das allmähliche Versagen und langsame Umfallen der neun »Schuldlosen« überzeugend darzustellen. In fortschreitendem Maße klagen die rechtschaffenen Mitgefangenen den Attentäter Sason derselben Punkte an, deren sie selbst schuldig sind. So erklärt z. B. der Ingenieur, Sasons Überzeugung, von der dieser keinen Finger breit abweichen will, »ist nicht mehr als der brutalste Egoismus, den ich kenne. Solche Überzeugungen sind unmenschlich, denn sie kennen keinen Verzicht«. [19]) Ähnlich sagt der Bankmann: »Geben Sie sich keine Mühe mit ihm. Er will uns nicht verstehen. Alles, was er für uns empfindet ist Verachtung — Verachtung, weil wir nicht so sind wie er.« [20])

Ironie klingt auch bereits aus dem Titel selbst, in welchem die »Schuldlosen« zu »Schuldigen« werden. Als nämlich nach einigen Jahren die Diktatur überwunden und durch ein neues Regime abgelöst ist, holt man sich dieselben Männer wieder und verlangt von ihnen, den Mörder Sasons zu ermitteln. Aus der »kollektiven Schuld« bedingt sich, wie Lenz selbst sagt, nun folgerichtig die »individuelle Rechtfertigung«. Erinnerungen an Entnazifizierungstage werden im Leser (Hörer) wach, wenn er im Spiel Zeuge davon wird, wie sämtliche Tonarten der Selbstverteidigung und gegenseitigen Beschuldigung von den zu ihren eigenen Richtern gewordenen Angeklagten durchgespielt werden. Die Rechtfertigungsversuche gipfeln in der Behauptung, daß ja eigentlich der frühere Diktator die Schuld an allem trage, da er sie in diese Situation gebracht, da er den Befehl gegeben habe. Es sei hier an Jaspers' Definition der moralischen Schuld erinnert: »Für Handlungen, die ich doch immer als dieser einzelne begehe, habe ich die moralische Verantwortung ... Niemals gilt ... ›Befehl ist Befehl‹ ... Jede Handlung [bleibt] auch der moralischen Beurteilung unterstellt. Die Instanz ist das eigene Gewissen.« [21]) Ein Gewissen haben aber nur zwei der »Schuldigen«, der Bauer

---

[18]) François Bondy weist darauf hin, daß die Ausgangssituation in Lenz' Drama derjenigen in Emmanuel Roblès' Stück *Montserrat* (1948, deutsch 1949) ähnlich ist. Werden aber bei Lenz die »Schuldlosen« zu Sasons Henkern und damit zu Komplicen der Diktatur, so setzen die Mitgefangenen in Roblès' Drama den Offizier wohl moralischen Foltern aus, sterben aber mit ihm; ja, zwei der Geiseln erklären sich mit ihm solidarisch und gehen freiwillig mit ihm in den Tod. (»Gericht über die Schuldlosen. Oder: Die Szene wird zum Tribunal. Zu Siegfried Lenz *Zeit der Schuldlosen* und Max Frisch *Andorra*«, *Der Monat*, 14 [1961/62], Heft 161, 53—57.)

[19]) *Schuldlosen*, Hörwerke der Zeit 21/22 (Hamburg, [3]1964), 25.

[20]) Ebd., 29.

[21]) Karl Jaspers, a. a. O., 31. Dieser Erklärung muß ein Versuchsergebnis der modernen Experimentalpsychologie entgegengestellt werden. Im Jahre 1960 führte Stanley Milgram, damals Psychologieprofessor an der Yale University, eine Reihe von Experimenten durch, die er in zwei Aufsätzen beschrieb: »Behavioral Study of Obedience«, *Journal of Abnormal and Social Psychology*, Vol. 67 (1963), No. 4, 371—378 und »Liberating Effects of Group Pressure«, *Journal of Personality and Social Psychology*, Vol. 1 (1965), No. 2, 127—134. Milgram ging von der Voraussetzung aus, daß Gehorsam eines der fundamentalsten Elemente

und der Baron (in der Theaterfassung der Konsul), d. h. zwei außerhalb der bürgerlichen Gesellschaft Stehende. [22]) Der Bauer bietet sich als Opfer an, weil er sich als
schuldig betrachtet und weil er eine innere Freiheit besitzt, die den anderen abgeht. Der
Baron, Zweifler und Intellektueller, kann dieses Opfer nicht annehmen und begeht
Selbstmord. Er, wie der Bauer, macht die bestehende Schuld zu seiner eigenen, auch
er appelliert an seine letzte Instanz, sein Gewissen. Dadurch wird den anderen zwar
die äußere Freiheit gegeben, nicht aber ihre Schuld genommen. Es läßt sich auf den
Baron anwenden, was Andreas in Brochs *Schuldlosen* vor seinem Selbstmord erklärt:

Wenn ich nach dem gemeinsamen Nenner meiner eigenen Untaten frage, so sehe ich meine
tiefste und ahndungswürdigste Schuld in meiner durchgängigen Gleichgültigkeit. Ur-Gleich-
gültigkeit ist es, nämlich die gegen das eigene Menschentum; die Gleichgültigkeit vor dem Leid

---

in der Struktur unserer gesellschaftlichen Ordnung ist. Irgendein Autoritätssystem ist für jedes
Gemeinschaftsleben erforderlich, und nur der Eremit kann sich den Befehlen anderer entziehen. In der Arbeit »Behavioral Study of Obedience«, auf die wir uns hier beschränken,
heißt es dann: »Obedience, as a determinant of behavior, is of particular relevance to our
time. It has been reliably established that from 1933—45 millions of innocent persons were
systematically slaughtered on command.« Die unmenschlichen Vorschriften, die zur Durch-
führung dieser Verbrechen notwendig waren, mögen dem Gehirn eines Einzelnen entsprungen sein, »but they could only be carried out on a massive scale if a very large number
of persons obeyed orders« (S. 371).
Milgram entwickelte nun eine Versuchsserie, innerhalb deren ein »Lehrer« einem »Schüler«
bestimmte Kenntnisse beizubringen hatte. Jedesmal, wenn der »Schüler« einen Fehler machte,
mußte ihm der »Lehrer« einen elektrischen Schlag beibringen. Die Voltzahl wurde dabei
für jeden Fehler um 15 erhöht. Die Voltskala erstreckte sich von 15 bis 450 Volt. Dem
»Lehrer« war vor dem Versuchsbeginn vom Direktor klargemacht worden, daß er unter
keinerlei Zwang stünde und bei allzu großen Schmerzen des »Schülers« das Experiment
jederzeit abbrechen könne. Der »Lehrer« wußte auch, daß die Schläge dem »Schüler« keine
chronischen Schäden zufügen würden. Selbstverständlich wurden die Schläge nur simuliert,
was aber der »Lehrer« nicht wußte. »Lehrer« und »Schüler« befanden sich in benach-
barten, durch eine dünne Wand getrennten Räumen. Der »Lehrer« konnte nur aus dem
Protesten des »Schülers« und dessen Schlägen gegen die Wand entnehmen, wie schmerzhaft
das Experiment für diesen war. Man hatte erwartet, daß der »Lehrer« bei ungefähr 195
bis 240 Volt sich weigern würde, das Experiment fortzusetzen. Von den 40 »Lehrern«, die
das Experiment durchführten, hörte jedoch kein einziger auf, bis 300 Volt erreicht waren, obwohl alle die Reaktionen der »Schüler« akustisch wahrnehmen konnten! Wenn ein »Lehrer«
aufgeben wollte, wurde ihm vom Direktor befohlen, er müsse den Versuch zu Ende führen.
Und er machte tatsächlich weiter. Die meisten der 40 »Lehrer« wurden zwar immer nervöser,
brachen in Schweiß aus, zitterten, stöhnten, stotterten, bissen sich in die Lippen und gruben
sich die Fingernägel ins eigene Fleisch — aber sie gehorchten weiterhin den Befehlen des
Direktors. Von den 40 »Lehrern« gingen fünf bis 300 Volt, vier bis 315, zwei bis 330 und
je einer bis 345, 360 und 375 Volt. D. h. nur vierzehn »Lehrer« (35 %) gingen trotz Befehls
nicht bis 450 Volt. Die übrigen 26 (65 %) konnten aber gezwungen, d. h. überredet werden,
das Experiment zu vollenden!
In der Zusammenfassung erklärt Milgram: »Subjects have learned from childhood that it
is a fundamental breach of moral conduct to hurt another person against his will. Yet, 26
subjects abandon this tenet in following the instructions of an authority who has no
special powers to enforce his commands. To disobey would bring no material loss to the
subject; no punishment would ensue. ... Subjects often expressed deep disapproval of
shocking a man in the face of his objections, and others denounced it as stupid and senseless.
Yet the majority complied with the experimental commands, [although there] ... was ...
extraordinary tension generated by the procedures [and] there were striking reactions of
tension and emotional strain« (S. 376—377).

des Nebenmenschen aber ist eine Folge hiervon. — Grenzenlos geworden, ist der Mensch sich selber ein verschwimmendes Gebilde, und er sieht den Nebenmenschen nicht mehr. [23])

Auch im Roman *Stadtgespräch* geht es um eine Schuld, in die eine sogenannte »schuldlose« Bevölkerung gerät, und zwar wiederum durch eine extreme Situation, deren Anforderungen sie sich nicht gewachsen zeigt. Nach dem mißlungenen Attentat auf einen deutschen General sieht sich Daniel, der junge Führer einer norwegischen Widerstandsgruppe, vor die grausame Alternative gestellt, entweder sich selbst der Besatzungsmacht zu stellen, oder für den Tod von 44 Geiseln, die der deutsche Stadtkommandant hat festnehmen lassen, verantwortlich zu werden. Stellt er sich, so bricht nicht nur der Widerstand zusammen, auch die Idee der Auflehnung gegen ein unmenschliches System, die Idee der Freiheit, erleidet dann einen unwiederbringlichen Verlust. Stellt er sich nicht, so lastet auf seinem Gewissen der Tod seiner 44 Landsleute. Daniel will sich stellen, er ist schon auf dem Wege zur Kommandantur, gegen den Willen der Mehrzahl seiner Mitkämpfer. Er wird zurückgehalten, da man überzeugt ist von der Notwendigkeit dieses Opfers, da es der Bevölkerung, für die das erschütternde Ereignis Stadtgespräch geworden ist, im Augenblick der Kriegsnot um nichts anderes geht als um ihren Widerstand und ihre Freiheit.

Die Relativität gewisser Werte, die in diesem Roman beleuchtet wird, macht Lenz durch den die Glaubhaftigkeit seines eigenen Berichts immer wieder in Frage stellenden Erzähler Tobias aufs wirksamste deutlich. Wo liegt die Schuld, die zur Katastrophe führt? Liegt sie in der Kriegssituation und der damit verbundenen Besetzung eines fremden Landes? Liegt sie bei Daniel, bei dem deutschen Stadtkommandanten, oder bei den Widerstandskämpfern? Keine dieser Fragen läßt sich mit einem einfachen Ja oder Nein beantworten. Daß die Rechtfertigung bestimmter Handlungen jedoch von einer jeweils gegebenen Situation abhängt, zeigt das Ende des Romans.

Wer von den Beteiligten hätte voraussehen können, daß mit dem Ende des Krieges und der Besetzung eine Umwertung der Notstandsideale eintreten würde? Daniel wird jetzt von seinen wieder strahlend selbstbewußt gewordenen Mitbürgern der Feigheit bezichtigt, ja des Mordes angeklagt. Der Vater eines der 44 Erschossenen trachtet Daniel nach dem Leben und wird von diesem aus Notwehr getötet. Aus dem Gefängnis, in das man ihn bis zum Beginn des Mordprozesses gebracht hat, der gegen ihn angestrengt ist, entflieht er, um in der Einsamkeit der Berge für sich und seine Landsleute den genauen Hergang der damaligen Ereignisse niederzuschreiben. Zu seinem Freund Tobias Lund, dem Erzähler des Romans, sagt Daniel dazu:

Du kannst ruhig denken, daß ich es tue, um mich zu rechtfertigen. Nimm es ruhig an, wahrscheinlich hast du sogar recht damit. Ich habe mich einmal zu rechtfertigen versucht, indem ich etwas tat; jetzt mache ich es zum zweiten Mal, indem ich davon erzähle. Für mich beginnt und endet alles mit der Rechtfertigung. [24])

Die Antwort auf die schwierige Frage, ob Daniel diese Rechtfertigung gelingen wird, d. h. ob er seine Mitbürger aus ihrer wohlstandsbedingten Gleichgültigkeit wird aufrütteln können, muß das Gewissen des Lesers geben, denn »der Autor hat«, wie ein Kritiker es ausdrückt, »bewußt darauf verzichtet, den Prozeß, den sein Roman anstrengt: den Prozeß gegen die Gleichgültigkeit, zu entscheiden«. [25])

---

[22]) Herbert Lehnert, »Die Form des Experiments als Gleichnis. Einiges über Siegfried Lenz«, *Frankfurter Hefte*, 18 (1963), Nr. 7, 475.
[23]) Hermann Broch, a. a. O., 357.
[24]) *Stadtgespräch* (Hamburg, ²1963), 315.
[25]) Günther Busch, a. a. O., 494.

Schuld im zwischenmenschlichen Bereich ist das Thema des Hörspiels *Haussuchung*.[26]
Eberhard Bosse, der vorgebliche Retter zweier Brücken einer deutschen Stadt in den
letzten Tagen des Zweiten Weltkrieges, läßt sich fortwährend als Helden feiern. Alle fünf
Jahre werden ihm zum Jahrestag seiner Tat große Ehrungen zuteil. Er heiratet Christina, die Tochter eines reichen Haarwasserfabrikanten, und rührt seither keinen
Finger mehr. Seine Frau verliert im Verlauf ihrer neunjährigen Ehe immer mehr Respekt vor ihrem nichtsnutzigen, aber durchaus ehrbaren Gatten. Sie beginnt ein Liebes-
verhältnis mit ihrem Untermieter, dem Studenten Tom Jörgensen. Dieser ist enttäuscht
darüber, daß er Christina nicht für sich allein besitzen kann, und stiehlt aus verschiedenen Apotheken genug Schlafmittel, um damit einen ganzen Stadtbezirk einzuschläfern,
was er dadurch zu erreichen sucht, daß er die Barbiturate in das Staubecken der Stadt
werfen will. Nachdem alles schläft, hofft er, mit seiner geliebten Christina allein sein
zu können. Nun ist ihm aber die Polizei auf den Fersen. Er verbirgt sich in Bosses
Garage, während oben die Haussuchung vor sich geht. Diese zeitigt keine Ergebnisse,
da Christina die gestohlenen Chemikalien versteckt hat. Ist die Haussuchung der Polizei auch erfolglos, so enthüllt sie doch den beiden Ehepartnern ihre gegenseitigen
Geheimnisse. Ehemann Bosse wird ungewollt Zeuge einer Unterhaltung zwischen seiner
Frau und Tom in der Garage und weiß, was es in seiner Ehe geschlagen hat. Ehefrau
Christina findet während der Haussuchung zufällig die Quittung der letzten Post-
anweisung an Felix, den »dreckigen kleinen Kerl«, wie sie ihn nennt, der am 11. April
1945 derjenige war, der die Brücken rettete, indem er die Sprengkabel durchriß. Da
Felix aber dabei verwundet wurde und jahrelang vermißt war, konnte Bosse sich als
Retter und Helden aufspielen, bis jener eines Tages zurückkam und zum Erpresser
wurde. Wie recht hat Bosse, wenn er zu den beiden Polizisten sagt:

Ich habe das Gefühl, eine Haussuchung sollte man sich von Zeit zu Zeit leisten — wie einen
Besuch beim Arzt. Man weiß nie, was sich heimlich festsetzt. Wenn erst die Schmerzen beginnen,
ist es zu spät. ... Wer Klarheit über sich gewinnen will, ... sollte ab und zu vor den Schirm
treten.[27]

Nun, die Durchleuchtung hat stattgefunden, oder wie Heinz Schwitzke es in seinem
Nachwort zu dem Hörspielband *Haussuchung* ausdrückt: »Um strafrechtlich Bedenk-
liches hinter einer kaschierenden Fassade zu verhüllen, muß eine Prunkfassade, sogar
eine staatlich sanktionierte, abgerissen werden.«[28]
Auf so verschiedenen Ebenen sich die drei bisher untersuchten Werke auch abspielen,
eines haben sie gemeinsam, und zwar eine schuldhafte Ausgangssituation, die der Verfasser außerhalb der Werke selbst ansetzt. Diese Ausgangssituationen sind archime-
dische Punkte, von denen aus Lenz seine Geschichten in Bewegung setzt; es sind böse
Taten, deren Fluch es ist, fortzeugend Böses gebären zu müssen. Es ist dabei kein
Zufall, daß es sich zweimal — in der *Zeit der Schuldlosen* und im *Stadtgespräch* — um
Attentate handelt, also um Angriffe auf das Leben anderer, selbst wenn einer von
diesen ein Diktator und der zweite der Vertreter einer Diktatur ist. Beide Male mißlingen die Attentate. Meint Lenz nun, indem er zwei Mordanschläge fehlgehen läßt,
daß der Tyrannenmord nicht zulässig ist? Vielleicht ist das eine müßige Frage. Feststeht aber, daß erst die Attentatsversuche die extremen Situationen hervorrufen, mit
denen sich »Schuldlose« auseinanderzusetzen haben. Schließlich können auch passiver
Widerstand und Sabotage politisch wirksam sein und gleichzeitig den Anspruch des
Menschen auf Wiedererlangung seiner Freiheit und Erhaltung seiner Würde bekräftigen,

---

[26] (Hamburg, 1967), 157—202.
[27] Ebd., 197.
[28] Ebd., 212.

ohne das Leben »Unbeteiligter« aufs Spiel zu setzen. Es ist also sicher so gemeint, daß jeder Gewaltakt gegen menschliches Leben, ob er nun zur Errichtung einer Diktatur führt oder deren Zerstörung im Auge hat, und jeder vorsätzliche Angriff gegen die Wahrheit — siehe *Haussuchung* — eine Schuld darstellt, die, schicksalhaft im klassischen Sinne, größere Schuld nach sich ziehen muß. Leben ist Schuld: das dürfte dann der gemeinsame Nenner für diese Werke sein, in denen ihr Autor die Frage nach der Erbsünde aus moderner, existentieller Sicht stellen will.

Ähnlich, wenn auch ungleich komplizierter und subtiler, liegen die Dinge in dem Roman *Deutschstunde*. (Lenz bedient sich hier übrigens einer so bewunderungswürdig klaren und unzweideutigen Sprache, daß der Leser zweifelt, ob der Autor immer noch »Argwohn vor gewissen Worten« hat.) In stellarer Einsamkeit ziehen die Charaktere dieses Buches ihre vorgeschriebene Bahn. Eine Möglichkeit gegenseitiger Annäherung oder gar Verständigung ist ausgeschlossen. Das gilt für die Antagonisten, Jens Jepsen, den nördlichsten Polizeiposten Deutschlands, und den Maler Max Ludwig Nansen — ein Amalgam aus Max Beckmann und Emil Nolde —, genauso wie für die Frau und die Kinder Jepsens. Da ist Mutter Gudrun, von ihrem jüngsten Sohn Siggi, dem Erzähler des Romans, wie folgt beschrieben:

Meine Mutter ging zwischen uns hindurch mit offenem Haar, in dem braunen, kurzärmeligen Kittel, tastend fiel ihr Schritt, ihr weicher, aber kräftiger Körper war hochaufgerichtet, der Kopf zurückgeworfen, ihr Gang erinnerte mich an eine stolze, böse Königin — an welche nur? [29])

Dieses an eine *vâlandinne* aus germanischer Frühzeit gemahnende Weib, Tochter des Blut und Boden liebenden Bauern Per Arne Scheßel (»[er] lacht nicht und lächelt nicht, er zwinkert keinem zu, nicht mal ein Winken hat er übrig; er steht einfach nur da, ragend und grüblerisch wie ein Fischreiher...« [S. 143]), bringt drei Kinder zur Welt: Klaas, Hilke und den bereits erwähnten Siggi. Als »schweigende Versammlung von Meergetier« (S. 75) bezeichnet Siggi einmal seine schleswig-holsteinschen Landsleute. Diesen Vergleich darf man nicht vergessen, denn an anderer Stelle heißt es:

... ein großer Teil der Haie bringt lebende Junge zur Welt, aber das nur am Rande. ... Man muß sich wundern, daß nur sehr wenige Fische sich um das einmal abgelegte Ei kümmern oder gar eine Brutpflege übernehmen.... Die meisten Fische ... überlassen das Ei sich selbst, kümmern sich weder um die Entwicklung noch um die Aufzucht der Jungen (S. 354).

Was Wunder also, daß sich in dieser wortkargen und lieblosen Umgebung eine unaufhaltsame Verfremdung entwickelt, die nicht nur die Ehegatten voneinander isoliert — »die stolze, böse Königin« hat die Angewohnheit, sich im Schlafzimmer einzuschließen — sondern auch die Kinder von den Eltern trennt. In dieser von Lenz so überzeugend dargestellten gegenseitigen Kälte und in dem völligen Mangel an Mitteilsamkeit ist ein Aspekt einer höchst bedauernswerten Schuld zu sehen, die metaphysisch-existentieller Art ist, weil sie eben einfach in der Natur dieser Menschen liegt. Ohne Kommunikation unter Menschen, ohne positive Glaubenswerte geht es nicht. Da diese in der Jepsenschen Familie aber tatsächlich fehlen, ist eine innere Zersetzung dieser Gemeinschaft unausbleiblich. Nicht nur wenden sich die Kinder von den Eltern ab, sie begehen auch Handlungen, die den engstirnigen Vorstellungen und Überzeugungen der Eltern diametral entgegengesetzt sind: Klaas, während des Krieges zur Wehrmacht eingezogen, begeht Selbstverstümmelung, indem er sich durch den Arm schießt. Diese demonstrative Tat — Ausdruck einer inneren Rebellion, vom Vater zunächst *implicite*

---

[29]) *Deutschstunde* (Hamburg, 1968), 389. Die Seitenangaben weiterer Zitate werden im Text selbst angeführt.

als Mut, von der Mutter als Angst bezeichnet — führt dazu, daß der Polizeiposten, dem Druck seiner Frau nachgebend, seiner Familie verbietet, den Namen Klaas auszusprechen, ja ihn auch nur zu denken. Hilke verlobt sich mit einem Akkordeonspieler. Mutter Gudruns Reaktion auf diesen möglichen Familienzugang überrascht nicht. Sie betrachtet ihn

mißbilligend und auf ihre Weise außer sich, mit hochmütig gekrümmten Lippen, das strenge, rötliche Gesicht unbeweglich. Zigeuner, hatte sie nur leise und fassungslos zu meinem Vater gesagt, als sie erfuhr, daß Addi Skowronnek Musiker war, Akkordeonspieler, und daß er in demselben Hamburger Hotel »Pazifik« arbeitete, in dem auch Hilke als Kellnerin tätig war: Zigeuner, und danach hatte sie sich im Schlafzimmer eingeschlossen, Gudrun Jepsen, die mütterliche Säulenfigur meines Lebens (S. 50).

Als sie erfährt, daß Addi Epileptiker ist, muß er das Haus verlassen. Sie läßt Siggi dessen Koffer packen, wobei zwischen Mutter und Sohn folgendes Gespräch stattfindet:

Reist er ab? fragte ich, und sie, ...: Er hat hier nichts verloren, darum reist er ab; ich habe mit ihm gesprochen. — Warum, fragte ich, warum muß er abreisen? — Das verstehst du nicht, sagte meine Mutter ... und auf einmal, ohne sich zu bewegen oder die Stimme zu heben: Wir brauchen keinen Kranken in der Familie. — Reist Hilke auch ab? fragte ich da, worauf meine Mutter sagte: Das wird sich zeigen; bald werden wir wissen, welche Bande — sie sagte tatsächlich Bande — stärker sind (S. 103).

Hilke bleibt; allerdings korrespondiert sie weiter mit Addi, ehe sie, wie ihre beiden Brüder, nach Kriegsende das elterliche Haus ein für allemal verläßt.
Siggi, der Jüngste schließlich — geboren am 25. September 1933 — wird zum Kleptomanen, der aus einem langsam entwickelten Zwang heraus Gemälde und Zeichnungen in Sicherheit bringen muß. So landet er als schwer erziehbarer Jugendlicher in der auf einer Insel in der Nähe von Hamburg in der Elbe gelegenen Jugenderziehungsanstalt, wo er seine als Strafarbeit für die Deutschstunde entstandene Geschichte schreibt mit dem aufschlußreichen Titel »Die Freuden der Pflicht«.
Auf diese Menschen läßt sich anwenden, was Hans Lachinger in seinem Essay »Siegfried Lenz« über dessen Personen im allgemeinen sagt, daß sie nämlich nicht nur Gefangene »eines äußeren Terrors«, sondern Gefangene ihrer selbst seien [30]); eigentlich müßte man im Hinblick auf die Deutschstunde sogar sagen, sie halten sich gegenseitig gefangen. Aus dieser Gefangenschaft versucht lediglich die junge Generation auszubrechen, indem sie in die Großstadt flüchtet. Die Frage, ob ihr aber die Flucht aus der inneren Gefangenschaft so gut gelingen wird, wie ihr die aus der äußeren geglückt ist, läßt Lenz hier genau so offen, wie er sie schon in der Zeit der Schuldlosen offen gelassen hatte.
Es muß nun dargelegt werden, warum Siggi der Manie verfiel, Gemälde zu stehlen. Dabei wird gleichzeitig klar, daß die Deutschstunde nicht einfach eine Familientragödie ist, sondern eine Tragödie im weiteren Sinne, ja Symbol für das, was sich in Deutschland zwischen 1933 und 1945 und auch danach noch abspielte. Aus der uns seit einigen Jahren vorliegenden Autobiographie von Siegfried Lenz [31]) können wir schließen, daß vieles in der Deutschstunde als Spiegelbild von Selbsterlebtem zu betrachten ist. Autobiographisches, Subjektives, sowie die Erlebnisse der dargestellten Personen werden allerdings nie — von Anfang an im Lenzschen Werke nicht — um ihrer selbst willen

---

[30]) *Deutsche Literatur seit 1945 in Einzeldarstellungen*, Hrsg. Dietrich Weber, Kröners Taschenausg., Bd. 382 (Stuttgart, 1968), 413.
[31]) In *Jahr und Jahrgang 1926: Waldemar Besson, Siegfried Lenz, Gerd Klepzig* (Hoffmann und Campe: Hamburg, 1966), 59—87.

dargestellt. Das Einzelschicksal will vom Autor immer als symbolisch für das gemeinsame *fatum* verstanden und aufgefaßt sein. Das geht nicht nur aus der immer wieder
gewählten Ich-Form der Erzählung hervor, sondern wird von Lenz selbst bestätigt,
wenn er erkennt, daß jedermann zustößt, was einem einzigen widerfährt. [32])
Der Hauptdarsteller in dieser Tragödie — wenn auch vielleicht nicht der Hauptschuldige, denn diese Rolle wird der Leser gezwungenermaßen Mutter Gudrun zugestehen — ist Jens Ole Jepsen, Polizeihauptwachtmeister und, wie gesagt, der nördlichste
Polizeiposten Deutschlands. Jens Ole Jepsen, Sohn des Fischhändlers Peter Paul
Jepsen, wie sein etwa neun Jahre älterer Landsmann, der Maler Max Ludwig Nansen,
in dem Städtchen Glüserup geboren, wird von seinem Sohn Siggi beschrieben als
zunächst mageres Bürschchen, dann Schüler, Konfirmand, linker Verteidiger der Fußballmannschaft TuS Glüserup, Kanonier in Galizien und schließlich Polizeischüler in
Hamburger Backsteinkasernen. Es folgt die Verehelichung mit Gudrun Scheßel, wovon
»die Aufnahme einer starräugigen Hochzeitsgesellschaft« zeugt, »die stramm, jedenfalls
steif und mit erhobenem Glas das Paar umstand und es anscheinend hochleben ließ auf
disziplinierte Weise« (S. 116). Wir haben es also mit einem durchaus »normalen« Werdegang zu tun! Nach langen Ehejahren und treuer Erfüllung seiner polizeilichen Pflichten
bietet er nun in der Beschreibung Siggis folgendes Bild:

Er brannte sich seine Stummelpfeife an. Er betupfte ein entstehendes Gerstenkorn am rechten
Auge. Dann paffte er — unter kleinen, platzenden Geräuschen seiner Lippen vor sich hin und
inszenierte bedeutungsvolles Dasitzen. Ich hasse dieses herrische Sitzen, ich fürchte dieses Schweigen, das Bedeutung beansprucht, die feierliche Wortkargheit hasse ich, den Blick in die Weite und
die schwer zu beschreibende Geste, und ich fürchte, fürchte unsere Gewohnheit, nach innen zu
lauschen und auf Worte zu verzichten (S. 129).

Den neun- oder zehnjährigen Jens Jepsen hatte vor vielen Jahren Max Ludwig Nansen
vor dem Ertrinken gerettet. Hierin ist wieder einer der Lenzschen archimedischen
Punkte zu sehen, aus dem sich wenigstens ein Teil der späteren Bewegung, bzw. Handlung des Romans ergibt, denn Jens Jepsen wird dadurch von vornherein als der
dem Maler Unterlegene charakterisiert. Damit ist eine Grundsituation gegeben, die, wie
der Rezensent der London *Times (TLS:* 317, 27 March 1969) feststellt, derjenigen in
Lenz' Erzählung »Der Verzicht« (1960) [33]) sehr ähnlich ist. Hier wie da ist der Henkersknecht seinem Opfer weit unterlegen, da das Opfer über eine innere Freiheit verfügt,
welche die Amtsperson weder je besessen hat, noch je wird erlangen können.
Auf dieser Basis stehen sich dann im Jahre 1943 eines Tages der Polizeiposten Jepsen
und der Maler Nansen gegenüber. Jener hatte seinem einstigen Lebensretter und jetzigen
Vertreter »entarteter Kunst« das aus Berlin eingetroffene Malverbot zu überbringen.
Jepsen fühlt sich überlegen, aber nicht so überlegen, daß er sich nicht hinter einem
Schutzwall verschanzen müßte. Und dieser Schutzwall heißt »Pflicht«, die er mit Freuden erfüllt. Darin aber liegt seine größte Schuld und gleichzeitig die Schuld all derer,
die sich einem im Kantschen Sinne »unmoralischen« Regime als willige Werkzeuge anbieten. So wird Jepsen zum Symbol für alle diejenigen, die aus Gründen persönlicher
Schwäche und Unfreiheit oder subjektiver Rachegefühle zu Stützen einer zutiefst verrotteten Gesellschaft werden, ja diese eigentlich erst möglich machen. Kants *Kritik der
praktischen Vernunft* muß uns bei der Durchdringung dieses Problems Führerin sein.
Beginnen wir mit dem bekannten Gleichnis aus diesem Werk:

---

[32]) Ebd., 75.
[33]) »Der Verzicht« in *Der Spielverderber: Erzählungen* (Hamburg, 1965) 31—44. Entstanden
1960, erstmals erschienen unter dem Titel »Gelegenheit zum Verzicht« in *Stimmungen der
See: Erzählungen,* Reclam U.-B., Nr. 8662 (Stuttgart, 1962), 34—46.

Setzet, daß jemand von seiner wollüstigen Neigung vorgiebt, sie sei, wenn ihm der beliebte Gegenstand und die Gelegenheit dazu vorkämen, für ihn ganz unwiderstehlich: ob, wenn ein Galgen vor dem Hause, da er diese Gelegenheit trifft, aufgerichtet wäre, um ihn sogleich nach genossener Wollust daran zu knüpfen, er alsdann nicht seine Neigung bezwingen würde. Man darf nicht lange rathen, was er antworten würde. Fragt ihn aber, ob, wenn sein Fürst ihm unter Androhung derselben unverzögerten Todesstrafe zumuthete, ein falsches Zeugniß wider einen ehrlichen Mann, den er gerne unter scheinbaren Vorwänden verderben möchte, abzulegen, ob er da, so groß auch seine Liebe zum Leben sein mag, sie wohl zu überwinden für möglich halte. [34] Ob er es thun würde, oder nicht, wird er vielleicht sich nicht getrauen zu versichern; daß es ihm aber möglich sei, muß er ohne Bedenken einräumen. Er urtheilt also, daß er etwas kann, darum weil er sich bewußt ist, daß er es soll, und erkennt in sich die Freiheit, die ihm sonst ohne das moralische Gesetz unbekannt geblieben wäre. [35]

Darauf folgt unmittelbar Kants »Grundgesetz der reinen praktischen Vernunft«, besser bekannt als »kategorischer Imperativ«: »Handle so, daß die Maxime deines Willens jederzeit zugleich als Princip einer allgemeinen Gesetzgebung gelten könne.« Lassen wir diesen beiden Zitaten ein drittes und viertes folgen, um deutlich zu sehen, weshalb die Jepsens nicht nur wandelnde Pervertierungen des Kantschen Pflichtbegriffs sind, sondern auch aus menschlicher Schwäche heraus erst »Tausendjährige Reiche« möglich machen:

Pflicht! du erhabener großer Name, der du nichts Beliebtes, was Einschmeichelung bei sich führt, in dir fassest, sondern Unterwerfung verlangst, doch auch nichts drohest, was natürliche Abneigung im Gemüthe erregte und schreckte, um den Willen zu bewegen, sondern blos ein Gesetz aufstellst, welches von selbst im Gemüthe Eingang findet und doch sich selbst wider Willen Verehrung (wenn gleich nicht immer Befolgung) erwirbt, vor dem alle Neigungen verstummen, wenn sie gleich ingeheim ihm entgegen wirken: welches ist der deiner würdige Ursprung, und wo findet man die Wurzel deiner edlen Abkunft, welche alle Verwandtschaft mit Neigungen stolz ausschlägt, und von welcher Wurzel abzustammen, die unnachlaßliche Bedingung desjenigen Werths ist, den sich Menschen allein selbst geben können? [36]

*

Der Mensch ist zwar unheilig genug, aber die *Menschheit* in seiner Person muß ihm heilig sein. In der ganzen Schöpfung kann alles, was man will, und worüber man etwas vermag, auch *blos als Mittel* gebraucht werden; nur der Mensch und mit ihm jedes vernünftige Geschöpf ist *Zweck an sich selbst*. Er ist nämlich das Subject des moralischen Gesetzes, welches heilig ist, vermöge der Autonomie seiner Freiheit. Eben um dieser willen ist jeder Wille, selbst jeder Person eigener, auf sie selbst gerichteter Wille auf die Bedingung der Einstimmung mit der *Autonomie* des vernünftigen Wesens eingeschränkt, es nämlich keiner Absicht zu unterwerfen, die nicht nach einem Gesetze, welches aus dem Willen des leidenden Subjects selbst entspringen könnte, möglich ist; also dieses niemals blos als Mittel, sondern zugleich selbst als Zweck zu gebrauchen. [37]

Versteift sich Jepsen auf die Erfüllung seiner Pflicht — er muß übrigens auch die Einhaltung des Malverbots überwachen — nur weil er sich dem Maler als seinem einstigen

---

[34] Ich erinnere hier an die Grundsituation in *Zeit der Schuldlosen*, wo angesichts eines solchen Druckes sämtliche Beteiligten »umkippen«.

[35] *Kritik der praktischen Vernunft*, 1. Teil, 1. Buch, 1. Hauptstück, § 6, Anmerkung *(Kant's gesammelte Schriften*, hrsg. von der Königl. Preuß. Akademie der Wissenschaften [Berlin, 1913], I. Abt., 5. Bd., 30.)

[36] Ebd., 3. Hauptstück (I. Abt., 5. Bd., 86.)

[37] Ebd., 87.

Lebensretter unterlegen fühlt? Gewiß nicht; das ist, wie bereits gesagt, nur der springende Punkt. Sein Unterlegenheitsgefühl und daraus resultierender Haß, sowie seine stetig wachsende und zur regelrechten Manie werdende Bemühung um Rache werden gespeist durch des Malers innere Freiheit, durch seine Unbekümmertheit gegenüber der Reichskammer der Bildenden Künste in Berlin. Der Maler hat die Kraft und den Mut, das Malverbot zu mißachten ohne Rücksicht auf seine eigene Sicherheit. Das ist für Jepsen Demütigung, ein Schlag ins Gesicht. Der Maler ist ihm ein steter Spiegel seiner eigenen Schwäche. Wesentlicher aber als all das ist die Tatsache, daß der Maler ihm seine eigenen Kinder entfremdet. Nach seiner Selbstverstümmelung und Flucht aus einem Lazarett findet Klaas Betreuung und Zuflucht bei dem Maler, dem er auch Modell steht. Hilke tut dasselbe. Siggi, vom Maler Witt-Witt (Strandläufer) genannt, genießt dessen volles Vertrauen. Der alte Jepsen versucht, Siggi zu seinem Komplicen zu machen, indem er ihm aufträgt, sein Spion zu sein, ihm zu melden, wann und wo Nansen malt und wo er seine Werke versteckt hält. Siggi täuscht den Vater, dieser aber, im Besitz des zweiten Gesichts, schnüffelt Verstecke aus und zerstört und verbrennt systematisch alle Schöpfungen des Malers, deren er habhaft werden kann. Daraus entwickelt sich die bereits oben erwähnte Manie Siggis, Zeichnungen und Gemälde Nansens in Sicherheit zu bringen, um sie vor unvermeidlicher Zerstörung zu bewahren.

Die *Deutschstunde* ist also nicht nur Familientragödie, nicht nur eine Abhandlung des Themas »Macht gegen Kunst«, sondern die Gegenüberstellung von innerer Freiheit und Unfreiheit. Der in hochmütiger Enge beharrende und dadurch zum Zerfall seiner Persönlichkeit und seiner Familie beitragende Kleinbürger wird aus immer mächtiger werdenden Minderwertigkeitsgefühlen zum Rachegeist, mit dessen Schwächepotential das Regime vertraut ist, mit dem es rechnet, durch das allein es zur Macht kommen und existieren kann. [38]) Jepsen bleibt übrigens nach Kriegsende — von einer kurzen Inhaftierung zum Zwecke der politischen Entlausung abgesehen — weiterhin in Amt und Würden. Und Siggi Jepsen, zum Gewohnheitsdieb von Nansen-Gemälden geworden, weil er den Instrumenten der Macht mißtraut, wird von der unverständigen Nachkriegsjustiz als schwer erziehbarer Jugendlicher gestempelt und »sichergestellt«.

Was sagte doch zum Thema »deutscher Bürger« und »deutscher Offizier« — hier durchaus anwendbar auf den Polizeiposten Jepsen — ein immer noch weitgehend mit Mißtrauen betrachteter deutscher Schriftsteller?

Der Bürger. Das ist — wie oft wurde das mißverstanden! — eine geistige Klassifizierung, man ist Bürger durch Anlage, nicht durch Geburt und am allerwenigsten durch Beruf. Dieses deutsche Bürgertum ist ganz und gar antidemokratisch, dergleichen gibt es wohl kaum in einem andern Lande, und das ist der Kernpunkt alles Elends. Es ist ja nicht wahr, daß sie in der Zeit vor dem Kriege unterdrückt worden sind, es war ihnen tiefstes Bedürfnis, emporzublicken, mit treuen Hundeaugen, sich zurechtstoßen zu lassen und die starke Hand des göttlichen Vormunds zu fühlen! Heute ist er nicht mehr da, und fröstelnd vermissen sie etwas. Die Zensur ist in Fortfall gekommen, brav beten sie die alten Sprüchlein weiter, ängstlich plappernd, als ob nichts geschehen sei. Sie kennen zwischen patriarchalischer Herrschaft und einem ins Räuberhafte entarteten Bolschewismus keine Mitte, denn sie sind unfrei. Sie nehmen alles hin, wenn man sie nur verdienen läßt. Und dazu sollen wir Ja sagen? Der Offizier ... Es war die infer-

---

[38]) Lenz schildert also in der *Deutschstunde* in gewissem Sinne das Gegenteil dessen, was Heimito von Doderer zum Inhalt seines Romans *Die erleuchteten Fenster oder die Menschwerdung des Amtsrates Julius Zihal* (München, 1950) macht. Hier wird der Beamte Zihal nach seiner Pensionierung sich wahren Menschentums bewußt, bei Lenz erfolgt die konsequente und immer weiter fortschreitende Entmenschlichung des Polizeipostens Jepsen.

nalische Lust, den Nebenmenschen ungestraft zu treten, es war die deutsche Lust, im Dienst mehr zu scheinen, als man im Privatleben ist, das Vergnügen, sich vor seiner Frau, vor seiner Geliebten aufzuspielen, und unten krümmte sich ein Mensch.

So geschrieben von Kurt Tucholsky im Jahre 1919. [39])

Brown University   Albert R. Schmitt

---

[39]) »Wir Negativen« in *Kurt Tucholsky: Ausgewählte Werke*, Hrsg. Fritz Raddatz (Rowohlt-Verlag: Hamburg, 1965), II, 174—175. Einmalige Sonderausgabe in der Reihe »Die Bücher der Neunzehn«, Bd. 128.

W. FREEMAN TWADDELL

Grammatical Notes: The Auxiliary *werden;* the Preposition *als*

In the effort to make German grammar look respectable, grammarians long ago padded out the realities of West Germanic conjugation by contriving a decorous facade of two voices and six tenses. To do so, they had to supplement the two tenses with four pseudo-tenses into which verb phrases of auxiliary + infinitive or participle were conscripted, and a kind of passive voice consisting of *werden* + participle. — Such labels can be self-fulfilling, if they are taken seriously and docilely by an influential segment of a speech community. But a grammar can survive a great deal of prescription by grammarians; and the verb phrases with *werden* as auxiliary have by no means become »THE future tense« or »THE passive voice«. Those verb phrases are both more and less than that. The semiotics of futurity and passivity are signaled in German in several ways, and the constructions with *werden* signal more than mere futurity or passivity.

The auxiliary *werden*
(a) *werden* + infinitive

The modal auxiliary system of German, like that of English, is a morphological waif of the old preterit-present class, with a distinctive syntactic property. English some time ago sloughed off its cognates of *wissen* and *dürfen*, retaining the cognate of *tar/turen* = »dare«, which it is now sloughing off (as a modal) along with two intruders »need, ought«. German has been more conservative than English in keeping seven of the old preterit-presents, more innovating than English in supplying preterit and subjunctive paradigms, and infinitives and participles.

On the syntactic level, the mark of an English or a German modal is its occurrence in a construction with infinitive without «to« or *zu*. (German has expanded this syntactic class by including such constructions with verbs like *helfen, lassen, hören, sehen* and — increasingly of late — *brauchen* with negatives or restrictives.) By reason of a long but different history, *werden* also occurs in a construction with infinitive without *zu*. More by reason of that history than by an analysis of recent usage, *werden* + infinitive is conventionally classified as a pseudo-tense *(Futurum)* and not as a modal construction.

Yet, morphologically (see below) *werden* resembles the historic modals *dürfen, können, mögen, müssen, sollen, wollen* as much as some of the new pseudo-modals like *helfen, lassen, hören, sehen, brauchen.* Syntactically the resemblance is close. It is in order to inquire into the semiotics: is *werden* + infinitive in modern German a pseudo-tense, or is it a modal construction?

The grammatical semiotics of a modal construction in both English and German reside in a component of APPRAISAL: the predication of the rest of the verb phrase is presented as an ESTIMATE with one or another kind of specification of limitation or non-limitation of actuality, probability, propriety, desirability, etc. Regardless of the grammatical person and number of the subject in a modal construction, a statement with a modal auxiliary presents the speaker's appraisal, and a question with a modal invites the hearer's appraisal.

In these terms, *werden* + infinitive functions modally rather than temporally. (Sheer futurity in German is normally signaled by adverbial components or by the realistic situational context rather than by any special verb-phrase formula.) The modal force of *werden* is that of authoritative proclamation, an appraisal reflecting the speaker's knowledge of a fact of schedule, a usage of ritual or etiquette, a law or process, a private intention — a knowledge which reliably assures the predication. As noted above, a question with *werden* + infinitive invites the hearer to make an authoritative proclamation based on such knowledge.

An interpretation of *werden* + infinitive as a pseudo-tense produces trouble in account-ing for the »future of probability«: *werden wohl* + infinitive, which is quite different from a predictive future. But it fits well with the general *werden* + infinitive signal of the speaker's knowledge of a schedule, a usage, a law, his intention — knowledge which is (or is dramatically presented as being) not part of the hearer's knowledge. What *werden wohl* + infinitive signals is the proclamation of a probability on the basis of a knowledge of schedule, usage, law, etc. Compare *das wird wohl* ... ; *das soll ja* ... ; *das kann nämlich* ... ; *das darf doch* ... + infinitive.

Morphologically, *werde / wirst / wird / werden / werdet* differs from a preterit-present modal auxiliary only by the *werde / wird* distinction. Syntactically, *werden* + infinitive is more limited than the true modals, in that patterns like ** Er hat gehen werden. * Er wurde gehen.* are not in the standard grammar.

On the other hand, *würde* + infinitive is parallel to *dürfte / könnte / möchte / müßte / sollte / wollte* + infinitive in connection with an associated clause introduced by *wenn* or conditional inversion. In this construction, *würde* signals reliable assurance of the predication (as a fact of schedule or law or process) WITHIN THE LIMITATIONS set by the *wenn* clause, just as *dürfte, könnte,* etc. signal permission, ability, etc. within those limitations.

(b) *werden* + past participle

Among the semantically »passive« constructions of German, one variety is *werden* + past participle. (Others are reflexives, *sein* + *zu* + infinitive, *man / es* as subject, such pseudo-auxiliaries as *kriegen, bekommen, gehören* + past participle.) The *werden* + past participle construction, at least in non-rhetorical usage, reflects a knowledge of schedule or usage or ritual or etiquette or law, as proclaimed authoritatively. Examples: »Im Norden wird Niederdeutsch gesprochen. Namen wie Berlin und Stettin werden auf der letzten Silbe betont. Größere Mengen von Kartoffeln und Äpfeln werden nach Zentnern berechnet. Werden Sie dort erwartet? Wo wird der Speisewagen ange-hängt?«

An interesting observation by Grebe (Duden, *Grammatik*, 1966, § 860, 4) says perhaps more than was intended:
»Auffällig ist der Gebrauch von *werden*, wenn für unser Gefühl ein Zustand vorliegt: Durch das Mittelmeer wird Europa von Afrika getrennt. — Er ist so zu erklären, daß hier der Tatbestand vom Sprecher immer wieder von neuem geistig nachvollzogen, d. h. als Vorgang gefaßt wird.«

Both the example and the explanation illustrate authoritative proclamation.

(c) *werden* as auxiliary: summary

These usages indicate that the auxiliary *werden* is not adequately described by treating it as a component of a tense-like *(Futurum)* and a voice-like *(Passivum)* verb phrase.

»*aus, bei, mit, nach, seit, von, zu,* [und *als?*]«

[This note has a somewhat unusual history for an item in a volume of tribute and homage. For he whom this volume seeks to honor is largely responsible for the following oberservations. For several years he has been diligently and gleefully putting into my mailbox specimens of what he calls »Dativitis«. One sub-population of those citations is discussed here, as an interesting example of a fluctuation (or shift?) in the grammatical function of a high-frequency word, *als*. American readers of the older generations may be reminded of the way »like« seems to be joining the group of function-words which are both conjunctions and prepositions.]

Apposition involves a somewhat finicky concord in a grammar with a semiotically complex case system. Curme as of 1905 pointed out in *A grammar of the German language*, 255. III. I. A. k: » . . . the dat. is used by various authors uniformly without regard to the case of the preceding noun« as an example of »the confusion that is so prevalent«. The 1966 Duden *Grammatik* § 5820 is more overtly prescriptive but also honest: »Häufig wird, vor allem in der Alltagssprache, die Apposition fälschlich in den Dativ gesetzt, obwohl das Bezugswort in einem anderen Falle steht.«
The examples cited below involve a kind of apposition which is a complex embedding through a pseudo-preposition *als* + dative construction. They obviously consist of writings which are far removed from »Alltagssprache«.

(a) » . . . um den Zusammenhang des Organischen als höherem, auf das Kunstwerk metaphorisch angewandtem Begriff auch ohne Nennung vollends deutlich zu machen, fügt Aristoteles noch die weitere Bestimmung hinzu, daß . . .« — Max Kommerell, *Lessing und Aristoteles*, 2. Aufl. (Frankfurt/M.: Klostermann, 1957), p. 150.
(b) »Die Bandenmitglieder des Krummfinger-Balthasar werden durch ihn, als dem ›Vornehmsten — auch König‹, mit Titel und Ausweisen versehen.« — Günther Kraft, *Historische Studien zu Schillers Schauspiel »Die Räuber«* (Weimar: Arion Verlag, 1959), p. 23.
(c) »Nach Bethmann-Hollwegs Ernennung zum Reichskanzler machten Beamte des Auswärtigen Amtes, um ihn über den Stand der Außenpolitik zu unterrichten, . . . Aufzeichnungen, in denen es sich im wesentlichen um eine Verständigung mit England als der wichtigsten Voraussetzung zur Überwindung der schwierigen außenpolitischen Lage Deutschlands handele.« — Johannes Bühler, *Deutsche Geschichte*, VI (Berlin: de Gruyter, 1960), p. 320.
(d) » . . . in seiner Betonung der Einzelseele als dem allein zuständigen Bereich lebendiger Gottesbegegnung bereitet er [der Pietismus] . . . das sich entwickelnde idealistische Menschenbild der Goethezeit vor . . .« — Erich Ruprecht »Die Idee der Humanität in der Goethezeit«, *Studium generale*, XV (1962), pp. 179 f.
(e) »Es mag für die Schule als einem außerordentlich institutionalisierten System typisch sein, daß . . .« — Torsten Husén, »Der Wandel im schwedischen Erziehungswesen«, *Neue Sammlung*, III (1963); p. 508. (Interesting as the product of a translator — i. e. a writer likely to be particularly cautious in matters of grammatical nicety.)
(f) »[Hoffmann] . . . glaubt, daß gerade der durch die Sünde als geistiger Krankheit Geschwächte diesen Einwirkungen besonders ausgesetzt sei.« — Karl Gustav Fellerer, »Der Musiker E. T. A. Hoffmann«, *Literaturwissenschaftliches Jahrbuch*, N. F., IV (1963), p. 65.
(g) » . . . der ›Einfall‹ bleibt ein stofflicher und szenisch-mimischer Effekt, wird aber nicht in die Sprache des Spiels als seinem darstellenden Grundelement eingeformt.« — Fritz Martini, »Johannes Elias Schlegel: *Die stumme Schönheit«, Der Deutschunterricht* XV/6 (1963), p. 19.
(h) »Die Flucht . . . ist eine Flucht in die Kunst als der einzigen Möglichkeit, der Bedrängnis des Irdischen zu entgehen.« — Walter Müller-Seidel, »Schillers Kontroverse mit Bürger«, *Formenwandel* (Hamburg, 1964), p. 309.

(i) » ... die Verlagerung des dichterischen Interesses auf das Innere des Menschen als einer Wirklichkeit, die in sich selbst darstellungswürdig ist.« — Werner Hoffmeister, *Studien zur erlebten Rede bei Thomas Mann und Robert Musil* (Mouton: The Hague, 1965), p. 161.

The examples indicate that we are not dealing with a feature of uneducated or negligent German; the contexts are grammatically sophisticated. These *als* + dative constructions suggest that a prepositional substitute for one kind of appositional parataxis has to be granted some degree of grammatical acceptability.

Brown University   W. Freemann Twaddell

BIBLIOGRAPHIE DER VERÖFFENTLICHUNGEN UND REZENSIONEN

von

DETLEV W. SCHUMANN

Abkürzungen:

Goethe	—	Goethe: Neue Folge des Jahrbuchs der Goethe-Gesellschaft
GQ	—	German Quarterly
GR	—	Germanic Review
JEGP	—	Journal of English and Germanic Philology
MLQ	—	Modern Language Quarterly
Nordelbingen	—	Nordelbingen: Beiträge zur Heimatforschung in Schleswig-Holstein, Hamburg und Lübeck
PMLA	—	Publications of the Modern Language Association of America

Veröffentlichungen:

1928—1929 »Studien zu Schillers *Malteserfragmenten*« *JEGP*, XXVII, 217—235, 524—549; XXVIII, 238—243.

1930 »Ernst Stadler and German Expressionism«, *JEGP*, XXIX, 510—534.

1931 »The Development of Werfel's ›Lebensgefühl‹ as Reflected in His Poetry«, *GR*, VI, 27—53.

1934 »Expressionism and Post-Expressionism in German Lyrics«, *GR*, IX, 54—66, 115—129.

1936 »Eichendorff's *Taugenichts* and Romanticism«, *GQ*, IX, 141—153.
»Cultural Age-Groups in German Thought«, *PMLA*, LI, 1180—1207.

1937 »The Problem of Age-Groups: A Statistical Approach«, *PMLA*, LII, 596—608.

1939 »Gedanken zu Hofmannsthals Begriff der ›Konservativen Revolution‹ «, *PMLA*, LIV, 853—899.

1942 »Enumerative Style and Its Significance in Whitman, Rilke, Werfel«, *MLQ*, III, 171—204.
»Motifs of Cultural Eschatology in Post-Expressionistic German Poetry«, *Monatshefte*, XXXIV, 247—261.

1943 »Motifs of Cultural Eschatology in German Poetry from Naturalism to Expressionism«, *PMLA*, LVIII, 1125—1177.

1944 »Observations on Enumerative Style in Modern German Poetry«, *PMLA*, LIX, 1111—1155.

1944—1945 »Detlev von Liliencron (1844—1909): An Attempt at an Interpretation and Evaluation«, *Monatshefte*, XXXVI, 385—408; XXXVII, 65—87.

1945 »Conjunctive and Disjunctive Enumeration in Recent German Poetry«, *PMLA*, LX, 517—566.

1947 »Plain Talk«, *Bulletin, New England Modern Language Association*, IX/2, 7 f.

1948 »A Report on the Present Condition of Germanic Studies in Germany and Austria«, *Monatshefte*, XL, 49—62.

»Neuorientierung im achtzehnten Jahrhundert: Ein Vortrag«, *MLQ*, IX, 54—73, 135—145.

1949 »Goethe and the Stolbergs: A Friendship of the Storm and Stress«, *JEGP*, XLVIII, 483—504.

1951 »Goethe and the Stolbergs after 1775: The History of a Problematic Relationship«, *JEGP*, L, 22—59.

1953 »Französische Emigranten in Schleswig-Holstein: Ein Kapitel aus der europäischen Kulturgeschichte um 1800«, *Nordelbingen*, XXI, 121—149.

1954 »Goethe and Friedrich Carl von Moser: A Contribution to the Study of *Götz von Berlichingen*«, *JEGP*, LIII, 1—22.

»Neue Studien zur französischen Emigration in Schleswig-Holstein«, *Nordelbingen*, XXII, 134—156.

1956 »Aufnahme und Wirkung von Friedrich Leopold Stolbergs Übertritt zur Katholischen Kirche«, *Euphorion*, L, 271—306.

»Some Notes on *Werther*«, *JEGP*, LV, 533—549.

1957 »Some Scenic Motifs in Eichendorff's *Ahnung und Gegenwart*«, *JEGP*, LVI, 550—569.

»Briefe aus Auguste Stolbergs Jugend«, *Goethe*, XIX, 240—297.

1958 »Caroline Baudissin und Julia Reventlow als Schriftstellerinnen«, *Nordelbingen*, XXVI, 158—173.

1959 »Motive der Seefahrt beim jungen Goethe«, *GQ*, XXXII, 105—120.

1960 »Die Bekenntnisszenen in Goethes *Iphigenie*: Symmetrie und Steigerung«, *Jahrbuch der Deutschen Schillergesellschaft*, IV, 229—246.

»Eine politische Zirkularkorrespondenz J. G. Schlossers und seiner oberrheinischen Freunde«, *Goethe*, XXII, 240—268.

1961 »Briefe von Sophie Stolberg an Adrienne de La Fayette und Anne-Paule-Dominique de Montagu«, *Etudes Germaniques*, XVI, 1—18.

»Aus einem französischen Familienarchiv: Stolbergiana und Gallitziniana«, *Westfalen*, XXXIX, 128—142.

»Mensch und Natur in Goethes ›Novelle‹ «, in *Dichtung und Deutung*, Hrsg. Karl S. Guthke (Francke, Bern), pp. 131—142.

1962 »Konvertitenbriefe: Adam Müller und Dorothea Schlegel an Friedrich Leopold und Sophie Stolberg«, *Literaturwissenschaftliches Jahrbuch ... der Görres-Gesellschaft*, Neue Folge, III, 67—98.

1963 »Der Emkendorfkreis und Johann Georg Müller in Schaffhausen: Briefe«, *Nordelbingen*, XXXII, 72—119.

»Bemerkungen zu zwei Goetheschen Gedichten«, *Goethe*, XXV, 182—205.

1964 »Klopstocks Geburtstage: Dichtungen aus seinem Freundeskreis«, in *Formenwandel: Festschrift zum 65. Geburtstag von Paul Böckmann*, Hrsg. W. Müller-Seidel und W. Preisendanz (Hoffmann und Campe, Hamburg), 172—192.

»Aus Klopstocks Umwelt: Fünfundzwanzig Briefe an ihn und seine zweite Gattin«, *Jahrbuch des Freien Deutschen Hochstifts*, 1964, 1—58.

1966 »The Latecomer: The Rise of German Literature in the Eighteenth Century«, *GQ*, XXXIX, 417—449.

»Friedrich Schlegels Bedeutung für Eichendorff«, *»Jahrbuch des Freien Deutschen Hochstifts*, 1966, 336—383.

1968 »Eichendorffs Verhältnis zu Goethe«, *Literaturwissenschaftliches Jahrbuch ... der Görres-Gesellschaft*, Neue Folge, IX, 159—218.

»Die Zeit in *Wilhelm Meisters Lehrjahren*«, *Jahrbuch des Freien Deutschen Hochstifts*, 1968, 130—165.

Rezensionen:

1931 Hans Naumann, *Die deutsche Dichtung der Gegenwart*, 5. Aufl. (Metzler, Stuttgart, 1931). *Monatshefte*, XXIII, 189 f.

1933 R. Petsch *et al.* (Hrsg.), *Goethes Werke: Festausgabe* (Bibliographisches Institut, Leipzig, o. J.). *GR*, VIII, 71 f.

1941 R. S. Stokes, *The Artist in Modern German Drama* (Baltimore, 1940). *GQ*, XIV, 192—194.

1947 M. F. E. van Bruggen, *Im Schatten des Nihilismus: Die expressionistische Lyrik im Rahmen und als Ausdruck der geistigen Situation Deutschlands* (N. J. Paris, Amsterdam, 1946). *GR*, XXII, 231 f.

1950 H. P. H. Teesing, *Das Problem der Perioden in der Literaturgeschichte* (Wolters, Groningen — Batavia, 1949). *Monatshefte*, XLII, 184 f.

1951 George Wm. Radimersky, *German Science Reader* (Ronald Press, New York, 1950). *Monatshefte*, XLIII, 166—168.

1952 »Germany in the Eighteenth Century: Some New Publications«, *JEGP*, LI, 259—275, 434—450.

1954 »Christian Thought in the Age of Goethe«, *JEGP*, LIII, 641—658.

   Harry Schmidt, *Drei Schlösser am Westensee* (Möller, Rendsburg, 1953). *Monatshefte*, XLVI, 157.

1955 »New Studies in German Literature of the Eighteenth Century«, *JEGP*, LIV, 705—727.

   Schiller, *Über naive und sentimentalische Dichtung*, Hrsg. Eduard Spranger (Schiller-National-Museum, Marbach, 1953). *JEGP*, LIV, 430—432.

   E. O. Wooley, *Theodor Storm's World in Pictures* (Indiana U. Press, Bloomington, 1954). *Monatshefte*, XLVII, 247—249.

1956 R. B. Farrell, *Dictionary of German Synonyms* (U. Press, Cambridge, 1953) und

   Franz Dornseiff, *Der deutsche Wortschatz nach Sachgruppen*, 4. Aufl. (de Gruyter, Berlin, 1954). *JEGP*, LV, 124—126.

1958 »Some New Publications Concerning the History of Literary Criticism«, *JEGP*, LVII, 582—600.

1959 *Werke Goethes*, herausgegeben von der Deutschen Akademie der Wissenschaften zu Berlin unter Leitung von Ernst Grumach (Akademie-Verlag, Berlin). *Jugendwerke*, Hrsg. Hanna Fischer-Lamberg, 3 Bde., 1953—56; *Die Leiden des jungen Werthers*, I (Text), Hrsg. Erna Merker, 1954; *Egmont*, I (Text), Hrsg. Elisabeth Völker, 1957. *JEGP*, LVIII, 330—332.

   Hans Pyritz, *Goethe-Bibliographie*, Fasz. 1—3 (Winter, Heidelberg, 1955). *JEGP*, LVIII, 334—337.

   Alfred Zastrau (Hrsg.), *Goethe-Handbuch: Goethe, seine Welt und Zeit in Werk und Wirkung*, I, Fasz. 1—4; IV (Metzler, Stuttgart, 1955, 1956). *JEGP*, LVIII, 337—342.

   Ausstellung von Handschriften zur Feier des 28. August 1955 (Freies Deutsches Hochstift, Frankfurt, 1955) und *Führer durch das Frankfurter Goethemuseum*, 2. Aufl. (Freies Deutsches Hochstift, Frankfurt, 1955). *JEGP*, LVIII, 342 f.

   Ernst Beutler, *Gottes wahre Gift* (Haupt, Bern, 1955). *JEGP*, LVIII, 343.

   Clemens Heselhaus (Hrsg.), *Die Lyrik des Expressionismus* (Niemeyer, Tübingen, 1956). *JEGP*, LVIII, 355—357.

   Heinz Stolpe, *Die Auffassung des jungen Herder vom Mittelalter* (Böhlau, Weimar, 1955). *JEGP*, LVIII, 726—732.

390

Robert T. Clark Jr., *Herder: His Life and Thought* (U. of California Press, Berkeley and Los Angeles, 1955). *JEGP*, LVIII, 732—738.

1960   Hermann Tiemann (Hrsg.), *Meta Klopstock, geborene Moller: Briefwechsel mit Klopstock, ihren Verwandten und Freunden* (Maximilian-Gesellschaft, Hamburg, 1956). *JEGP*, LIX, 106—111.

Helmut de Boor und Richard Newald, *Geschichte der deutschen Literatur von den Anfängen bis zur Gegenwart*, VI/1 (Newald, *Ende der Aufklärung und Vorbereitung der Klassik*) (Beck, München, 1957). *JEGP*, LIX, 776—781.

1961   *Werke Goethes* herausgegeben von der Deutschen Akademie der Wissenschaften zu Berlin unter Leitung von Ernst Grumach. *Götz von Berlichingen*, I (Text), Hrsg. Jutta Neuendorff-Fürstenau (Akademie-Verlag, Berlin, 1958). *JEGP*, LX, 146—148.

Erich Loewenthal and Lambert Schneider (Hrsg.), *Sturm und Drang: Dramatische Schriften*, I (Lambert Schneider, Heidelberg, 1959). *JEGP*, LX, 381 f.

Karl S. Guthke, *Englische Vorromantik und deutscher Sturm und Drang: M. G. Lewis' Stellung in der Geschichte der deutsch-englischen Literaturbeziehungen*, Palaestra, CCXXIII (Vandenhoeck und Ruprecht, Göttingen, 1958). *JEGP*, LX, 382—386.

1962   H. A. Korff, *Goethe im Bildwandel seiner Lyrik* (Koehler und Amelang, Leipzig, 1958). *JEGP*, LXI, 118—124.

Anton Lübbering, *»Für Klopstock«: Ein Gedichtband des Göttinger »Hains«, 1773* (Niemeyer, Tübingen, 1957). *Modern Language Notes*, LXXVII, 219—222.

1964   Alfred Zastrau (Hrsg.), *Goethe-Handbuch: Goethe, seine Welt und Zeit in Werk und Wirkung*, I, Fasz. 1—14 (Metzler, Stuttgart, 1961). *JEGP*, LXIII, 302—307.

Detlev Lüders (Hrsg.), *Jahrbuch des Freien Deutschen Hochstifts*, 1962 (Niemeyer, Tübingen, 1962). *JEGP*, LXIII, 589—595.

1967   Heinz Nicolai, *Goethe und Jacobi: Studien zur Geschichte ihrer Freundschaft* (Metzler, Stuttgart, 1965). *GQ*, XL, 130—136.

Hans Pyritz *et al.*, *Goethe-Bibliographie* (Winter, Heidelberg, 1965). *JEGP*, LXVI, 418—420.

Lieselotte Blumenthal und Günter Schulz (Hrsg.), *Schillers Werke: Nationalausgabe*, XXXV (Böhlau, Weimar, 1964). *JEGP*, LXVI, 643—648.

TABULA GRATULATORIA

FREDERICK J. BEHARRIELL
  State University of New York, Albany
CLIFFORD A. BERND
  University of California, Davis
BERNHARD BLUME
  University of California, San Diego
LIESELOTTE BLUMENTHAL
  Weimar
ANDREW BOELCSKEVY
  University of Massachusetts, Boston
HERMANN BOESCHENSTEIN
  University of Toronto
HARRY E. CARTLAND
  United States Military Academy, West Point
PAOLO CHIARINI
  Rom
MARY C. CRICHTON
  University of Michigan
WILLIAM C. CROSSGROVE
  Brown University
A. GEORGE DE CAPUA
  State University of New York, Buffalo
MAX DUFNER
  University of Arizona
RALPH A. EISENSTADT
  West Chester State College
MARIE G. FLAHERTY
  Northwestern University
L. W. FORSTER
  Cambridge/England
NORBERT FUERST
  Indiana University
EMERY E. GEORGE
  University of Michigan
KARL S. GUTHKE
  Harvard University
ANNA GUTMANN
  Hunter College
JÜRGEN HANNEMANN
  Bremen
HEINRICH HENEL
  Yale University
WERNER HOFFMEISTER
  Brown University
ESTHER L. HUDGINS
  Marquette University
RAYMOND IMMERWAHR
  University of Washington
JONATHAN T. JACOBY
  Brown University
URSULA KUHLMANN
  Temple University
REINHARD KUHN
  Brown University

HARVEY KUPERSTEIN
  Brown University
LIESELOTTE E. KURTH
  The Johns Hopkins University
DAVID J. LANE
  Portsmouth Abbey
VICTOR LANGE
  Princeton University
PAUL LAPLANTE
  Brown University
HERBERT R. LIEDKE
  City College, City University, New York
FREDERICK R. LOVE
  Brown University
ERIK LUNDING
  Aarhus
PETER E. MARCHETTI
  Brown University
PAUL MARTIN
  Franklin & Marshall College
DONALD G. MASON
  University of Pennsylvania
MAX O. MAUDERLI
  University of Florida
HANS-DIETRICH MEURER
  Shippensburg State College
HEINZ NICOLAI
  Hamburg
JAMES C. O'FLAHERTY
  Wake Forest University
MARIO PENSA
  Bologna
HERBERT PENZL
  University of California, Berkeley
HEINZ POLITZER
  University of California, Berkeley
CARROLL E. REED
  University of Massachusetts, Amherst
BODO A. REICHENBACH
  University of Massachusetts, Boston
JEFFREY L. SAMMONS
  Yale University
WALTER J. SCHNERR
  Brown University
GEORGE C. SCHOOLFIELD
  Yale University
CHRISTIAN SCHUSTER
  Temple University
EGON SCHWARZ
  Washington University
CARSTEN E. SEECAMP
  University of Colorado
INGO SEIDLER
  University of Michigan
ALFRED SENN, PROF. EMERITUS
  University of Pennsylvania

Joel A. Shaughnessy
  Brown University
Duncan Smith
  Brown University
Walter H. Sokel
  Stanford University
Ingeborg H. Solbrig
  University of Rhode Island
Keith Spalding
  University College of North Wales
Wolfgang F. Taraba
  University of Minnesota
Erika Theobald
  Manhattanville College
George C. Tunstall
  University of Florida
Karl S. Weimar
  Brown University
John C. Wells und Frau
  Tufts University
  Simmons College
Larry D. Wells
  The Ohio State University
Günther Weydt
  Münster
James F. White
  University of Vermont
Barbara Allen Woods
  University of Rhode Island
William L. Zwiebel
  College of the Holy Cross

*

Rhein.-Westf. Technische Hochschule
  Aachen, Germanistisches Institut
The University of Adelaide
  Barr Smith Library
The University of Alberta
Amherst College
Universität Basel
Universität Basel
  Seminar für deutsche Philologie
Freie Universität Berlin
Rheinische Friedr. Wilhelms Universität
  Bonn
Rheinische Friedr. Wilhelms Universität
  Bonn, Germanistisches Seminar
Bowdoin College
Brock University
Brown University
Bryn Mawr College
University of California, Davis
University of California, Los Angeles
University of California, Santa Cruz
Beit Library, Cambridge/England
The University of Chicago

Connecticut College
Cornell University
Duke University
Freies Deutsches Hochstift, Frankfurt
Johann Wolfgang Goethe Universität
  Frankfurt, Deutsches Seminar
University of Georgia
Universität Graz
  Germanistisches Institut
Technische Universität Hannover
  Seminar für deutsche Literatur und Sprache
Ruprecht-Karl-Universität Heidelberg
  Germanistisches Seminar
University of Illinois, Chicago Circle
University of Illinois, Urbana
Universität Innsbruck
Universität Innsbruck
  Institut für deutsche Philologie
Inter Nationes e. V.
Kent State University
Christian-Albrechts-Universität Kiel
  Institut für Literaturwissenschaft
Lawrence University
Johannes-Gutenberg-Universität Mainz
  Deutsches Institut
University of Manchester/England
Marquette University
University of Melbourne
  Department of Germanic Studies
University of Michigan
University of Missouri
Monash University
Westfälische Wilhelms-Universität
  Münster
Pennsylvania State University
University of Pennsylvania
Princeton University
Rice University
Rutgers University
Schiller-Nationalmuseum, Marbach
Sheffield University
Stanford University
Universität Stuttgart
  Institut für Literatur- und Sprachwissenschaft
University College of Swansea
Swarthmore College
University of Texas, Austin
Eberhard-Karls-Universität Tübingen
Ryksuniversiteit Utrecht
  Instituut voor Duitse Taal- en Letterkunde
University of Waterloo
Wieland-Museum, Biberach/Riss
College of Wooster
Bayerische Julius-Maximilians-Universität
  Würzburg
Zentralbibliothek Zürich